OEUVRES

POSTHUMES

DE M. POTHIER.

TOME TROISIEME.

OEUVRES

POSTHUMES

DE M. POTHIER,

DÉDIÉES A MONSEIGNEUR

LE GARDE DES SCEAUX DE FRANCE.

TOME TROISIEME.

CONTENANT *les Traités de la Procédure Civile et Criminelle.*

A PARIS,

Chez VIDECOQ , Libraire , Place du Panthéon , N°ˢ 4 et 6.

M. DCCC. XLI.

TRAITÉ

DE

LA PROCÉDURE

CIVILE.

ARTICLE PRÉLIMINAIRE.

La Procédure est la forme dans laquelle on doit intenter les Demandes en Justice, y défendre, intervenir, instruire, juger, se pourvoir contre les jugements et les exécuter.

Tome III.   A

PREMIÈRE PARTIE.

*De la Procédure ordinaire, depuis la Demande jusqu'au Juge-
ment définitif inclusivement.*

CHAPITRE PREMIER.

De la forme d'intenter les Demandes en Justice.

Celui qui a une demande à intenter contre quelqu'un, doit commencer
par l'assigner devant le Juge compétent, pour répondre à cette demande;
ce Juge est ordinairement le Juge du lieu du domicile de celui qui
est assigné, suivant cette règle : *Actor forum rei sequitur.* Néanmoins
le privilége du demandeur, ou la nature de l'affaire, peuvent rendre
compétent un autre juge que celui du lieu du domicile du défendeur.

Nous ne nous étendrons pas sur la compétence des Juges, cette matière méritant un traité particulier.

Chez les Romains, il n'y avait aucune forme pour cette assignation :
celui qui avait une demande à former contre quelqu'un, pouvait lui-même,
lorsqu'il le rencontrait, le citer et le mener devant le Juge pour entendre
la demande qu'il avait à former contre lui ; l'assignation se faisait par ces
mots, *ambula in jus;* et celui qui était ainsi assigné, devait suivre son
adversaire devant le Préteur qui avait son tribunal dans la place publique.

Parmi nous, les assignations doivent se faire par le ministère d'un officier qu'on appelle *Huissier* ou *Sergent*, et qui en dresse un acte par écrit.

On peut définir un adjournement, un acte par lequel un Huissier ou
Sergent dénonce à quelqu'un la demande qu'une personne forme contre
lui, et le cite à certain jour devant le Juge qui en doit connaître, pour y
répondre. C'est ce qu'on appelle ordinairement *assignation.*

Par qui ? en présence de qui l'Adjournement doit-il être fait, et de quelle autorité ?

§ I. — *Par qui ?*

L'adjournement doit être fait par un Huissier ou Sergent. Ce Sergent doit être compétent, c'est-à-dire qu'il doit être reçu dans la Justice du lieu où il donne l'assignation ; au reste, il n'est pas nécessaire qu'il soit Sergent de la Justice en laquelle la partie est assignée.

Il y a certains Huissiers royaux qui, par le titre de leurs charges, ont droit de faire des exploits hors le territoire de la jurisdiction où ils sont reçus, et peuvent exploiter par tout le Royaume; mais, suivant la déclaration du premier mars 1730, il ne suffit pas que ce droit leur soit accordé par leurs provisions, il faut qu'il leur soit attribué par l'édit de leur création duement registré.

Si l'Huissier ou Sergent, qui fait l'adjournement, étoit interdit de ses fonctions, l'adjournement seroit nul, et il seroit tenu des dommages et intérêts de la partie à la requête de qui il l'auroit fait.

Les Huissiers ou Sergents peuvent-ils faire ces actes d'adjournement pour leurs parents ? L'Ordonnance ne le décide pas en termes formels. On prétend que cela se tire par induction de ce qui est dit au Titre 22, art. 11, Ordonnance de 1667 : « Que les parents et alliés des parties, jus- » qu'aux enfants des cousins issus de germain inclusivement, ne pourront » être témoins » ; or, l'adjournement contient un témoignage solemnel de la dénonciation de la demande qui a été faite par le demandeur à la partie assignée, et de l'assignation qui lui a été donnée pardevant le Juge; donc l'Huissier ou Sergent, parent du demandeur, ne peut pas porter pour lui ce témoignage, ni par conséquent faire pour lui cet adjournement. On tire aussi une induction du Tit. 2, art. 2, « qui ne permet pas que » les records, c'est-à-dire, les témoins qui assistent l'Huissier, soient » parents ou alliés de la partie. » D'où on conclud que, puisque le témoignage des records, qui ne fait que fortifier celui de l'Huissier, est rejetté lorsqu'ils sont parents de la partie, celui de l'Huissier, qui est le principal témoin de la vérité de l'adjournement, doit de même être rejetté. C'est l'avis de M. Jousse. Voyez son Commentaire.

Ces inductions ne me paroissent pas concluantes; le témoignage de l'Huissier, contenu dans les exploits qu'il fait, est différent de celui des témoins ordinaires; cet Huissier est un officier public, qui a un caractère que n'ont pas les témoins ordinaires, lequel doit faire ajouter foi à ses actes, nonobstant la parenté qu'il a avec les parties.

Il y a un Arrêt du Parlement de Paris, rendu en forme de Règlement, en 1724, qui déclare nul un exploit de demande en retrait lignager, pour avoir été fait par un Huissier, parent au 3ᵉ degré du demandeur; mais dans d'autres matières qui ne seroient pas de rigueur, comme le sont les demandes en retrait lignager, j'aurois de la peine à croire que la parenté de l'Huissier fît une nullité dans l'adjournement.

Je crois qu'on n'y devroit sur-tout pas avoir égard, si la partie assignée avoit comparu sur l'assignation, et convenoit de la copie qui lui en a été donnée.

§ II. — *En présence de qui ?*

Suivant l'Ordonnance de 1667, *tit. 2, art.* 2, l'Huissier devoit faire l'exploit d'adjournement, ainsi que tous autres exploits, en présence de deux témoins, qu'on appelle *Records;* mais par l'Édit du mois d'Août 1669, portant établissement du contrôle, les exploits d'adjournement, comme tous les autres exploits de Sergents, ont été dispensés de l'assistance de témoins, dont la nécessité n'a été conservée, par la Déclaration du 21 mars 1671, que dans les exploits de saisies féodales, saisies réelles, criées et appositions d'affiches.

§ III. — *De quelle autorité?*

L'Huissier ou Sergent fait les adjournements devant les Juges des Justices seigneuriales et même devant les Juges royaux inférieurs, en vertu du pouvoir général et de l'autorité qui lui est donnée par ses provisions et la réception en son office.

Mais un huissier ne peut assigner devant les Cours souveraines et les Présidiaux, qu'en vertu de commissions prises au Greffe, par lesquelles, sur la requête du demandeur, il est mandé à tout Huissier ou Sergent d'adjourner aux fins de la requête du demandeur, les parties contre lesquelles il entend intenter la demande. *Tit. 2. art.* 12.

Néanmoins les Ducs et Pairs, les Hôpitaux de Paris et autres, qui ont droit de plaider en première instance par privilége au Parlement, peuvent y assigner sans commission, *art.* 12.

Depuis la réunion des Prévôtés, on peut aussi assigner sans commission aux Présidiaux, sur les demandes qui, avant la réunion des Prévôtés auxdits Présidiaux, avoient coutume de se porter auxdites Prévôtés. *Arrêt du Conseil du* 7 *Novembre* 1749. (Il n'a point été enregistré dans aucune Jurisdiction, n'étant point revêtu de Lettres-Patentes adressées au Parlement.)

Les demandes qui sont données par des Privilégiés devant les Juges de leurs priviléges, doivent être aussi données en vertu de lettres de *Committimus,* non surannées, ou de lettres de *Garde-Gardienne,* dont copie doit être donnée en tête de l'exploit, *art.* 11. Il faut excepter, suivant le même article, les adjournements dans le cours des instances liées aux Requêtes de l'Hôtel, ou du Palais.

Au Conseil et aux Requêtes de l'Hôtel au Souverain, les assignations ne peuvent être données qu'en vertu d'Arrêt ou Commission du grand Sceau, *art.* 13.

ARTICLE II.

Où l'Adjournement doit-il être fait ?

L'adjournement peut se faire en quelque lieu que ce soit, où l'Huissier rencontre la personne qu'il veut adjourner ; il faut néanmoins que ce soit un lieu convenable, *un lieu opportun*, comme s'explique la Coutume de Berri, *tit. des Exécutions, art.* 15. Par exemple, un adjournement ne seroit pas bien donné dans une Eglise, la personne qu'on veut assigner ne seroit pas tenue de le recevoir en ce lieu : pareillemeut un Docteur, ou un Ecolier, ne pourroient pas être assignés dans les Ecoles pendant le temps des leçons ou exercices, encore moins un Juge pourroit-il être assigné sur son Siége, etc. Les Marchands ne peuvent être assignés dans les lieux appellés *Bourses. Edit des Consuls de* 1563, *art.* 15.

Il n'est pas nécessaire que l'Adjournement soit fait à la personne même qu'on veut adjourner ; mais quand il n'est pas fait à elle-même, il ne peut être fait ailleurs qu'à son vrai domicile. *Tit.* 2. *art.* 3.

Cette Règle souffre plusieurs exceptions.

La première, lorsque la personne que l'on veut assigner est un Seigneur, ou un Gentilhomme qui demeure dans un Château ou Maison-forte, il n'est pas nécessaire que l'adjournement lui soit fait à ce Château, quoique ce soit son vrai domicile ; il peut lui être fait au domicile par lui élu en la ville la plus voisine de son Château : et s'il ne paroît point par un acte d'élection de domicile, qu'il doit à cet effet faire enregistrer au Greffe du lieu, qu'il ait un domicile élu dans ladite ville la plus voisine, l'adjournement pourra lui être fait au domicile, ou aux personnes des Fermiers ou Receveurs des Terres dépendantes de son Château, ou aux domiciles et personnes de ses Juges, Procureurs d'office et Greffiers. *Ordonn. de* 1667, *tit.* 2. *art.* 15.

Observez que par Arrêt rendu pour le Duc de Bourgogne, en 1380, et rapporté par Papon, *L.* 7, *tit.* 4, *art.* 10, il a été jugé que l'adjournement ne pourroit être fait aux officiers de Justice du Seigneur, que lorsqu'il s'agiroit des droits du Seigneur ; autrément, ce n'est qu'à ses Fermiers ou Receveurs qu'il doit être fait.

2e Exception. Lorsqu'un vassal, en sa qualité de vassal, a une demande à intenter contre son Seigneur, en sa qualité de Seigneur, l'adjournement peut être fait au lieu du fief dominant, quand même le Seigneur n'y auroit pas son domicile.

Vice versâ. Quand le Seigneur a une demande à intenter contre son vassal, en sa qualité de vassal, il peut la former au lieu du Fief servant, quoique le vassal n'y ait pas son domicile.

3e Exception. Les adjournements sur les demandes formées contre un Bénéficier, sur les droits dépendants de son Bénéfice, peuvent être faits au principal manoir du Bénéfice, quoique le Bénéficier n'y ait pas son domicile. *Tit.* 2. *art.* 3.

Il ne faut pas confondre les demandes sur les droits d'un Bénéfice, avec celles qui auroient pour objet le Bénéfice même, telle qu'est la demande sur la possession du Bénéfice, qui est contestée entre deux parties, et que l'on appelle *Complainte possessoire ;* celle-ci ne peut être donnée qu'à personne ou domicile, lorsque celui qu'on veut adjourner est en possession actuelle du Bénéfice, sinon elle peut se donner au lieu du Bénéfice. *Tit.* 15. *art.* 3.

4e Exception. Les adjournements sur les demandes formées contre un Officier ou Commissaire, pour raison des droits et fonctions de son office et commission, peuvent se donner au lieu où s'en fait l'exercice, *tit.* 2. *art.* 3. On les fait au domicile du Greffier.

5e Exception. Les Etrangers qui sont hors le Royaume sont assignés à l'Hôtel du Procureur Général du Parlement où ressortit la Jurisdiction à laquelle ils sont assignés. *Tit.* 2. *art.* 7.

Cela a lieu quand même ils seroient assignés à la requête du Procureur Général lui-même, ou de ses substituts, parce qu'il est partie désintéressée. *Voyez* le Procès-verbal sur cet art. 7.

Les colons Américains, qui n'ont point eu de domicile en France, doivent être assignés au domicile de M. le Procureur Général, et les délais sont de deux mois. *Arrêt du* 6 *Juillet* 1740.

6e Exception. Ceux qui n'ont ou n'ont eu aucun domicile connu, sont assignés par un seul cri public, au principal marché du lieu de la Jurisdiction où ils sont assignés, et l'exploit d'adjournement doit être paraphé par le Juge sans frais. *Titre* 2. *art.* 9.

A l'égard de ceux qui se sont absentés de leur domicile pour faillite, ou voyage de long cours, ou qui ont été bannis ou condamnés aux Galères à temps, ils doivent être assignés à leur dernier domicile connu, *art.* 8.

Les adjournements sur une demande contre une Communauté, se font à la personne ou domicile du Chef ou du Syndic de cette communauté ; lorsque la demande est contre une Ville, l'adjournement se fait à l'Hôtel-de-Ville aux Maire et Echevins.

Lorsqu'il s'agit des droits du Roi, les assignations données aux Bourgs et Communautés, doivent être faites aux jours de dimanche ou de Fête, à l'issue de la Messe Paroissiale, ou de Vêpres, en parlant au syndic ou au Marguillier, en présence de deux témoins, qui doivent être nommés dans l'exploit, à peine de vingt livres d'amende contre l'Huissier. *Déclar. du* 17 *Février* 1698.

Lorsqu'un mineur n'est point émancipé, on ne peut assigner que son tuteur, et alors on doit traduire ce dernier devant le Juge de son domicile. Si le mineur est émancipé, il doit être assigné conjointement avec son curateur, et c'est alors le domicile du mineur que l'on doit suivre ; s'il a deux tuteurs, l'un honoraire, et l'autre onéraire, on peut les assigner tous deux ; mais on ne peut se dispenser d'assigner l'honoraire. Lorsqu'un mineur n'a ni tuteur, ni curateur, il faut avant tout lui en créer un par Justice.

Une femme sous puissance de mari, peut être assignée avec son mari par le même exploit.

Un Bénéficier mineur peut être assigné et condamné en jugement, sans assistance du tuteur ou curateur, *quia censetur major.*

ARTICLE III.

En quel temps l'Adjournement doit-il être fait?

Les adjournements, ainsi que les autres exploits, doivent se faire de jour ; il n'est pas permis de les faire de nuit, *Solis occasus suprema tempestas esto.* Arrêt du 20 Mars 1576, rapporté par Tournet. Quelques Coutumes, comme celle de Bretagne, *art.* 19, en ont des dispositions.

Ils ne doivent point non plus être faits les jours de Dimanches et des Fêtes fêtées par le peuple, si ce n'est en cas de nécessité, lorsque le temps dans lequel la demande doit être intentée, expire, sinon l'exploit de demande doit être déclaré nul ; au reste, ces exploits peuvent être faits les jours de Fêtes de Palais qui ne sont point d'ailleurs fêtées par le peuple. *Déclar. du Roi du* 28 *Avril* 1681 *rendue pour le Parlement de Toulouse.*

ARTICLE IV.

De la forme intrinsèque des Adjournements.

L'Huissier ou sergent qui fait l'adjournement, doit en dresser un acte original par écrit qui demeure au demandeur : il en doit aussi faire autant de copies qu'il y a de personnes à assigner, et il doit laisser à chacune d'elles une desdites copies, *art.* 3 *du tit.* 2.

Il n'est pas nécessaire que cette copie soit remise en main propre, car l'huissier peut ne les pas trouver ; il suffit qu'elle soit remise à quelque personne que ce soit, trouvée au lieu de leur domicile, comme au portier, à la servante, à un de leurs enfants.

Il faut pourtant que la personne à qui cette copie est laissée, soit en âge de discernement ; on ne doit pas la laisser à un impubère : car Guenois sur Imbert, *liv.* 1. *chap.* 5, prétend que si elle étoit donnée à un enfant impubère, le défendeur pourroit demander la nullité de l'exploit, et de tout ce qui s'en seroit suivi, faute de remise de cette copie par l'enfant.

Si l'Huissier ne trouve personne au domicile, il doit attacher la copie à la porte, et en avertir le plus proche voisin, le sommer de signer l'original de l'exploit, ou faire mention qu'il n'a pu ou voulu signer ; et s'il n'y a point de voisins, il doit le faire parapher par le Juge du lieu, ou, en cas d'absence ou de refus, par le plus ancien Praticien, *art.* 4.

L'original, aussi bien que les copies, doivent être écrites sur du papier timbré, c'est-à-dire, sur du papier empreint du timbre de l'autorité Royale ; il y a un timbre pour chaque Généralité ou Province du Royaume, qui se renouvelle de temps en temps ; le papier doit être timbré du timbre de la Généralité ou Province où se fait l'exploit, et qui soit en usage au temps où il se fait. *Ordon. du mois de Juin* 1680 , *Titre des Droits sur les papiers timbrés ,* art. 14 *et* 19.

Exceptions. Les exploits pour la capitation et pour le dixième denier sont exempts de cette formalité , ainsi que du contrôle. *Déclaration du* 18 *Janvier* 1695, *et* 12 *mai* 1701. *Arrêt du Conseil du* 25 *novembre* 1710.

Ces exploits d'adjournement doivent, 1° être libellés , c'est-à-dire, contenir les conclusions et les moyens sommaires de la demande, art. 1 *du tit.* 2 *;* il doit en outre être fait mention , tant dans l'original que dans la copie , du *jour*, *du mois et de l'année* auxquels ils sont donnés ; quelquefois il est nécessaire d'exprimer l'heure à laquelle se fait l'exploit.

Dans les demandes qui sont données pour raison de quelque héritage , ou charges réelles , l'héritage doit être désigné par les *tenants et aboutissants* , sa *nature* et *qualité* , le lieu de la *situation*, de manière que le défendeur ne puisse ignorer pour quel héritage il est assigné, *tit.* 9. *art.* 3 *et* 4. S'il est question d'un corps de Terre , ou Métairie , il suffit d'en désigner le *nom* et sa *situation*. Quant aux maisons, les tenants et aboutissants en doivent être désignés , art. 4.

2° Par rapport à l'Huissier qui le fait , l'exploit doit contenir cinq choses, le *nom* , le *surnom* de l'Huissier , la *Jurisdiction* où il est immatriculé (afin de connoître son pouvoir), le lieu de sa *demeure* , et sa *signature* , qui doit être tant au bas de l'original que des copies. *Tit.* 2. *art.* 2.

3° L'Ordonnance requéroit, à l'égard des témoins qui devoient assister le Sergent , cinq choses, sçavoir : qu'il fût fait mention de leur *nom* , *surnom* , *vacation* , *demeure*. et leur signature, enfin tant de l'original que de la copie ; l'usage des témoins n'étant plus nécessaire, il n'y a plus lieu à ces formalités, sinon dans les exploits où nous avons vu ci-dessus que l'usage des témoins avoit été conservé.

4° Par rapport au demandeur, l'Ordonnance requiert trois choses, sçavoir : que l'exploit contienne le lieu de sa demeure, sa qualité , et le nom du Procureur qui occupera pour lui. *Art.* 2 *et* 16.

L'Ordonnance ne parle pas de son nom et surnom; c'est pourquoi un exploit seroit valable, si la personne du demandeur n'étoit désignée que par sa qualité, pourvu que ce fût une qualité qui le distinguât suffisamment , et qui ne lui fût pas commune avec d'autres personnes.

Par exemple , si on assignoit à la requête du Lieutenant Criminel d'Orléans , y demeurant Paroisse Saint-Michel , l'assignation seroit valable.

Observez , au sujet du lieu de la demeure, soit du demandeur, soit de l'Huissier , dont l'Ordonnance exige qu'il soit fait mention , que si ce lieu est dans une Ville ou Bourg où il y ait plusieurs Paroisses , il faut exprimer la Paroisse , et il ne suffiroit pas d'exprimer la Ville.

Observez encore que, dans les demandes pour lesquelles le demandeur n'entend point se servir de ministère de Procureur, dans les matières et jurisdictions où il n'est pas nécessaire, la formalité de coter par l'exploit le nom du procureur cesse d'avoir lieu; et en ce cas, le demandeur doit, à la place, faire élection de domicile dans le lieu de la Jurisdiction où l'affaire se poursuit, pour qu'on lui fasse, à ce domicile élu, les significations qu'il y auroit à faire; mais le défaut de cette élection de domicile n'emporte pas la nullité, comme l'emporte le défaut de nom de Procureur, lorsque son ministère est nécessaire.

5°. Par rapport à la partie assignée, l'acte d'adjournement doit contenir une mention de la personne à qui la copie a été laissée, *tit.* 2. *art.* 3. à peine de nullité et de vingt liv. d'amende contre l'Huissier.

L'Huissier n'est pas obligé de nommer cette personne que souvent il ne connoît pas; il suffit qu'il fasse mention que c'est à un homme, à une femme, au portier, à la servante, etc.

Lorsqu'il n'a trouvé personne, l'exploit doit contenir la mention qu'il a attaché la copie à la porte; qu'il a averti le voisin lorsqu'il y en a, et que ce voisin n'a pu ou voulu signer.

Toutes les choses que nous avons rapportées jusqu'à présent, doivent être contenues tant dans l'original de l'adjournement que dans la copie, à peine de nullité de l'adjournement; mais ces nullités se couvrent, lorsque la partie assignée s'est présentée sur la demande sans les opposer.

L'Ordonnance ne s'explique pas, si la jurisdiction en laquelle la partie est assignée, doit être exprimée par l'exploit; mais le bon sens seul suffit pour comprendre qu'il ne peut y avoir un plus grand défaut dans un exploit que cette omission, le défendeur ne pouvant pas se défendre, s'il ne sait pas en quelle Jurisdiction il est assigné; on pourroit néanmoins peut-être dire qu'il est censé être assigné devant le Juge de son domicile.

Quoique le terme d'adjournement paroisse signifier que l'exploit doit contenir le jour certain auquel la partie est citée à comparoir, néanmoins on se contente d'assigner *au délai de l'Ordonnance,* sans désigner autrement le jour.

Cependant en matière de retrait lignager, il paroît prudent d'indiquer le jour. *Voyez Lacombe, verbo Retrait, Adjournement.*

ARTICLE V.

Des Formes extrinseques des Adjournements.

Toutes les formalités dont nous avons parlé en l'Art. précédent, peuvent être appellées *Formes intrinseques de l'Adjournement*; elles en sont comme les parties intégrantes qui le composent.

Outre ces formalités, il y en a d'extrinseques. La première est le Contrôle; on appelle *Contrôle*, une note de l'exploit, qu'inscrit sur un Registre un officier public, appellé *Contrôleur des Actes*, à qui, pour cet effet, l'exploit doit être exhibé à son bureau.

Il doit être fait mention de ce contrôle sur l'original de l'exploit par le Contrôleur ou ses commis.

Ce Contrôle se fait pour empêcher les antidates, et qu'on ne suppose de faux exploits.

L'exploit doit être présenté au contrôle dans les trois jours de sa date.

Tome III. B

Le défaut de contrôle emporte nullité de l'exploit, et des amendes contre le procureur qui seroit assez imprudent pour vouloir s'en servir. *Édit du mois d'Août* 1669.

Une deuxième formalité extrinseque, est la copie qui doit être donnée à la partie assignée des lettres de commission, ou *committimus*, par la même charte par laquelle il lui est donné copie de l'exploit, toutes les fois que l'adjournement ne peut être donné qu'en vertu desdites lettres de commission, ou *committimus* ; le défaut de cette copie doit aussi emporter nullité de l'adjournement. *Tit.* 2, *art.* 11.

La troisième formalité extrinseque est la copie qui doit être donnée, avec celle de l'exploit, des titres servant de fondement à la demande ; le défaut de cette formalité n'emporte pas nullité, la peine est seulement que les copies qui en seront données par la suite, et les réponses qui y seront faites, seront aux frais du demandeur, sans qu'il puisse en avoir de répétition. *Art.* 6.

Les pièces dont le demandeur donne copie, doivent être contrôlées, et il doit être fait mention, dans la copie qu'on en donne, de la date du contrôle, du Bureau et du nom du Contrôleur. *Tarif du Contrôle, du 29 Septembre* 1721. *Décisions du Conseil des* 31 *décembre* 1722 *et* 29 *mai* 1734.

Lorsqu'elles sont trop longues, on n'en donne copie que par extrait.

Lorsqu'on n'en peut faire d'extrait, on peut, au lieu d'en donner copie, en offrir la communication au lieu qui sera assigné par le Juge. *Déclaration de* 1564 *sur l'Ordonnance de Roussillon, art.* 3.

Lorsqu'il y a plusieurs parties assignées, on doit donner ces copies à chacune d'elles ; néanmoins, comme plusieurs héritiers ne représentent tous ensemble qu'une même personne, lorsqu'ils sont assignés, il paroît devoir suffire de donner copie à l'un d'eux, et de sommer les autres d'en prendre communication par ses mains, cela évite les frais. M. Jousse est de cet avis sur cet article.

ARTICLE VI.

Des délais des Assignations.

Les délais sont différents, suivant les différentes Jurisdictions et la différente distance du domicile de l'adjourné, du lieu de la Jurisdiction où il est assigné.

Aux sieges des Eaux et Forêts, Elections, Connétablies, Traites-foraines, Justices des Hôtels-de-Ville et autres inférieures, c'est-à-dire, aux Justices des Seigneurs ; lorsque l'adjourné demeure sur le lieu, le délai ne peut être moindre de vingt-quatre heures, ni plus long de trois jours.

Lorsqu'il demeure hors le lieu, mais dans les dix lieues, il ne peut être plus long que huit jours ; on ajoute un jour pour chaque dix lieues. *Tit.* 14. *art.* 14. *Ordonnance de* 1667.

Dans les Prévôtés Royales, lorsque l'adjourné est sur le lieu, le délai est de trois jours au moins, huit jours au plus.

Suivant D'Héricourt, les délais des Officialités doivent être les mêmes que ceux des Prévôtés.

Si l'adjourné est hors du lieu, mais dans le ressort, il est de huitaine au moins, quinzaine au plus.

Dans les Bailliages et Présidiaux, si l'adjourné est sur le lieu, ou dans les dix lieues, le délai sera de huitaine au moins, quinzaine au plus.

S'il est hors les dix lieues, il sera de quinzaine au moins, trois semaines au plus. *Art. 3.*

Aux Requêtes de l'Hôtel du Palais, Sieges Conservateurs des Privileges, et aux Cours, le délai est de huitaine pour ceux demeurant sur le lieu, dans la même Ville et Faubourgs ; s'ils sont dans les dix lieues, de quinzaine ; s'ils sont dans les cinquante lieues, d'un mois ; s'ils sont au-delà, de six semaines ; s'ils sont hors le ressort du Parlement, de deux mois.

Au Grand Conseil, si l'adjourné est au-delà de cinquante lieues, le délai sera augmenté d'un jour pour dix lieues. *Tit.* 11, *art.* 1. Dans les matières qui requièrent une grande célérité, on peut ne pas observer ces délais ; on présente en ce cas requête au Juge, qui, vu le cas pressant, permet d'assigner sans délai, *putà*, au jour même, ou au lendemain, et on assigne en vertu de cette Ordonnance.

Article VII.

De la Présentation.

Le demandeur, après qu'il a formé sa demande contre sa partie, doit se présenter au Greffe des Présentations de la Jurisdiction, s'il y en a un d'établi, dans la quinzaine après l'échéance de l'assignation, pour les Cours, et dans la huitaine pour les autres Sieges. Cette formalité n'a d'autre fondement que les besoins de l'Etat, pour lesquels le Roi a créé des Greffes des présentations, et attribué des droits aux Greffiers pour chaque présentation.

Cette présentation consiste à faire inscrire sur le registre du Greffe des présentations, le nom de la partie qui se présente, et celui de son Procureur.

Dans les matieres sommaires, les présentations, tant aux Cours supérieures, qu'aux Sieges, doivent se faire dans trois jours. *Ordonnance de* 1667, *tit.* 4. *art.* 1.

Il y a cinq cents livres d'amende, et même interdiction contre les Procureurs qui font des actes de procédure avant que de se présenter, lesquels sont déclarés nuls. *Déclarat. du* 12 *Juillet* 1695. *Arrêt du Conseil du* 31 *Décembre* 1715. *Autre du* 8 *Février* 1729.

L'ordonnance de 1667, *tit.* 4. *art.* 2. avoit abrogé l'usage des présentations, à l'égard des demandeurs et de ceux qui avoient relevé leur appel, ou fait anticiper ; il a été rétabli par l'Edit du mois d'Avril 1795, et par la Déclaration du 12 Juillet suivant.

Il n'y a point de ces Greffes dans les Justices des Seigneurs ; de même, à Orléans, les Causes qui se portent au petit Siege du Bailliage en dernier ressort, sont exemptes du droit de présentation. *Voyez le Reglement de M. Barentin, Intendant d'Orléans, du 25 Novembre 1740, dans le Recueil chronologique de M. Jousse.*

On peut se présenter après les délais ci-dessus expirés, même les jours de Fêtes du Palais, pourvu que la partie adverse n'ait point pris de défaut ou congé.

CHAPITRE II.

De la Forme dans laquelle on défend aux Demandes.

SECTION PREMIÈRE.

§. I. *De la Constitution du Procureur.*

LE défendeur doit, sur la demande qui lui a été donnée, constituer un Procureur. *Tit.* 5. *art.* 1. Cette règle souffre exception dans les Jurisdictions où le ministère du Procureur n'est pas nécessaire.

Par exemple, au siege des Connétablies, Grenier à Sel, Traites-foraines, Jurisdictions Consulaires, Conservation des Privileges des Foires, et aux Justices des Hôtels-de-Ville, on n'est point tenu de constituer Procureur ; mais on doit élire domicile dans le lieu de la Jurisdiction, pour les significations qui peuvent être faites, et comparoir à l'Audience, à l'échéance de l'assignation ; sinon il doit être, sur le champ, donné défaut ou congé emportant profit.

L'usage est de constituer Procureur dans les Maîtrises des Eaux et Forêts, et dans les Justices des Seigneurs : on ne peut tirer argument de l'art. 14 du tit. 14 pour s'en dispenser dans ces Jurisdictions, parce que cet article ne parle que des délais sur les assignations.

Cette Constitution de Procureur se signifie au Procureur du demandeur, coté par son exploit de demande.

Cette signification, ainsi que celle de tous les autres actes, qui se signifient de Procureur à Procureur, pendant tout le temps que dure le Procès, se fait, par le ministère des Huissiers-Audienciers de la Jurisdiction, où la demande est donnée ; on en fait un original qui reste au Procureur qui fait la signification, et une copie qui doit être laissée au Procureur à qui on fait la signification : l'original et la copie de ces actes doivent être signés du Procureur qui fait la signification. *Règl. du* 28 *Juin* 1738.

§. II. *De la Présentation.*

Le défendeur doit aussi satisfaire dans quinzaine pour les Cours, huitaine pour les autres Jurisdictions ordinaires, et trois jours pour les Matieres sommaires, à la formalité de la présentation, lorsqu'il y a un Greffe des présentations dans la Justice où il est assigné. *Tit.* 4. *art.* 1.

§. III. *De la signification des Défenses.*

En constituant Procureur, le défendeur doit signifier par acte de son Procureur, au Procureur du demandeur, les défenses qu'il a à opposer contre la demande. *Titre* 5. *art.* 1.

Il peut attendre pour cela l'expiration des délais de l'assignation ; mais comme le délai n'est établi qu'en faveur du défendeur, il peut aussi le prévenir. L'Ordonnance ne parle que des Justices Royales ; dans les Justices des Seigneurs, il n'est pas nécessaire de signifier les défenses par écrit, il suffit de les plaider à l'Audience. *Arg. de l'art.* 15 *au tit.* 14.

Même dans les Justices Royales, dans les affaires sommaires, les défenses se plaident à l'Audience, et il n'est pas nécessaire de les signifier par écrit. *Tit.* 17, *art.* 7.

§. IV. *Des différentes espèces de Défenses.*

Le terme de *défenses* est général et comprend tout ce qu'on peut opposer contre une demande ; il paroît qu'il est pris en ce sens en l'article premier du *Tit.* 5.

Cela paroît encore plus par l'article 5 du même Titre, où il est dit que, « dans les défenses seront employées les fins de non-recevoir, nullité des » exploits ou autres exceptions péremptoires, si aucunes y a, pour y être » préalablement fait droit. »

Dans une signification plus spéciale, on entend, par *défenses*, les moyens qui attaquent le fond de la demande ; qui tendent à soutenir qu'elle n'est pas juste, qu'elle n'est pas fondée.

On appelle *exceptions* ou *fins de non-recevoir*, les moyens qui, sans attaquer le fond de la demande, tendent à prouver que le demandeur ne doit pas être écouté à la proposer.

Il y a deux espèces principales d'exceptions, les *péremptoires* et les *dilatoires ;* celles-ci se subdivisent en *déclinatoires* et en *dilatoires* simplement dites.

Section II.

Des Exceptions péremptoires.

Les exceptions péremptoires sont celles qui tendent à exclure la demande.

Les unes concernent la forme, les autres le droit.

Article premier.

Des Exceptions qui concernent la Forme.

Ces exceptions sont celles qui tendent à faire renvoyer le défendeur de la demande contre lui donnée, à cause de quelques nullités qui se trouvent dans la forme de l'exploit de demande : par exemple, parce que l'exploit de demande n'est pas libellé, parce que l'Huissier n'a pas exprimé la demeure ou la Jurisdiction où il est immatriculé. *Tit.* 2. *art.* 1. et 2.

Ces sortes d'exceptions doivent se proposer *à limine litis*. Lorsque le défendeur a défendu au fond, il n'est plus recevable à proposer ces exceptions, et toutes les nullités sont couvertes.

Si le Juge trouve que les moyens de nullité, proposés par le défendeur, ne méritent pas de considération, il ordonne que, *sans y avoir égard, les Parties instruiront au fond;* s'il trouve valables les moyens de nullité, il déclare l'*exploit nul, et renvoïe, en conséquence, le défendeur de la demande,* sauf à se pourvoir, s'il y échet, par nouvelle demande; car il faut bien observer que ces exceptions, résultantes de la forme, ne sont péremptoires que de l'instance ou procès introduit par l'exploit de demande, qui se trouve nul : elles ne sont pas péremptoires du droit du demandeur, qui peut l'exercer en donnant une nouvelle demande ; cela résulte de la nature de ces exceptions : comme elles ne concernent que la forme de l'exploit, elles ne peuvent opérer, contre le demandeur, que la déchéance de son exploit de demande et de toute la procédure qui a suivi, dont cet exploit est le fondement; mais elle ne doit pas opérer la déchéance du fond de son droit.

Il y a néanmoins une espèce d'action, qui se périme même pour le fond du droit, par ces exceptions résultantes de la forme, c'est la demande en retrait lignager; car, lorsqu'elle a été déclarée nulle, le lignager n'est plus reçu à en donner une nouvelle. *Arrêt du 31 Mars* 1609.

Les moyens de nullité ne tendant qu'à détruire la demande, et non au fond du droit du demandeur, il s'ensuit que le demandeur, sans attendre qu'il soit statué sur les nullités que le défendeur lui oppose, ou pourroit lui opposer, peut donner au défendeur un nouvel exploit de demande, en déclarant qu'il se désiste du premier, et qu'il offre au défendeur les dépens faits sur le premier, si aucuns ont été faits.

En matiere de retrait lignager, le demandeur n'a pas cette faculté, parce qu'en cette matiere les nullités de la demande emportent non-seulement la déchéance de la demande, mais du fond de l'action.

ARTICLE II.
Des Exceptions péremptoires qui concernent le Droit.

Les exceptions péremptoires qui concernent le droit, qu'on appelle aussi *fins de non-recevoir*, sont celles qui, sans entrer dans le mérite de la demande, tendent à prouver que le demandeur n'a pas le droit de la former, n'y est pas recevable, soit parce que le temps, dans lequel elle devoit être formée, s'est écoulé, ce qui s'appelle *prescription* ; soit parce que il y a eu une transaction sur cette demande, soit parce que le demandeur est héritier de celui qui auroit été obligé d'en garantir le défendeur, ou pour quelqu'autre cause que ce soit.

Ces exceptions peuvent s'opposer même après la contestation en cause sur le fond et jusqu'à la sentence définitive. *L. 8. Cod. de except.* parce que ces exceptions détruisent la demande, et que c'est la même chose de n'avoir point d'action, et d'en avoir une qui puisse être excluse par ces sortes d'exceptions.

Quoique le défendeur puisse être reçu après la contestation sur le fond à proposer les exceptions péremptoires, néanmoins lorsqu'il en a connoissance, il doit les proposer par ses premières défenses, suivant qu'il est décidé par l'art. 5. du tit. 5; s'il ne le fait pas, la peine sera qu'il ne devra point avoir la répétition des dépens faits pour l'instruction du fond dans laquelle on sera inutilement entré.

L'Ordonnance ajoute, par ledit article, qu'il sera préalablement fait droit sur les exceptions péremptoires, ce qui est juste; car, si l'exception péremptoire précède, inutilement entrera-t-on dans la discussion du fond de la demande; néanmoins si la justification de l'exception péremptoire demandoit une instruction plus longue que n'en demande la question du fond, le Juge pourroit ordonner qu'on instruisît sur le fond, réservant les fins de non-recevoir.

SECTION III.

Des Exceptions dilatoires en général.

Les exceptions dilatoires sont celles qui tendent, non à exclure entierement la demande, mais à en différer seulement la poursuite; telles sont toutes les exceptions *déclinatoires*; telle est l'exception de discussion qu'oppose, ou un tiers détenteur contre une action hypothécaire formée contre lui, ou qu'oppose une caution; telles sont les exceptions qu'un héritier présomptif, assigné par les créanciers de la succession, ou une veuve assignée par les créanciers de la Communauté, opposent pour jouir du délai de délibérer; telles sont celles qu'opposent les défendeurs qui ont des garants à mettre en cause, pour avoir le temps de les y mettre; telles sont celles qui résultent des Lettres d'Etat et de répit.

C'est une regle commune à toutes les exceptions dilatoires, qu'elles doivent être opposées, *à limine litis*, avant la contestation en cause : le défendeur, qui a contesté au fond, n'est plus recevable à les opposer.

C'est une regle générale que celui qui a plusieurs exceptions dilatoires, doit les proposer par un même acte.

Il faut excepter de cette regle, 1°. les exceptions déclinatoires, qui se proposent d'abord avant les autres exceptions que le défendeur peut avoir; car tant qu'il ne reconnoît pas la Jurisdiction du Juge, il ne peut point proposer devant lui ses autres exceptions.

2°. Il faut aussi excepter de cette regle, l'exception que des héritiers ou une veuve opposent pour jouir du délai de délibérer; ils ne sont point tenus de proposer les autres exceptions avec celle-ci; car les autres exceptions qu'ils opposeroient, supposeroient qu'ils auroient pris la qualité sur laquelle ils demandent délai pour délibérer.

SECTION IV.

Des Exceptions déclinatoires, ou fins de non-procéder, et des revendications des Causes.

§. I. — *Ce que c'est, et combien il y en a d'especes.*

Les exceptions déclinatoires, qu'on appelle aussi *fins de non-procéder*, sont celles qui ne tendent pas à exclure la demande, mais seulement décliner la Jurisdiction du Juge devant qui elle est portée; ce sont celle par lesquelles le défendeur prétend qu'il ne doit pas plaider sur la de mande en la Jurisdiction où il est assigné.

Ces exceptions s'appellent *déclinatoires* , et sont de trois especes, 1°. Pou cause d'*incompétence*, dans le cas auquel le Juge, devant qui il est assigné seroit incompétent.

2°. Pour cause de *Privilege*, dans le cas auquel le Juge, devant qui est assigné, est, à la vérité, compétent; mais lorsque le défendeur droit, par privilege, de plaider devant un autre Juge.

Par exemple, si un Docteur Régent est assigné devant le Juge de l Justice de Sainte-Croix, où il a son domicile, quoique ce Juge soit com pétent, puisque ce Docteur, ayant son domicile dans son territoire, es son justiciable, néanmoins le Docteur peut demander le renvoi de la caus devant le Juge-Conservateur des privileges de l'Université, parce qu'il droit, par sa qualité, de plaider devant ce Juge.

3°. Pour cause de *litispendance*. Lorsqu'il y a un Procès pendant entr les mêmes personnes, pour même chose, et pour même cause, dans ur autre Jurisdiction que celle où le défendeur est assigné, le défendeur pe demander son renvoi dans la Jurisdiction où il y a Procès pour le même fai

L'Ordonnance, *tit. 6. art.* 3 , ordonne de juger sommairement et l'Audience les déclinatoires. On peut les juger par délibérés, sur le Bu reau ; car, comme l'observerent MM. du Parlement, contre le projet qu défendoit les délibérés, les jugements sur délibérés sont censés jugés l'Audience, et s'y prononcent.

Il est aussi défendu aux Juges de réserver les déclinatoires, et de l joindre au principal même, *ibid.*

§. II. — *De l'Incompétence.*

L'incompétence résulte, ou de la matiere qui fait l'objet de la demand *ratione materiæ* , ou de la qualité de la personne assignée, *ratione pe sonæ.* Il y a incompétence, *ratione materiæ*, non-seulement lorsque demande est donnée devant un Juge d'attribution, sur quelque matie qui ne lui est point attribuée, mais même lorsqu'elle est donnée deval le Juge ordinaire, sur une matiere qui, suivant les Ordonnances et Edit a été distraite de la Jurisdiction ordinaire, et attribuée à quelque Jug d'attribution, comme si on formoit une demande devant le Juge ordinair sur une matiere d'Eaux et Forêts, ou sur une matiere Consulaire.

Il y a incompétence, *ratione personæ*, lorsque la personne n'est p justiciable du Juge devant qui elle est assignée, *putà*, parce qu'elle d meure hors l'étendue du territoire de ce Juge.

Nous appelons *territoire du Juge*, le territoire dans lequel il y a ur Jurisdiction de premiere instance; les personnes qui demeurent dans u territoire dans lequel le Juge n'a pas Jurisdiction de premiere instance quoiqu'il ait Jurisdiction d'*appel*, ne sont pas proprement ses justiciable ce Juge est incompétent pour connoître de leurs causes en premiere instance. Par exemple, si un habitant de Gien étoit assigné en premiere instance au Présidial d'Orléans, le Présidial d'Orléans seroit incompétent, quoique le Bailliage de Gien soit dans son ressort ; car il n'est que dans le ressort d'appel.

Il en est autrement des personnes qui demeurent dans les territoires de Seigneurs ; ces personnes sont vrais justiciables du Juge Royal où ces Justices ressortissent.

Il y a plus : quand même ces Justices par privilege ressortiroient nuement au Parlement, les justiciables de ces Justices sont censés être aussi véritablement justiciables des Bailliages ou Sénéchaussées Royales, dans l'étendue desquelles ces Justices sont situées ; la raison est que ces justiciables étant sujets du Roi, doivent reconnoître une Jurisdiction Royale à laquelle ils soient soumis.

Le Juge Royal n'est donc point incompétent pour connoître des causes des Justiciables des Seigneurs domiciliés dans l'étendue de son territoire, il est leur Juge naturel et de droit commun ; le Juge du Seigneur n'est Juge de ces personnes que par privilege accordé au Seigneur par la concession de la Justice ; c'est pourquoi tant que le Seigneur n'use pas de son privilege, tant qu'il ne réclame pas la cause, le Juge Royal peut en connoître, et le justiciable du Seigneur ne peut proposer aucune incompétence, parce qu'il est vraiment justiciable du Juge Royal. *Déclarations du mois de juin* 1559, *art.* 1. *et* 17 *mai* 1574.

On ne peut demander le renvoi de la cause devant le Juge du Seigneur, tant que le Seigneur ne le demande point, parce que, la concession de la Justice au Seigneur étant un privilege accordé au Seigneur plutôt qu'à ses justiciables, ce n'est que le Seigneur qui est reçu à le réclamer, et non le justiciable, qui, en le réclamant, exciperoit du droit d'autrui. *Bacquet, Tr. des droits de justice, Chap.* 9.

Il y a des personnes qui, à raison de leur qualité, ne sont pas justiciables du Siége dans le territoire duquel elles demeurent : tels sont les nobles qui, quoique demeurants dans l'étendue d'une Prévôté Royale, ne sont point justiciables du Prévôt, mais du Bailli. Le Prévôt est absolument incompétent pour ces personnes, et lorsque les causes de ces personnes y sont portées, il doit les renvoyer devant le Bailli, quand même le renvoi ne seroit pas demandé. *Ordonnance de* 1667, *titre* 6. *art.* 1. Car ce n'est pas seulement par un privilege accordé aux nobles, et dont ils seroient les maîtres de ne pas user, que le Prévôt n'en peut connoître, mais parce que, dans la distribution de la Jurisdiction qui a été faite entre les Prévôts et les Baillis Royaux, par l'Edit de Cremieu, les causes des nobles ont été attribuées aux Baillis ; c'est pourquoi le Bailli pourroit lui-même demander que le Prévôt lui renvoyât la cause, quand même la partie ne le demanderoit pas.

A l'égard des nobles qui demeurent dans les territoires des Seigneurs, ils sont, comme les autres, justiciables tant du Juge du Seigneur que du Juge Royal, ainsi qu'il a été dit ci-dessus.

Les personnes qui ne sont pas justiciables d'un Juge, et qui sont demeurantes dans son territoire, peuvent le devenir par plusieurs causes : 1° à raison de la matière qui fait l'objet de la demande ; par exemple, dans les actions réelles, il est en la faculté du demandeur d'assigner, ou devant le Juge du domicile du défendeur, ou devant celui du lieu où l'héritage qui fait le sujet de la contestation est situé. L. fin. Cod. *ubi in rem actio exerceri debeat.* Les complaintes, pour les possessoires d'un Bénéfice, se portent devant le Juge Royal du lieu où est le bénéfice.

Observez que tout Juge est compétent pour la reconnaissance d'une promesse, sauf le renvoi pour le principal : ainsi un débiteur peut être assigné pour cette reconnaissance pardevant le Juge du lieu où il est trouvé, quoique ce ne soit pas celui de son domicile. Un Ecclésiastique peut de même être assigné pour la même cause pardevant le Juge laïque, et il ne peut demander son renvoi devant l'Official que pour le principal.

2°. Une personne qui n'est pas personnellement justiciable d'un Juge, le devient, à raison de la garantie qu'on prétend qu'elle doit prêter à une partie sur la demande en revendication formée contre cette partie devant son Juge, *titre* 8. *art.* 8. car la garantie oblige de défendre celui à qui on la doit, devant quelque Juge que ce soit.

3°. Une personne, qui n'est pas personnellement justiciable d'un Juge, peut le devenir, à cause du privilege du demandeur qui a droit de l'y traduire.

§. III. — *Des appellations de Déni de renvoi et d'Incompétence.*

Il y a lieu à l'appellation du déni de renvoi et d'incompétence, lorsque le défendeur ayant, *à limine litis*, proposé une exception déclinatoire pour quelqu'une des trois causes rapportées au § premier, en a été débouté par le Juge.

Il y a lieu à l'appel d'incompétence, lorsqu'un Juge a jugé une cause qui n'étoit pas de sa compétence, quoique le renvoi de la cause ne lui ait pas été demandé ; car il y a cette différence entre l'incompétence et les autres causes qui donnent lieu aux exceptions déclinatoires, que pour celles-ci, il n'est obligé de renvoyer la cause que lorsqu'il en est requis, au lieu qu'il doit lui-même, et sans aucune réquisition, renvoyer les causes qui ne sont pas de sa compétence devant les Juges qui en doivent connoître.

Le défendeur, qui s'est laissé condamner par défaut, sans avoir requis le renvoi pour cause d'incompétence, peut donc interjetter cet appel d'incompétence.

Que s'il avoit contesté au fond, ayant reconnu lui-même la compétence de ce Juge, il ne pourroit être recevable en cet appel.

Les appellations de déni de renvoi et d'incompétence se portent directement au Parlement, quoique le Juge qui a dénié le renvoi, ou qui a connu incompétemment, ne ressortisse pas nuement au Parlement ; cela avoit été jugé par plusieurs arrêts, dès avant l'Ordonnance de 1737, qui porte, *tit.* 2. *art.* 21. « Voulons que l'appel de toutes sentences déclina» toires soient portées immédiatement à nos Cours, etc. »

Ces appellations doivent être vuidées incessamment au parquet des gens du Roi du Parlement, qui donnent leurs avis, après avoir entendu les Avocats des parties, sur lequel avis est expédié un Arrêt en conformité; lorsque cet avis a été donné par défaut, il y a lieu à l'opposition de l'Arrêt. *Ordonnance de* 1667, *titre* 6, *art.* 4.

Les appellations de déni de renvoi et d'incompétence n'empêchent pas que le Juge dont on a appellé n'instruise le procès jusqu'au jugement définitif, exclusivement; mais si, sur cet appel, le Juge est déclaré incompétent, toute cette instruction sera déclarée nulle. *Arrêt du* 6 *février* 1703, *Journal des Audiences.*

C'est un droit particulier des Juges Consuls, qu'ils peuvent, nonobstant tout déclinatoire et toutes preuves d'incompétence, passer au jugement définitif des affaires qui sont de leur compétence. *Ordonnance de* 1673, *titre* 12. *art.* 13.

Il n'y a que les sentences contradictoires des Officiaux, dont on puisse interjetter appel comme d'abus, quand ils sont incompétents; et en ce cas, l'appellant est tenu de payer les dépens faits par lui volontairement, et par l'intimé, devant le Juge d'Eglise. C'est le sentiment d'Imbert.

§. IV. — *Des revendications de cause.*

Non-seulement la partie assignée peut demander le renvoi, mais les autres personnes qui, pour l'intérêt de leur Jurisdiction, à qui la connoissance de la cause appartient, ont intérêt au renvoi, peuvent le demander, et cette demande de leur part s'appelle *revendication de cause.*

Tels sont les Seigneurs des Justices dont les justiciables sont traduits devant le Juge royal. Ces Seigneurs, pour l'intérêt de leurs Justices, peuvent revendiquer la cause, et le Juge, en ce cas, doit la renvoyer à leur Justice.

Cette revendication ne peut être faite qu'au nom du Seigneur qui doit, pour cet effet, intervenir en la cause, et en demander le renvoi, ou par lui-même en personne, ou par un Procureur du Siege fondé de sa procuration.

Elle ne pourrait être faite au nom de son Procureur fiscal, parce qu'en France, il n'y a que le Roi qui plaide par Procureur; car le Seigneur n'a pas droit de plaider par Procureur ailleurs qu'en sa justice; mais ce Procureur fiscal, s'il est Procureur du Siege, peut faire cette revendication au nom du Seigneur, et il n'est pas tenu de rapporter de procuration, sa qualité de Procureur fiscal lui en tenant lieu, et renfermant un pouvoir général de faire, pour le Seigneur, tout ce qui est de l'intérêt de sa jurisdiction.

Lorsque le Juge est incompétent, le Juge, à qui la connoissance de la cause appartient, peut aussi la revendiquer.

Ces revendications de causes peuvent se faire en tout état de cause, en quoi elles different des exceptions de renvoi, qui ne peuvent être proposées par le défendeur après qu'il a contesté, et le Juge doit statuer sur ces revendications de la même manière que sur les renvois; la raison de différence est que le défendeur, en proposant d'autres exceptions ou défenses, a reconnu la Jurisdiction, et par conséquent n'est plus recevable à la décliner : on ne peut pas opposer une pareille fin de non-recevoir à ceux qui revendiquent la cause.

§. V. — *De la peine du Juge qui dénie le renvoi, ou connoît des causes qui ne sont pas de sa compétence.*

L'Ordonnance de 1667, *tit.* 6, *art.* 1ᵉʳ, défend aux Juges de retenir des causes qui ne sont pas de leur compétence, à peine de nullité des jugements, et à peine contre les Juges de pouvoir être pris à partie.

Il paroît, par le procès-verbal, que MM. du Parlement s'opposerent beaucoup à la prononciation de la peine de prise à partie, qui néanmoins a passé.

Section V.

Des récusations de Juges.

Les récusations de Juges ont quelque rapport avec les exceptions déclinatoires ; c'est pourquoi nous avons cru qu'il étoit de l'ordre d'en traiter après avoir parlé des exceptions déclinatoires.

La principale différence entre les exceptions déclinatoires et les récusations, est que la partie qui propose une exception déclinatoire, décline le Juge du Tribunal devant lequel il est cité, au lieu que la récusation ne tend pas à décliner le Tribunal, mais seulement à décliner la personne de quelqu'un des Juges de ce tribunal.

Quelquefois on peut récuser un tribunal entier.

§. I. — *De la récusation du Tribunal entier.*

On peut récuser un Tribunal entier, si la partie assignée a un procès contre le Tribunal. *Arrêt du* 23 *Fev.* 1708. *Tom.* 5. *du Journ. des Audiences. Voyez* le Procès-verbal, *p.* 341, *édit. de* 1724.

Si c'est le demandeur qui a un procès contre le Tribunal, dont la partie qu'il veut assigner est justiciable, il doit présenter requête au Juge où ressortit le Tribunal et obtenir une ordonnance qui lui permette d'assigner sa partie directement au Tribunal supérieur, attendu le procès qu'il a avec le Tribunal inférieur.

Si ce Tribunal ressortit nuement au Parlement, il doit donner la requête en la Cour, pour être renvoyé dans quelque Tribunal voisin.

Si le défendeur prétend que ce procès n'est qu'imaginaire, et que le demandeur n'a pas droit de récuser le Tribunal, dont lui défendeur est justiciable, il peut s'opposer à l'ordonnance du Juge supérieur, ou à l'arrêt de la Cour qui a renvoyé dans un autre Siege, et y assigner le demandeur pour être statué sur cette opposition.

Lorsque parmi les Officiers d'un Siege et parmi les praticiens qui peuvent les substituer, il n'y en a aucun contre qui il n'y ait quelque cause de récusation, c'est un cas où on peut récuser le Tribunal entier.

Lorsqu'un Seigneur de Justice me fait assigner dans sa Justice, je peux pour cette raison récuser le Tribunal entier, quoique j'en sois justiciable, et évoquer la cause devant le Juge supérieur où il ressortit ; car tous ceux qui le composent étant ses Officiers, ont une cause de récusation qui leur interdit la cause de ce Seigneur.

Par la même raison, si j'ai une demande à former contre ce Seigneur, je l'assignerai devant le Juge supérieur, et non point à sa Justice.

Il y a néanmoins quelques demandes (quoique données au nom du Seigneur) desquelles son Juge peut connoître, ce sont celles qui concernent les domaines, droits et revenus ordinaires et casuels, tant en fief que roture de la terre, même des baux et jouissances. *Titre 24, art. 11.*

Suivant cet article, un Seigneur peut plaider devant son Juge contre ses vassaux censitaires, ou fermiers reconnus pour tels, pour le payement des redevances Seigneuriales, rentes foncieres, fermages, profits féodaux ou censuels, amendes ou autres droits de sa terre qui lui sont dus ; mais si le fond des droits lui est contesté, son Juge n'en peut plus connoître.

Le même article interdit aux Juges de Seigneurs la connoissance de toutes les autres causes où les Seigneurs sont parties intéressées.

Par cette raison, les Arrêts ont jugé qu'un Juge de Seigneur ne pouvoit mettre le scellé après la mort du Seigneur sur ses effets, car il est l'Officier des héritiers de ce Seigneur qui succèdent à la Seigneurie, et qui sont parties intéressées à l'apposition du scellé. *Arrêts du 6 Février 1702, et 17 Janvier 1708, au 5ᵉ tome du Journal des Audiences.*

Cette raison cesse si la Justice dépend d'un Bénéfice du défunt ; le Bailli de la Justice peut mettre le scellé sur les effets de son défunt Seigneur, car il n'est pas son officier puisqu'il est mort, ni de ses héritiers qui ne succèdent point à son Bénéfice. *Arrêt du 23 Avril 1704 pour le Bailli de S. Germain, à Paris, rapporté par Augeard, tom. 2. ch. 61.*

C'est aussi une espèce de récusation du Tribunal entier lorsqu'une partie fait évoquer d'une Cour Souveraine en une autre le procès qu'elle y a, à cause des parents que sa partie adverse a dans cette Cour.

Les évocations font la matière de l'Ordonnance du mois d'Août 1737, à laquelle nous renvoyons ; nous nous contenterons seulement d'observer qu'une partie peut aussi évoquer d'un Présidial en un autre les affaires qui doivent s'y juger en dernier ressort, lorsque la partie adverse y est Officier, ou lorsqu'elle a dans ce Siege son père, son fils, ou son frère. *Ordonn. de 1737, art. 87. titre premier.*

On ne peut évoquer des autres Sieges inférieurs, ni même des Présidiaux lorsque l'affaire n'est pas de nature à y être jugée en dernier ressort. L'Ordonnance néanmoins laisse à la prudence de la Cour de renvoyer l'affaire dans un autre Siege, lorsque, par le grand nombre des parents ou autre cause, il y aura des raisons suffisantes de soupçon contre le Siege où elle auroit dû être portée. *Ordonnance de 1737, art. 90.*

§. II. — *Des causes de récusation contre la personne des Juges.*

Comme rien n'est davantage requis dans un Juge que le désintéressement, le Juge est récusable toutes les fois qu'il se trouve avoir quelqu'avantage indirect à la décision de l'affaire portée devant lui.

Par cette raison , l'Ordonnance, titre 24, art. 5. décide que le Ju
pourra être récusé, s'il a un différent avec quelqu'autre personne s
pareille question.

Observez que le Juge, contre qui on proposeroit cette cause de réc«
sation, doit être reçu à sa déclaration, s'il a effectivement un différe
sur pareille question, à moins que la partie qui le récuse n'en eût à
main la preuve par écrit. *Ibid*.

La raison d'intérêt fait aussi que, si le Juge étoit associé à l'une d
parties, tellement que le gain du procès pût tourner à son avantage ou
perte, il seroit récusable.

Par la même raison, s'il est créancier de sommes considérables de l'u«
des parties, et que le procès soit si important, que de l'événement de «
procès dépende la conservation ou la perte de ses créances, le Juge do
s'abstenir.

C'est peut-être aussi pour cette raison que l'Ordonnance défend au
Juges de connoître des causes de ceux dont ils sont héritiers présompti«
Titre 24, *art.* 10.

C'est pour cette raison qu'un Juge ne peut pas connoître aussi d«
causes d'un Chapitre, College ou Communauté dont il est membre, c«
il a un intérêt à cette cause, et un membre s'intéresse naturellement au
affaires de son corps. *Ibid. art.* 10.

Non-seulement l'intérêt pécuniaire que le Juge peut avoir à la décisio«
de la cause l'en doit faire abstenir, quelqu'autre espece d'intérêt, so
d'honneur, soit d'affection, doit le rendre récusable; c'est pour cela qu
l'Ordonnance, *art.* 6, décide qu'un Juge peut être récusé, lorsqu'il a sol«
cité ou recommandé le droit de l'une des parties; car, par cette sollicit«
tion, il a fait connoître qu'il n'étoit pas lui-même désintéressé, et qu«
avoit un intérêt au moins d'affection à la décision de la cause.

Il est décidé par le même article que le Juge peut être récusé lorsqu'«
a donné conseil, ou connu du différend comme Juge ou comme arbitre
ou lorsqu'il a ouvert son avis; car, dans tous ces cas, il a un intér«
d'honneur, ou du moins d'affection, à ce que la cause soit décidée co«
formément à l'avis qu'il a donné, ou au jugement qu'il en a porté; il n'e«
donc point Juge désintéressé, et par conséquent il est récusable.

Les relations de parenté, amitié, et autres, que le Juge a avec u«
de ces parties, pouvant intéresser le Juge à ce que la cause soit décidé«
en faveur de la partie avec laquelle il a ces relations, elles doivent être d«
causes de récusation.

C'est pourquoi, 1°. La parenté ou affinité est cause de récusation e«
matiere civile jusqu'au quatrième degré de la ligne collatérale, selon «
computation canonique, c'est-à-dire, jusqu'aux enfants des cousins issu«
de germain inclusivement. *Titre* 24, *art.* 1.

2°. Elle l'est en matiere criminelle jusqu'au cinquième degré inclus«
vement, et si le juge est de même nom et armes que l'accusateur o«
l'accusé, il sera récusable, en quelque degré de parenté ou alliance qu«
ce soit. *Titre* 24 , *art.* 2.

3°. Le juge dont la femme est parente ou alliée de la partie, est réc«

sable, comme s'il étoit lui-même parent ; *et vice versâ*, le Juge, parent ou allié de la femme de la partie, est récusable, comme s'il étoit parent de la partie même. *Ibid. art.* 4.

L'affinité, et la récusation qui en est l'effet, s'éteint lorsque le mariage qui la formoit est dissous, et qu'il ne reste aucun enfant de ce mariage ; néanmoins un beau-père, un gendre, ou un beau-frère, sont récusables même après la dissolution du mariage qui formoit l'affinité, quoiqu'il n'en reste point d'enfant. *Ibid.*

4°. Le Juge n'en est pas moins récusable, quoiqu'il soit le parent ou l'allié commun des deux parties et au même degré. *Ibid. art.* 3.

La parenté spirituelle, telle que celle qui se trouve entre un parrain et un filleul, n'est point cause de récusation. *Arrêt de* 1618, *rapporté par Auzanet en ses Arrêts, page* 214.

5°. La relation de bienfait et d'amitié est une cause de récusation lorsque le Juge, son père, quelques-uns de ses enfants, son frère, oncle ou neveu, ou allié au même degré, ont obtenu quelque bénéfice de la nomination ou collation de l'une des parties. *Ibid. art.* 9.

L'Ordonnance ajoute, *pourvu qu'elles ayent été volontaires ;* car une collation nécessaire telle qu'est celle faite à un gradué, en vertu de ses grades, ou sur une permutation, n'est pas un bienfait.

6°. C'est aussi sur ce fondement que le Juge, qui est donataire d'une de ses parties, est récusable. *Ibid. art.* 10. Je pense néanmoins qu'une donation faite au Juge par la partie avant le procès, ne forme une cause de récusation que lorsqu'elle est considérable ; mais il est défendu aux Juges de recevoir des parties, depuis le procès intenté, le moindre petit présent, ni de se laisser défrayer par elles de leurs dépenses, ni de permettre que leurs domestiques reçoivent rien d'elles ; et s'ils le font, c'est une cause de récusation : cela est défendu notamment aux Juges-Commissaires, à peine de concussion et de 300 liv. d'amende. *Tit.* 21, *art.* 15.

7°. On peut, par argument de cet article, décider que le Juge qui auroit reçu quelqu'autre bienfait signalé de l'une des parties ne pourroit être Juge ; l'espece de bienfait mentionné en cet article paroît ne devoir être regardé que comme un exemple, d'autant plus que l'Ordonnance, titre 24. art. 12. déclare qu'elle n'entend point exclure les autres moyens de fait et de droit.

8°. Un Juge qui est lié d'une amitié très-étroite avec l'une des parties, doit se récuser, cette liaison étant beaucoup plus forte que celle qui résulte d'une parenté collatérale en degré éloigné ; mais comme on ne peut pas estimer le degré d'amitié, cette cause de récusation doit être laissée entierement à la prudence, l'honneur et la conscience du Juge.

Mais au moins, pendant le procès, le Juge doit s'abstenir de ce qui peut ressentir une trop grande familiarité entre lui et une des parties, comme d'aller manger chez elle, ou de lui donner à manger chez lui, ce qui peut être une cause de récusation ; mais ce n'en est pas une s'ils mangent ensemble chez un tiers.

Une 3°. espece de relation, qui fait une cause de récusation, est la relation de domesticité, c'est-à-dire, lorsque le Juge est maître ou domestique de l'une des parties, lorsqu'il vit avec elle sous même toit et à même pot. *Ibid. art.* 10.

Une 4ᵉ. espece de relation , qui est une cause de récusation, est la relation de protection et de subjection; comme nous prenons naturellement intérêt aux personnes qui sont sous notre protection , et par conséquent aux affaires qui les concernent , et qu'il faut être parfaitement désintéressé pour être Juge, on en conclud qu'un Juge ne doit pas connoître des causes des personnes à qui il doit une protection particulière.

Par ces raisons il est décidé en l'art. 10 , qu'un maître ne doit point être Juge des causes de ses domestiques ;

Un tuteur onéraire ou honoraire, subrogé tuteur ou curateur, de celles de ses mineurs.

A l'égard des Protecteurs d'ordre, Syndics d'ordre, comme c'est un pur office de charité qu'ils rendent, et que ce seroit priver les ordres de la protection des Magistrats qui ne voudroient plus s'en charger, s'il falloit descendre de leurs Sieges dans les procès des ordres dont ils seroient Protecteurs, l'Ordonnance a réglé qu'ils ne seroient récusables que lorsqu'ils seroient spécialement nommés dans les qualités du procès; par exemple lorsque la maison des Capucins plaide sous le nom de son pere temporel, le pere temporel ne peut être Juge.

Il paroît même par le Procès-verbal de l'Ordonnance que les Commissaires convenoient par les considérations ci-dessus , qu'un Juge pouvoit connoître des causes d'un Hôpital dont il étoit Administrateur, quoique les Administrateurs fussent en qualité et en nom collectif, pourvu qu'il n'eût pas signé la délibération pour soutenir le procès. *Voyez* le Procès-verbal, *page* 341 , *édit. de* 1724.

Par la même raison, un Juge, Marguillier d'honneur, peut connoître des affaires de la Fabrique.

Il y a un Arrêt du Parlement de Toulouse, de 1665, dans Catelan, qui a jugé qu'un Juge étoit récusable dans la cause de son Vassal; mais je ne pense pas qu'on doive suivre la décision de cet Arrêt, y ayant très-peu de relation, dans l'usage présent des fiefs, entre un Seigneur et ses Vassaux.

La raison de suggestion et dépendance rend un Juge récusable dans la cause d'une partie qui est Juge dans une autre chambre ou jurisdiction dans laquelle il a un procès. *Ibid. art.* 7. Car il y a lieu de craindre (comme il est observé dans le Procès-verbal) qu'il ne fût détourné de juger contre cette partie, dans la crainte qu'en revanche, elle ne lui fût pas favorable dans le procès qu'il a lui-même devant elle.

C'est par une semblable raison, que l'Ordonnance décide , *ibid. art.* 7 qu'un Juge ne doit pas connoître des causes d'une personne dont il est héritier présomptif, ainsi que nous l'avons déjà vu ci-dessus; car il y a une certaine relation de suggestion et de dépendance vis-à-vis d'une personne dont nous sommes héritiers présomptifs; et il y a lieu de craindre qu'un juge ne soit détourné de juger contre cette personne, de peur de l'indisposer et de la porter à le priver de sa succession. Il y a une autre raison dans cette espece, qui se joint à celle-ci; sçavoir, que le Juge a un intérêt personnel, directement dans la cause, par l'espérance d'avoir un jour une meilleure succession, si la partie gagne son procès.

On a agité la question, si un créancier, un locataire, un débiteur pouvoit être Juge de son débiteur, maître-d'hôtel, créancier; on a jugé qu'il le pouvoit. *Arrêt du 15 Juillet* 1562, rapporté au Journal du Palais. *Arrêt du 13 Juillet* 1609, *rapporté par Bouvot, Tom.* 2. *Q.* 13.

Nous avons vu les relations qui peuvent servir de causes de récusation, dans la crainte qu'elles ne portassent le Juge à favoriser la partie avec laquelle il a ces relations. Par une raison contraire, l'inimitié qui est entre une partie et le Juge, est une seconde cause de récusation, de peur qu'elle le porte à juger contr'elle.

C'est pourquoi l'art. 8 du même Tit. porte que « le Juge pourra être » récusé pour menace par lui faite verbalement ou par écrit depuis l'in-» stance, ou dans les six mois précédant la récusation proposée, *ou s'il y* » *a eu inimitié capitale.* » Par exemple, si la partie avoit tué un proche parent du Juge, ce seroit une présomption d'inimitié capitale entre le Juge et la partie, qui donneroit lieu à la récusation.

L'Ordonnance ne parle que d'inimitié capitale; mais l'usage a étendu cet article; quoiqu'il ne résulte pas une inimitié capitale d'un procès qui est entre le Juge et l'une des parties, néanmoins comme il en peut résulter des aigreurs, l'usage est que le Juge doit s'abstenir de juger des causes d'une partie avec laquelle il est lui-même en procès.

Cet usage reçoit plusieurs limitations : 1°. Si la partie n'a intenté un procès à son Juge que depuis qu'elle est en instance devant lui, elle ne pourra pas, sous le prétexte de ce procès, le récuser; afin qu'il ne soit pas au pouvoir des parties de se procurer une cause de récusation contre leurs Juges, en intentant mal-à-propos un procès.

2°. Il faut que le procès subsiste, ou du moins n'ait été fini que depuis très-peu de temps, car l'aigreur qui résulte d'un procès, n'est censée durer que tant que le procès dure, et s'éteint avec le procès.

3°. Il faut que le procès soit avec le Juge lui-même. Une partie ne pourroit récuser un Juge pour raison d'un procès qu'elle auroit avec le plus proche parent de ce Juge.

Cela dépend néanmoins de la nature du procès et des circonstances : on a jugé qu'un Juge étoit valablement récusé pour raison d'un procès criminel qui étoit entre la partie et le frère du Juge. *Arrêt du 4 Mai* 1610, *rapporté par Bouvot, Tom.* 2. *Q.* 10.

L'aigreur qui résulte d'un procès ne se présume qu'envers la partie avec qui on plaide, et non envers l'Avocat ou Procureur. C'est pourquoi un Juge ne peut pas être récusé par une partie, sous prétexte que cette partie seroit l'Avocat ou le Procureur de la partie adverse de ce Juge dans quelque affaire.

L'inimitié aussi-bien que toutes les relations ci-dessus mentionnées, qui forment des causes de récusation, ne se considerent que vis-à-vis la vraie partie, et non pas vis-à-vis des personnes qui, quoiqu'elles soient dans les qualités du procès, *putà* comme tuteur d'un mineur, Marguillier d'une fabrique, ne sont point parties en leur nom.

C'est pourquoi le Juge n'est point récusable, quoiqu'il soit le parent ou l'ennemi du tuteur qui est en qualité; mais il est récusable s'il est parent du mineur.

Pareillement dans les causes où le Procureur du Roi, en sa qualité de Procureur du Roi, est partie, le Juge, quoique parent du Procureur du Roi, n'est point récusable.

Il reste à observer qu'en matière civile, un Juge en qui il y a quelque cause de récusation, peut demeurer Juge, lorsque les deux parties y consentent par écrit.

L'Ordonnance le décide, *art. 1. du tit. 24. pour la parenté et l'affinité*, et il paroît y avoir même raison pour les autres causes de récusation, lorsqu'elles sont connues des deux parties.

Lorsque le Juge est parent de l'une des parties, suffit-il que l'autre partie consente? Il sembleroit qu'oui, car il semble qu'il n'y ait qu'elle qui soit intéressée à le récuser; néanmoins l'Ordonnance décide expressément qu'il faut que les deux parties consentent, la partie parente aussi bien que celle qui ne l'est pas. Il n'est pas vrai qu'il n'y ait que l'autre partie qui ait intérêt à la récusation, la partie parente peut y avoir aussi intérêt, 1°. Parce que si la parenté et l'affinité produit de l'affection qui puisse donner lieu de craindre que le Juge ne se prévienne en faveur de son parent, elle produit aussi quelquefois de la haine qui peut donner lieu de craindre qu'il ne se prévienne contre lui. Ces relations sont *inter concordes incitamenta charitatis, inter iratos verò incitamenta odiorum*. 2°. Parce qu'il y a des Juges scrupuleux qui, dans la crainte de se prévenir pour la cause de la personne à qui ils portent de l'affection, se préviennent contr'elle.

L'Ordonnance requiert que les parties consentent. Le tuteur de l'une des parties y pourroit-il consentir pour elles?

On peut faire la même question à l'égard des autres administrateurs, et elle paroît souffrir quelque difficulté; je penserois néanmoins qu'ils le peuvent : ce sentiment qui tend à conserver à la partie un bon Juge, est un acte qui ne paroît pas passer les bornes d'une bonne administration.

En matière criminelle, le consentement des parties, quand même celui du Procureur général ou de son Substitut y seroit joint, ne peut faire cesser les causes de récusation. *Ibid. art. 2.*

La raison de différence paroît être, qu'en matière civile, il n'y a que les parties qui soient intéressées à la récusation du Juge, au lieu qu'en matière criminelle, c'est le public qui a le principal intérêt à la décision de la cause, et, par conséquent, à la récusation du Juge, et elle ne doit pas, par cette raison, dépendre des parties.

De plus, le préjugé national faisant retomber sur la famille d'un condamné une partie de l'ignominie de sa condamnation, on ne peut jamais regarder le Juge comme désintéressé en matière criminelle.

§. III. — *Du devoir du Juge en qui il y a une cause de récusation.*

Le Juge, qui sait en lui quelque cause de récusation, ne doit pas atendre que les parties le récusent ; il ne doit pas néanmoins s'abstenir si a cause de récusation n'est jugée valable, car l'office de Juge est un office nécessaire et dû aux parties, dont il n'est pas permis aux juges de se déporter sans une excuse suffisante.

Il ne doit pas non plus s'en rapporter à son propre jugement, sur la validité de la cause de la récusation qu'il croit être en sa personne, car ce seroit s'établir Juge en sa propre cause. C'est pourquoi l'Ordonnance, *tit. 24. art.* 17 et 18. décide qu'il en fera sa déclaration à la compagnie, et que cette déclaration sera communiquée aux parties qui seront tenues de proposer leur récusation dans la huitaine du jour que cette déclaration leur aura été signifiée ; néanmoins en cas d'absence des parties, on leur accorde un délai plus long. *Ibid. art.* 20.

La même ordonnance, *art.* 18. du même Titre, « défend aux Juges » de se déporter du jugement et rapport des procès, qu'après qu'ils au- » ront déclaré en la Chambre les causes pour lesquelles ils croient ne » pouvoir demeurer Juges, et qu'elles auront été déclarées valables. » Le motif de cet article est que l'office du Juge est nécessaire, et qu'un Juge ne peut refuser son ministère sans cause.

Lorsque la récusation a été déclarée valable, le Juge doit s'abstenir, non-seulement du jugement, mais même de l'entrée de la chambre où se juge le procès ; et si c'est à l'Audience, il doit descendre du Siège, fût-il le Président. *Ibid. art.* 15 et 16.

S'il étoit besoin que le Juge, qui auroit procès en son nom, ou pour des parties dont il est tuteur, fût entendu en la Chambre où se rapporte le procès, il y viendra ; mais il sera obligé de se retirer après qu'il aura été entendu. *Ibid. art.* 14.

Quoique le Juge, par la récusation, ne demeure plus Juge, néanmoins il lui est défendu de solliciter la cause pour l'une des parties ; cette sollicitation est cependant permise pour ses propres procès et ceux de ses parents jusqu'aux degrés d'oncles, tantes, neveux et nièces inclusivement, pourvu qu'il le fasse dans la maison des Juges, et non dans le lieu de la Séance. *Ibid. art.* 13.

§. IV. — *De la Procédure pour les récusations de Juge. Des Jugements de récusations, et de l'appel de ces Jugements.*

Quoique le Juge n'ait pas proposé lui-même les causes de récusation qu'il croit être en lui, l'une des parties peut le faire.

Régulièrement cela doit se faire avant la contestation en cause ; néanmoins une partie peut y être admise après, et en tout état de cause, en affirmant, par elle, que la cause de récusation est nouvellment venue à sa connoissance. *Ibid. art.* 21.

La récusation doit être proposée par requête, qui en contienne les moyens, qui soit signée de la partie, ou du Procureur fondé de sa procuration spéciale, attachée à sa requête. Néanmoins, en cas d'absence de la partie, le Procureur est dispensé du pouvoir spécial. *Ibid. art.* 23.

Cette requête doit être remise au Juge d'instruction, pour être ensuite communiquée au Juge récusé, qui doit donner sa réponse. *Ibid. art.* 24.

Sur sa réponse, la récusation sera jugée par cinq Juges au moins dans les Sieges où il y a six Juges, y compris le récusé ; et par trois au moins, dans les autres Sieges, même dans ceux où le Juge récusé seroit le seul Juge ; et le nombre des Juges sera suppléé par des Avocats ou Praticiens du Siege. *Ibid. art.* 25.

Il est même défendu au Juge récusé d'être présent au jugement de récusation. *Ibid. art.* 24.

Les Présidiaux peuvent aussi juger, en dernier ressort, les récusations au nombre de cinq, dans les matières du premier chef de l'Edit. *Ibid art.* 28.

Si les moyens de récusation sont valables, on ordonnera que le Juge s'abstiendra, sinon on donnera congé de la requête, et la partie qui aura mal-à-propos récusé le juge, sera comdamnée en l'amende portée par l'art 29. Le Juge pourra même, outre cela, demander réparation des faits proposés contre lui, suivant sa qualité et la nature des faits. *Ibid. art.* 30.

Cette amende est de 200 livres dans les Parlements, Grand Conseil e Conseil du Roi. *Règlement de* 1738.

De 100 livres aux requêtes de l'Hôtel et du Palais ; de 50 livres aux Présidiaux, Bailliages et Sénéchaussées.

De 35 liv. dans les Châtellenies, Prévôtés, Vicomtés, Elections, Greniers à sel, et aux Justices des Seigneurs ressortissantes nuement en la Cour et des Duchés Pairies, et de 20 livres aux autres Justices des Seigneurs

Cette amende est applicable, moitié au fisc, et l'autre moitié à la partie adverse de celle qui a proposé la cause de récusation.

Les jugements sur les récusations doivent être exécutés nonobstan l'appel, sauf lorsqu'il est question de procéder à quelques descentes informations et enquêtes, auquel cas le Juge récusé ne peut passer outre nonobstant l'appel du jugement qui a donné congé de la requête en récusation, mais il y doit être procédé par un autre Juge. *Ibid. art.* 26.

Ces appellations doivent être jugées sommairement et sans frais. *Ibid art.* 27.

S'il est intervenu pendant l'appel une sentence au principal, dont il y ait appel, l'appel des jugements sur la récusation sera joint à cet appel *Ibid. art.* 27.

SECTION VI.

Des différentes espèces d'exceptions dilatoires.

ARTICLE PREMIER.

De l'exception d'un héritier ou d'une veuve, pour avoir le délai pour délibérer.

L'Ordonnance, *tit.* 7. *art.* 1. accorde un délai de trois mois aux héritiers, pour faire l'inventaire des effets, titres et enseignements de la succession, qui court depuis l'ouverture de la succession.

Ce délai court, tant contre le mineur que contre le majeur; si néanmoins le mineur étoit dépourvu de tuteur, personne n'ayant pu, pour lui, faire inventaire, il y a lieu de penser que ce délai ne devroit courir, pour lui, que du jour qu'il en auroit été pourvu.

Outre ce délai, pour faire inventaire, l'Ordonnance en accorde un autre à l'héritier, pour délibérer et se consulter s'il acceptera, ou répudiera la succession.

Ce délai est de 40 jours, et commence à courir du jour que l'inventaire a été achevé, s'il l'a été dans les trois mois; sinon du jour de l'expiration du terme de trois mois, dans lequel il a dû être achevé, quoiqu'il ne l'ait pas été. *Tit.* 7. *art.* 1 et 3.

L'ordonnance accorde le même délai aux veuves, pour faire l'inventaire des effets de la communauté qui étoit entr'elles et leurs défunts maris, et pour délibérer si elles accepteront la communauté, ou si elles y renonceront. *Tit.* 7. *art.* 5.

Si, avant l'expiration de ces délais, on donne une demande contre un héritier présomptif, en sa qualité d'héritier, ou contre une veuve en sa qualité de commune, ou que l'on assigne l'une ou l'autre pour reprendre une instance commencée avec le défunt, cet héritier présomptif ou cette veuve ont une exception dilatoire contre cette demande, et l'effet de cette exception est d'arrêter la poursuite de la demande, jusqu'à l'expiration des délais accordés par l'Ordonnance; le Juge, sur cette exception proposée par l'héritier présomptif, ou par la veuve, doit ordonner qu'il sera sursis à faire droit sur la demande, jusqu'à l'expiration des délais accordés par l'Ordonnance.

Il n'y a pas lieu à cette exception dilatoire, lorsque les délais sont expirés, à moins que le défendeur ne justifiât que l'inventaire n'a pu être achevé dans le temps prescrit par l'Ordonnance, à cause des oppositions et contestations qui sont survenues, ou par quelque autre cause, auquel cas, le Juge peut accorder un nouveau délai pour faire inventaire, et un délai de 40 jours pour délibérer; ce jugement de prorogation doit être rendu à l'Audience, et il est défendu d'appointer sur cette exception. *Art.* 4.

Quoique, hors ce cas, l'Ordonnance défende d'accorder aucun autre délai, *art.* 2 et 3, néanmoins elle ne s'exécute pas à la rigueur, et on ordonne seulement que l'héritier, ou la veuve, seront tenus de prendre qualité dans la huitaine, faute de quoi sera fait droit; mais ces dépens doivent être portés par le défendeur, qui est en faute de n'avoir pas pris qualité dans les délais.

L'héritier ou la veuve peuvent encore se proroger le délai, en appelant de la sentence de condamnation; car en rapportant par la suite une renonciation à la communauté, ou à la succession, cet héritier, ou cette veuve seront déchargés de la condamnation portée par la sentence; mais ils doivent être condamnés en tous les dépens faits jusqu'au jour du rapport de cette renonciation.

Observez que la condamnation portée contre un héritier, en sa qualité d'héritier, quoique confirmée par Arrêt, l'oblige bien à subir la condamnation, mais elle ne le rend pas véritablement héritier; et comme *res inter alios judicata alteri nec prodest, nec nocet*, cela n'empêchera pas que, s'il est assigné par d'autres créanciers, il ne puisse se défendre, en rapportant une renonciation à la succession.

Il faut dire la même chose de la veuve.

ARTICLE II.
De l'exception pour appeler garant.

§. I. — *Ce que c'est que garant, Garantie, et leurs différentes espèces.*

Garantie en général, est l'obligation de défendre une personne de quelque action donnée, ou qui pourroit être donnée contr'elle.

Garant, est celui qui est tenu de cette action.

Il y a deux espèces de garantie, *la formelle* et *la simple.*

La garantie *formelle* est celle qui a lieu dans les actions réelles ou hypothécaires, qui résultent de l'obligation qu'une personne a contractée envers quelqu'un, de le défendre de tous troubles dans la possession d'une chose, et qui a lieu toutes les fois qu'il y est troublé par quelqu'un prétendant droit à cette chose. Telle est la garantie dont sont tenus un vendeur, et les cautions de ce vendeur, envers celui qui a acheté de lui.

Celui qui est tenu d'une telle garantie, s'appelle *garant formel.*

Observez que la garantie formelle ne peut être demandée que par celui qui jouit de l'héritage, à titre de propriétaire ou d'usufruitier : un locataire ou fermier, assigné pour délaisser l'héritage dont il jouit, doit seulement indiquer au demandeur le nom de son bailleur, afin qu'il agisse contre lui.

La garantie simple est celle qui a lieu dans les actions personnelles qui résultent de l'obligation qu'une personne a contractée d'acquitter quelqu'un en tout ou en partie d'une dette dont il est tenu envers un tiers, et qui a lieu toutes les fois qu'il est poursuivi pour cette dette.

Celui qui est tenu d'une telle garantie, s'appelle *garant simple.*

§. II. — *Des délais pour appeler garant, et des exceptions qui en résultent.*

Lorsque celui qui est assigné sur une demande, prétend avoir garant *formel* qui soit obligé de le défendre, ou garant *simple* qui soit obligé de l'acquitter, l'Ordonnance lui accorde un délai pour assigner ce garant afin que ce dernier soit tenu de prendre sa défense, ou de l'acquitter; ce délai est de huitaine, à compter du jour que l'exploit de la demande originaire a été donné, et elle accorde, outre cela, le temps nécessaire pour appeler ce garant, selon la distance du lieu de sa demeure, à raison d'un jour pour dix lieues, et autant de temps pour retirer l'exploit. *Tit* 8. *art.* 2.

Si le défendeur qui a un garant à assigner, étoit assigné en qualité d'héritier, et que le délai qui lui est accordé pour délibérer ne fût pas expiré le délai pour assigner son garant ne courroit que du jour que le délai, pour délibérer, auroit expiré, *ibid.* car tant qu'il délibere, et n'a pas pris de qualité, il ne peut pas assigner son garant; le délai pour l'assigner ne peut donc pas courir, suivant la règle : *Contrà non valentem agere non currit præscriptio.*

On doit observer la même chose à l'égard d'une veuve assignée comme commune. *Ibid.*

Lorsque celui qui est assigné en garantie, a lui-même un garant qui doit le défendre et l'acquitter de cette garantie, il doit avoir les mêmes délais pour assigner ce second garant, à compter du jour que l'exploit de la demande en garantie ou en sommation lui a été donné ; et si ce second garant avoit lui-même un garant qui le dût défendre, il devroit avoir les mêmes délais pour assigner le troisième garant, à compter du jour que l'exploit de contre-sommation lui a été donné , *et sic deinceps*.

Ces délais qu'accorde l'ordonnance au défendeur, pour assigner son garant, opèrent une exception dilatoire, par laquelle le défendeur peut arrêter les poursuites du demandeur, et empêcher qu'il ne puisse être pris défaut contre lui avant que les délais de l'assignation en garantie soient expirés. *Ibid.*

Le défendeur doit pour cela opposer cette exception dilatoire, et la fonder par la copie qu'il donnera au demandeur originaire de l'exploit de demande en garantie qu'il a donné contre son garant , et des pieces justificatives de sa garantie. *Ibid.*

Cette exception dilatoire cesse d'avoir lieu lorsque les délais accordés par l'Ordonnance sont expirés. L'Ordonnance défend d'en accorder d'autres, sous prétexte de minorité , biens d'Eglise, ou autres causes privilégiées ; le Juge doit donc statuer sur la demande , nonobstant que le défendeur allègue qu'il a un garant; il doit s'imputer de n'avoir pas appelé ce garant dans le délai que l'Ordonnance lui accordoit pour cela. *Ibid.* .

La contestation sur cette exception , si elle doit avoir lieu ou non , doit être jugée sommairement à l'Audience. *Ibid.*

Au reste, le défendeur n'est pas déchu pour cela de son action de garantie, il peut sur l'appel appeller son garant en cause, soit en la Cour, soit en une autre jurisdiction où se poursuit l'appel ; et si la condamnation qui a été prononcée contre lui est en dernier ressort , ou s'il n'en a point appellé , il peut encore intenter l'action de garantie contre son garant, non pas en la Jurisdiction en laquelle il avoit été assigné lui-même , parce que l'instance y est terminée, mais devant le Juge du domicile de son garant.

Si le garant soutient que la demande originaire, sur laquelle celui qui l'appelle en garantie a été condamné, ne procédoit pas et qu'en conséquence il ne lui doit point de garantie, il faudra renouveller devant le Juge la question originaire; car le jugement rendu sur cette demande originaire, dans une instance où ce garant n'étoit point partie, ne peut faire loi contre lui.

De là il suit que le défendeur , qui a un garant à appeller, se fait un grand préjudice en ne l'appellant pas dans les délais que l'Ordonnance lui accorde devant le Juge de la jurisdiction où il est assigné; car en ne le faisant pas, il se charge de prouver le droit du tiers qui a obtenu contre lui, ainsi que nous l'avons fait voir dans notre Traité du Contrat de vente, *part.* 2. *chap.* 1. *n°* 109. Et il peut arriver qu'étant condamné sur la demande originaire donnée contre lui, il soit obligé de subir cette condamnation , et qu'il n'ait point de recours contre son garant, parce que l'autre Juge devant lequel il assignera ce garant , jugera que la demande originaire ne procédoit pas.

Un autre préjudice que le défendeur se fait , en n'appellant pas son garant dans les délais prescrits par l'Ordonnance , c'est qu'il n'a aucune répétition contre ce garant, de tous les dépens tant par lui faits que ceux auxquels il a été condamné , jusqu'au jour qu'il a appellé son garant , si ce n'est seulement du coût de l'exploit de la demande originaire. *Tit.* 8. *art.* 14.

Les garants contre-sommés, qui succombent, sont tenus non-seulement des dépens de leur temps , mais même de tous les exploits donnés , tant contre le défendeur originaire que contre les garants qui les précèdent , et qu'ils sont tenus de garantir médiatement ou immédiatement.

§. III. — *De la demande et sommation en garantie.*

Le défendeur peut assigner son garant, tant formel que simple, en quelque lieu qu'il soit demeurant, par devant le Juge devant lequel il est assigné, pour qu'il soit tenu de l'y défendre ou de l'acquitter. *Tit.* 8. *art.* 1.

Il n'est besoin pour donner cette assignation , d'aucune commission ni sentence , quoique le garant demeure hors la jurisdiction du Juge devant lequel on l'assigne, à moins que l'assignation ne se donnât en une Cour souveraine ou présidiale , auquel cas il faut une commission. *Ibid.*

L'exploit de demande en garantie, ou sommation , doit être fait dans la forme des autres exploits : il doit être libellé, c'est-à-dire , contenir les conclusions du demandeur en garantie, et les moyens sur lesquels il les établit. Il doit contenir la copie des pièces sur lesquelles il la fonde, la copie de la demande originaire qui lui a été donnée , et des pièces dont on lui a donné copie, et qui en sont le fondement. *Ibid.*

Le garant assigné en garantie doit défendre devant le Juge où l'instance sur la demande originaire, est pendante, et devant lequel il est assigné quand même il dénieroit être garant : il ne peut pas demander son renvoi devant son propre Juge sur la question , s'il est garant ou non.

Cela a fait autrefois difficulté : mais c'est un point aujourd'hui décidé par l'Ordonnance. *Ibid.*

Cette règle souffre deux exceptions ; la première est que, s'il paroît par écrit, ou par l'évidence du fait, que la demande originaire n'a été donnée contre le demandeur originaire, qu'à dessein de traduire le garant hors de sa jurisdiction, la cause doit être renvoyée, *ibid.* Ce renvoi doit même être fait sans attendre que les parties le requièrent. *Voyez le procès-verbal de l'Ordonnance, page* 91.

La seconde exception est, lorsque le garant est privilégié; car il a droit de demander son renvoi devant le Juge de son privilege : tels sont tous ceux qui ont droit de *committimus*, ou *lettres de Garde-Gardienne;* les Docteurs et Ecoliers qui jouissent du droit de scholarité; tels sont encore les Bourgeois de Paris, qui ont droit, en défendant, de ne pouvoir être traduits qu'au Châtelet de Paris, suivant l'*art.* 112 de la Coutume de Paris. *Bacquet, des droits de Justice*, chap. 8. n. 43.

Un laïque ne pourroit pas être assigné en garantie simple pardevant l'Official par un Ecclésiastique qui y seroit assigné, mais il faut assigner ce laïque devant le Juge séculier de son domicile.

Contrà vice versâ. Un Ecclésiastique, assigné en garantie par un laïque devant le Juge séculier, ne peut pas demander son renvoi pardevant l'Official. *Voyez* le Commentaire de M. Jousse, et les auteurs par lui cités sur l'*art.* 8.

C'est une Question, lorsque le garant privilégié obtient son renvoi devant le Juge de son privilege, sur la demande en garantie donnée contre lui, s'il peut aussi y évoquer la demande originaire? Bacquet, *chap.* 8. n. 44. décide pour l'affirmative. M. Jousse pense que ce n'est pas à lui à demander cette évocation, mais au défendeur originaire, qui a intérêt de ne pas plaider dans deux jurisdictions ; ce dernier sentiment paroît plus plausible.

Le garant formel, assigné en garantie, qui convient être garant, doit prendre le fait et cause du défendeur originaire qui l'a sommé en garantie, c'est-à-dire, qu'il doit se charger de le défendre contre le demandeur originaire.

Au moyen de cette prise de fait et cause, le défendeur originaire doit être mis hors de cause, s'il le requiert, et la demande originaire doit s'instruire entre le demandeur originaire, et le garant qui a pris le fait et cause du défendeur. *Ibid.*

Par exemple, si moi, possesseur d'un héritage, j'ai été assigné pour le délaisser par une demande en revendication, ou par une demande hypothécaire, c'est mon vendeur que j'ai sommé en garantie qui sera tenu de défendre pour moi à cette demande, et de soutenir que l'héritage n'appartient point au demandeur, et qu'il ne lui est point hypothéqué, et toute la procédure qui se fera sur cette contestation, ne sera qu'entre le demandeur et lui, et non avec moi qui dois être mis hors de cause.

Néanmoins, encore que le garanti ait été mis hors de cause, il peut y assister pour la conservation de ses droits ; c'est-à-dire, que si la cause se plaide, il peut avoir sur le barreau un Avocat pour plaider les moyens contre sa demande originaire, qui pourroient échapper à l'Avocat de son garant. *Ibid. art.* 10.

Pareillement si la cause s'instruit en procès par écrit, il pourra signifier au demandeur originaire des écritures, contenant des moyens contre sa demande, de peur qu'ils n'échappent à son garant.

Le défendeur ayant été mis hors de cause, si la demande originaire se trouve bien fondée, la condamnation sera prononcée, non contre le garanti défendeur originaire, puisqu'il n'est plus en cause, mais contre le garant qui sera condamné à délaisser l'héritage, et aux dépens.

Mais, quoique la condamnation soit prononcée contre le garant, néanmoins elle ne s'exécute contre lui que pour les dépens, dommages et intérêts, etc. C'est contre le garanti qu'elle s'exécute pour le principal sur une simple signification qui lui est faite de la sentence. *Ibid. art.* 11

Lorsque le garanti n'a pas été mis hors de cause, il ne peut répéter contre son garant que les frais de taxe, et non les faux frais; tels que ceux de voyage, et autres qui n'entrent pas en taxe.

Il en est autrement dans la garantie *simple*, qui a lieu dans les demandes personnelles; le garant simple ne peut être reçu à prendre le fait et cause du défendeur originaire; car ce défendeur étant assigné, comme étant obligé personnellement envers le demandeur, comme étant son vrai débiteur, c'est à lui à se défendre; son garant ne peut qu'intervenir pour défendre conjointement avec lui; c'est ce défendeur originaire qui doit être condamné, si la demande se trouve fondée, et qu'il se trouve être effectivement le débiteur du demandeur; le garant, s'il y a lieu à la garantie, sera seulement condamné envers celui qui l'a sommé en garantie, à l'acquitter. *Ibid. art.* 12.

ARTICLE III.
De quelques autres especes d'exceptions dilatoires.

Lorsqu'un tiers détenteur est assigné en action hypothécaire, il a une exception dilatoire qu'il peut opposer contre cette demande, qui s'appelle *l'exception de discussion*, dont l'effet est d'arrêter la demande jusqu'à ce que le demandeur ait discuté les biens de son débiteur, tant meubles qu'immeubles, pourvu que les immeubles soient situés dans le royaume et même dans le ressort du même Parlement; ces immeubles lui doivent être indiqués par celui qui oppose cette exception, qui doit aussi lui avancer des deniers pour cette discussion d'immeubles. Cette exception étant opposée, la demande est arrêtée jusqu'à ce que la discussion du débiteur ait été faite, et qu'il paroisse que le demandeur n'a pu être payé de sa créance par cette discussion.

Les *fidejusseurs* qui, par leur cautionnement, n'ont point renoncé l'exception de discussion, peuvent aussi, lorsqu'ils sont assignés, en vertu de leur cautionnement, opposer l'exception de discussion, et arrêter par cette exception la demande donnée contr'eux, jusqu'à ce que le demandeur ait discuté son débiteur principal.

L'exception de division est aussi une exception dilatoire par laquelle l'un de plusieurs confidejusseurs, en offrant aux créanciers sa part virile de la dette pour laquelle ils ont tous répondu, arrête la demande pour le surplus, jusqu'à ce qu'il ait été constaté de l'insolvabilité des autres fidejusseurs.

Le débiteur qui est assigné pour le paiement d'une dette avant le terme de paiement, a aussi une exception dilatoire qui arrête jusqu'à ce terme la poursuite de cette demande.

Ces exceptions dilatoires doivent être proposées avant de défendre au fond, et on ne seroit pas recevable à les opposer en cause d'appel, si on avoit instruit en première instance sans en faire usage. D'Héricourt, dans son Traité de la vente des immeubles, *chap. 4. n.* 16, n'est contraire à notre sentiment que parce qu'il met l'exception de discussion dans la classe des exceptions *péremptoires ;* mais comme c'est le temps auquel le défendeur propose cette exception qui en doit déterminer la nature, et non pas l'événement qui en peut résulter, lequel est incertain, nous croyons que cette exception n'est que suspensive, et que par cette raison elle doit être proposée *à limine litis.*

L'exception des *vues et montrées* étoit aussi une exception dilatoire qui avoit lieu en matière réelle, par laquelle le possesseur d'un héritage pouvoir demander qu'avant toutes choses, le demandeur ou son fondé de pouvoir se transportât avec lui sur le lieu, et lui fît voir *au doigt et à l'œil* l'héritage pour lequel il lui faisoit la contestation, dont il seroit dressé acte; comme ces *vues et montrées* causoient de grands frais, l'Ordonnance les a abrogées par la disposition qui ordonne au demandeur de désigner l'héritage par tenants et aboutissants, *tit.* 9. *art.* 5. suivant qu'il a été dit au titre des Adjournements. *Tit.* 2. *art.* 6.

SECTION VII.

Des Répliques et Abrogations de toutes autres procédures ; des Demandes incidentes, et des Interventions.

§. I. — *Des répliques et abrogations de toutes autres procédures.*

Le demandeur, à qui le défendeur a signifié des défenses contre la demande par lui donnée, peut répliquer à ces défenses par un acte signifié au Procureur du défendeur, *tit.* 14. *art.* 2. mais il le doit faire dans trois jours, à compter de la signification des défenses, sans qu'après ce délai, qui ne peut être prorogé, la procédure, ou le jugement puisse être arrêté.

Ces répliques, ainsi que les défenses, se fournissent, par un acte signifié de Procureur à Procureur.

Autrefois le défendeur, à qui ces répliques avoient été signifiées, pouvoit y opposer des moyens qu'on appeloit *dupliques,* et le demandeur opposoit des *tripliques* contre ces dupliques. L'usage de ces *dupliques* et *tripliques* a été proscrit par l'Ordonnance, *ibid. art.* 3. et ces actes ne doivent pas passer en taxe.

§. II. — *Des demandes incidentes.*

Le défendeur, outre les défenses contre la demande donnée contre lui, peut former lui-même des demandes contre le demandeur, s'il en a quelqu'une à former contre lui ; c'est ce qui s'appelle *réconvention* ou *demandes incidentes.*

Ces demandes se forment par un simple acte que le Procureur du défendeur signifie à celui du demandeur. Cet acte n'est sujet à aucune formalité, sinon qu'il doit être libellé comme un exploit ; c'est-à-dire , contenir les conclusions desdites demandes, et un précis des moyens sur lesquels elles sont fondées. On doit aussi, par le même acte, donner copie des pieces qui y servent de fondement. *Tit.* 11. *art.* 23.

Le demandeur peut aussi, dans le cours de l'instance, former des demandes incidentes , autres que celles portées par son exploit , pourvu qu'il puisse les justifier par écrit , et il les donne par un acte de Procureur signifié au Procureur du défendeur , dans la même forme, et de la même maniere que nous avons dit que se donnent les demandes incidentes du défendeur.

L'Ordonnance a une disposition très-sage au sujet de ces demandes incidentes au *tit.* 20. *art.* 6. « Toutes les demandes, à quelque titre que » ce soit , qui ne seront entierement justifiées par écrit , seront formées » par un même exploit , après lequel, les autres demandes , dont il n'y » aura pas de preuve par écrit , ne seront reçues. »

Cet article ne se doit pas restreindre aux demandes du demandeur ; il y a même raison pour décider que toutes les demandes incidentes que le défendeur doit former , le doivent être par un même acte, et qu'après en avoir formé , il ne doit pas être reçu à en former par la suite de nouvelles qui ne seroient pas justifiées par écrit.

Quoique le demandeur soit reçu à former de nouvelles demandes , depuis son exploit, et le défendeur depuis l'acte par lequel il a formé ses premieres demandes incidentes, lorsque ces nouvelles demandes se justifient par écrit , néanmoins, s'il avait pu les former lors de la demande principale, il ne doit pas avoir la répétition des frais que ces nouvelles demandes ont causés , de plus qu'elles n'auroient causés , si elles eussent été formées par un même exploit, ou par un même acte.

Observez que suivant l'article 106 de la Coutume de Paris, « la recon- » vention (en cour Laïque) n'a lieu, si elle ne dépend de l'action , et » que la demande en réconvention soit la défense contre l'action premie- » rement intentée, etc. » parce que, dit Coquille, Liv. 30, celui qui auroit été convenu en aucune action d'expédition aisée , auroit pu mettre avant , une action de grande longueur et difficulté pour empêcher et retarder l'autre.

§. III. — *Des Interventions.*

L'intervention est un acte par lequel un tiers demande à être reçu partie dans une instance formée entre d'autres parties, soit pour s'y joindre au demandeur, et demander la même chose que lui, ou quelque chose de connexe, soit pour se joindre au défendeur, et combattre avec lui la demande du demandeur qu'il a intérêt de détruire.

On peut former une intervention , soit avant , soit après contestation en cause : soit dans les causes qui se jugent à l'Audience, soit dans les procès par écrit ; soit en cause principale , soit en cause d'appel. *Tit.* 11. *art.* 28.

Cette intervention se forme par une requête présentée à un Juge, qui contient les moyens sur lesquels l'intervenant prétend fonder son intervention. Le Juge ordonne, au bas de la Requête, que les parties viendront plaider un certain jour ; l'intervenant doit signifier l'Ordonnance du Juge et la requête, ensemble la copie des pieces sur lesquelles elle est fondée, à la partie contre qui elle veut intervenir ; le Juge statue à l'Audience contradictoirement, ou par défaut, sur la premiere assignation, si l'intervention doit être reçue ou non. *Ibid.*

Ces interventions peuvent aussi se former sans requête, lors de la plaidoirie de la cause dans laquelle quelqu'un veut intervenir ; il peut, par son Procureur et Avocat, demander à être reçu partie intervenante, en faisant plaider ses moyens d'intervention.

Lorsque l'intervenant est privilégié, ou qu'il a un intérêt direct dans la cause qui lui donne droit d'intervenir, il peut faire renvoyer la cause devant le Juge de son Privilege, quoique la cause fût déjà contestée, ou que le procès fût déjà distribué à un Rapporteur, pourvu néanmoins qu'il ne fût pas déjà en état d'être jugé ; c'est ce qui résulte du Règlement de Montdidier, du 5 Juin 1659, rapporté au Journal des Audiences, *tit.* 2.

Lorsque l'intervention n'est formée qu'en cause d'appel, l'intervenant ne peut demander, ni son renvoi devant le Juge de son Privilege, ni faire évoquer la contestation, à moins que ces droits n'eussent pas été encore ouverts ; ou que lui ou ses auteurs n'eussent pu agir avant le jugement de cause principale. *Argument tiré du tit.* 1. art. 29. *de l'Ordonnance de* 1737.

Tous intervenants doivent se pourvoir à l'Audience, pour y faire statuer sur le mérite de leur intervention, même aux Chambres des Enquêtes des Parlements.

Dans le cours des procès par écrit, lorsque les interventions qui surviennent paroissent fondées, les Juges doivent ordonner, par le jugement qui reçoit la partie intervenante, qu'il sera fait droit sur le surplus de la demande, en jugeant l'instance principale.

Les parties en l'instance doivent défendre à cette intervention, ou employer pour moyens ce qu'elles ont déjà dit, et remettre leur requête de contredits, ou d'emploi, ès mains du Rapporteur.

Dans une cause d'Audience, lorsque le droit de l'intervenant est apparent, et que la cause est en état, on peut, en recevant l'intervention, faire droit sur le tout par un seul et même jugement. Mais si le procès est par écrit, on appointe en droit, et on joint sur l'intervention qui est ensuite réglée par le même jugement que le principal, s'il y a lieu, sauf à disjoindre.

CHAPITRE III.

De la contestation en Cause, et de l'instruction.

SECTION PREMIERE.

De la contestation en Cause, et de la procédure pour y parvenir.

APRÈS les défenses fournies, l'Ordonnance donne un délai de trois jours, soit afin que le demandeur puisse donner ses répliques, soit afin que les Avocats de l'une ou l'autre partie puissent se préparer pour la plaidoirie.

Après ces trois jours, l'une ou l'autre des parties peut poursuivre la cause à l'Audience sur un simple acte, par lequel un Procureur signifie à l'autre Procureur qu'à un tel jour, il se trouvera ou fera trouver l'Avocat de la partie à l'Audience, et qu'il le somme de s'y trouver. Cet acte s'appelle *avenir;* et il a été substitué aux avenirs qui se prenoient au Greffe avant l'Ordonnance de 1667, *tit.* 14. *art.* 1.

En conséquence de cet avenir, la partie qui l'a donné, ou celle à qui il a été donné, fait présenter son placet au Juge qui doit présider à l'Audience, qui fait appeler la cause par l'Huissier, si le temps de l'Audience le permet, et qu'il n'y ait pas de cause plus pressée.

Ce placet ne contient rien autre chose que les noms et qualités des parties en instance; *pour un tel et tel demandeurs, contre un tel et tel défendeurs;* il se donne sur du papier ordinaire, et non timbré.

Si la cause n'a pas été appelée, la partie la plus diligente signifiera par son Procureur au Procureur de l'autre partie un pareil *avenir,* pour un autre jour d'Audience, et donnera un autre placet, et ainsi, dorénavant, jusqu'à ce que la cause soit appelée.

Au lieu de poursuivre la cause sur des avenirs, la partie qui la veut faire juger peut la faire inscrire sur un rolle des causes qui se tient au Greffe et signifier à l'autre partie par un acte de Procureur à Procureur qu'il l'a mise au rolle : dès lors, l'Audience ne peut plus se poursuivre sur des avenirs et placets, et la cause est appelée à son tour sur le rolle.

Mais comme le tour de rolle ne vient quelquefois qu'après un temps très-long, lorsqu'il est chargé de beaucoup de causes, si la cause qui a été mise au rolle est de la nature de celles qui requierent célérité, la partie à qui on a signifié qu'elle étoit au rolle, peut demander, par un acte de Procureur à Procureur, qu'elle en soit retirée, avec un avenir à la prochaine Audience pour faire statuer sur cet incident. *Voyez* le Règlement fait le premier Septembre 1758, pour la confection des rolles du Présidial et du Bailliage d'Orléans.

Suivant ce règlement, le Procureur doit, avant de faire inscrire une cause au rolle, examiner si elle est provisoire, et si elle a reçu toute son instruction ; ainsi dans ces sieges il ne doit y avoir lieu que très-rarement à l'incident, pour tirer des causes du rolle. *Voyez* les autres dispositions du même règlement.

Si néanmoins cet incident se trouve bien fondé, le Juge ordonne que la cause sera tirée du rolle, et que les parties viendront plaider à certain jour, auquel cas l'Audience se poursuit pour le jour indiqué sur un avenir et un placet, en la manière ci-dessus expliquée.

Lorsque la cause a été appellée, soit à tour de rolle, soit sur un avenir ou placet, elle se plaide, ou par les avocats des parties, ou par les procureurs, lorsque la cause ne mérite pas le ministère des avocats.

Si, sur la plaidoirie, la cause peut se juger définitivement, elle est plaidée, contestée et jugée tout à la fois et en même temps.

Si elle ne se peut juger définitivement, la sentence interlocutoire que rend le Juge sur cette plaidoirie, quelle qu'elle soit, forme la *contestation en cause* : c'est ce qui est porté par l'*art.* 13 du *tit.* 14, où il est dit : « La » cause sera tenue pour contestée par le premier Règlement, appointement » ou jugement qui interviendra après les défenses fournies, encore qu'il » n'ait pas été signifié. »

Cela est assez conforme à l'idée que le Droit Romain nous donne de la contestation en cause : *cum judex per narrationem negotii causam audire cœperit.* L. 1. Cod. *de litis contest.*

De là il résulte qu'il n'y a point de *contestation en cause* tant qu'on n'a proposé que des exceptions déclinatoires, et que le Juge n'a donné Règlement que sur ces sortes d'exceptions. Mais aussitôt qu'il y a eu des défenses fournies sur le fonds de la contestation, ou même sans avoir été fournies par écrit, si elles ont été prononcées devant le Juge, la première prononciation du Juge qui intervient sur la plaidoirie de ces défenses, forme ce qu'on appelle *contestation en cause.*

On a demandé, si un simple jugement de continuation de cause au prochain Siege, ou à huitaine, forme la contestation en cause ? Il a été jugé pour l'affirmative, et Chenu, *cent.* 2. *question* 196. en rapporte un Arrêt du 19 Janvier 1587.

Un jugement rendu par défaut peut-il former la contestation en cause ? On décide pour l'affirmative ; et on se fonde sur l'art. 104 de la coutume de Paris, qui porte qu'il y a « contestation en cause, quand il y a Règlement » sur les demandes et défenses des parties, ou bien quand le défendeur est » défaillant, ou débouté de défenses. »

Mais si le défaillant est reçu opposant au jugement par défaut, la Sentence qui le reçoit opposant, en détruisant le jugement, détruit la contestation.

Si ce jugement, qui reçoit opposant, ordonne qu'au principal les parties en viendront, ce Règlement forme une contestation en cause.

Section II.
Des différentes espèces d'Instructions.

1°. Lorsque la demande du demandeur, ou les défenses du défendeur

sont fondées sur des actes sous signature privée, et que la partie à laquell
ils sont opposés, ne veut point en reconnoître l'écriture et la signature, l
Juge ordonne la *reconnoissance et vérification des écritures.*

2°. Lorsque l'une ou l'autre des deux parties se fonde sur des actes qu'ell
n'a point en sa possession, et qu'elle dit être en la possession d'un tiers, qu
ne peut ou ne veut les lui délivrer sans l'ordonnance du Juge, le Juge c
ordonne le *compulsoire.*

3°. Lorsque la contestation roule sur l'état de la chose contentieuse, l
Juge en ordonne *la visite* par des experts, et quelquefois même, lorsqu'
en est requis, il ordonne *de sa descente* sur les lieux contentieux.

4°. Lorsque la décision de la cause dépend des faits avancés par l'une de
parties, et déniés par l'autre, le Juge permet de faire la *preuve* de ce
faits par *Enquête*, et ce jugement s'appelle *appointement à vérifier.*

5°. Quelquefois une partie, pour se procurer la preuve des faits ter
dants à la décision de la cause par l'aveu de l'autre partie, demande qu'el
soit *interrogée* par le Juge sur *faits et articles*, ce que le Juge permet.

6°. Lorsque la cause portée à l'Audience n'y peut être jugée, soit par
nombre des chefs de demande qui n'y peuvent être discutés, soit par
nombre des actes, de l'examen desquels dépend la décision de la cause
le Juge prononce un *appointement en droit*, ou un appointement à *mettre*
ou un appointement *de délibéré*, que nous appelons à Orléans un appoin
tement *sur le Bureau*. Nous traiterons de toutes ces différentes espèce
d'instructions dans des articles séparés.

ARTICLE PREMIER.

De la reconnoissance et vérification des Ecritures.

§. 1er. — *De la reconnoissance.*

Lorsqu'un demandeur fonde sa demande sur une promesse ou aut
acte sous signature privée du défendeur, il doit lui en donner copie
conclure à ce que le défendeur soit tenu de reconnoître l'acte comme sigr
de lui, et que faute par lui de s'en expliquer dans un court délai, qui
pourra être moindre de trois jours, la promesse ou billet sera tenu pou
reconnu. *Edit de* 1684, *art.* 1 *et* 2.

Il faut excepter de cette regle les justices consulaires dans lesquelles l
demandeurs ne sont point tenus de conclure à la reconnoissance, et peuve
obtenir condamnation sur des billets non reconnus, tant qu'ils ne sont p
déniés. *Déclaration du* 15 *Mai* 1703.

S'ils étoient déniés, les Consuls doivent renvoyer devant les Juges ord
naires du lieu, pour procéder à la vérification. *Ibid.*

La partie assignée devant le Juge du lieu où elle réside, pour la reco
noissance de sa promesse, doit y répondre, ou la reconnoître, ou dénie
sans pouvoir demander son renvoi devant le Juge de son privilege, si
n'est pour le principal; et faute par lui de reconnoître l'écriture ou la sign
ture, le Juge, quand même il ne seroit pas le vrai Juge du défendeu
peut valablement prononcer que la promesse demeure reconnue, car to

Juges sont compétents pour cette reconnoissance. *Ordonnance de Roussillon en* 1539, *art.* 10.

Cela ne doit pas s'entendre en ce sens, qu'un Juge incompétent, *ratione materiæ*, puisse être compétent sur cette matiere; comme si on m'assignoit à l'Élection, ou aux Eaux et Forêts, pour reconnoître un billet que j'aurois fait pour prêt d'argent.

Ces dispositions de l'Ordonnance ne doivent pas non plus s'entendre du lieu où le défendeur ne feroit que passer, et où il n'auroit aucune résidence.

Nous avons vu que celui qui étoit assigné pour reconnoître sa promesse, devoit la reconnoître, ou dénier devant le Juge du lieu où il se trouvoit domicilié, quoique la connoissance du principal n'appartînt point au Juge; *contrà vice versá*, quoique l'affaire principale soit pendante devant le Juge, si l'une des parties veut se servir de l'acte signé par son adversaire, et qu'il en demande la reconnoissance, elle ne pourra le faire devant le Juge où le procès est pendant, si la partie à qui on la demande n'est, ou présente, ou domiciliée sur le lieu; et celui qui la demande, sera tenu d'assigner sa partie devant le Juge de son domicile, qui statuera seulement sur la reconnoissance; et au cas que la partie dénie que la piece soit signée d'elle, il renverra pour la vérification devant le Juge où le procès est pendant. *Tit.* 12, *art.* 5.

Lorsque la partie assignée pour reconnoître quelque acte, qu'on prétend signé d'elle, comparoît à l'assignation, la piece doit lui être communiquée en présence du Juge, et paraphée par le Juge. *Edit de* 1684, *art.* 5.

Elle est tenue de déclarer précisément si l'acte est signé d'elle ou non, faute de quoi le Juge le déclare pour reconnu, de même que lorsqu'elle fait défaut. *Art.* 7.

Il en est autrement lorsqu'une partie est assignée pour reconnoître la signature du défunt dont elle est héritiere; faute par elle de la reconnoître, ou de comparoir, le Juge ne doit pas ordonner qu'elle demeurera pour reconnue, mais il en doit ordonner la vérification par experts. La raison de différence est qu'un héritier n'est pas obligé de connoître la signature d'un défunt, au lieu que nul n'est présumé ignorer s'il a signé, ou non, l'acte qu'on lui présente, ou ne pas connoître sa signature.

§. II. — *De la vérification.*

Lorsqu'une partie, assignée pour reconnoître un acte qu'on prétend signé d'elle, le dénie, ou, lorsqu'étant assignée pour reconnoître la signature d'un défunt dont elle est héritière, elle ne la reconnoît pas, le Juge ordonne la *vérification.*

La partie qui poursuit la vérification présente requète pour avoir une Ordonnance, afin de contraindre les dépositaires des actes et minutes qu'il veut produire pour servir de pièces de comparaison, et les apporter; on fait, en conséquence, commandement au dépositaire : s'il y a opposition de la part de ce dépositaire, elle doit se porter devant le Juge qui a rendu l'Ordonnance, quand même ce dépositaire seroit domicilié hors de son ressort; il suffit en ce cas de prendre un *pareatis* du Juge de son domicile pour lui signifier l'Ordonnance. Lorsque ces pieces ont été rapportées, le Juge, sur la requête de celui qui poursuit la vérification, donne assignation en son hôtel à certain jour et certaine heure, pour par elles convenir des pieces de comparaison sur lesquelles la vérification se fera, et des experts pour la faire.

Pour qu'une pièce puisse servir de pièce de comparaison, il faut qu'il soit constant que la signature, qui est au bas de cette piece, est celle de la personne que l'on prétend être au bas de la pièce dont la signature est contestée, afin que, si les experts décident que les signatures qui sont au bas des pieces de comparaison, sont de la même main que la signature contestée, on en puisse conclure que c'est effectivement cette personne qui a signé la pièce dont la signature est contestée; tels sont les actes authentiques, c'est-à-dire, reçus par personnes publiques, qui ont été signés par la personne dont la signature est contestée; car l'authenticité de ces actes, et le caractère de la personne qui les a reçus, assure la vérité des signatures qui y sont. Telles sont les minutes des actes des Notaires, les actes des Greffes, les registres des Baptêmes, Mariages et Sépultures.

Pareillement tous actes dont il s'agit aura signés la partie en qualité de Juge, Greffier, Notaire, Procureur, Huissier, ou faisant, à quelque titre que ce soit, fonction publique, seront regardés comme ayant une signature authentique, et pourront servir de pieces de comparaison.

A l'égard des actes privés, il est évident qu'ils ne peuvent servir de pièces de comparaison; car rien n'assurant la vérité de la signature qui est au bas, il n'est pas constant qu'ils soient signés de la personne dont il s'agit de comparer l'écriture. Si néanmoins ces actes privés étoient avoués entre les parties, ou avoient déjà été reconnus pour être signés de la personne dont il s'agit de comparer l'écriture, la signature devenant constante par cet aveu, pourroit servir de pièce de comparaison.

Les parties doivent aussi convenir d'experts pour la vérification; on prend pour experts, des maîtres Ecrivains. *Tit.* 12, *art.* 8.

Si l'une des parties nomme un expert, et que l'autre n'en nomme point, le Juge en nomme un d'Office pour elle. *Art.* 9.

Les experts, en procédant à la vérification, en dressent leur procès-verbal, *ou rapport*, en la forme des rapports, dont il sera parlé ci-après, Art. III.

La partie qui paroît, par la vérification, avoir mal à propos dénié sa signature, doit être condamnée en une amende : cette amende est de 100 liv. dans les Cours, et de 50 liv. dans les autres Sieges et jurisdictions. *Edit de* 1684, *art.* 11.

ARTICLE II.

Des compulsoires.

Les actes des Notaires appartiennent, en quelque façon, aux personnes entre lesquelles ils sont passés : les Notaires n'en sont que les dépositaires, ils ne doivent donc pas les communiquer, ni en délivrer des expéditions, qu'à ces personnes ou à leurs héritiers, ou à ceux qui les représentent, à moins qu'ils n'y soient contraints par l'Autorité du Juge. *Ordonnance de* 1539, *art.* 177.

Lors donc que des tiers ont besoin de ces actes pour fonder leurs demandes ou défenses, dans quelque cause ou procès, soit qu'il ait déjà été intenté, ou qu'il soit prêt à l'être, il faut que ces tiers ayent recours au Juge, et obtiennent de lui un jugement, ou ordonnance qui enjoigne au Notaire de leur en donner communication et de leur en délivrer des expéditions; c'est ce qu'on appelle *compulser.*

Le Juge, en l'ordonnant, ne blesse point les parties à qui ces actes appartiennent; cette condamnation ne tend qu'à découvrir la vérité et à rendre justice à qui elle appartient.

Il n'en est pas de même des Greffiers; leurs registres sont publics, et ils sont tenus d'en délivrer des expéditions à toutes les personnes qui le requièrent, aux offres qu'elles font de payer le salaire qui leur est dû.

Les registres des baptêmes, mariages et sépultures, sont aussi des registres publics; toutes personnes sont bien fondées à demander au Curé qui en est le dépositaire, qu'il leur en délivre des extraits.

Si ces Greffiers ou Curés refusoient de le faire, on auroit aussi recours à l'autorité du Juge.

Une partie peut aussi demander et obtenir du Juge la permission de compulser des actes, qui sont dans des archives particulières, comme d'un Chapitre, d'une Abbaye, ou de quelques Seigneurs particuliers.

La partie qui a obtenu l'Ordonnance du Juge, qui lui permet de compulser, doit la signifier à l'autre partie, avec assignation à jour et heure certaine pour être présente au compulsoire, c'est-à-dire à la communication qui sera faite de la pièce.

Cette assignation se donnoit autrefois, pour se trouver au portail d'une église, ou autre lieu pulic, pour de là aller à la maison où étoit la pièce; l'Ordonnance a prescrit que dorénavant, elle seroit donnée pour se trouver au domicile du Greffier ou Notaire, soit que la pièce à compulser fût chez eux, soit qu'elle fût ailleurs, pour, en ce cas, aller de là au lieu où est la pièce. *Tit.* 12, *art.* 1.

L'Ordonnance qui permet de compulser, doit aussi être signifiée à la personne chez laquelle le compulsoire doit être fait, avec commandement de se trouver en son étude, ou dans ses archives, au jour et heure indiquée par la signification.

La partie qui veut compulser, ou son Procureur étant venu au jour et à l'heure portée par l'assignation, si l'autre partie ou son Procureur s'y trouvent aussi, on procede au compulsoire en sa présence; sinon, après avoir attendu une heure, on y procede en son absence, et l'on fait mention dans le Procès-verbal du temps que l'on a attendu. *Ibid. art.* 2.

Ce compulsoire se fait par un Huissier ou un Sergent, que la partie amene avec elle, qui fait commandement au Notaire ou autre dépositaire, de représenter le pièce; après que ce Notaire ou dépositaire a obéi, l'Huissier dresse son Procès-verbal, contenant la description de la pièce, la collation de cette piece entiere, ou par extrait qu'il en tire, et on doit donner copie du tout à la partie, ou à son Procureur, comme aussi faire mention des dires des parties, si elles en font.

Si le Notaire, ou autre dépositaire, refusoit d'obéir, ou se portoit opposant à l'Ordonnance qui permet le compulsoire, il faudroit l'assigner odur le faire débouter de son opposition, et lui enjoindre d'y obéir, à peine de tous dépens, dommages et intérêts, et d'y être contraint par saisie de ses biens. Il y a lieu de penser qu'un Notaire et un Greffier doivent représenter la minute même de l'acte, et non pas seulement l'expédition signée d'eux, mais cela peut souffrir difficulté suivant les circontances.

Si l'acte est entre les mains d'un tiers, à qui il appartient, et que la production de cet acte puisse lui préjudicier, on ne peut l'obliger à le communiquer. Il en est de même de la partie adverse : *Quia nemo tenetur edere contrà se*; mais si cet acte avoit été produit, il devient commun, et quelque préjudice qu'il cause à la partie, elle ne peut le retirer.

Si la piece est en dépôt chez un Juge, on doit donner assignation en son hôtel, pour y faire la collation qui se fait par le Greffier du Siege.

Si la partie, qui a requis le compulsoire, ne comparoît pas, ni son Procureur pour elle, elle doit être condamnée envers la partie qui s'y est trouvée en vingt livres de dommages et intérêts, et aux frais du voyage, *Tit*. 12, *art*. 3.

ARTICLE III.

Des visites, rapports d'experts et descentes de Juges.

§. I. — *Des visites et rapports d'experts.*

La décision d'une cause dépend souvent de quelque fait contesté entre les parties, qui ne peut se justifier que par la *visite* de la chose qui fait l'objet de cette contestation ; par exemple, l'acheteur d'un cheval donne contre son vendeur l'action *rédhibitoire*, pour qu'il soit tenu de le reprendre, parce qu'il prétend qu'il a quelque vice, qui donne lieu à la rédhibition ; si le vendeur le dénie, ce fait, dont dépend la décision de la cause, ne peut se justifier que par la visite du cheval par experts : il faut donc que le Juge, avant qu'il puisse rendre son jugement définitif, ordonne que le cheval sera vu par des experts, qui constateront s'il a ce vice, ou non.

Pareillement, si j'ai fait marché avec un ouvrier, de lui faire faire certains ouvrages à une maison, et que j'oppose à cet ouvrier, lorsqu'il m'en demande le prix, que ces ouvrages sont mal faits et non recevables, il faudra pareillement ordonner la visite par experts.

Suivant *l'art*. 8 *du Tit*. 21 de l'Ordonnance, les jugements qui ordonnent une visite, doivent contenir la mention de trois choses.

1° Du fait contesté, sur lequel les experts nommés doivent faire leur rapport.

2° Du juge qui sera commis pour procéder à la nomination des experts, recevoir leur serment et leur rapport.

3° Du délai dans lequel les parties comparoîtront devant le Commissaire, pour convenir des experts.

Le projet de cet article, qui est dans le Procès-verbal, ajoutoit « du

» jour et de l'heure que les parties devront comparoître devant le Com-
» missaire. » Mrs. du Parlement dirent que cet article étoit impossible
dans l'exécution, qu'on ne pouvoit pas savoir si le Commissaire pourroit
être prêt, précisément à tel jour et à telle heure ; le motif de cet article
étoit d'abréger les procédures.

La décision de l'Ordonnance, qui regle que le jugement contiendra
mention du Juge, qui sera commis pour procéder à la nomination des
experts, souffre exception dans les Jurisdictions, où il n'y a qu'un seul
Juge ; car quand même, en ordonnant la visite, il auroit simplement prononcé cette visite, *par experts, dont les parties conviendront pardevant
nous, sinon nommés d'Office*, le jugement seroit bon ; car étant le seul
Juge, on entend assez que c'est pardevant lui qu'il entend qu'il soit procédé.

Pareillement dans les Jurisdictions, comme le Bailliage d'Orléans, où le
Lieutenant-Général en sa qualité d'Enquêteur-Examinateur, a seul droit
de faire toutes instructions, ou en son absence, l'Officier qui le suit, suivant l'ordre du tableau, il est inutile de nommer dans le jugement le Juge
devant qui on procédera, parce qu'on ne peut ignorer que ce doit être pardevant lui. *Voyez* l'Arrêt du Conseil du 31 Août 1689, servant de Règlement entre les Officiers du Présidial d'Orléans.

Lorsque le lieu, dont on ordonne la visite, est éloigné, le Juge qui ordonne la visite, pour éviter les frais, commet quelquefois par le jugement,
le Juge du lieu pour procéder à la nomination des experts, et à la prestation de leurs sermens ; pour cet effet, on délivre au Greffe du Juge, qui
a ordonné la visite, des lettres de commission adressées au Juge qu'il a
commis. Ces lettres s'appellent, *Lettres de commission rogatoire*, lorsqu'elles s'adressent à des Juges d'un rang égal, ou supérieur à celui qui
l'a commis, ou simplement *Lettres de commission*, lorsque ce Juge commis est d'un rang inférieur.

En exécution du jugement qui ordonne la visite, la partie qui la poursuit donne assignation à l'autre en l'hôtel du Juge, à jour et heure
certaine pour convenir de la nomination des experts, à moins qu'ils
n'eussent été nommés, par le jugement même qui a ordonné la visite, ou
par un acte signifié de Procureur à Procureur, ce qui peut arriver. Lorsque les parties se sont rendues à l'assignation, elles peuvent convenir d'un
même expert : si elles en ont nommé chacune un de leur part, alors chacune d'elles peut proposer ses moyens de récusation contre l'expert,
nommé par sa partie adverse ; s'il n'en a point été proposé de part et
d'autre, le Juge ordonne que les experts nommés par les parties, passe-
ront à la visite ; s'il en avoit été proposé, le Commissaire renverroit à
l'Audience, pour être statué sur les causes de récusation.

Ces causes de récusation contre les experts, sont les mêmes que contre
les Juges.

Si l'une des parties ne comparoît, ou qu'elle comparoisse et refuse de
nommer un expert de sa part, le Juge en nomme pour elle d'office, pour
par cet expert, s'il n'est pas récusé, faire la visite conjointement avec celui
nommé par l'autre partie. *Tu.* 21. *art.* 9.

Mrs. du Parlement s'opposèrent à cette disposition ; ils prétendirent
lorsqu'une des parties ne nommoit pas un expert, on ne pouvoit pas
que les deux parties en fussent convenues, et que le Juge seul devoit, er
cas, en nommer un pour les deux parties ; néanmoins la dispositio
passé.

Lorsqu'il s'agit de visites d'ouvrages d'un certain art et métier, il n
pas nécessaire que les experts soient de cet art et métier ; on peut nomm
pour experts, des bourgeois intelligents dans ces ouvrages. *Tit.* 21. *art.*

Le Procès-verbal de nomination d'experts doit contenir le jour et l'he
auxquels ils doivent comparoître devant le Juge ou Commissaire, p
prêter le serment. *Ibid. art.* 10. au cas que ce ne soient pas des exp
jurés, tels qu'il y en a à Paris ; car ces experts ayant prêté serment
fois en Justice, ne sont point obligés de le renouveler toutes les fois qu
sont nommés.

Ces experts, sur la premiere assignation qui leur est donnée par la pa
qui poursuit l'exécution, sont obligés d'aller au jour et heure indiqu
prêter le serment devant le Commissaire. Cette prestation de serment
être constatée par un acte ou jugement que doit donner le Juge ou le Cc
missaire.

Dans le projet de l'article 10, il étoit dit que l'assignation seroit don
tant aux parties qu'aux experts ; mais dans l'article, tel qu'il est rédi
il n'est fait aucune mention des parties ; d'où on doit conclure qu'o
jugé que la présence des parties n'étoit pas nécessaire. En vain voudroit
tirer en argument, dans ce cas-ci, ce qui est porté en *l'art.* 5 *du Tit* 22
Enquêtes ; car en fait de formalités qui sont de droit étroit, il ne faut
argumenter d'un cas à un autre.

Les experts, après avoir prêté le serment, doivent, le plutôt qu'il l
sera possible, procéder à la visite. Ils ne doivent recevoir aucun prés
des parties, ni souffrir même qu'on les défraye dans le voyage qu'ils fo
pour la visite sur le lieu. *Ibid. art.* 15. Mais il y a lieu de penser qu'ils
roient en droit de demander, qu'avant qu'ils fussent tenus de partir p
procéder à la visite, leurs vacations fussent consignées telles qu'elles seroi
réglées par le Juge, et on doit pour cela tirer argument de *l'art.* 5 *du T*
21 qui porte que (dans le cas de descente de Juge) la partie requéra
doit consigner les frais ordinaires. Si le Juge peut faire consigner ses fr
avant les vacations, il semble que cela doit être accordé, à plus forte raiso
à des experts qui sont des mercenaires : néanmoins cela ne se pratic
point ici dans l'usage ; on a seulement ordonné, par un Règlement du
Décembre 1750, que les Greffiers ne pourroient délivrer aux parties,
expéditions des rapports d'experts, qu'ils n'eussent au préalable fait pa
entre leurs mains la taxe des vacations des experts, à peine d'en répond
envers les experts.

S'il est ordonné que la visite sera faite en présence des parties, les
perts la doivent faire en leur présence, ou elles duement appellées, e
cet effet, la partie qui poursuit l'exécution du jugement par lequel la vis
a été ordonnée, doit faire signifier par acte de Procureur à Procureur,

jour et l'heure qu'elle se fera, faute de quoi la visite faite en l'absence d'une partie non duement appellée, seroit de nul effet.

Si le jugement ne porte pas qu'elle sera faite en présence des parties, elles n'y sont pas nécessaires, et alors, il n'y a rien à signifier.

Les experts, de retour chez eux, dressent leur rapport sur les notes qu'ils en ont pu faire sur les lieux lors de leur visite. Le projet de l'Ordonnance les obligeoit à le dresser sur le lieu, de peur qu'à leur retour ils ne pussent être corrompus et changer d'avis; mais cet article a été retranché, et le motif qui a déterminé à le faire, est que ces rapports demandant souvent un temps considérable pour être dressés, cela auroit arrêté trop longtemps sur le lieu ces experts, et augmenté considérablement les frais; d'ailleurs il ne faut pas si mal présumer de la probité des hommes.

Mais si les experts sont d'un même avis, ils doivent faire ensemble leur rapport; s'ils sont d'un avis différent, ils le doivent faire séparément.

Les experts ayant fait leur rapport, et fait taxer leurs vacations par le Juge auquel ils doivent le présenter, ils le mettent au Greffe; lorsqu'ils ne savent point écrire, ils le font rédiger par un Notaire avant de le présenter au Juge et de le déposer au Greffe.

Dans les jurisdictions où il y a des *Greffiers de l'écritoire,* ce sont eux qui dressent les rapports des experts, en délivrent des expéditions, et en gardent les minutes.

La partie qui veut tirer avantage du rapport, en leve au Greffe une expédition, et la signifie au Procureur de l'autre partie, et peut, trois jours après, poursuivre le jugement de la cause sur un simple acte, et conclure à ce que le rapport soit homologué, c'est-à-dire, confirmé par le Juge, et qu'il soit fait droit en conséquence. L'autre partie oppose ce qu'elle a à opposer contre le rapport ou le déclare nul, et ordonne une autre visite par d'autres experts, s'il le juge nécessaire.

Il n'y a pas de meilleur moyen à opposer contre le rapport d'un expert, dont une partie veut tirer avantage, que le rapport de l'autre expert qui se trouve contraire : le Juge, en ce cas, nomme un tiers expert. *Ibid. art.* 13.

Lorsqu'il s'agit de visites d'ouvrages dans une cause, entre un bourgeois et un artisan, le tiers expert doit être un bourgeois et non un artisan du même métier, même dans les Jurisdictions où il y a des jurés experts, à moins qu'il n'y en ait de bourgeois, qui, dans ce cas, doivent être nommés. *Ibid. art.* 11.

Ce tiers expert, lorsqu'il a été nommé, doit prêter serment, sur la premiere assignation, et procéder ensuite à la visite, dans laquelle il doit se faire assister de deux autres experts. *Ibid. art.* 13. L'ayant fait, il dresse son rapport, et la partie, qui prétend en tirer avantage, en poursuit l'*homologation* à l'audience sur un simple acte, ou si l'affaire est appointée, le produit par inventaire ou par requête.

Lorsque les deux experts font un rapport uniforme, les parties ne peuvent être reçues à demander qu'il en soit fait un nouveau, même à leurs frais, à

moins qu'il ne fût pas concluant, ou qu'il fût ambigu. Dans ce cas, le Jug
en peut même ordonner un d'office, s'il ne se trouve pas suffisammen
instruit. Au reste, la fonction des experts est libre, et ils peuvent refuser l
commission, alors il en faut nommer d'autres.

§. II. — *Des descentes des Juges.*

Il y a des cas où il est nécessaire que le Juge, pour son instruction
voie de ses propres yeux les lieux contentieux ; dans ces cas, le Juge or
donne de sa descente. *Voyez* le procès-verbal de l'Ordonnance, p. 319
mais hors ces cas, il est défendu aux Juges d'ordonner de leurs descente
sur les lieux s'ils n'en sont requis par écrit par l'une ou l'autre des parties
Tit. 21. *art.* 1.

Le cas auquel la descente peut être ordonnée d'office, est, lorsque le di
férent tombe sur la situation du lieu, encore souvent même en ce cas
n'est-elle pas nécessaire, et on y supplée par un plan et figure que le Jug
ordonne être fait par des experts nommés par les parties.

Le jugement qui ordonne la descente du Juge, ordonne aussi ordinair
ment que les parties conviendront d'experts pour assister le Juge, o
d'arpenteurs pour dresser, en sa présence, le plan des lieux contentieu»
Il peut néanmoins y en avoir où la descente du Juge seul puisse suffir
Le jugement, qui ordonne la descente, doit contenir le nom du Jug
commis pour la faire. *Ibid. art.* 4.

Dans les Cours, c'est le Président qui commet celui qui doit faire la de
cente : ce doit être un des Conseillers qui a assisté au jugement, ma
jamais le rapporteur de l'affaire. *Ibid. art.* 2. La raison en paroît être
de peur que le Rapporteur, qui auroit intérêt à être chargé de la commis
sion, n'engageât une partie à la requérir, ou plutôt afin qu'il y ait deu
Juges pleinement instruits de l'affaire.

Dans les Bailliages et Présidiaux, c'est le premier des Juges qui o»
assisté à l'Audience, suivant l'ordre du tableau, qui doit faire la descente
le Rapporteur n'en est pas exclus. *Arrêt du* 6 *Septembre* 1712. Soit qu
la descente ait été ordonnée sur la demande de l'une des parties, so
qu'elle ait été ordonnée d'office, le Juge, commis pour la faire, ne pe
y procéder et la faire sans la réquisition de l'une des parties qui doit,
cet effet, lui présenter requête, et consigner les frais nécessaires, *ibi*
art. 5, c'est-à-dire, ceux du Commissaire, ceux du Greffier, des Expert
de son Procureur ; elle n'est pas tenue de consigner les vacations du Pr
cureur de l'autre partie ; si elle le fait, on lui délivre l'exécutoire pour
répéter. *Ibid. art.* 21.

Le jugement qui ordonne la descente et la requête donnée par l'une d
parties pour y être procédé, étant remis entre les mains du Commissair
celui-ci rend son Ordonnance, par laquelle il donne assignation aux parti
à jour certain, et au lieu auquel il fera la descente. La partie poursuivan
doit signifier cette Ordonnance au Procureur de l'autre partie. Le Co
missaire doit partir dans le mois du jour de la réquisition, sans que
temps puisse être prorogé ; si le Commissaire ne le pouvoit, l'une d

parties pourroit, sur une requête, en faire subroger un autre, sans que le temps du voyage pût être prorogé, à peine de nullité. *Ibid. art.* 6.

Le Commissaire peut être récusé pour les mêmes causes pour lesquelles on récuse les Juges, et cette récusation doit être jugée par le Siege avant que le Commissaire procede à l'exécution de la commission.

Si néanmoins le jour du départ a été signifié au moins huit jours avant, la partie doit récuser le Commissaire au moins trois jours avant son départ, faute de quoi, il peut passer outre nonobstant la récusation, sauf à y faire droit après le retour. *Ibid. art.* 7.

Il est défendu aux Commissaires de rien recevoir des parties, ni de se laisser défrayer par elles. *Ibid. art.* 15.

Les parties doivent se trouver avec leur Procureur au jour et lieu indiqués pour la descente ; si quelqu'une des parties ne s'y trouve pas, ni son Procureur pour elle, le Commissaire donne défaut contre elle, et ne laisse pas de procéder à la visite.

Si une des parties veut, outre cela, y faire trouver un Avocat ou un Conseil, elle le peut, mais à ses dépens, et sans espérance de répétition. *Ibid. art.* 21.

Le Commissaire dresse un procès-verbal de sa visite, qui doit contenir ce qu'il a vu et remarqué, les dires et réquisitions des parties ; il doit faire aussi mention des jours qu'il a employés à se transporter sur les lieux, de ceux de son séjour et retour ; de ce qui a été consigné pour les taxes des vacations, tant de lui que de ceux qui ont assisté à la commission. *Ibid. art.* 19.

A la minute de ce Procès-verbal doit être attachée la minute du rapport des experts, qu'ils délivrent, à cet effet, au Commissaire, et ce rapport doit être transcrit dans le même cahier de la grosse qui sera levée du procès-verbal. A la fin du procès-verbal, le Juge doit taxer toutes les vacations.

Dans les descentes qui se font dans les villes et banlieues, la taxe est d'une certaine somme par chaque vacation selon la qualité du Juge. *Voyez* l'Arrêt de Règlement du 10 Juillet 1665, *art.* 38.

Lorsqu'elles sont hors la banlieue, la taxe est d'une certaine somme par jour depuis celui du départ jusqu'à celui du retour. *Voyez* l'Arrêt du Conseil du 16 Octobre 1684, qui a réglé la taxe des Officiers du Présidial d'Orléans. Lorsque le Commissaire n'est pas venu exprès sur le lieu, il ne peut se taxer aucun voyage ni retour. *Ibid. art.* 20.

Si le Commissaire exécute plusieurs commissions à la fois, il ne peut être payé qu'une seule fois de la taxe pour chaque jour, qui se répartira entre les parties intéressées, si le départ a été requis pour les deux commissions ; mais s'il n'a été requis pour la seconde commission que lorsqu'il s'est trouvé sur le lieu pour l'exécution de la première, les frais du départ et du retour seront portés en entier par les parties intéressées à la première. *Ibid. art.* 18.

La descente faite, la partie qui en veut tirer avantage leve une expédition du procès-verbal qu'elle signifie à l'autre partie au domicile de son Procureur, et elle poursuit le jugement, trois jours après, sur un simple acte, *ibid. art.* 23, sauf que le Juge peut appointer, si la cause n'est pas de nature à être jugée à l'Audience.

Article IV.

Des Enquêtes.

Lorsque la décision d'une cause dépend d'un fait contesté entre les parties, qui peut se prouver par le rapport des témoins, celle qui fonde sa demande ou ses défenses sur ce fait, doit l'articuler avec précision, sans mêler aucun raisonnement, et l'autre partie doit y répondre de la même manière.

Le Juge, avant d'ordonner la preuve, doit examiner, 1°. Si ce fait est de nature à être prouvé par témoins. 2°. S'il n'est pas du nombre de ceux dont la preuve testimoniale est défendue par l'Ordonnance. 3°. Si de la preuve de ce fait dépend la décision de la cause. Lorsque ces trois choses concourent, le Juge, en ce cas, rend une sentence interlocutoire, que l'on appelle *appointement à vérifier*, par laquelle il permet à la partie qui a mis le fait en avant, d'en faire la preuve par témoins, et à l'autre partie, d'en faire la preuve contraire.

§. I. — *En quel cas la preuve par témoins peut-elle être admise?*

On peut établir plusieurs regles générales, sur les cas auxquels la preuve par témoins peut être admise, ou non.

Premiere regle générale.

On n'admet la preuve par témoins, que des faits et non du sens des Coutumes. C'est ce qui résulte de l'art. unique du tit. 13 de l'Ordonnance, qui abroge l'usage où l'on étoit de faire des enquêtes par *turbes*. On faisoit entendre, pour cet effet, les Juges, Avocats et Praticiens par *turbes* ou *troupes;* c'est-à-dire, au nombre de dix au moins de chaque côté, lesquels exposoient le sens dans lequel la Coutume étoit entendue dans leur Siege, suivant ce qu'ils en avoient vu juger et consulter. Mais aujourd'hui on a recours, en cas de doute sur le sens des Coutumes, à des actes de notoriété dont le Juge ordonne le rapport.

Seconde Regle.

On n'admet la preuve par témoins, que des faits desquels dépend la décision d'une cause pendante devant le juge, et non pour des affaires futures; c'est ce qui résulte du même art. de l'Ordonnance qui a abrogé les enquêtes d'*examen à futur.* Lorsqu'une personne avoit lieu de craindre que la preuve dont elle prévoyoit pouvoir se servir un jour dans un procès qu'elle pourroit avoir, ne vînt à périr, elle étoit reçue à faire entendre des personnes âgées ou malades, pour conserver la preuve qui seroit périe par leur mort ; ce qui étoit sujet à de grands inconvénients.

Néanmoins ces enquêtes peuvent avoir lieu en certains cas ; comme lorsque les marchandises viennent à périr entre les mains d'un voiturier, par un accident imprévu, ou un cheval entre les mains de celui qui l'a loué. En ce cas, et autres semblables, il paroît juste de faire entendre des témoins devant le Juge du lieu où la chose est périe, pour faire mention de leurs déclarations dans le procès-verbal qu'il dressera à cet effet.

Troisieme Regle.

Toutes les fois que l'objet de la demande excede cent livres, et que le fait qui y sert de fondement, est tel qu'il ait été au pouvoir de la partie de s'en procurer la preuve par écrit, la preuve pure testimoniale ne doit pas être permise; c'est ce qui est porté au tit. 20. art. 2, dont voici les termes : « Seront passés actes pardevant Notaires, ou sous signature privée, de » toutes choses excédant la somme ou valeur de cent livres, etc. »

Lorsque la même partie a formé, en une même instance, plusieurs demandes pour lesquelles il n'y a aucun commencement de preuve par écrit, quoique l'objet de chacune n'excede pas la somme de cent livres, si néanmoins l'objet de toutes excede cette somme, la preuve testimoniale ne peut être admise. *Ibid. art.* 5.

Les choses dont l'Ordonnance veut qu'il soit passé un acte par écrit, sont, non-seulement, les conventions, mais généralement toutes les choses dont on peut se procurer la preuve par écrit; tel est un paiement, qui n'est pas une convention, car c'est également une chose dont on peut se procurer la preuve par écrit, en retirant de celui à qui on paie une quittance.

On avoit douté si la preuve testimoniale d'un dépôt qui excede cent livres, pouvoit être reçue; la raison de douter étoit qu'une certaine pudeur naturelle empêchoit de demander la reconnoissance d'un dépôt à un ami, qui ne s'en charge que pour nous faire plaisir, d'où il sembloit qu'on dût conclure qu'il n'avoit pas été tout-à-fait au pouvoir de celui qui avoit fait le dépôt de s'en procurer la preuve par écrit, et que conséquemment la preuve par témoins ne devoit pas être défendue.

Néanmoins l'Ordonnance décide que la preuve testimoniale n'y doit pas être reçue lorsque l'objet excede cent livres; il a été au pouvoir de celui qui a fait le dépôt, d'en demander reconnaissance, ou, s'il n'osoit, de ne pas faire le dépôt. *Ibid. art.* 2.

L'Ordonnance, *ibid. art.* 3, excepte de cette regle, les dépôts nécessaires, c'est-à-dire, ceux qui se font dans les circonstances d'un naufrage, d'une ruine de maison, d'un tumulte, d'un incendie, ou de quelqu'autre semblable accident imprévu. Elle permet la preuve testimoniale de ces dépôts, parce que la nécessité pressante ne permet pas dans telle circonstance de retirer une reconnoissance du dépositaire.

L'Ordonnance, *art.* 4, excepte aussi les dépôts faits par les voyageurs, entre les mains des Maîtres d'Hôtelleries, où ils logent : elle permet la preuve par témoins, quoique l'objet excede cent livres. La raison est, que ces dépôts sont des espèces de dépôts nécessaires, un voyageur étant dans

la nécessité de confier à un Maître d'Hôtellerie, les choses qu'il porte ave
lui, et le maître, qui est obligé de répondre à tous les voyageurs qui arri
vent à-peu-près en même temps, n'ayant pas le loisir d'en donner recon
noissance. La permission de cette preuve testimoniale des dépôts faits à de
Aubergistes, étoit indéfinie suivant le projet qui fut proposé lors des con
férences sur l'Ordonnance; mais sur les observations que fit M. le Premie
Président, que cette disposition exposoit les Aubergistes à être ruinés pa
des filoux qui suborneroient de faux témoins des dépôts qu'ils prétendroier
avoir faits dans des Hôtelleries, on a ajouté une restriction à la dispos
tion de l'Ordonnance, qui permet la preuve de ces dépôts, savoir, qu'ell
pourra être ordonnée suivant *la qualité des personnes et les circonstance
du fait*. Le Juge, pour ordonner cette preuve, doit donc avoir égard à l
qualité des voyageurs qui demandent à faire cette preuve; la réputation d
l'Aubergiste doit aussi y entrer pour quelque chose : il doit avoir égard
toutes ces circonstances : s'il est vraisemblable que le voyageur eût toute
les choses qu'il prétend avoir confiées à l'Aubergiste, et suivant toutes ce
circonstances, permettre ou refuser cette preuve. Nous avons un Arrêt re
marquable rendu dans notre Province le 7 juillet 1724, contre un Auber
giste de Toury, route d'Orléans à Paris, qui a été condamné de payer en
viron 2,000 liv. à deux Prêtres qui avoient logé en passant dans cette Au
berge, et qui se plaignirent d'y avoir été volés; la Cour leur déféra le se
ment sur la quantité des choses volées; il y avoit cette circonstance qu
lorsque le Procureur Fiscal de Toury se transporta à l'Auberge pour rece
voir la plainte des deux étrangers, il dressa procès-verbal d'une ouvertur
qui se trouva à la cloison, et par laquelle on avoit pu faire passer un en
fant de douze ou quinze ans.

Quatrieme Regle.

On ne doit point être reçu à prouver par témoins, qu'il y a eu un act
par écrit d'une chose dont l'objet excede cent livres, et qu'on allègue san
aucun fondemnet avoir été égaré; la raison est que la disposition de l'Or
donnance, contenue en la règle précédente, deviendroit illusoire si cett
preuve, qu'il y a eu un acte, étoit admise sur la simple allégation qu'il
été perdu : car il ne seroit pas plus difficile de trouver de faux témoins qu
diroient qu'ils ont vu un acte où étoit contenue la convention, qu'il n
seroit difficile d'en trouver, qui diroient qu'ils ont été présents à la con
vention même.

Que si l'allégation de la perte de l'acte avoit quelque fondement, comm
si j'alléguois que j'ai perdu l'acte dans un incendie, en ce cas, je pour
rois être reçu à la preuve testimoniale de l'existence de l'acte, car, n'ayan
pas dépendu de moi d'avoir une preuve par écrit, l'incendie étant une forc
majeure, on ne peut me refuser cette preuve.

Cinquieme Regle.

L'Ordonnance, *ibid. art.* 2, défend de recevoir aucune preuve par té
moins contre et outre le contenu en un acte, encore que l'objet de la con

testation n'excédât pas cent livres. Par exemple, s'il paroît, par un acte, que je vous ai vendu une chose soixante livres, je ne serai pas reçu à prouver par témoins que nous sommes convenus de soixante-dix livres, et que c'est par erreur de copiste, que l'acte ne porte que soixante livres, car ce seroit admettre la preuve par témoins contre la disposition d'un acte.

Pareillement je ne serai point reçu à prouver, par témoins, que nous sommes convenus que je ne serois pas tenu de la garantie ordinaire dont un vendeur est tenu, si l'acte de vente n'en porte rien; ce seroit admettre une preuve, par témoins, outre le contenu de l'acte.

Peut-on être reçu à la preuve testimoniale du paiement d'une somme moindre que cent livres, lorsqu'il y a un acte par écrit de la dette? Plusieurs bons Auteurs ont pensé que cette preuve étoit permise, que l'allégation du paiement d'une dette portée par un acte, n'a rien qui contredise la vérité de cet acte; que ce n'est donc point une preuve contre le contenu en un acte défendu par l'Ordonnance; néanmoins dans l'usage, on ne reçoit pas la preuve, car comme le paiement éteint l'obligation portée par l'acte, on a jugé que ce seroit, en quelque façon, admettre la preuve par témoins contre un acte; c'est pourquoi on dit communément au Palais, *qu'on ne peut opposer contre un acte que des quittances.*

La disposition de l'Ordonnance, qui défend la preuve testimoniale contre le contenu aux actes, n'a d'application qu'aux personnes qui ont été parties dans ces actes, parce qu'elles doivent s'imputer d'avoir souffert qu'on insérât le contraire dans l'acte, ou de n'y avoir pas fait insérer tout ce dont elles étoient convenues; mais un tiers est recevable à la preuve testimoniale, contre le contenu en un acte dans lequel il n'a point été partie, et qu'il prétend avoir été passé en fraude de ses droits. Par exemple, un Seigneur de censive sera reçu à prouver que les parties sont convenues d'un prix plus fort que celui qui est exprimé dans le contrat de vente qu'on a voulu faire paraître, pour diminuer les lods et ventes; un lignager sera reçu à prouver qu'on a exprimé un prix plus fort que celui dont on est convenu, ou que, pour exclure le retrait, on a fait le contrat dans les termes d'un bail à rente non rachetable, quoique, par une contre-lettre, on ait accordé au preneur la faculté de racheter la rente. La raison est que dans tous ces cas et autres semblables, on ne peut rien imputer au tiers qui offre la preuve testimoniale de la fraude qu'on a commise contre lui : il n'a pas été en son pouvoir de s'en procurer une preuve par écrit, ainsi la preuve testimoniale ne lui peut être refusée; le Juge doit néanmoins, pour la permettre, avoir égard aux circonstances, et entrer en connaissance de cause.

Exceptions que souffrent les Regles troisieme, quatrieme et cinquieme.

Premiere exception contenue en l'art. 3 du Tit. 20.

Lorsqu'il y a un commencement de preuve par écrit, on admet la preuve testimoniale des conventions, et autres choses dont l'objet excede cent livres, et même contre le contenu aux actes. *V. G.* Si j'ai une lettre d'une personne par laquelle elle me prie de lui prêter trois cents livres, cette lettre n'est pas la preuve du prêt que je prétends lui avoir fait de cette somme, mais c'est un commencement de preuve par écrit, qui doit servir à admettre la preuve testimoniale, quoique l'objet du prêt excede cent livres.

Pareillement, si j'ai vendu une chose par un contrat qui porte quittance du prix, et que j'aie une lettre par laquelle l'acheteur me promet qu'il satisfera à ses engagements par rapport à l'acquisition de cette chose, cette promesse générale ne forme pas une preuve suffisante, que le prix n'a point été payé; car ces engagements, dont il est parlé par la lettre, pourroient avoir pour objet, non le prix principal, mais quelqu'accessoire dont on auroit obmis de faire mention dans le contrat; cependant c'est un commencement de preuve, qui sert à m'admettre à prouver, par témoins contre l'acte, que le prix n'a point été payé.

Ces commencements de preuve par écrit doivent résulter de la partie contre qui je demande à faire preuve, car l'écrit d'un tiers ne peut valoir qu'autant que vaudroit la déposition d'un témoin.

Seconde exception contenue à la fin de l'art. 2 du même titre.

La disposition de l'Ordonnance, qui défend la preuve testimoniale de conventions, dont l'objet excede cent livres, souffre exception dans les matieres consulaires; c'est-à-dire, dans les marchés et conventions entre Marchands pour marchandises; c'est ce qui résulte de ces termes : « Sans » toutefois rien innover, pour ce regard, en ce qui s'observe en la justice » des Juges-Consuls des Marchands, » ce qui doit s'entendre en ce sens que la preuve testimoniale des marchés qui excede la somme de cent livres peut être admise, non pas néanmoins indistinctement, mais eu égard aux circonstances, suivant qu'il résulte du Procès-Verbal de l'Ordonnance.

Troisieme exception.

On peut aussi excepter, de la regle troisieme, les marchés qui se font en foire; il n'est guere possible que les parties s'en procurent la preuve par écrit : on n'y trouve point de Notaires pour rédiger par écrit les conventions. C'est le sentiment de Boiceau en son Traité de la preuve par témoins. *Part. 1, Ch. 9.*

Quatrieme exception.

Lorsqu'on allègue des faits de violence, employés contre la partie, pour lui faire souscrire l'acte.

Il paroît aussi, par le procès-verbal, qu'on avoit agité la question, si on ajouteroit, dans l'Ordonnance, une exception pour les promesses usuraires, et celles qui viennent du jeu, et qu'on avoit jugé à propos de ne pas exprimer cette exception, afin de n'en pas faire une exception générale, et de laisser seulement à l'arbitrage du Juge de les admettre, quand de violentes présomptions l'y engageroient.

On peut également admettre la preuve testimoniale contre des registres de baptême, lorsqu'il y a des adminicules contraires. *V. G.* par contrat de mariage, ou lorsqu'un enfant a été gardé quelque temps avant le baptême. Mais dans tous ces cas, il est de la prudence du Juge, de n'ordonner la preuve par témoins, que lorsqu'il y est engagé essentiellement.

Sixieme Regle.

Régulierement les preuves de la naissance, de l'âge, du mariage, du décès, ou de la profession Religieuse, ne se font que par les registres.

Si néanmoins il étoit constaté que ces registres fussent perdus, ou qu'un Curé n'en a point tenu, la preuve pourroit s'en faire, ou par les papiers domestiques des pere et mere décédés, ou même par témoins. *Tit.* 20, *art.* 14.

Septieme Regle.

La preuve testimoniale de tous faits, d'où dépend la décision d'une cause, est admise, toutes les fois que le fait est de nature, qu'il n'ait pas été possible de s'en procurer une preuve par écrit.

Il y a une infinité d'exemples de cette règle; tels sont les faits de possession, de délit, de fraude, etc.

Huitieme Regle.

Lorsque les faits articulés ne paroissent pas pertinents à la contestation, et que leur justification ne peut être d'aucun poids pour la décision, le Juge ne doit point en ordonner la preuve, parce que ce seroit prolonger mal à propos la cause.

D'un autre côté, il ne doit jamais admettre les parties en faits contraires, lorsqu'un procès peut être expédié par un point de droit, ou par une fin de non-recevoir évidente. Thevencau sur les Ordonnances, *L.* 3, *tit.* 17. *art* 4. *Ordonnance de* 1535, *chap.* 12, *art.* 11.

§. II. — *De la Procédure des Enquêtes.*

Le Jugement qui ordonne l'enquête, doit contenir les faits respectifs des parties, sur lesquels il leur est permis de faire enquête. *Titre* 22, *art.* 1er.

Le Jugement qui permet à une partie de faire preuve, exprime ordinairement qu'il sera permis de faire la preuve contraire. Si le jugement ne l'exprimoit pas, cela devroit être sous-entendu.

La partie qui veut aller en avant, leve le jugement, et le signifie au Procureur de l'autre partie. Du jour de cette signification, court le délai de faire enquête; il est de huit jours dans les Cours, Baillages, Sénéchaussées et Présidiaux, pour la commencer, non compris le jour de la signification, si l'enquête se fait au même lieu où le jugement a été rendu, ou dans la distance de dix lieues, et d'une autre huitaine pour l'achever. *Ibid. art.* 2.

Dans les prévôtés Royales, et dans les Justices subalternes, le délai n'est que de trois jours. *Ibid. art.* 32.

Lorsque l'enquête ne se fait pas sur le lieu où le jugement est rend
soit que le Juge s'y transporte, soit qu'il commette le Juge d'un au
lieu pour entendre les témoins qui y demeurent, et ordonne qu'à c
effet il lui sera adressé commission ; en ce cas, ces délais seront augment
d'un jour par dix lieues. *Ibid. art.* 2.

Lorsqu'il y a appel du jugement qui a ordonné l'enquête, ces délais
courent que du jour du jugement, ou Arrêt confirmatif ; cela est ind
bitable à l'égard de la partie qui a appelé de l'appointement, car elle
pu, pendant l'appel, faire l'enquête contraire, puisque c'eût été renonc
à son appel que d'y procéder ; mais cela doit aussi avoir lieu, même
l'égard de la partie contre qui on a appelé, car quoiqu'elle eût pu fai
son enquête nonobstant l'appel, ces sortes de jugements s'exécutant p
provision, on ne peut lui faire un crime d'avoir déféré à l'appel.

Le délai pour faire enquête est fatal, aussi-bien que celui pour la par
chever ; c'est pourquoi, si dans la premiere huitaine la partie a manq
de commencer son enquête, elle en est déchue de plein droit ; si elle
commencée, elle peut faire entendre des témoins, pendant la deuxien
huitaine, laquelle expirée, on n'en entend plus ; elle peut néanmoi
demander au Commissaire une prorogation pour achever son enquête,
le Juge peut, si l'affaire le requiert, lui accorder une troisieme huitain
et non plus. *Ibid, art.* 2.

La partie qui veut faire son enquête, commence par donner sa requê
au Juge, devant qui elle doit être faite, lequel, en conséquence, rer
son Ordonnance, portant que les témoins seront assignés, pour dépos
devant lui à tel jour, telle heure.

La partie qui a obtenu son Ordonnance, assigne les témoins qu'el
veut faire entendre à personne ou domicile, aux fins qu'ils ayent à ver
déposer, et elle assigne sa partie adverse au domicile du Procureur, pou
qu'elle vienne les voir jurer, si bon lui semble. *Ibid. art.* 5.

Les assignations données, soit aux témoins, soit à la partie, doive
contenir le jour et l'heure, auxquels lesdits témoins et la partie doive
comparoir. *Ibid. art.* 6. Il n'est pas nécessaire que ces assignations cor
tiennent le nom du Procureur de la partie à la requête de qui l'enquê
doit être faite, ainsi jugé par Arrêts du 12 Mai 1747, et 5 Août 176:

Si le Juge, ou Commissaire étoit récusé, ou pris à partie, il devro
surseoir à l'audition des témoins, jusqu'au jugement de la prise à partie
ou récusation ; hors ces cas, lorsqu'au jour et heure de l'assignation, le
témoins et la partie assignée pour les voir jurer, comparoissent, le Juge
ou Commissaire, prend le serment des témoins en présence de la parti
Si cette partie et les témoins ne comparoissent pas, le Juge, ou Commi
saire, ayant attendu une heure après l'échéance de celle indiquée pa
l'assignation, suivant l'article 6 du même titre, donne défaut contre l
partie, et pour le profit du défaut, ordonne qu'il prendra le serment de
témoins, en son absence, ce qu'il fait : il donne pareillement défaut contr
les témoins qui ne sont comparus, et pour le profit, ordonne qu'ils seror
réassignés. Il peut les condamner en dix livres d'amende, faute d'être com

parus; mais il ne doit les contraindre par emprisonnement, qu'en cas de manifeste désobéissance. *Ibid. art.* 8. Les Officiaux ne peuvent prononcer cette amende de 10 liv. contre les témoins qui sont assignés devant eux pour déposer, même contre des Ecclésiastiques.

Le Juge, ou Commissaire, doit entendre chaque témoin séparément, hors la présence des parties, de tous autres témoins, et d'autres personnes que le Greffier, pour rédiger la déposition. *Ibid. art.* 15; il faut cependant excepter les enquêtes sommaires, qui se font à l'Audience.

Il est expressément enjoint aux Juges de faire prêter eux-mêmes serment aux témoins, et recevoir leurs dépositions, sans que le Greffier ni autre puisse les recevoir, ou rédiger hors la présence du Juge. *Ibid. art.* 13.

La prémice de la déposition de chaque témoin doit contenir, suivant *l'art.* 14 *du même Tit.* 1° le nom du témoin; 2° son surnom; 3° son âge; 4° sa qualité; 5° sa demeure; 6° la mention du serment prêté; 7° s'il est serviteur ou domestique, parent ou allié de l'une ou de l'autre des parties, et en quel degré.

Outre ces sept articles, l'usage veut encore que la prémice de chaque déposition contienne la représentation faite par le témoin de l'exploit d'assignation, la lecture faite du jugement ou appointement, qui contient les faits sur lesquels la preuve est ordonnée.

Le corps de la déposition doit contenir tout ce que le témoin aura dit sur le fait contesté; le Juge ou Commissaire ne doit rien retrancher des circonstances. *Ibid. art.* 17.

On y ajoute par apostilles ou renvois ce que le témoin, lors de la lecture à lui faite, y aura augmenté, diminué ou changé, lesquels renvois ou apostilles doivent « être signés par le Juge et le témoin, s'il sçait signer, » sans qu'il puisse être ajouté foi aux interlignes, ni même aux renvois » qui ne seroient pas signés; et si le témoin ne sait signer, en sera fait » mention sur la minute et sur la grosse. » *Ibid. art.* 18.

La fin de la déposition doit contenir trois choses, que l'Ordonnance requiert. *Ibid. art.* 16.

1° Qu'il soit fait lecture au témoin de sa déposition; 2° Qu'il soit tenu de déclarer si elle contient vérité, et s'il y persiste; 3° Sa signature, ou sa déclaration qu'il ne sçait ou ne peut signer.

L'Ordonnance exige encore que le Juge demande au témoin s'il requiert taxe, et s'il la requiert, qu'il la lui fasse eu égard à la longueur du voyage, du séjour et de la qualité du témoin. *Ibid. art.* 19.

Le Juge ou Commissaire fait dresser par son Greffier, dans un cahier attaché à celui qui contient les dépositions des témoins, un Procès-verbal de la confection de l'enquête, lequel contient huit choses : 1° le jour et l'heure des assignations données aux témoins pour déposer, et à la partie pour les voir jurer.

2° Le jour et l'heure des assignations échues.

3° La comparution tant des témoins que de la partie, ou défaut donné contre eux.

4° La prestation de serment.

5° Si elle s'est faite en présence ou en l'absence des parties.

6° Le jour de chaque déposition.

7° Le nom , surnom , âge et qualité des témoins.

8° Les réquisitions des parties , et les actes qui en sont accordés. *V. G* Si un témoin prétend n'être pas tenu de déposer , il doit en être fait mention au Procès-verbal. *Ibid. art.* 22.

Lorsque l'enquête a été faite en vertu d'une commission, adressée à un autre Juge, par celui qui a ordonné l'enquête, le Greffier de cette commission doit, dans les trois mois du jour qu'elle est achevée, remettre au Greffier de la jurisdiction , où le procès est pendant, la minute de l'enquête, ou du Procès-verbal, à peine de 200 liv. d'amende, s'il y manque et il doit être délivré au Greffier exécutoire de ses salaires, contre la partie à la requête de qui l'enquête a été faite, *ibid. art.* 25 , laquelle partie la leve au Greffe : le Greffier ne doit la délivrer qu'à elle. *Ibid. art.* 24.

La partie signifie d'abord le Procès-verbal *de jurande* au Procureur de l'autre partie, et du jour de cette signification , la partie à qui elle est faite a un délai de huitaine, ou de trois jours, suivant la Jurisdiction, pour fournir des reproches contre les témoins entendus. *Ibid art.* 27.

Si les reproches étoient justifiés par écrit, ils pourroient être opposés même après ce délai. (Argum. de ce qui sera dit ci-après.)

Le délai étant expiré, la partie signifie son enquête à l'autre ; après cette signification , l'une ou l'autre peut poursuivre l'Audience sur un simple acte. On y discute, tant les moyens de nullité contre l'enquête, que les moyens du fond.

Lorsque l'enquête se trouve nulle, si c'est par le fait de la partie, comme si elle l'a faite hors les délais, elle ne peut plus en faire d'autre, et le Juge, sans y avoir égard, peut prononcer au fond. Si c'est par le fait du Juge, *putà,* s'il n'a pas déclaré le nom des témoins, le Juge la déclare nulle, et permet à la partie de la recommencer aux frais du Juge, par la faute de qui elle est nulle. *Ibid. art.* 36.

La partie peut, en ce cas, faire entendre les mêmes témoins, qui ont été entendus dans l'enquête déclarée nulle.

Si la partie qui a fait l'enquête ne la levoit pas, soit qu'elle eût seulement levé ou signifié le Procès-verbal de jurande, ou même qu'elle n'eût levé ni ce Procès-verbal, ni l'enquête, alors l'autre partie doit le sommer par acte signifié, de Procureur à Procureur, d'y satisfaire dans trois jours, sinon et après ce délai, elle peut lever le Procès-verbal, et le Greffier ne peut lui en refuser une expédition en lui payant ses salaires de la grosse, et lui représentant la sommation faite à l'autre partie. *Ibid. art.* 28.

Mais si elle-même avoit fait une enquête, elle ne pourroit demander copie de l'enquête de l'autre partie, qu'elle n'eût donné auparavant copie de la sienne. *Ibid. art.* 33.

Si la partie contre qui l'enquête a été faite veut en tirer avantage, soit qu'elle ait fourni des reproches, ou renoncé d'en fournir, elle peut pareillement demander copie de l'enquête, pourquoi elle aura un délai de huitaine pour lever le Procès-verbal de jurande, et pareil délai pour lever l'enquête : en cas de refus, cette enquête doit être rejetée sans y avoir égard, en jugeant le procès. *Ibid. art.* 29, 30 *et* 31.

Observez que dans tous les cas, où une partie est obligée de lever l'enquête de l'autre partie qui a négligé ou refusé de le faire, il doit lui être délivré exécutoire du coût de cette enquête, même du voyage, si elle a été obligée d'en faire pour cet effet. *Ibid. art.* 28 *et* 30.

§. III. — *De la preuve qui résulte des Enquêtes, et des Témoins qu'on y fait entendre.*

La déposition d'un seul témoin, quelque digne de foi qu'il soit, ne peut former la preuve du fait contesté, *etiamsi præclaræ curiæ honore præfulgeat,* dit la Loi 9, § 1. *Cod. de testibus.*

La déposition de deux témoins irréprochables suffit pour former la preuve, quand même ce seroit le pere et le fils qui déposeroient du même fait. *L.* 12, ff. *de testibus. L.* 22, *tit.* 5. *L.* 7, ff. *eod. tit.*

Lorsque des témoins sont contredits par d'autres qui déposent le contraire, le Juge ne doit pas toujours se décider pour le plus grand nombre des témoins qui se trouvent d'accord sur un fait, mais il doit s'attacher aux dépositions qui, quoiqu'en moindre nombre, lui paroissent, soit par la qualité des témoins, soit par la manière dont ils ont déposé, et par la probabilité des choses, les plus dignes de foi.

Lorsque les choses sont à-peu-près égales de part et d'autre, le Juge doit regarder le fait comme n'étant pas prouvé ; les preuves qui sont contraires entr'elles, se détruisent de part et d'autre.

Quoiqu'un fait puisse être suffisamment prouvé par deux témoins, néanmoins on peut en faire entendre un plus grand nombre, soit pour rendre la preuve plus évidente, soit parce que celui qui fait entendre plusieurs témoins, n'est pas toujours assuré que les témoins sçavent le fait sur lequel il les fait déposer, ou qu'ils le voudroient dire, quand même ils le sçauroient ; il ne faut pas cependant en multiplier le nombre inutilement, afin de ne pas multiplier les frais. L'Ordonnance, *tit.* 22, *art.* 21, défend d'en faire entendre plus de dix sur un même fait : si la partie en faisoit entendre un plus grand nombre, ses frais ne lui seroient pas remboursés, quand même elle obtiendroit gain de cause avec dépens. *Même art.*

On peut produire pour témoins dans les enquêtes les femmes aussi bien que les hommes, quoique les femmes ne puissent être témoins aux actes pour lesquels les témoins sont requis pour leur solemnité ou validité, *V. G.* un testament, ou autre acte pardevant Notaire. La raison de différence est que, pour ces actes, les parties ayant le pouvoir de se choisir des témoins, elles ne doivent point avoir recours aux femmes, dès qu'elles peuvent trouver des hommes, et qu'on ne doit pas sans un juste sujet les faire sortir de leurs maisons, ni les faire trouver avec des hommes. Au contraire, dans les enquêtes, n'étant pas au pouvoir de la partie de se choisir ses témoins, ne pouvant assigner que les personnes qu'elle croit informées du fait, il ne doit pas lui être interdit d'avoir recours au témoignage des femmes.

Par la même raison les Religieux, quoiqu'ils ne puissent servir de témoins dans les actes où les témoins sont requis pour la solemnité, ils peuvent néanmoins déposer dans les enquêtes, et être même contraints à déposer par saisie de leur temporel. *Ordonnance de* 1670, *tit.* 6, *art.* 3, et leur témoignage fait foi.

Les impuberes ne sont pas des témoins qui puissent faire une pleine foi, *propter lubricum consilii sui;* ils peuvent néanmoins être entendus, pour, par le Juge, y avoir tel égard qu'il jugera à propos, lorsque les faits sur lesquels ils déposent, sont des faits qui peuvent être à leur portée.

Les infâmes, et même ceux dont la réputation a reçu quelqu'atteinte par les accusations ou décrets, qu'ils n'ont pas encore purgés, ne sont pas des témoins dignes de foi; c'est donc un reproche valable, et qui doit faire rejetter les dépositions du témoin, si l'on oppose qu'il a été repris de justice, ou qu'il a été décrété; mais les reproches doivent être justifiés par écrit, soit par les sentences de condamnation, ou par les décrets, écrous et autres actes, autrement ils demeurent calomnieux. *Titre* 23, *art.* 2.

Les parents et alliés, jusqu'aux enfants des cousins issus de germains, inclusivement, ne peuvent, en matiere civile, déposer en faveur de leurs parents, ni contre eux. *Tit.* 22, *art.* 11.

Cette regle souffre quelques exceptions, comme lorsqu'il est question de prouver l'état, la naissance, le décès, la parenté de quelqu'un, les registres étant perdus; et lorsqu'il s'agit de prouver quelque fait qui s'est passé dans le *secret* de la famille, comme les faits de sévices, en cas de demande en séparation d'habitation.

Par le droit Romain un serviteur ne pouvoit déposer pour son maître, suivant cette regle : *Idonei non videntur testes esse, quibus imperari potest ut testes fiant;* ils ne pouvoient pas non plus déposer contre eux : *servus contra dominum interrogari non potest.* L'Ordonnance ne s'explique pas formellement, si les serviteurs peuvent être témoins pour et contre leurs maîtres; elle dit seulement qu'il sera fait mention, si le témoin est serviteur de quelqu'une des parties; ce qui paroît signifier qu'elle laisse à l'arbitrage du Juge, quel égard il aura à la déposition de ce serviteur, plutôt qu'elle ne rejette absolument cette déposition.

Le pouvoir que nous avons sur nos serviteurs, est bien différent, et bien moindre que celui qu'avoient les Romains sur leurs esclaves; les nôtres sont des personnes libres; néanmoins dans l'usage on n'admet guères les dépositions des serviteurs pour et contre leurs maîtres, surtout lorsqu'ils sont aussi *domestiques,* c'est-à-dire, lorsqu'ils logent chez nous, et sont employés à notre service domestique. Car à l'égard des ouvriers qui travaillent pour nous, nos vignerons, nos fermiers, ils peuvent déposer pour et contre nous.

Vice versâ, il y a des *domestiques* qui ne sont pas *serviteurs,* ce sont tous ceux qui vivent à même pot que la partie ; la grande familiarité qui résulte de cette habitude, peut rendre leur témoignage suspect; c'est pourquoi l'Ordonnance dit : *Serviteurs ou domestiques.*

Il y a encore quelques autres causes pour lesquelles on peut reprocher les témoins, et demander le rejet de leur déposition, *putà*, 1° S'il y a présomption de séduction du témoin, comme si on met en fait que depuis l'assignation pour déposer, ou même depuis l'appointement qui ordonne l'enquête, la partie lui a fait quelque présent, lui a donné à manger, si elle s'est assurée par écrit de sa déposition. *Arrêt du 11 Août 1696, au tit. 5 du Journal des Audiences.*

2° Une partie peut reprocher un témoin avec qui elle a un procès criminel, *Nov.* 99, *Ch.* 7, ou même un procès civil, lorsqu'il est considérable et de nature à indisposer.

3° C'est un très-bon moyen de reproches si le témoin a un avantage indirect dans l'affaire, car l'affaire est par-là sa propre affaire ; or personne ne peut être témoin dans sa propre cause, *nemo testis idoneus in re suâ intelligitur. Voyez* le Commentaire de M. Jousse sur l'art. premier du tit. 23, il s'étend beaucoup davantage sur les causes de reproches.

Les reproches, pour être admis, doivent être *circonstanciés*, et non en termes vagues et généraux, *tit.* 23, *art.* 1. *V. G.* Il ne suffiroit pas de dire qu'un témoin a été séduit par la partie, il faut dire en quelle manière, quel présent la partie lui a fait ; il ne suffit pas de dire qu'un témoin est mon ennemi, il faut articuler en quoi il est mon ennemi.

Ces reproches doivent être signifiés par acte de Procureur à Procureur à la requête de la partie, contre qui l'enquête est faite ; mais le Procureur doit pour cela se munir d'un pouvoir spécial de la partie, ou lui faire signer l'acte qui contient les reproches, *tit.* 23, *art.* 6. Autrement le témoin pourroit demander réparation contre le Procureur, lorsque le reproche est injurieux. L'autre partie peut signifier de même ses réponses aux reproches. *Ibid. art.* 3.

Lorsque le fait de reproche est contesté, *putà* que la partie a fait des présents au témoin, ou lui a donné à manger, le Juge ne peut appointer les parties à informer, c'est-à-dire, permettre la preuve de ce fait par enquête, qu'en voyant le procès, *ibid. art.* 4. ou, lorsque la cause est portée à l'Audience, si c'est une cause d'Audience.

Les reproches doivent être jugés avant le procès, *ibid. art.* 5, ce qui n'empêche pas qu'ils ne puissent être jugés par même sentence que le fond de l'affaire, et le Juge prononcera ainsi *sans avoir égard aux reproches contre tel témoin, au principal, disons, etc.* ou bien, *ayant égard aux reproches...... Ordonnons que leurs dépositions seront rejettées,... et au principal,* etc.

Au reste, les Juges doivent opiner sur les reproches, avant que d'opiner sur le fond, et lorsque les reproches sont jugés valables, les dépositions ne doivent pas être lues. *Ibid. art.* 5.

ARTICLE V.

Des Interrogatoires sur faits et articles.

Dans le cours d'une instance, une partie, qui ne peut prouver par écrit, ni par témoins, un fait d'où dépend la décision de la cause, peut en cher-

cher la preuve dans les réponses que fera l'autre partie en la faisant interroger par le Juge.

§. I. — *Quelles personnes peut-on faire interroger ?*

L'Ordonnance, tit. 10, *art.* 1. porte : « Permettons aux parties de se
» faire interroger. » Il n'y a donc régulièrement que les parties au procès
qu'on peut faire interroger.

Néanmoins lorsqu'un tuteur est partie en sa qualité de tuteur, quoique
ce ne soit pas lui qui soit partie, on peut le faire interroger sur faits e
articles, suivant le sentiment des meilleurs Praticiens, tel qu'Imbert
L. 1, *Ch.* 38, *n°* 4. On peut aussi faire interroger le mineur lorsqu'il est
pubere et en état de répondre, quoiqu'il ne soit partie que par son tuteur
et qu'il n'ait pas, par lui-même, *legitimam standi in judicio personam*

Dans les causes où le mari est partie avec sa femme, ou même sans sa
femme, comme Seigneur des actions mobilières de sa femme, on peut faire
interroger l'un et l'autre. La femme n'a pas besoin, pour cela, de l'autori
sation de son mari. *Arrêt du* 17 *Décembre* 1713.

On peut même faire interroger un Chapitre, ou autre Communauté partie
dans un procès : cette Communauté répondra par une personne à qui elle
passera un pouvoir spécial de répondre telle ou telle chose, sur chacun de
faits communiqués à la Communauté. *Ibid. art.* 9.

Le même article permet aussi de faire interroger les Syndics, Procu
reurs et autres qui ont agi par ordre de la communauté, sur les faits qu
les concernent en particulier ; l'article ajoute *pour y avoir tel égard que d
raison ;* car les dépositions d'un Syndic, ou autre personne semblable qu
pourroit quelquefois être corrompue, pour trahir les intérêts de son corps
ne doit pas faire une aussi pleine foi contre son corps, qu'en fait la répons
d'un particulier contre lui-même, lorsqu'il a répondu dans sa propre cause

§. II. — *Sur quels faits peut-on permettre cet interrogatoire? Sur quel*
faits le Commissaire peut-il interroger ?

L'art. 1 du tit. 10 de l'Ordonnance déclare que cet interrogatoire se fa
sur faits et articles concernant seulement la matiere dont est question
c'est-à-dire, qui tendent à la décision de la cause.

Le Juge, ou Commissaire à l'interrogatoire, peut interroger, non-seu
lement sur des faits contenus en la requête de la partie, sur laquelle elle
obtenu permission de faire interroger, et qui ont été communiqués
la partie qui doit être interrogée, mais il peut l'interroger d'office sur tel
autres faits qui y auront rapport, suivant qu'il jugera à propos, quoiqu'i
n'ait point été donné copie de ces faits. *Ibid. art.* 7. Dans la regle, ces fait
secrets ne doivent pas être fournis par la partie qui poursuit l'interrogatoire

§. III. — *En quel état de cause cet interrogatoire peut-il être demandé; e*
par qui se fait-il ?

Cet interrogatoire peut être demandé *en tout état de cause. Ibid. art.* 1
En cause principale comme en cause d'appel.

Dans nos Jurisdictions, cet interrogatoire se fait par le Commissaire Enquêteur; dans les Jurisdictions où il n'y en a point, il se fait par un des Juges commis à cet effet, ou par le Juge même, lorsqu'il est seul. Si l'affaire est distribuée à un Rapporteur, il doit faire l'interrogatoire. Quelquefois on commet un Juge étranger à qui on adresse une commission : cela est surtout nécessaire si la partie qu'on veut faire interroger demeuroit hors le territoire de la Jurisdiction. C'est pourquoi l'art. 1 du tit. 10 porte : « Pardevant le Juge où le différend est pendant; et en cas d'absence de la partie, pardevant le Juge qui sera par lui commis. »

§. IV. — *De la Procédure pour les interrogatoires sur faits et articles.*

La partie, qui veut faire interroger l'autre, donne sa requête au Juge, laquelle contient les faits sur lesquels il veut la faire interroger : le Juge met au bas de la requête son Ordonnance, portant permission d'assigner la partie pardevant lui à certain jour et heure, pour répondre sur les faits contenus en la requête. *Ibid. art.* 2.

Lorsque le Juge, qui répond la requête, n'est pas celui qui doit faire l'interrogatoire, il permet seulement de faire interroger pardevant un tel Commissaire, et il faut aller présenter une nouvelle requête au Commissaire, pour qu'il accepte la commission, et donne jour et heure, ce qu'il met au bas de la requête.

La partie poursuivant en conséquence de cette ordonnance, donne assignation à l'autre partie, pour comparoir au jour et à l'heure marqués, pour subir interrogatoire, et lui donne copie, tant de l'Ordonnance, que des faits et articles. Cette assignation ne doit point être donnée au domicile du procureur, mais au domicile de la partie qu'on veut faire interroger, ou à sa personne. *Ibid. art.* 3.

La personne assignée doit comparoir au jour et à l'heure indiqués en l'hôtel du Juge, pour subir interrogatoire. Elle est tenue de répondre de vive voix, et non par Procureur ou par écrit. *Ibid. art.* 6.

Si elle ne peut comparoir, elle doit faire présenter un exoine, c'est-à-dire, un certificat de l'impuissance où elle est de comparoir, donné par un Médecin ou Chirurgien, et le Juge doit ordonner alors qu'il se transportera au domicile de la partie. *Même art.*

La partie étant comparue, le Commissaire lui fait prêter serment, l'interroge sur chacun des faits dont il lui a été donné copie, et fait rédiger, par le greffier, les réponses sur chacun desdits faits; il peut même l'interroger d'office sur des faits qui ne lui aient point été communiqués, *ibid. art.* 7, et les réponses doivent être *précises et pertinentes. Ibid. art.* 8.

Si la partie comparoît, mais refuse de répondre, soit à tous, soit à quelqu'un des faits pour quelque raison que ce soit, *V. G.* parce qu'ils ne sont pas pertinents, le Commissaire doit renvoyer la partie à l'Audience, pour statuer sur l'incident; et s'il est jugé que les faits sont pertinents, elle sera tenue de comparoir de nouveau, et on observera la même procédure.

§. V. — *Des effets des interrogatoires.*

L'effet de ces interrogatoires est de tirer une preuve contre la partie à q
on le fait subir, qui peut résulter des aveux et confessions contenus dans s
réponses.

On peut aussi tirer des arguments contr'elle, des contradictions qui s
trouveroient dans ses réponses.

Au surplus, celui qui fait subir à sa partie cet interrogatoire, n'enten
pas s'en rapporter à ce qu'elle repondra, en quoi cet interrogatoire est trè
différent du serment *décisoire.* C'est pourquoi cet interrogatoire ne pe
faire de preuve que contre la partie qui le subit, et non point en sa faveur
on ne peut pas néanmoins syncoper ou diviser ses réponses; la partie, q
veut en tirer avantage, doit prendre ces réponses en entier, et elle i
peut tirer avantage d'une partie de la réponse, si elle rejette l'autre.

§. VI. — *De la peine de la partie qui refuse de comparoir ou de répondr*

Lorsque la partie assignée ne comparoît pas, ou qu'elle refuse de r
pondre sans en dire la raison, même depuis que le fait a été jugé pert
nent, le Juge en doit dresser un procès-verbal sommaire, sans qu'il so
besoin d'ordonner que la partie sera réassignée, et, lors du jugement,
doit tenir les faits pour avérés et confessés. *Ibid. art.* 4. Il faut except
le cas où un tuteur est en cause pour son mineur; car, quoiqu'il refu
de répondre, les faits ne peuvent être tenus pour avérés au préjudice c
mineur. Il en faut aussi excepter les matières bénéficiales. *Voyez* Bo
nïer *sur le titre* 10 *de l'Ordonnance, Ibid.*

La partie néanmoins peut éviter cette peine en se présentant avant
jugement, ou même sur l'appel, pour subir interrogatoire : elle y de
être reçue sans retarder le jugement du procès, et à la charge de pay
par elle les frais de l'interrogatoire, d'en donner copie à la partie, et c
rembourser les frais du premier Procès-verbal sans répétition. *Ibid. ar*
5. *Voyez* aussi le Procès-verbal de *l'Ordonnance, pag.* 210.

La partie qui veut se servir de l'interrogatoire, en leve le procès-verba
le signifie et en fait lecture à l'Audience, ou si c'est un procès par écri
elle le produit par production nouvelle. En cause d'Audience, les indu
tions tirées d'un interrogatoire doivent se plaider et se contredire verb
lement par les Avocats, et non par des écritures signifiées.

ARTICLE VI.

Des appointements en droit, à mettre, et autres.

Lorsque les Juges, sur la plaidoirie des Avocats, ne se trouvent p
assez instruits pour juger la cause, parce qu'elle est de trop difficile di
cussion, ils prononcent l'appointement en droit, ou à mettre, ou de d
libéré; quelquefois même ils renvoient les parties devant leurs Avoca
et Procureurs, ou devant des arbitres, pour les entendre et régler.

§. I. — *Ce que c'est que l'appointement en droit, ou à mettre.*

L'appointement en droit est une sentence interlocutoire, par laquel le Juge, qui ne se trouve pas assez pleinement instruit de la cause pour pouvoir la juger à l'Audience, ordonne que les parties produiront chacune leurs titres et pieces, et donneront sommairement par écrit les moyens de droit, sur lesquels elles se fondent.

L'appointement à mettre est aussi une sentence interlocutoire, par laquelle on ordonne que les parties mettront entre les mains de l'un des Juges, qui ont assisté à l'Audience, leurs titres et pieces, et donneront par écrit sommairement les moyens qu'ils en tirent.

Il suit de ces définitions, que l'appointement en droit ne doit avoir lieu que lorsque la décision de la cause dépend non-seulement de l'examen des titres et pieces, qui n'a pu se faire à l'Audience, mais encore de quelques questions de droit qui ont besoin d'être discutées par des Avocats.

Dans les procès qui ne sont que de faits, dépendants d'un examen de titres et pieces qui ne peut se faire à l'Audience, il y a lieu à l'appointement à mettre.

C'est une regle commune à l'un et à l'autre appointement, qu'ils ne peuvent être prononcés que lorsque le Juge ne peut faire autrement; car, selon l'Ordonnance du onze Février 1519, *art.* 9, tout ce qui peut se juger à l'Audience y doit être jugé.

Dans la plupart des affaires, la loi charge l'honneur et la conscience des Juges, de prononcer ces appointements; il y a néanmoins certaines matieres dans lesquelles il est défendu expressément de les prononcer.

Telles sont, 1°. toutes les matieres sommaires. *Tit.* 17, *art.* 10.

2°. Les matieres de déclinatoires, renvois, incompétence. *Tit.* 6, *art.* 3.

3°. Les questions sur la solvabilité d'une caution. *Tit.* 28, *art.* 3.

4°. Celles sur les faits et reproches des témoins. *Tit.* 23, *art.* 4.

5°. Celles sur les récusations de Juges. *Tit.* 24, *art.* 27.

6°. Les causes, où l'on évoque le principal. *Tit.* 6, *art.* 2.

7°. Les oppositions à la publication des Monitoires. *Tit.* 7, *art.* 8 *et* 9 *de l'Ordonnance de* 1670.

8°. En matière d'aides dans les Elections, sauf les cas exprimés par la Déclaration du 30 Janvier 1717, registrée en la Cour des Aides, le 20 Février suivant.

Enfin, dans les causes qui se jugent par défaut. *Tit.* 5, *art.* 4 *de l'Ordonnance de* 1667.

On ne peut prendre ces appointements au Greffe; ils doivent être prononcés à l'Audience sur les plaidoiries contradictoires des Avocats ou Procureurs, et à la pluralité des voix, à peine de nullité. *Tit.* 11, *art.* 9 *et* 32.

Il y a néanmoins quelques matieres pour lesquelles on les prend au Greffe; telles sont les redditions de comptes, liquidations de dommages et intérêts, appellations de taxes de dépens. *Ibid. art.* 10.

Elle ordonne par l'article 9, que les Juges délibéreront si on appointera, ou non, avant que d'ouvrir leurs opinions sur le fond; ce qui a été introduit de peur que les parties venant à avoir connoissance des opinions, missent tout en œuvre pour se procurer un Rapporteur favorable, ou sollicitassent une évocation, lorsqu'elles sçauroient que les opinions n'étoient pas en leur faveur.

L'Ordonnance, même article, semble résoudre la question, de sçavoir si lorsque la cause est décidée de nature à être jugée à l'Audience, les Juges qui ont été pour l'appointement, peuvent opiner au fond. La raison de douter, est que l'opinion dont ils avoient été, étoit un aveu qu'ils n'étoient pas suffisamment instruits de la cause; néanmoins on doit décider qu'ils pourront opiner au fond, parce que les opinions des autres Juges ont pu achever de les instruire.

L'instruction sur l'appel, d'une sentence rendue en procès par écrit, se fait aussi par écrit en cause d'appel; on obtient à cet effet un jugement interlocutoire qui porte : « après que l'appellant a conclu au mal jugé, e » l'autre partie au bien jugé, le procès demeurera pour conclu et reçu; c'est ce qu'on appelle *appointement de conclusion.*

Lorsque, dans une instance appointée, l'une des parties forme de nouvelles demandes, qui sont de nature à être jugées avec la demande principale, on doit obtenir un jugement à l'effet de joindre l'incident à la contestation principale, c'est ce qu'on appelle *appointement de jonction.*

§. II. — *De la Procédure sur l'appointement en droit.*

Après que l'appointement a été prononcé, le Procureur le plus diligent signifie à l'autre, la copie de ses avertissements.

On appelle *avertissement*, une pièce d'écriture composée par un Avocat qui contient les moyens de droit de sa partie. Ensuite le Procureur fait son inventaire de production : cet inventaire est un acte qui contient la description de tous les titres et pièces qu'il produit, et les rolles des pièces ; car les pièces produites doivent être cottées par première et dernière, ou par les lettres de l'alphabet, et l'inventaire doit contenir ces cottes; cet inventaire doit être un peu raisonné, et contenir en peu de mots le motif pour lequel on produit chaque pièce, et l'induction qu'on en tire ; mais il ne doit contenir aucune raison de droit; cet inventaire ne se signifie pas à l'autre partie, mais il se met dans un sac avec tous les autres titres, pièces et procédures; c'est ce qui forme la *production.*

Le procureur met cette production au Greffe, et garde un double de cet inventaire pour la sûreté de ces pièces. Le Greffier doit les collationner, et écrire sur chacune, *apportée au Greffe* : il est défendu de faire des productions en blanc, *tit.* 11, *art.* 33, à peine d'amende contre le Procureur, et contre le Greffier qui reçoit les productions. *Voyez le Procès-Verbal de l'Ordonnance, pag.* 379.

Aussi-tôt que la production de l'une des parties est au Greffe, le Président peut distribuer le procès à l'un des Juges du Tribunal, qui s'en charge sur le registre du Greffe : mais il attend ordinairement qu'il y ait un certain nombre de procès au Greffe, pour faire cette distribution.

Lorsque l'affaire requiert célérité, la partie présente requête, pour que le procès soit distribué extraordinairement : on met *viennent*, sur cette requête; et sur un simple acte, l'incident est porté à l'Audience, et il y est statué.

Lorsque le Procureur a mis sa production au Greffe, il signifie à l'autre Procureur qu'il a produit; c'est ce qui s'appelle *acte de produit.*

Lorsque le procès a été distribué, le Procureur doit aussi le signifier avec le nom du Rapporteur.

C'est du jour de la signification de l'acte de produit que court le délai qu'a l'autre partie pour produire de son côté, répondre aux avertissements, fournir les contredits contre les titres et pieces de la partie qui a produit.

Ces contredits ne peuvent être faits que par les Avocats, et les Procureurs ne peuvent prétendre avoir le droit de les faire concurremment avec eux, suivant le Règlement du 28 Novembre 1693, car ce Règlement dit le contraire; en voici les propres termes : « Les Avocats feront les griefs, causes » d'appel, moyens de requête civile, réponses, contredits, salvations, » avertissements, etc. »

Ces contredits doivent se signifier au Procureur de l'autre partie; le délai pour les donner est de huitaine, non compris les délais de signification.

Après ce délai expiré, le Rapporteur peut juger l'affaire, sur la seule production de la partie qui a produit, sans qu'il soit nécessaire de faire aucune sommation à la partie qui n'a pas produit, ni d'obtenir un jugement qui la déclare *forclose* de produire. *Tit.* 14, *art.* 8.

L'Ordonnance déclare ces procédures inutiles, et veut que la partie qui n'a pas produit dans le délai, en soit *forclose de plein droit.*

Elle peut néanmoins, après le délai, lorsque l'affaire n'est pas jugée, signifier les réponses aux avertissements ou contredits, et produire de son côté, soit au Greffe, si l'affaire n'est pas encore distribuée, soit entre les mains du Rapporteur, si elle l'est.

Du jour de la signification de l'acte de produit de l'autre partie, court le délai de huitaine qu'a l'autre partie pour fournir ses salvations, c'est-à-dire, ses réponses aux contredits signifiés, et pour contredire, de son côté, la production de cette partie; ces salvations doivent aussi être signifiées comme les contredits, sinon elles doivent être rejettées du procès, *ibid. art.* 12; elles sont du ministere des Avocats. *Règlement de* 1693, *ci-dessus cité.*

Le Procureur de chaque partie peut prendre communication de la production de la partie adverse, mais elle ne doit pas lui être accordée si elle n'a produit, ou renoncé de produire, c'est-à-dire, signifié par un acte signé de son Procureur qu'elle n'a rien à produire, et qu'elle se réserve seulement de contredire la production de la partie adverse. *Ibid. art.* 9.

L'Ordonnance veut, *ibid. art.* 10, que cette communication se fasse par les mains du Rapporteur, et que la production ne soit pas communiquée au Procureur sur son récépissé. Le motif a été afin que le retardement qu'apporteroient les parties à rendre les productions qui leur auroient été communiquées, ne retardât pas le jugement du procès,

Monsieur le Premier Président remontra, lors des conférences, que ce article seroit impossible dans l'exécution, aussi ne s'exécute-t-il pas; mais on oblige les parties par des exécutoires d'une somme par chacun jour de retard, à rendre les procès qui leur ont été communiqués; et on décerne, en certains cas, une contrainte par corps.

Les Procureurs peuvent aussi, sur leur récépissé, retirer des mains du Rapporteur leur propre production, pour répondre à ce qui leur est signifié de la part de la partie adverse.

Lorsque, depuis l'appointement, l'une des parties a quelque demande incidente, ou appellation incidente à former, il la forme par une requête qu'il produit par production nouvelle entre les mains du Rapporteur avec les pieces qui y servent de fondement, ensemble un inventaire de cette production, et il signifie le tout à l'autre partie.

C'est une différence qu'il y a entre une *production nouvelle* et une *production principale*, qui ne se signifie pas, mais qui se communique par les mains du Rapporteur.

Le Rapporteur rapporte cette requête à la Chambre, et, s'il est jugé que cette demande incidente soit connexe à l'affaire principale, on rend sans frais, un Règlement portant que l'autre partie *répondra*, *produira et écrira de sa part*, dans trois jours, ou autre plus bref délai, à l'incident qui sera joint au principal.

S'il n'y a point de connexité, on renverra devant le premier Juge.

Dans notre Siege, ce n'est point sur le rapport du Rapporteur, mais à l'Audience, qu'on prend ce Règlement, qu'on appelle *appointement en droit et joint*.

Ceci contient une seconde différence par rapport aux productions nouvelles, à l'égard desquelles le délai, pour y répondre, n'est que de trois jours, au lieu qu'il est de huitaine pour les productions principales.

La partie, à qui cette production nouvelle est signifiée, ne doit y répondre que par une simple requête, *tit.* 11, *art.* 25, ce qui fait une troisieme différence.

Pareillement, si depuis que l'une des parties a produit, elle découvre de nouvelles pieces, elle les produit par une simple requête qui sera signifiée et jointe au procès en la forme ci-dessus dite, et l'autre partie y répondra de même dans le délai de trois jours par simple requête. *Ibid. art.* 26.

§. III. — *De la Procédure sur l'appointement à mettre.*

Lorsque l'appointement à mettre a été prononcé, le Procureur le plus diligent peut produire entre les mains du Rapporteur-Commissaire qui est nommé par le jugement.

Cette production est composée des procédures et des titres sur lesquels la partie se fonde, et d'un inventaire de production qui contient sommairement l'état des pieces, et les arguments que la partie en tire.

On ne doit faire aucunes écritures sur cet appointement, l'instruction se borne à ce que nous venons de dire. Le Procureur qui a produit signifie à l'autre qu'il a produit, et du jour de cette signification court le délai qu'a l'autre partie de produire, lequel délai est de trois jours. *Tit.* 11, *art.* 13. *Tit.* 14, *art.* 7. Il faut convenir cependant que l'usage a prévalu de faire des écritures dans ces sortes d'appointements, comme dans les appointements en droit, et, pour autoriser cet usage, on cite un Arrêt du 22 Février 1695, rendu sur une délibération de la Communauté des Procureurs au Parlement, par lequel il est ordonné que les Procureurs ne pourront produire, dans les instances d'*appointé à mettre*, sans au préalable signifier les moyens qu'ils employeront, sinon que la procédure sera rejettée, et le Procureur privé de ses frais, même sans répétition contre sa partie.

§. IV. — *Des appointements de délibéré et de renvoi devant des arbitres.*

L'appointement de *délibéré sur le Bureau*, est une sentence interlocutoire par laquelle, lorsque l'affaire ne peut être facilement jugée à l'Audience, et ne mérite pas néanmoins, par sa nature, un appointement à mettre, ou en droit, on ordonne que les pieces des parties seront mises entre les mains d'un des Juges, pour, sur le rapport desdites pieces, en être délibéré.

En exécution de cet appointement, les Avocats chargés de l'affaire, ou les Procureurs devroient remettre, sur-le-champ, leurs pieces au Greffier qui les enverroit au rapporteur au sortir de l'Audience; mais cela ne s'observe pas; les Procureurs retirent leurs dossiers des mains de l'Avocat, et les envoient chez le Rapporteur après que le jugement a été signifié. On ne fait, en exécution de cet appointement, aucun inventaire, aucunes écritures, et on ne signifie aucun acte. Si l'on faisoit néanmoins quelqu'acte de procédure, quelque demande incidente, il faudroit faire juger qu'elle seroit jointe au délibéré.

On remet les dossiers au Rapporteur, tels que l'Avocat les avoit : c'est pourquoi ces appointements ne forment pas un procès par écrit; la cause, nonobstant cet appointement, est une cause verbale.

Le Rapporteur, lorsqu'on lui a remis les pieces, rapporte l'affaire en la Chambre du Conseil; sur son rapport, l'affaire est jugée sans frais et sans épices; il en dresse le jugement qui se prononce à la prochaine Audience, et s'écrit sur le plumitif de l'Audience avec les autres causes qui s'y jugent.

Ces appointements de délibéré sur le bureau, ont lieu principalement dans les matieres sommaires. Les bons Juges les permettent aussi dans les matieres ordinaires, lorsqu'ils croient que la simple vue des pieces les instruira suffisamment pour les mettre en état de juger, et ils évitent, par ce moyen, aux parties les frais que causent les appointements *en droit et à mettre.*

Il y a une autre espece de délibéré : quelquefois les Juges, pour mieux discuter l'affaire qui vient d'être plaidée, font retirer l'Audience, prennent les pieces, et, après avoir mûrement délibéré, font rentrer l'Audience et prononcent la sentence.

Il y a certaines causes que les Juges renvoient devant les Avocats des p
ties, ou devant quelques autres personnes pour être terminées par leurs av
lorsque le jugement de renvoi a été prononcé, les parties remettent le
pieces aux arbitres qui donnent leurs avis par écrit ; la partie qui en pou
suit l'exécution, le signifie à l'autre, et donne un avenir à l'Audience, po
y faire prononcer l'homologation de cet avis.

CHAPITRE IV.

*Comment les Instances sont interrompues, reprises ou
périmées.*

ARTICLE PREMIER.

De l'interruption des Instances.

Les instances peuvent être interrompues, ou par des Lettres d'État,
par la mort et le changement d'état, soit des parties, soit des Procureu

SECTION PREMIERE.

Des Lettres d'Etat.

§. 1. — *Ce que c'est, à qui et comment elles s'accordent et se proroge*

Les Lettres d'Etat sont des Lettres par lesquelles le Roi ordonne qu
soit sursis, pendant un certain temps, à toutes poursuites contre celui
les a obtenues.

Elles sont appelées *Lettres d'Etat*, ou parce que le procès doit demeu
dans le *même état* qu'il étoit lorsqu'on les a signifiées, pendant tout le tem
de la surséance, ou parce qu'elles sont accordées à des personnes occup
au service de l'Etat. Quelques anciennes Ordonnances les appellent *Lett
de surséance*. Voyez *la Déclaration du Roi, du 23 Décembre* 1702, *
vant de Règlement pour les Lettres d'Etat*.

Elles ne doivent être accordées qu'aux Officiers servant actuellement d
les troupes sur terre ou sur mer, et à des personnes employées hors
leur résidence à des affaires importantes, pour le service du Roi : elles
peuvent être expédiées qu'après qu'elles ont été signées du très-exp
commandement du Roi, par le Secrétaire d'Etat. *Même Déclaration
1702, art.* 1 *et* 2.

Elles s'accordent pour le temps de six mois qui courent du jour de l
date, et elles ne peuvent être prorogées par de nouvelles Lettres, plu
que quinze jours avant l'expiration du temps des premieres, et en cas
continuation de service actuel. *Même Déclaration, art.* 3.

Il ne peut y avoir lieu à cette prorogation lorsque la surséance a été le
par Arrêt du Conseil d'Etat ; et les Lettres obtenues depuis l'Arrêt, ne p

vent avoir effet pour les affaires pour lesquelles la surséance auroit été levée, mais seulement pour celles que l'impétrant pourroit avoir d'ailleurs. *Ibid. art.* 27.

Il en est de même, lorsque celui qui les a obtenues s'en est désisté. *Ibid. art.* 10.

§. II.— *A qui peuvent servir les Lettres d'Etat, contre qui et pour quelles affaires ?*

Les Lettres d'Etat ne peuvent servir qu'à celui qui les a obtenues pour ses propres affaires, et pour celles de sa femme, quoique séparée de lui, pour les affaires qu'elle auroit contre d'autres que contre son mari. *Ibid. art.* 6 et 7.

Mais elles ne peuvent servir aux peres et meres, ni autres parents de celui qui les a obtenues, ni à ses coobligés et cautions. *Ibid. art.* 6.

Elles ne lui peuvent servir que pour ses propres affaires, et non pour celles de ses pupilles. *Ibid. art.* 8.

Elles ne peuvent arrêter le cours même des instances, dans lesquelles l'impétrant auroit intérêt, lorsqu'il n'a point été reçu partie intervenante et donné copie du titre sur lequel est fondée son intervention. *Ibid. art.* 18. Si ce titre d'intervention est une cession ou transport, il faut, ou qu'elle soit contenue dans un contrat de mariage, ou partage de famille, ou qu'elle soit antérieure de six mois à la signification des Lettres d'Etat, si le titre est pardevant Notaires, et d'un an du jour qu'il aura été reconnu en justice, s'il est sous seing-privé. *Ibid. art.* 19.

Les Lettres d'État ne peuvent être opposées dans les affaires où le Roi a intérêt, ni dans celles où les hôpitaux de Paris sont intéressés. *Ibid. art.* 4 et 24.

Elles ne peuvent servir à l'impétrant, ni en matiere criminelle, ni en matiere de faux incident, en matiere civile, *ibid. art.* 5 ; ni en matiere de partage de surcession, *ibid. art.* 21 ; ni en matfere de restitution de lot, paiement de douaire, et conventions matrimoniales, *ibid. art.* 22 ; ni lorsqu'il s'agit du paiement des légitimes des puînés, de pensions viageres, aliments, médicaments, frais funéraires, gages de domestiques, journées d'artisans, loyers de maisons, arrérages de rentes Seigneuriales et foncieres, et redevances de baux emphytéotiques ; de même lorsqu'il s'agit de reliquats de compte de tutelle, ou même d'instance en reddition de compte, *ibid. art.* 20. et *art.* 19. *du tit.* 29. *Ordonnance de* 1667 ; ni pour maniement de deniers publics, dépôts nécessaires, cautions judiciaires, lettres et billets de change, et exécution de société de commerce, *ibid. art.* 23. Elles ne peuvent non plus retarder le paiement du prix des biens immeubles que l'impétrant auroit acquis en justice, ou même volontairement, *ibid. art.* 14 ; encore moins le prix de la charge dont il est revêtu, ou le paiement *d'un Brevet de retenue* sur ladite charge. *Ibid. art.* 13. Ceux qui ont intenté une demande en retrait lignager ou féodal, ne peuvent se servir de lettres d'Etat, pour retarder le remboursement qu'ils doivent faire à l'acquéreur, *ibid. art.* 15 ; ni les opposants à un décret, ou à une saisie mobiliere pour retarder les poursuites et la vente. *Ibid. art.* 16 et 17.

§. III. — *De l'effet des Lettres d'Etat.*

L'effet des Lettres d'Etat est d'empêcher, du jour de leur signification, toutes les poursuites des parties à qui elles sont signifiées, à peine de nullité des procédures qu'elles feroient, et de tous dépens, dommages et intérêts, et sans qu'elles pussent s'aider des jugements qui seroient intervenus au préjudice de ces Lettres. *Ibid. art.* 26.

Ce qui a lieu, quand même ces Lettres seroient débattues d'obreption et de subreption, pour autres cas que ceux ci-dessus spécifiés, sauf aux parties à se retirer devers le Roi sans retardation de l'effet desdites Lettres. *Ibid. art.* 26.

Elles ne peuvent pourtant arrêter le jugement définitif, si les Juges on commencé les opinions avant la signification. *Ibid. art.* 11.

Section II.

De l'interruption des Instances par mort ou changement d'Etat.

Lorsque, pendant le cours d'une instance, qui n'est pas encore en état d'être jugée, l'une des parties vient à mourir, dès-lors le Procureur du mort ne peut plus faire aucune procédure, car c'est une regle générale de droit que le mandat finit par la mort du mandant ; néanmoins lorsqu'il ignore la mort, la procédure qu'il fait peut être valable.

Pareillement l'autre partie ne peut plus faire de procédure contre la partie dont on lui a signifié la mort, car on ne peut pas plaider contre les morts ; mais, tant qu'on ne lui a pas signifié, la procédure qu'elle fait quoique depuis la mort, est valable, car elle peut prétendre l'avoir ignorée. *Tit.* 26, *art.* 2 *et* 3.

L'article 2 porte, que si la cause, instance, ou procès ne sont en état les procédures faites depuis le décès de l'une des parties sont nulles, s'il n'y a reprise.

L'art. 3 apporte ce tempérament, que le Procureur qui sçaura le décès sera tenu de le signifier à l'autre, et que les poursuites seront valables jusqu'au jour de la signification.

Tout ce qui vient d'être dit de la mort, reçoit pareillement application au cas auquel une fille, ou une veuve qui seroit en instance, viendroit se marier ; car, passant par son mariage sous la puissance de son mari, elle n'a plus *legitimam standi in judicio personam ;* elle n'est plus capable d'ester en jugement sans son mari, sous la puissance duquel elle est passée ; c'est pourquoi son Procureur, qui sçait son changement d'état, ne peut plus faire aucune procédure pour elle, et l'autre Procureur n'en peut plus faire contre elle, dès qu'on lui a signifié son changement d'état.

Il en est de même, lorsqu'une personne qui étoit en instance, non en son propre nom, mais en quelque qualité, comme de tuteur, de fabricier, cesse pendant l'instance d'avoir cette qualité par la majorité de son mineur, ou par la subrogation de nouveaux fabriciers ; il ne peut plus dès lors procéder, et les procédures faites contre lui par l'autre partie, à qui l'on a signifié que sa qualité a cessé, sont pareillement nulles.

Une instance est interrompue, non-seulement par la mort, le changement d'état et de qualité de l'une des parties, elle l'est aussi par la mort
de l'un des deux Procureurs, ou lorsqu'il cesse de pouvoir faire ses
fonctions, soit qu'il ait résigné son office à un successeur qui s'est fait
recevoir en sa place, soit parce qu'il a été interdit; la partie de ce Procureur se trouvant par-là sans défenseur, l'autre ne peut plus poursuivre
ses procédures; il n'est pas même nécessaire que cette mort du Procureur, ou ce changement d'état soit signifié, car cela ne peut s'ignorer
dans une Jurisdiction.

A l'égard de la révocation qu'une partie fait de son Procureur, la signification qui en est faite à la partie adverse est sans effet, si elle n'est accompagnée de la constitution d'un nouveau Procureur, et sans cela la
partie adverse peut continuer la procédure, et signifier valablement au
Procureur révoqué, afin qu'il ne soit pas au pouvoir d'une partie d'arrêter le cours d'une instance par une révocation.

Lorsqu'une affaire est distribuée à un Rapporteur, elle peut encore
souffrir quelqu'interruption par la mort du Rapporteur à qui elle est distribuée, ou lorsqu'il résigne son office, ou se déporte du rapport. En ce
cas, le Rapporteur, ou ses héritiers, remettent au Greffe les productions.

La partie, qui veut aller en avant, présente requête, sur laquelle elle
fait distribuer le procès à un autre Rapporteur, et elle en donne avis à
l'autre partie par acte de Procureur à Procureur.

SECTION III.

Des reprises d'instances et constitution de nouveau Procureur.

§. I. — *Des reprises d'instances.*

La mort ou le changement d'état d'une des parties n'éteint pas l'instance, elle ne fait que l'interrompre, jusqu'à ce que les personnes qui
succèdent aux droits de la partie l'aient reprise, ou aient été condamnées
à la reprendre.

De là il suit qu'il y a deux espèces de reprises : *la reprise volontaire et
la reprise forcée.*

La reprise volontaire est la déclaration que font les héritiers, ou autres
successeurs universels, qu'ils reprennent l'instance dans laquelle le défunt étoit partie, et entendent la poursuivre.

Je ne pense pas que les successeurs, à titre singulier, puissent reprendre l'instance, ils peuvent seulement intervenir; mais les successeurs universels peuvent la reprendre, du chef de la partie décédée, tels que les
légataires universels qui reprennent l'instance par elle commencée, et déclarent qu'ils entendent la poursuivre suivant *les derniers errements.*

On n'en excepte pas même les instances de séparation d'habitation, dans
lesquelles l'héritier ou le légataire universel de la femme peuvent, après
son décès, reprendre l'instance, à cause des demandes accessoires à cette
séparation, ainsi qu'il a été jugé par Arrêt du 28 Mai 1746, au profit du
Sr. de Bouillé, légataire universel de la Marquise du Pont-du-Château.

La reprise d'instance se fait au Greffe par le Procureur qui y comparoî pour la faire ; le Greffier lui en délivre un acte. qu'on appelle *acte d reprise d'instance ;* le Procureur signifie cet acte au Procureur de l'autr partie, et dès ce moment, sans qu'il soit besoin qu'il intervienne aucur jugement, l'instance est reprise et peut se poursuivre, de part et d'autre sur les derniers erremens.

Le mineur devenu majeur doit reprendre, de cette maniere, l'instance commencée par son tuteur ; *Arrêt rendu en la Grand'Chambre le 2* *Mai* 1759 ; de même, un mari, celle commencée par sa femme ; des suc cesseurs, ou administrateurs, celle commencée par leurs prédécesseurs

Lorsque les héritiers ou autres successeurs universels de la personn décédée ne reprennent pas l'instance à sa place, l'autre partie peut le assigner devant le Juge, où elle est pendante, pour qu'ils soient tenu de la reprendre.

Il faut donner copie par l'exploit d'assignation du dernier acte de procé dure, pour justifier que l'instance subsiste et n'est pas périmée ; la procédur se fait sur cette assignation comme sur toute autre demande ; et sur cett demande en reprise d'instance, intervient sentence qui ordonne que l'in stance demeurera, pour reprise, avec ces héritiers, ou successeurs univer sels de la partie décédée.

Si les personnes assignées en reprise d'instance, comme héritiers d la personne décédée, rapportoient une renonciation à la succession, l demandeur, en reprise d'instance, doit faire créer un curateur à la suc cession vacante, l'assigner en reprise d'instance, et suivre contre lui.

§. II. — *De la constitution du nouveau Procureur.*

Lorsque l'instance est interrompue, non de la part d'une des parties mais de la part de son Procureur qui est mort, ou a résigné son office, o a été interdit, la partie peut faire cesser cette interruption par un act de constitution de nouveau Procureur ; si elle n'en constitue pas, l'autr partie peut l'assigner en constitution ; faute par elle de le faire, dans l délai de l'Ordonnance, le demandeur peut prendre défaut contre l partie.

Il y a lieu de penser que ce droit d'assigner en reprise d'instance, o en constitution de nouveau Procureur, se prescrit par 30 ans, comme le autres actions.

Il n'y a lieu à ces deux assignations que lorsque la partie ou le Procu reur sont morts, avant que l'affaire fût en état d'être jugée ; car, si ell étoit en état, ces assignations seroient inutiles. *Tit.* 26, *art.* 1.

Un procès par écrit est en état d'être jugé, lorsque les parties ont écrit produit, fourni des contredits et salvations ; ou lorsque, par l'expiratio des délais, pour les fournir, elles en sont de plein droit forcloses.

Une cause verbale est aussi en état d'être jugée, lorsque, sur la plai doirie à l'Audience, les pieces ont été mises entre les mains du Rappor teur, pour en être délibéré sur le Bureau ; mais une cause verbale n'es point en état d'être jugée lorsqu'elle n'est point entierement plaidée.

Des péremptions d'instance.

§. I. — *Ce que c'est.*

La péremption d'instance est l'extinction d'une instance, par une dis-continuation de procédures, pendant trois ans, à compter du dernier acte. *L. properandum*, §. 1. *Cod. de Judiciis.* Voyez à ce sujet l'Ordonnance de 1539; celle de Roussillon de l'année 1563, et principalement l'arrêté du 28 Mars 1692, qui a fixé la Jurisprudence sur ce point.

Il ne faut pas confondre *l'instance* avec *l'action.* L'action est le droit qu'on a de demander quelque chose en justice; l'instance n'est pas ce droit même, mais la demande qui est formée en justice, en exécution et en vertu de ce droit.

La discontinuation de procédure pendant trois ans, périme et éteint l'instance, met les choses au même état que s'il n'y en avoit jamais eu, mais elle n'éteint pas l'action; c'est pourquoi celui qui a donné une de-mande, et qui a laissé périmer son instance, ne peut pas, à la vérité, suivre sa procédure; mais il peut donner une nouvelle demande, parce que la prescription n'a périmé que l'instance, et n'a pas éteint son action.

Il arrive néanmoins quelquefois que la prescription de l'instance occa-sionne indirectement l'extinction de l'action; car si une demande a été donnée avant l'accomplissement du temps par lequel l'action se prescrit, et que la demande tombe en péremption, après l'accomplissement du temps de la prescription de l'action, la péremption, en ce cas, occa-sionne indirectement l'extinction de l'action en détruisant l'effet de la demande qui auroit interrompu la prescription de l'action.

§. II. — *Quelles instances peuvent tomber en péremption.*

On avoit douté autrefois si l'exploit de demande donné à quelqu'un, sur lequel il ne seroit intervenu aucune constitution de Procureur, ni aucune présentation de la part d'aucune partie, pouvoit former une in-stance sujette à péremption.

Mais l'article 1er de l'arrêté de la Cour du 28 Mars 1692, a déclaré qu'il y avoit lieu en ce cas à la péremption, et que la discontinuation de procédure sur cette demande, ne pouvoit perpétuer ni proroger l'ac-tion, ni même interrompre la prescription.

Il n'est pas douteux qu'un simple commandement ne tombe pas en péremption, car ce n'est pas une instance.

Les instances se périment en quelques Jurisdictions qu'elles soient formées, même celles qui sont pendantes aux Officialités, car les Of-ficiaux sont obligés de se conformer aux Ordonnances. *Ordonnance de 1667, tit.* 1, *art.* 1.

Il en est de même de celles qui sont devant des arbitres; ils doivent pareillement se conformer aux Ordonnances.

Les instances d'appel y sont sujettes comme celles des causes princi-

pales, lorsqu'il y a assignation sur l'appel et que l'appelant se lais
anticiper. *Arrêt du* 19 *Mars* 1742. Mais, s'il n'y a eu aucune assignatior
il n'y a pas lieu à la péremption, car un simple acte d'appel n'est p
une instance.

Les instances pendantes devant le Juge de qui on peut appeler, sor
sujettes à péremption, même après qu'elles ont été mises en état d'être ju
gées, car il n'a tenu qu'à la partie de la faire juger en faisant une *sor
mation au Juge de juger*, et en appelant comme de *déni de justice* au ci
qu'il n'eût pas déféré à cette sommation. La partie qui n'a pas fait cet
procédure doit se l'imputer, et l'instance se périme.

Mais l'instance pendante en une Cour Souveraine, distribuée à un Ray
porteur, lorsqu'elle est en état d'être jugée, n'est plus sujette à péremptior
car il ne dépend plus de la partie de la faire juger, ne pouvant y avo
lieu à l'appellation de *déni de justice* d'une Cour Souveraine; on ne pe
donc imputer à la partie aucune négligence; il ne peut donc y avoir lie
à la péremption de l'instance. *Voyez* l'Arrêt du 19 Février 1687, a
Journal du Palais.

Les instances dans lesquelles il s'agit des droits du Roi, ou domaine
de Sa Majesté, et du droit public, n'y sont pas sujettes. *V. G.* le
causes de régale, les causes d'appel comme d'abus et autres de pareill
nature. *Règlement de* 1692. *art.* 3.

Les saisies réelles, lorsqu'il y a établissement de Commissaire et ba
judiciaire, n'y sont pas sujettes, parce que, par cet établissement de Con
missaire et bail judiciaire, le saisi est dépossédé de fait, et l'héritage sai
est mis sous la main de justice; la discontinuation de procédures pendar
le temps réglé pour les péremptions peut bien périmer une instance qu
ne gît qu'en procédures, mais non pas une saisie réelle qui consiste dan
une déposition réelle.

Mais les instances d'oppositions faites à cette saisie, *afin de distraire*,
sont sujettes, car elles n'ont rien de commun avec la saisie réelle, et on
une fin bien contraire.

§ III. — *Contre quelles personnes peut avoir lieu cette péremption.*

La péremption a lieu, tant contre les mineurs que contre les majeurs
sauf aux mineurs à avoir leur recours contre leur tuteur. Arrêt de Règle
ment du 5 Juin 1703. *Voyez* les autres Arrêts rapportés par Bouchel. Cel
est fondé sur ce que l'Ordonnance de 1539, art. 120, défend toutes lettre
de restitution contre les péremptions.

La péremption a lieu contre les communautés Laïques. *Lange, Liv.* 4
Chap. 24. rapporte un Arrêt qui l'a jugé ainsi contre les habitants de l
paroisse de Taillefer, au Pays de la Marche, qui, ayant été déclarés mor
taillables par sentence, en avaient interjetté appel au Parlement, ou l'ayan
laissé périr, la sentence a été confirmée par la péremption.

A l'égard des Eglises, des hôpitaux, des fabriques, il est sans difficult
que la péremption a lieu contr'eux, s'il ne s'agit en l'instance que d
fruits et de jouissances; mais on a jugé que la péremption n'aurait pa

lieu, si elle tendait à leur faire perdre leurs fonds. Arrêts du 13 Avril 1518, au profit de l'Hôtel-Dieu de Paris, et un autre du 23 Décembre 1630, rapportés par Brodeau. Lett. P. n°. 14. *Voyez* néanmoins Lacombe, *Verbo* péremption, n°. 13. Il ne paroît pas admettre cette distinction, et il se fonde sur le Règlement de 1692, pour décider indistinctement que la péremption a lieu contre les Religieux, les administrateurs des pauvres, et les fabriques.

Mais dans le cas où il ne s'agit que des revenus, la péremption a lieu même contre l'Eglise.

§. IV. — *Comment s'opere la péremption? Quelles choses l'operent et la couvrent ?*

La péremption s'opere, comme nous l'avons dit, par la discontinuation de procédures, pendant le temps de trois ans; la mort des parties, ou même de l'une des parties, ou de leur Procureur, qui arrive dans les trois ans, empêche la péremption; la raison est, qu'il faut qu'une chose existe pour qu'elle puisse être sujette à périr; ces morts interrompent l'instance, et font que, tant qu'il n'y a point de reprise, ni de constitution de nouveau Procureur, il n'y a pas, en quelque façon, d'instance subsistante, et par conséquent, il ne peut y avoir lieu pendant tout ce temps à la péremption : mais si l'instance est reprise, ou qu'on constitue nouveau Procureur, il y aura lieu à la péremption, par la discontinuation de procédures depuis la reprise, *ut sit litium finis.*

S'il n'y a point de reprise d'instance, mais seulement une assignation en reprise, l'instance sera-t-elle périmée par la discontinuation de procédures pendant trois ans depuis cette assignation? Il y en a qui pensent qu'il n'y aura de sujet à péremption que cette demande en reprise d'instance; d'autres pensent que la cause principale se périme : mais la décision de cette question dépend de savoir si l'assignation en reprise renouvelle l'instance, même avant qu'elle ait été déclarée reprise : il me paroît qu'elle la renouvelle, d'où il suit que l'instance principale devient dès-lors sujette à péremption.

Toutes les autres causes qui interrompent une instance, jusqu'à ce qu'elle soit reprise, doivent aussi empêcher que, jusqu'à ce temps, il puisse y avoir lieu à la péremption; par exemple, si une des parties change d'état, si elle passe, par le mariage, sous puissance de mari; si le Procureur de l'une des parties résigne son office, ou est interdit.

La mort d'un Rapporteur est une espece d'interruption d'instance qui empêche la péremption jusqu'à ce qu'elle soit distribuée à une autre.

Les compromis que les parties ont faits pendant le cours de l'instance, pour s'en rapporter à un arbitre, empêchent la péremption tant que le compromis dure, quoiqu'il n'ait pas eu d'effet, l'arbitre n'ayant pas jugé; la raison est que le compromis a suspendu l'instance pendant qu'il a duré; c'est l'avis de Grimaudet. *Traité du Retrait lignager, Liv.* 10, *Chap.* 7.

On a jugé, dans quelques especes particulieres, que des accidents imprévus causés par quelques forces majeures, avoient pu empêcher la péremption ; comme si les pieces d'un procès étoient restées chez un Avocat dont la maison étoit inaccessible par la contagion de la peste, ou si elles avoient été consumées dans un incendie.

Il n'est pas douteux que la péremption est couverte par quelqu'acte de procédure signifié depuis l'expiration des trois ans par le défendeur qui auroit pu l'opposer ; car il est censé par-là avoir renoncé à la péremption. L'article 4 de l'arrêté de 1692 en contient une disposition : il porte que, « la péremption n'aura lieu, si la partie qui a acquis la péremption, a fait » quelques procédures, pourvu que ces procédures lui aient été connues » et faites par son ordre. »

La Jurisprudence moderne va plus loin ; car, quoiqu'aux termes de cet arrêté, la péremption soit acquise de plein droit, et qu'il faut que celui au profit de qui elle est acquise y renonce par son fait, en faisant quelques procédures ; au contraire, il paroît qu'on juge aujourd'hui au Parlement, que la péremption n'est point acquise de plein droit, et que tant qu'elle n'a point été demandée par celui au profit de qui elle est acquise, l'autre partie peut la couvrir en faisant quelqu'acte de procédure. *Voyez* l'Arrêt rendu en la Grand'Chambre, sur les conclusions de M. Joly de Fleury, Avocat Général, le 12 Août 1737, rapporté par Denizart, *Verbo* Péremption, n°. 18.

§. V. — *De l'effet de la péremption.*

L'effet de la péremption d'une premiere instance est de détruire l'instance, et de mettre les choses au même état, que si la demande, qui a introduit l'instance, n'avoit pas été donnée.

Lorsqu'une instance est périmée, chaque partie porte les frais qu'elle a faits en cette instance ; la péremption d'instance n'empêche pas cependant que le demandeur ne puisse donner une nouvelle demande aux mêmes fins s'il est encore temps de la donner.

Mais si le temps de la durée de l'action se trouvoit expiré, il ne pourroit plus donner l'action, car celle qu'il a donnée étant périe et ne subsistant plus, elle ne peut pas interrompre la prescription de l'action, et il arrive par-là que la péremption, en détruisant l'instance, détruit indirectement l'action.

Du principe que la péremption détruit l'instance, et par conséquent tout l'effet de la demande qui l'avoit formée, on peut encore tirer cette conséquence, que les intérêts de la somme due ne peuvent être prétendus du jour de cette demande qui est périmée, quoique l'action ne fût pas prescrite, et qu'on pût former une nouvelle demande : l'ancienne étant périmée, les intérêts ne pourront courir que du jour de la nouvelle.

Quoique la péremption détruise l'instance, les enquêtes, rapport d'experts et autres actes probatoires qui ont été faits pendant le cours de l'instance ne laissent pas de subsister, et les parties peuvent s'en servir sur la nouvelle demande que le demandeur intentera, s'il est encore dans le temps de l'intenter, comme elles pourroient s'en servir dans toutes les autres in stances qu'elles auroient ensemble. C'est l'opinion de Barthole, sur la Loi *properandum*, §. 1. *Cod. de Judic. Voyez* aussi les Arrêts rapportés par Brodeau. Lett. P. n° 38.

La péremption ne détruit pas non plus une sentence de condamnation, quoique provisionnelle; mais il est évident qu'elle détruit les jugements d'instruction. *Arrêt du* 11 *Décembre* 1609, *rapporté par Brodeau.* Lett. P. n°. 15.

A l'égard des sentences par défaut, lorsqu'il y a eu un jugement qui a reçu opposant, ou que la sentence n'ayant pas été levée, les parties ont procédé comme si elle n'eut pas été rendue, elles tombent en péremption.

CHAPITRE V.

De quelle maniere on doit procéder aux Jugements.

Article premier.

De l'obligation où sont les Juges de juger, et de la forme pour les y contraindre.

Il est enjoint par l'Ordonnance de 1667, tit. 25, art. 1, à tous Juges, tant des Cours que des Jurisdictions inférieures, de juger les causes qui sont en état d'être jugées, à peine de répondre en leur nom des dommages et intérêts des parties.

La forme pour contraindre les Juges qui ne connoissent pas en dernier ressort, à s'acquitter de cette obligation, est prescrite au même titre, *art.* 2.

La partie qui veut être jugée peut, lorsque la cause est en état de l'être, faire deux sommations au Juge de la juger. Il doit y avoir huitaine entre l'une et l'autre sommation, lorsque le Juge ressortit nuement en une Cour; sinon elles se font de trois jours en trois jours. *Ibid. art.* 4.

Les sommations se font au Rapporteur, lorsqu'il y en a un à qui le procès est distribué; car c'est de lui qu'il dépend que la cause soit jugée : si c'est une cause d'Audience, elles se font au Président, par un Huissier, ou à son domicile, ou à son Greffe; elles ne doivent rien contenir d'injurieux à la personne du Juge à qui elles sont faites. *Art.* 2 *et* 3.

Si le juge ne satisfait pas à ces sommations, la partie ne peut appeller comme de déni de justice, et intimer le Rapporteur ou le Président en son nom, pour le faire condamner aux dommages et intérêts résultants du déni de justice. *Art.* 4.

La partie, qui a interjetté cet appel, peut n'intimer que les parties de l'instance, pour, sur cet appel, faire juger le principal en la Cour.

Lorsque l'appel, comme de déni de justice, est interjetté d'un Juge Royal qui ressortit à un Bailli Royal, il semble qu'il devroit se porter devant le Bailli; car, suivant toutes les anciennes Ordonnances, la correction des

Juges Royaux appartient au Bailli au Siege duquel ils ressortissent. *Edit* ◖
Cremieu, art. 21. Le Grand Coutumier, P. 78, 79, porte expressément q◖
les Baillis peuvent corriger les Prévôts, ce qui est confirmé par l'Ordonnan◖
de 1670, qui, attribuant aux Baillis la correction des Juges Royaux, ne f◖
aucune distinction, et renferme, par conséquent, sous ces termes, *Jug*◖
Royaux, tous les Officiers Royaux; néanmoins, malgré toutes ces raison◖
les Parlements paroissent être en possession de connoître directement ◖
tous appels de déni de justice, quoique les Juges de qui ils s'interjetten◖
ne ressortissent pas nuement en la Cour.

Cette forme de contraindre les Juges à juger, ne concerne que ce◖
qui ne jugent pas en dernier ressort, car il n'y a pas lieu à cet appel lor◖
qu'ils sont en dernier ressort, tels que les Présidiaux au premier chef ◖
l'Edit, et il n'y a que la voie de se pourvoir en prise à partie au Parl◖
ment.

ARTICLE II.

Des jugements et de leurs prononciations.

Après les plaidoiries faites, si la cause est d'Audience, ou après le rappo◖
du Rapporteur, et la visite des pieces, si la cause est de rapport, le Prés◖
dent recueille les opinions des Juges.

Lorsqu'il se trouve parmi les Juges un pere et un fils, deux freres ◖
beaux-freres, un oncle et un neveu, les opinions de ces Juges, lorsqu'i◖
sont de même avis, ne peuvent être comptées que pour une. *Edits du mo*◖
d'Août 1669, et de *Janvier* 1681; *Déclarations du Roi du* 25 *Août* 170◖
et 30 *Septembre* 1728.

En matiere civile, lorsque les Juges se trouvent partagés d'opinions, on ◖
peut prononcer de jugement, et il faut le renvoyer à une autre Chambre, ◖
à un autre Siege; on peut aussi, pour épargner les frais que causeroit ◖
renvoi en un autre Siege, faire venir quelqu'un des Juges du Siege qui ◖
s'y seroit pas trouvé, et, après un nouveau rapport qui lui sera fait de l'a◖
faire, prendre de nouveau les opinions des Juges, et la sienne, afin que so◖
opinion puisse ôter le partage. *Voyez* l'Ordonnance de Louis XII de 1498◖
et l'Edit de Henri II du mois de Février 1549.

Lorsque l'un des avis l'emporte au moins d'une voix, on doit former ◖
jugement sur cet avis.

S'il se trouve partagé d'opinions dans un Siege présidial, le jugement d◖
la cause doit être renvoyé au Présidial le plus prochain; ainsi jugé par Arrê◖
du 13 Juillet 1587, contre le Présidial de Tours, qui avoit ordonné qu'u◖
procès seroit départi par sept Avocats du Siege.

La formule du jugement doit être conforme aux conclusions du deman◖
deur, lorsqu'on trouve la demande bien fondée, et alors le Juge doi◖
prononcer, *faisant droit sur la demande,* ou *ayant égard à la demand*◖
Lorsqu'on ne la trouve pas bien fondée, les formules ordinaires sont : *Nou*◖
avons donné congé de la demande, ou *nous avons débouté un tel de s*◖
demande, ou *nous avons renvoyé le défendeur de la demande d'un tel*◖
c'est encore une formule très-usitée que celle-ci : *Nous avons mis les pa*◖

ties hors de Cour ; elle a même sens que les précédentes, les termes en sont seulement plus doux pour le demandeur qu'on déboute de sa demande. On se sert ordinairement de cette formule, lorsqu'on ne juge pas à propos de condamner le demandeur aux dépens, ce qui arrive lorsque sa demande n'est pas absolument mal fondée.

Si le Juge croit qu'il soit nécessaire pour l'instruction de la cause, ou pour l'éclaircissement de quelques faits, d'ordonner, ou une visite d'expert, ou une enquête, ou un compulsoire, il rend un jugement qu'on appelle *interlocutoire,* qui commence par ces termes : *avant de faire droit, nous ordonnons,* etc.

Lorsque la cause est d'Audience, le Président prononce à l'Audience le jugement suivant l'avis qui a prévalu : c'est cette prononciation du Juge qui est le jugement ; il a sa perfection aussitôt qu'il a été prononcé contradictoirement. Le Juge ne peut plus le réformer après que l'Audience est levée, et le Greffier rédige le jugement sur le registre de l'Audience tel qu'il a été prononcé.

Celui qui a présidé doit, à l'issue de l'Audience, ou au moins dans le même jour, voir le registre, et signer et parapher chacun des jugements prononcés ledit jour, qui se trouveront inscrits. *Tit.* 26. *art.* 5.

Si le Greffier n'a pas rédigé exactement, le Juge réforme par des renvois et ratures qu'il doit approuver.

Lorsque dans une Audience, un autre que le Président a présidé, et que quelqu'autre a prononcé le jugement, c'est le Juge qui a prononcé, qui doit faire le *Visa* sur le registre.

Il est défendu aux Greffiers de délivrer aucune expédition des jugements avant qu'ils aient été vérifiés. *Ordonn. de* 1493, *art.* 6.

Le Greffier dans les expéditions doit écrire tous les noms des Juges qui ont assisté à l'Audience.

Lorsque le jugement a été rendu sur un appointé de délibéré sur le Bureau, le Rapporteur le donne au Greffier qui le publie à la première Audience, et l'inscrit sur le registe de l'Audience. Il doit être visé par le Juge qui a présidé au rapport, et n'a sa perfection que du jour qu'il est ainsi publié.

Lorsque le jugement a été rendu sur un appointement en droit, ou à mettre, le Rapporteur en doit dresser le *dictum,* c'est-à-dire, le prononcé, et le mettre au Greffe dans trois jours, avec les sacs du procès, sans qu'il puisse donner aux parties, ni à leur Procureur, communication des sacs. *Tit.* 11, *art.* 15.

Le *dictum* doit être écrit de la main du Rapporteur, suivant l'Ordonnance de Moulins, *art.* 63, et celle de 1629, *art.* 84.

Le Rapporteur doit écrire, au bas de ce *dictum,* le jour que le jugement aura été arrêté et rendu. *Tit.* 26, *art.* 8.

Il doit aussi mettre en marge les Juges qui ont rendu le jugement.

Sur le *dictum,* le Greffier dresse la minute du jugement qui doit être daté du jour qu'il a été rendu, et signé de tous les Juges. Les minutes ne sont signées que du Président et du Rapporteur. Il est défendu aux

Greffiers d'en donner des expéditions avant qu'elles soient signées. *Or-donnance de Moulins* , art. 64. *Voyez* le Code Henri. *L.* 5 , *tit.* 17. §. 6, et les Ordonnances citées.

Le Greffier avertit les Procureurs du jugement, et leur en donne communication. Il lui est défendu de faire payer des épices , ni aucune chose pour cette communication.

Chaque Procureur retire du Greffe sa production, et en donne décharge. Il est défendu aux Greffiers de communiquer au Procureur d'une partie, celle des parties adverses.

ARTICLE III.

Des défauts et congés.

§. I. — *Ce que c'est que défaut et congé, et combien il y en a d'especes.*

Le défaut est un acte qu'on donne en justice au demandeur de la contumace, ou demeure, en laquelle est la partie assignée, de se présenter sur la demande à elle donnée, ou de fournir ses défenses, ou de plaider à l'Audience. De cette définition, il résulte qu'il y a trois sortes de défauts,

1°. Celui faute de se présenter ;
2°. Celui faute de défendre;
3°. Celui faute de venir plaider .

Le congé est l'acte qui est donné au défendeur, c'est-à-dire à la partie assignée de la contumace, ou demeure, en laquelle est le demandeur, ou de se présenter, c'est-à-dire , de faire inscrire le nom de son Procureur sur le registre des présentations, ou de donner copie des pieces justificatives de sa demande, dans les délais portés par l'Ordonnance, ou de plaider à l'échéance de l'assignation.

§. II. — *Du défaut faute de se présenter.*

La partie assignée dans le délai de l'assignation doit constituer Procureur, et quinzaine après, dans les Cours, ou huitaine dans les autres Jurisdictions, le Procureur doit se présenter et se faire inscrire sur le registre du Greffe des présentations. Huitaine ou quinzaine après que ce délai est expiré, s'il n'y a point de Procureur de présenté sur le registre des présentations de la part de la partie assignée, le demandeur en prend un acte au Greffe des présentations qui lui est expédié par le Greffier des présentations, et qu'on appelle *un défaut.*

Dans les justices subalternes , où il n'y a point de Greffe des présentations, lorsque la partie assignée n'a pas, dans le délai, constitué Procureur par acte signifié au Procureur du demandeur, le demandeur, huitaine après l'expiration du délai, prend son défaut à l'Audience, c'est-à-dire, que le Juge lui donne acte du défaut du défendeur.

Si le défendeur avoit été assigné à un délai plus court que celui réglé par l'Ordonnance, le demandeur ne laisseroit pas de pouvoir prendre son défaut, mais il ne le pourroit prendre valablement que huitaine après le délai de l'Ordonnance expiré.

Lorsqu'il y a plusieurs parties assignées sur une demande, lesquelles demeurent en différents lieux, qui font toutes défaut, ce défaut ne peut être valablement pris que huitaine après le délai, qui doit être réglé suivant la demeure de la partie la plus éloignée. *Règlements du Conseil de* 1687 *et* 1734.

Lorsqu'entre les parties assignées, les unes se présentent et non les autres, le défaut ne se prend que contre celles qui ne se présentent pas.

Après que le demandeur a pris son défaut, soit au Greffe des présentations, soit à l'Audience, il ne peut le faire juger, qu'après un autre délai, qui est encore de huitaine, lorsque celui de l'assignation est de huitaine et de quinzaine, et qui est de la moitié du temps porté par le délai de l'assignation, lorsque ce délai est plus long. *Tit.* 3, *art.* 5.

Observez que dans ces délais, on ne comprend ni les termes, ni les jours de l'échéance.

Si, depuis le défaut pris au Greffe, le défendeur persiste dans sa contumace, et ne fait point présenter de Procureur pendant tout le temps du délai, le demandeur, après le délai expiré, peut, à la première Audience, faire juger le défaut; si la demande se trouve bien fondée, le Juge, pour le profit du défaut, y fera droit, et rendra une sentence de condamnation contre les défaillants. *Tit.* 5, *art.* 3.

La demande est regardée comme suffisamment fondée, lorsqu'elle a pour fondement un billet du défaillant, quoique non-reconnu par lui; car sa contumace, à ne pas s'expliquer sur le billet, le fait passer pour reconnu.

Lorsque la demande n'est pas suffisamment bien fondée, le Juge rend une sentence interlocutoire; si elle est mal fondée, il en donne congé au défaillant.

Les sentences contre les défaillants doivent être rendues sur-le-champ, c'est-à-dire, à l'Audience. *Ibid. art.* 3.

Il n'est pas permis aux Juges de prononcer sur les demandes, quand le défendeur est défaillant, aucun appointement en droit ou à mettre; mais si la demande contient plus de trois chefs, le Juge pourra la juger sur un appointement à délibérer sur le Bureau, sans épices. *Ibid. art.* 4.

Lorsqu'il y a plusieurs défendeurs, dont quelques-uns seulement font défaut, le défaut est joint au principal, et le profit du défaut ne se juge que par le jugement qui sera rendu avec les parties comparantes.

Lorsqu'après le défaut pris au Greffe, le défaillant constitue Procureur et donne des défenses, on ne fait point juger le défaut, et on procède, avec cette partie, de la même maniere que si elle eût d'abord constitué Procureur; elle doit seulement les frais du défaut pris contre elle.

§. III. — *Du congé faute de se présenter.*

Lorsque les demandeurs n'étoient pas obligés à la présentation, il n'y avoit pas lieu à cette espece de congé; mais si le demandeur avoit manqué de constituer Procureur par son exploit de demande, la partie assignée pouvoit seulement opposer la peine portée par l'Ordonnance, *tit.* 11 *art.* 16, et faire prononcer contre lui la nullité de l'exploit de demande et de toute la procédure du jugement rendu sur cet exploit ; aujourd'hui que la présentation des demandeurs, abrogée par l'Ordonnance de 1667, a été rétablie, si le demandeur ne se présente point dans le délai accordé, le défendeur leve au Greffe des présentations un acte qu'on appelle *congé*, et il le fait juger à l'Audience dans les mêmes délais que nous venons de voir pour les défauts.

Le Juge, pour le profit, doit toujours donner congé de la demande, et en cela, le congé est différent du défaut qui se donne au demandeur contre le défendeur défaillant. Le Juge, pour faire droit sur la demande contre le défendeur défaillant, doit entrer en connoissance de cause, et examiner si elle est bien fondée ; mais il n'est pas besoin qu'il entre en aucune connoissance de cause, pour donner congé au défendeur de la demande du demandeur défaillant : il suffit qu'il ne se présente pas, pour qu'il ne puisse pas être écouté dans sa demande.

§. IV. — *Des autres especes de défauts et congés.*

Lorsque le défendeur, dans les délais, a constitué Procureur, mais n'a pas signifié ses défenses, c'est le cas du défaut *faute de défendre* : le demandeur, en ce cas, après l'expiration des délais, prend son défaut, savoir, dans les Cours, au Greffe ; dans les autres Jurisdictions, à l'Audience ; il le fait juger dans les délais de la même maniere que les défauts *faute de se présenter.*

Si, au contraire, c'est le demandeur qui est en demeure de communiquer les pieces justificatives de sa demande, c'est le cas du congé *faute de communiquer*, qui se prend dans les mêmes délais et de la même maniere que le défaut.

Si, après les défenses fournies par le défendeur, les pieces justificatives de la demande communiquées par le demandeur, l'une des parties ne comparoît pas à l'Audience, soit à l'appel du rolle, si la cause a été mise au rolle, soit que la cause ait été portée à l'Audience sur un avenir, c'est le cas du défaut ou congé *faute de venir plaider.* Si le demandeur ne comparoît pas, le défendeur prend à l'Audience un congé sans aucun examen de la demande du défaillant. Si c'est le défendeur qui ne comparoît pas, le demandeur prend défaut ; mais on examine si sa demande est bien fondée.

SECONDE PARTIE.

De la Procédure particuliere de certaines Matieres.

CHAPITRE PREMIER.

De la Procédure particuliere aux Matieres sommaires.

§. I. — *Quelles Matieres sont sommaires ?*

On appelle *Matieres sommaires* celles dont l'instruction se fait d'une maniere plus sommaire, c'est-à-dire, plus courte que l'instruction ordinaire.

Les matieres sommaires sont, 1°. Les causes pures personnelles, dont l'objet n'excede pas, dans les Cours et aux Requêtes, la somme de 400 liv., et celle de 200 liv. dans les autres Jurisdictions. *Tit.* 17, *art.* 2.

2°. Les causes qui concernent la Police, à quelques sommes qu'elles puissent monter. *Ibid. art.* 3.

3°. Toutes les causes qui concernent les achats et fournitures de vivres, comme grains, vins, farines, bois et autres denrées. *Ibid.*

4°. Les causes qui concernent les sommes dues pour les ventes faites aux marchés et foires. *Ibid.*

5°. Les actions qui naissent du contrat de louage des maisons et fermes de campagne, soit qu'il y ait bail, soit qu'il n'y en ait pas. *Ibid.*

6°. Les prises de bestiaux en délit, et tout ce qui en dépend. *Ibid.*

7°. Les gages des serviteurs et ouvriers. *Ibid.*

8°. Les salaires et fournitures d'Apothicaires, Chirurgiens, Médecins, Procureurs, Huissiers, Gens d'affaires, et tout ce qui est dù à titre d'appointement ou récompense. *Ibid.*

Observez que toutes ces matieres, depuis et compris le 3ᵉ *art.* jusqu'au dernier, ne sont sommaires qu'autant qu'elles n'excedent pas la somme de 1000 liv. *Ibid.*

9°. Les causes qui concernent les appositions ou levées de scellés, les confections et clôtures d'inventaires ; les oppositions formées à la levée des scellés, ou à la clôture d'inventaire, en ce qui concerne la procédure seulement. *Tit.* 17, *art.* 4.

10°. Les oppositions aux saisies, exécutions et ventes de meubles ; les préférences et priviléges sur le prix, pourvu qu'il n'y ait pas plus de trois oppositions, et que les prétentions des opposants n'excedent pas 1000 liv. *Ibid. art.* 4. L'Ordonnance ajoute ces termes, qui ne sont pas fort clairs : *sans y comprendre le cas de contribution au marc la livre,* ce qui semble vouloir dire que c'est la somme entière dont les opposants sont créanciers, et non celle pour laquelle ils peuvent être colloqués, *au marc la livre,* qu'il faut considérer.

11°. Les demandes en main-levée d'effets saisis et exécutés, établissement, ou décharge de gardiens, commissaires, dépositaires ou séquestres : les demandes à fin d'élargissement et provisions de prisonniers, *intrà* 1000 liv. *Ibid. art.* 5.

12°. Les provisions pour nourritures et aliments, *intrà* 1000 liv. *Ibid.*

13°. Les réintégrandes, c'est-à-dire, l'action pour être remis en possession des choses dont on a été dépouillé par violence, *intrà* 1000 liv. *Ibid.*

14°. Enfin généralement tout ce qui requiert célérité, *intrà* 1000 liv. *Ibid.*

§. II. — *De ce qu'il y a de particulier en Matiere sommaire.*

Les parties peuvent plaider par elles-mêmes, et sans le ministere d'Avocats, ni de Procureurs, dans ces matieres, à l'exception des Cours et des Présidiaux. *Tit.* 17, *art.* 6.

Dans les Cours et Présidiaux où le ministere d'un Procureur est nécessaire pour ces matieres, au lieu que le délai pour la présentation est, dans les matieres ordinaires, de quinzaine dans les Cours, et de huitaine dans les autres Jurisdictions, il n'est que de trois jours après l'échéance des assignations, tant dans les Cours que dans les autres Jurisdictions. *Tit.* 4, *art.* 1.

A l'égard du délai de l'assignation, il est le même ; mais si la matiere, outre qu'elle est sommaire, est de nature à ne souffrir aucun retardement, telles que les matieres de Police, les demandes faites par des hôteliers ou ouvriers à des étrangers voyageurs ; les demandes en main-levée d'arrêt de marchandises prêtes à partir, et main-levée d'emprisonnement de personnes qualifiées, constituées en charge, ou négociants, le Juge peut permettre d'assigner le jour même en son hôtel, sans autre délai, et y statuer par provision.

En matiere sommaire, le défendeur ne signifie point les défenses par écrit, mais les plaide, ou les fait plaider à l'Audience où la cause doit être portée, après les délais échus sur un simple avenir, sans autre procédure. *Tit.* 17, *art.* 7.

En matiere sommaire, quand le Juge permet aux parties de faire preuve par témoins, les enquêtes ne se font point pardevant un Juge-Commissaire, comme dans les matieres ordinaires ; mais les témoins sont entendus à l'Audience. *Ibid. art.* 8. Ces témoins doivent être entendus à la premiere Audience, à moins que le Juge, sur la réquisition de l'une des parties, pour bonne raison, par exemple, si les témoins étoient éloignés, n'eût

escrit un délai plus long. Si la partie ne fait pas paroître ses témoins à
tte Audience, elle demeure déchue de plein droit de faire son en-
jête ; si elle a fait assigner ses témoins pour comparoître à l'Audience,
qu'ils ne comparoissent pas, elle obtient un jugement qui donne défaut
ntre les témoins, et ordonne qu'ils seront réassignés.

La partie qui veut faire entendre ses témoins à l'Audience, porte la
use à l'Audience sur un avenir donné à l'autre partie, qui doit s'y trou-
r pour former des reproches contre les témoins ; faute par elle de com-
roir, on donne défaut contre elle, pour le profit, le Juge entend les
moins, qui ne peuvent plus être reprochés que sur des moyens de re-
oches justifiés par écrit.

Si la partie comparoît et fournit des reproches, on statue sur-le-champ :
on les juge valables, on n'entend point les témoins ; si on les juge
admissibles, on rend un jugement qui, en les déclarant inadmissibles,
donne que les témoins seront présentement entendus. On rédige les dé-
sitions sur le plumitif de l'Audience, et on y fait mention des reproches.
rt. 9.

Aux Cours et aux Présidiaux, au lieu d'entendre les témoins à l'Au-
ence, ils sont entendus à l'issue de l'Audience, ou pendant l'Audience,
Greffe, par un Conseiller qui fait dresser le procès-verbal des serments
s dépositions des témoins, et des reproches fournis contre eux ; ce
nseiller n'étant que Commissaire ne peut statuer sur la validité des re-
oches, et doit entendre les témoins, en faisant mention des reproches.
rt. 8.

Lorsque les témoins ont été entendus à l'Audience, le Juge peut incon-
ent juger l'affaire à fond, ou constituer la cause. *Art. 10.*

Dans les matieres sommaires, on ne peut point appointer *en droit* ou
nettre, il faut juger à l'Audience, ou sur un appointement de délibéré
r le Bureau, sans frais. *Ibid.*

Voyez, pour ce qui concerne l'exécution des affaires sommaires, les
. 12. 13. 14. 15. 16. *et* 17 *de ce tit.* et ce qui sera dit ci-après, *partie 3,*
t. 1. *art.* 3.

CHAPITRE II.

e la Procédure particuliere aux Matieres de reddition de
compte.

I. — *De l'obligation de rendre compte, et de l'action en reddition de*
compte.

Toutes personnes qui ont géré les affaires d'autrui sont obligées d'en
dre compte, soit qu'elles ayent eu la qualité pour les gérer, soit
elles les ayent gérées sans qualité.

L'obligation de rendre compte, dont sont tenus tous les tuteurs, pro-
eurs, curateurs, fabriciers, fermiers judiciaires, séquestres, gardiens

et tous autres qui ont géré le bien d'autrui, consiste, non-seulement à rendre compte de leur recette et mise, mais même à payer le reliquat, et à remettre toutes les pieces justificatives de leur compte : jusqu'à ce qu'ils ayent satisfait à tout cela , ils sont toujours réputés comptables. *Tit.* 29. *art.* 1. d'où il suit que les tuteurs sont incapables des dons et legs des mineurs, à qui ils sont obligés de rendre compte, jusqu'à ce qu'ils ayent rempli en entier cette obligation.

De cette obligation de rendre compte naît l'action en reddition de compte que celui, dont les affaires ont été gérées, a contre celui qui les a gérées.

Lorsque celui qui a géré les affaires d'autrui a été commis à cette gestion, par Ordonnance du Juge, il peut être assigné en reddition de compte devant le Juge qui l'a commis. *Ibid. art.* 2.

L'Ordonnance dit, *il pourra*, ces termes n'emportent pas nécessité , c'est pourquoi il peut être aussi assigné devant le Juge de son domicile , qui est son juge naturel : cela n'exclut pas non plus le juge du privilege, si le comptable est privilégié, et il peut être assigné devant ce juge, la demande en reddition de compte étant personnelle, et de la compétence des Juges de privilege.

Lorsque celui qui a géré n'a été commis par aucun Juge, on l'assigne devant le Juge de son domicile comme sur toutes autres actions. *Ibid.*

La partie assignée doit se présenter et constituer Procureur ; si elle ne le fait , on leve un défaut, après les mêmes délais, et de la même maniere que sur les autres demandes : on le fait juger, et pour le profit, le Juge condamne le défaillant à rendre compte. *Ibid. art.* 3.

Il résulte de cette disposition que, sur l'action en reddition de compte il n'y a que deux défauts, celui faute de comparoir, c'est-à-dire, de se présenter et cotter Procureur, et celui faute de plaider; l'Ordonnance ne fait mention que de ces deux especes ; il n'y a point de défaut faute de défendre , comme dans les actions ordinaires, d'où il résulte, qu'en action en reddition de compte, il n'est pas nécessaire de signifier des défenses par écrit , et qu'il suffit de les plaider à l'Audience.

Lorsque le défendeur comparoît, et soutient n'être point obligé à rendre le compte qu'on lui demande, si la cause ne peut être jugée à l'Audience le Juge peut prononcer un appointement à mettre. *Ibid. art.* 4. L'ordon nance dit, *dans trois jours.*

Le Jugement qui condamne à rendre compte, doit commettre le Juge devant qui ce compte sera rendu et affirmé. *Ibid. art.* 5.

Le Jugement contient aussi un terme ou délai, dans lequel le comptable sera tenu de rendre son compte.

Après le délai expiré , s'il est en demeure de le rendre , la partie peut sur un simple acte, porter la cause à l'audience, et obtenir sentence por tant , que faute par lui de le rendre , il sera contraint de payer une cer taine somme par provision , pourquoi il sera contraint par saisie et vent de ses meubles , et même par emprisonnement de sa personne, s'il y a lieu *Ibid. art.* 8.

Aucunes lettres d'État ne peuvent être obtenues par le comptable pou se dispenser de rendre compte; et si elles l'étoient, à moins qu'il n'y ait une clause spéciale dans les lettres, qui fît mention de l'instance de compte, l'Ordonnance veut qu'elles soit réputées pour subreptices, et que les Juges n'y aient aucun égard. *Ibid. art.* 19. *Vice-versâ*, la Déclaration du 23 Décembre 1702, *art.* 20. veut que ceux qui seront tenus de rendre compte, puissent réciproquement faire les poursuites nécessaires pour y parvenir et se libérer, nonobstant toutes lettres d'État qui leur auroient été signifiées.

§. II. *Devant qui le compte doit-il être rendu ?*

Entre majeurs, le comptable, quoique commis par Justice, peut rendre son compte à qui il doit, pardevant Notaires, par un acte entre celui à qui le compte est dû et lui. *Ibid. art.* 22.

M. Jousse rapporte un Arrêt, du 23 Août 1752, qui a jugé, pour les Notaires, contre les commissaires au Châtelet de Paris, que même, lorsque le compte est dû à un mineur, si le compte n'a point été ordonné par une Sentence, il peut être rendu à l'amiable par le tuteur de ce mineur. *Voyez son Commentaire sur l'art.* 22 *du tit.* 29.

Si le compte a été ordonné par un jugement qui a condamné le comptable à rendre compte, il doit se rendre en Justice, c'est-à-dire devant le Commissaire-Enquêteur, dans la Justice où il y en a, sinon devant le Juge commis par le jugement.

Le Rapporteur du procès, sur lequel a été rendu le jugement, portant condamnation à rendre compte, ne peut être commis pour le recevoir; cela a lieu quand même le Juge-Rapporteur seroit lui-même le Commissaire-Enquêteur, *ibid. art.* 5. Règlement du Conseil, du 31 Août 1689, pour le Présidial d'Orléans. *Art.* 9.

§. III. *De la Procédure pour la présentation du compte, et de la forme du compte.*

Le comptable, après qu'il a donné son compte, peut, en exécution de la Sentence qui le condamne à le rendre, présenter Requête au Commissaire devant qui il le doit rendre, pour qu'il donne assignation à jour et heure certains au demandeur, à l'effet d'être présent, tant à la présentation, qu'à l'affirmation de son compte.

Il signifie cette Ordonnance à celui à qui le compte doit être rendu, pour qu'il ait à se trouver en l'hôtel du Commissaire, pour être présent à la présentation et affirmation de son compte, au jour et à l'heure indiqués.

Le comptable doit se trouver en l'hôtel du Commissaire, y présenter et affirmer son compte, soit en présence de la partie, soit en son absence, auquel cas le Commissaire donne défaut contre elle.

Le comptable doit présenter et affirmer ce compte en personne, ou du moins par un Procureur fondé de procuration spéciale. *Tit.* 29. *art.* 8.

Ce compte doit contenir une préface, qui est une explication sommaire de l'espece de gestion de laquelle le comptable rend compte. On transcrit dans cette préface l'acte par lequel le comptable a été chargé de sa gestion, par exemple, l'acte de tutelle, si c'est un tuteur ; comme aussi le jugement portant condamnation de rendre compte ; ces pieces ne doivent être trans-crites que par extrait, lorsqu'elles sont trop longues. Il est défendu d'en transcrire aucune autre, et la préface ne doit jamais excéder six rôles. *Ibid. art.* 6. Ce compte doit être transcrit sur du grand papier, à raison de vingt-deux lignes par page, et de quinze syllabes par ligne, *art.* 17 à peine de radiation, dans la taxe, des rôles où il se trouvera de la contravention. Il doit être en outre composé de trois articles; de la recette, de la mise et de la reprise.

L'article ou chapitre de recette doit contenir toutes les sommes que le rendant a reçues, et même celles qu'il a dû recevoir dans la gestion de l'affaire dont il rend compte.

Celui de mise doit contenir les sommes que le comptable a dépensées pour cette gestion, il n'y peut employer que celles qu'il a faites à propos, les dépenses superflues ne doivent point lui être allouées ; au reste, lors-qu'elles ont été faites utilement, quoique, par un accident imprévu elles soient devenues inutiles, elles ne doivent pas moins lui être allouées.

Le chapitre de reprise doit contenir les sommes dues par les débiteurs de celui à qui le compte est rendu, dont le rendant s'est chargé en recette, comme ayant dû les recevoir, et desquelles néanmoins il n'a pu être payé, par l'insolvabilité ou caducité des débiteurs. Ces sommes doivent lui être allouées en reprise, en justifiant par lui les diligences qu'il a faites, ou même de l'insolvabilité des débiteurs, survenues avant qu'il pût exiger ces sommes, laquelle insolvabilité l'auroit par conséquent dispensé de faire ces diligences.

A ce chapitre, le rendant peut ajouter les frais du compte qu'il rend ; ils doivent être portés par celui à qui il le rend. Il peut comprendre parmi ces frais le coût du jugement qui l'a condamné à le rendre, lorqu'il a offert de le rendre avant que de se laisser condamner, sinon il ne peut y comprendre le coût de ce jugement. *Ibid. art.* 18.

Les autres frais qu'il peut comprendre sont, 1°. ceux des voyages, lors-qu'il ne demeure pas sur le lieu. *Ibid.*

2°. La vacation du Procureur qu'il a mis par ordre les pieces du compte. *Ibid.*

3°. La vacation du Commissaire pour la présentation et affirmation du compte, et l'assistance des Procureurs. *Ibid.*

4°. La grosse et copie du compte. *Ibid.*

A la fin du compte, le rendant doit insérer la somme totale de la re-cette, de la mise, de la reprise, et les frais de compte par articles séparés. *Art.* 7. Si la recette excede la mise, la reprise et les frais du compte, le Juge délivre à la partie, au profit de laquelle le compte est rendu, un exécutoire de l'excédant, au payement duquel elle pourra contraindre le rendant, sans préjudice des débats à fournir. *Ibid.*

5°. Cet article ajoute, *les assignations pour voir présenter et affirmer le compte.*

§. IV. — *De la communication du compte.*

Le compte étant ainsi présenté et affirmé, le rendant en doit donner copie à l'oyant, par acte de Procureur à Procureur, et il doit aussi lui communiquer sur son récépissé les pieces justificatives des articles de mise, dépense et reprise, pour qu'il les examine pendant une quinzaine, au bout duquel délai l'oyant doit les rendre, *à peine de prison*, d'amende et de dommages et intérêts. *Tit.* 29, *art.* 9.

Le Juge peut néanmoins, en certains cas, proroger le délai d'une autre quinzaine, et non plus. *Ibid. art.* 10.

L'Ordonnance dit : *en connoissance de cause et pour considérations importantes.*

Lorsque les oyants n'ont qu'un même intérêt, ils ne doivent tous ensemble avoir qu'un même Procureur ; faute par eux d'en convenir, ils peuvent prendre à leurs frais chacun le leur ; mais le rendant n'est tenu de donner qu'une seule copie du compte, et une seule communication des pieces au plus ancien Procureur. *Ibid. art.* 11.

Si les oyants avoient des intérêts différents, il faudroit donner copie du compte, et communication des pieces justificatives à chaque Procureur. *Ibid. art.* 42.

S'il y a des créanciers intervenans, on ne doit donner pour eux tous qu'une seule copie et une seule communication, par les mains du plus ancien des Procureurs. *Ibid.*

§. V. — *De la procédure pour débattre le Compte, et des jugements rendus sur le Compte.*

Lorsque la partie à qui le compte est rendu ne juge pas à propos de le passer en entier, après le délai de la communication expiré, la partie la plus diligente prend au Greffe un appointement de fournir par les oyants leurs débats, ou consentement, et par les rendants, leurs soutenements dans les délais de l'Ordonnance, qui sont de huitaine, écrire et produire dans une autre huitaine, et contredire dans une autre huitaine. *Ibid. art.* 43.

En exécution de cet appointement, l'oyant doit fournir ses débats dans la huitaine de la signification faite de l'appointement à son Procureur, et, le délai expiré, le rendant peut produire son compte, avec les pieces justificatives, et faire distribuer le procès au Rapporteur. Après le délai de huitaine, pour contredire par les oyants sa production, il peut, sur une simple sommation de satisfaire à l'appointement, poursuivre le jugement par forclusion. *Ibid. art.* 16.

Si les oyants ont fourni leurs débats, le rendant, du jour de la signification, a huitaine pour donner ses soutenements, c'est-à-dire, ses réponses aux débats ; et s'il ne le fait pas, les oyants qui auront produit peuvent, sur une simple sommation, poursuivre le jugement du procès. *Ibid.*

Le Juge doit rendre son jugement sur chaque article du compte : ce jugement doit contenir un calcul de tous les articles passés et alloués, ensuite fixer un reliquat d'une somme certaine, en laquelle le juge condamne le rendant, si la recette excede la mise, ou les oyants, si la mise excede la recette. *Ibid. art.* 20.

Si le compte contient des omissions de recette, erreurs, faux, ou doubles emplois, les parties peuvent se pourvoir pardevant le même Juge, ou par appel pour la réformation, et en plaider les moyens à l'Audience. *Ibid. art.* 21.

§. VI. — *De l'action du Comptable envers les Oyants.*

De même que celui dont on a géré les affaires à une action en reddition de compte contre celui qui les a gérées; de même celui qui a géré les affaires a une action contre celui dont elles ont été gérées, pour qu'il soit tenu d'en recevoir le compte, et de l'en décharger.

Si, sur l'assignation donnée à cet effet, le défendeur ne comparoît pas, le comptable doit lever son défaut au Greffe, le faire juger, et pour le profit, les articles de son compte doivent être alloués, s'ils sont bien vérifiés, et s'il se trouve créancier, il doit obtenir condamnation du reliquat contre le défaillant. Si au contraire il se trouve débiteur reliquataire, il sera ordonné qu'il en demeurera dépositaire, sans intérêts, en donnant caution, ou même sans caution, si c'est un tuteur. *Ibid. art.* 23. Mais si le comptable n'a pas de caution à donner, le Juge ordonne le dépôt du reliquat.

Il faut observer que le comptable n'est point obligé de se charger de ce dépôt; il peut en rendant son compte, offrir de remettre le reliquat pour être déposé à qui, par Justice, il sera ordonné.

Si celui à qui le compte doit être rendu est absent du royaume, *d'une absence longue et notoire*, comme s'exprime l'Ordonnance, le défaut qu'obtient le rendant contre cet absent, ne doit être jugé, et le compte a puré qu'avec le Ministere public.

CHAPITRE III.

De la Procédure sur les Actions possessoires.

Nous distinguons dans notre Droit Français les actions possessoires en matiere profane, et celles en matiere bénéficiale.

Nous avons deux actions possessoires, la complainte et la réintégrande.

La complainte donne souvent lieu au séquestre, c'est pourquoi nous diviserons ainsi ce chapitre, et nous traiterons :

1°. De la Complainte en matiere profane.

2°. Des Séquestres.

3°. De la Réintégrande.

4°. De la Défense de cumuler en matiere profane le pétitoire avec le possessoire.

5°. De la Complainte en matiere bénéficiale.

6°. Enfin de deux especes d'actions particulieres, en matiere bénéficiale, la demande en dévolut, et celle en régale.

ARTICLE PREMIER.

De la Complainte en matiere profane.

§. I. — *Ce que c'est.*

L'action appelée en droit *interdictum uti possidetis*, est ce que nous appelons 'complainte ; cette action a lieu lorsque quelqu'un est troublé dans la possession de quelque héritage, ou dans la quasi-possession de quelque droit dans un héritage, contre celui qui l'y trouble, aux fins d'être maintenu dans sa possession, et que défenses soient faites de l'y troubler.

L'Ordonnance de 1667, *tit.* 18. *art.* 1. s'explique ainsi sur cette action :

« Si aucun est troublé en la possession et jouissance d'un héritage, ou » droit réel, ou universalité des meubles qu'il possédoit publiquement, » sans violence, à autre titre que de fermier, ou possesseur précaire; il » peut, dans l'année du trouble, former complainte en cas de saisine et » nouvelleté, contre celui qui lui a fait le trouble. »

§. II.—*Pour quelles choses il y a lieu à la complainte.*

Il résulte de l'article ci-dessus rapporté, que la complainte peut avoir lieu, non-seulement, pour raison des héritages, lorsque quelqu'un est troublé dans leur possession, mais aussi qu'elle a lieu pour raison des droits réels, c'est à dire, des droits qu'on est en quasi-possession d'exercer sur quelque héritage. Par exemple, si je suis en possession de lever un champart sur un héritage, et qu'on me le refuse, ce refus est un trouble à la possession en laquelle je suis du droit de champart sur cet héritage, qui donne lieu à l'action de complainte, sur laquelle action, en prouvant une possession d'an et jour, je serai maintenu à percevoir ce droit, jusqu'à ce que la contestation que les propriétaires peuvent me former au pétitoire soit jugée.

Pareillement, si je suis en possession de quelque droit de servitude sur un héritage voisin, et qu'on m'empêche d'en jouir, il y a lieu à la complainte; mais pour qu'il paroisse que je suis en possession de ce droit de servitude, par exemple, d'un droit de passage, il ne suffit pas que j'aie passé, car on présume que c'est par tolérance que j'ai passé, or une possession précaire et de tolérance ne donne pas lieu à la complainte, mais il faut qu'il paroisse que j'ai passé comme usant du droit de passer.

L'ordonnance, à l'article ci-dessus cité, dit qu'on peut aussi former complainte pour une universalité de meubles, ce qui est conforme à ce qui est porté par plusieurs Coutumes. Celle de Paris, *art.* 97, s'exprime en ces termes : « Aucun n'est recevable de soi complaindre et intenter » le cas de nouvelleté pour une chose mobiliaire particuliere; mais bien

» *pour université de meubles,* comme en succession mobiliaire ». La nôtre,
art. 489, porte : « Pour simples meubles, on ne peut intenter complainte,
» mais bien *pour université de meubles*, comme en succession mobiliaire».
C'est pourquoi, si, étant en possession de la succession d'une personne,
quoiqu'elle ne consiste qu'en mobilier, quelqu'un me trouble dans la
possession, en faisant des saisies et arrêts sur les débiteurs de la succession,
et se prétendant héritier à mon exclusion , je peux former la complainte
pour être maintenu en possession de cette succession, sauf à contester au
pétitoire.

§. III. *Pour quelle espece de possession peut-on former la complainte ?*

Quelle que soit la possession en laquelle quelqu'un est troublé, juste ou
injuste, de bonne ou de mauvaise foi, qu'elle procéde d'un titre, ou qu'elle
soit sans titre , elle donne lieu à la complainte, pourvu qu'on ait possédé
animo domini. Mais la simple détention de ceux qui ne possèdent pas pour
eux, mais pour un autre , ne suffit pas; c'est pourquoi un fermier ne peut
former la complainte; ce n'est pas lui proprement qui possède, c'est celui
qui a affermé qui possède par lui.

La possession que quelqu'un auroit usurpée par violence, ou clandesti-
nement , au préjudice de celui contre qui il intenteroit la complainte , ou
qu'il tiendroit précairement de lui , ne peut pas non plus servir de fondement à sa complainte ; car , vis-à-vis de lui, il n'est pas réputé possesseur :
c'est pourquoi notre ancienne Coutume , *art.* 369, disoit, qu'on acquiert
possession , en jouissant par an et jour , *nec vi , nec clàm , nec precariò,
ab adversario.* Ces derniers mots ont été retranchés lors de la réformation,
parce qu'étant de droit, on les a crus superflus; c'est aussi ce que signifie
l'Ordonnance, au lieu cité, lorsqu'elle dit : *si aucun est troublé en la possession d'un héritage qu'il possédoit publiquement,* non clàm , *sans violence* , nec vi, *à autre titre que de possesseur précaire,* nec precariò.

Les vices de violence et de clandestinité empêchent bien la complainte,
contre celui sur qui je l'ai usurpée de cette maniere, ou ses successeurs ;
mais si c'est un tiers qui me trouble dans ma possession , il n'est pas recevable à m'opposer ce vice; ainsi cette possession peut servir contre lui de
fondement à une complainte.

Il en est de même de la possession précaire dans laquelle quelqu'un m'a
permis d'être; elle ne peut pas servir de fondement à une complainte contre
celui de qui je la tiens ; mais elle peut me servir contre un tiers.

Observez une différence entre un possesseur précaire et un fermier ; celui-
ci n'est aucunement possesseur , et est seulement *in possessione,* pour et
au nom de celui de qui il tient la ferme; c'est pourquoi il ne peut intenter
de complainte , non-seulement contre celui de qui il tient la ferme, mais
contre personne; au lieu que le possesseur précaire ne peut à la vérité former complainte contre celui de qui il tient à titre de précaire, mais il peut
la former contre un tiers, car il est vrai possesseur.

§. IV. *Quel trouble donne lieu à la Complainte ?*

On distingue deux espèces de trouble en la possession, le trouble de fait, et le trouble de droit.

Le trouble de fait est lorsque quelqu'un me trouble en la possession de mon héritage par quelque fait, comme s'il recueille les fruits pendants, s'il s'y transporte pour le labourer et cultiver malgré moi.

Le trouble de droit, est celui qui résulte de quelqu'acte judiciaire, par lequel quelqu'un s'oppose à ce que je jouisse; comme si quelqu'un intente contre moi une demande pour qu'il me soit fait défenses de me transporter sur un héritage dont je me prétends en possession. Cette demande est un trouble de droit de la possession en laquelle je prétends être de cet héritage, et donne lieu à la complainte, aussi-bien que le trouble de fait. Je peux donc alors intenter la complainte, en déclarant que je prends pour trouble en ma possession la demande donnée contre moi.

§. V. *Dans quel temps doit s'intenter la Complainte ? De la Procédure et du Jugement de cette action.*

L'Ordonnance, en l'article ci-dessus cité, déclare que la complainte doit être intentée dans l'année du trouble.

Cette demande doit se former comme les autres actions. Le demandeur doit désigner l'héritage en la possession duquel il a été troublé, de manière que la partie assignée ne puisse l'ignorer, et exposer l'espèce de trouble qu'il prétend lui avoir été fait; en conséquence de quoi, il déclare qu'il forme la complainte et conclut à ce qu'il soit maintenu en sa possession, et que défenses soient faites à la partie assignée de l'y troubler; il peut aussi conclure à des dommages et intérêts, si le trouble qui lui a été fait lui a causé du préjudice.

Si la partie assignée convient par ses défenses de la possession du demandeur, et dénie les faits de trouble, et que le demandeur persiste à demander des dommages et intérêts, il n'y a plus lieu à la complainte, l'action dégénère en une simple action de dommages et intérêts, qui est une action personnelle, *ex delicto*, sur laquelle le Juge permet à la partie de faire preuve par enquête des faits par elle avancés, sauf au défendeur à faire preuve contraire.

Si la partie assignée ne convient pas de la possession du demandeur, et soutient que c'est elle-même qui est en possession, en ce cas, elle doit, par ses défenses, s'opposer à la complainte du demandeur, et soutenir que c'est elle qui est en possession.

Cette opposition vaut trouble de fait, suivant que s'exprime l'*art.* 488 de notre Coutume, c'est-à-dire qu'elle interrompt la possession en laquelle se prétend être le demandeur, autant que l'interromperoit quelqu'acte de possession fait par le défendeur qui s'est ainsi opposé.

Sur ces défenses, le Juge rend un appointement à vérifier; cet appointement est ordinairement conçu en ces termes :

« Après que le demandeur a soutenu être en possession de tel héritage,

» et l'avoir possédé paisiblement pendant l'année qui a précédé le trouble
» qui a donné lieu à la complainte, et qu'il a été soutenu au contraire par
» le défendeur, que c'est lui qui est en possession, et qu'il a possédé pu-
» bliquement pendant l'année qui a précédé le trouble qui a donné lieu à la
» contestation ; nous avons permis, etc. »

Le fait de la possession, pendant l'année qui a précédé immédiatement
le trouble, est celui qu'il faut prouver, et celui d'où dépend la décision
de la contestation : inutilement l'une des parties auroit-elle possédé pendant beaucoup d'années auparavant ; si c'est l'autre qui a possédé pendant
l'année qui a précédé immédiatement le trouble, ce sera cette partie qui
doit être déclarée en possession ; car la possession s'acquiert par jouissance d'an et jour. *Coutume d'Orléans* , *art.* 486.

La matiere s'instruit comme tous les autres procès sur lesquels se rendent de pareils appointements, et lorsque l'affaire est en état d'être jugée ,
le Juge, par son jugement, maintient en possession celle des deux parties
qui a le mieux justifié être en possession paisible de l'héritage pendant
l'année, et fait défense à l'autre partie de l'y troubler à l'avenir.

Ce jugement peut aussi contenir une condamnation de dommages et
intérêts , si le demandeur a souffert par le trouble qui lui a été fait, et
même quelquefois une condamnation d'amende , suivant la nature du
trouble. *Ordonn. de* 1667, *tit.* 18, *art.* 6.

ARTICLE II,

Des Séquestres.

§. I. — Ce que c'est que Séquestre.

Le séquestre ou la séquestration est la remise qui est faite , en vertu d'un
jugement , à une tierce personne , de la possession d'un héritage contesté
entre deux parties, ou commun entr'elles, à la charge de le restituer à celle
des deux parties à qui le Juge ordonnera qu'il soit restitué. On appelle
aussi séquestre cette tierce personne.

C'est dans les matieres possessoires qu'il y a le plus ordinairement lieu
au séquestre : par exemple, si après l'instruction de la complainte, le
Juge trouve que l'une des parties n'a pas plus prouvé sa possession que
l'autre , il ordonne que les parties instruiront au pétitoire, et qu'en attendant, la possession sera séquestrée; le séquestre est en ce cas ordonné
d'office.

Quelquefois le Juge l'ordonne sur la demande de l'une des parties ,
comme sur une complainte, lorsque le procès peut être long. *Tit.* 19,
art. 2.

On ordonne aussi quelquefois le séquestre sur la demande de l'une des
parties en matiere de partage de succession ou de communauté, en attendant que le partage soit fait, lorsqu'il y a des contestations qui le retardent , et pour prévenir celles que la jouissance par indivis pourroit
causer.

Les meubles, les immeubles et même les personnes peuvent être séquestrées. Par exemple, on ordonne quelquefois qu'une fille, ou une femme mariée, sera séquestrée, l'une pour éviter les sévices de ses parents, ou pendant une instance de rapt, l'autre pour la soustraire aux mauvais traitements de son mari. *Lange*, *liv.* 3. *chap.* 5.

§. II. — *De la Procédure des demandes en séquestre.*

La demande en séquestre peut être formée par l'exploit introductif de la demande principale, ou lorsque la cause est engagée, pourvu que ce soit avant la contestation.

Si le séquestre n'a point été demandé par l'exploit, cet incident se forme par une Requête que présente au Juge la partie qui demande le séquestre, sur laquelle le Juge met une Ordonnance de *viennent* les parties ; le demandeur en séquestre signifie sa Requête, et l'Ordonnance par acte de Procureur à Procureur à l'autre partie, avec assignation par le même acte pour venir plaider sur cette Requête au premier jour d'Audience, et convenir d'un séquestre, sinon, voir ordonner qu'il en sera nommé d'office. *Tit.* 19. *art.* 1.

Les séquestres ne peuvent être nommés qu'en connoissance de cause, et lorsqu'il ne paroît pas laquelle des parties a le droit ou la possession la plus apparente. Claude le Brun, en son Livre des Procès Civils et Criminels, *liv.* 3. rapporte quatre cas auxquels on ordonne communément le séquestre : le premier, si les preuves des parties sont égales ; le second, s'il est question de la possession d'une hérédité qui consiste en meubles précieux et de grande valeur ; le troisieme, s'il s'agit du possessoire d'un bénéfice dont les fruits sont tels que l'une ni l'autre de parties n'est capable d'en répondre; le quatrieme, s'il y a lieu de craindre que les parties n'en viennent aux mains pour la levée des fruits, ou jouissance de la chose contentieuse. *L. Si ususfructus*, §. *sed si inter duos* 3 ff. *de usufr.*

La cause plaidée, si le Juge estime qu'il doit avoir égard à la Requête, il rend sa Sentence qui ordonne le séquestre. Cette Sentence doit contenir le nom du Juge, ou Commissaire, et le temps auquel les parties comparoîtront devant lui pour convenir de la personne qui sera nommée séquestre, *ibid. art.* 3. Cela est ainsi ordonné pour abréger la procédure, et éviter la multiplicité des Sentences. Cette Sentence s'exécute par provision, nonobstant l'appel, même dans les justices Seigneuriales. *Ibid. art.* 19.

§. III. — *De la Procédure qui se fait en exécution de la Sentence qui ordonne le séquestre.*

La partie qui poursuit le séquestre fait signifier la Sentence qui a ordonné le séquestre avec assignation à l'autre partie, au domicile de son Procureur, pour se trouver au jour marqué.

Si les parties comparoissent à l'assignation chez le Juge, ou le Commissaire, et conviennent d'une personne, le Juge, ou le Commissaire, la nomme pour séquestre; si elles n'en peuvent convenir, le Juge en nomme un d'office.

Pareillement si l'une des parties ne comparoît pas , le Commissaire donne défaut , et nomme d'office un séquestre , à moins qu'en connoissance de cause il ne juge à propos d'accorder une prorogation de délai , qui ne peut être de plus de huitaine , et sans pouvoir être prorogé davantage. *Ibid. art.* 4.

On doit nommer pour séquestre un homme *suffisant*, c'est-à-dire, capable de bien administrer les biens séquestrés ; *solvable*, pour répondre de son administration ; *résidant proche du lieu où sont situés les biens qui doivent être séquestrés,* pour être à portée de régir et gouverner les biens séquestrés. *Ibid.*

Il ne doit être ni parent, ni allié du Juge qui le nomme, jusqu'au degré des cousins germains inclusivement , à peine de nullité, de 100 liv. d'amende, et de répondre par le Juge de son insolvabilité, *ibid. art.* 5. Quoiqu'en général , et suivant l'esprit de l'Ordonnance, le séquestre doive être une personne autre que l'une des parties, néanmoins lorsque l'objet de la contestation est de peu de valeur, et que l'une des parties demande à être nommée séquestre, en donnant caution, le Juge peut la nommer, surtout si elle a un droit apparent à la chose ; c'est ce qui a été jugé par Arrêt rendu en la troisieme Chambre des Enquêtes , le Jeudi 6 Septembre 1759. Il ne s'agissoit que des fruits de quatre journaux de terre, situés près Amiens, et le procès étoit entre deux freres.

Si l'une des parties conteste la solvabilité du séquestre, il faut se pourvoir à l'Audience pour faire statuer sur cet incident, et faire nommer un autre séquestre, s'il y a lieu.

En exécution de cette nomination de séquestre, la partie assigne la personne nommée pour accepter la charge et prêter le serment, et elle y peut être contrainte par amende et saisie de ses biens. (*Voyez* dans le Commentaire de M. Jousse, sur *l'art.* 6. du *tit.* 19, quelles sont les excuses que le séquestre peut alléguer pour se faire décharger du séquestre , et la procédure qu'on doit tenir en conséquence de ces excuses).

§. IV. — *De la mise en possession du séquestre, et de ses fonctions.*

Après que le séquestre a prêté serment, un Huissier, ou Sergent , à la requête de la partie poursuivante, le met en possession des biens séquestrés, et en dresse procès-verbal en présence de deux témoins qui doivent signer. *Ibid. art.* 7 et 9.

Ce procès-verbal doit contenir une déclaration spéciale des choses séquestrées, le nom, surnom, qualité, vacation et demeure des témoins en présence de qui il est fait; il doit être signé, tant du Sergent et de ses témoins, que du séquestre , ou il doit être fait mention de l'interpellation qui aura été faite au séquestre de signer, et de la cause pour laquelle il n'aura pas signé. *Ibid. art.* 8 et 9.

Le séquestre établi en possession doit faire procéder devant le Juge, les parties duement appelées, au bail judiciaire des héritages séquestrés, lorsqu'ils ne sont pas affermés, ou qu'ils l'ont été en fraude, *ibid. art.* 10, et il doit faire arrêter les frais du bail par le Juge lors de la Sentence d'adjudication, *ibid. art.* 11. Il doit pareillement faire, par autorité de Justice, parties appellées, les réparations qui sont à faire aux biens séquestrés, et il lui est défendu de s'en rendre adjudicataire, *ibid. art.* 12, aussi-bien qu'aux parties, soit par elles-mêmes, soit par personnes interposées, à peine de nullité, et de 50 liv. d'amende. *Ibid. art.* 18.

Il ne doit néanmoins faire procéder au bail au rabais, que lorsque les réparations sont considerables; il doit suffire, pour les autres, que sur une permission du Juge, au bas d'une Requête, il fasse marché avec les ouvriers en présence des parties, ou elles duement appelées. On peut même lui allouer celles qu'il fait faire de sa seule autorité, lorsqu'elles sont très-modiques; c'est l'interprétation que l'usage donne à cet article.

Si l'une des parties empêchoit, par violence, soit l'établissement, soit l'administration du séquestre, la peine est qu'elle soit déchue du droit qu'elle auroit pu prétendre aux fruits qu'elle a enlevés; lesquels appartiendront incontestablement à l'autre partie; qu'elle soit condamnée en 300 liv. d'amende, et que l'autre partie soit mise en possession des biens contentieux, sans préjudice des poursuites extraordinaires. *Ibid. art.* 16.

§. V. — *Quand finit le Séquestre.*

Le séquestre finit quand les contestations, à l'occasion desquelles il avoit été ordonné, ont été définitivement jugées, et le séquestre demeure dès-lors déchargé de plein droit, sans qu'il soit besoin qu'il obtienne aucun jugement de décharge, à la charge néanmoins par lui de rendre compte de son administration pour le passé. *Ibid. art.* 20.

Il peut être contraint à rendre ce compte, même par emprisonnement de sa personne, comme dépositaire de biens de Justice; mais si, par l'évenement de ce compte, il se trouve qu'il lui est dû, il a le droit de se pourvoir par saisie-exécution sur les choses séquestrées.

Il est particulierement déchargé de plein droit après l'espace de trois ans écoulés du jour de son établissement, à moins qu'il n'ait plu au Juge, en connaissance de cause, de le continuer. *Ibid. art.* 21.

Article III.
De la Réintégrande.

La réintégrande est une action possessoire par laquelle, celui qui a été dépossédé par violence de quelqu'héritage conclut à y être rétabli.

On appelle en Droit cette action *interdictum undè vi :* celui qui a été ainsi dépossédé a le choix de se pourvoir par cette action, ou par la voie criminelle, et lorsqu'une fois il s'est pourvu par l'une de ces deux voies, il ne peut plus avoir recours à l'autre, à moins que le Juge, en prononçant sur la voie criminelle qu'il auroit prise, ne lui eût réservé l'action civile. *Tit.* 18. *art.* 2.

La procédure se fait sur la demande en réintégrande, comme sur les autres actions.

Si le défendeur convient de la spoliation, ou que sur sa dénégation, le demandeur l'ait justifiée, le Juge condamne le défendeur à rétablir le demandeur en possession, à lui restituer les fruits, en des dommages et intérêts, et même en quelque amende, suivant la nature de la violence. *Ibid. art.* 4 *et* 6. Les jugements rendus par les Juges Royaux, en matiere de réintégrande, s'exécutent par provision, en donnant caution, *ibid. art.* 7; mais il n'en est pas de même de ceux des Juges de Seigneurs, suivant l'Ordonnance de 1535. *Chap.* 16. *art.* 18.

De même que par le droit Romain l'*interdictum undè vi* étoit annal, on en doit conclure que l'action de réintégrande doit être formée dans l'année de la spoliation, sur-tout lorsqu'on a pris la voie civile. *Voyez sur cet art. notre introd. au tit. des Cas possessoires sur la Coutume d'Orléans*, *sect.* 3. §. 1.

ARTICLE IV.

De la Défense de cumuler le Pétitoire avec le Possessoire.

On ne doit point, dans les instances de complainte, cumuler le pétitoire avec le possessoire; c'est pourquoi lorsqu'une demande en complainte, ou réintégrande, a été intentée, on ne peut point former de demande au pétitoire, c'est-à-dire, former aucune contestation sur la propriété de l'héritage, ou du droit dont la possession est contestée, jusqu'à ce que l'instance sur ce possessoire ait été entierement terminée; et si la demande au pétitoire avait été formée auparavant, il doit y être sursis, jusqu'à ce que la contestation sur le possessoire ait été entierement terminée. *Tit.* 18. *art.* 5. Il ne suffit pas même qu'il ait été rendu un jugement définitif sur ce possessoire, dont il n'y a point d'appel; la partie qui a été condamnée par ce jugement n'est pas recevable à former sa demande au pétitoire, jusqu'à ce qu'elle ait entierement exécuté le jugement rendu au possessoire, c'est-à-dire, jusqu'à ce qu'elle ait fait cesser le trouble, ou rétabli la partie en possession, et entierement satisfait aux condamnations contre elle prononcées, soit par la restitution des fruits, soit par le payement des dommages et intérêts, et des dépens auxquels elle auroit été condamnée. *Ibid. art.* 4.

Néanmoins, si la partie, au profit de qui la condamnation est intervenue, étoit en demeure de faire taxer les dépens, ou liquider les dommages et intérêts, dans le temps qui auroit été prescrit, l'autre partie pourroit être reçue à former sa demande au pétitoire, en offrant caution de satisfaire aux condamnations, lorsque la taxe et la liquidation auroient été faites. *Ibid.*

ARTICLE V.

De la Complainte en matiere Bénéficiale.

§. 1. — *Ce que c'est, et en quoi elle diffère des autres.*

La complainte en matiere bénéficiale est l'action qu'a un Bénéficier pour être maintenu dans la possession du bénéfice dont il est pourvu, contre celui qui l'y trouble.

Elle diffère des complaintes en matiere profane; 1°. en ce qu'au lieu que la possession d'an et jour destituée de titre suffit pour celle-ci, au contraire la complainte en matiere bénéficiale n'est accordée qu'au Bénéficier qui possède en vertu d'un titre.

2º. En ce que dans cette complainte on juge sur le mérite du titre de possession des parties contendantes, d'où naît cette troisieme différence, qu'en matiere profane le jugement définitif sur la complainte laisse entiere la question du pétitoire, sur lequel la partie qui a succombé en la complainte peut former la demande, au lieu que la complainte bénéficiale se jugeant par le mérite du titre, celui qui a succombé sur cette complainte ne peut se pourvoir au pétitoire. *Voyez-en les raisons plus au long dans Domat, Loix Civ. Liv.* 3, *tit.* 7. *sect.* 1. *N.* 15, *aux notes.*

On peut ajouter cette quatrieme différence, qu'en matiere profane il n'y a que le vrai possesseur de l'héritage qui puisse former la complainte, quand il est troublé dans sa possession ; mais qu'en matiere bénéficiale toutes les actions se dirigent par la voie de la complainte, et que les deux contendants doivent avoir pris possession du même bénéfice.

§. II. — *Devant quel Juge les complaintes en matiere bénéficiale doivent-elles être portées, et par qui peuvent-elles être intentées ?*

Quoique les bénéfices soient quelque chose de spirituel, néanmoins la conservation de la possession du Bénéficier, contre celui qui le trouble, est quelque chose qui appartient à la police extérieure, et qui intérressant l'ordre public, est par conséquent du ressort de la puissance séculière. Cette puissance est ordonnée de Dieu même pour conserver la tranquillité publique dans tous les ordres de l'Etat, dont l'ordre Ecclésiastique fait partie. C'est pourquoi la connoissance du possessoire des bénéfices doit appartenir aux Juges Royaux, à l'exclusion des Juges Ecclésiastiques, qui ne peuvent en connoître, et il y auroit lieu à l'appel comme d'abus, s'ils jugeoient en pareille matiere. *Omnis anima potestatibus sublimioribus subdita sit : non est enim potestas nisi à Deo : quæ autem sunt, à Deo ordinata sunt.* Dumoulin, sur l'édit de 1550, contre les petites dates, *art.* 1. *lett. A, Nº.* 4, décide clairement que la connoissance du possessoire des bénéfices n'est pas spirituelle. *Cæterum omne possessorium et omnis causa possessoria temporalis est et secularis, non Ecclesiastici fori. In beneficialibus et spiritualibus causis, possessorium coràm judice seculari tractatur ; quià cùm agitur de possessorio, de re spirituali non spiritualiter agitur.*

Les complaintes en matiere bénéficiale doivent être portées par-devant les Juges Royaux du lieu où le bénéfice est situé ; c'est un point qui fait partie des libertés de l'Eglise Gallicane, *chap.* 26, et reconnu par la Bulle d'Eugène IV, de 1432.

La connoissance en est attribuée aux Baillis, et Sénéchaux, par les anciennes Ordonnances, privativement aux Prévots Royaux, et aux Juges des Seigneurs, quand même le bénéfice pour lequel la complainte est formée seroit de la fondation d'un Seigneur, et à sa présentation ou collation. *Ordonnance de* 1667, *tit.* 4. *art.* 5. *Edit de Cremieu du mois de Juin* 1536, *art.* 13.

Mais s'il n'étoit pas question du droit et du possessoire du bénéfice, et qu'il s'agît seulement des revenus qui en dépendent, la connoissance en appartiendroit au Juge du lieu, quoique de Seigneur. Néron, sur l'Ordonnance de Cremieu, *art.* 9, cite un Arrêt du 21 Novembre 1575, contre le curé de Beaulieu, près Noyon, qui fut renvoyé devant le Bailli du Marquisat de Nesle.

Un mineur de vingt-cinq ans, pourvu d'un bénéfice, peut ester en jugement, sans assistance d'un tuteur, ni d'un curateur, former la complainte pour raison de son bénéfice, et répondre à celle qui lui est formée, *ibid. art.* 14 ; car il est réputé majeur pour raison de tout ce qui concerne son bénéfice.

§. III. — *De la Procédure particuliere de ces Complaintes, et des Jugements qui se rendent en cette matiere.*

1°. L'exploit d'assignation se donne au lieu, c'est-à-dire, au principal manoir du bénéfice, lorsque la partie assignée n'en est plus en possession actuelle ; si elle étoit en possession actuelle, elle ne pourroit être assignée qu'à personne, ou à son vrai domicile. *Ibid. art.* 3. *Voyez* le Procès-verbal de l'Ordonnance, *pag.* 160.

La raison de cette distinction est la peine qu'on auroit à reconnoître le domicile de celui qui n'est point en possession : il pourroit en abuser et se faire donner des assignations à lui-même, qu'on ignoreroit ; c'est ce qu'observa M. Talon lors de la conférence.

Cet aticle ne m'a jamais paru bien clair, et je n'ai pas jusqu'à présent bien compris l'observation de M. Talon, ni quel seroit le but de ces assignations que le contendant se feroit donner. J'ai vu des Avocats qui prétendoient que le mot *sinon* n'étoit pas, dans cet article de l'Ordonnance, une particule disjonctive, mais conjonctive ; qu'il étoit employé pour le mot *ou bien,* et que l'on avoit le choix des trois choses exprimées dans cet article : enfin l'usage y est conforme, comme le remarque M. Jousse ; mais le texte littéral, et la maniere dont les Commissaires entendirent l'article proposé lors des conférences, me paroît résister absolument à cette interprétation.

Il faut observer qu'il n'est ici question que du titre, et non des droits du bénéfice dont il est parlé dans l'*art.* 3. *du tit.* 2, et que pour ces droits on ne peut assigner devant le Juge de la situation du bénéfice. *Voyez le Procès-verbal de l'Ordonn. Voyez suprà* p. 10.

2°. Au lieu qu'il suffit en matiere profane que le demandeur en complainte articule qu'il possede, et qu'il est troublé en sa possession, sans qu'il soit besoin d'exprimer à quel titre il possede ; au contraire, en matiere bénéficiale, le demandeur en complainte doit exprimer par son exploit le titre de sa possession, le genre de la vacance sur laquelle il a été pourvu ; si c'est *per optium,* ou par démission ou résignation. *Ibid. art.* 2. La raison de cette différence vient de celle que nous avons observée ci-dessus, au §. premier, entre les deux complaintes.

3°. Il doit donner par cet exploit copie de ses titres et capacités, signée de lui et du Sergent, ce qui est particulier en cette matiere ; les titres sont, les provisions du Collateur, la prise de possession; les capacités sont, les lettres de tonsure, de prêtrise, de degrés, etc. Il suffit que les copies justificatives de la demande soient signées du Procureur; au surplus, le défaut d'en donner copie ne doit pas, selon mon avis, emporter nullité, et la peine doit être que celle qu'il donnera par la suite, et les réponses qui y seront faites, seront à ses frais et sans répétition, suivant qu'il est décidé, *tit.* 2. *art.* 6, à l'égard du demandeur, qui dans les matieres ordinaires n'a pas donné copie par son exploit des pieces justificatives de sa demande.

Il y a encore une autre peine prononcée par l'Ordonnance de 1539, *art.* 46, qui est que, faute par l'un des contendants de communiquer ou d'exhiber ses titres, la récréance et maintenue seront accordées sur les titres et capacités de l'autre qui les aura exhibés, mais on est toujours à temps d'éviter cette peine, en signifiant avant le jugement.

4°. Le défendeur, par les défenses qu'il doit donner dans les délais ordinaires, doit pareillement, comme le demandeur, expliquer le titre de sa provision, le genre de vacance sur laquelle il a été pourvu, et il doit pareillement donner copie, signée de son Procureur, de ses titres et capacités, *ibid. art.* 6; il n'est pas dit qu'elles soient signées de lui, comme cela est prescrit à l'égard du demandeur.

L'intervenant dans une complainte doit pareillement donner au Procureur des autres parties, copie signée de son Procureur, tant de la requête d'intervention, qui doit contenir ses moyens, que de ses titres et capacités. *Ibid. art.* 12.

Observez que pour que les signatures de Cour de Rome fassent foi, elles doivent être certifiées par un des certificats de deux Banquiers-Expéditionnaires, écrit sur l'original et expédition des signatures. *Ibid. art.* 8.

5°. Si l'affaire, étant portée à l'Audience, ne paroît pas aux Juges suffisamment éclaircie pour prononcer la pleine maintenue, et mérite une plus grande instruction, ils peuvent, en attendant, rendre une Sentence de récréance ou de Séquestre

On appelle *pleine maintenue* la Sentence définitive qui met fin à l'instance, et maintient définitivement l'une des parties dans la possession du bénéfice.

La sentence de récréance est celle qui accorde par provision, jusqu'au jugement définitif, la possession du bénéfice à celle des deux parties dont le droit est le plus apparent.

Lorsque le droit de l'une des parties ne paroît pas plus apparent que celui de l'autre, et que le procès paroît devoir être long, on rend un jugement de séquestre, par lequel il est ordonné que les revenus du bénéfice seront perçus jusqu'à fin de cause, à la charge par le séquestre d'en rendre compte à celle des parties qui par la suite obtiendra la pleine maintenue.

Suivant l'art. 8 de l'Édit du mois d'Avril 1695, lorsque le bénéfice est à charge d'ames, Jurisdictions ou quelques autres fonctions spirituelles, les Cours et autres Juges doivent renvoyer devant l'Archevêque ou Evêque diocésain, pour par lui commettre un Ecclésiastique qui desserve le bénéfice pendant le procès, auquel l'Archevêque ou Evêque taxe une somme annuelle pour sa desserte, laquelle somme doit lui être payée par privilege sur les revenus du bénéfice, nonobstant toutes saisies et oppositions.

6°. Les jugements de récréance, aussi bien que ceux de pleine maintenue, doivent être rendus par cinq Juges au moins, *tit.* 15. *art.* 17. L'Ordonnance n'excepte que les requêtes de l'Hôtel et du Palais.

7°. Le jugement de récréance doit être exécuté avant qu'on puisse procéder sur la pleine maintenue, c'est-à-dire, que celui à qui elle est accordée doit être mis ou laissé en possession actuelle du bénéfice, et de tout ce qui en dépend, et c'est à quoi se termine un jugement de récréance, lequel ne peut jamais contenir aucune condamnation de dépens, ni de restitution de fruits ; ces choses ne doivent s'adjuger que par le jugement définitif. *Ibid. art.* 10.

8°. Il s'exécute, nonobstant l'appel, à la simple caution juratoire de celui à qui la récréance est accordée. *Ibid. art.* 9. Il faut dire la même chose du jugement de séquestre.

9°. Si, durant le procès, celui qui avoit la possession actuelle du bénéfice décede, la main-levée sera donnée à l'autre partie sur une simple Requête faite judiciairement à l'Audience, en rapportant l'extrait mortuaire et les pieces justificatives de la litispendance. *Ibid. art.* 11.

Cela ne paroît pas souffrir de difficulté lorsqu'il ne reste qu'un contendant ; mais lorsqu'il en reste plusieurs, l'un d'eux ne paroît pas pouvoir obtenir à son profit cette main-levée, qu'en appelant les autres, et s'ils la demandent aussi bien que lui, elle doit être accordée à celui qui sera trouvé avoir le droit le plus apparent. *Voyez le Procès-verbal de l'Ordonnance*, page 166.

10°. La résignation faite à l'une des parties, soit pure et simple, soit en faveur, n'empêche point que la procédure ne se continue contre le Résignant, jusqu'à ce que le Résignataire ait paru en cause, et ait repris l'instance à sa place, ce qu'il peut faire par une simple Requête faite judiciairement, sans appeler la partie. *Ibid. art.* 15 *et* 16.

La sentence sera exécutoire contre le Résignataire, même pour la restitution des fruits perçus et les dépens faits avant la résignation, sauf son recours contre le Résignant, pour les frais et dépens de son temps. *Ibid. art.* 18.

ARTICLE VI.

Des demandes en Dévolut et en Régale.

§. I. — *Des demandes en Dévolut.*

Lorsque quelqu'un s'est fait pourvoir et mettre en possession d'un bénéfice pour lequel il n'a pas les capacités requises par les Canons et les Ordonnances de nos Rois, ou lorsque ses provisions sont entachées de quelque vice, comme de simonie ou de confidence, ou lorsque le bénéficier est tombé dans quelque crime, ou a encouru quelque condamnation qui fait vaquer son bénéfice de plein droit, il est permis à celui qui a les capacités requises, d'obtenir son bénéfice comme vacant; c'est ce qui s'appelle obtenir un bénéfice par *dévolut*. Ceux qui l'obtiennent de cette manicre sont appelés *Dévolutaires*.

Quoique le dévolut soit nécessaire, comme un frein pour le maintien de la discipline Ecclésiastique, et qu'en conséquence on admette les demandes de ceux qui obtiennent un bénéfice par dévolut; néanmoins les Dévolutaires sont regardés de mauvais œil, à-peu-près comme les délateurs étoient regardés chez les Romains; c'est pourquoi l'Ordonnance de 1667, *tit.* 15. *art.* 13, veut que l'Audience leur soit déniée, s'ils n'ont donné au préalable caution *du Jugé*, pour la somme de cinq cents livres, dans le délai qui leur sera prescrit par le jugement, et le délai une fois expiré, ils sont déchus de leur droit, sans pouvoir purger leur demeure.

Cette disposition s'observe si rigoureusement, qu'il a été jugé par deux Arrêts, rapportés par Bardet, que les offres d'un Dévolutaire de consigner le double au lieu d'une caution qu'il ne pouvoit trouver, étoient insuffisantes. C'est le seul cas auquel un regnicole soit assujetti à donner caution pour former sa demande en Justice. Le premier arrêt est du 7 Juillet 1620, rendu au Parlement de Paris. *Tit.* 1. *l.* 1. *chap.* 24. Le second est du 24 Juillet 1663, *tit.* 2. *l.* 6. *chap.* 22 (*).

Le Dévolutaire ne peut entrer en jouissance des fruits et revenus du bénéfice après sa prise de possession; cela lui est expressément défendu par l'Ordonnance de Blois, *art.* 46, et par l'édit de Melun, *art.* 17, jusqu'à ce qu'il ait obtenu Sentence de récréance, ou de plaine maintenue, à peine d'être déchu de son droit.

Suivant l'Édit du Contrôle du mois de Novembre 1637, *art.* 22, et la Déclaration du mois d'Octobre 1646, *art.* 15, les Dévolutaires doivent prendre possession du bénéfice dans l'année, à compter de la date de leurs provisions, et en cas d'opposition, ils doivent former la complainte dans les trois mois, après la prise de possession, à peine de nullité des provisions et de déchéance.

§. II. -- *De la Régale.*

Le droit de Régale qu'a le Roi sur les Évêchés de son Royaume contient entre autres choses celui de conférer tous les bénéfices, à l'exception des cures qui sont à la collation de l'Évêque, et qui se trouvent vaquer de fait et de droit depuis la vacance du siège, jusqu'à l'enregistrement à la Chambre des Comptes de Paris, de l'acte de prestation de serment de fidélité que le nouvel Évêque doit au Roi.

C'est une suite du droit de patronage qui appartient au Roi, comme fondateur des Églises de son royaume. Ce droit est inséparable de son sceptre, inaliénable et imprescriptible comme les autres droits de sa Couronne, et les Bulles de Cour de Rome n'y peuvent déroger, ainsi qu'il a été jugé pour

---

(*) Voyez les nouvelles formalités prescrites par la déclaration du Roi du 10 Mars 1776, registrée en Parlement le 21 Mai suivant.

l'Évêché de Nîmes, après la mort de M. Fléchier, par Arrêt rendu sur les conclusions de M. Joli de Fleury, Avocat Général, en l'Audience de la Grand'Chambre, le 27 Avril 1714.

La connoissance du pétitoire des bénéfices qui ont vaqué en régale est attribuée à la Grand'Chambre du Parlement de Paris, privativement à tous autres Juges. *Tit.* 15. *art.* 19.

C'est le seul cas auquel les Juges séculiers connoissent du pétitoire des bénéfices.

La demande en régale se donne verbalement en l'Audience, sans autres procédures; et sur cette demande intervient Arrêt qui ordonne que les parties seront assignées dans les délais ordinaires. *Ibid. art.* 20.

Si la cause n'est pas suffisamment instruite pour être jugée à l'Audience, et que le Régaliste ait le droit le plus apparent, on lui accorde la possession provisoire des fruits, ce qui s'appelle *état* en matiere de régale, et qui est à-peu-près la même chose que la récréance dans les autres matieres bénéficiales. *Voyez Lois Ecclésiast. de d'Héricourt*, *part.* 2. *chap.* 19. *n°* 26.

S'il y avoit quelque contestation formée auparavant par d'autres parties, et devant d'autres Juges, sur la possession du bénéfice, elle demeure évoquée de plein droit en la Grand'Chambre, du moment que la demande en régale en a été signifiée aux contendants, pour être fait droit avec toutes les parties sur la demande en régale. *Ibid. art.* 23.

En matiere de régale, tous les défauts doivent être obtenus à l'Audience : ainsi après le délai expiré, la cause doit être portée à l'Audience sur un simple acte, et si le défendeur ne constitue Procureur, ou si, après l'avoir constitué il ne comparoît, on doit prendre à l'Audience un défaut ou congé, et le profit sera jugé sur le champ. *Ibid. art.* 21 *et* 22.

D'où il résulte que, dans ces matieres, les défenses se proposent à l'Audience par le ministere des Avocats, et qu'il n'est pas nécessaire d'en donner par écrit.

La cause ayant été plaidée, avec les Gens du Roi, s'il se trouve que le bénéfice ait vacqué en régale, il sera adjugé au Régaliste; sinon celui des autres contendants, qui aura droit, obtiendra la pleine maintenue, ou la récréance du bénéfice. *Ibid. art.* 24.

Le Régaliste ne peut se désister de son droit au profit du pourvu par le Pape, ou par l'Ordinaire; mais il faut nécessairement faire juger, avec les Gens du Roi, s'il y a lieu à la régale, ou non.

CHAPITRE IV.

Des Procédures particulières à certaines Jurisdictions, et dans les Arbitrages.

ARTICLE PREMIER.

De la Procédure des Consulats.

Le Consulat est une Jurisdiction composée de Marchands, établie pour juger les causes entre Marchands, pour fait de marchandises. Voici ce qu'il y a de particulier dans la forme d'y procéder.

1°. Les assignations qui s'y donnent ne contiennent pas les délais ordinaires : la partie assignée doit *comparoir à la première Audience. Tit.* 16, *art.* 1.

Cela doit s'entendre lorsque la partie est domiciliée en la ville où le Consulat est établi, ou aux environs ; lorsqu'elle est éloignée, le bon sens veut qu'il lui soit accordé un délai, suivant la distance des lieux.

2°. On plaide dans cette Jurisdiction sans ministere de Procureur, c'est pourquoi on doit comparoir en personne, *Ibid.* Néanmoins en cas d'absence, maladie, ou autre empêchement, le demandeur et le défendeur peuvent faire plaider leurs moyens et défenses, sur un Mémoire signé de leur main, ou par un ami qui fera apparoir de sa procuration spéciale. *Ibid. art.* 2.

Depuis, l'usage a introduit qu'il y a dans les Consulats des personnes nommées par les Juges, qui, sans être Procureurs en titre d'office, se chargent de la défense des parties ; mais leur ministere n'est point nécessaire.

Si les Juges estiment qu'il est à propos d'entendre les parties par leur propre bouche, ils ordonnent leur comparution, ou commettent l'un d'entre eux pour leur faire subir un interrogatoire, qui doit être rédigé par écrit par le Greffier. *Ibid. art.* 4.

3°. Dans ce Tribunal, il n'y a point de présentation, ou, si ce droit est établi dans quelques-unes de ces Jurisdictions, comme à Orléans, il n'y a point de délai pour la présentation.

4°. Les défenses ne se signifient point par écrit ; c'est pourquoi, dans ces Jurisdictions, il n'y a qu'une espece de défaut, qui est *faute de plaider*, dont le profit se juge sur le champ, en adjugeant les conclusions au demandeur, si c'est le défendeur qui ne comparoît pas, et en donnant congé de la demande, si c'est le demandeur. *Ibid. art.* 5.

Celui qui a été condamné par défaut peut le faire rabattre à la première Audience, après la signification qui lui est faite de la Sentence, sur un avenir qu'il donne à cet effet à sa partie, à personne, ou à domicile élu. *Ibid. art.* 6.

5°. Dans ces Jurisdictions la preuve des faits peut être admise par témoins, quoique l'objet de la convention qui donne lieu à la demande excede cent livres, non pas néanmoins indistinctement, mais selon les circonstances, suivant que les Juges le trouvent à propos. *Tit.* 20. *art.* 2. *Voyez le Procès-verbal de l'Ordonnance,* page 217.

6°. Dans le délai accordé par le jugement qui permet la preuve, les parties doivent faire comparoir leurs témoins pour être ouis sommairement à l'Audience, où les reproches doivent être fournis avant qu'ils soient entendus; car, après qu'ils l'ont été, et leurs dépositions rédigées par écrit, la cause est jugée sur le champ à l'Audience, ou en la Chambre du Conseil, s'il y a quelques pieces à lire. *Tit.* 16. *art.* 7.

7°. Régulierement la partie qui n'a pas fait comparoir ses témoins à l'Audience, dans le temps à elle indiqué, est déchue de les faire entendre; néanmoins les Juges, eu égard à la qualité de l'affaire, peuvent donner un nouveau délai pour les faire entendre, auquel cas ces témoins doivent être entendus secrètement en la Chambre du Conseil, et signer leurs dépositions, à moins qu'ils ne sçussent pas signer, dont mention sera faite. *Ibid.* *art.* 8 et 9.—

8°. Les parties qui, dans ces Jurisdictions, fondent leurs demandes et leurs réponses sur quelqu'acte sous signature privée, ne sont pas tenues de les faire reconnoître, et ces actes passent pour reconnus tant qu'ils ne sont pas déniés. *Déclaration du 15 Mai 1703, rapportée dans le Rec. Chronol. de M. Jousse, tom. 2. pag. 316 et suiv.*

Ces actes avoient aussi été exemptés de la formalité du contrôle, par Arrêt du Conseil du 30 Mars 1706, rapporté dans le même Recueil, *pag.* 393; mais par l'*art.* 96 du tarif du 29 Septembre 1722, on n'en a excepté que les lettres de change, billets à ordre, ou au porteur, entre gens d'affaires, Marchands et Négociants, les billets de Marchands à Marchands, causés pour fournitures de marchandises, et les extraits de leurs livres pour ces fournitures, concernant leur négoce seulement.

Si la signature est déniée, les Consuls doivent renvoyer devant le Juge ordinaire pour la vérification; *même Déclaration.*

Lorsque la cause dépend de la discussion des livres de commerce, ou autres pieces, les Juges nomment l'un d'entr'eux, ou quelqu'autre Marchand, non suspect, pour les examiner, et sur son rapport, ils rendent Sentence, qui doit être prononcée à la premiere Audience. *Ordonn. de 1667. tit.* 16, *art.* 3.

9°. Les Juges-Consuls peuvent juger définitivement, nonobstant tous déclinatoires, ou appel d'incompétence; lettres de *Committimus,* et prise à partie. *Ordonn. du mois de Mars* 1673, *tit.* 12. *art.* 13. mais ils doivent faire mention dans leurs Sentences des déclinatoires qui seront proposés. *Ordonn. de* 1667, *tit.* 16. *art.* 10.

10°. Les Juges-Consuls ne peuvent prendre aucunes épices ni vacations pour quelque cause que ce soit. *Ibid. art.* 11.

Voyez, sur les matieres qui sont de la compétence des Juges-Consuls, et sur les autres questions qui ont rapport à ce titre, l'Ordonnance du Commerce du mois de Mars 1673.

ARTICLE II.

De la forme de procéder devant les Arbitres.

Les arbitres sont des personnes privées que les parties se sont choisies, pour juger de leurs contestations, par un acte de convention par écrit, qui se nomme *compromis;* cet acte de compromis doit contenir les noms des arbitres, l'objet des contestations sur lesquelles les parties s'en rapportent à leur décision, et le temps dans lequel il les doivent juger.

Il contient aussi souvent la convention, que celle des parties qui n'acquiescera pas à la Sentence des arbitres, paiera, par forme de peine, une certaine somme à l'autre. Cette peine étoit par le Droit Romain de l'essence du compromis ; mais par notre Droit, suivant l'Ordonnance de 1560, un compromis ne laisse pas d'être valable, quoiqu'il ne contienne pas de peine.

Il y a aussi des arbitres pardevant lesquels les deux parties sont renvoyées, par Sentence, ou par Arrêt, pour être réglées sur leurs contestations. Ce renvoi devant les arbitres a lieu ordinairement dans les contestations qui naissent entre proches parents en matière de partage de succession, compte de tutelle, restitution de dot, ou de douaire, quand l'une des parties le requiert, suivant l'*art.* 83 *de l'Ordonn. de Moulins.*

La forme ordinaire de procéder devant les arbitres est, que le demandeur donne aux arbitres un Mémoire contenant sa demande, et les moyens sur lesquels il l'appuie, auxquels moyens sont joints les titres et pièces qui y servent de fondement ; les arbitres communiquent à l'autre partie le Mémoire et les pièces, laquelle partie donne de son côté son Mémoire servant de défenses, et il reconnoît, par son Mémoire, que celui du demandeur, ainsi que les pièces justificatives, lui ont été communiquées.

Le Mémoire du défendeur, ainsi que les pièces sont communiquées au demandeur, pour qu'il fournisse, si bon lui semble, un Mémoire en réplique. S'il y avoit quelque danger dans cette communication, comme si on craignoit que la partie à qui on communiqueroit les pièces les retînt, il faudroit lui en signifier les copies, ou à son Procureur, si elle en avoit un.

La cause instruite, les arbitres jugent, et s'ils se trouvent de différents avis, ils appellent un tiers arbitre pour les départager, lequel tiers est choisi par eux, lorsque le pouvoir leur en a été donné, sinon par les parties. Faute par elles de s'en choisir, le compromis demeure sans effet.

Les arbitres doivent, en jugeant les contestations, condamner aux dépens la partie qui succombe, car ils font les fonctions de Juges; il n'y a que dans le cas où, par le compromis, il y auroit clause expresse de les remettre ou modérer. *Ordonnance de* 1667, *tit.* 31. *art.* 2.

Le jugement des arbitres doit être rendu et prononcé aux parties, ou à leur Procureur, lorsqu'elles en ont, dans le délai fixé par le compromis. Il y a un Arrêt du 18 Juin 1698, rapporté dans les Conférences de Bornier, sur l'*art.* 7, *du tit.* 26 *de l'Ordonn. de* 1667, qui a jugé que le défaut de la prononciation de la Sentence arbitrale en opéroit la nullité.

La partie, au profit de qui il est rendu, assigne l'autre pardevant son Juge, pour en faire prononcer l'homologation ; le Juge l'homologue sans entrer dans l'examen du fond de la contestation, pourvu que la sentence ne péche pas dans sa forme, c'est-à-dire, que les arbitres n'ayent point excédé leur pouvoir, et n'ayent jugé que la contestation comprise au compromis, et dans le temps fixé par le compromis ; car si la Sentence renfermoit un de ces vices, l'autre partie pourroit s'opposer à l'homologation, et en soutenir la nullité.

La Sentence ainsi homologuée est exécutoire comme toute autre Sentence, sauf l'appel, et elle s'exécute par provision, tant pour le principal que pour les dépens. *Edit du mois d'Aout* 1560.

Observez qu'à Paris, où les Notaires sont Greffiers des arbitrages, cette homologation n'est pas nécessaire ; il suffit de déposer la sentence chez un Notaire, ce dépôt équipolle à une homologation, le Notaire garde la minute du jugement, et en donne aux parties des expéditions qui sont exécutoires.

TROISIEME PARTIE.

Des manieres de se pourvoir contre les Sentences et contre les Juges.

Il y a trois manieres de se pourvoir contre les jugements, l'appel, l'opposition et la requête civile.

Il y a une maniere de se pourvoir contre la personne du Juge qu'on appelle *prise à partie*.

SECTION PREMIERE.

De l'Appel.

ARTICLE PREMIER.

Ce que c'est qu'Appel, de ses especes, et de quels jugements on peut appeler.

§. I. — *Ce que c'est qu'Appel etde ses especes.*

L'appel est le recours d'une partie au Juge supérieur, contre les torts ou griefs qu'elle prétend lui avoir été faits par les Juges inférieurs.

Il y a deux especes d'appel, le simple et le qualifié.

L'appel simple est celui par lequel la partie se plaint seulement que le Juge a erré, et n'a pas jugé selon droit et raison.

L'appel qualifié est celui qui est fondé sur l'incompétence du Juge, ou l'abus qu'il fait de son autorité. Le premier se nomme *Appel comme d*

Juge incompétent, et il a lieu contre les jugements ou ordonnances d'un Juge, rendus sur quelque matiere qui n'est pas de la compétence de sa Jurisdiction.

Le second se nomme *appel comme d'abus*, et a lieu toutes les fois que le Juge d'Église entreprend sur la Jurisdiction séculiere ou décerne quelque chose de contraire aux saints Canons, aux libertés de l'Église Gallicane, aux Ordonnances, Édits et Déclarations de nos Rois.

On distingue aussi l'appel *indéfini*, et l'appel restreint à certains chefs d'une Sentence. On peut restreindre son appel même au seul chef qui oncerne les dépens.

L'appel interjetté d'abord indéfiniment, peut être restreint par la suite, en déclarant pour l'appellant, par un acte signifié de Procureur à Procureur, qu'il restreint son appel à tels et tels chefs.

On distingue encore les appellations verbales, et les appellations sur procès par écrit.

Les appellations verbales sont les appels de Sentences rendues à l'Audience. Comme les Sentences rendues sur un appointement à délibérer sur le Bureau, passent pour sentences rendues à l'Audience, qu'elles y sont prononcées et inscrites sur le registre de l'Audience, les appellations de ces Sentences sont des appellations verbales.

L'appellation d'une Sentence rendue sur un appointement à mettre, lorsqu'il n'y a qu'une partie qui a produit, passe aussi pour appellation verbale. *Argument tiré de l'art.* 14 *du tit.* 11 *de l'Ordonn. de* 1667.

L'appellation sur procès par écrit est celle qui est interjettée d'une Sentence rendue sur un appointement en droit, soit qu'elle ait été rendue sur les productions respectives des parties, soit qu'elle ait été rendue par forclusion.

L'appellation d'une Sentence rendue sur un appointement à mettre est aussi une appellation sur procès par écrit, lorsque la sentence a été rendue sur productions respectives.

Lorsque l'appellation est d'une Sentence rendue sur un défaut faute de comparoir, en la Jurisdiction supérieure qui a confirmé une Sentence rendue en la Jurisdiction de premiere instance, sur procès par écrit, on a douté si cette appellation devoit passer pour verbale, et la raison de douter est qu'elle a été prononcée à l'Audience ; mais il a été décidé que c'est une appellation sur procès par écrit.

§. II. — *De quels jugements peut-on interjetter appel ?*

On peut interjetter appel de tous les jugements des juges inférieurs, soit qu'ils soient rendus par défaut, soit qu'ils soient contradictoires. *Secùs*, dans le Droit Romain.

On peut appeller des jugements interlocutoires, et même de simple instruction, aussi bien que des jugements définitifs : en quoi notre Droit diffère encore du Droit Romain, qui ne permettoit pas l'appel des jugements interlocutoires, à moins que le grief n'en fût irréparable en définitif.

On ne peut appeller des jugements qui ont force de chose jugée, tels que sont ; 1°. Les Arrêts des Cours souveraines , les Sentences des Présidiaux rendues au premier chef de l'Edit ; celles des Juges-Consuls, jusqu'à cinq cents livres ; et celles des autres Juges, dans les cas auxquels ils ont droit de juger en dernier ressort.

2°. Les jugements auxquels les parties ont acquiescé , soit expressément en exécutant volontairement , soit tacitement , ont force de chose jugée , vis-à-vis de cette personne, et elle n'est pas recevable à en appeller.

3°. Les jugements ont force de chose jugée, lorsque le temps prescrit pour l'appel est passé.

4°. Lorsque l'appel interjetté est péri.

ARTICLE II.

Quelles personnes peuvent appeller, et quel temps ont-elles pour cela ?

§. I. — *Quelles personnes peuvent appeller ?*

Non-seulement les personnes qui ont été parties, et contre lesquelles la Sentence a été rendue, peuvent appeller, mais les tiers qui n'y ont pas été parties peuvent aussi appeller lorsqu'ils prétendent en souffrir quelque préjudice.

Les tuteurs et administrateurs peuvent interjetter appel pour les personnes dont ils administrent les biens ; mais il est de leur prudence de se faire autoriser à cet effet, sçavoir , les tuteurs , ou curateurs, par un avis de parents ; les Maires et Echevins, ou Fabriciers, par avis d'habitants , pour ne se pas exposer à être condamnés en leur propre nom aux dépens , si leur appel étoit téméraire.

§. II. — *Dans quel temps peut-on appeller ?*

Par le Droit Romain, l'appel devoit être interjetté , *intrà biduum vel triennium.*

La Novelle de Justinien n'accorde que dix jours depuis la prononciation de la Sentence.

Suivant notre Droit François, toute personne qui n'a pas acquiescé à un jugement est recevable à en appeller pendant dix ans, à compter du jour de la signification qui en a été faite au domicile de la partie. *Ordon. de 1667, titre 27 , art.* 17.

Ce temps de dix ans ne court point contre les mineurs ; mais il court contre les absents , comme contre les présents. *Ibid.*

L'Eglise, les Hôpitaux , les Maladreries , Colleges et Universités , ont vingt ans pour appeller depuis le jour de la signification , *ibid.* S'il n'y avoit point eu de signification , on pourroit appeller pendant trente ans, depuis la date de la Sentence, lorsqu'elle est contradictoire, ou , depuis la signification faite au Procureur, lorsqu'elle est par défaut.

La regle qu'on a dix ans pour appeller reçoit quelques limitations.

La première est que , celui qui a obtenu Sentence peut , trois ans après la signification du jugement faite à sa partie, avec toutes les solemnités et formalités des adjournements , faire une sommation à cette partie d'appeller, auquel cas cette partie n'a plus que six mois, depuis cette sommation, pour appeller. *Tit.* 27, *art.* 12.

Le temps des trois ans, et celui de six mois courent aussi contre les absents. Il faut excepter ceux qui sont hors le Royaume pour le service du Roi, et par ses ordres. *Ibid. art.* 14.

Il ne court pas contre les mineurs, *ibid. art.* 16. Cette sommation ne peut être faite à l'Eglise, aux Hôpitaux, aux Colleges, Universités, etc. qu'au bout de six ans, au lieu de trois ans. *Ibid. art.* 12.

Si la partie décede dans les trois ans, ou, si c'est un bénéficier, dans les six ans, l'héritier, ou tout successeur, doit avoir un an, outre ce qui resteroit à expirer du délai, au bout duquel temps la Sentence devra lui être signifiée, avec sommation d'en appeller, et de ce jour, il n'aura plus que six mois. *Ibid. art.* 13 *et* 15.

Cette signification de la Sentence et sommation lui doivent être faites, quand même elles l'auroient déjà été à celui aux droits duquel il succede, lorsqu'il est mort avant l'expiration du deuxieme délai de six mois, et l'héritier en doit jouir du jour de la sommation qui lui a été faite.

La seconde limitation est, qu'en certaines matieres, et à l'égard de certaines Jurisdictions, le délai pour appeller est plus court; par exemple, suivant l'Ordonnance des Eaux et Forêts du mois d'Août 1669, *tit. des Appellations, art.* 2, les appellations des Gruries aux Maîtrises doivent être relevées dans la quinzaine de la condamnation, et si on laisse écouler le mois, la Sentence de la Grurie passe en force de chose jugée. Il en est de même, suivant l'*art.* 4 du même titre, des Appellations des Maîtrises à la Table de Marbre, elles doivent être interjettées dans le mois de la sentence prononcée et signifiée à la partie, et mises en état d'être jugées dans les trois mois, sinon la Sentence s'exécute en dernier ressort. *Voyez*, pour les Jurisdictions consulaires, l'Edit du mois de Novembre 1563, et pour les Elections, l'Ordonnance des Fermes du mois de Juillet 1681. *Tit. commun. art.* 47 *et* 48.

ARTICLE III.

Comment on interjette appel; de l'effet de l'appel, et des Sentences qui s'exécutent nonobstant l'appel.

§. I. — *Comment on interjette appel, et de l'effet de l'appel.*

On interjette appel ordinairement par un simple acte de Procureur à Procureur, par lequel la partie qui se plaint de la Sentence déclare à l'autre partie qu'elle en est appellante.

Quelquefois on interjette appel par une Requête, que la partie qui se plaint de la Sentence présente au Juge supérieur pour qu'il la reçoive appellante, sur laquelle Requête intervient Jugement, ou Arrêt, qui reçoit le suppliant appellant, lui permet d'intimer qui bon lui semblera.

Quelquefois, à l'occasion d'une autre contestation que quelqu'un a devant le Juge supérienr, il interjette appel de vive voix par son Avocat, ou Procureur, d'une Sentence qui lui est opposée par la plaidoirie, et demande à en être reçu appellant sur le Barreau.

Tome III. O

L'effet de l'appel est ordinairement suspensif ; c'est-à-dire, qu'il suspend la Sentence dont est appel, et en arrête l'exécution ; il n'est quelquefois que dévolutif, c'est-à-dire, qu'il n'a d'autre effet que de porter la connoissance du fond au tribunal supérieur, et n'empêche pas qu'en attendant, la Sentence dont est appel ne s'exécute par provision.

Lorsqu'une partie fait signifier une Sentence, dont elle a dessein d'interjetter appel, il n'est pas nécessaire qu'elle interjette cet appel par l'exploit même de signification de la Sentence ; mais elle doit avoir attention de ne la faire signifier qu'avec *protestations et réserves* , autrement elle seroit par la suite non-recevable dans son appel. C'est ce qui a été jugé par Arrêt du 13 Août 1765, contre le Comte de Marcouville. *Voyez Denizart , collect. de Jurispr.* verbo *appel* , N°. 45.

C'est , ou par la nature de l'affaire que les Sentences peuvent s'exécuter nonobstant l'appel , ou par la qualité des Juges qui les ont rendues.

§. II. — *Des Sentences qui s'exécutent nonobstant l'appel par la nature de l'affaire , ou par la qualité des Juges.*

Les Sentences qui s'exécutent malgré l'appel , par la nature de l'affaire , sont : 1°. Toutes les Sentences et Ordonnances interlocutoires , préparatoires et d'instruction , qui peuvent se réparer en définitif. Par exemple, un jugement interlocutoire qui ordonne la visite des lieux , celui qui permet de faire preuve par témoins , ou de compulser des titres , sont des jugements qui s'exécutent nonobstant l'appel. *Voyez plusieurs Ordonnances rapportées par M. Jousse, tit.* 17 , *art.* 17. *de son Commentaire.*

Le grief de l'exécution de ces jugements est réparable. S'il est jugé qu'il a été bien appelé , on n'aura aucun égard à l'Enquête, ou à la visite faite , ni aux titres compulsés.

Au contraire ; par exemple, si au lieu d'ordonner qu'un Marchand donneroit, sans déplacer, communication à sa partie adverse de l'endroit de son livre de Commerce qui fait l'objet de la contestation , on ordonnoit que le Marchand mettroit entre les mains de sa partie adverse pendant un mois, sur son récépissé, ses livres de Commerce, le Marchand qui appelleroit de cette Sentence prétendroit, avec raison , qu'elle ne doit point être exécutée nonobstant l'appel , car le préjudice qu'il souffriroit de son exécution, par la manifestation du secret, n'est pas réparable en définitif.

De même, il est évident qu'en matiere criminelle un jugement de question préparatoire ne doit pas s'exécuter nonobstant l'appel ; car le tourment que souffriroit l'accusé n'est pas réparable en définitif.

2°. Les Sentences intervenues sur les récusations s'exécutent nonobstant l'appel. *Tit.* 24 , *art.* 26. Cet article porte une exception dans le cas d'un Juge commis pour une descente, ou une information, ou une enquête, et le Juge-commissaire ne peut passer outre pendant l'appel, jusqu'au jugement qui a déclaré la cause de récusation inadmissible.

3°. Les Sentences pour l'admission, ou le rejet des cautions, s'exécutent par provision. *Tit.* 28, *art.* 3.

4°. En matiere de criées, celles commencées s'exécutent nonobstant l'appel de la saisie réelle, aussi-bien que les baux judiciaires. *Règlement du 29 Janvier* 1658. L'appel de la saisie réelle arrête seulement le congé d'adjuger.

Les adjudications par décret, faites après Arrêt confirmatif des criées, ou congé d'adjuger, s'exécutent aussi par provision, *même Règlement.* On le trouve dans Néron, *T.* 2, *pag.* 750 de l'édition de 1720, et dans le Journal des Audiences. *Tom.* 2, *liv.* 1, *chap.* 34.

5°. En matiere de Police, tous jugements définitifs, ou provisoires, à quelque somme qu'ils puissent monter, s'exécutent par provision. *Tit.* 17, *art.* 12.

Les Sentences pour la reddition des comptes des Communautés paroissent concerner la Police, c'est pourquoi, suivant ce même règlement, elles s'exécutent par provision.

Les jugements rendus touchant le ban, et l'arriere-ban, s'exécutent aussi par provision, nonobstant l'appel; il y a même raison que pour la Police, le service du Roi ne devant pas souffrir plus de retardement. *Arrêt du Conseil du 9 Octobre* 1692.

6°. Les Sentences et Ordonnances en matieres de discipline Ecclésiastique, suivant l'Edit du mois d'Avril 1695, *art.* 36.

7°. Toutes les autres matieres sommaires qui requierent célérité, et auxquelles par conséquent il échet de juger par provision, s'exécutent nonobstant l'appel, pourvu que l'objet n'excede pas 1000 liv. *Tit.* 17. *art.* 14.

Il y a plus, lorsque l'instance sur la provision et sur le définitif est en même temps en état, le Juge prononce par une même Sentence sur l'une et sur l'autre, en ordonnant, qu'en cas d'appel, la Sentence définitive s'exécutera par provision en donnant caution. *Ibid. art.* 17.

Le Règlement du Parlement de 1658 énonce plusieurs de ces matieres sommaires qui requierent célérité, et pour lesquelles les jugements s'exécutent par provision; sçavoir, les Jugements et Ordonnances, touchant la confection d'inventaire, appositions et levées des scellés; les Sentences pour faire vuider les lieux aux fermiers et locataires qui n'ont point de bail, ou dont les baux sont expirés, ou après le congé donné en vertu du droit de propriétaire; les loyers des serviteurs, restitution de dépôt, restitution de bestiaux pris en délit, frais funéraires, legs pieux, exécution de testament, main-levée de saisie faite sur personnes non obligées, etc.

Quoique le Règlement de 1658 dise indéfiniment que les Sentences rendues sur ces matieres s'exécutent nonobstant l'appel, il paroît que ce Règlement doit s'entendre des cas où l'objet n'excede pas 1000 liv. *Argument de l'art.* 3 *du tit.* 17.

Les Sentences rendues sur toutes autres matieres, qui requierent célérité, ou sur lesquelles il échet de juger par provision, doivent pareillement, suivant l'Ordonnance, s'exécuter nonobstant l'appel, *intrà* 1000 liv. *Art.* 5 *du même titre.*

8°. Dans les matieres sommaires, qui ne requierent point célérité, et dans lesquelles il n'échet pas de juger par provision, les Sentences définitives s'exécutent nonobstant l'appel , lorsque la condamnation n'excede pas 25 liv. dans les Justices subalternes; 40 liv. dans les Justices de Pairies, ressortissantes sans moyen au Parlement; 60 liv. dans les Prévôtés Royales; 100 liv. dans les Bailliages Royaux , et 300 liv. aux Requêtes, encore qu'il n'y ait *contrats , obligations , ni promesses reconnues , ou condamnations précédentes. Tit.* 17. *art.* 13.

9°. Les Sentences rendues par les Juges Royaux sur les Réintégrandes , et sur les complaintes , tant en matiere profane que bénéficiale , s'exécutent nonobstant l'appel. *Tit.* 15, *art.* 9. *tit.* 18. *art.* 7. *Ord. de Louis XII*, *en* 1539 , *art.* 83, *dans Fontanon , livre premier, tit.* 54.

Il en est de même des Sentences de séquestres, rendues même par des Jugeś subalternes. *Tit.* 19, *art.* 19.

Il faut dire la même chose des Sentences de défenses sur des dénonciations en nouvelles œuvres , c'est-à-dire, sur la contestation que je fais à mon voisin , pour quelqu'ouvrage qu'il construit sur mon terrain , ou même sur le sien , lorsque je prétends qu'il n'a pas le droit de construire. *Règlement du* 26 *Janvier* 1658 , *ci-dessus cité.*

10°. Les dations de tutelle , curatelle , interdictions de biens des prodigues et insensés, s'exécutent nonobstant l'appel. *Ordonn.* du mois de Mars 1498, *art.* 80. Ordonn. de 1535, *chap.* 16, *art.* 23, et Déclaration du mois de Juin 1559 , *art.* 14.

11°. Les Sentences de provisions en matiere de dot et douaire ; même Ordonnance de 1498 , *ibid.* de 1493 , *art.* 51 , même Déclaration de 1559 , *ibid.*

Le Règlement de 1658 dit simplement , *provision de dot et douaire , excepté contre les tiers possesseurs.*

12°. Les Sentences rendues en faveur des Ecclésiastiques sur la quotité des dîmes; celles rendues en faveur des Curés pour leurs portions congrues, sont aussi exécutoires par provision. *Edit de Melun de Février* 1580, *art.* 29; *Déclaration du* 15 *Janvier* 1731 , *art.* 13.

13°. Enfin , toutes les fois que la Sentence de condamnation est fondée en titre, c'est-à-dire , sur un contrat, obligation, promesse reconnue , ou condamnation précédente, à quelque somme qu'elle monte , *tit.* 17. *art.* 15, la Sentence rendue par provision s'exécute nonobstant l'appel. Comme la provision est toujours due aux titres , le Juge peut ordonner que la Sentence définitive s'exécutera par provision , en donnant par le demandeur bonne et suffisante caution , lorsque le définitif et la provision se trouvent en état d'être jugés en même temps. *Ibid. art.* 17.

Les Sentences qui s'exécutent nonobstant l'appel , par la qualité des Juges , sont :

1°. Les Sentences des Présidiaux au second chef de l'Edit, tant en principal que dépens. *Edit des Présidiaux, de Janvier* 1551 , *art.* 2.

2°. Celles des Juges-Consuls, à quelque somme qu'elles montent au-dessus de cinq cent livres , parce que , jusqu'à cinq cent livres , elles se rendent en dernier ressort. *Tit.* 6. *art.* 4. *Edit du mois de Novembre* 1563, *art.* 9.

3°. Les Sentences de certains Juges d'attribution, et en certains cas.

4°. Celles des arbitres, quand elles sont homologuées. *Edit du mois d'Août* 1560.

L'Ordonnance défend même aux Cours d'accorder des défenses d'exécuter les Sentences dont est appel, dans les cas auxquels elles doivent être exécutées ; déclare nulles celles qui seroient obtenues, sans qu'il soit besoin d'en demander main-levée, et veut que les parties et Procureurs qui les auront demandées soient condamnés en cent livres d'amende. *Tit.* 17. *art.* 16. Cette disposition de l'Ordonnance ne s'observe pas.

Vice versá. Il est défendu aux Juges d'ordonner l'exécution provisoire de leurs Sentences, nonobstant l'appel, hors les cas auxquels elles doivent être exécutées. *Voyez* l'Arrêt de Règlement du 7 décembre 1689, dans le Recueil chronol. de M. Jousse, *tom.* 2. *pag.* 54, *et suiv.*

Si le Juge a ordonné l'exécution provisoire de sa Sentence, dans un cas où il lui est défendu de le faire par les Règlements, l'appellant doit se pourvoir devant le Juge supérieur, et lui présenter Requête aux fins d'obtenir des défenses d'exécuter la Sentence ; le Juge ordonne sur la Requête que les parties viendront plaider au jour marqué sur les défenses ; quelquefois le Juge ajoute à son ordonnance que *cependant toutes les choses demeureront en état*, ce qui renferme des défenses provisoires, jusqu'à ce qu'il ait été statué sur les défenses au fond.

Quelquefois le Juge accorde des défenses sur la Requête de l'appellant, sans entendre l'autre partie, auquel cas cette partie, pour en avoir main-levée, doit former opposition au jugement ou Arrêt qui sera accordé, et assigner sur cette opposition l'appellant qui les a obtenues.

Si la partie est bien fondée dans cette opposition, on leve les défenses, sinon on la déboute de son opposition.

Lorsque le Juge qui accorde les défenses n'est pas en dernier ressort, on peut appeller de son Ordonnance devant le Juge supérieur dont il ressortit.

§. III. — *Si l'exécution des Sentences provisoires s'étend aux dépens.*

Ce n'est que pour le principal que les Sentences s'exécutent par provision, et non pour les dépens auxquels l'appellant seroit condamné.

Il faut néanmoins excepter de cette regle :

1°. Les Sentences des Présidiaux, au second chef de l'Edit, qui s'exécutent tant en principal que dépens, ainsi que nous l'avons vu ci-dessus. *Edit des Présidiaux de l'année* 1551, *art.* 4.

2°. Celles des Arbitres. *Edit d'Août* 1560.

Je ne sçais s'il en est de même de celles des Consuls ; l'Edit de 1563, *art.* 9, ne dit pas, à la vérité, comme celui des Présidiaux, et celui des Arbitres, que les Sentences seront exécutées par provision, nonobstant l'appel, tant en principal que dépens ; mais il dit seulement *qu'il sera passé outre à l'entiere exécution des Sentences desdits Juges et Consuls, nonobstant oppositions ou appellations quelconques, et sans préjudice d'icelles.* Ces mots *entiere exécution* comprennent-ils les dépens ? Je le pense.

Néanmoins M. Jousse, sur l'*art*. 13 *du titre* 17, atteste que l'usage est que les Sentences Consulaires ne s'exécutent point pour les dépens par provision. *Le même sur l'art.* 17, *pag.* 232.

§. IV.—*Sous quelles conditions les Sentences s'exécutent-elles nonobstant l'appel ?*

Régulicrement les Sentences qui peuvent par la qualité de l'affaire s'exécutcr par provision pendant l'appel, ne le peuvent être qu'à la charge par celui au profit de qui elles sont rendues, de donner bonne et suffisante caution de la restitution de la somme qu'il recevra en exécution de la Sentence. *Tit.* 17, *art.* 13, 14, 15, 17.

Il faut excepter de cette regle les Sentences de recréance en matiere bénéficiale, pour lesquelles l'Ordonnance n'exige que la simple caution juratoire de ceux au profit desquelles elles sont rendues. *Tit.* 15, *art.* 9.

Quand la somme adjugée par provision est très-modique, on peut aussi se contenter de la caution juratoire de la partie, lorsqu'elle est notoirement solvable.

On ordonne aussi l'exécution des Sentences rendues aux profits des Communautés, à la caution du temporel de cette communauté.

A l'égard des Sentences qui s'exécutent par provision par la qualité des Juges qui les ont rendues, *V. G.* les Sentences Présidiales, elles s'exécutent sans caution ; il suffit que celui qui en poursuit l'exécution se constitue débiteur judiciaire, en faisant ses soumissions au Greffe de rapporter ce qu'il recevra, au cas que, sur l'appel, la Sentence soit infirmée.

L'Edit des consuls, et celui des Arbitres, n'exige pas de caution, néanmoins l'usage est d'en exiger une.

Dans le cas des Sentences, pour l'exécution desquelles il faut donner caution, celui au profit de qui elles sont rendues, ne peut faire aucune contrainte avant qu'il ait donné une caution, et que cette caution ait fait ses soumissions. *Arrêt du* 2 *Août* 1696.

Mais après les soumissions, le débat qui seroit fait d'une caution n'empêche point la contrainte, à l'effet que le condamné soit tenu de consigner en attendant. *Ordonnance de Roussillon de* 1563, *art* 9. On peut même, après la caution donnée, saisir réellement les immeubles du condamné, jusqu'à l'adjudication exclusivement.

Article IV.
Des reliefs d'appel, désertion d'appel, et anticipation.

§. I. — *Ce que c'est que relever l'appel, et comment il se releve.*

Relever l'appel, c'est donner assignation à la partie devant le Juge supérieur qui doit connoître de l'appel, pour procéder devant lui sur cet appel ; aux Baìlliages, l'appel se releve par un simple exploit d'assignation.

Dans les Cours et dans les Présidiaux, l'appel se releve en vertu de lettres prises au Greffe, qu'on appelle *relief d'appel*, dont on doit donner copie, par l'exploit d'assignation, à la partie qui est assignée pour procéder sur l'appel.

L'appel comme d'abus des jugements rendus par les Juges Ecclésiastiques a cela de particulier, qu'il ne peut être relevé que sur une consultation d'Avocats, qui doit être jointe au relief d'appel.

Quelquefois l'appel se releve par un Arrêt rendu sur Requête qui reçoit le suppliant appellant, lui permet d'intimer, etc. Il est évident qu'en ce cas, quand même il s'agiroit d'appel comme d'abus, il ne faudroit point de consultations d'Avocats.

§. II. — *Pardevant quels Juges doit se relever l'appel.*

L'appel doit se relever devant le Juge supérieur immédiat. Si cependant l'appellant relevoit son appel, *omisso medio*, devant le Juge supérieur-ultérieur, pour cause de connexité, l'appel seroit valable ; car en ce cas l'appellation peut être portée devant le Juge, *omisso medio ;* la raison est que, quand elle auroit été portée devant le Juge supérieur immédiat, la connexité pourroit la faire évoquer.

§. III. — *Quelles personnes on peut intimer sur l'appel.*

Autrefois on intimoit et assignoit sur l'appel le Juge qui avoit rendu la Sentence, lequel étoit obligé, sur l'appel, de soutenir et faire connoître le bien jugé de sa Sentence, faute de quoi elle étoit infirmée, et le Juge étoit condamné aux dépens.

La partie qui l'avoit obtenue étoit aussi intimée, pour voir déclarer commun le jugement qui seroit rendu sur l'appel.

Aujourd'hui, les Juges ne sont plus obligés de soutenir devant le Juge supérieur le bien jugé de leurs Sentences, et on ne peut plus les intimer sur l'appel, si ce n'est en certains cas, comme lorsqu'ils ont jugé ce qui n'étoit pas de leur compétence, *tit.* 6, *art.* 1, ou lorsqu'ils ont évoqué les causes hors les cas auxquels il leur est permis, *ibid. art.* 2, ou lorsqu'ils ont appointé les causes et incidents contre la prohibition de l'Ordonnance, ou en cas d'autres contraventions à l'Ordonnance. *V. G.* dans le cas du *tit.* 21, *art.* 1, ou lorsqu'ils ont pris des épices excessives, ou dans le cas auquel ils n'en devoient pas prendre. *Edit.* de 1693, *art.* 20. Dans le cas de déni de Justice ; dans le cas où ils auroient jugé par dol, fraude, passion, corruption ; dans tous ces cas, on peut intimer les Juges, et cette intimation s'appelle *prise à partie ;* mais on ne peut même en ce cas intimer les Juges, qu'en vertu d'un Arrêt obtenu sur Requête, sur les conclusions du Procureur-général, qui permette de prendre les Juges à partie. *Arrêts de Règlement de 1693 et 1699 ; Arrêt en conséquence du 18 Août* 1702. Hors ces cas les Juges ne peuvent être intimés sur l'appel de leurs Sentences, et ne répondent point de leurs jugements. On ne peut donc intimer que les parties au profit desquelles la Sentence est rendue, ou les successeurs qui pourroient se servir de cette Sentence.

Lorsque l'appellant n'a eu en première instance d'autre partie que le Ministere public, c'est celui qui le représente dans la Jurisdiction supérieure où l'appel est porté, qui doit défendre à l'appel, et être intimé sur icelui ; car le Ministere public est en ceci solidaire.

Si l'appellant a eu pour partie le Procureur Fiscal d'une Justice subalterne, c'est le Seigneur qui doit être intimé sur l'appel, comme devant prendre le fait et cause de son Procureur Fiscal ; la raison est que dans la Justice du Seigneur le Procureur fiscal est censé agir au nom du Seigneur, et pour le Seigneur, c'est donc le Seigneur qui est la partie, et qui doit être intimé sur l'appel ; on ne peut intimer son Procureur fiscal ; car ce n'est que dans sa Justice que son Procureur fiscal peut être pour lui, il ne peut l'être dans la Justice supérieure.

C'est par la même raison que, dans les appels comme d'abus, l'Evêque est intimé pour son Promoteur, lorsque son Promoteur a été seul partie ; lorsqu'il y a une partie, c'est elle qui doit être intimée, et en ce cas, l'Ordonnance de 1695, *art.* 43, défend d'intimer l'Evêque.

§. IV.—*Dans quel temps l'appel doit être relevé et de la désertion d'appel.*

L'appel doit être relevé aux Cours dans les trois mois du jour qu'il a été interjetté, et dans les six semaines aux Bailliages et Sénéchaussées. Faute par l'appellant d'avoir relevé son appel dans ce délai, celui au profit de qui la Sentence est rendue peut se pourvoir devant le Juge, de la Sentence duquel on a appellé, et obtenir une autre Sentence qui ordonne que, faute par l'appellant d'avoir relevé l'appel, la Sentence sera exécutée.

Celui qui a obtenu la Sentence peut aussi s'adresser au Juge supérieur, et assigner l'appellant en vertu d'une commission, pour voir prononcer la désertion de son appel ; mais si, sur cette assignation, l'appellant comparoît, la demande en désertion sera convertie en anticipation sur l'appel ; et s'il ne comparoît pas, l'appel sera déclaré désert.

L'appellant, dont l'appel a été déclaré désert, peut en interjetter un nouveau et le relever.

Observez qu'au Parlement les folles intimations et les désertions d'appel se jugent par l'avis d'un ancien Avocat, dont les Avocats et Procureurs des parties doivent convenir, et devant qui ils déduisent leurs moyens, duquel avis on dresse un appointement, qui est signé par l'Avocat tiers et par les deux autres, ou du moins par celui de la partie au profit de laquelle il est rendu ; après quoi, sur un simple avenir, on le fait recevoir et prononcer à l'Audience. *Tit.* 6, *art.* 8.

§. V. — *Des Anticipations.*

L'anticipation est l'assignation que donne à l'appellant celui au profit de qui la Sentence, dont est appel, est rendue, devant le Juge qui doit connoître de l'appel, pour procéder sur cet appel et voir confirmer la Sentence.

Aux Bailliages et Sénéchaussées, cette anticipation se fait par un simple exploit d'assignation ; aux Cours et aux Présidiaux, en vertu d'une commission prise au Greffe.

Cette assignation est appellée *anticipation*, parce que celui au profit de qui la Sentence a été rendue prévient l'appellant qui n'a point relevé son appel ; il n'est point obligé d'attendre, pour anticiper, que les délais accordés à l'appellant, pour relever son appel, soient expirés; il ne peut néanmoins l'anticiper que huitaine après que l'appel a été interjetté et signifié.

L'appellant doit avoir ce temps pour renoncer, s'il le juge à propos, à son appel, sans être tenu d'aucuns dépens. *Ordonnance de* 1453, *art.* 61.

ARTICLE V.

Des Instances d'appel, et de leur péremption.

§. 1. —*De la maniere de procéder sur l'appel lorsque l'appellation est verbale.*

Il n'est pas nécessaire dans les appellations verbales que l'appellant signifie par écrit ses griefs; lorsque la partie assignée a constitué Procureur, trois jours après, l'une ou l'autre des parties peut porter la cause sur un simple avenir, ou la mettre au rolle, et l'appellant doit plaider à l'Audience ses griefs, par un Avocat auquel l'autre partie répond par son Avocat, et, sur les plaidoiries respectives, le Juge prononce le bien ou le mal jugé de la Sentence dont est appel.

Si le Juge estime que la cause ne se peut juger à l'Audience, ni sur un simple délibéré sur le Bureau, il prononce un appointement, qu'on appelle *appointement au Conseil*; cet appointement s'instruit de la même maniere que l'appointement en droit, en cause principale.

Lorsque la partie assignée ne comparoît point, on prend contr'elle un défaut aux présentations, et on le fait juger de la même maniere qu'en cause principale.

Si c'est l'appellant qui ne comparoît pas sur l'assignation qui lui a été donnée par l'anticipant, le Juge, pour le profit du défaut, et sans autre examen, confirme la Sentence dont est appel.

Si c'est l'intimé qui ne comparoît point, le Juge, pour le profit du défaut, infirme la Sentence, s'il trouve les griefs de l'appellant bien fondés.

Il en est de même du défaut faute de plaider; si c'est l'appellant qui ne fait point trouver d'Avocat à l'Audience pour plaider ses griefs, la Sentence est infirmée.

Si c'est l'intimé qui ne fait point trouver le sien, le Juge infirme la Sentence, s'il trouve les griefs valables.

Il faut observer aussi qu'avant de pouvoir obtenir une Sentence, ou Arrêt, sur un appel, il est indispensable que l'amende soit consignée, et la quittance de cette amende signifiée à l'autre partie, à peine de cinq cents livres d'amende contre le Greffier qui aura délivré le jugement, et contre le Procureur qui n'y aura pas satisfait, même d'interdiction en cas de récidive. *Voyez la déclaration du* 21 *mars* 1671, *rapportée dans le Recueil Chronologique de M. Jousse, et l'Edit du mois de Février* 1691.

§. II. —*De la forme de procéder dans les appellations sur procès par écrit.*

Lorsque la partie assignée sur l'appel, a constitué Procureur, chacune des parties est tenue dans la huitaine, après l'échéance du délai de l'assignation pour comparoir, de mettre sa production au Greffe de la Cour ou Jurisdiction où l'appel est porté, et de la faire signifier au Procureur de la partie adverse. *Tit.* 11, *art.* 11.

Si la partie assignée n'avoit pas constitué Procureur, on prendroit défaut aux présentations, qu'on feroit juger à l'Audience, comme dans les appellations verbales.

Si l'une des parties est en demeure de faire mettre dans la huitaine sa production au Greffe, elle est forclose de plein droit, sans aucun commandement ni procédure, *tit.* 11, *art.* 17, c'est-à-dire, que le procès peut être jugé sur ce qui se trouve produit; au reste, la partie peut toujours, avant le jugement, produire, soit au Greffe, tant que le procès n'est point distribué, soit au Rapporteur, s'il y en a un de nommé.

Dans la même huitaine de l'échéance de l'assignation, l'intimé est tenu de rapporter et mettre au Greffe une expédition de la Sentence dont est appel, en forme, ou par extrait, à son choix; faute par lui de le faire, et ce délai de huitaine passé, l'appellant, sans qu'il soit besoin d'aucune sommation, peut lui-même lever la sentence par extrait pour la produire, et il lui est délivré exécutoire contre l'intimé. *Ibid. art.* 18.

Lorsque les deux parties sont respectivement appellantes, c'est celle qui a été intimée la première, qui est obligée au rapport de la Sentence. *Arrêt de Règlement du* 8 *Août* 1714.

Cette obligation de l'intimé de rapporter la Sentence est particuliere aux appels sur procès par écrit, l'intimé n'y est point obligé dans les Appellations verbales. *Arrêt de Règlement du* 2 *Juillet* 1691.

Huitaine après que les parties, ou l'une d'elles, ont produit au Greffe, et que la Sentence a été rapportée, le procureur le plus diligent offre à l'autre l'appointement *de conclusion. Tit.* 11, *art.* 19.

La forme de cet appointement est : « Après qu'un tel appellant a conclu » au mal jugé de la Sentence dont il est appellant, et qu'un tel a conclu au » bien jugé, ordonnons que le procès demeurera pour conclu, et que » les parties fourniront respectivement griefs dans les délais de l'Ordon- » nance ». Cet appointement se prend au Greffe dans les Cours : le Procureur le plus diligent signifie à l'autre le projet de cet appointement, et le somme de venir au Greffe dans les trois jours le passer; à faute de le venir passer dans ce délai, il leve au Greffe un défaut faute de conclure, qu'il fait juger à l'Audience comme tous les autres défauts.

Dans les Jurisdictions inférieures, l'appointement de conclusion se rend à l'Audience, sur un avenir que le Procureur le plus diligent signifie à l'autre pour venir conclure; si la partie sommée de venir conclure à l'Audience ne s'y trouve pas, le Juge donne à la partie comparante défaut contre le défaillant; et si c'est l'appellant qui fait défaut, il confirme la Sentence; si c'est l'intimé, il l'infirme.

Si l'intimé à qui l'appointement de conclusion est offert a quelques fins de non-recevoir contre l'appel, il doit les signifier, et donner avenir pour les plaider à l'Audience, autrement, s'il passoit l'appointement de conclusion sans les alléguer, elles seroient couvertes par l'appointement. *Or-*

donn. de 1510, *art.* 29. *Ordonn. de* 1535, *chap.* 8, *art.* 5. Le Juge y statue, et déclare l'appellant non-recevable en son appel, s'il les trouve bien fondées ; sinon , il ordonne que sans y avoir égard, la partie sera tenue de conclure. Quelquefois les fins de non-recevoir méritent une tres-longue discussion ; alors le Juge rend l'appointement de conclusion , sous la réserve des fins de non-recevoir, sur lesquelles il sera préalablement fait droit en jugeant.

Dans les appels des sentences rendues en procès par écrit, qui sont portés au Parlement, les fins de non-recevoir, et les incidents, doivent être portés à la Grand'Chambre, si on les propose avant l'appointement de conclusion ; mais s'ils ne surviennent qu'après l'appointement, on doit les porter aux Enquêtes, dans la Chambre où le procès est distribué, sinon à la premiere Chambre des Enquêtes, lorsque la distribution du procès n'est pas faite.

L'appointement de conclusion forme, pour la cause d'appel, la contestation en cause ; après que cet appointement a été rendu, l'appellant doit signifier ses griefs par acte de Procureur à Procureur, et les produire, et il a, pour cela, un délai de huitaine, à compter du jour de la sommation qui lui en aura été faite, de Procureur à Procureur. Ce délai expiré, le procès peut être jugé, *tit.* 11. *art.* 19 et 20 ; mais tant qu'il n'est pas jugé, il est toujours temps de les donner ; l'autre partie a pareil délai de huitaine pour donner et signifier *ses réponses à griefs*, à compter du jour de la signification des griefs, et après ce délai expiré, le procès peut être jugé, sans que les réponses aient été données ; mais il est toujours temps de les donner avant le jugement.

L'Ordonnance ne parle point de *salvations* contre les réponses à griefs, néanmoins l'usage est que l'appellant en puisse fournir dans un pareil délai de huitaine, du jour de la signification des réponses à griefs.

On peut faire, en cause d'appel, des productions nouvelles ; on peut former des demandes incidentes, lorsqu'elles sont connexes à l'objet de l'appel ; l'instruction se fait à cet égard comme en cause principale.

Il me reste à observer que, lorsque pour la même affaire il y a deux appellations, dont l'une est verbale, et l'autre sur procès par écrit, l'appellation verbale doit y être jointe.

§. III. — *De la procédure particuliere aux appels d'incompétence et déni de renvoi.*

Lorsque la partie assignée sur ces appels a constitué Procureur, la partie qui veut avancer fait signifier ses qualités à l'autre, avec sommation de faire trouver son Avocat au Parquet des Gens du Roi, pour y être la cause plaidée, et appointement passé selon l'avis d'un des Avocats Généraux. *Tit.* 6. *art.* 6.

Au jour indiqué, les Avocats se trouvent au Parquet ; la présence des Procureurs n'y est pas nécessaire, lorsqu'il y a des Avocats chargés. *Ibid. art.* 5. Les Avocats proposent leurs moyens à l'Avocat Général, lequel donne son avis, sur lequel on dresse la prononciation qui doit être signée par les Avocats et par l'Avocat Général, aussi-tôt qu'elle a été arrêtée ; on appelle aussi cette prononciation *un expédient.*

Lorsque cet appointement, ou expédient, a été ainsi signé par l'Avocat Général, et par les Avocats, ou même seulement par l'Avocat de la partie au profit de laquelle il est rendu, l'autre Avocat ayant refusé de signer, on porte la cause à l'Audience pour l'y faire recevoir, et il intervient Arrêt, sans connoissance de cause, qui ordonne que l'appointement sera reçu. Si l'Avocat de l'une des parties ne s'est point trouvé au Parquet, l'Avocat Général ne laisse point de donner son avis, qui est rédigé, comme nous venons de l'expliquer, et sur lequel on rend Arrêt; en ce cas, on peut former opposition à l'Arrêt; mais lorsque l'avis de l'Avocat Général a été donné contradictoirement, on ne reçoit pas d'oppositions.

Les dépens de ces appellations doivent être taxés par les Procureurs des parties, sur un simple Mémoire sans frais. *Ibid. art.* 4.

§. IV. — *De la péremption des instances d'appel.*

L'instance d'appel, qui se forme par la simple assignation donnée pour procéder sur l'appel, avant même que la partie ait constitué Procureur, est sujette à la péremption, par la discontinuation de procédures pendant trois ans, de même qu'une instance principale. Les mêmes causes arrêtent le cours du temps en cause d'appel, et en cause principale.

Dans les Cours souveraines, lorsque le procès a été distribué à un Rapporteur, et que l'appellant a fourni ses griefs, le procès n'est plus sujet à péremption, parce qu'il ne dépend plus de l'appellant qu'il soit jugé; il n'y a plus de procédure à faire, et par conséquent on ne doit pas lui imputer de l'avoir discontinuée. *Arrêt du* 19 *Février* 1687, *au Journal du Palais.* Il en est autrement dans les Jurisdictions inférieures; car, dans ces Jurisdictions, l'appellant peut faire, au Rapporteur, des sommations de juger.

L'effet de la péremption d'instance d'appel est, qu'elle emporte la confirmation de la Sentence dont est appel; c'est pourquoi, sur la demande en péremption, le Juge doit prononcer l'instance périmée, en conséquence ordonner que *la Sentence dont est appel sera exécutée, et condamner l'appellant aux dépens.* Voyez *l'Arrêt de Règlement du* 28 *Mars* 1692, *art.* 2.

L'appellant ne peut plus interjetter un nouvel appel, il peut seulement, si le Juge d'appel qui a jugé la péremption n'est pas Juge en dernier ressort, interjetter appel de la Sentence qui a jugé la péremption; sur lequel appel on examinera s'il y avoit lieu à la péremption, ou non, sans entrer dans le mérite du fond.

§. V. — *Des jugements sur l'appel.*

Les jugements sur l'appel ne doivent régulierement juger que *an benè vel malè.*

La forme de prononcer dans les jurisdictions inférieures, lorsque le Juge trouve qu'il y a lieu de confirmer la Sentence, est de dire : *Nous disons qu'il a été bien jugé,* ou bien, *nous avons déclaré l'appellant sans griefs sur son appel* ; cette formule de prononciation s'observe dans les Présidiaux. Dans les Cours, on prononce de cette maniere : *La Cour a mis l'appellation au néant*, etc.

Lorsqu'il y a lieu d'infirmer la Sentence, les Juges inférieurs prononcent ainsi : *Nous disons qu'il a été mal jugé, émendant*, etc.

Quoique régulierement les Juges d'appel ne doivent prononcer que *an benè vel malè*, néanmoins lorsque l'appel d'une Sentence interlocutoire se plaide à l'Audience, si le Juge trouve le fond de la contestation en état d'être jugé sur le champ, il peut, sans qu'il soit besoin de prononcer sur l'appel, évoquant le principal, y statuer sur le champ. Mais cette évocation du principal ne peut se faire que dans les causes d'Audience, et à la charge de les juger à l'Audience sur le champ.

Soit que le Juge supérieur confirme, soit qu'il infirme la Sentence dont est appel, il ne doit pas en retenir l'exécution ; dans le cas auquel la Sentence est infirmée, il doit en renvoyer l'exécution au Tribunal dont est appel ; mais à la charge qu'elle se fera par un autre Juge que celui qui a rendu la Sentence, et s'il n'y en a point d'autres, par l'ancien Praticien. *Ordonn. de Blois*, art. 148 ; *Déclaration du mois de Juin* 1559, en interprétation de l'Edit de Crémieu, *art.* 17.

Les Présidiaux doivent observer la même chose suivant l'Edit d'ampliation du mois de Mars 1551, et les Cours même sont obligées de s'y conformer suivant l'*art.* 179 de l'Ordonnance de Blois.

SECTION II.
De l'opposition aux jugements.

L'opposition est une voie ordinaire de se pourvoir contre les jugements pardevant le Juge qui les a rendus.

Elle differe de l'appel, en ce qu'elle se porte devant le Juge qui a rendu le jugement.

Elle differe de la Requête civile, en ce que l'opposition est une voie ordinaire, au lieu que la Requête civile est une voie extraordinaire, qui n'est admise que dans des cas particuliers exprimés par l'Ordonnance.

Il y a deux especes d'oppositions aux jugements, *l'opposition simple et la tierce opposition.*

§. I. — De l'opposition simple.

L'opposition simple est celle qui est formée par la partie contre laquelle le jugement a été rendu par défaut.

On reçoit l'opposition ; 1°. contre les jugements rendus par défaut faute de comparoir.

2°. Contre les jugements rendus par défaut faute de plaider, lorsque le jugement a été rendu à l'Audience sur placet.

L'Ordonnance, *tit.* 35, *art.* 3, ne parle que de l'opposition aux Arrêts et jugements en dernier ressort, parce que, quand le jugement n'est pas rendu en dernier ressort, l'opposition sembleroit ne devoir pas être admise, la partie contre laquelle il a été rendu ayant la voie d'appel ; néanmoins l'usage a introduit pareillement la voie d'opposition contre les jugements des Juges inférieurs qui ne sont point en dernier ressort.

On ne reçoit pas l'opposition contre les jugements rendus à l'Audience faute de plaider, lorsque le jugement a été rendu à tour de rôle, *tit.* 35, *art.* 3 ; la raison est que la partie, contre laquelle il a été rendu, ayant eu tout le temps de se préparer ou de prévoir quand la cause sera appellée, elle est inexcusable.

On ne reçoit pas non plus l'opposition contre les jugements rendus par forclusion en procès par écrit. On ne la reçoit pas non plus contre un jugement rendu sur un délibéré sur le Bureau.

On ne reçoit pas non plus en notre Siege les oppositions contre les Sentences rendues sur la lecture de l'information.

Enfin, une partie n'est point recevable à former opposition contre un jugement rendu contradictoirement avec elle.

L'opposition contre un Arrêt, ou jugement en dernier ressort rendu par défaut, doit être formée par la partie contre qui le jugement a été rendu, dans la huitaine du jour de la signification faite à son Procureur, si elle en avoit un, ou à sa personne, ou à domicile lorsqu'elle n'avoit point de Procureur constitué. *Tit.* 35. *art.* 3.

Lorsque le jugement n'a pas été rendu en dernier ressort, l'usage est que la partie qui a laissé passer la huitaine, interjette appel, et déclare ensuite qu'elle convertit son appel en opposition, et il est d'usage de la recevoir ; lorsque le défaut a été pris dans les regles de la procédure, la partie qui y est reçue opposante doit, par le jugement qui la reçoit opposante, être condamnée aux dépens du défaut ; si le défaut n'avoit pas été pris dans les regles, *V. G.* avant l'expiration des délais, le Juge devroit déclarer nul le jugement par défaut.

L'effet du jugement, qui reçoit une partie opposante à un jugement rendu par défaut contre elle, est de détruire, vis-à-vis d'elle, le jugement auquel elle a été reçue opposante. S'il y avoit d'autres parties opposantes, contre lesquelles il auroit été rendu contradictoirement, il ne laisseroit pas de subsister vis-à-vis de ces autres parties ; le Juge peut par le même jugement qui reçoit l'opposition, statuer au principal, s'il est en état de juger, sinon il ordonne, apres avoir reçu la partie opposante, en refondant les dépens, que les parties en viendront au principal.

§. II. — *De la tierce opposition.*

La tierce opposition est celle qu'un tiers, qui n'étoit point partie dans l'instance, forme au jugement qui lui préjudicie ; *V. G.* Mon voisin a obtenu contre mon fermier un jugement qui lui fait défenses de faire paître sur ses héritages ; si je prétends que ses héritages sont chargés envers ma terre d'un droit de pâturage, le jugement préjudicie à mon droit de servitude, j'y peux donc former opposition en tiers.

Si un Décimateur a obtenu contre quelque particulier d'un canton un jugement qui fixe la quotité de la dîme à un fur plus haut qu'il ne doit être, les Habitants du même canton peuvent former une tierce opposition à ce jugement, afin que le Décimateur ne puisse s'en prévaloir pour la quotité du fur de ce canton.

On peut imaginer mille autres cas semblables, qui peuvent donner lieu à la tierce opposition.

Cette opposition peut être formée en quelque temps que ce soit ; mais , pour empêcher qu'on ne se porte à former témérairement des tierces oppositions , l'Ordonnance veut que ceux qui l'auront formée mal-à-propos contre un Arrêt, soient condamnés en cent cinquante liv. d'amende , et en soixante-quinze liv. si c'est contre une Sentence , lesquelles amendes sont applicables pour moitié au fisc, et pour l'autre moitié à l'autre partie. *Tit.* 27. *art.* 10.

Il n'y a pas lieu à cette amende lorsque le jugement auquel on forme opposition a été rendu sur Requête, sans qu'il y ait eu de partie appellée. Il est parlé de cette opposition en l'*art.* 2. *du tit.* 35.

SECTION III.

Des voies extraordinaires pour se pourvoir contre les jugements.

ARTICLE PREMIER.

Des Requêtes Civiles.

§. I. *Ce que c'est que Requête Civile.*

La Requête civile est une voie extraordinaire de se pourvoir en certains cas contre les Arrêts et Jugements en dernier ressort, pardevant le Juge qui les a rendus.

Elle diffère de l'opposition ; 1°. en ce que c'est une voie extraordinaire qui n'a lieu qu'en certains cas.

2°. En ce qu'elle a lieu contre les jugements contradictoires, aussi-bien que contre ceux rendus par défaut.

§. II. — *En quel cas il peut y avoir lieu à la requête Civile.*

La Requête civile étant une voie extraordinaire, il ne peut y avoir lieu qu'en certains cas particuliers; ces cas sont exprimés dans l'Ordonnance , depuis l'*art.* 34, jusqu'en l'*art.* 41 *du tit.* 35.

1°. Le dol personnel de la partie en faveur de qui ce jugement a été rendu. *V. G.* Si j'offrois prouver qu'elle a corrompu, par argent, mon Avocat ou mon Procureur, pour leur faire trahir ma cause; si j'offrois prouver qu'elle a empêché, par mauvaises manœuvres, que la signification de l'Arrêt rendu par défaut contre moi ne parvînt à ma connoissance, pour m'ôter la faculté d'y former opposition dans la huitaine ; ou si elle avoit intercepté la lettre par laquelle je donnois ordre de la former; on peut imaginer mille autres cas semblables de dol. *Ibid. art.* 34.

2°. S'il y a des pieces décisives retenues, par le fait de la partie, qui ayent été nouvellement recouvrées ; ce cas-ci est renfermé dans le précédent, car c'est un dol personnel de la partie d'avoir retenu ces pieces ;

mais le recouvrement des pieces décisives qui n'ont point été produites n'est point par lui-même un moyen suffisant pour se pourvoir par Requête civile ; cela est conforme à l'Ordonnance, qui ajoute ces termes, *et retenues par le fait de la partie*, et à la disposition de Droit en la Loi 4. *Code de re judicatâ , sub specie novorum instrumentorum, posteà repertorum , res judicatas restaurari, exemplo grave est.*

3°. Lorsque l'Arrêt, ou jugement en dernier ressort, a été rendu sur pieces fausses, dont on est en état de démontrer la fausseté. *Ibid.*

Observez qu'il ne suffit pas que la partie en faveur de qui le jugement a été rendu ait produit les pieces fausses, il faut qu'il paroisse que ce jugement est fondé sur ces pieces.

4°. Si le jugement a été rendu sur un consentement, ou des offres qui ayent été désavouées, et que le désaveu ait été jugé valable. *Ibid.*

5°. S'il y a des nullités d'Ordonnance dans la procédure sur laquelle l'Arrêt, ou Jugement en dernier ressort a été rendu. *V. G.* Si on a jugé sur une enquête faite après l'expiration du délai pour entendre les témoins, ou dans laquelle on a oublié de faire prêter serment aux témoins ; ou sur des griefs, ou sur des réponses à griefs, qui n'auroient point été signifiées à la partie.

6°. Si le jugement a été rendu sur choses non demandées, et non contestées. *Art.* 34.

Par la même raison, si une partie assignée en qualité de tuteur, a été condamné en son nom, il y a ouverture à la Requête civile ; car n'y ayant pas de demande formée contre cette partie en son nom, le jugement rendu contre elle en son nom, est rendu sur chose non demandée.

7°. S'il a été plus adjugé qu'il n'avoit été demandé. *Ibid.*

Ces deux moyens de Requête civile sont fondés sur le principe de Droit. *Sententia debet esse conformis libello, et potestas judicis, ultra id quod in judicium deductum est nequaquàm potest excedere.* L. 18. ff. *communi divid.*

8°. Si on a obmis de prononcer sur l'un des chefs de demande, même raison. *Ibid.*

9°. S'il y a contrariété d'Arrêt, ou jugement en dernier ressort, en la même Jurisdiction, entre les mêmes parties, sur les mêmes moyens ; car, ce qui a été jugé en dernier ressort devant être immuable entre les parties, un jugement qui juge le contraire entre les mêmes parties ne peut avoir aucun effet. *Ibid.*

Si les Arrêts contraires étoient rendus en différentes Cours, ou Jurisdictions, l'Ordonnance porte qu'en ce cas les parties se pourvoiront au Grand Conseil. *Ibid.*

10°. S'il y a des dispositions contraires dans le même Arrêt, car il ne peut y avoir un plus grand défaut que la contradiction.

Outre ces dix causes, qui sont générales pour toutes sortes de parties, et qui sont rapportées en l'article 34, il y en a quelques-unes de particulieres à certaines personnes.

1°. Dans les choses qui concernent le Roi, le Public, la Police, ou l'Église, il y a ouverture à la Requête civile, si le jugement a été rendu sans que la cause ait été communiquée au Parquet. *Même art.* 34.

Il a été jugé par Arrêt du 27 Novembre 1703, rapporté par Augeard, que le moyen de Requête civile en faveur de l'Église, n'avoit lieu que lorsque le jugement concernoit son domaine, et non lorsqu'il concernoit seulement les revenus qui appartiennent au Bénéficier ; car en ce dernier cas, le jugement est plutôt rendu contre le Bénéficier, que contre l'Église ; c'est le Bénéficier plutôt que l'Église qui est intéressé.

2°. Il y a lieu à la Requête civile en faveur des Ecclésiastiques, des Communautés et des mineurs, lorsqu'ils n'ont pas été défendus, ou valablement défendus. *Ibid. art.* 35.

Ce qui est dit dans cet article doit être restreint, comme nous l'avons observé en l'article précédent, aux causes qui concernent le fonds et le domaine de l'Église.

Le projet de cet article, qui est rapporté au procès-verbal de l'Ordonnance, nous apprend le sens de ces termes, *lorsqu'ils n'ont pas été défendus, ou suffisamment défendus.*

Voici ce que portoit le projet : « Réputons encore à leur égard pour » ouverture de Requête civile, s'ils n'ont point été défendus ; c'est à sça- » voir, que les Arrêts, ou Jugements en dernier ressort ayent été donnés » contre eux, par défaut ou par forclusion : *s'ils n'ont pas été valablement* » *défendus,* en cas que les principales défenses de fait ou de droit aient » été obmises, quoique ces Arrêts ou Jugements en dernier ressort aient » été contradictoires ou sur les productions des parties ; en telle sorte » néanmoins qu'il paroisse qu'ils n'ont point été défendus, ou non vala- » blement défendus, et que le défaut de défenses obmises ait donné lieu » à ce qui auroit été autrement jugé s'ils avoient été défendus, ou que » les défenses eussent été fournies. »

Lecture faite de l'article, il a été trouvé unanimement bon ; d'où on peut conclure que s'il a été rédigé depuis, tel qu'il est, cela n'a été que pour abréger, pour une plus grande précision, et ce qui y étoit contenu doit être regardé comme le véritable commentaire de cet article.

3°. C'est un moyen particulier à l'égard du Roi, et dans les causes qui concernent le domaine où le Procureur du Roi est partie, qu'il y a ouverture à la Requête civile, quand le Procureur du Roi n'a pas été mandé avant que de mettre le procès sur le Bureau, pour savoir s'il n'avoit pas d'autres pieces, ou moyens à fournir, et si ce jugement n'en fait pas mention. *Ibid. art.* 36.

On ne doit point admettre d'autres moyens de Requête civile.

Par le projet de l'Ordonnance, on proposoit pour moyen de Requête civile l'erreur sur un fait décisif, ou en un point de Coutume ; ce qui a été retranché sur la représentation que M. le premier Président fit que ce seroit ouvrir la porte aux Requêtes civiles, contre les Arrêts qui jugeroient quelques questions de Coutume, parce que la partie qui auroit perdu son procès ne manqueroit jamais d'alléguer qu'on a jugé contre la Coutume.

Pareillement dans les causes de fait, la partie qui auroit succombé prétendroit toujours qu'on auroit erré dans le fait.

Le retranchement de ce moyen d'erreur est conforme aux Loix Romaines, qui ne permettoient pas de venir contre les choses jugées, sous prétexte de quelque erreur de fait, ou même de l'erreur de calcul, à moins que l'erreur de calcul ne se rencontrât et ne se justifiât par la Sentence même, auquel cas elle se reforme de soi-même. *L. 3. Cod. de Errore advoc. vel libell. seu preces concip. L. 2. Cod. de re judicatâ.*

§. III. — *Contre quels Jugements, et combien de fois peut-il y avoir lieu à la Requête Civile?*

La Requête civile étant une voie extraordinaire, il s'ensuit qu'elle ne peut avoir lieu que contre les Arrêts et Jugements en dernier ressort ; car, lorsque le jugement n'est pas rendu en dernier ressort, celui qui a succombé avant la voie de l'appel, qui est une voie ordinaire, il ne doit point avoir recours à une voie extraordinaire.

Par la même raison, il ne peut y avoir lieu à la Requête civile contre les Arrêts ou jugements en dernier ressort, rendus par défaut, tant qu'il peut y avoir lieu à la voie ordinaire de l'opposition ; mais on peut se pourvoir contre les Arrêts et jugements en dernier ressort, lorsqu'il n'y a pas lieu à la voie ordinaire de l'opposition, soit parce qu'ils sont contradictoires, ou du nombre de ceux contre lesquels l'opposition ne s'admet pas, soit parce que la huitaine, dans laquelle l'opposition doit être formée, est passée.

Quoiqu'on puisse se pourvoir par Requête civile contre les jugements des Présidiaux, au premier chef de l'Edit, ainsi que contre les Arrêts des Cours, néanmoins la forme en est différente, et on n'appelle proprement Requêtes civiles, que celles par lesquelles on se pourvoit contre les Arrêts.

On peut se pourvoir non-seulement contre les Arrêts et jugements en dernier ressort définitifs, mais aussi contre les interlocutoires, suivant qu'il résulte de l'*art.* 25 *du tit.* 35 ; ce qu'il faut restreindre aux interlocutoires dont le grief est irréparable en définitif ; car la Requête étant un remede extraordinaire, elle ne peut avoir lieu que lorsqu'il ne peut y en avoir d'autres.

On peut se pourvoir non-seulement contre un Arrêt entier, mais encore contre quelques chefs d'un Arrêt, lorsqu'il n'a pas une connexité nécessaire avec les autres, la Jurisprudence en est constante.

On ne peut se pourvoir qu'une seule fois par Requête civile ; celui qui a une fois succombé en sa demande en Requête civile, ne peut plus se pourvoir de nouveau, ni contre le premier Arrêt ou jugement en dernier ressort, contre lequel il s'est pourvu, ni contre le second, qui l'a débouté de sa Requête civile. *Ibid. art.* 41. *Voyez aussi l'Ordonnance de Moulins.*

Il y a plus, quand même sa Requête auroit été entérinée *sur le rescindant,* et que l'affaire ayant été de nouveau jugée, il eût succombé au *rescisoire*, il ne pourroit être reçu en aucune Requête civile contre cet Arrêt. *Même article.*

§. IV. — *Dans quel temps on peut se pourvoir contre la Requête civile.*

Pour être admis dans la Requête civile, il faut l'obtenir, la faire signifier, et donner assignation, pour procéder en conséquence, à la partie, ou au Procureur, dans les six mois, à compter du jour de la signification de l'Arrêt faite à la personne ou au domicile de la partie qui a obtenu la Requête civile. *Tit.* 35, *art.* 5.

Cette signification est nécessaire pour faire courir le délai, quand même l'Arrêt seroit contradictoire; il ne suffiroit pas qu'elle fût faite au domicile du Procureur, quoique, hors ce cas, les jugements contradictoires aient leur effet, quoiqu'ils n'aient pas été signifiés, et même ceux par défaut, lorsqu'ils l'ont été au domicile du Procureur. *Ibid. art.* 11.

Lorsque la partie qui veut se pourvoir par Requête civile est mineure, le délai ne court que du jour de la signification de l'Arrêt qui lui est faite depuis sa majorité à personne ou domicile. *Ibid. art.* 5. *in fin.*

Les Ecclésiastiques, pour raison de leurs bénéfices, les Communautés, tant laïques qu'Ecclésiastiques, les Hôpitaux et les absents hors le Royaume, pour la chose publique, ont un an, au lieu de six mois, du jour de la signification qui leur est faite de l'Arrêt à domicile. *Ibid. art.* 7.

Si celui qui pouvoit se pourvoir par Requête civile est mort dans les six mois, son héritier, ou son successeur doit avoir pareil délai de six mois, ou d'un an, du jour de la signification de l'Arrêt, qui doit être faite de nouveau au successeur ou héritier, à personne ou domicile. *Ibid. art.* 8 et 9.

Lorsque la Requête civile est fondée sur le moyen, que l'Arrêt a été rendu sur pieces fausses, ou sur le moyen de pieces nouvellement recouvrées, et retenues par la partie adverse, s'il y a preuve par écrit, du jour que la fausseté aura été reconnue, le délai ne courra que de ce jour. *Ibid. art.* 12.

Toutes lettres obtenues en Chancellerie du Palais, après ces délais, sont nulles, nonobstant la clause de dispense, et de restitution du temps qui y seroit inscrite, et sous quelque pretexte que ce soit. *Ibid. art.* 14. *Voyez* l'espece de l'Arrêt rendu le 14 Juillet 1767, conformément aux conclusions de M. Seguier, Avocat Général, contre les Habitants du Saulzet, rapporté par Denizart, *verbo*, Requête civile, N°. 11.

Le Roi seul peut relever du temps par des Lettres de dispense en grande Chancellerie, qui doivent être enrégistrées, et s'accordent rarement.

Tout ce que nous avons dit des délais, dans lesquels on doit se pourvoir par Requête civile, contre les Arrêts, a lieu à l'égard des Jugements Présidiaux, sauf que les délais pour se pourvoir ne sont que de la moitié du temps. *Ibid. art.* 10.

§. V. — *De la forme de se pourvoir par Requête Civile.*

Celui qui veut se pourvoir par Requête civile, contre un Arrêt, doit prendre une consultation de deux anciens Avocats, qui doit contenir sommairement les moyens d'ouverture à la Requête civile, et être signée de ces deux Avocats, et du troisième qui leur aura fait le rapport. *Ibid. art.* 13.

Sur cette consultation, il obtient en Chancellerie des lettres par lesquelles, sur l'exposé qui est énoncé des moyens d'ouverture à la Requête civile, il est mandé aux Juges auxquels elles sont adressées, que si l'exposé leur est justifié, ils aient à remettre l'impétrant au même état qu'avant l'Arrêt. Ces lettres doivent, à peine de nullité, contenir les moyens d'ouverture à la Requête civile, et le nom des Avocats qui ont donné la consultation sur laquelle elles ont été obtenues, laquelle consultation doit être attachée aux lettres. *Ibid. art.* 13 *et* 14.

L'impétrant, après avoir obtenu ces lettres, doit consigner deux amendes, l'une envers le Roi, qui est de 300 liv., l'autre envers la partie, qui est de 150 liv., et donner sa Requête en la Cour, aux fins de l'entérinement de ces lettres. *Ibid. art.* 16.

Toute cette forme n'est point observée quand on se pourvoit contre un Jugement présidial, rendu en dernier ressort; on s'y pourvoit par une simple Requête, présentée au Siege Présidial, aux fins d'être restitué contre le jugement.

§. VI. — *A quelle Jurisdiction les Requêtes civiles doivent-elles être portées et jugées ?*

Les Requêtes civiles doivent être portées dans la Cour ou Jurisdiction qui a rendu le jugement en dernier ressort contre lequel on se pourvoit. *Tit.* 35, *art.* 20.

Quoique l'Arrêt contre lequel on se pourvoit ait été rendu en une Chambre des Enquêtes du Parlement, néanmoins la Requête civile se porte et se plaide en la Grand'Chambre du Parlement, à moins que ce ne fût une Requête civile, renvoyée, par Arrêt du Conseil, en une chambre des Enquêtes, auquel cas elle se porteroit en cette Chambre, et non en la Grand'Chambre. *Ibid. art.* 21 *et* 23.

Quoique la Requête civile, contre un Arrêt d'une Chambre des Enquêtes, doive être portée en la Grand'Chambre, néanmoins, si la cause est appointée, l'appointement doit être renvoyé en la Chambre des Enquêtes qui a rendu l'Arrêt contre lequel on se pourvoit. *Ibid. art.* 21.

Si, sur la plaidoirie, la Grand'Chambre rend à l'Audience un Arrêt qui entérine la Requête civile, le procès principal ne laisse pas de devoir être porté en la Chambre qui a rendu le premier Arrêt contre lequel on s'est pourvu. *Art.* 22.

La regle que la Requête civile doit être portée et jugée en la Cour ou Jurisdiction qui a rendu le jugement contre lequel on se pourvoit, reçoit une exception à l'égard de celles qui sont prises incidemment, à une contestation pendante dans un autre Tribunal, contre un jugement rendu même en définitif, dans lequel le demandeur en Requête civile n'auroit pas été partie, ou contre un jugemsnt interlocutoire produit et opposé sur la contestation ; car , en ce cas, cette Requête civile incidente doit être portée et jugée en la Jurisdiction où est pendante la contestation à laquelle elle est incidente , et non en la Cour , ou Jurisdiction, qui a rendu le jugement contre lequel la Requête est prise. *Art.* 25.

Si l'Arrêt, ou jugement contre lequel la Requête est prise, quoiqu'incidemment, est définitif et rendu entre les mêmes parties, la Requête civile doit être portée et jugée en la Cour , ou Jurisdiction qui a rendu le jugement contre lequel elle est prise, ce qui ne doit point retarder l'instruction ni le jugement de la contestation, sur laquelle on a produit et opposé l'Arrêt contre lequel la Requête civile a été prise incidemment, *ibid. art.* 26, à moins que les Juges, suivant les circonstances de l'affaire, ne jugent à propos de surseoir à leur jugement , ce qui est laissé à leur prudence. *Voyez le Procès-verbal de l'Ordonn. pag.* 456.

Les parties , *lorsqu'il n'y en a point d'autres intéressées* , peuvent aussi convenir de porter , et faire juger cette Requête civile en la Jurisdiction où est pendante la contestation à laquelle elle est incidente. *Ibid.*

§. VII. — *De la Procédure sur la Requête civile.*

La partie qui , après avoir pris des lettres de Requête civile, a présenté sa Requête à fin d'entérinement, doit assigner celui au profit de qui le jugement a été rendu , pour défendre à la Requête. *Ibid. art.* 5.

Lorsque la Requête civile a été obtenue, et que l'assignation se donne *dans l'année du jour et date de l'Arrêt,* ou jugement en dernier ressort , contre lequel elle est obtenue, l'assignation se peut donner au domicile du Procureur qui a occupé dans la cause sur laquelle est intervenu l'Arrêt , ou jugement , et le Procureur est obligé d'occuper sans qu'il soit besoin d'un nouveau pouvoir. *Ibid. art.* 6.

Il doit être donné copie par cette assignation , tant des lettres que de la consultation d'Avocats sur laquelle elles ont été obtenues, et de la Requête à fin d'entérinement. *Ibid. art.* 17.

Si , depuis les lettres obtenues , le demandeur a trouvé de nouveaux moyens d'ouverture à la Requête civile , que ceux employés dans les lettres et Requêtes à fin d'entérinement , il n'est plus obligé comme autrefois , d'obtenir des lettres d'ampliation, il suffit qu'il donne une nouvelle Requête contenant ses nouveaux moyens , et qu'il la signifie au Procureur du défendeur. *Ibid. art.* 29.

Après que la partie assignée sur la Requête civile a constitué Procureur, la cause peut être mise au rolle , ou portée à l'Audience sur deux simples avenirs , l'un pour venir communiquer au Parquet , l'autre pour venir plaider , *sans autre procédure. Ibid. art.* 17.

Toutes Requêtes civiles, soit principales , soit incidentes, doivent être communiquées aux Gens du Roi. *Art.* 27.

Celui qui communique pour le demandeur en Requête civile , doit nommer aux Gens du Roi les Avocats sur la consultation desquels les lettres ont été obtenues, et leur communiquer cette consultation , les lettres et la Requête. *Ibid. art.* 28.

Après la communication, la cause est portée à l'Audience, et y est plaidée ; l'Avocat du demandeur doit y déclarer les noms des Avocats qui ont signé la consultation sur laquelle la Requête civile a été obtenue, sans qu'il soit besoin, comme autrefois, de les y faire trouver. *Ibid. art.* 30.

On ne doit plaider d'*autres ouvertures*, ou moyens, que ceux énoncés aux lettres, ou Requête civile, et en la Requête tenant lieu d'ampliation, s'il y en a une, *ibid. art.* 31. On doit plaider en même temps les réponses du défendeur ; mais il est défendu *d'entrer dans les moyens du fond. Ibid. art.* 37.

Les plaidoiries, tant des Avocats des parties que des Avocats du Roi, finies, les Juges doivent statuer sur la Requête civile, s'ils se trouvent suffisamment éclairés, sinon, ils prononcent un appointement ; mais cet appointement ne peut être rendu qu'en plaidant, ou du consentement commun des parties. *Ibid. art.* 27.

Le procès, sur la Requête civile, ne peut être distribué à celui qui a été Rapporteur du procès sur lequel a été rendu le jugement contre lequel elle est prise. *Ibid. art.* 38.

§. VIII. — *De l'exécution du jugement contre lequel la Requête civile a été obtenue pendant l'instance sur cette Requête.*

La requête civile, et l'instance formée sur cette Requête, n'empêchent point l'exécution de l'Arrêt, ou du jugement Présidial en dernier ressort contre lequel elle est prise, et on ne peut, sous ce prétexte, en aucun cas, accorder aucunes défenses, ni surséances à l'exécution du jugement. *Ibid. art.* 18.

Il y a plus, lorsque l'Arrêt, ou jugement, contre lequel la Requête civile est prise, condamne quelqu'un à quitter la possessisn d'un bénéfice, ou à délaisser quelque héritage ou autre immeuble, toute Audience sur la Requête civile lui doit être refusée, jusqu'à ce qu'il rapporte la preuve de l'entiere exécution de l'Arrêt, ou jugement en dernier ressort, *au principal. Ibid. art.* 19.

§. IX. — *Du Jugement sur la Requête civile, et de son effet.*

Soit que la Requête civile se juge à l'Audience, soit qu'elle se juge sur un appointement en procès par écrit, les Juges ne doivent pas se déterminer par les moyens du fond, pour l'entériner, ou en débouter le demandeur, mais sur les simples moyens d'*ouvertures* énoncés en la Requête, et en celle d'ampliation, s'il y en a. *Ibid. art.* 32 *et* 40.

Si les juges trouvent les moyens valables, ils prononcent l'entérinement de la Requête, et doivent se contenter de remettre les parties *en pareil état qu'elles étoient avant l'Arrêt*, ou le chef de l'Arrêt contre lequel la Requête a été prise ; ils ne doivent point entrer dans le fond, quand même il ne s'agiroit que d'une pure question de Droit, ou de Coutume. *Ibid. art.* 33.

En exécution de ce jugement, on renouvelle la question du fond devant les mêmes Juges qui ont rendu le jugement anéanti par la Requête civile entérinée, et on le juge, soit à l'Audience, si la matière y est disposée, soit par un appointement; auquel cas le procès ne peut être distribué à celui qui a été Rapporteur la première fois; c'est ce que l'Ordonnance entend par *le rescisoire. Ibid. art.* 38.

Si les moyens de la Requête civile ne sont pas jugés valables, le Juge doit débouter l'impétrant de sa Requête, et le condamner aux dépens, même *à l'amende de trois cents livres*, s'il s'agit d'un Arrêt. *Ibid. art.* 39.

Si la Requête est entérinée, cette amende doit être rendue sans frais ni droits. *Ibid. art.* 16.

ARTICLE II.
De la voie de Cassation.

La voie de cassation est une voie extraordinaire de se pourvoir contre un Arrêt, ou jugement en dernier ressort, par le recours au Roi pour en obtenir de lui la cassation.

Le cas ordinaire auquel on peut se pourvoir par cette cassation, est celui auquel le jugement renfermeroit une contravention formelle aux Coutumes, Ordonnances, Edits et Déclarations. On peut tirer cet argument de ce qui est porté en l'*art.* 8 *du tit.* 1 *de l'Ordonn. de* 1667.

On admet aussi cette voie, quoique très-rarement, dans le cas d'une énorme et manifeste injustice.

Cette voie ne doit être admise que dans le même temps auquel on admet les Requêtes civiles.

Les délais pour se pourvoir en cassation contre un Arrêt, ou jugement en dernier ressort, sont d'un an pour l'Eglise, et de six mois pour toutes autres personnes, même les Ecclésiastiques, lorsqu'il ne s'agit que des revenus de leurs bénéfices. *Voyez le Règlement du Conseil du* 3 *Février* 1714, *et celui du* 28 *Juin* 1738, *Partie* 1re, *tit.* 4.

Celui qui veut se pourvoir par cette voie doit, avant toutes choses, présenter au Conseil du Roi sa Requête en cassation, par le ministere d'un Avocat; si elle est admise, il fait signifier à la partie l'Arrêt, et l'assigne en conséquence au Conseil.

Le détail de cette procédure n'est pas de notre dessein, et nous renvoyons à cet égard aux Règlements du Conseil de 1714 et 1738, ci-dessus cités.

Celui qui succombe en sa demande en cassation est condamné en une amende de 300 liv. envers le Roi, et en une autre de 150 envers la partie adverse. Si le jugement contre lequel on s'est pourvu en cassation a été rendu par défaut, l'amende n'est que de moitié.

SECTION IV.
Des prises à partie.

La prise à partie est un moyen de se pourvoir contre la personne même du Juge.

On peut la définir: « l'intimation faite d'un Juge en son propre nom, » par une partie, devant le Tribunal supérieur, pour la réparation du tort » que lui a fait le Juge en sa qualité de Juge. »

Le dol, la fraude ou la concussion du Juge donnent lieu à la prise à partie; il y a lieu à cette intimation dans tous les cas auxquels les Ordonnances prononcent la peine de la prise à partie, tel qu'est le cas de déni de justice. *Ordonn. de Blois*, *art.* 135. Celui auquel les Juges inférieur jugeroient par Commissaires. Celui auquel ils s'attribueroient la connoissance d'affaires, pour lesquelles ils ne seroient pas compétents : il n'y a lieu à la prise à partie que parce que, dans ce cas, le Juge est présumé avoir agi, non par simple ignorance, mais *dolo malo ;* c'est ce qui résulte de l'*art.* 147 de l'Ordonnance de Blois, qui porte : « Défendons à tou
» Juges, pardevant lesquels les parties tendront à fin de non procéder, de
» se déclarer compétents et dénier le renvoi des causes dont la connois-
» sance ne leur appartient pas, sur peine d'être pris à partie, au cas qu'ils
» aient ainsi jugé par dol, fraude, ou concussion, ou que nos Cours
» trouvent qu'il y ait, faute manifeste du Juge, pour laquelle il doive
» être condamné en son nom. »

La prise à partie se porte devant les Cours où ressortit la Jurisdiction du Juge qui est pris à partie.

Il a été jugé, par Arrêt de la Cour des Aides, du 18 Juillet 1691, que les Juges ne pourroient être pris à partie dans les matières dont ils sont Juges en dernier ressort, et sans appel ; il n'y a en ce cas que la voie de se pourvoir au Conseil, en révision d'Arrêt. *Cet Arrêt est rapporté au cinquième Tome du Journal des Audiences.*

Lorsque le Juge qu'on veut prendre à partie est un Prévôt Royal, ou quelqu'autre Juge qui ne ressortit pas nuement au Parlement, la prise à partie doit-elle être portée au Parlement, ou au Bailliage, où il ressortit immédiatement ?

Il paroît résulter des anciennes Ordonnances, que la prise à partie doi se porter aux Bailliages.

L'Edit de Crémieu, *art.* 21, porte : « Qu'où les Châtelains, ou Prévôts
» seroient négligents de procéder contre les délinquants, ils en seront
» punis, et mulctés par nos Baillis et Sénéchaux, auxquels nous enjoi-
» gnons ainsi le faire. »

L'Auteur du Grand Coutumier dit, conformément aux Anciennes Ordonnances, que les Baillis peuvent corriger les excès des Prévôts ; c'est pour cela que les Prévôts sont tenus de comparoître aux assises de Baillis ; ils y répondoient autrefois de leurs jugements. Enfin, l'Ordonnance de 1670, *tit.* 1, *art.* 11, porte que « *la correction des officiers Royaux*, et
» la connoissance des malversations par eux commises dans les fonctions
» de leurs Charges, appartient aux Baillis, Sénéchaux et Juges Prési-
» diaux, privativement à tous les autres Juges, et à ceux des Seigneurs » ; ce qui compreed les Juges aussi-bien que les autres officiers. Néanmoins il y a plusieurs Arrêts de Règlement qui ordonnent que les prises à partie ne pourront être portées qu'en la Cour, et défendent aux Baillis Royaux d'en connoître. *Voyez la deuxieme note de M. Jousse, sur l'art.* 4 du titre 25 de *l'Ordonnance de* 1667.

Pour pouvoir prendre un Juge à partie, il faut donner sa Requête en la Cour, pour obtenir Arrêt qui en accorde la commission : cet Arrêt ne se rend qu'après un examen des moyens de prise à partie, exposés dans la Requête, lesquels doivent être circonstanciés, et sur les conclusions du Procureur Général, à qui la Requête doit être communiquée; c'est ce qui est porté par les Règlements du 4 Juin 1699, et 18 Août 1702.

On peut prendre à partie non-seulement les Juges, mais les Procureurs du Roi, ou Fiscaux, *putà*, en cas d'accusations calomnieuses, à moins qu'il n'y ait une dénonciation faite dans la forme prescrite par l'Ordonnance de 1670, *tit.* 3, *art.* 6, auquel cas les Procureurs du Roi, ou Fiscaux, doivent, après le jugement, nommer le dénonciateur, suivant l'*art.* 73 de l'ordonnance tenue par Charles IX, aux Etats d'Orléans.

On prend aussi à partie les Evêques pour le fait de leur Official, dans les affaires poursuivies à la Requête du Promoteur, et les Seigneurs, pour le fait de leurs Juges, dans celles poursuivies à la Requête du Procureur Fiscal.

QUATRIÈME PARTIE.

De l'Exécution des Jugements.

Nous traiterons dans cette Partie des différentes Procédures qui se font en exécution des jugements, et des voies de Droit, pour contraindre la partie condamnée à l'exécution d'un jugement.

CHAPITRE PREMIER.

Des différentes Procédures qui se font en exécution des Jugements.

Les Procédures les plus ordinaires qui se font pour l'exécution des jugements, sont celles qui se font pour la taxe des dépens, ou pour la liquidation des dommages et intérêts auxquels une partie est condamnée, ou pour la liquidation des fruits qu'elle est condamnée de payer, ou de restituer, ou pour la réception des cautions, lorsque le jugement porte, que la partie au profit de laquelle il est rendu donnera caution pour recevoir la somme adjugée par la Sentence.

ARTICLE PREMIER.
De la taxe des Dépens.

§. I, — *De la condamnation aux dépens.*

Il est ordonné à tous les Juges de condamner aux dépens la partie qui succombe, sans que, sous prétexte de la proximité entre les parties, d'amitié, d'équité, et pour quelque cause que ce soit, elle en puisse être déchargée, et en conséquence, il est défendu aux Cours, et à tous les Juges, de prononcer par, *hors de Cour sans dépens*. Voyez *l'Ordonnance de Charles* VII, *de* 1324, *celle de Charles* VIII, *en* 1493, *art.* 50, *et celle de* 1667, tit. 31. *des dépens, art.* 1er.

Cette disposition n'est point suivie à la rigueur, car, si elle étoit suivie, on ne pourroit compenser les dépens; dans l'usage, il ne peut y avoir lieu à la compensation des dépens, que lorsqu'il y a plusieurs chefs de contestation, et que chacune des parties obtient sur des chefs, et succombe dans d'autres qui n'ont pas occasionné plus de dépens les uns que les autres; si les chefs auxquels une partie succombe ont occasionné plus de dépens que ceux pour lesquels elle a réussi, elle doit être condamnée en une portion de dépens proportionnée au chef dont les dépens, auxquels elle a succombé, excèdent les autres.

La partie qui est condamnée à une portion de dépens doit seule le coût du jugement, et les épices, tant des Juges que des conclusions du Parquet. *Arrêts de Règlement des* 10 *Avril* 1691, *art. dernier, et* 8 *Août* 1714.

Les Arbitres ne sont point exceptés de la regle qui oblige à condamner aux dépens la partie qui succombe, si ce n'est que le pouvoir de remettre, ou de modérer les dépens, leur fût accordé par une clause expresse du compromis. *Ibid. art.* 2.

On doit condamner non-seulement la partie qui succombe au principal; celle qui succombe sur quelqu'incident, soit sur un renvoi, soit sur un déclinatoire, doit aussi être condamnée aux dépens, ou de ce renvoi, ou de ce déclinatoire. *Ibid. art.* 1 et 3.

Si le Juge avoit obmis de condamner aux dépens, par son jugement définitif, la partie qui a succombé ne les devroit pas moins à la personne qui a obtenu, laquelle pourroit en poursuivre la taxe. *Ibid. art* 1. *in fine.*

La disposition de l'Ordonnance qui veut qu'on condamne aux dépens la partie qui succombe au principal, a lieu lorsqu'il y a contestation; mais si la partie a offert, *à limine litis*, les choses auxquelles elle a été condamnée, elle ne peut supporter les dépens, à moins qu'elle ne fût en retard de payer les choses qui lui ont été demandées; car les dépens étant la peine de la mauvaise contestation, ou de la demeure, il ne peut y avoir lieu à la condamnation de dépens lorsqu'il n'y a ni contestation, ni demeure.

Au reste, il faut des offres pour éviter la condamnation des dépens; la partie assignée ne les évite pas en déclarant qu'elle s'en rapporte à Justice sur la demande; car s'en rapporter à Justice, c'est contester, et ce n'est pas offrir.

Si la partie assignée a fait des offres tardives, elle doit être condamnée aux dépens jusqu'au jour des offres; ce qui emporte aussi le coût du jugement; car nous avons vu qu'il devoit être porté par la partie qui étoit condamnée en une portion de dépens.

Si le demandeur persiste outre les offres du défendeur, et qu'elles soient déclarées suffisantes, le demandeur doit être condamné aux dépens faits depuis les offres; lorsqu'elles sont jugées insuffisantes, c'est comme s'il n'y en avoit point eu.

La disposition de l'Ordonnance souffre encore exception dans les causes où le ministere public est seul partie contre quelqu'un; car on ne le condamne pas aux dépens lorsque le défendeur est renvoyé de sa demande, et on ne lui en adjuge point contre le défendeur qui succombe.

Dans les causes pour des droits utiles du Domaine, où le Procureur du Roi est partie, à la poursuite et diligence du fermier du Domaine, le défendeur, lorsqu'il succombe, est condamné aux dépens envers le fermier, et le fermier est condamné aux dépens envers le défendeur, lorsque celui-ci est renvoyé de sa demande.

Dans les causes où un Seigneur plaide dans sa justice, par son Procureur Fiscal, pour les droits de son Domaine, on lui adjuge des dépens, s'il réussit, et on l'y condamne s'il succombe.

Dans les justices subalternes, et même dans les Prévôtés Royales, les Sentences qui condamnent une partie aux dépens, doivent contenir la liquidation de ces dépens à une certaine somme. *Ibid. art.* 33.

Dans les Bailliages Royaux, Sieges Présidiaux, et dans les Cours, les Sentences, ou Arrêts ne contiennent pas cette liquidation : les dépens sont liquidés et taxés sur une *declaration de dépens*, que le Procureur de la partie à qui ils sont adjugés, fait signifier au Procureur de celle qui a été condamnée *.

Il y a néanmoins des cas où, dans les Bailliages, et même dans les Cours, la liquidation de dépens se fait sans cette procédure.

1°. Les dépens d'une instance de liquidation de fruits, ceux d'une instance de liquidation de dommages et intérêts, ceux de l'instance d'une appellation de taxe de dépens, doivent se liquider par le jugement rendu sur les instances. *Tit.* 30, *art.* 4 *et* 5. *tit.* 31, *art* 31. *tit.* 32, *art.* 3.

2°. Les dépens des appels de déclinatoires doivent être taxés par les Procureurs sur un simple mémoire sans frais. *Tit.* 6, *art.* 4.

3°. Au Parlement, les frais de chaque Procureur, sur un appointement à mettre, y compris le coût du règlement, ne peuvent excéder vingt livres. *Règlement du* 25 *Novembre* 1699.

Ceux d'un arrêté sur une instance d'Arrêt sont arbitrés à trois livres. *Règlement du* 10 *Juillet* 1665, *art.* 4.

§. II.—*De la déclaration de dépens, et de ce qui y doit entrer ou non.*

La déclaration de dépens est un état détaillé de tous les articles de frais légitimement faits par la partie à qui les dépens sont adjugés, qui doit être signifié au Procureur de la partie condamnée.

Dans cette déclaration, le Procureur ne doit faire qu'un seul article de tout ce qui concerne une même piece, pour l'avoir dressé, pour l'expédition, copie, signification, et autres droits qui la concernent, à peine de radiation. *Tit.* 31, *art.* 7.

Le Procureur n'y peut comprendre qu'un seul droit de conseil pour

---

* Par l'article 23 de l'Edit du mois d'Août 1777, portant Règlement pour la Jurisdiction des Présidiaux, il est porté que les dépens seront taxés et liquidés dans les jugements définitifs.

toutes les demandes, tant principales qu'incidentes, que sa partie a formées, et un autre pour toutes celles qui ont été formées contr'elle, s'il en a été formé, à peine de vingt livres d'amende contre le Procureur pour chacun autre droit employé dans sa déclaration. *Ibid. art.* 8.

Il est défendu d'y comprendre aucuns autres frais de consultation, quand même elle seroit rapportée et signée d'Avocats. *Ibid. art.* 9.

Les oppositions aux jugements rendus par défaut, les demandes en reprise d'instance, en constitution de nouveau Procureur, ne forment point de nouvelles instances, et par conséquent ne doivent pas donner lieu à de nouveaux droits de conseil. Dans les causes de premiere instance, en matiere sommaire, nous avons vu que les défenses se plaident, et ne se signifient pas par écrit : pareillement nous avons vu que dans les causes d'appel, en quelque matiere que ce soit, les moyens d'appel et les réponses à ces moyens se plaidoient à l'Audience ; delà il suit que dans ces causes il n'y a point d'actes avant le premier règlement sur la cause qui puissent passer en taxe de la part du demandeur, ou de l'appellant, que l'exploit, la commission pour assigner, dans le cas où il en faut une, la copie des pieces donnée par l'exploit de demande, la présentation et l'avenir pour porter la cause à l'Audience : et de la part du défendeur, il n'y a que la constitution de Procureur, la présentation et l'avenir pour porter la cause à l'Audience, si c'est lui qui l'y a portée.

Dans les matieres ordinaires, en premiere instance, les défenses et les pieces justificatives, de la part du défendeur, et les répliques de la part du demandeur, entrent en taxe.

Les actes que les Procureurs sont obligés, depuis la contestation en cause, de faire en exécution des défenses, règlements, ou appointements rendus sur la cause, peuvent aussi être compris dans cette déclaration.

Les écritures qui sont du ministere des Avocats se comprennent aussi dans cette déclaration pour la somme que les Avocats ont reçue, pourvu que le reçu soit au bas des écritures, et il est enjoint aux Avocats de le mettre. *Ibid. art.* 10.

Cette somme est à leur discrétion, les Juges peuvent pourtant la réduire s'ils la trouvent excessive.

A Paris, les Avocats se sont maintenus en la possession de ne pas mettre au bas de leurs écritures aucune mention de la somme qu'ils ont reçue ; elle passe en taxe à raison de 20 sols pour chaque rolle de grosse, le surplus de ce qu'elles ont coûté n'entre point en taxe.

Ces écritures, pour passer en taxe, doivent être faites et signées par un Avocat exerçant en la Jurisdiction, du nombre de ceux qui sont inscrits sur le tableau des Avocats, qui se fait tous les ans. *Ibid. art.* 10.

Les Procureurs ne peuvent comprendre en la déclaration, pour leur droit de révision, que le dixieme de ce qui entre en taxe pour les Avocats ; et dans les Sieges, où ce droit n'est pas en usage, ils ne le peuvent prétendre. On leur alloue aussi pour la grosse une somme par rolle. *Ibid. art.* 12.

Lorsqu'il y a des écritures dans un procès, les Procureurs ne doivent point faire de préambule à leurs inventaires de production , parce que ce ne seroit qu'une répétition des écritures ; c'est pourquoi l'Ordonnance défend de passer en taxe ces préambules , aussi bien que les rolles des inventaires et contredits dans lesquels on auroit transcrit des pieces entieres et autres choses inutiles. *Ibid. art.* 11.

On peut passer dans la déclaration les frais de voyage, et séjour de la partie, pourvu que ce voyage soit constaté par un acte passé au Greffe de la Jurisdiction qui doit contenir l'affirmation faite par la partie, qu'elle a fait le voyage exprès pour le procès, et que cet acte ait été signifié au Procureur de l'autre partie aussi-tôt. *Ibid. art.* 14.

Le séjour ne doit être compté que du jour de cette signification. *Ibid.*

Lorsqu'une partie a fait séjour pendant un temps considérable, on ne lui passe que le temps nécessaire. Il est d'usage de n'adjuger que deux voyages pour les causes qui se plaident à l'Audience, et trois pour celles qui se jugent en procès par écrit. *Voyez* sur ce qui a rapport aux voyages et vin de Messager, l'Arrêt de Règlement du 10 Avril 1691, et celui qui a été rendu en interprétation, le 28 Août 1727. On peut consulter aussi pour les voyages , qui ont pour objet les instances pendantes au Châtelet de Paris, le Règlement du 24 Février 1638, qu'on trouve dans le Style du Châtelet.

§. III. — *Des offres que doit faire sur la déclaration la partie condamnée aux dépens ; de la procédure pour parvenir à la taxe.*

La partie condamnée aux dépens fait , avant toutes choses, à la partie à qui ils sont adjugés , par acte de Procureur à Procureur, des offres d'une somme suffisante. La partie doit les accepter , faute de quoi , si elles sont par la suite jugées suffisantes , la partie condamnée, qui a fait les frais desdites offres , ne doit pas être condamnée à ceux de la déclaration , et de toute la procédure faite pour les faire taxer : si elle n'a point fait d'offres , ou qu'elle en ait fait d'insuffisantes , en ce cas, le Procureur de la partie à qui les dépens sont adjugés , doit donner au Procureur de la partie condamnée copie du jugement qui l'a condamnée aux dépens , et de la déclaration. *Ibid. art.* 5.

La partie condamnée a huitaine pour pouvoir prendre communication , *sans déplacer*, par les mains et en la maison du Procureur de la partie envers qui elle est condamnée , des pieces justificatives des articles compris en la déclaration , et si elle est absente , elle a pour cela le délai pour le voyage et retour , suivant la distance des lieux , à raison d'un jour pour dix lieues. *Ibid.*

Si ces offres ne sont point acceptées, et que , par la taxe qui en sera faite depuis les offres, elles soient jugées suffisantes, *en ce non compris les frais de la taxe* , les procédures pour y parvenir seront portées par la partie qui ne les a pas acceptées, et ne seront point comprises en l'exécutoire ; au contraire, les frais y seront compris, s'il se trouve que les offres étoient insuffisantes. *Ibid. art.* 6.

Soit que la partie condamnée n'ait point fait d'offres sur la déclaration dans ces délais, soit que celles qu'elle a faites n'ayent point été acceptées , il faut procéder à la taxe.

Pour y parvenir : 1°. Le Procureur du demandeur en taxe doit remettre entre les mains du *Procureur tiers* la déclaration de dépens , avec les pieces justificatives, et le Procureur tiers doit cotter de sa main , au bas de cette déclaration , le jour qu'elle lui a été délivrée avec les pièces. *Ibid. art.* 15 et 16.

S'il y avoit des Procureurs tiers taxateurs de dépens en titre d'Office, il faudroit s'adresser à eux, sinon, l'Ordonnance veut que dans les Juris-dictions où il n'y en a point, la Communauté des Procureurs commette quelqu'un d'entr'eux tous les mois , ou pour tel autre temps qu'ils auront pour faire cette fonction.

2°. Le Procureur du demandeur en taxe doit signifier au Procureur du défendeur un acte par lequel il lui déclare qu'il a mis un tel jour sa déclara-ration et les pieces justificatives entre les mains du tiers , et le sommer d'en prendre communication sans déplacer. *Ibid. art.* 15.

3°. Trois jours après la première sommation , on doit en faire une seconde au défendeur de se trouver en l'Etude du Procureur tiers, à tel jour et telle heure, pour voir arrêter les dépens. *Ibid. art.* 18.

§. IV. — *De la taxe des droits d'Assistance et de l'exécutoire.*

Le Procureur tiers sera tenu d'arrêter , dans la huitaine depuis qu'il aura été chargé, les déclarations de dépens qui ne contiendront que deux cents articles , ou moins, et dans la quinzaine, celles qui en contiendront un plus grand nombre, à peine d'être tenu des dommages et intérêts des parties. *Ibid. art.* 21.

Lorsque le Procureur du défendeur fait défaut, et n'a mis aucune dimi-nution sur aucuns articles de la déclaration, aucun article n'est censé passé , et par conséquent tous les articles doivent être arrêtés par le Procu-reur tiers , et le droit lui est dû pour chacun des articles, aussi bien qu'au Procureur du demandeur qui a assisté à la taxe; et il n'est dû aucun droit d'assistance au Procureur du défendeur, qui n'a mis aucune diminution de sa main sur la déclaration. *Ibid. art.* 22.

Lorsqu'au contraire le Procureur du défendeur a mis de sa main les diminutions sur quelques articles de cette déclaration, les autres articles sont censés passés; le tiers doit seulement arrêter ceux sur lesquels le Procureur du défendeur a mis les diminutions ; et les droits d'assistance sont dus, tant au Procureur du demandeur qu'au Procureur du défen-deur , et au Procureur tiers.

Lorsque plusieurs parties, ayant chacune leur Procureur, ont le même intérêt, il n'y a que le plus ancien Procureur à qui l'assistance soit due ; les autres ne peuvent rien exiger , même de leurs parties, pour y avoir assisté, à moins qu'ils n'aient d'elles un pouvoir par écrit pour y assister. *Ibid. art.* 23.

Le tiers, après avoir arrêté sur son mémoire les articles contestés, doit les mettre sur la déclaration, conformément à son mémoire, qui doit être attaché à cette déclaration. *Ibid. art.* 20.

Il doit aussi mettre sur chaque piece qui entre en taxe, *taxé*, avec son paraphe. *Ibid. art.* 25.

Après que la déclaration de dépens est ainsi arrêtée, le Procureur du demandeur doit faire signifier au Procureur du défendeur que les dépens ont été arrêtés, avec sommation de les signer, et protestation en cas de refus d'en faire signer le calcul par le Juge ou Commissaire. Faute par le Procureur du défendeur de les signer, la déclaration doit être portée au Juge, ou Commissaire-Examinateur, qui, après le calcul et l'arrêté fait par son Clerc, ainsi que la mention de la sommation faite au Procureur du défendeur, doit signer cette déclaration sans frais, sauf le droit de calcul qui est dû à son Clerc. *Ibid. art.* 24 *et* 26.

§. V. — *De l'appel de la taxe des dépens.*

On peut interjetter appel de la taxe des dépens. Dans les Jurisdictions, où l'exécutoire se décerne par le Commissaire-Examinateur, ou autre Juge d'instruction, l'appel s'en porte au Siege, suivant plusieurs règlements rapportés par M. Jousse, sur l'*art.* 28 *du tit.* 31.

Celui qui a interjetté appel doit, trois jours après, croiser sur la déclaration les articles dont il est appellant; faute de le faire, il doit, sur la première Requête, être déclaré non-recevable en son appel. *Même art.* 28.

Après que l'appellant a croisé quelques-uns des articles, le Procureur de l'autre partie peut se faire délivrer exécutoire des articles non croisés, dont il n'y a pas d'appel. *Ibid. art.* 29.

Lorsqu'il n'y a que deux articles croisés, la cause se porte à l'Audience; lorsqu'il y en a davantage, on prend un appointement au Greffe. *Ibid. art.* 30.

Lorsqu'il y a plusieurs articles dont l'appel est sur un même moyen, ils peuvent être croisés tous par une seule et même croix.

L'appellant, par le jugement définitif, doit être condamné en autant d'amendes qu'il y a de croix sur lesquelles on juge qu'il a mal appellé, à moins qu'il n'en fût appellant par un moyen général. *Ibid. art.* 31.

Le jugement doit liquider les dépens faits sur l'appellation de la taxe. *Ibid.*

§. VI. — *De l'Action de salaire.*

La procédure dont il a été parlé aux paragraphes précédents n'a lieu que lorsque la partie à qui les dépens sont adjugés en poursuit le paye-ment, ou lorsque son Procureur qui les a faits et avancés pour elle s'est fait subroger à ses droits, en se faisant accorder par le Juge *la distraction de dépens*, et en poursuit le payement contre la partie qui y est condam-née; mais il n'y a pas lieu à cette procédure entre le Procureur qui a occupé pour une partie, et cette partie : le Procureur ne peut poursuivre le payement des frais qui lui sont dus par la partie pour laquelle il a occupé, qu'en donnant contre elle l'*action en payement de salaire*, qui est semblable aux autres actions. Il donne sur cette action un mémoire de ses salaires, comme un ouvrier donne un mémoire de ses ouvrages, et, si le défendeur ne fait point d'offres, ou en fait qui ne soient pas acceptées, le Juge renvoie les parties devant quelque Procureur, d'une probité reconnue, pour les régler, et le Juge homologue son Règlement.

Cette action se prescrit par deux ans du jour du décès de la partie, ou de la révocation du Procureur ; hors ces deux cas, elle ne se prescrit que par six ans, ou même que par 30 ans, comme les actions ordinaires, lorsqu'il y a un arrêté de compte, ou reconnoissance de la dette. *Voyez le Règlement du* 28 *Mars* 1692, *à l'égard des frais et salaires des Procureurs*, *art.* 1 *et* 2.

ARTICLE II.

De la liquidation des dommages et intérêts.

Les dommages et intérêts sont tout ce qu'une personne a perdu, ou manqué de gagner, par le fait ou la faute de l'autre partie.

Lorsqu'une partie a été condamnée envers l'autre en des dommages et intérêts, soit pour l'inexécution d'un engagement, *V. G.* d'une promesse de mariage, ou de quelqu'autre convention ; soit pour quelque fait injurieux, comme d'un emprisonnement injuste, d'une saisie de ses biens ; soit pour le préjudice résultant de l'impéritie ou de l'ignorance d'un ouvrier, ou d'un artiste, ou pour quelqu'autre cause que ce soit, la procédure, pour liquider en exécution du jugement, les dommages et intérêts adjugés à cette partie, est prescrite par le titre 32 de l'Ordonnance de 1667.

1°. La partie à qui les dommages et intérêts sont adjugés, doit dresser une déclaration de ses dommages et intérêts, c'est-à-dire, de tous les articles de perte qu'elle a soufferte, ou de gain qui lui a été intercepté par le fait qui a été l'objet du procès, et pour lequel les dommages et intérêts lui ont été adjugés.

2°. Elle doit signifier au Procureur de la partie condamnée aux dommages et intérêts, tant le jugement qui l'y condamne, que cette déclaration. *Ibid. art.* 1.

Le Procureur à qui cette déclaration est signifiée n'a pas besoin d'un nouveau pouvoir pour occuper pour sa partie ; car c'est une regle générale que les Procureurs qui ont occupé pour les parties, dans l'instance sur laquelle est intervenu le jugement, peuvent et doivent occuper sans nouveau pouvoir, dans toutes les instances auxquelles peut donner lieu l'exécution de ce jugement. *Ordonn. de Roussillon de janvier* 1563, *art.* 7, et l'Ordonnance de 1667 le décide spécialement pour cette instance de liquidation de dommages et intérêts. *Ibid. art.* 4.

3°. Les pieces justificatives doivent être communiquées au Procureur de la partie condamnée, sur son récépissé, lequel est tenu de les rendre dans la quinzaine, à peine de soixante livres d'amende et de prison. *Ibid. art.* 1.

4°. Si la partie condamnée fait des offres, et qu'elles soient acceptées, on passe un appointement de condamnation de la somme qui doit être reçue à l'Audience. *Ibid. art.* 2.

5°. Si la partie condamnée ne fait point d'offres, ou que celles qu'elle a faites ne soient point acceptées, on prend un appointement à produire dans les trois jours, qui s'instruit comme les autres appointements à mettre. *Ibid. art.* 3.

6°. Si, par l'événement, la somme à laquelle sont réglés les dommages et intérêts n'excède pas la somme offerte, le demandeur doit être condamné en tous les dépens faits depuis les offres ; si elle excède, le défendeur y doit être condamné. *Ibid.*

7°. Les dépens doivent être liquidés par le même jugement. *Ibid.*

Souvent il n'y a pas lieu à cette procédure pour les dommages et intérêts ; *V. G.* dans le cas où les Juges renvoient par le jugement pardevant quelques personnes nommées d'office, ou pardevant des Experts dont les parties conviendront ; et, en ce dernier cas, on doit tenir la même procédure dont nous avons parlé ci-dessus, Partie première, sur les rapports des Experts.

La partie condamnée peut encore, en ce dernier cas, avant qu'il ait été passé à aucune procédure, faire les offres d'une somme, auquel cas, si celle réglée par les Experts n'excède point celle offerte, les frais du règlement tomberont sur le demandeur.

Article III.
De la liquidation des fruits.

Lorsqu'une partie a été condamnée envers l'autre, sur une revendication, ou sur une autre action réelle, à lui restituer les fruits de quelque héritage qu'elle a perçus, on doit, en exécution du jugement, procéder à la liquidation de ces fruits devant le Juge, ou devant le Commissaire de la Jurisdiction où le jugement a été rendu. *Tit.* 30, *art.* 1.

Dans les Jurisdictions où il y a des Commissaires-Enquêteurs-Examinateurs établis, c'est devant l'un de ces commissaires qu'on doit procéder à cette liquidation.

Pour y procéder, la partie au profit de laquelle le jugement a été rendu assigne la partie condamnée, au domicile de son Procureur, à ce qu'elle ait à donner la déclaration, et présenter pardevant le Juge-Commissaire tous les comptes et papiers de recette et baux qui peuvent appuyer cette déclaration. Si les héritages étoient affermés, la partie n'est tenue d'employer dans sa déclaration que le prix des fermes, par chaque année, tel qu'il est fixé par les baux qu'il doit à cet effet représenter. *Ibid. art.* 2.

A l'égard de l'héritage que cette partie faisoit valoir par ses mains, elle doit donner la déclaration de la quantité des fruits qu'ils ont produits par chaque année, ensemble celle des dépenses qu'elle a faites pour les labours, semences, frais de récoltes et autres, et compter du prix de ces

Tome III.   S

fruits, sous la déduction des impenses; c'est pour la vérification de ces choses qu'elle doit produire tous les comptes et papiers qu'elle peut avoir relativement à ces héritages. *Ibid.*

Si le demandeur passe cette déclaration, le Juge, ou Commissaire en donne acte, liquide et arrête la somme à laquelle monte le prix des fruits, déduction faite des impenses, conformément à cette déclaration, laquelle somme la partie doit payer dans un mois pour tout délai. *Ibid.*

Lorsqu'il y a contestation sur la déclaration, le Commissaire ne doit pas la juger, il doit renvoyer à l'Audience.

Si le demandeur soutient que la quantité des fruits est plus grande que celle portée par la déclaration du défendeur, les Juges, sur cette contestation, permettent aux parties de faire preuve, tant par titres que par témoins, de cette quantité. *Ibid. art.* 3.

Si la contestation a pour objet les frais de labours, semences, récolte et autres semblables, que le demandeur prétend être portés par la déclaration à un prix trop haut, les Juges doivent ordonner l'estimation par Experts, dont les parties conviendront. *Ibid. in fine.*

Si les parties ne conviennent pas sur les fruits, les Juges doivent ordonner que l'appréciation en sera faite, pardevant le Commissaire, sur les extraits du registre de la valeur des fruits, au greffe le plus proche du lieu où l'héritage est situé. *Ibid.*

Dans tous les cas de contestation, si, par l'événement de la preuve ordonnée, ou du rapport des Experts, ou de l'appréciation, les offres faites par le défendeur se trouvent avoir été suffisantes, le demandeur doit être condamné aux dépens faits depuis les offres: si elles sont insuffisantes, le défendeur y doit être condamné, et ces dépens doivent être liquidés par le jugement. *Ibid. art.* 4 *et* 5.

Dans toutes les villes ou bourgs où il y a marché, les Marchands de bled et les mesureurs sont tenus de nommer deux ou trois d'entr'eux, qui sont chargés tour à tour, sans être appellés, de comparoir chaque semaine, à certain jour, pardevant le Juge de Police du lieu et d'affirmer le prix qu'a valu chaque espece de grains dans la semaine, laquelle déclaration ou affirmation est inscrite sur un registre destiné pour cet effet. *Ibid. art.* 6 *et* 7.

Le Greffier doit délivrer à tous ceux qui en ont besoin des extraits de ce registre, et il ne se peut faire payer plus de cinq sols pour l'extrait du prix des quatre saisons de chaque année. *Ibid. art.* 9. C'est sur cet extrait, rapporté par la partie poursuivante, au jour et heure de l'assignation donnée chez le Commissaire, que le Juge doit faire l'appréciation des fruits de chaque année. Il y procede, tant en présence de l'autre partie qu'en son absence, pourvu qu'elle ait été duement appellée par acte signifié à son Procureur.

Pour apprécier le prix de chaque année d'une espece de fruits, le Juge doit faire un état du prix qu'a valu cette espece de fruits pendant l'année; *V. G.* si le bled a valu pendant la premiere saison 40 sols la mine, pendant la seconde 45 sols, pendant la troisieme 43 sols, et pendant la quatrième 50 sols, il doit faire un total de ces quatre sommes, et prendre le quart du total qui fait *le prix commun*, suivant l'*art.* 1 *du tit.* 30. auquel il apprécie le bled pour le total de cette année.

On ne peut faire preuve en justice du prix des fruits d'une autre maniere que par le rapport de ces extraits. *Ibid. art.* 8.

Observez que celui qui est condamné à restituer les fruits des héritages qu'il a perçus, n'est tenu de restituer en espece que les fruits de la dernière année, et à l'égard des autres, il n'est tenu de les restituer que sur le pied de cette estimation, à moins qu'il n'ait été autrement ordonné par le Juge, ou convenu entre les parties. *Ibid. art.* 1.

S'il ne livre pas ceux qu'il doit livrer en espece, il doit être condamné sur le pied du prix le plus cher qu'ils ont valu depuis le commandement qui lui a été fait.

Article IV.
De la Procédure pour la réception des cautions.

On appelle *caution* celui qui accède à l'obligation d'un autre, en s'obligeant pour lui, et conjointement avec lui, envers le créancier à ce à quoi il est obligé.

Il arrive quelquefois qu'une partie est condamnée à payer une certaine somme, à la charge par celui qui la recevra de donner bonne et suffisante caution de la rapporter en certains cas : le jugement doit nommer le Juge pardevant lequel la caution sera reçue. *Tit.* 28. *art.* 1.

Cela n'est pas néanmoins nécessaire dans nos Jurisdictions, où il y a un Commissaire-Examinateur pardevant qui toutes ces instructions se doivent faire.

La partie qui est chargée par le jugement de donner caution doit déclarer, par un acte signifié à sa partie, ou à son Procureur, la personne qu'elle présente pour caution. *Ibid. art.* 2.

Si cette caution n'est pas contestée, la personne nommée pour caution doit faire ses soumissions au Greffe. *Ibid.*

Cette soumission est un acte par lequel la personne, comparante au Greffe, en personne, ou par son Procureur fondé de sa procuration spéciale, déclare qu'elle s'oblige, sous les peines ordonnées, à rapporter la somme, au cas que cela soit par la suite ordonné, de laquelle promesse est dressé acte, qu'elle signe.

La caution ayant fait ainsi ses soumissions, la partie peut poursuivre l'exécution du jugement.

Si la partie à qui la caution a été présentée veut la contester, elle le doit signifier par un acte de Procureur à Procureur.

Une caution peut être valablement contestée pour quelqu'une de ces trois raisons : 1°. si elle n'est pas résidante sur le lieu : *fidejussor enim in judicio sistendi causâ locuples videtur dari, non tantùm ex facultatibus, sed etiam ex conveniendi facilitate. L.* 2. ff *.qui satisd. cogantur.*

2°. Si elle n'est point de qualité à pouvoir s'obliger, comme si c'est un

mineur; ou à pouvoir être contrainte par corps, comme si c'est une femme,
un ecclésiastique, etc.

3°. Si elle n'est pas solvable.

Sur la contestation de la caution, la partie qui veut la faire décider,
donne assignation à l'autre, par acte de Procureur à Procureur, donne la
déclaration des biens de la caution, et communique les pièces justificatives
sur le récépissé du Procureur. *Ibid. art.* 3.

Dans les Jurisdictions Consulaires, si un Marchand notoirement solvable
est présenté pour caution, on ne l'oblige pas à donner la déclaration de
ses biens. *Arrêt du Conseil du* 3 *Août* 1668, *pour la Conservation de
Lyon.*

Sur la première assignation donnée chez le Commissaire pour la réception de la caution, le Commissaire doit sur le champ procéder à la réception,
ou au rejet de la caution. Il est défendu aux Juges de rendre aucun appointement en droit, ou à mettre, ou de contrariété, sur la solvabilité, ou insolvabilité des cautions : ils en doivent décider par les pièces qui leur sont
présentées. *Ibid. art.* 3. *in fine.*

Lorsque le Commissaire trouve que la caution est solvable, et a toutes
les qualités que doit avoir une caution, il ordonne qu'elle sera reçue. La
partie qui la présente fait signifier alors à l'autre partie, ou à son Procureur, l'Ordonnance de réception de caution, en conséquence de quoi, la
caution fait ses soumissions au Greffe. *Ibid. art.* 4.

Si le Commissaire juge au contraire que la caution n'a pas les qualités
requises, il la rejette.

Quelquefois, lorsqu'il doute de la solvabilité, il ordonne qu'elle sera
renforcée par un certificateur, qui fera ses soumissions avec la caution.

Les Ordonnances du Commissaire, pour la réception, ou rejet de la caution, s'exécutent nonobstant oppositions et appellations, et sans y préjudicier. *Ibid. art.* 3.

Voyez, sur les autres questions qui ont rapport à cet article, notre
Traité des Obligations, *Tom.* 1. *pag.* 452 *et suiv.*

CHAPITRE II.

*Des voies pour contraindre la partie condamnée à exécuter le
jugement.*

Section première.

*De la voie de contraindre une partie à exécuter le jugement qui l'a con-
damnée à délaisser un héritage.*

Lorsqu'une partie a été condamnée envers une autre, par un jugement
qui a force de chose jugée, à délaisser quelque héritage, l'Ordonnance,

au titre 27, prescrit la procédure que doit faire la partie au profit de qui le jugement est rendu, pour contraindre la partie condamnée à l'exécuter.

Elle doit, après la signification du jugement au Procureur de la partie condamnée, s'il y en a eu de constitué, le signifier à la partie elle-même, à sa personne, ou à son domicile. *Tit.* 27. *art.* 1 *et* 2.

La partie condamnée doit, dans la quinzaine de cette signification, délaisser l'héritage, à peine de deux cents livres d'amende, applicable moitié au Roi, l'autre moitié à la partie, laquelle amende ne peut être modérée. *Tit.* 27. *art.* 1.

Elle est censée avoir fait le délai lorsqu'elle a laissé l'héritage vacant, et laissé la libre faculté à la partie qui a obtenu le jugement de s'en mettre en possession.

Après la quinzaine expirée, si la partie condamnée ne satisfait pas au jugement, et se trouve encore occuper l'héritage, le demandeur doit lui faire sommation de le délaisser, et, si elle n'obéit pas, il peut, quinzaine après, la faire condamner par corps à délaisser, et en des dommages et intérêts faute de l'avoir délaissé. *Ibid. art.* 3.

Lorsque l'héritage est situé à plus de dix lieues du domicile de la partie, on doit ajouter un jour de délai par dix lieues. *Ibid. art.* 4.

SECTION II.

De la voie de saisie et exécution des meubles, pour contraindre une partie à payer les sommes qu'elle a été condamnée de payer.

ARTICLE PREMIER.

Ce que c'est que saisie et exécution de meubles ; en vertu de quels actes on peut exécuter, et pour quelles créances.

§. I. — *Ce que c'est qu'exécution.*

L'exécution de meubles est un acte par lequel un créancier, par le ministere d'un Sergent, met sous la main de Justice les meubles corporels de son débiteur pour les vendre, et sur le prix être payé de ce qui lui est dû.

La saisie et exécution de meubles differe de la saisie et arrêt de meubles, en ce que l'une tend à les vendre, l'autre à empêcher les détournements.

§. II. — *Quels actes sont exécutoires.*

Lorsqu'une partie a été condamnée au paiement d'une certaine somme, par un jugement dont il n'y a point d'appel, ou qui est de la nature de ceux qui peuvent s'exécuter nonobstant l'appel, celui au profit de qui il a été rendu, peut, après la signification du jugement au Procureur de la partie condamnée, et ensuite à la partie condamnée, à personne, ou domicile, procéder contre elle par voie d'exécution.

On peut aussi procéder par voie d'exécution, en vertu d'un rolle d'imposition contre les personnes qui y sont cottisées, lorsque le Juge compétent a mis au bas de son Ordonnance qu'il le déclare exécutoire; et pareillement en vertu d'un procès-verbal de vente de meubles faite à l'encan, lorsque le Juge l'a pareillement déclaré exécutoire; car ces Ordonnances de Juges équipollent à des jugements de condamnation contre les personnes cottisées au rolle, ou dénommées adjudicataires.

On peut aussi procéder par voie d'exécution, en vertu des actes pardevant Notaires; la raison est qu'autrefois les actes pardevant Notaires étoient tels, que le Juge, du nom duquel l'acte étoit intitulé, condamnoit, par cet acte, sur la relation du Notaire, les parties à l'exécution de leurs conventions portées par cet acte; c'est pourquoi cet acte étoit regardé comme un jugement, à cette différence près, que les jugements sont ordinairement rendus *in invitos*, au lieu que les jugements renfermés dans l'acte pardevant Notaires étoient rendus *in volontes;* mais de ce qu'ils sont ainsi rendus, ils n'en doivent avoir que plus de force; delà est venu qu'on a donné aux actes pardevant Notaires la même vertu exécutoire qu'aux jugements. Le nom du Juge, dont s'intitulent encore ces actes, est un vestige de cette ancienne forme, et, quoiqu'elle ne s'observe plus, l'effet d'être exécutoire leur est toujours demeuré; cela est confirmé par l'Ordonnance de 1539, art. 65, qui dit en général que les lettres obligatoires, passées sous le scel Royal, seront exécutoires par-tout le Royaume.

Cela a lieu quand même la partie qui s'est obligée par l'acte ne seroit pas justiciable de la jurisdiction du Juge, du nom duquel cet acte est intitulé, lequel, par cette soumission qui doit être sous-entendue, a acquis sur elle jurisdiction de la condamner à l'exécution de ce qu'elle s'est obligée par cet acte, à l'effet seulement qu'il soit exécutoire; car ces soumissions de jurisdiction, quand même elles seroient expresses, ne sont pas permises par notre Droit, pour toute autre chose.

§. III. — *Où les actes sont-ils exécutoires ?*

Les actes pardevant Notaires, même pardevant les subalternes, c'est-à-dire les Notaires des Seigneurs, sont exécutoires par tout le Royaume; l'Ordonnance de 1539, art. 6. met néanmoins cette restriction à l'égard des Subalternes, *pourvu qu'au temps de l'obligation, la partie qui s'est obligée soit demeurante au lieu de la Jurisdiction.*

Il est évident que les jugements sont exécutoires dans tout le ressort ou Jurisdiction qui les a rendus; mais pour qu'un Arrêt, ou jugement soit exécutoire, hors du ressort du Parlement, ou Jurisdiction, où il a été rendu, il faut qu'il soit accompagné d'un *pareatis* du grand Sceau qui le rend exécutoire par tout le Royaume.

On appelle *pareatis* du grand Sceau des lettres obtenues en la Chancellerie, par lesquelles le Roi mande au premier Huissier, ou Sergent sur ce requis, de mettre un tel Arrêt, ou tel jugement à exécution; à défaut de *pareatis* du grand Sceau, il faut un *pareatis* pris en la Chancellerie du Parlement, dans le ressort duquel on le veut faire exécuter; ce *pareatis* le rend exécutoire par tout le ressort.

Il suffit même, lorsqu'on ne veut faire exécuter le jugement que dans un seul lieu, de prendre une simple permission du Juge du lieu au bas d'une Requête.

Suivant l'édit de Charles IX, de 1564, et la déclaration de 1666, les Sentences Consulaires s'exécutent par tout le Royaume, sans *visa* ni *pareatis*.

Il en est de même des jugements rendus par la Conservation de Lyon, suivant l'*art.* 9. de l'Edit du mois de Juillet 1669.

Mais quoique, suivant l'article 44 de l'Edit de 1695, les jugements rendus par les Juges d'Eglise soient exécutoires, sans qu'il soit besoin de prendre un *pareatis* de Juges Royaux, ou de ceux des Seigneurs, néanmoins la Jurisprudence des Arrêts a interprété cet article en ce sens, que les jugements et décrets des Juges d'Eglise emportent seulement une *exécution personnelle*, et non pas à l'égard du possessoire, du séquestre, ou d'une saisie-exécution; c'est ce qui a été jugé par Arrêt de la Grand'-Chambre, du 1er Décembre 1744, qui a déclaré nulle la saisie-exécution, et la vente des meubles d'un Curé, faite en vertu d'une Sentence de condamnation rendue par un Official, avec défenses à tous Huissiers de mettre à exécution les Sentences du Juge d'Eglise, sans permission préalable du Juge Laïque.

Les jugements rendus, et les actes de Notaires passés en pays étrangers, ne peuvent être exécutés dans le Royaume. Nous ne connaissons en France d'autre autorité que celle qui émane du Roi : celle des Juges et Notaires étrangers, n'émanant pas du Roi, ne peut donner à leurs actes la vertu et le droit d'exécution.

Ces actes ne forment que des engagements privés, et *de simples promesses*, suivant l'*art.* 121 de l'Ordonnance de 1629.

§ IV. — *De ce qui est requis pour la forme de l'expédition des Actes en vertu desquels on veut exécuter.*

Pour pouvoir faire une exécution, en vertu d'un acte exécutoire, il faut, 1°. que l'Huissier qui l'a fait soit porteur de l'expédition de l'acte en bonne forme; il faut pour cela que l'expédition soit signée du Greffier, si c'est un jugement, ou du Notaire pardevers qui est la minute, si c'est un acte pardevant Notaire.

2°. Il faut que l'acte soit scellé.

Il n'est plus néanmoins d'usage aujourd'hui d'apposer aucun sceau aux jugements, ou actes par-devant Notaires; il suffit, pour pouvoir exécuter en vertu de ces actes, que le droit de sceau ait été acquitté, et qu'il en soit fait mention sur l'expédition de l'acte en vertu duquel on saisit.

3°. Il faut, à l'égard des jugements Royaux, et des actes pardevant Notaires, qu'ils soient expédiés en parchemin timbré. *Edit de* 1580.

Au reste, il suffit à l'égard des premiers qu'il y en ait une première expédition; et à l'égard des actes pardevant Notaires, qu'il soit fait mention qu'il y en ait eu une premiere expédition en parchemin. *Déclara* *tion du 29 Juillet* 1691. *Voyez* la distinction portée dans l'article 7 d cette Déclaration, entre les jugemente définitifs et les interlocutoires. Le premiers sont assujettis à la formalité du parchemin timbré, les second en sont exempts.

L'usage de ce parchemin n'est pas nécessaire à l'égard des jugement des Justices Subalternes, ni à l'égard des Sentences des Consulats o l'usage ne s'en est pas introduit. On peut exécuter en vertu des expéditions en simple papier timbré, de ces jugements.

4°. A l'égard des actes des Notaires, il faut qu'ils soient contrôlés, e qu'il soit fait mention du contrôle sur l'expédition; les jugements ne sor point sujets au contrôle.

§. V. — *Contre qui, et au préjudice de qui les actes sont-ils exécutoires*

L'Ordonnance de 1539 avoit permis d'exécuter, tant contre les veuve que contre les héritiers, les titres qui avoient été exécutoires contre l débiteur; mais Henri II, par sa Déclaration du 4 mars 1549, abroge cette disposition sur les remontrances du parlement, et il défendi de mettre les titres à exécution contre les héritiers, sans les avoir fai déclarer exécutoires par un jugement, ou à moins que les héritiers n' aient eux-mêmes consenti, en passant *titre nouvel*.

De-là cette maxime de Droit, que *toute exécution cesse par la mort d l'obligé;* ce qui doit s'entendre, non-seulement de la mort naturelle, mai aussi de la mort civile; telle que la profession Religieuse. *Coutume d'Or léans, art.* 433.

Il en est de même du mariage d'une fille qui s'est obligée envers moi, o a été condamnée par Sentence; le droit d'exécution que j'avois contre ell cesse, parce qu'étant passée sous la puissance de son mari, sa personne es comme éteinte, elle n'en fait plus, en quelque façon, qu'une avec son mari

Il est vrai que l'héritier de mon débiteur devient mon débiteur; le mar de ma débitrice, s'il n'y a séparation de dettes, devient aussi mon débi teur; mais il faut bien distinguer l'obligation d'avec le droit passif de l'exé cution qui en est l'accessoire; l'obligation du défunt passe à son héritier celle de la femme à son mari, mais le droit d'exécution passive n'y pass pas : ce droit est personnel à la personne condamnée ou obligée; c'es pourquoi le créancier pourra bien agir par voie d'action contre l'héritie de son débiteur, contre le mari de sa débitrice, il pourra même saisir c arrêter les effets de la succession de son débiteur; mais il ne pourra pro céder par la voie d'exécution contre l'héritier de son débiteur, ni contre l mari de sa débitrice, jusqu'à ce que le mari ou cet héritier se soient eux mêmes obligés à la dette, par acte pardevant Notaire, ou qu'il ait obten contre lui une Sentence de condamnation.

Notre Coutume, *art.* 433, apporte une exception à la règle, que l'exé cution cesse par la mort de l'obligé; sçavoir, lorsque la succession es *jacente.* En ce cas, le créancier doit faire créer un curateur à la succes sion vacante, contre lequel il procède par voie d'exécution.

Le droit d'exécuter ne cesse pas par la mort du créancier; son héritier et son successeur, soit à titre universel, soit à titre particulier, peut procéder par voie d'exécution, comme le créancier au profit de qui l'obligation a été passée, ou le jugement rendu, l'auroit pu lui-même. Delà ce proverbe, *le mort exécute le vif*, mais *le vif n'exécute pas le mort.* Voyez l'art. 349 *de l'ancienne Coutume d'Orléans.*

§. VI. — *Pour quelles créances on peut exécuter.*

On ne peut procéder par voie d'exécution que pour les créances munies d'un titre exécutoire.

Néanmoins notre Coutume, *art.* 406 *et suivants*, permet au Seigneur d'hôtel, de métairie, ou de rente fonciere, de procéder par voie d'exécution pour trois termes de loyers, ou arrérages de sa rente fonciere, sur les meubles qui occupent sa maison ou métairie, par lui données à loyer, ferme, ou rente fonciere, et sur les fruits qui sont provenus des héritages en dépendants, quoiqu'il n'ait aucun titre exécutoire contre le locataire, fermier, ou débiteur de la rente fonciere.

Quelque titre exécutoire qu'ait un créancier, il ne peut procéder par voie de saisie-exécution, que pour une créance certaine et liquide, *tit.* 33, *art.* 2 *de l'Ordonnance de* 1667. C'est pourquoi, si quelqu'un a été condamné, *V. G.* en des dommages et intérêts, celui au profit de qui ce jugement a été rendu ne peut procéder par voie d'exécution, jusqu'à ce que ces dommages et intérêts ayent été liquidés et fixés à une somme certaine; *id est appareat quid, quale et quantùm debeatur.* Voyez *la Coutume de Paris, art.* 166.

On peut procéder par voie d'exécution, soit que la créance consiste en une somme de deniers, soit qu'elle consiste en une certaine quantité d'espece, comme de bled, de vin; avec cette différence néanmoins, que le créancier qui a procédé par voie d'exécution, pour une certaine quantité d'espece qui lui est due, doit surseoir à la vente jusqu'à ce qu'il ait fait faire l'appréciation. *Art.* 2 *du tit.* 33.

ARTICLE II.

Quelles choses peuvent, ou ne peuvent pas être saisies par voie d'exécution.

On peut saisir ou prendre par exécution tous les meubles corporels du débiteur.

Quoique les fruits pendants par les racines soient réputés immeubles dans la plupart des Coutumes, néanmoins, comme ils doivent devenir meubles par la perception qui s'en fera, on les saisit comme on saisit les meubles.

La regle qui permet au créancier de saisir-exécuter tous les meubles de son débiteur, reçoit exception à l'égard de certains meubles.

1°. Les chevaux, bœufs et autres bêtes de labour, les charrues, charrettes et autres ustensiles servant à la culture des terres ne peuvent être saisis, même pour les propres deniers du Roi, ni par aucun créancier, si ce n'est pour le prix de la vente qui en auroit été faite, ou pour la somme qui auroit été prêtée pour les acheter, ou pour les fermes de métairie par le maître. *Tit.* 33, *art.* 16.

L'Edit du mois d'Octobre 1713 a apporté quelque changement à cette regle, en permettant de saisir une partie des bestiaux pour le payement des deniers Royaux.

2°. Les moulins, métiers, ustensiles servant aux manufactures de soie, laine, fil et coton, ne peuvent être saisis sur les Maîtres, ou ouvriers si ce n'est pour le prix de ces ustensiles, ou pour les loyers de la maison où ils se trouvent. *Déclaration du* 19 *Août* 1704.

3°. On ne peut saisir les choses exposées sur les étaux des boucheries d'Orléans, si ce n'est pour deniers Royaux. *Statut, art.* 14.

4°. On ne peut saisir l'habit dont le débiteur est couvert; on lui doit aussi laisser un lit, une vache, trois brebis ou deux chevres, si ce n'est que la saisie fût faite pour le prix de ces animaux. *Ordonnance de* 1667, *tit.* 33, *art.* 14.

L'usage a excepté, en ce Siege, de cette disposition, la créance des loyers de maisons, et fermes de métairies; on tient que le Seigneur d'hôtel, ou celui qui est en son lieu, n'est pas obligé de laisser à son locataire un lit, ni le Seigneur de métairie de laisser à son fermier un lit, des vaches ni autres animaux.

L'Ordonnance veut qu'on laisse un lit; quelquefois, selon les circonstances, on en laisse plusieurs, un pour le débiteur et sa femme, un pour ses enfants mâles, un pour ses filles. Doit-on lui laisser la housse et le tour du lit? Cela dépend des circonstances, tirées de la qualité du saisi, et du prix de la housse, et de la qualité et valeur des effets saisis.

Il paroît que l'usage du Châtelet de Paris est de ne comprendre dans la réserve du lit que le *coucher*, c'est-à-dire, les couvertures, draps, traversins, matelas, lits de plume, paillasses et bois de lit : le surplus n'y est pas compris. *Voyez les notes sur l'acte de notoriété du* 4 *Avril* 1693, *dans le Recueil de Dénizart.*

5°. On ne peut saisir sur les personnes constituées aux Ordres sacrés, leurs meubles qui sont destinés au Service divin, ou qui servent à leur usage nécessaire. On doit aussi leur laisser leurs livres, jusqu'à concurrence de cent cinquante liv. *Art.* 15 *du tit.* 33. *Voyez l'Ordonnance d'Orléans, art.* 22, *et celle de Blois, art.* 57.

6°. On ne peut pareillement saisir sur les Officiers Militaires leurs armes et bagages nécessaires, si ce n'est à la Requête de ceux qui les ont vendus; on doit leur laisser un certain nombre de chevaux. *Ordonnance de* 1629, *art.* 195.

On ne peut saisir les ornements, vases et autres choses servant à une chapelle domestique; mais ce n'est pas une exception à notre principe, c'est que ces choses étant consacrées au service de Dieu ne sont pas dans le commerce, et ne sont pas possédées proprement par elle-même : de là vient que l'héritier mobilier n'y succede point, et qu'elles passent, comme

la chapelle à laquelle elles servent, à la personne à qui passe l'héritage
dont la chapelle fait partie.

ARTICLE III.

Du commandement qui doit précéder la saisie et exécution.

Il faut, pour parvenir à exécuter les meubles de son débiteur, l'avoir
mis auparavant en demeure de payer. Il faut pour cela, après la signification qui lui doit être faite, à personne ou à domicile du jugement, ou
autre acte en vertu duquel on veut exécuter, lui faire un commandement
de payer. Ce commandement peut se faire, ou par le même acte que la signification du titre, ou par acte séparé *ex intervallo.*

Ce commandement se fait comme les exploits d'adjournement, à personne ou domicile du débiteur. *Ordonn. de* 1539, *art.* 74 *et* 75. Il doit
contenir les formalités, tant intrinseques qu'extrinseques des autres exploits; l'Huissier qui fait le commandement, doit être porteur du titre
exécutoire, et en donner copie au débiteur.

Cet Huissier a la qualité pour recevoir la somme portée par le commandement. Le débiteur qui la lui paie, paie valablement, et est pleinement
libéré envers le créancier sur la quittance de l'Huissier, quand même
l'Huissier seroit insolvable, et que le créancier ne pourroit pas retirer la
somme que son Huissier auroît reçue.

En cela, l'exploit de commandement differe de l'exploit d'assignation,
dans lequel l'Huissier n'a pas le droit de recevoir la somme demandée.

Le commandement, outre l'effet qu'il a de constituer en demeure le
débiteur, en a encore un autre qui est d'interrompre la prescription de la
créance; et en cela, il est encore différent de l'assignation qui tombe en
péremption par le laps de trois ans, s'il n'est suivi d'aucunes procédures,
et étant tombé en péremption n'a plus aucun effet, et ne peut plus par
conséquent interrompre la prescription; au lieu que le commandement
ne tombe pas en péremption (acte de notoriété du Châtelet, du 23 Juillet 1707, dans le Recueil de Dénizart). La raison de différence est que
l'exploit d'assignation forme une instance, qu'il en est le premier acte
introductif, et par conséquent il est sujet à ce qui a été réglé pour la
péremption des instances.

C'est une question si on doit laisser un intervalle de temps entre le
commandement et la saisie. M. Rousseau incline pour l'affirmative; nous
pratiquons à Orléans le contraire, afin que le commandement ne serve pas
d'avertissement au débiteur pour détourner ses meubles et éluder la saisie.

Lorsqu'il s'agit de la perception des droits du Roi, il faut laisser huit
jours entre le commandement et la déclaration du 11
Février 1688; mais c'est un droit particulier qui ne doit pas s'étendre hors
ce cas; et les dispositions de l'article 95 de l'Ordonnance de 1539, qui
prescrivent un délai de trois jours entre le commandement et la saisie-exécution, ne sont pas suivies.

ARTICLE IV.

Où, et en quel temps se peut faire la saisie-exécution, et des formalités de l'exploit de saisie.

§. I. — *Où peut-on saisir ?*

Un créancier peut saisir les meubles de son débiteur par-tout où il les trouve, soit en ville, soit en campagne, soit dans les champs, soit dans les chemins.

Observez néanmoins que les saisies qui se font sur les chemins, ne doivent pas se faire d'une maniere injurieuse au débiteur ; c'est pourquoi, par un Arrêt du 9 Juillet 1571, rapporté par Chenu, sur Papon, *Liv.* 18. *tit.* 5. *N°.* 27, on déclara nulle et injurieuse une saisie d'un cheval faite dans la rue, parce que le Sergent en avoit fait descendre publiquement la personne sur qui il l'avoit saisi, qui étoit une personne de qualité. Bruneau, *Traité des Criées*, *pag.* 75, rapporte aussi avoir vu juger qu'on n'avoit pas pu saisir le carrosse d'un Duc, lui étant dedans.

Observez 2°. que la saisie de marchandises, pour la provision de Paris, soit sur les chemins, soit sur le lieu du chargement, n'en doit point retarder le voyage, ni empêcher qu'elles ne soient conduites, à la garde des gardiens établis à la saisie, pour y être vendues sur les ports, quand elles y seront arrivées. *Edit de Décembre* 1672, §. 2, *art.* 10.

La même chose est ordonnée à l'égard des Marchandises chargées dans les bateaux sur la riviere de Loire : la saisie ne doit pas empêcher qu'elles ne soient conduites à la garde des gardiens, au lieu de leur destination. *Déclaration du* 24 *Avril* 1703.

Lorsque les meubles d'un débiteur sont en la maison d'un tiers, le créancier ne peut pas les saisir et exécuter ; il n'a que la voie de les y arrêter et de l'assigner pour qu'il en fasse la délivrance.

§. II. — *Dans quel temps on peut saisir.*

L'Huissier ne peut se transporter dans une maison que de jour pour y faire un exploit de saisie, car c'est une règle commune à tous les exploits qu'ils ne peuvent se faire après le soleil couché.

Si les meubles du débiteur étoient rencontrés de nuit dans une rue ou dans un chemin, ils ne pourroient y être saisis.

L'exploit de saisie ne peut aussi se faire, non plus que les autres exploits, un jour de dimanche, ou fête fêtée par le peuple, si ce n'est en cas de détournements, et lorsque les effets sont rencontrés dans un chemin.

§. III. — *Des formalités de la saisie.*

L'Huissier, pour saisir les meubles qui sont en la maison du débiteur, doit se transporter en cette maison.

La porte ayant été ouverte à l'Huissier, il doit, avant d'entrer dans la maison, appeller deux voisins pour être présents à la saisie, et leur faire signer l'exploit de saisie, ou faire mention qu'ils n'ont pu ou voulu signer, *tit.* 33, *art.* 4, ou qu'ils n'ont pas voulu être présents.

S'il n'y a point de voisins sur le lieu, l'Huissier doit le déclarer par l'exploit , et le faire parapher par le plus prochain Juge , incontinent après la saisie. *Ibid.*

L'Huissier , outre les deux voisins qu'il est tenu d'appeler, pour assister à la saisie , doit encore se faire assister de deux records pour cet exploit de saisie ; *ibid.* mais la formalité des records a été abrogée par la Déclaration du 21 Mars 1671, rapportée ci-dessus , *pag.* 6 , quoique dans l'usage on l'observe encore dans les exploits de saisie mobiliaire.

Lorsque l'Huissier ne trouve personnne pour lui ouvrir la porte, ou que ceux qui sont dans la maison refusent de lui ouvrir , il en doit dresser son procès-verbal , et le présenter au Juge du lieu ; le Juge rend alors son Ordonnance au bas de ce procès-verbal, par laquelle il permet à l'Huissier de faire ouvrir la porte par un Serrurier , *et nomme deux personnes pour être présentes à l'ouverture* qui s'en fera , et à la saisie. *Ibid. art.* 5.

L'Huissier, muni de cette Ordonnance, retourne ensuite à la maison , assisté d'un Serrurier, et des deux personnes ; il fait faire l'ouverture des portes , et procède à la saisie , et du tout dresse procès-verbal , qu'il fait signer par ces deux personnes.

Si les gens empêchent par violence l'Huissier de procéder à la saisie , il doit en dresser son procès-verbal de rebellion , et se retirer pardevant le Juge , lequel, au bas, rend son Ordonnance par laquelle il permet à l'Huissier de se faire assister par des Archers en nombre suffisant pour que la force demeure à Justice.

L'exploit ou procès-verbal de saisie, que fait l'Huissier , doit contenir , 1°. une *description par le menu et en détail* de tous les effets saisis. *Ibid. art.* 6.

2°. Il doit contenir toutes les formalités requises dans les autres exploits (à l'exception néanmoins de la constitution de Procureur) , *ibid. art.* 3. telles que sont , la mention du nom , surnom , demeure et matricule de l'Huissier ; la mention de la demeure et de la qualité de la partie à la Requête de qui se fait la saisie ; la mention de la personne à qui la copie a été laissée.

3°. Outre la date du jour , mois et an, cet exploit doit encore faire mention si c'est avant ou après midi que se fait la saisie. *Ibid. art.* 4.

4°. L'exploit de saisie doit contenir une élection de domicile faite par le saisissant, dans la Ville, Bourg ou Village où se fait la saisie; si elle se fait à la campagne, cette élection doit se faire au Village, ou en la Ville la plus proche. *Ibid. art.* 1.

La raison de cette élection de domicile est afin que la partie saisie, et les opposants, puissent signifier au saisissant, à ce domicile, leurs oppositions, et y faire tous les actes, significations et assignations qu'ils jugeront à propos.

Cette regle reçoit exception à l'égard des saisies faites pour les deniers du Roi, pour lesquelles le saisissant n'est pas tenu de faire autre élection de domicile que son Bureau. *Edit de mars* 1668 , *art.* 2.

5°. L'exploit de saisie doit contenir le nom et domicile du gardien établi à la saisie. *Ordonn. de* 1667, *tit.* 33, *art.* 8.

6°. Il doit être laissé, sur le champ, copie au saisi, de l'exploit de saisie, laquelle copie doit être signée des mêmes personnes qui ont signé l'original. *Ibid. art.* 7.

Lorsque la saisie est faite sur plusieurs personnes, il faut laisser une copie à chacune de ces personnes ; cette copie doit être laissée à la personne du saisi, ou à son domicile, quand même elle auroit été faite ailleurs qu'à son domicile, *putà* dans un magasin, ou sur un chemin.

S'il n'y avoit personne en la maison du saisi à qui cette copie pût être laissée, il faudroit l'attacher à la porte, et observer à cet égard ce qui est prescrit pour les exploits d'adjournement. Toutes ces formalités sont requises à peine de nullité, et à peine par l'Huissier d'être tenu des dommages et intérêts des parties. *Ibid. art.* 19.

On doit aussi donner copie de la saisie au gardien qui y est établi, car il doit connoître les choses dont il est chargé.

Lorsqu'on saisit des fruits pendants par les racines, le Sergent qui fait cette saisie doit, pour cet effet, se transporter sur l'héritage où ils sont pendants, et désigner par tenants sur son procès-verbal de saisie les différentes pièces d'héritage et la nature des fruits qui y sont pendants, ainsi que la personne du Commissaire qu'il y établit. Le procès-verbal doit au surplus être revêtu de toutes les formalités expliquées ci-dessus pour les autres saisies, et il en doit être donné copie, tant au Commissaire qu'à la partie saisie, avec assignation à cette partie pour voir ordonner l'adjudication en Justice des fruits saisis.

Cette assignation est particuliere à la saisie des fruits pendants par les racines ; dans la saisie des simples meubles, il n'y a point de pareille assignation, l'Huissier pouvant vendre, après la huitaine, sur une Ordonnance du Juge, les effets saisis, s'il n'y a point d'opposition de la part du débiteur.

Quelquefois on ne procede pas à l'adjudication des fruits, et le Commissaire en fait la récolte, ce qui arrive quand il n'y a pas un temps suffisant depuis la saisie jusqu'à la récolte pour faire l'adjudication ; il est évident qu'en ce cas il ne faut point d'assignation.

Au reste, l'usage est de ne point faire les saisies de fruits pour les bleds avant la Saint Barnabé, et pour les vignes avant la Magdeleine.

ARTICLE V.

Des Gardiens et Dépositaires des choses saisies.

§. I. — *Ce que c'est que Gardien et Dépositaire, et leur différence.*

Le gardien est celui qui es préposé par l'Huissier, de la part du saisissant, à la garde des choses saisies.

On peut en établir un, ou plusieurs, lorsqu'un seul ne seroit pas suffisant pour cette garde.

Lorsqu'on établit plusieurs gardiens, on les appelle *garnison.*

Le *dépositaire* des effets saisis est celui qui est présenté par le saisi, et qui, pour lui faire plaisir et éviter les frais, se charge volontairement et gratuitement de la garde des effets saisis.

Il suit de ces définitions qu'il y a trois principales différences entre un gardien et un dépositaire.

La premiere est que l'office du dépositaire est un office d'amitié et gratuit; au lieu que l'office de gardien est un office nécessaire, pour lequel il est dû au gardien un salaire qu'il se fait taxer par chacun jour qu'il a vaqué à la garde; cette somme est laissée à la discrétion du Juge. Le Juge écrit cette taxe au bas de l'acte de commission du gardien.

La seconde est que l'office de dépositaire est un office volontaire, il se charge volontairement; au contraire, l'office de gardien est une espece de fonction publique; c'est pourquoi, si la personne que l'Huissier veut établir gardien refuse de l'accepter, l'Huissier doit l'assigner devant le Juge qui la condamnera à se charger de la garde, si elle n'a quelque cause d'excuse qui l'en exempte.

Ces excuses sont fondées, ou sur la qualité des personnes, ou sur l'état, ou sur l'âge et les infirmités.

Un Ecclésiastique, un Gentilhomme, un Officier de Judicature, un Avocat ne peuvent être contraints d'être gardiens : l'âge de soixante-dix ans accomplis, et les infirmités du corps sont aussi une excuse. *Argument tiré de la Loi* 2. §. 1. ff. *de Vacat. et Excus. munerum, et de la Loi derniere, cod. qui ætate vel profess. se excus.*

Il a été jugé, par un Arrêt du 13 Décembre 1614, rapporté par Tronçon en son *Traité du Droit François, tit.* 16. *art.* 350. *Verbo Commissaires,* que le nombre de cinq enfans n'exemptoit pas de cette charge, parce que cette fonction n'est que passagere.

La troisieme différence entre le gardien et le dépositaire, est que le gardien est préposé par l'Huissier, de la part du saisissant, au lieu que le dépositaire est offert par le saisi.

De là il suit : 1°. que suivant le principe de Droit, suivant lequel chacun est responsable des faits de son préposé, dans ce qui concerne l'affaire pour laquelle il a été préposé, l'Huissier qui a préposé le gardien est responsable envers le saisi des faits de ce gardien, au cas que par sa faute il ne représentât pas les effets saisis. *Coquille, question* 313.

2°. Que le saisissant en doit être responsable envers le saisi, car c'est de sa part qu'il a été préposé; il est censé l'avoir préposé lui-même, par le ministère de son Huissier. C'est par cette raison que par Arrêt du 4 Septembre 1766, rapporté par Denizart, *verbo Gardien,* il a été jugé que le saisissant étoit responsable du gardien pendant trente ans, de maniere que la partie saisie pouvoit s'adresser au saisissant, sans que ce dernier pût le renvoyer au gardien.

Au contraire, le dépositaire étant offert et choisi par le saisi, celui-ci n'est pas recevable à vouloir rendre responsable l'Huissier ni le saisissant des faits du dépositaire; parce que ce n'est point par leur choix, mais par celui du saisi, que la garde lui a été confiée.

A ces différences près, les charges du dépositaire et du gardien son semblables, et leurs obligations sont les mêmes.

§. II. — *Quelles personnes peuvent, ou ne peuvent pas être gardiens et dépositaires.*

L'Ordonnance, *tit.* 19 *art.* 13, défend aux Huissiers d'établir pour gardiens aux saisies : 1°. le saisi, sa femme, ses enfants, ou petits-enfants ; car la saisie consistant à ôter les choses saisies des mains du saisi, pour les faire passer dans celles de la Justice, il est contre la nature de la saisie de les laisser entre les mains du saisi, ou des personnes qui sont comme d'autres lui-même.

La peine de l'Huissier pour la contravention à cette disposition est qu'i soit tenu des dommages et intérêts du saisissant. *Ibid.*

2°. Par la même raison, les domestiques du saisi ne doivent pas être établis pour gardiens, car ce seroit les laisser entre les mains du saisi, que de les laisser à la garde des personnes sur lesquelles il a le droit de commander. *Chenu rapporte un arrêt du* 8 *Février* 1590, *qui l'a jugé ainsi.*

L'Ordonnance de Blois va même plus loin, car, en l'article 106, elle défend d'établir pour Commissaire, aux biens du Seigneur, son laboureur, quoique le saisi ait moins d'autorité sur son laboureur que sur son domestique; cette disposition est limitée, dans l'usage, au cas auquel le Seigneur saisi réside sur le lieu où sont les biens saisis et le laboureur.

Il y a une seconde raison pour laquelle la femme, les enfants et les gens qui sont au service du saisi ne doivent pas être établis gardiens, qui se tire de l'intérêt qu'ont ces personnes à n'être pas chargées d'une fonction que leur proximité avec le saisi les met hors d'état de remplir, en ne leur donnant pas la liberté de s'opposer aux détournements qu'il voudroit faire

3° Par une raison semblable à la derniere que nous venons de rapporter, les freres, neveux et oncles du saisi ne peuvent être établis gardiens, *ibid. art.* 14; mais comme cette différence n'est fondée que sur les propres intérêts, et que *volenti non fit injuria*, ils peuvent être établis gardiens, s'ils y consentent expressément par le procès-verbal de saisie, qu'ils l'ayent signé, ou déclaré ne pouvoir signer ; cette restriction est exprimée dans le même article que je viens de citer.

Il y a donc cette différence entre les parents et les personnes mentionnées ci-dessus, que celles-ci ne peuvent être gardiens quand même ils y consentiroient, au lieu que ces autres le peuvent être s'ils y consentent expressément.

4°. Il est défendu aux Huissiers d'établir pour gardiens aucuns de leurs parents, ou alliés, *ibid. art.* 13; à plus forte raison l'Huissier ne peut s'établir lui-même gardien; cela est défendu par une Ordonnance de Philippe de Valois, de l'année 1338, et une autre de Charles VI, de 1408, qu'on trouve dans le style du Parlement, *Partie III.*

Il ne peut pas non plus établir pour gardien son domestique, c'est comme s'il s'établissoit lui-même ; cela a été ainsi ordonné pour empêcher les fraudes qui pourroient se commettre.

Denizart, *verbo Gardiens*, *N°*. 7, rapporte un Arrêt du 17 Septembre 1729, en vacations, qui a fait défenses aux Procureurs de se rendre gardiens des choses saisies sur les parties adverses de leurs clients, lorsqu'ils auront occupé dans la cause. *Argument de l'art.* 132 *de l'Ordonnance de Blois.*

Mais rien n'empêche que l'Huissier ne puisse établir pour gardien son record dans une saisie mobiliaire, parce que ce record n'est pas partie nécessaire dans cet exploit depuis l'Edit du Contrôle du mois d'Août 1669, que nous avons déjà cité.

5°. Le saisissant ne peut pas être établi pour gardien ; car ce seroit en quelque façon se faire justice par soi-même ; mais rien n'empêche que les parents ou alliés du saisissant ne puissent être établis gardiens ; quoiqu'un créancier opposant à la saisie soit en quelque façon saisissant, néanmoins rien n'empêche qu'il ne puisse être établi gardien.

6°. On ne peut établir pour gardiens que des personnes en état de répondre des effets commis à leur garde, et qui puissent y être facilement contraintes par les voies usitées en pareil cas, d'où il suit qu'on ne peut établir pour gardien : 1°. des personnes insolvables.

2°. Des non-domiciliés sur le lieu ; car il seroit trop difficile de les contraindre.

3°. Des mineurs, car ils ne peuvent s'obliger.

4°. Des Ecclésiastiques, car ils ne sont pas sujets à la contrainte par corps, qui a lieu pour contraindre les gardiens à la représentation des effets saisis.

5°. Enfin, des femmes, par la même raison, et parce que c'est *officium civile*, dont elles sont incapables.

Observez que si un Huissier avoit établi pour gardien une personne prohibée par l'Ordonnance, ou de l'une des qualités dont je viens de parler, ignorant de bonne foi la qualité de cette personne ; *V. G.* si cette personne avoit déclaré à l'Huissier n'être parent, alliée, ni domestique du saisi, alors il y a lieu de croire que cet huissier ne seroit point tenu d'aucuns dommages et intérêts envers le saisissant ; ce qui doit dépendre au surplus des circonstances.

§. III. — *De l'acte d'établissement des Gardiens.*

L'Huissier établit le gardien par un acte par lequel il déclare qu'il a commis un tel à la garde des effets saisis, par exploit de cejourd'hui. Cet acte est signé par cet Huissier et par le gardien, ou bien il est fait mention que le gardien ne sçait signer.

L'Huissier ayant établi le gardien à la saisie doit le mettre en possession des effets saisis, s'il le requiert, *tit.* 19. *art.* 15, et même les déplacer à cet effet, et les faire conduire en la maison du gardien, s'ils ne peuvent pas se garder sûrement sans cela, ou bien le gardien doit demeurer dans la maison du saisi pour les garder, et on doit lui remettre à cet effet les clefs des coffres et armoires où sont toutes les choses saisies.

Celui qui par violence empêcheroit l'établissement du gardien, ou enleveroit les effets saisis, doit être condamné en cent livres d'amende envers le Roi, et au double de la valeur des effets envers la partie, sans préjudice des poursuites extraordinaires. *Ibid. art.* 17.

§. IV. — *Des obligations des Gardiens.*

Les gardiens sont obligés à garder exactement les effets commis à leur garde, à les représenter, soit au saisissant, soit à son huissier, lorsqu'il voudra procéder à la vente, soit au saisi, s'il a obtenu main-levée de la saisie : s'il en a perdu quelques-uns, ou qu'ils ayent été détournés par sa faute, il est responsable du dommage, soit envers les créanciers saisissants et opposants, soit envers le saisi.

Si les effets ont été détournés par le saisi, ou, c'est par la faute du gardien qui n'a pas vaqué à la garde, et il en est responsable envers les créanciers, sauf son recours contre le saisi; ou, le saisi les a enlevés par violence, et alors il n'en est pas responsable, il doit seulement en faire dresser procès-verbal.

Il est très-expressément défendu aux gardiens de se servir des choses saisies pour leur usage particulier, ou de les louer à d'autres, à peine de privation de leurs frais de garde, et des dommages et intérêts des parties. *Tit.* 33. *art.* 9.

Si le gardien a été établi à la garde de bestiaux qui produisent quelque profit, ou revenu, il doit en rendre compte, soit aux créanciers, soit au saisi, *art.* 10. Cet article doit s'entendre du croît des bestiaux, et des laines des moutons; car à l'égard du lait, on doit le laisser aux parties saisies, suivant l'Edit du mois de Décembre 1674; si le gardien ne l'avoit pas laissé à la partie saisie, il devroit lui en tenir compte sur les frais de garde.

S'il y a quelques dépenses à faire pour la garde des effets, *V. G.* pour la nourriture des bestiaux saisis, le saisissant doit remettre au gardien, à la première réquisition, des deniers suffisants pour frayer à cette dépense, sinon il doit être déchargé de la garde; ainsi qu'il a été jugé par Sentence du Présidial d'Orléans, du 23 Mars 1744, citée par M. Jousse, en ses notes sur l'*art.* 10 *du tit.* 33.

Lorsqu'on a saisi tous les effets d'une métairie, les chevaux, bestiaux, les grains, fruits, etc. le gardien peut employer à la nourriture des bestiaux les grains et les fruits saisis, comme il est d'usage de les y employer.

Le gardien est contraignable par corps pour la représentation des effets commis à sa garde. *Tit.* 34. *art.* 4.

§. V. — *De la garde des Gardiens, et de leur salaire.*

Il est évident que le gardien est déchargé de sa garde, lorsque le saisi a eu main-levée, ou lorsqu'il a remis les effets saisis à l'Huissier, ou au saisissant pour les vendre.

Si la vente a été retardée par des oppositions formées à la saisie, deux mois après que les oppositions ont été jugées, par un jugement dont il n'y a point d'appel, ou qui s'exécute nonobstant l'appel, le gardien est déchargé de plein droit, sans qu'il soit besoin qu'il obtienne une Sentence de décharge. *Tit.* 19. *art.* 20.

Quoique les oppositions n'ayent pas été jugées, le gardien est déchargé de plein droit sans qu'il soit besoin qu'il obtienne une Sentence de décharge après un an, à compter du jour de sa commission. *Ibid. art.* 22. La négligence du saisissant de les faire juger ne doit pas prolonger le temps de sa garde au-delà des justes bornes.

Le gardien déchargé de la garde des manieres ci-dessus expliquées, n'est pas pour cela déchargé du compte qu'il doit des effets saisis, soit au saisissant et créancier, soit au saisi.

Le gardien doit faire taxer ses salaires par le Juge, au bas de sa commission ; il a action, pour en être payé, contre l'Huissier qui l'a établi, et contre le saisissant à la Requête de qui il est établi : l'Huissier en doit être acquitté par le saisissant, ou par la partie saisie.

Le gardien a un privilege pour les frais de garde sur le prix des effets saisis.

Chacune des parties intéressées peut former opposition à la taxe du Juge. Les moyens d'oppositions sont fondés, ou sur l'excès de la taxe, ou sur ce qu'on prétendroit que le gardien n'a pas vaqué ; si le fait est allégué, le Juge en doit permettre la preuve sommairement par enquête.

§. VI. — *Des Commissaires aux fruits saisis.*

On appelle commissaire celui qui est établi aux saisies des fruits pendants par les racines, et qui est chargé de les faire récolter et serrer. Le commissaire est une espece de gardien ; ainsi, ce que nous avons dit à l'égard des gardiens doit avoir lieu pour les commissaires.

Comme cette régie des fruits est coûteuse, elle donne lieu à des comptes et à des discussions ; le poursuivant prend pour l'ordinaire le parti de poursuivre, en Justice, l'adjudication des fruits pendants par les racines ; le commissaire n'est donc chargé d'en faire la récolte que dans le cas où le temps instant de la récolte n'a pas laissé le temps de poursuivre l'adjudication des fruits, ou lorsque l'adjudication ayant été poursuivie, il ne s'est point trouvé d'enchérisseurs.

ARTICLE VI.

Des oppositions aux saisies.

§. I. — *De l'opposition du saisi.*

Celui sur qui la saisie est faite peut y former opposition et l'attaquer, ou dans le fond, ou dans la forme, ou dans l'une et l'autre ensemble.

Dans le fond, en soutenant que le saisissant n'a pas eu droit de saisir-exécuter, soit parce qu'il ne lui est rien dû, soit parce que sa créance n'est pas liquidée, ou soit parce qu'elle n'est pas appuyée d'un titre exécutoire, qui donne le droit de saisir.

Dans la forme, en soutenant quelques défauts de procédure dans la saisie qui la doit faire déclarer nulle.

L'opposition à la saisie, de la part du saisi, se signifie au saisissant, ou à son vrai domicile, ou à celui qu'il a élu par la saisie.

Cette opposition n'empêche pas que la saisie ne subsiste, mais elle en arrête la suite, et empêche le saisissant de procéder à la vente des effets saisis, jusqu'à ce qu'il soit statué sur l'opposition. Comme l'opposition, jusqu'à ce qu'il y soit statué, n'empêche pas la saisie de subsister, le saisi, pour avoir main-levée de la saisie, doit assigner le saisissant devant le Juge pour être fait droit sur l'opposition. Ce qui forme une instance entre le saisi et le saisissant.

Si le saisi se contente d'avoir formé une simple opposition, et n'assigne pas le saisissant pour avoir main-levée de la saisie, le saisissant qui a intérêt de faire statuer sur cette opposition, pour pouvoir suivre la saisie, et procéder à la vente, peut prévenir le saisi et l'assigner devant son Juge, aux fins qu'il soit débouté de son opposition, et qu'il soit ordonné que la saisie sera suivie.

Si le saisi, sur l'opposition, établit qu'il ne devoit rien au saisissant, il doit avoir main-levée de la saisie, avec dommages et intérêts; s'il obtient main-levée pour défaut de forme, on ne lui donne point de dommages et intérêts.

§. II. — *De l'opposition des Créanciers.*

Lorsqu'un créancier a saisi les effets de son débiteur, les autres créanciers peuvent y former opposition.

Cette opposition se fait par un Huissier, par un acte revêtu des formalités des autres exploits, et se signifie à l'Huissier qui a fait la saisie, et au saisissant au domicile par lui élu. L'Huissier qui a fait la saisie peut aussi la recevoir par son procès-verbal de saisie.

Cette opposition de la part des créanciers a pour fin d'être payés sur le prix des effets saisis, soit par privilége, s'ils sont privilégiés, soit par concurrence, soit du moins pour être payés sur ce qui restera après que le saisissant aura été payé, au cas que ce saisissant eût droit d'être payé préférablement aux opposants. De là il résulte que les créanciers opposants deviennent en quelque façon saisissants; d'où il suit, 1°. que bien loin que leur opposition arrête le cours de la saisie, au contraire si le saisissant tardoit, après le temps préfix de l'Ordonnance, à procéder à la vente, l'un des créanciers opposants seroit fondé à l'assigner, pour voir dire qu'il seroit tenu de le faire, et que faute par lui de le faire, dans un bref délai, le demandeur seroit subrogé à la saisie, en le remboursant de ses frais, pour quoi le saisissant seroit tenu de lui remettre l'exploit de la saisie, pour, sur cet exploit, être par l'opposant, comme subrogé, procédé à la vente des effets.

De là il suit, 2°. que le saisissant ne peut faire cesser la saisie au préjudice des opposants, par la main-levée qu'il en donneroit à son débiteur; cette main-levée n'empêche pas que la saisie ne subsiste au respect des opposants qui peuvent s'y faire subroger.

De là il suit, 3°. qu'on doit appeler les opposants à la vente des effets saisis ; et Denizart, *verbo vente de meubles*, rapporte un Arrêt du 19 Décembre 1727, qui a déclaré nulle une vente de meubles faite à la Requête du propriétaire d'une maison, faute de paiement des loyers, parce qu'un opposant à cette vente n'avoit pas été sommé de s'y trouver, et d'y faire trouver des enchérisseurs. L'Arrêt a même condamné le saisissant à représenter les meubles saisis, pour être vendus, à ses frais, si mieux il n'aimoit payer les causes de l'opposition.

Delà il suit, 4°. que le débiteur saisi qui s'oppose à la saisie, pour la faire déclarer nulle, doit faire statuer sur son opposition, non-seulement avec le saisissant, mais avec les créanciers opposants ; car autrement cette Sentence n'ayant point d'effet vis-à-vis des opposants, elle ne lui procureroit pas une pleine main-levée des effets saisis.

Observez que lorsque le débiteur saisi plaide contre le créancier saisissant, et les opposants, pour faire déclarer nulle la saisie, et dans toutes les autres causes où les créanciers opposants ont différents Procureurs, les significations doivent se faire seulement à l'ancien de ces Procureurs, et étant faites à lui, elles sont réputées faites à tous les opposants ; le Procureur ancien doit seulement donner avis de la signification qui lui est faite, pour qu'ils en prennent, si bon leur semble, communication par ses mains.

Observez encore que lorsque sur l'opposition du saisi, la saisie est déclarée nulle, cette nullité fait tomber toutes les oppositions ; car ces oppositions étant accessoires de la saisie, il est nécessaire qu'elles tombent avec la saisie.

§. III. — *De l'opposition du Seigneur d'hôtel, ou de métairie.*

Le Seigneur d'hôtel, ou de métairie, a droit de s'opposer à la saisie qu'un créancier de ses locataires, ou fermiers, a faite des meubles qui exploitent son hôtel, ou métairie ; et d'en faire prononcer la main-levée, si mieux n'aime le créancier saisissant se charger envers le Seigneur d'hôtel, ou de métairie, de l'entretien et de toutes les obligations du bail, non-seulement pour ce qui est échu, mais pour ce qui est à échoir jusqu'à la fin du bail, et de lui en donner à cet effet bonne et suffisante caution.

Le fondement de cette opposition est que les meubles qui exploitent l'hôtel, ou la métairie, servent de nantissement au Seigneur pour toutes les obligations du bail ; d'où il suit qu'il est en droit d'empêcher qu'aucun autre créancier ne les en déplace, en les faisant saisir et vendre au préjudice de ce nantissement, à moins qu'il ne lui donne une entière sûreté pour toutes les obligations du bail.

Le créancier assigné par le Seigneur d'hôtel, ou de métairie, pour être statué sur cette opposition, doit donc se charger du bail, et donner caution, ou laisser prononcer la main-levée de la saisie.

§. IV. — *Des oppositions à fin de récréance.*

L'opposition à fin de récréance est celle qui est formée par celui qui se prétend propriétaire de quelques-uns des effets saisis, aux fins que ces effets soient distraits de la saisie, et lui soient rendus.

Il est évident que cette opposition doit empêcher qu'il ne puisse être passé à la vente de l'effet réclamé, jusqu'à ce qu'il y soit statué.

Notre Coutume d'Orléans, *art.* 456, veut que l'opposant qui demande la récréance d'une chose qu'il soutient lui appartenir en soit cru à son serment, et à celui du saisi, pourvu que le saisi et lui soient capables de porter témoignage l'un pour l'autre, qu'ils ne soient parents, alliés, serviteurs, ni domestiques l'un de l'autre.

Si l'opposant à fin de récréance est tel que le saisi ne puisse porter témoignage pour lui, ou que, sans être tel, il ne puisse faire comparoir le débiteur, pour affirmer avec lui ; en l'un et l'autre cas, cet opposant, pour réussir en son opposition, doit justifier par témoins, ou autrement, que la chose lui appartient ; la reconnaissance qu'il en fait faire par témoins est à ses dépens, sauf à les répéter contre le saisi.

Cette opposition n'est pas reçue dans notre Coutume contre un Seigneur d'hôtel, métairie et rente fonciere ; c'est pourquoi l'article 456 dit : « Si un créancier, autre que de loyers de maison, arrérages de rentes » foncieres, ou moissons, fait arrêter, etc. » La raison est que les choses qui exploitent la maison ou métairie, répondent des loyers, fermes et arrérages, quoiqu'elles n'appartiennent pas au débiteur.

Il y a une autre espece d'opposition à fin de récréance, qui est formée par le créancier qui prétend avoir, non un droit de propriété, mais un droit de privilege sur quelques-uns des effets saisis, *V. G.* Si ce créancier opposant prétend qu'il les a vendus à crédit au débiteur ; (je dis à crédit, car s'il les avoit vendus sans jour et sans terme, il en auroit conservé la propriété,) et il s'opposeroit comme propriétaire, et non comme simple privilégié. *Coutume de Paris*, *art.* 176 *et* 177. *Coutume d'Orléans*, *art.* 458.

Ce créancier privilégié peut obtenir la récréance de la chose, et la faire prononcer, ou du moins que la chose sera vendue séparément, et qu'il sera payé sur le prix par privilege ; il doit faire à ses dépens procéder à la reconnoissance de cette chose.

Il y a une espece de récréance, qui se forme de la part du saisi, qui a lieu quand les effets que l'Ordonnance défend de saisir ont été compris dans la saisie ; il demande alors qu'ils en soient distraits, et lui soient laissés.

Lorsque c'est un Maître d'hôtel ou de métairie, qui a fait la saisie à laquelle il y a d'autres créanciers opposants, comme cette récréance ne peut avoir lieu contre le Maître d'hôtel ou de métairie, le Juge peut ordonner qu'il sera sursis à la vente des effets dont le saisi demande la récréance, jusqu'à celle des autres effets ; si les créances du Maître d'hôtel se trouvent acquittées, il sera fait au saisi récréance des effets par lui demandés.

§. V. — *De la concurrence des saisies , et de leur conversion en opposition.*

Saisie sur saisie ne vaut.

Cette regle a lieu, soit à l'égard du premier saisissant, soit à l'égard de différents saisissants : 1°. A l'égard du premier saisissant, celui qui a saisi les effets de son débiteur ne peut faire une seconde saisie, à moins que la premiere n'ait été auparavant terminée, ou qu'il en ait été donné main-levée. *Coutume d'Orléans, art.* 453.

Mais si la premiere saisie ne comprend pas tous les effets du débiteur, le créancier peut saisir incontinent les autres effets qui n'y étoient pas compris, et cette saisie n'est regardée que comme une continuation de la premiere, et non comme une seconde saisie; elle n'est point par conséquent contraire à la regle. *Voyez mes notes sur l'art.* 453, *qui vient d'être cité.* Il sembleroit, aux termes de cet article, qu'il seroit nécessaire qu'il fût exprimé par le procès-verbal que la saisie se fait en continuant la premiere; mais l'usage a établi que ces termes devoient se sous-entendre, quand même ils ne seroient pas exprimés.

2°. La regle s'applique aussi à différents saisissants; ainsi un créancier ne peut saisir les effets qui se trouvent déjà saisis par un autre créancier, et s'il le fait, la saisie de ce second saisissant ne doit point valoir comme saisie, mais se doit convertir en opposition à la premiere saisie.

Quelquefois néanmoins, c'est la seconde saisie qui tient, et la premiere est convertie en opposition : 1°. Lorsque le second saisissant est le Maître d'hôtel ou de métairie, qui saisit les effets exploitant son hôtel, ou métairie pour les fermes et loyers qui lui sont dus; cette saisie doit prévaloir à une précédente qui auroit été faite par un créancier, et la saisie de cet autre créancier doit être convertie en opposition à celle du Seigneur d'hôtel ou de métairie, à moins que ce créancier ne consentît de se charger de toutes les obligations du bail, tant pour le passé que pour l'avenir, et d'en donner caution. *Voyez* ce que j'ai dit dans le Traité du Contrat de Louage, N°. 269.

3°. Entre deux créanciers ordinaires qui ont saisi, lorsque la seconde saisie est plus ample que la premiere, et contient, outre les meubles compris dans la premiere, plusieurs autres effets, le Juge peut ordonner que la seconde saisie, comme plus ample, tiendra, et que la premiere sera convertie en opposition.

Lorsque le premier saisissant n'a point enlevé les effets saisis, ni laissé de gardien qui vacque à cette saisie, il est suspect de collusion, et le second saisissant qui les a enlevés est préféré. Notre Coutume d'Orléans, *art.* 452, en a une disposition précise; on présume en ce cas que la premiere saisie a été feinte et simulée, et c'est la Jurisprudence dans les Coutumes qui n'en parlent point. *Lauriere*, sur l'art. 178 de la Coutume de Paris, rapporte, d'après Labbe, sur l'art. 171 de la même Coutume, un Arrêt du 19 Juin 1591, qui l'a ainsi jugé.

Article VII.
De la vente des effets saisis.

Le saisissant ne peut procéder à la vente des effets saisis qu'il ne laisse écouler une huitaine franche, entre le jour de la saisie, et celui de la vente. *Tit.* 33, *art.* 12.

Ce délai est accordé, tant en faveur du saisi, afin qu'il puisse trouver de l'argent pour s'acquitter, et éviter la vente de ses effets, qu'en faveur des tiers créanciers qui auroient quelques créances ou priviléges à prétendre sur les effets saisis; ou du moins qui auroient intérêt de former opposition pour être payés de leurs créances sur les effets saisis.

Lorsque ce délai est expiré, et qu'il n'y a aucunes oppositions qui arrêtent la vente, ou que, s'il y en a eu, elles ont été terminées, le saisissant, non-seulement peut, mais il doit même procéder à la vente, surtout s'il y a des gardiens, et garnison établie à la garde des effets saisis.

Il y peut être contraint, soit par le saisi, qui a intérêt de n'être pas consommé en frais de garde, soit par chacun des opposants. Le Juge peut néanmoins quelquefois, sur la demande du saisi, et lorsqu'il y a un dépositaire gratuit, proroger le délai de l'Ordonnance, et ordonner qu'il sera sursis pendant un certain temps à la vente ; ce qui doit surtout avoir lieu lorsque le saisi donne des espérances de trouver de l'argent pendant ce temps, et que ces espérances se trouvent fondées; ou lorsqu'il y a lieu de croire que la vente se fera au bout d'un certain temps à un prix plus avantageux.

§. I. — *Comment on procède à la vente.*

Le saisissant, pour parvenir à la vente des effets, n'a pas besoin d'aucune Ordonnance du Juge; il suffit qu'il fasse dénoncer au saisi, à sa personne, ou à son domicile, le jour et l'heure auxquels il entend procéder à la vente, afin qu'il y fasse trouver des enchérisseurs, si bon lui semble. *Tit.* 33, *art.* 11.

L'Huissier, au jour indiqué, doit se faire représenter par le gardien les effets saisis; si le gardien ne les représentoit pas, l'Huissier doit lui faire un commandement de les représenter par le même acte, et sur son refus, l'assigner devant le Juge pour y être condamné par corps, et en des dommages et intérêts.

Les effets ayant été représentés, l'Huissier, après en avoir fait un procès-verbal de récapitulation, et en avoir donné décharge au gardien, doit les faire transporter par des voitures, qu'il doit faire trouver à cet effet; le lieu où ces effets doivent être conduits, doit être le plus prochain marché public, et la vente doit s'en faire au jour et heure accoutumés du marché. *Même art.* 11.

Quelquefois néanmoins la vente ne se fait pas au marché : 1°. Lorsque le saisi et toutes les parties y consentent. *Ordonn. du mois de Février* 1556, *art.* 4 et 5, *rapportée par Fontanon.*

2°. Lorsque les meubles, à cause de leur fragilité, ne peuvent pas se transporter sans risque de les déprécier, ou lorsque la vilité de leur prix ne mérite pas les frais du transport; mais il faut dans ces deux cas une permission du Juge.

Cette vente se fait par une simple exposition; il en faut excepter certains effets précieux qui ne peuvent s'adjuger qu'après trois expositions, à trois jours de marché différents. L'Ordonnance le décide à l'égard des bagues et joyaux, et vaisselle d'argent de la valeur de trois cents livres et plus. *Ibid. art.* 13.

La déclaration du 14 Janvier 1689 a dérogé à l'Ordonnance à l'égard de la vaisselle d'argent; elle ne peut plus, lorsqu'elle est saisie, s'exposer à l'encan, mais elle doit être portée à la Monnoie la plus prochaine, pour y être vendue au prix réglé par l'Ordonnance. La partie saisie doit être assignée pour se trouver à tel jour et telle heure à l'hôtel de la Monnoie pour la voir peser et vendre, et le Sergent doit retirer du Commis de la Monnoie un certificat qui constate le poids et le prix; il doit en dresser son procès-verbal, et garder pardevers lui le certificat qui doit demeurer annexé à son procès-verbal, qui tient lieu de procès-verbal de vente.

Ce que l'Ordonnance veut pour la vente des effets précieux s'observe à Orléans pour la vente des vins saisis; ils ne s'adjugent qu'après trois expositions à la place publique de l'*Etape* destinée pour ces sortes de ventes.

Suivant l'Ordonnance de la Marine, du mois d'Août 1681, *Liv.* 1, *tit.* 14, les barques, chaloupes, et autres bâtiments du port de dix tonneaux, et au-dessous, s'adjugent par le Juge à l'Audience, après trois publications sur le quai, par trois jours consécutifs; ce qui semble devoir être étendu aux bateaux de la Loire, au moins pour les trois publications.

A l'égard des bâtiments plus considérables, comme les Navires, ils se vendent avec des formalités prescrites par la même Ordonnance, à peu près semblables à celles des saisies réelles des immeubles.

Les moulins sur bateaux, quoique meubles, doivent aussi se vendre avec les formalités des saisies réelles. *Louet, lettre M.*

L'Huissier doit adjuger les choses saisies au plus offrant et dernier enchérisseur, *tit.* 33, *art.* 17. Il doit aussi faire mention dans son procès-verbal du nom et domicile des adjudicataires, et il ne peut rien exiger au-delà du prix de l'adjudication, à peine de concussion. *Ibid. art.* 18.

Il ne doit pas lui-même se rendre adjudicataire, même par personne interposée.

Le prix doit être payé sur-le-champ par l'adjudicataire, et l'Huissier ne doit pas lui délivrer les effets qui lui sont adjugés qu'il n'ait payé.

Faute par l'adjudicataire de retirer les effets à lui adjugés, et de les payer, il peut être contraint, en vertu de l'Ordonnance du Juge qui aura déclaré la vente exécutoire. On peut aussi l'assigner aux fins que faute par lui de payer les effets à lui adjugés, ils seront vendus sur sa folle enchère.

L'Huissier, après la vente, doit porter la minute de son procès-verbal de vente au Juge qui doit lui taxer de sa main, et sans frais, son salaire au bas de ce procès-verbal. *Ibid. art.* 21.

L'Huissier doit garder la minute de ce procès-verbal, et en délivrer des grosses, sur lesquelles il doit faire mention de la taxe. *Ibid.*

§. II. — *De la distribution du prix de la vente, et des privileges qui s'exercent sur le prix des effets vendus.*

Lorsqu'il n'y a aucune opposition à la saisie, l'Huissier remet au saisissant le prix de la vente, jusqu'à concurrence de son dû, et le surplus, s'il y en a, au saisi. *Ibid. art.* 20.

S'il y a des oppositions, l'Huissier doit garder les deniers, jusqu'à ce qu'elles soient jugées, ou les remettre à qui le Juge ordonne par un jugement rendu entre toutes les parties. *Ibid.*

Lorsqu'il y a des créanciers privilégiés, ils doivent être payés suivant l'ordre de leurs privileges.

1°. La créance la plus privilégiée est celle des frais de saisie, de garde et de vente; car ils sont faits pour la cause commune de tous les créanciers.

2°. Lorsque ce sont les meubles de la succession d'un défunt qui sont saisis, le privilege des frais funéraires obtient le premier rang, immédiatement après ceux dont nous venons de parler; cette créance est même préférée aux loyers sur les meubles qui exploitent l'hôtel. *Voyez les notes sur l'Acte de notoriété du* 4 *Août* 1692.

Mais il paroît par un autre acte de notoriété du Châtelet de Paris du 24 Mai 1694, contre les Jurés-Crieurs de la même ville, que le privilege sur le prix des meubles d'une succession a été restreint par l'usage au port du corps, et à l'ouverture de la fosse, qu'on appelle frais funéraires *du premier ordre* : le surplus des frais funéraires, qu'on qualifie *du second ordre*, ne se paie que par contribution avec les créanciers privilégiés, au sol la livre, et par privilege à l'égard des autres créanciers non privilégiés.

Ce qui est dû pour la derniere maladie aux Médecins, Chirurgiens, Apothicaires, Gardes, est aussi une créance privilégiée, qui paroîtroit aller d'un pas égal avec les frais funéraires; je pense cependant que dans l'usage elle n'est placée qu'après.

Duplessis ne place ce privilege qu'après le maître d'hôtel, ou de métairie, et c'est ce qui paroît avoir lieu au Châtelet de Paris, suivant l'acte de notoriété du 4 Août 1692, ci-dessus cité; néanmoins cela peut souffrir difficulté.

Le privilege accordé par l'Ordonnance de 1690, *tit.* 13, *art.* 23. au créancier qui a fourni les aliments au prisonnier, est aussi un privilege général; je ne sais s'il doit prévaloir sur celui des Seigneurs d'hôtel, ou de métairie.

Le privilege des deniers royaux est aussi un privilege qui ne doit avoir lieu qu'après les privileges généraux dont nous venons de parler, et à plus forte raison après les privileges particuliers dont nous allons parler, puisque ceux-ci l'emportent sur les généraux.

Ces privileges particuliers qui n'ont lieu que sur certains effets, sont :

1°. Le privilege du nanti de gage sur les effets qui lui ont été donnés en nantissement; cependant pour éviter les fraudes qui pourroient se commettre en fait de faillite, l'Ordonnance de 1673, *tit.* 6. *art.* 8. veut qu'en ce cas le nanti justifie, par un acte pardevant Notaire, que le nantissement s'est fait dans un temps non suspect, faute de quoi les créanciers peuvent l'obliger à restituer les gages qui sont en sa possession, sans qu'il puisse prétendre de privilege sur les gages.

2°. Les Hôtelliers et Maîtres de Pension ont aussi un privilege sur les effets qui sont en leur possession, pour les aliments des personnes qu'ils ont logées et nourries ; car c'est une espece de nantissement. *Coutume de Paris*, *art.* 175. Si une personne avoit logé à différentes reprises, le privilege n'auroit lieu que pour les dernières dépenses.

3°. Le privilege des Seigneurs d'hôtel, sur les effets qui occupent leur hôtel, pour les loyers qui leur en sont dus, a quelque rapport avec les précédents ; ils sont censés avoir en nantissement les meubles, tant qu'ils occupent leur hôtel.

Par le Droit Romain, suivi encore en quelques Coutumes, les Seigneurs de métairie n'ont privilege pour leurs fermes que sur les fruits provenants de leurs héritages, et non sur les meubles qui occupent la métairie ; mais les Coutumes de Paris et d'Orléans, et la plupart des autres, leur donnent ce privilege, ainsi qu'aux Seigneurs d'hôtel.

4°. Les Seigneurs de rente fonciere ont le même privilege sur l'héritage sujet à leur rente fonciere, lorsque c'est le possesseur débiteur de la rente fonciere qui l'occupe lui-même ; mais s'il l'a donné à loyer, ces Seigneurs n'ont de privilege que sur les loyers qui en sont dus à leur débiteur, et ils n'ont aucun droit sur les meubles du locataire qui n'est pas lui-même débiteur.

Nec obstat, que le Seigneur d'hôtel peut saisir les meubles des sous-locataires avec qui il n'a point contracté ; la raison de différence est que le sous-locataire, avec qui il n'a point contracté, a pu facilement connoître que le locataire de qui il sous-bailloit n'était lui-même qu'un locataire, et le sachant, il a dû savoir en même temps que les effets qu'il porteroit en la maison répondroient du loyer du principal locataire ; mais il n'est pas également facile de savoir si une maison est chargée d'une rente fonciere, cette charge n'étant pas facile à connoître.

Lorsqu'une maison est chargée de plusieurs rentes foncieres, subordonnées les unes aux autres, la plus ancienne est préférable, et les Seigneurs de ces rentes sont payés suivant l'ordre de leur création. *Voyez l'introd. au tit.* 19 ß *de notre Cout.* N°. 63.

Le privilege de Seigneur d'hôtel, de métairie et de rente fonciere ne dure que tant que les meubles y sont ; s'ils les ont laissé sortir, ils sont censés avoir renoncé à leur privilege : mais si le locataire, ou fermier, les a délogés à l'insçu du maître d'hôtel, ou métairie, celui-ci conserve son privilege, pourvu qu'il les suive, dans un bref délai, dans l'endroit où ils ont été transportés ; l'usage a réglé ce délai à huit jours, pour les meubles enlevés des maisons de ville, et à quarante jours, pour ceux enlevés des métairies, à compter du jour de l'enlevement.

Si le Seigneur d'hôtel, ou de métairie, ne les arrête pas dans ce temps, quand même il auroit ignoré l'enlevement, il est déchu de son privilege; au contraire, s'il les suit dans ce délai, il conserve son privilege, même contre un maître d'hôtel, chez qui le locataire seroit allé loger; car son locataire n'a pu les obliger, ni les donner en nantissement au nouveau maître d'hôtel au préjudice du droit qu'a le premier, tant que ce droit subsiste, *res priori obligata posteriori obligari non potest.*

Par la même raison, le maître d'hôtel peut, dans le même délai, être préféré au maître de pension, qui les retiendroit pour frais d'hôtellage, ou de nourriture.

Mais s'il s'agissoit d'animaux détournés de la métairie, que l'hôtellier eût nourris, l'hôtellier devroit être préféré au maître de métairie, pour leur nourriture, car il a conservé le gage de ce Seigneur de métairie en nourrissant les bestiaux.

Observez que, quoique ce privilege des maîtres d'hôtel et de métairie ait lieu pour tout ce qui leur est dû, néanmoins ce privilege n'a lieu contre celui de la taille, que pour une année de ferme seulement. *Déclaration du* 28 *Août* 1665.

Il y a certains privileges particuliers qui passent avant celui des Seigneurs de métairie.

1°. Celui des Moissonneurs, sur les grains dont ils ont fait la récolte.

2°. Celui des Métiviers, sur ceux dont ils ont fait la métive.

3°. Celui des Valets de labour, sur les fruits provenus des terres qu'ils ont labourées, pour le dernier terme de leur gage, couru depuis la Saint Jean, jusqu'à la Toussaint; ces quatre mois leur sont payés sur le prix d'une demi-année, parce que c'est le fort du travail.

Il y a certaines provinces où on accorde le même privilege aux Charrons, Maréchaux, Bourreliers, pour les ouvrages et fournitures de la derniere année qu'ils ont faits et fournis aux laboureurs; mais nous avons dans notre Province rejetté, avec raison, ce privilege.

4°. Celui qui a fourni les tonneaux a aussi un privilege sur le vin qui y est contenu, avant les autres créanciers, même avant le Seigneur de métairie; car les tonneaux qu'il a fournis servent à conserver le vin à tous les créanciers.

5°. Les valets de Vignerons ont un privilege pour une année de leurs gages sur les fruits provenus des vignes qu'ils ont façonnées pendant la derniere année; il sembleroit que ce privilege devroit aller avant celui des Seigneurs de métairie, néanmoins l'Auteur des notes de 1711, sur notre Coutume, ne le place qu'après.

On n'accorde point ici de privilege à celui qui a fourni des échalas, ou du fumier pour fumer, ou pour encharneler les vignes.

Il y a plusieurs autres privileges particuliers qui l'emportent sur les généraux, (excepté les frais funéraires, qui l'emportent sur tous les autres) mais qui ne vont qu'après celui du Seigneur d'hôtel. Tel est le privilege de celui qui a fourni la semence, il a un privilege sur les grains qui en sont provenus; mais ce privilege ne va qu'après le Seigneur de métairie, à moins que ce Seigneur n'eût consenti par écrit qu'il fournît la semence; auquel cas il lui seroit préféré, ce qui se fait assez souvent.

Les pâtres ont, pour une année de leurs services, un privilege sur les troupeaux qu'ils ont gardés; il sembleroit naturel qu'ils dussent être préférés au Seigneur de métairie, puisque ce sont eux qui lui ont conservé le troupeau; cependant je crois que l'usage est de ne les placer qu'après.

Les voituriers qui ont voituré des marchandises, les teinturiers qui les ont teintes, ont aussi, pour ce qui leur est dû, un privilege sur ces marchandises pendant le temps que dure leur travail; mais lorsque les marchandises ne sont plus en leur possession, ou qu'elles se trouvent être dans la maison de leur débiteur, leur privilege ne va qu'après celui du maître d'hôtel.

A l'égard des autres ouvriers qui ont travaillé et façonné quelque chose, je pense que leur privilege ne dure que tant que cette chose est en leur possession, et qu'ils n'ont que la retention de la chose; mais que lorsqu'ils l'ont délivrée, ils n'ont plus de privilege.

Le vendeur a privilege sur la chose qu'il a vendue pour le prix qui lui est dû; mais son privilege ne va qu'après celui du maître d'hôtel.

A l'égard du vendeur qui a vendu sans terme, il demeure propriétaire de la chose, par conséquent il peut en demander la récréance, ainsi que nous l'avons vu ci-dessus. *Cout. de Paris*, art. 176 et 177. *Cout. d'Orléans*, art. 458.

Celui qui a arrêté une bête qui lui a causé du dommage, et l'a fait saisir par un Sergent, dans les vingt-quatre heures, a aussi un privilege: doit-il l'emporter sur le Seigneur de métairie?

Observez, à l'égard des créanciers qui ont un privilege particulier, qui ne passe qu'après celui du maître d'hôtel, de métairie, ou rente foncière, qu'ils doivent exercer leur privilege sur les choses qui y sont sujettes, s'il y a de quoi satisfaire le maître d'hôtel dans le prix des autres effets.

Après les privileges particuliers viennent les généraux, dans l'ordre que nous avons dit.

Nous avons oublié de parler d'un privilege qu'on accorde à Paris aux domestiques de ville pour une année de leurs gages. *Voyez* encore l'acte de notoriété du Châtelet de Paris, du 4 Août 1692, ci-dessus cité; ce privilege est très-favorable et paroîtroit devoir être suivi ailleurs; cependant je n'ai pas vu ce privilege employé dans les ordres et distributions.

Les intérêts et frais dus aux créanciers privilégiés sont regardés comme accessoires de leurs créances, et sont payés par privilege également comme le principal.

Les meubles, dans la Coutume de Paris, art. 170, et dans celle d'Orléans, art. 447, ne sont pas susceptibles d'hypothèques; c'est pourquoi les créanciers hypothécaires n'ont pas plus de droit que les simples chirographaires ; ils ne viennent point en ordre d'hypothèque comme en Normandie, dans quelques autres Coutumes et dans le pays de Droit Écrit ; mais ce qui reste du prix, après les privilégiés payés, se distribue entre tous les autres créanciers au marc la livre de leurs créances. Cette contribution au marc la livre n'a lieu que lorsque le débiteur est en déconfiture. Quand il reste d'autres biens et effets pour satisfaire les créanciers, le plus diligent et premier saisissant est préféré aux autres créanciers, sur les effets qu'il a saisis.

Section III.

De la Saisie-arrêt des choses incorporelles mobiliaires.

Le créancier de quelqu'un qui a obtenu contre lui un jugement de condamnation d'une somme certaine et liquide qui a passé en force de chose jugée, ou qui est de nature à s'exécuter par provision, ou celui qui est créancier en vertu de quelqu'autre acte exécutoire, peut contraindre son débiteur au payement sur tous ses biens, de quelque espece qu'ils soient, et par conséquent il peut, non-seulement prendre par exécution ses meubles, saisir réellement ses immeubles, mais il peut aussi faire saisir et arrêter les créances de son débiteur.

On peut même, suivant *l'art.* 144 de l'Ordonnance d'Orléans, saisir et arrêter en vertu d'une simple promesse non reconnue ; mais il faut en ce cas une permission du Juge, qui ne l'accorde, suivant l'usage, qu'aux risque, peril et fortune du créancier qui la demande.

§. I. — *Définition de la Saisie et Arrêt.*

On peut définir la saisie-arrêt, un acte judiciaire, fait par le ministere d'un Huissier, par lequel un créancier met sous la main de Justice les créances qui appartiennent à son débiteur, avec assignation aux débiteurs de son débiteur, pour déclarer ce qu'ils doivent, et être condamnés à en faire délivrance à l'arrêtant, jusqu'à concurrence de ce qui lui est dû, et assignation au débiteur de l'arrêtant pour consentir l'arrêt.

Ces assignations données au débiteur arrêté, et au débiteur pour le fait duquel se fait l'arrêt, et qui est le créancier du débiteur, distinguent *la saisie-arrêt* du *simple arrêt*.

C'est un *simple arrêt*, lorsque le créancier se contente de signifier au débiteur de son débiteur, qu'il arrête tout ce qu'il doit à son débiteur, sans assignation pour faire la déclaration de ce qu'il doit et en faire délivrance entre les mains des créanciers opposants.

Cet acte tend à dépouiller entierement celui pour le fait duquel se font les arrêts.

§. II. — *Quelles créances ne sont pas susceptibles de Saisies-Arrêts.*

De même qu'il y a certains meubles corporels qui ne peuvent être pris par exécution, il y a aussi certaines créances qui ne sont pas susceptibles de saisie-arrêt.

On ne peut saisir et arrêter entre les mains du Receveur d'un Chapitre ce qui est dû à un Chanoine, ni à un Pourvu de Prébende pour distributions quotidiennes.

Pareillement on ne peut saisir et arrêter le casuel d'un Curé ni les oblations.

Les honoraires dus aux Ecclésiastiques à cause de leur service actuel, et les revenus des titres cléricaux, sont pareillement insaisissables, suivant les *art.* 12 et 13 de l'Ordonnance d'Orléans.

Mais les autres revenus des bénéfices sont susceptibles de saisie-arrêt, comme les autres biens; on laisse néanmoins aux Évêques et Prélats une pension alimentaire sur les revenus de leurs bénéfices, qui peut aller jusqu'au tiers de leurs revenus.

Il semblerait que les portions congrues des Curés ne devroient pas être susceptibles de saisie-arrêt, étant destinées pour leurs aliments; néanmoins comme il n'est pas juste qu'ils affrontent leurs créanciers, il y a un Arrêt du Grand Conseil du 17 Mai 1706, rapporté par Brillon, Tom. V. fol. 272. col. 7. qui a jugé contre le Curé de Blesse, que la saisie de son créancier tiendroit sur le tiers de sa portion congrue, que le créancier recevroit tous les ans, jusqu'à fin de payement.

La solde des soldats, les appointements des Officiers Militaires ne peuvent être saisis, si ce n'est pour dettes contractées pour leur nourriture et équipages; encore même pour ces dettes, on leur en laisse une portion.

La déclaration du 4 Mai 1720, pour les Maréchaussées, porte que, pour ces dettes, on ne pourra leur retenir que la moitié de leur solde.

A l'égard des gages des Officiers de Maréchaussées, ils peuvent être saisis par les créanciers dont les deniers ont été employés à l'acquisition de leurs Offices, mais ils ne peuvent l'être par d'autres.

Les gages des Officiers de la Maison du Roi ne peuvent pareillement être saisis, suivant les Ordonnances et Déclarations de 1353, 1567 et 1586, rapportées dans le Code Henri, par Fontanon, si ce n'est pour leur nourriture et équipages, suivant un Arrêt du Conseil de 1698.

Les pensions des Officiers, Chevaliers de l'Ordre du Saint-Esprit, et de leurs veuves, ne sont susceptibles d'aucune saisie-arrêt. *Edit du mois de Décembre* 1725. *art.* 4. *Arrêt du* 13 *Octobre* 1711.

Les gages et appointements des Commis des Fermes n'en sont pas non plus susceptibles. *Ordonnance des Fermes du mois de Juillet* 1681, *tit. commun. art.* 14.

Les épices et vacations des Juges, et autres Officiers de judicature; les émoluments et honoraires des Professeurs n'en sont pas susceptibles.

Les revenus des biens qui ont été donnés, ou légués, à la charge de n'être susceptibles d'aucune saisie-arrêt, n'en sont pas susceptibles; car il est permis au donateur, ou testateur d'apposer telle condition que bon lui semble à sa libéralité; c'est ce qui a été jugé par Arrêt du 29 Novembre 1734, qui a donné main-levée des saisies-arrêts d'un usufruit légué par un parent collatéral, à la charge de ne pouvoir être saisi.

Les rentes viagères sur l'Hôtel-de-Ville et sur les Tontines n'en sont pas susceptibles suivant les clauses des Edits de leur création ; il en est de même des loyers des maisons de Versailles, si ce n'est pour dettes privilégiées. *Déclaration du* 25 *Mars* 1696.

Voyez sur plusieurs autres créances qui ne sont pas susceptibles de saisie-arrêt, la collection de Denizart, *verbo Saisie-Arrêt, N°.* 23 *et suiv.*

§. III. — *De la Procédure de la Saisie-Arrêt.*

Le Sergent, à la Requête du créancier arrêtant, déclare au débiteur arrêté, par un acte qui lui est signifié à sa personne, ou à domicile, qu'il saisit, arrête, et met sous la main de Justice, tout ce qu'il peut devoir et devra par la suite à celui pour le fait duquel l'arrêt se fait ; pour sûreté de cette somme due à l'arrêtant, l'Huissier lui fait défenses de payer à d'autres, l'assigne devant le Juge du débiteur, pour le fait duquel l'arrêt est fait, pour faire la déclaration de ce qu'il doit, et pour en faire le payement à l'arrêtant, jusqu'à concurrence de ce qui lui est dû.

Le créancier arrêtant dénonce ensuite, par le ministère du Sergent, cette saisie-arrêt à son débiteur, et l'assigne pour consentir l'arrêt, et voir ordonner la délivrance des sommes arrêtées entre les mains de l'arrêtant.

Cette assignation forme une instance qui se poursuit comme les autres.

L'arrêté doit déclarer s'il doit quelque chose à celui pour le fait duquel l'arrêt est fait, et combien il doit.

Si cet arrêté ne comparoît pas, ou qu'après avoir comparu, il ne fasse pas de déclaration, l'arrêtant obtient contre lui un jugement par défaut, qui, faute par lui d'avoir fait sa déclaration, le condamne à payer les causes de l'arrêt, c'est-à-dire, la somme due à l'arrêtant pour laquelle est fait l'arrêt.

L'arrêté ainsi condamné peut se faire décharger de cette condamnation sur l'appel qu'il interjettera, ou sur l'opposition qu'il formera devant le même Juge en faisant sa déclaration ; mais en ce cas, il doit être condamné aux dépens de la cause principale, ou à ceux de réfusion.

Lorsqu'il y a un titre de créance contre l'arrêté, comme un bail à rente, ou à ferme, qui lui a été fait, ou un contrat de vente, ou une obligation que lui ou ses auteurs ont contractés avec la personne pour le fait de laquelle l'arrêt est fait, il ne suffit pas de dire qu'il ne doit rien, ou qu'il ne doit qu'une telle somme, il faut qu'il justifie sa déclaration par le rapport des payements qu'il a faits, lesquels doivent avoir été faits avant l'arrêt, autrement ils seroient censés avoir été faits en fraude de l'arrêtant.

Si l'arrêté nie contre la vérité devoir aucune chose au débiteur, pour le fait duquel l'arrêt est fait, le Juge doit permettre en ce cas à l'arrêtant de compulser les titres de créance.

Lorsqu'on ne peut produire contre l'arrêté aucun titre de créance, il faut nécessairement s'en tenir à sa déclaration ; s'il déclare ne rien devoir, et qu'on ne puisse pas justifier qu'il doit, le Juge doit donner congé de l'arrêt, et condamner l'arrêtant aux dépens.

Lorsqu'il y a contestation sur ce qu'il peut devoir, il peut demander à être renvoyé devant son Juge, c'est l'avis de M. Rousseau.

Lorsqu'il y a d'autres créanciers qui ont fait des saisies-arrêts, ou même de simples arrêts entre les mains de l'arrêté, ou des cessionnaires de la créance arrêtée, auxquels elle auroit été transportée, cet arrêté doit les dénoncer au créancier arrêtant, afin qu'il les mette en cause ; car l'arrêté a intérêt de ne faire la délivrance des deniers arrêtés qu'en vertu d'un jugement rendu avec tous les arrêtants et cessionnaires par transport, afin d'avoir sa sûreté contre tous.

Le créancier arrêtant, à qui cette dénonciation est faite, doit les mettre en cause, afin de faire juger à qui les sommes arrêtées seront adjugées et délivrées ; c'est ce qui forme l'*instance de préférence*, entre tous les créanciers arrêtants, et entre tous les cessionnaires par transport.

Celui pour le fait duquel l'arrêt est fait, et qui est assigné pour le consentir, peut de son côté opposer ses moyens, s'il en a contre l'arrêt, soit quant à la forme, soit quant au fond ; soit qu'il prétende ne rien devoir, soit qu'il prétende que l'arrêtant n'a pas titre suffisant pour l'arrêter. Si ces moyens sont trouvés valables, le Juge doit prononcer la main-levée de la saisie-arrêt, avec dépens ; l'arrêtant est même quelquefois condamné en des dommages et intérêts, lorsque deux choses concourent :

1°. S'il est prouvé qu'il n'étoit rien dû à l'arrêtant.

2°. S'il paroît que celui pour le fait duquel l'arrêt a été fait a souffert effectivement quelque dommage par l'arrêt des sommes qu'il n'a pu toucher de ses débiteurs arrêtés.

§. IV. — *De l'effet de la Saisie-Arrêt.*

L'effet de la saisie-arrêt est que, dès qu'elle est faite, la créance arrêtée étant mise sous la main de Justice, celui à qui elle appartient, et pour le fait duquel elle est arrêtée, n'en peut plus disposer ; il ne peut donc pas la transporter au préjudice du droit de l'arrêtant, il ne peut la recevoir, et l'arrêté qui, au préjudice de l'arrêt, payeroit à son créancier, seroit à la vérité bien libéré envers son créancier, mais il ne le seroit pas envers l'arrêtant, qui peut le faire condamner à lui faire délivrance de la somme qu'il devoit lors de l'arrêt, sans avoir égard au payement qu'il a fait depuis, sauf son recours en répétition contre son créancier, à qui il a mal-à-propos payé depuis l'arrêt.

Par la même raison, le créancier, pour le fait duquel l'arrêt est fait, ne peut pas, au préjudice des arrêtants, décharger son débiteur arrêté de son obligation ; d'où il suit que, si un créancier a arrêté les loyers échus, et à échoir, sur les locataires de son débiteur, ce débiteur ne peut pas, au préjudice de l'arrêtant, annuler le bail pour l'avenir, par une convention entre lui et son débiteur, car ce seroit décharger les locataires de leurs obligations pour les années à échoir, et ces années étant arrêtées, il ne peut, au préjudice de l'arrêtant, en disposer.

§. V. — *De la préférence entre les Créanciers arrêtants.*

De même que sur le prix des meubles exécutés, les créanciers privi
légiés sont payés avant tous les autres, de même entre plusieurs créan
ciers arrêtants, les créanciers privilégiés doivent être payés sur les somme
dues à leur débiteur commun avant les autres, selon l'ordre de leur pri
vilege; celui des frais funéraires précede tous les autres.

Après ce privilege on doit placer, pour les fermes et loyers arrêtés
ce qui est dû aux maçons, couvreurs et autres ouvriers, pour les répa
rations nécessaires qu'ils ont faites à la maison, ou métairie, dont les
fermes et loyers sont arrêtés; la raison de ce privilege est que, sans ces
réparations, la maison, ou métairie, n'auroit pas été occupée, et par con
séquent produit des loyers ou des fermes; ils ont donc travaillé pour la
cause commune de tous les créanciers, et par conséquent ils doivent être
préférés à tous.

Les ouvriers qui ont travaillé à des ouvrages non nécessaires, mais
utiles, ont bien un privilege sur le fond de la plus value de la maison,
eu égard aux dernières impenses, lorsque cette maison est vendue en
décret; mais je ne pense pas qu'ils ayent de privilege sur les loyers, à
plus forte raison ne doivent-ils point l'avoir pour les impenses.

Le privilege des ouvriers pour des réparations nécessaires, lorsque le
marché est verbal, ne doit avoir lieu que lorsqu'ils ont intenté leur de
mande dans l'année, pour être payés; car leur action étant éteinte par
le laps de l'année, le privilege attaché à cette action ne peut plus sub
sister. *Coutume d'Orléans, art.* 265. *Ordonnance de* 1673, *tit.* 1, *art.* 7.

Cela doit avoir lieu quand même le débiteur conviendroit que les ou
vriers n'ont pas été payés; car cet aveu empêche bien la prescription de
cette action des ouvriers contre le débiteur, mais il ne doit pas leur ser
vir contre des tiers, c'est-à-dire, contre les autres créanciers arrêtants,
qui, si cela étoit admis, seroient exposés à être fraudés de leurs créances,
par le concert de la fraude entre le débiteur et les ouvriers qui feroient
revivre les créances acquittées.

Par la même raison, je pense que l'ouvrier ne peut exercer son privi
lege après l'année, quoiqu'il rapporte un marché ou un arrêté de compte
sous signature privée, et que cela ne doit proroger son action que contre
son débiteur; mais si l'ouvrier étoit fondé dans un marché fait pardevant
Notaire, je pense qu'il pourroit exercer son privilege, même après l'année.

Après les ouvriers, les Seigneurs doivent être payés, par privilege,
sur les fermes et loyers des métairies et maisons étant dans leurs cen
sives et fiefs, pour les droits Seigneuriaux qui leur sont dus.

Ensuite doivent être colloqués les Seigneurs de rente fonciere, pour
les arrérages dus; et, s'il y a plusieurs rentes foncieres, elles doivent être
placées selon l'ordre de leur création.

Le vendeur d'un héritage a un privilege sur l'héritage, pour le prix
qui lui est dû; mais il n'a aucun privilege sur les loyers ou fermes de cet
héritage, car son privilege n'a lieu que sur la chose même qu'il a vendue.

Par la même raison, le créancier d'une rente constituée pour le prix d'un héritage, n'a aucun privilege sur les fermes et loyers de cet héritage.

Après ces privileges particuliers, on doit colloquer les privileges généraux dont nous avons parlé en la Section précédente.

Après ces privileges, le créancier premier arrêtant est préféré au second, le second au troisieme, lorsqu'il n'y a pas de déconfiture de leur débiteur commun; car, s'il y avoit déconfiture, ils viendroient tous au marc la livre. *Cout. d'Orléans, art.* 448 *et* 449.

Observez néanmoins que lorsqu'une saisie-arrêt est faite d'arrérages, loyers et fermes échus et à écheoir, le premier arrêtant est à la vérité préféré aux postérieurs, sur tout ce qui est échu avant les saisies-arrêts postérieures des autres créanciers, suivant la regle *melior conditio occupantis ;* mais il vient en concurrence avec les arrêtants postérieurs, sur tout ce qui n'étoit point encore échu lors des saisies-arrêts postérieures, *nec enim occupare potuit quod nondùm extiterat.*

§. VI. — *De la préférence entre les créanciers arrêtants, et ceux par transport.*

Non nudis conventionibus sed traditionibus dominia rerum transferuntur, L. 20. *Cod. de pactis.* Ce principe, qui a lieu pour les ventes et cessions des choses corporelles, s'applique aux incorporelles, telles que sont les créances, et comme ces choses ne sont pas susceptibles de tradition réelle, on imagine quelque chose qui équipolle à la tradition à l'égard de ces choses; c'est la signification faite au débiteur de la cession, ou transport de la créance, qui équipolle à cet égard à la tradition; c'est ce qui résulte de l'art. 108 de la Coutume de Paris, qui dit : « Un simple » transport ne saisit point, et faut signifier le transport à la partie, et en » bailler copie auparavant que d'exécuter ».

Celui qui a transporté la créance qu'il a contre quelqu'un, en demeure donc propriétaire jusqu'à ce que le cessionnaire ait signifié son transport au débiteur ; le cessionnaire ne devient propriétaire de la créance cédée que par cette signification.

L'acceptation que le débiteur fait du transport équipolle à cette tradition, et, par cette acceptation, le cédant est dépouillé, et le cessionnaire revêtu de la créance transportée ; mais cette acceptation, pour avoir effet contre un tiers, doit avoir une date certaine, c'est-à-dire, celle d'un acte reçu pardevant Notaire : si cette acceptation s'est faite par un acte sous signature privée, l'acte n'a de date contre le tiers que du jour qu'il est rapporté au contrôle, ou du jour que la mort de l'une des parties, qui l'a signé, en a assuré la date.

Observez aussi que la signification et l'acceptation du transport ne peuvent saisir le cessionnaire de la créance qui lui est transportée, que lorsqu'elle lui est échue; car il n'est pas possible *per rerum naturam* d'être saisi de ce qui n'existe pas encore : lors donc que quelqu'un a cédé des arrérages, loyers, ou fermes à échoir, le cessionnaire, quoiqu'il ait fait signifier le transport, ou qu'il l'ait fait accepter par son débiteur, n'en est saisi qu'au moment de l'échéance, qui arrive après la signification du transport.

De ces principes il résulte : 1°. Que, lorsqu'un débiteur a fait transport d'une créance, quoique déjà échue, les créanciers de ce débiteur ne laissent pas de pouvoir la saisir et arrêter valablement, tant que le cessionnaire n'a point encore fait signifier ou accepter son transport ; c'est pourquoi le créancier arrêtant sera préféré au cessionnaire, qui n'aura fait signifier ou accepter son transport, que depuis la saisie-arrêt du créancier, et ce cessionnaire n'aura que l'action *ex empto* contre son cédant, pour lui faire rapporter main-levée des saisies-arrêts, ou le montant de la créance.

2°. Si au contraire le cessionnaire d'une créance échue a fait signifier ou accepter son transport, avant les saisies-arrêts des créanciers du cédant, il faudra donner congé de leur saisie et arrêt ; ce qu'ils ont arrêté ayant cessé, avant leur arrêt, d'appartenir à leur débiteur.

3°. Si le débiteur a fait transport de quelque créance qui n'étoit pas encore échue, la signification et l'acceptation du transport n'empêchent point les créanciers du cédant de l'arrêter, jusqu'à ce qu'elle soit échue, et en ce cas, ils viennent par concurrence au marc la livre, avec le cessionnaire qui a signifié, ou fait accepter son transport avant l'échéance ; cette signification ou acceptation n'équipolle en ce cas qu'à un arrêt.

4°. Si la même créance a été cédée à deux différentes personnes, en différents temps, le second cessionnaire sera préféré au premier, s'il a le premier signifié son transport au débiteur, comme étant le premier saisi. *Argum. L. quoties duobus*, 15. *Cod. de rei vindicatione.*

Voyez ce que nous avons déjà dit *du transport des rentes et autres créances*, dans notre *Traité du Contrat de Vente*, Tom. 2, chap. 4.

SECTION IV.

Des simples Arrêts, tant des choses corporelles, que des créances.

Le simple arrêt est un acte judiciaire par lequel un créancier, pour sa sûreté, met sous la main de Justice le choses appartenantes à son débiteur, pour l'empêcher d'en disposer. Il est bien différent de la saisie-exécution et de la saisie-arrêt ; car l'exécution se fait à l'effet de vendre les meubles exécutés, et la saisie-arrêt aux fins de faire vider, au débiteur arrêté, les mains en celles de l'arrêtant, au lieu que le simple arrêt se fait seulement pour conserver les choses arrêtées, et empêcher que le débiteur n'en dispose.

On arrête, ou des meubles corporels, en les faisant arrêter par un Sergent qui y établit un gardien, ou des créances en signifiant au débiteur, par un Sergent, un acte par lequel il lui déclare qu'on arrête ce qu'il doit et pourra devoir à un tel, avec défense de lui payer.

L'exploit d'arrêt doit être revêtu des mêmes formalités que les autres exploits.

Il y a cette différence entre les exécutions et les simples arrêts, qu'on ne peut procéder aux exécutions que pour des créances liquides et exigibles, pour lesquelles le créancier a un titre exécutoire; au lieu qu'on peut en plusieurs cas procéder par voie de simple arrêt, sans être fondé sur un titre exécutoire, ou en vertu de la Loi, ou en vertu d'une permission du Juge.

La Coutume d'Orléans permet d'arrêter sans titre exécutoire les biens d'un débiteur, dans les cas qui suivent : 1°. Suivant l'article 441, lorsqu'un débiteur vient à mourir, si tous les héritiers sont demeurants hors le Bailliage d'Orléans, les créanciers peuvent faire arrêter tous les effets qui sont dans le Bailliage, quoiqu'ils ne soient créanciers que par des actes sous seing-privé, ou même qu'ils n'ayent aucun titre de leurs créances.

Si les héritiers assignent les arrêtants en main-levée d'arrêt, et prétendent qu'il n'est rien dû à l'arrêtant, le Juge doit accorder un bref délai à l'arrêtant, pour informer de sa créance, soit par témoins, dans les cas où cette preuve seroit admissible, ou autrement; et faute par lui d'en informer, le Juge doit donner main-levée de son arrêt : lorsqu'il a informé de sa créance, l'arrêt tient jusqu'au payement, suivant le même article 441.

A plus forte raison, lorsqu'un débiteur ne laisse aucun héritier, les créanciers, quels qu'ils soient, peuvent arrêter les effets de la succession.

2°. Suivant l'article 442 de la même Coutume, les habitants d'Orléans ont, par privilege, le droit d'arrêter les effets des Forains, c'est-à-dire de ceux qui ne sont pas d'Orléans, pour ce que ces Forains leur doivent par quelque marché ou convention fait dans la ville, fauxbourgs et banlieue d'Orléans, quand même le marché ne seroit que verbal; et en cas d'opposition, il suffit, pour que l'arrêt tienne par provision, que l'arrêtant informe de sa créance par un simple témoin, ce qui doit se faire dans les vingt-quatre heures, ou autre délai qui lui sera fixé par le Juge.

3°. Suivant l'article 445, ceux qui ont fait la métive ou cueillette des grains, ou *des blés* (ce qui doit s'entendre aussi de ceux qui ont fait la vendange), parcillement les voituriers par eau ou par terre, peuvent faire arrêter les blés, charrettes, chevaux, marchandises et biens de leurs débiteurs, ce qu'il faut restreindre à ceux qu'ils ont recueillis, métivés ou conservés; et à l'égard des voituriers, aux choses dont ils font la conduite, et les voitures; dans tous ces cas, on n'a pas besoin d'une permission du Juge, la Loi en accorde le droit.

On peut encore procéder par arrêts des biens de son débiteur, sans titre exécutoire, en vertu d'une permission du Juge, dans les cas suivants :

1°. Dans le cas où un créancier est fondé dans un billet sous signature privée du débiteur, quoiqu'il ne soit pas encore reconnu, le Juge lui permet d'arrêter les biens du débiteur.

2°. Toutes les fois qu'un Marchand fait faillite, s'absente, détourne ses effets, le Juge peut permettre à ses créanciers de procéder par voie d'arrêt.

Une autre différence entre le simple arrêt et exécution, c'est que celle-ci doit être précédée d'un commandement qui ait mis le débiteur en demeure, parce qu'elle tend à le dépouiller; au lieu qu'il n'est pas nécessaire que l'arrêt soit précédé d'un commandement, parce qu'il ne tend qu'à conserver.

Le simple arrêt se convertit quelquefois, par la suite, en exécution, lorsque le créancier, qui a commencé par un simple arrêt, obtient par la suite Sentence de condamnation contre son débiteur, et après lui avoir fait signifier, lui fait commandement de payer, avec déclaration que faute par lui de le faire, son simple arrêt demeurera converti en saisie-exécution, et qu'il sera procédé à la vente des effets saisis.

PREMIER APPENDICE.
De la Saisie-Gagerie.

La saisie-gagerie, qui a lieu dans la Coutume de Paris, suivant les articles 161, 162 et 163, est un acte par lequel le propriétaire d'une maison, ou le créancier d'une rente assise sur une maison de la Ville ou Faux-bourgs de Paris met sous la main de Justice, par le ministere d'un Sergent, les meubles du locataire exploitant cette maison, et les laisse à sa garde jusqu'à ce qu'il en ait fait ordonner la vente.

Observez que l'article 163 ne parle que des rentes constituées; mais comme ces rentes ne sont plus des charges réelles, il ne doit avoir son application qu'à l'égard des rentes foncieres.

Cette saisie-gagerie tient plutôt de la nature de l'arrêt, que de l'exécution, puisqu'elle ne donne aucun droit au saisissant de vendre les effets saisis, et qu'il faut qu'il fasse ordonner de la vente par le Juge.

Elle diffère des autres arrêts et saisies, en ce que les effets saisis ne sont point mis en la garde d'autres personnes, mais sont laissés en la garde du locataire même, sur lequel on saisit.

Le locataire, par cette saisie-gagerie, devient dépositaire de Justice de ses propres meubles, et est par conséquent obligé par corps de les représenter, lorsqu'il en sera requis, après que, sur l'assignation qui lui aura été donnée, la vente en aura été ordonnée.

Un principal locataire a droit de procéder par saisie-gagerie sur les meubles des sous-locataires, de même que le propriétaire aux droits duquel il est. La Coutume de Paris n'en a point de disposition, mais l'usage est constant.

SECOND APPENDICE.
De la Saisie-Arrêt à fin de revendication.

Le propriétaire de meubles, qui en a perdu la possession, doit avant de les revendiquer, obtenir sur une requête, une permission du Juge de saisir et arrêter ces meubles, en quelques mains qu'ils soient.

Le Sergent, porteur de cette permission, se transporte chez celui en la possession duquel sont ces meubles, et les saisit et arrête, jusqu'à ce qu'il ait été statué sur la demande en revendication de ces meubles, qu'il forme en même temps, ou pour laquelle il donne assignation au possesseur.

Cette saisie-arrêt peut se faire, non-seulement par des propriétaires, mais par ceux qui prétendent quelque droit de gage; on peut obtenir, sur une requête, permission du Juge de les arrêter chez des tiers , chez qui ils seroient trouvés, et en conséquence les y arrêter par Sergent, avec assignation aux possesseurs, pour être condamnés à les mettre en la possession du gardien établi à la saisie.

Par la même raison, les Seigneurs d'hôtel , ou de métairie, obtiennent, dans le temps prescrit par l'usage, la permission d'arrêter les meubles détournés de leurs hôtels, ou métairies, par leurs locataires, ou fermiers ; (dans notre Province, ce temps est de quarante jours pour les meubles enlevés des métairies, et de huit jours pour ceux enlevés des maisons de ville, soit que le Seigneur ait eu connoissance ou non de l'enlevement, soit que le locataire les ait enlevés de bonne foi, ou en fraude de son Seigneur.) Si les meubles enlevés avoient été vendus en Justice, le Seigneur ne seroit plus en droit de les réclamer ; la vente judiciaire est une espece de décret qui purge ce droit du Seigneur. Il faut dire la même chose s'ils ont été vendus en foire, marché, ou place publique.

Il faut, pour que le Seigneur puisse exercer son droit de suite, que les meubles soient reconnoissables, et n'ayent pas changé de nature.

Quand les meubles ont été acquis de bonne foi par le possesseur, la reconnoissance doit être faite aux dépens du Seigneur qui exerce son droit de suite, sauf à répéter ces frais contre son débiteur.

Section V.

De la Saisie-réelle.

La saisie-réelle est un acte judiciaire par lequel un créancier met sous la main de Justice l'héritage, ou autres immeubles de son débiteur, à l'effet d'en poursuivre la vente, pour être payé sur le prix.

Article premier.

Pour quelles dettes, sur qui, et dans quelles Jurisdictions peut-on saisir réellement?

§. I. — *Pour quelles dettes ?*

On ne peut saisir réellement les biens de son débiteur, quels qu'ils soient, que pour une dette qui provienne d'un titre exécutoire, c'est-à-dire , d'un jugement dont il n'y ait point d'appel, ou qui s'exécute par provision, nonobstant l'appel, ou d'un acte pardevant Notaires, comme nous l'avons dit ci-dessus, *Part. IV. chap. 2. Sect. 2. art. 1. §. 2.*

Il faut encore, comme nous l'avons remarqué au même endroit, que cette dette soit certaine et liquide.

On ne pourroit pas saisir pour une condamnation de dépens non taxés, ou dommages et intérêts non liquidés. Au reste, la dette d'une certaine quantité de grains est regardée comme liquide, quoique les grains n'ayent pas encore été appréciés; et on peut saisir réellement pour cette dette; mais on ne peut passer à la vente que l'appréciation n'en ait été faite.

Il est évident qu'on ne peut saisir pour une dette, avant que la condition sous laquelle elle est due existe, ni même avant que le terme de paiement soit échu; ceci n'a lieu cependant qu'à l'égard du terme accordé par la convention, et qui en fait partie, car le terme de grace, accordé à des débiteurs, par des lettres de répit, n'empêche point qu'on ne puisse exécuter les meubles, et saisir réellement les immeubles de celui qui les a obtenues, et poursuivre le bail judiciaire et les criées, sauf néanmoins que le créancier ne peut pas, tant que le terme de ces lettres dure, procéder à la vente, que du consentement du débiteur, si ce n'est de meubles périssables. *Ordonnance de* 1669, *tit.* 6. *art.* 6.

Les lettres d'Etat n'empêchent point pareillement qu'on ne puisse procéder à la saisie-réelle des immeubles de celui qui les a obtenues; mais elles ont cela de plus que les lettres de répit, qu'elles empêchent qu'on ne puisse procéder au bail judiciaire, si elles ont été signifiées auparavant; si elles ne l'ont été que depuis, non-seulement elles n'empêchent pas l'exécution du bail judiciaire, mais elles n'empêchent pas même de procéder au nouveau bail après qu'il est expiré. *Déclaration du* 23 *Décembre* 1702. *art.* 12.

Enfin, il faut que la dette pour laquelle on saisit réellement des immeubles, soit d'une certaine considération; il seroit trop dur pour un débiteur de se voir dépouiller, pour une somme modique, de son patrimoine, d'autant plus que ces saisies ne peuvent se faire sans de grands frais; la plupart des Auteurs pensent par ces raisons que la somme pour laquelle on peut saisir doit être au moins de cent livres, et c'est ce qui s'observe ici dans l'usage, nonobstant l'acte de notoriété du Châtelet d'Orléans, du 21 Décembre 1703, rapporté par Denizart, *verbo Saisie-réelle*, N°. 3.

§. II. — *Sur qui on peut Saisir réellement.*

On ne peut saisir réellement que sur la personne qui s'est obligée par l'acte, ou qui a été condamnée par le jugement en vertu duquel on saisit, car toute exécution cesse par la mort de l'obligé, ou condamné.

Si cette personne meurt, il faut donc, pour pouvoir saisir réellement les immeubles de sa succession, faire déclarer auparavant le titre exécutoire contre ses héritiers, et, s'il n'y en a point, il faut faire déclarer le titre exécutoire contre le curateur à la succession vacante, et saisir sur lui.

Pareillement si la femme qui étoit mon obligée, ou ma condamnée, s'est mariée, il faut, pour que je puisse saisir réellement ses biens, que j'assigne son mari, et que je fasse déclarer mon titre exécutoire contre lui, pour pouvoir saisir ensuite les biens de sa femme, sur lui et sur sa femme.

Lorsque celui qui est mon obligé, ou mon condamné, est mineur, ou interdit, c'est sur le tuteur ou curateur que la saisie doit être faite; et s'il parvient en majorité, ou est relevé de son interdiction, pendant le cours de la saisie, il faut l'assigner pour être ordonné qu'elle sera suivie sur lui, sur les derniers errements.

La saisie-réelle doit se faire sur le propriétaire de l'héritage ; une saisie faite *super non domino* est nulle.

Observez néanmoins qu'on entend par propriétaire, non pas seulement celui qui l'est dans la vérité, mais encore celui qui possède l'héritage *animo domini*, soit qu'il en soit véritablement propriétaire, soit qu'il ne le soit pas ; car il est réputé l'être, lorsque le véritable propriétaire ne réclame point ; ce qui suffit pour que la saisie faite sur lui, soit valable, et purge même le droit du véritable propriétaire, s'il ne s'y oppose pas.

Ce qui a été dit ci-dessus, qu'on saisit sur les tuteurs et curateurs, n'est point contraire à notre principe, quoique les tuteurs et les curateurs ne soient à proprement parler ni les propriétaires, ni les possesseurs des biens de leurs mineurs ; car lorqu'on saisit sur un tuteur, ou curateur, c'est véritablement sur le mineur ou interdit, étant représenté par eux, sur qui la saisie se fait.

Suivant notre principe, on ne peut saisir un héritage sur un usufruitier, encore moins sur un fermier ; mais on peut saisir sur cet usufruitier son droit d'usufruit dans l'héritage.

Lorsqu'un héritage n'est possédé par personne, il faut créer un curateur sur lequel la saisie se fera ; cela a lieu en plusieurs cas :

1°. Lorsque l'héritage dépend d'une succession vacante.

2°. Lorsque celui qui en étoit possesseur l'a délaissé sur une action hypothécaire donnée contre lui, il faut le saisir sur un curateur créé à l'héritage délaissé.

3°. Lorsqu'un débiteur fait cession et abandon de ses biens à ses créanciers, car quoiqu'il ne soit pas dépouillé de la propriété de ses biens, jusqu'à ce qu'ils soient adjugés, néanmoins comme il cesse, par l'abandon, de les posséder, et qu'il fait même l'abandon pour s'épargner l'affront de les laisser saisir sur lui, on doit saisir sur un curateur.

§. III. — *En quelle Jurisdiction doit se faire la saisie-réelle ?*

Le Règlement du 23 Novembre 1698 porte que les décrets faits en exécution des Arrêts, ou Exécutoires de la Cour, doivent être poursuivis en la Cour ; ceux faits en vertu de Sentences doivent être faits en la Jurisdiction où les Sentences ont été rendues ; ceux faits en vertu des obligations et contrats, devant le juge auquel l'exécution de ces actes appartient.

Lorsque l'Arrêt confirme une Sentence de condamnation, et condamne l'appellant aux dépens, comme les dépens sont taxés par un exécutoire de la Cour, ce n'est qu'en la Cour qu'on peut saisir réellement, car la saisie réelle, pour l'exécutoire de dépens, ne peut être portée ailleurs qu'en la Cour où il a été pris.

Mais si la saisie ne se fait que pour le principal, je penserois qu'on pourroit la porter, ou devant le Juge dont la sentence a été confirmée, ou en la Cour qui a rendu l'Arrêt confirmatif, et que le créancier doit avoir le choix.

Tome III. Y

Ce qui est dit dans le Règlement, que les saisies-réelles qui se font en vertu de Sentences, se poursuivent dans les Jurisdictions où elles ont été rendues, doit s'entendre des Jurisdictions civiles et ordinaires; on ne pourroit pas, par exemple, poursuivre une saisie-réelle au Siege criminel, en vertu d'une Sentence qui y auroit été rendue.

On ne peut pas poursuivre dans les Jurisdictions des Eaux et Forêts, et des Trésoriers de France, ni dans les Sieges de Police, une saisie-réelle, en vertu d'une Sentence rendue en ces Jurisdictions, en et général on ne peut poursuivre des saisies-réelles devant des Juges établis pour connoître seulement de certaines matieres à eux attribuées, à moins que quelqu'Ordonnance, ou un usage constant ne leur ait aussi attribué les saisies-réelles qui se feroient en vertu de leurs Jugements; à plus forte raison, on ne peut poursuivre de saisie-réelle devant les Juges-Consuls; car ces Juges ont encore cela de moins, qu'ils n'ont pas l'exécution de leurs Sentences; car le droit de faire exécuter les Jugements est une propriété de la Magistrature à laquelle ne prétendent pas les Juges-Consuls, qui sont de simples arbitres nécessaires.

Les saisies-réelles peuvent encore moins se poursuivre aux Officialités, les Officiaux étant incompétents pour toutes les matières où il entre quelqu'objet réel, et par conséquent des décrets.

Les saisies qui se font, soit en vertu d'une Sentence de ces Juges devant qui elles ne peuvent être portées, soit en vertu d'actes pardevant Notaires, doivent se faire devant le Juge du domicile du saisi.

Cette regle a deux 'exceptions : la premiere, si le contrat a été passé sous un scel attributif de Jurisdiction, tels que sont ceux des Châtelets de Paris, d'Orléans et de Montpellier; car en ce cas, c'est au Châtelet, sous le sceau duquel l'acte a été passé, que doit se porter la saisie.

La secomde est que si le saisissant, le saisi ou les opposants sont privilégiés, le privilégié peut, avant l'appointement à décréter, faire porter la saisie-réelle devant le Juge de son privilege, tels que sont ceux des Requêtes du Palais, ou les Conservateurs des Universités.

Les opposants en sous-ordre n'ont pas ce privilege.

Ce renvoi devant le Juge du privilege doit être demandé avant l'appointement à décréter, qu'on appelle autrement *congé d'adjuger;* car cet appointement fait la contestation en cause de l'instruction de la saisie-réelle ; or toute exception déclinatoire, telle qu'est un renvoi, doit être proposée avant la contestation en cause, ainsi que nous l'avons vu ci-dessus.

En concurrence de privileges, le plus grand l'emporte; par conséquent le privilege de ceux qui ont droit de *committimus* aux Requêtes de l'Hôtel et du Palais, doit l'emporter sur celui de Scholarité.

Si les privileges sont égaux, comme si l'une des parties qui est privilégiée évoque la saisie-réelle aux Requêtes de l'Hôtel, et qu'une autre partie aussi privilégiée l'évoque aux Requêtes du Palais, celui qui a prévenu doit l'emporter.

ARTICLE II.

De ce qui doit précéder la Saisie-réelle, et de la commission que quelques Coutumes exigent.

§. I. — *Du Commandement.*

Il est évident qu'on ne peut saisir réellement le bien de son débiteur, qu'on ne l'ait mis en demeure; il faut donc, avant la saisie-réelle, faire commandement au débiteur, à sa personne, ou à son domicile, de payer la somme pour laquelle on se propose de saisir; il faut que l'Huissier, par ce commandement, lui donne copie du titre en vertu duquel il doit faire la saisie-réelle.

Ce commandement doit contenir une élection de domicile, dans le lieu où elle se doit poursuivre, lorsque le créancier n'y est pas domicilié. *Voyez* l'Arrêt des Grands jours de Clermont, du 30 Janvier 1666, contenant Règlement sur les criées; et l'Ordonnance de Blois, *art.* 175.

C'est une question si le commandement fait pour parvenir à la saisie-réelle doit être recordé de témoins; la raison de douter est que l'Edit de 1669, au moyen de l'établissement du Contrôle, dispense les Huissiers de se faire assister de records dans leurs exploits, et que la Déclaration de 1671 n'a excepté de cette dispense que les saisies-féodales, criées et appositions d'affiches, d'où il semble que l'on doit conclure que le commandement, pour parvenir à la saisie-réelle, n'étant pas compris dans l'exception, et le commandement n'étant point la saisie-réelle elle-même, mais une procédure pour y parvenir, les records n'y sont point nécessaires; néanmoins l'usage est que l'Huissier se fasse assister de deux records pour le commandement, et cette formalité est prescrite par un acte de notoriété de M. le Camus, du 23 Mai 1699, suivant lequel on juge au Châtelet de Paris que le défaut de témoins est une nullité pour le commandement; la raison est que le commandement étant une procédure nécessaire pour parvenir à la saisie-réelle, il en fait en quelque façon partie; que les témoins sont aussi nécessaires dans les actes qui assurent la vérité de cette saisie, comme dans l'exploit même de la saisie; que c'est pour cette raison que la Déclaration de 1691 les requiert, non-seulement dans l'exploit même de saisie, mais dans les criées et appositions d'affiches, et que, par la même raison, ils doivent être jugés nécessaires pour le commandement qui doit précéder la saisie.

Il semble que la Coutume d'Orléans exige deux Commandements avant la saisie-réelle; elle s'explique ainsi au pluriel, *art.* 465 : « Après » commandements faits au débiteur, celui qui veut parvenir au décret, » etc. » Néanmoins de Lalande pense qu'un seul commandement suffit. D'Héricourt a suivi le sentiment de de Lalande, et il le fonde sur un raisonnement qui ne me paroît pas juste; il dit que les Coutumes n'ont pu déroger à l'Ordonnance de 1539, qui ne demande qu'un commandement; mais les Coutumes ayant été réformées par l'autorité du Roi, ont une égale autorité que celle de l'Ordonnance; elles peuvent ajouter des formalités que ne prescrit point l'Ordonnance, et qui leur sont particulieres.

L'Auteur des Notes de 1711 pense qu'au moins il doit suffire que le second commandement se fasse par l'exploit même de la saisie; dans l'usage, on fait précéder la saisie de deux commandements, et c'est le plus sûr.

Au surplus, la Coutume n'ayant pas prescrit d'intervalle entre les commandements, il n'est pas douteux que le second peut être fait le lendemain du jour qu'a été fait le premier.

Hors le territoire de la Coutume d'Orléans, la saisie-réelle ne doit être précédée que d'un seul commandement; cela suffit pour constituer le débiteur en demeure.

Il n'y a aucun intervalle prescrit entre le commandement et la saisie; on peut saisir dès le jour du commandement, ou beaucoup d'années après.

§. II. — *Si la discussion des meubles doit précéder la Saisie-réelle.*

Autrefois on ne pouvoit saisir réellement les biens de son débiteur, que l'on n'eût auparavant discuté ses biens-meubles; cela est conforme au principe du Droit Romain, en la loi 15. §. 2. ff. *de re judicatâ.*

L'Ordonnance de 1539, *art.* 74, a dispensé de cette discussion des meubles, même dans les Coutumes, qui ayant été rédigées avant l'Ordonnance de 1539, requierent expressément cette discussion, car l'Ordonnance a dérogé à ces Coutumes à cet égard.

Il y a néanmoins des Provinces, comme l'Artois, où cette discussion est encore en usage; ces Provinces n'ayant été réunies à la Couronne que depuis cette Ordonnance, qui n'y a pas par conséquent été publiée, se sont maintenues à cet égard dans leur ancien usage.

Cette dispense de la discussion du mobilier a lieu lorsque le débiteur est majeur; mais lorsqu'il est mineur, il faut discuter ses meubles avant que de saisir ses immeubles, car l'esprit de l'Ordonnance, en dispensant de la discussion des meubles, n'a pas été de déroger aux lois qui ne permettent pas l'aliénation des meubles d'un mineur, tant qu'il n'est pas justifié par cette discussion, qu'il n'y a pas eu d'autre moyen pour acquitter les dettes.

Cette discussion du mobilier se fait par un bref état de compte, que le créancier du mineur fait condamner le tuteur du mineur à lui rapporter; s'il paroît par cet état que le tuteur n'ait aucuns deniers entre ses mains appartenants au mineur, ou n'en a pas suffisamment pour payer le créancier, le mobilier du mineur est discuté, et on peut parvenir à la saisie-réelle de ses immeubles.

Observez que la discussion des meubles du mineur n'est pas requise comme une formalité pour parvenir à la saisie-réelle des mineurs, puisqu'aucune Loi ne l'a prescrite; elle n'est requise que comme une suite du principe de Droit, que les immeubles d'un mineur ne peuvent être aliénés que pour cause nécessaire, qu'ainsi ils ne peuvent être vendus pour leurs dettes, tant qu'elles peuvent être payées d'ailleurs par leur mobilier.

De là il suit que si un créancier du mineur avoit saisi réellement les immeubles de ce mineur, la saisie réelle ne seroit pas nulle, s'il étoit effectivement constant que, lors de cette saisie, le mineur n'avoit pas un mobilier suffisant pour acquitter ce qui étoit dû au créancier.

Renusson prétend même que c'est au mineur qui se plaint de la saisie-réelle, à justifier que son mobilier étoit pour lors suffisant, et que faute de le pouvoir faire, la saisie réelle doit être déclarée valable, et son sentiment paroît autorisé par un Arrêt du 30 Mai 1656, rapporté par Soëfve, *Tom.* 2. *cent.* 1. *chap.* 28.

Cette discussion des meubles du mineur, lorsqu'ils sont suffisants pour acquitter la dette, est si nécessaire, que si la saisie-réelle a été commencée sur un majeur, auquel, durant le cours de la saisie, un mineur vient à succéder, on ne peut reprendre la saisie réelle contre le mineur héritier, qu'on ait discuté son mobilier ; c'est ce qui a été jugé par Arrêt du Parlement de Bordeaux de 1569.

Au surplus, il suffit qu'on ait discuté les biens mobiliers du mineur pour que la saisie-réelle des immeubles soit valable ; un mineur ne pourroit pas alléguer que la saisie réelle est nulle, sur le prétexte que, depuis cette première discussion, il lui est survenu un mobilier suffisant pour acquitter ses dettes, car le créancier n'est point obligé de prendre garde, à chaque procédure qu'il fait, si le mineur n'a point acquis de mobilier, cette seule discussion suffit ; et cela a été ainsi jugé par Arrêt du 14 Mars 1600, que Brodeau rapporte.

Lorsqu'un créancier a saisi sur un majeur et sur un mineur, sans discuter leur mobilier, un héritage qui leur appartenoit en commun, la nullité de la saisie pour la partie du mineur qui avoit un mobilier suffisant pour acquitter ses dettes, entraîne-t-elle la nullité de la saisie pour la part du majeur ? Il faut décider pour la négative : le mineur ne releve le majeur que *in individuis*, et dans le cas où l'intérêt du majeur est tellement lié avec celui du mineur, qu'on ne pourroit subvenir au mineur sans subvenir au majeur, ce qui ne se trouve pas dans cette espece, où rien n'empêche que la part du mineur dans l'héritage saisi réellement lui soit conservée, et la saisie-réelle annullée pour cette part, pendant qu'elle subsistera pour celle du majeur ; c'est ce qui a été jugé par Arrêt de la première des Enquêtes du 13 Mars 1574, rapporté par Louet, Lettre M.

§. III. — *De la Commission pour saisir réellement.*

De Droit commun, le créancier peut saisir réellement en vertu d'un seul titre exécutoire de sa créance.

La Coutume d'Orléans, par une disposition particuliere, *art.* 465, exige que le créancier prenne au Greffe une commission spéciale du Juge qui fasse mention de la dette et cause *pour laquelle il veut faire procéder par saisies et criées*, c'est-à-dire, du titre en vertu duquel il veut saisir ; et c'est en vertu de cette commission qu'il doit procéder à la saisie ; cette commission se prend au Greffe de la Justice où se doit faire cette saisie ; la même formalité est en usage en Beaujolois.

Lorsque la saisie réelle d'un héritage situé à Orléans se fait à Paris
où la Coutume n'exige pas de commission, la commission est-elle néces
saire ? Oui , car c'est un principe à l'égard des saisies-réelles , qu'on do
suivre les formalités prescrites par la Coutume du lieu où se fait la saisie

Mais, en ce cas, où se prend la commission, puisqu'elles ne sont pa
en usage dans le lieu où se poursuit la saisie? L'Auteur des Notes de 1711
sur l'article 465 de notre Coutume, dit que l'usage est de prendre l
commission au Greffe du Siege Royal dans le ressort duquel l'héritag
est situé.

ARTICLE III.

De l'Exploit de Saisie-réelle.

La saisie-réelle se fait par le ministere d'un Huissier : pour cet effet
doit se transporter sur l'héritage, et le saisir réellement et actuellement
par déclaration détaillée, y apposer brandons et panonceaux royaux ,
établir commissaire, mettre des affiches devant la principale porte de l
Paroisse où l'héritage saisi est situé, et dresser de tout cela un procès
verbal qui s'appelle *exploit de saisie-réelle*, dont il doit donner copie
celui sur qui la saisie est faite, à personne ou à domicile. *Cout. d'O*
léans, art. 466.

Cet exploit de saisie-réelle doit donc contenir, outre toutes les forma
lités communes à tous les exploits, celles qui suivent :

1°. La mention du titre exécutoire, en vertu duquel se fait la saisie
et du commandement qui la précède.

2°. La Justice en laquelle le saisissant entend poursuivre la saisie, e
la mention du domicile, tant du saisissant que du saisi, dans la ville o
est le Siege de ladite Justice; de plus, la résidence du commissaire au
saisies-réelles; et si le saisissant et le saisi n'y avoient pas leurs domicile
l'Huissier, par son exploit, doit faire élection de domicile, pour le saisi
sant et le saisi, dans un lieu certain de la Ville, ou Bourg où est la ré
sidence du Commissaire. *Voyez l'Edit de création des Commissaire*
aux saisies-réelles, du mois de Février 1626.

Cette élection de domicile, pour le saisi, cesse aussitôt que le saisi
signifié un autre domicile, dont il fait choix dans la Ville de la résidenc
du Commissaire. Cette signification doit se faire au domicile du commi
saire, qui doit l'enregistrer au pied de la saisie. *Même Edit de* 1626.

3°. La déclaration du lieu où est situé l'héritage; si c'est une maiso
située dans une Ville où il y ait plusieurs Paroisses, il faut déclarer l
nom de la Ville, la Paroisse, la rue, les tenants et aboutissants.

De Lalande, après le Maître, sur l'article 466 de notre Coutume, pens
que si une maison de Ville étoit suffisamment désignée, l'omission de
tenants et aboutissants ne rendroit pas nulle l'exploit de la saisie-réelle
comme s'il étoit dit : *la maison de la Licorne, sise en cette Ville, ru*
Bannier; mais il cite, pour appuyer son sentiment, deux Loix qui n
sont pas concluantes, parce que l'une est dans l'espece d'un contrat de vente

et l'autre dans l'espece d'un legs, et que l'expression des tenants et aboutissants n'est pas une formalité des legs, et encore moins d'un contrat de vente, qui étant un contrat du droit des gens n'est sujet à aucune formalité, au lieu que les Coutumes exigent dans la saisie-réelle cette expression; ainsi elle doit passer pour une formalité qui doit être observée, et à laquelle on ne satisfait pas par équipollent; jamais l'étendue et la contenance ne peuvent être si bien désignées que par les tenants et aboutissants; c'est pourquoi d'Héricourt pense que cette expression est absolument nécessaire.

4°. Si c'est un héritage de campagne, l'exploit doit contenir, en menu et en détail, la déclaration de toutes les différentes pieces de terre, leur nature, si c'est bois, vignes, prés, terres labourables, étangs, les tenants et aboutissants de chaque piece. *Voyez l'Edit des Criées de Henri II*, en 1551, *art.* 1, *et la Coutume d'Orléans*, *art.* 466.

Cette regle néanmoins souffre une exception à l'égard des fiefs, pour lesquels ils suffit de déclarer qu'on saisit le principal manoir, *avec les appartenances et dépendances. Même Edit, ibid. et même Coutume*, *art.* 467. *Coutume de Paris*, *art.* 345.

Cette expression générale suffit pour la saisie des fiefs et biens nobles. Il suffit donc de déclarer, « qu'on saisit le Château d'un tel nom, situé » en telle Paroisse, tel village, avec ses appartenances », sans qu'il soit nécessaire de détailler, non-seulement les différentes pieces de terres, mais même les différents corps d'héritages. *V. G.* les différentes métairies et moulins qui en dépendent, ni même les différents droits, comme les Justices, les mouvances féodales et censuelles qui y sont attachées, car tout ceci est compris dans les termes généraux d'*appartenances et dépendances* dont l'Edit des Criées se contente pour la saisie des fiefs.

L'Auteur des Notes de 1711 pense néanmoins qu'on doit déclarer les différents corps d'héritages; mais son opinion résiste ouvertement aux termes de l'Edit.

D'Héricourt pense que dans les Provinces, telles que les nôtres, où l'on tient pour maxime que *Fief et Justice n'ont rien de commun*, on doit comprendre le droit de Justice dans l'exploit de saisie, et qu'il n'est pas censé compris dans ces termes généraux.

Je ne suis pas de son avis; la maxime ci-dessus citée ne signifiant autre chose, sinon qu'il n'est pas essentiel au fief que la Justice y soit annexée; mais lorsque le Seigneur de fief a effectivement un droit de Justice qu'il porte en fief au même Seigneur auquel il porte son fief, ce droit de Justice fait une des parties intégrantes de son fief, de son héritage noble, de sa Seigneurie, et est compris sous les termes généraux d'*appartenances et dépendances*.

Le droit de patronage attaché à un fief est aussi compris sous ces termes; mais si, d'une terre en fief, qu'on saisit réellement, dépendoient quelques héritages tenus en censives, quoiqu'ils fussent exploités comme un seul et même tout avec ce fief, il faudroit exprimer en détail tous les héritages

tenus en censives ; car cette destination du pere de famille n'en change pa
la nature.

Lorsqu'une terre est composée de plusieurs fiefs, qui ne sont pas tenu
en un seul et même fief, il faut exprimer dans la saisic chacun de ces diffé
rents fiefs, en les désignant chacun par leur principal manoir, ou principa
lieu, s'ils en ont un.

Lorsqu'un héritage saisi est en franc-alleu, les appartenances et dépen
dances en doivent-elles être détaillées ?

Il faut distinguer; si c'est un franc-alleu noble, où il y ait droit de Justice
ou de fief, ou de censive, alors ce détail n'est pas plus nécessaire que lors
qu'on saisit un fief, car l'Ordonnance de 1551 excepte de ce détail la saisi
des fiefs et Seigneuries; et ce dernier terme comprend le franc-alleu noble
à l'égard des autres francs-alleus, comme ils sont réputés héritages rotu
riers, on doit observer, lorsqu'ils sont saisis réellement, ce qui s'observe
à l'égard des héritages roturiers.

5°. La saisie-réelle doit contenir la déclaration que l'Huissier a mis *panonceaux* à la principale porte de l'héritage saisi, en signe de saisie, e
pour qu'elle soit connue à tous, ces panonceaux sont de petites bannieres
en lambeaux d'étoffe ou de linge ; ils doivent être aux armes du Roi, *Edi
de* 1551, *art* 3. ce qui a lieu quand même la saisie se poursuivroit dan
une Justice de Seigneur, et les Arrêts ont jugé nulles des saisies, parc
que les panonceaux étoient aux armes du Seigneur de Justice où se pour-
suivoit la saisie ; l'Auteur des Notes de 1711 cite un Arrêt de 1575, qu
a cassé une saisie-réelle, parce qu'on avoit mis les panonceaux aux arme
de l'Archevêque de Reims.

Pareil Arrêt du 20 Janvier 1609.

Notre Coutume parle aussi de *brandons ;* ce sont des piquets revêtu
de paille ou d'herbe, qu'on pique dans les champs en signe de la saisie.

Les Huissiers n'observent guere aujourd'hui cette formalité d'appose
panonceaux et brandons ; mais ils ne manquent point, dans leurs exploits
de saisie, de marquer qu'ils l'ont fait, et cette déclaration est nécessaire,
à peine de nullité.

6°. L'exploit de saisie doit contenir que le Sergent a mis devant le principale porte de l'église paroissiale du lieu où est situé l'héritage, *ces affiches*, qui, suivant l'article 2 de l'Edit de 1551, doivent exprimer la nature, qualité et situation de la chose saisie, le domicile du saisissant, e
la justice où le décret se poursuivra.

Sous le nom d'Eglise paroissiale, on doit entendre les succursales qui
ont un territoire ; où les habitants de ce territoire reçoivent les Sacre-
ments, telle qu'est à Orléans l'Eglise de Notre–Dame de Recouvrance.

Lorsque l'héritage saisi est dans le territoire de la Succursale, c'est à la
porte de cette Eglise, et non à la porte de la principale Paroisse, que doivent se mettre les affiches ; c'est le sentiment de le Maître.

Si les biens saisis sont en différentes Paroisses, il faut mettre des affiches à chacune de ces Paroisses.

Il y a des métairies qui sont alternativement une année d'une Paroisse, une année d'une autre (nous en avons des exemples dans la Beauce) ; il semble qu'il doit suffire de mettre des affiches à la principale porte de la Paroisse dont l'héritage se trouve être lors de la saisie.

7°. L'exploit doit contenir l'établissement du Commissaire.

8°. La mention des noms, surnoms, domiciles et vacations des témoins qui doivent assister l'Huissier pour cet exploit, et qui doivent avec lui signer l'original et la copie.

L'Huissier, en donnant copie de la saisie réelle au saisi, à sa personne, ou à domicile, est tenu, dans le cas où le saisi n'auroit pas son domicile dans la Ville de la résidence du Commissaire à la saisie-réelle, d'interpeller cette partie saisie, d'en élire un dans la Ville, où bon lui semblera, en lui déclarant que faute de le faire, il sera procédé par défaut au bail judiciaire, sur les significations qui lui seront faites au domicile élu par l'Huissier, par l'exploit de saisie.

Outre la copie qui doit être donnée au débiteur sur lequel on saisit, à sa personne, ou à domicile, il est aussi d'usage de donner copie de la saisie au fermier et locataire de l'héritage saisi ; mais ce n'est pas une formalité nécessaire pour la validité de la saisie ; il est seulement utile de le faire pour empêcher le locataire, ou fermier, de payer à l'avenir au saisi ; car sans cette signification les paiements faits au débiteur seroient valables.

Enfin la saisie-réelle doit être enregistrée au Greffe de la Justice où elle doit se poursuivre.

Il y a outre cela un autre enregistrement au Bureau du Commissaire aux saisies-réelles, dont nous allons parler dans l'article suivant.

ARTICLE IV.
Du Commissaire à la Saisie-réelle.

La saisie-réelle consistant à mettre l'héritage sous la main de Justice, il s'ensuit qu'il doit y avoir quelque personne préposée par la saisie pour régir cet héritage au nom de la Justice sous la main de laquelle on le met. C'est pour cela que l'Ordonnance de 1539, *art.* 77, et l'Édit de Henri II de 1551, *art.* 4, veulent qu'aussitôt après la saisie, et avant la première criée, il soit établi des Commissaires au régime et gouvernement des choses saisies, à peine de nullité des criées.

Ces Commissaires, que les Huissiers qui faisoient la saisie-réelle établissoient en exécution de ces Ordonnances, étoient autrefois des personnes privées ; comme on choisissoit ordinairement de pauvres gens qui dissipoient les revenus des héritages saisis, au régime desquels on les avoit commis, ils étoient, par leur insolvabilité, hors d'état de rendre compte. Le Roi Louis XIII, sur la représentation des Etats assemblés, par son Edit de Février 1626, pour remédier à cet inconvénient, et à plusieurs autres énoncés dans le préambule de cet Edit, a créé des Commissaires aux saisies-réelles, en titre d'office, dans les différentes Jurisdictions du Royaume, qui, lors de leur réception, doivent donner caution jusqu'à concurrence d'une certaine somme, pour la sûreté des deniers qu'ils recevront, à laquelle sûreté leurs offices sont aussi hypothéqués par privilege, même avant la créance du prix de l'office.

Depuis cet Edit, les Huissiers doivent établir ces Officiers pour Commissaires aux héritages qu'ils saisissent, et ils ne peuvent en établir d'autres.

La première fonction du Commissaire est l'enregistrement de la saisie-réelle ; le saisissant doit pour cet effet faire apporter au Bureau du Commissaire la saisie-réelle, au plus tard dans les six mois de sa date, pour y être enregistrée, à peine de nullité. *Edit du mois de Mai* 1691.

Dans l'instant qu'elle est apportée, le Commissaire doit l'enregistrer sur son registre d'apport, et il ne peut, en aucun cas, se dispenser de le faire, non pas même s'il y avoit une saisie précédente du même héritage. *Edit du mois de Juillet* 1689, *art.* 12.

Cet enregistrement doit contenir le nom du saisissant, du saisi, et la qualité de la chose saisie, la date de l'apport et de l'enregistrement, *même Edit, art.* 13; mais il ne peut enregistrer qu'une seule saisie du même héritage. (Ceci paroîtroit impliquer contradiction avec ce qui a été dit plus haut; pour l'éclaircir, il faut sçavoir qu'aux termes de l'Edit de 1689, il paroît que le Commissaire doit avoir deux registres; le premier est le livre d'*apport*, et il y doit enregistrer la saisie sans pouvoir s'y refuser, sous quelque prétexte que ce soit, quand même il y auroit une autre saisie des mêmes biens, précédemment enregistrée, *Edit de* 1689, *art.* 12; le second livre est proprement le registre des enregistrements sur lequel le Commissaire doit, huitaine après l'apport, enregistrer la saisie; mais il n'y peut enregistrer qu'une seule saisie du même héritage.)

Lorsqu'il y a déjà une saisie enregistrée, le Commissaire doit rendre celle qui lui est apportée en dernier lieu, avec un acte qui contient la raison de son refus; toutefois, s'il n'y avoit qu'une partie des biens détaillés dans la première saisie enregistrée, et que la seconde contînt d'autres pieces d'héritage, le Commissaire doit transcrire en entier cette seconde saisie sur son registre, et donner son refus pour ce qui étoit compris dans la précédente, dont il doit faire mention en marge de l'article, et l'enregistrement ne peut valoir que pour ce qui n'étoit pas compris dans la précédente saisie, sauf aux parties à se pourvoir en Justice, pour faire régler laquelle des deux saisies doit prévaloir, et il en doit être fait mention à la marge du jugement qui sera rendu. *Edit de* 1689, *art.* 11.

Lorsque dans la suite une saisie-réelle est évoquée, ou renvoyée en une autre Jurisdiction, on doit pareillement en faire mention à la marge de l'article, *art.* 10.

Cet enregistrement est ordonné afin que toutes les personnes qui peuvent avoir intérêt d'avoir connoissance de la saisie-réelle, en puissent prendre communication par les mains du Commissaire, qui est obligé de la faire à tous ceux qui la demandent, sans déplacer et sans frais.

Il résulte encore un autre utilité de l'enregistrement, c'est qu'il fait accorder la poursuite, en cas de concurrence de saisies, à celui qui a fait enregistrer le premier, parce qu'il est reputé le plus diligent, quand même la saisie seroit postérieure.

La seconde fonction du Commissaire est de faire procéder aux baux judiciaires des biens saisis.

Observez que s'il n'y avoit pas un mois d'intervalle entre le temps de la saisie-réelle, et la maturité des fruits, le Commissaire ne seroit pas tenu de se charger de ces fruits, sauf au saisissant à se pourvoir pour ces mêmes fruits, comme dans le cas d'une simple saisie de fruits pendants par les racines. *Edit de* 1626.

La troisième fonction du commissaire est de faire payer aux échéances les fermes et loyers des biens saisis, ou les arrérages des rentes, si c'est une rente qui est saisie.

Il peut prendre, pour argent comptant, des fermiers, des quittances des charges réelles par eux acquittées, telles que les rentes foncieres, les réparations.

Si le Commissaire a négligé de faire payer les fermiers ou débiteurs, il est responsable de leur insolvabilité, qui seroit survenue depuis l'enregistrement de la saisie-réelle.

La quatrieme fonction du Commissaire concerne les payements qu'il doit faire.

Il n'en doit faire aucuns qu'en vertu d'un jugement qui l'ordonne, et qui soit rendu avec le saisissant et le saisi, et l'ancien Procureur des opposants. *Edit de* 1689, *art.* 18. *Arrêt de Règlement du 29 Avril* 1722.

Lorsque le jugement est par défaut contre eux, il doit, dans les vingt-quatre heures de la signification qui lui en est faite, le dénoncer à leur Procureur, et il ne peut payer que trois jours après la dénonciation, s'il n'est survenu aucun empêchement. *Edit de* 1689, *art.* 19.

S'il avoit été fait des arrêts entre ses mains, par ceux à qui il auroit été ordonné qu'il payeroit, il doit se faire rapporter par eux-mêmes mainlevée de ces arrêts, qui doivent, en outre, pour produire leur effet, être visés et enregistrés par lui, en lui payant vingt-sols pour chaque saisie-arrêt, ainsi qu'il est prescrit par un Edit du moi de Mai 1691.

Si le Commissaire dit qu'il n'a pas de deniers pour payer, il suffit pour le justifier, qu'il donne un extrait de son registre, contenant la recette et dépense, par lui certifié véritable, et il n'est pas obligé à d'autres comptes avant la fin de sa commission. *Même Edit de* 1689, *art.* 24.

La cinquième fonction du Commissaire est de porter la foi pour les héritages, lorsque la partie saisie n'est pas en foi, ou lorsque la saisie est faite sur une succession vacante.

Quoique régulierement la foi ne doive être portée que par le vassal, néanmoins la Jurisprudence a permis au Commissaire de la porter pour le vassal, n'étant pas juste que les créanciers perdent la jouissance des biens de leur débiteur par sa négligence de n'avoir pas porté la foi. La Coutume de Paris, *art.* 34, et plusieurs autres Coutumes en ont des dispositions. *Voyez ce que nous avons dit à ce sujet dans notre Traité des Fiefs, part.* 1, *chap.* 1. §. 2.

Le Commissaire est obligé de s'acquitter de cette fonction aussitôt qu'
est averti.

La Coutume d'Orléans, *art.* 4, n'autorise pas le Commissaire à porte
la foi, mais seulement à demander souffrance au Seigneur, qui est ten
de l'accorder, ce qui a le même effet.

La sixième et dernière fonction du Commissaire, est de rendre compt
de son administration, après que sa commission est finie, c'est-à-dire
après que l'adjudication a été faite; il doit rendre compte au saisi, a
saisissant et à l'ancien Procureur des opposants, et payer le reliqua
huitaine après le jugement qui l'aura arrêté.

Il ne doit rendre qu'un compte pour les biens appartenants à un
même personne qui seront adjugés, ou de la saisie desquels il aura main
levée dans le temps que le compte sera présenté, quoiqu'il y ait eu plu
sieurs adjudications ou saisies. *Edit de* 1689, *art.* 13.

Il ne peut être recherché pour le fait de sa commission, dix ans aprè
la clôture, et la reddition de son compte, à l'égard duquel il y a pres
cription par le laps de ce temps. *Ibid. art.* 23.

ARTICLE V.
Des Baux judiciaires.

Le bail judiciaire est le bail à loyer, ou à ferme, de l'héritage saisi rée
lement, qui se fait, à la poursuite du Commissaire, par le Juge, à l'Au
dience, au plus offrant et dernier enchérisseur.

§. 1. — *En quel cas y a-t-il lieu au Bail judiciaire? Et de la conver
sion des Baux conventionnels en Baux judiciaires.*

Le Commissaire doit faire procéder au bail judiciaire des héritage
saisis, non-seulement lorsque le débiteur, sur qui ils sont saisis, et qu
en est dépossédé par la saisie, en jouissoit par lui-même, mais aussi dan
le cas auquel cet héritage auroit été donné à loyer ou à ferme, avant l
saisie; le locataire ou fermier peut, malgré le bail qui lui a été fait, c
être expulsé par le Commissaire, qui, nonobstant ce bail conventionnel
peut faire procéder au bail judiciaire; la raison est que le droit qu'a u
locataire ou fermier, de jouir de l'héritage qui lui a été baillé, est un
suite de l'engagement et de l'obligation personnelle que le propriétaire
contractée envers lui, d'où on conclut qu'il ne peut se maintenir dan
cette jouissance, que contre celui qui en a fait le bail, et contre ceux qu
succedent aux obligations personnelles de ce locateur, tels que sont s
héritiers; il ne peut donc pas se maintenir contre le Commissaire à l
saisie-réelle, qui tient l'héritage au nom de la Justice, pour les créan
ciers saisissants et opposants, qui ne sont point tenus des obligation
personnelles de leur débiteur qui a fait le bail, et sur lequel l'héritag
est saisi.

Tels sont les principes de droit auxquels néanmoins on apporte u
tempérament d'équité, qui est, que le locataire ou fermier de l'héritag
saisi, est admis quelquefois à s'opposer à ce qu'il soit procédé au ba

judiciaire, lorsque cela peut se faire sans blesser l'intérêt des créanciers.

L'intérêt des créanciers étant conservé, lorsque le bail conventionnel se trouve à son juste prix, le Commissaire chargé des intérêts des créanciers ne peut s'opposer à cette demande en conversion, qui évite les frais d'un bail judiciaire, que les créanciers eux-mêmes ont intérêt d'éviter.

Pour qu'il puisse y avoir lieu à cette conversion, il faut que trois choses concourent; 1º. Que le bail conventionnel ait été fait à prix d'argent, car les baux judiciaires ne peuvent être qu'en argent, et non pas en grains, et encore moins à moitié, et par conséquent des baux conventionnels, en grains et à moitié, ne sont pas de nature à pouvoir être convertis en baux judiciaires.

2º. Il faut que le bail ait été fait sans fraude; car s'il paraissoit qu'il eût été fait à vil prix par le débiteur, dans le dessein de frauder ses créanciers, il est évident qu'il ne pourroit y avoir lieu à la conversion.

3º. *Cessante fraudis consilio*, il ne peut y avoir lieu à la conversion, si, par le bail, il y a une somme plus considérable donnée par le locataire, ou fermier, par forme de deniers d'entrée; car cette somme faisant partie du prix du bail, il s'ensuit que le prix annuel de ce bail ne peut être le juste prix de la jouissance de chacune année qui en reste à expirer, et, par conséquent, le bail ne peut être converti en bail judiciaire.

Je pense qu'il faudroit encore le concours d'une quatrieme condition; sçavoir, que le fermier, ou le locataire conventionnel qui demande cette conversion, fût de qualité à pouvoir être soumis à la contrainte par corps, ou, s'il n'y étoit pas sujet, comme si c'étoit un septuagénaire, un Prêtre, une femme, il faudroit qu'il fournît une caution, qui pourroit y être soumise par lui; car il est de la nature des baux judiciaires, et de l'intérêt des créanciers, que le fermier soit sujet à cette contrainte.

Lorsque ces choses concourent, le fermier peut intervenir en l'instance qui se forme pour le bail judiciaire, par un acte qu'il fait signifier au Procureur du Commissaire, en tête duquel il donne copie de son bail conventionnel, et conclut à ce qu'il soit converti en judiciaire. *Règlement de la Cour, du* 12 *Août* 1664, *art.* 4.

Cette intervention du locataire, ou fermier, ne peut être formée après l'adjudication du bail judiciaire.

Lorsque, sur cette intervention, on a ordonné la conversion du bail conventionnel en judiciaire, le bail conventionnel est converti, il est annullé, et le fermier ou locataire en est libéré envers le saisi, qui ne peut plus l'en faire jouir, et a contracté à la place un nouveau bail envers les créanciers aux mêmes prix et conditions que le conventionnel avoit été contracté.

La qualité de fermier judiciaire rend le fermier sujet à la contrainte par corps pour l'exécution de ce bail.

Lorsqu'il n'y a pas lieu à la conversion, le locataire ou fermier, en conséquence du bail judiciaire, est créancier du saisi qui lui a fait bail, pour les dommages et intérêts qui lui sont dus, pour raison de l'inexécution du bail conventionnel, et pour la répétition des deniers d'entrée qu'il lui a payés. Il doit, pour ces créances, être renvoyé à l'ordre qui sera fait du prix de l'héritage saisi, après l'adjudication; il doit être colloqué à l'ordre, du jour de la date de son bail, s'il porte hypothèque, étant passé pardevant Notaires, sinon, il ne peut venir qu'avec les créanciers chirographaires, au marc la livre, au cas qu'il reste quelque chose du prix, après les hypothèques acquittées.

De même que le locataire ou fermier conventionnel peut demander la conversion de son bail conventionnel en judiciaire, *contrà vice versâ*, peut-on le demander contre lui, lorsque le saisissant et les opposants concourent à demander cette conversion? La raison de douter, est que le Règlement de 1664 porte, *sauf au fermier conventionnel d'intervenir si bon lui semble* : par ces termes, il paroît que cette conversion est laissée à leur choix, et qu'ils ne peuvent y être forcés; néanmoins il faut décider que le fermier, ou locataire conventionnel, ne peut s'opposer à cette conversion, pourvu qu'on ne l'assujettisse pas à la contrainte par corps, s'il n'y étoit pas assujetti par le bail conventionnel; car, par cette conversion, sa condition ne peut pas être rendue malgré lui plus dure qu'elle n'étoit par le bail conventionnel, et il ne peut avoir aucune raison pour se décharger de l'obligation de son bail. D'Héricourt cite un Arrêt de 1539, qui l'a ainsi jugé, et M. Rousseau atteste que c'est la Jurisprudence; ce qui est très-juste.

Il y a plus, je pense même que dans le cas où le saisi ne demanderoit pas cette conversion, et quand même il déchargeroit le locataire, ou fermier, de son bail, le saisissant et les opposants seroient recevables seuls à la demander; car ayant droit d'exercer tous les droits et actions du débiteur, qui ne peut les remettre *in fraudem creditorum*, ils ont droit d'obliger le fermier, ou locataire, à exécuter les engagements qu'il a contractés avec le saisi, leur débiteur.

Mais le saisi ne pourroit, sans le consentement du saisissant et des opposants, s'il y en a, obliger le fermier, ou locataire conventionnel, à cette conversion, car le fermier n'y peut être obligé malgré lui, qu'à la charge qu'il ne sera pas sujet à la contrainte par corps, à laquelle sont sujets les fermiers judiciaires, et il n'est pas au pouvoir du saisi d'accorder au fermier judiciaire, sans le consentement des créanciers, la remise de cette contrainte.

Si le bail conventionnel porte la contrainte par corps, je pense que le saisi, qui a intérêt à la conversion, pourroit obliger, tant le fermier que le saisissant, d'y consentir, puisqu'ils n'auroient plus aucun intérêt de s'y opposer.

§. II. — *Quand le Commissaire est-il tenu de faire procéder au Bail judiciaire? Et de la procédure qui se tient pour cet effet.*

Six semaines après l'enregistrement de la saisie-réelle, le Commissaire doit assigner à certain jour, le saisi, le saisissant et l'ancien Procureur des opposants, s'il y en a, pardevant le Juge où se poursuit la saisie, pour voir procéder au bail judiciaire, et y faire trouver des enchérisseurs; pour cet effet, il doit faire mettre des affiches à la porte de l'héritage saisi, s'il y a une maison, et à la porte de la Paroisse où l'héritage est situé.

Ces affiches doivent contenir la consistance de l'héritage dont on poursuit le bail judiciaire, la Jurisdiction où on y doit procéder, et enfin les charges du bail.

Il y a néanmoins quelques Jurisdictions où l'usage n'est pas d'exprimer les charges dans l'affiche, mais seulement de marquer que le bail se fera aux charges portées par l'affiche, qui sera lue à l'Audience.

Le Procureur signifie aux parties qu'il a fait mettre les affiches, et au jour de l'assignation, le Procureur du Commissaire demande acte de la comparution des parties présentes, défaut contre les absentes, et que pour le profit, il soit au même instant procédé au bail judiciaire. Le Juge l'ordonne, et en conséquence fait lire l'affiche avec toutes les clauses, reçoit les encheres, et remet à faire l'adjudication à huitaine, pour la derniere enchere.

L'adjudication ne se fait qu'à la troisième remise; on peut même en faire plus de trois, si les encheres ne montoient point assez haut : ces jugements de remise sont signifiés à la Requête du commissaire; par acte de Procureur à Procureur, au saisi, au saisissant, et à l'ancien Procureur des opposants.

Cette procédure peut quelquefois être suspendue; car si quelqu'un, se prétendant propriétaire de quelques morceaux d'héritages compris dans la saisie, a formé son opposition *afin de distraire*, et qu'en conséquence il s'oppose à ce que le morceau d'héritage soit compris dans le bail judiciaire de l'héritage saisi, le Juge peut surseoir, pendant un certain temps, à l'adjudication du bail judiciaire, pour donner le temps de faire juger au fond cette opposition, si elle peut être jugée dans un temps court.

Le Commissaire fait procéder au bail judiciaire des héritages saisis dans le commencement de sa commission, pour renouveller les baux qui sont prêts à expirer.

Le Règlement de 1664 porte qu'il sera procédé au renouvellement des baux judiciaires, six mois avant l'expiration de ceux qui subsistent à l'égard des maisons de la Ville de Paris, et un an avant l'expiration, à l'égard des autres biens.

Si l'héritage saisi étoit en mauvais état, et qu'il ne se présentât personne pour enchérir, le Commissaire, après trois remises, est déchargé, et n'est point obligé de faire de nouvelles procédures, jusqu'à ce qu'il soit sommé par l'une des parties intéressées, qui sont le saisi, le saisissant et les opposants.

Voyez sur les devoirs des Commissaires aux saisies-réelles, et sur tout ce qui a rapport aux baux judiciaires, l'Edit des Criées de l'année 1551, celui des mois de Février 1626, Juillet 1677, et les Arrêts de Règlement des 12 Août 1664, 23 Juin 1678, et 29 Avril 1722.

§. III. — *De l'adjudication des Baux judiciaires.*

Le Juge, à la derniere remise, adjuge purement et simplement le bail judiciaire, au plus offrant et dernier enchérisseur.

Ce sont des Procureurs qui enchérissent pour des personnes inconnues qui leur en ont donné pouvoir. Le Procureur, dernier enchérisseur, à qui le bail a été adjugé, doit, dans trois jours au plus tard, faire au Greffe sa déclaration de la partie pour laquelle il s'est rendu adjudicataire. *Règlement de 1664*, art. 6.

Il y a certaines personnes auxquelles il est défendu de se rendre adjudicataires des baux judiciaires; l'Ordonnance de Blois, *art.* 132, pour éviter les fraudes, assurer la liberté des encheres, et empêcher que, par des manœuvres, les baux judiciaires se fassent à vil prix, défend à tous Juges, Avocats, Procureurs, Solliciteurs, et à leurs Clercs de se rendre adjudicataires des fruits des biens saisis dans leur Siege, ni de se rendre cautions pour l'adjudicataire.

L'Arrêt de Règlement de la Cour, du 22 Juillet 1690, ordonne l'exécution de cette Ordonnance, en conséquence défend à tous Procureurs, et à leurs Clercs, de prendre directement, ou indirectement, les baux judiciaires des biens saisis dans les Jurisdictions où ils sont établis, et de se rendre cautions.

Cet Arrêt fait la même défense au Commissaire à la saisie-réelle, et à ses commis.

Le Règlement du 29 Avril 1722, *art.* 25, confirme ces défenses, dans lesquelles il comprend aussi les Huissiers, et prononce contre eux de très-grosses peines; sçavoir, 1°. La nullité des baux, pour le temps qui en reste à expirer, pour quoi il doit être fait d'autres baux, et néanmoins les adjudicataires prohibés contraints de payer, comme s'ils en jouissoient encore.

2°. La peine du quadruple du prix des baux pour le passé, si mieux n'aime le poursuivant, ou quelqu'un des opposants, l'estimation par experts du juste prix du bail, sans néanmoins que cela dispense l'adjudicataire de la peine du quadruple, dans le cas où l'estimation seroit plus foible que le quadruple.

3°. La peine d'une interdiction de six mois contre les Procureurs, d'une incapacité de devenir Procureurs contre leurs Clercs, et de punition exemplaire contre les Commissaires et leurs commis, et en outre d'une amende de trois mille livres contre toutes ces personnes. Cette défense reçoit exception dans le cas où ces personnes sont créanciers opposants en leur nom, par titres légitimes, antérieurs à l'enregistrement de la saisie-réelle, ou le seroient devenus depuis par succession, donation, et sans fraude. *Edit de 1744.*

Le même Règlement, *art.* 37, fait défenses aux Commissaires aux saisies-réelles de recevoir pour fermiers judiciaires, cautions, ou certificateurs, la partie saisie, sous semblable peine de nullité pour l'avenir, et du quadruple pour le passé, solidairement, tant contre la partie saisie, que contre le Procureur qui auroit enchéri pour elle, ou pour personne qu'il sçauroit être interposée, et contre le Commissaire qui en auroit connoissance.

Par l'article 38, il est défendu aux fermiers judiciaires de faire cession de leur bail à la partie saisie, soit à titre gratuit, soit à titre onéreux, à peine de 3000 livres d'amende.

Les personnes qui ne sont pas sujettes à la contrainte par corps, sont aussi, par cette raison, exclues de pouvoir être fermiers judiciaires, ni cautions pour eux; c'est pourquoi le Règlement du 22 Juillet 1690 défend d'admettre aux baux judiciaires les mineurs et les septuagénaires.

On doit, par la même raison, en exclure les femmes et les Ecclésiastiques.

Le temps pour lequel se doit faire l'adjudication du bail judiciaire ne peut être moindre de trois ans, si tant la saisie dure. *Edit de Février* 1626.

Elle se fait à la charge par l'adjudicataire de donner caution, *Edit de* 1551, *art.* 4; elle doit être donnée dans la huitaine, suivant le Règlement de 1664.

Cette caution se présente de Procureur à Procureur, par un acte que l'adjudicataire fait signifier au Commissaire; si le Commissaire ne la conteste pas, la caution va faire ses soumissions au Greffe; si le Commissaire la conteste, l'adjudicataire doit lui donner copie de la déclaration des biens de la caution, et des pièces justificatives, sous le récépissé de son Procureur.

Quelquefois le Juge ordonne qu'on joindra à la caution un *Certificateur* qui s'obligera solidairement avec elle.

Le commissaire n'est pas garant de l'insolvabilité des cautions survenues depuis qu'elles ont été reçues.

Si l'adjudicataire n'en donne point, ou que celle qu'il donne soit rejettée, comme n'étant pas solvable, le Commissaire doit faire ordonner que le bail sera crié à la folle enchere de cet adjudicataire.

Si quelqu'un, après l'adjudication, porte une enchere du tiers en sus du prix de l'adjudication, avec offre d'indemniser l'adjudicataire de ses frais, l'enchere est admise, pourvu qu'il se présente avant la Saint-Barnabé, autrement il n'est point reçu pour l'année présente, mais il peut l'être pour les suivantes.

Ces offres de tiercement doivent se faire par une Requête présentée au Juge, qui doit être signifiée au Commissaire, à l'adjudicataire, au saisi, au saisissant et à l'ancien Procureur des opposants, avec assignation devant le Juge; à l'effet que, si ce tiercement est jugé par lui admissible, il lui plaise ordonner que le bail sera crié de nouveau sur ce tiercement.

§. IV. — *De la maniere dont les Fermiers judiciaires doivent faire procéder à la visite et aux marchés des réparations.*

Le fermier judiciaire, lorsqu'il veut se mettre en possession, doit présenter une Requête au Juge, pour que l'héritage soit visité, et qu'il soit dressé un état des réparations qui y sont à faire par Experts. Il doit signi-

lier cette Requête, et l'Ordonnance de *soient parties appellées*, au saisi, a
saisissant et au plus ancien Procureur des opposants, avec assignation e
l'hôtel du Juge.

Sur cette assignation, le Juge ordonne la visite par Experts qu'il nomm
Lorsque la visite est faite, le fermier doit donner la copie du rappo
aux parties et au Commissaire, avec assignation pour se trouver à certai
jour chez un Notaire où se fera le marché en leur présence, ou eux dueme
appellés, des réparations, pourvu qu'elles n'excèdent pas trois cents livre
et où elles excéderoient cette somme, il en doit être fait en Justice u
marché au rabais.

Ces formalités observées, le fermier peut donner, pour argent compta
en paiement de ses fermes, au Commissaire, les quittances des ouvrier
qui doivent être passées pardevant Notaires, à la charge néanmoins qu'
ne pourra employer en réparations, tous les ans, plus des deux tiers de l
ferme; pour les baux au-dessous de 300 liv. plus de moitié, pour ceux d
300 liv. jusqu'à 1000 liv. plus d'un tiers, pour ceux au-dessus de mille li
jusqu'à deux mille liv. et plus d'un quart, pour ceux au-dessus de deu
mille liv. *Règlement du* 23 Juin 1678; l'Arrêt fait même défenses d'c
employer davantage, à peine de perdre le surplus.

Le fermier doit faire la même chose à l'égard des réparations qui sur
viennent durant le cours du bail ; néanmoins, si elles étoient si modique
qu'elles ne valussent pas les frais de visite, elles pourroient lui être allouée
sur les simples quittances des ouvriers, jusqu'à concurrence d'une certain
somme.

S'il y avoit des réparations urgentes et nécessaires à f re, au-delà des
sommes que le Règlement permet d'y employer, il faud oit faire ordon
ner par le Juge, en connoissance de cause, qu'elles seroient faites à quel
que somme qu'elles pussent monter.

§. V. — *De la jouissance du Fermier judiciaire.*

Le bail judiciaire donne au fermier le droit de percevoir tous les droit
et émoluments des biens saisis ; c'est pourquoi les profits et droits cen
suels qui échéent pendant le cours du bail judiciaire des biens Seigneu
riaux saisis réellement, appartiennent au fermier.

Il en est autrement des choses, *quæ magis in honore quàm in utilitate
consistunt*, qui sont plus honorables qu'émolumentaires, *V. G.* l
chasse, les menus cens qui se payent, *in recognitionem dominii directi*
les nominations aux bénéfices; ces chosees n'appartiennent pas au fermier
mais à la partie saisie, qui demeure toujours propriétaire jusqu'à l'adju
dication,

Il est défendu par l'Edit de 1551, à la partie saisie, et à tout autre, de
troubler le fermier judiciaire dans sa jouissance, à peine de confiscation
de biens, comme pour rebellion au Roi et à Justice, sous la main de qui
est l'héritage.

Cette défense ne comprend que les troubles qui seroient faits sans droit,
et n'empêche pas le Seigneur, de qui releve le fief donné à bail judiciaire,

de le saisir féodalement, s'il est ouvert; en ce cas, le fermier est tenu de dénoncer *incontinent* la saisie féodale au Commissaire, à peine contre lui, s'il ne le fait pas, de supporter la perte des fruits, sans aucune diminution de son bail.

§. VI. — *Quand finit le Bail judiciaire.*

Le bail judiciaire finit, non-seulement par l'expiration du temps pour lequel il a été fait, il finit aussi, même avant l'expiration de ce temps, lorsque la commission du Commissaire à la saisie-réelle finit; ce qui arrive, soit par l'adjudication de l'héritage saisi, soit par la main-levée qui seroit donnée de la saisie.

C'est ce qui résulte des termes de l'Edit de Février 1626, qui, en voulant que l'adjudication des baux judiciaires ne puisse être moindre de trois ans, ajoute : *Si tant la saisie dure.*

Aux termes de cet Edit, le bail devroit être résilié dans l'instant de l'adjudication, ou de la main-levée; mais, suivant le Règlement de 1664, *art.* 13, le fermier judiciaire, qui a ensemencé les terres, ou qui a commencé la jouissance, depuis le terme, si c'est une maison de Ville, doit jouir pendant toute l'anné commencée, en payant à l'adjudicataire qui a obtenu main-levée.

ARTICLE VI.

Des criées et de leurs certifications.

Les criées sont les proclamations qui sont faites par un Sergent, pour annoncer au public qu'un tel héritage est saisi réellement, et sera vendu par décret.

§. I. — *Où, et à quel jour se doivent faire les Criées.*

Suivant l'Edit de 1551, *art.* 3, les criées doivent se faire au jour de Dimanche, à l'issue de la Messe paroissiale des Paroisses où les héritages saisis sont situés.

La raison en est que c'est à l'issue de la Messe paroissiale que se trouve une plus grande affluence de peuple, ce qui fait par conséquent le lieu et le temps auxquels les criées peuvent être rendues plus publiques.

Le même Edit abroge l'usage de faire ces criées aux Auditoires, ainsi qu'on avoit accoutumé de faire; l'Edit ayant déterminé le lieu où se doivent faire ces criées, on ne doit plus suivre les Coutumes antérieures à l'Edit, qui ordonnent de les faire aux marchés publics.

Lorsque l'héritage en rôture s'étend dans plusieurs Paroisses, il faut faire les criées dans chaque Paroisse, sinon elles seroient nulles pour l'héritage situé où les criées n'auroient pas été faites.

Mais à l'égard des fiefs, de même qu'il suffit d'exprimer dans la saisie le principal manoir, *argument de l'art.* 467 *de notre Coutume*, de même il doit suffire de faire les criées à la Paroisse en laquelle est situé le principal manoir.

Les criées ne peuvent se faire que les jours de Dimanche, l'Edit ayant assigné ce jour pour les faire; au reste, on peut les faire, non-seulement aux jours de simples Dimanches, mais même aux Dimanches les plus solennels; une criée faite un Dimanche de la Pentecôte, a été confirmée par un Arrêt de Règlement du 22 Mars 1626, sur les conclusions de M. Bignon, qui dit, qu'il n'y avoit que le seul Dimanche de Pâques excepté.

§. II. — *Du nombre des Criées, et de leur ordre.*

L'Édit de 1551 ne détermine pas le nombre des criées, ni l'intervalle qu'il doit y avoir entre chacune; on doit suivre à cet égard ce que prescrivent les différentes coutumes, dans le territoire desquelles l'héritage saisi est situé.

Suivant la Coutume d'Orléans, on en doit faire cinq à jours de dimanche, *art.* 469.

Elles doivent se faire sans interruption, par trois quinzaines consécutives; huitaine après l'expiration de la première quinzaine, c'est-à-dire, le Dimanche auquel expire la quinzaine après celui auquel s'est fait la première criée, doit se faire la seconde; au bout d'une seconde quinzaine, la troisieme; au bout d'une troisieme quinzaine, la quatrieme; et le Dimanche auquel expire la huitaine, depuis la quatrieme criée, doit se faire la cinquieme.

Il ne doit y avoir aucune interruption dans cet ordre : si on avoit manqué de faire une criée, au jour auquel elle tomboit, il faudroit les recommencer toutes; néanmoins un Sergent ayant remis une criée qui tomboit le jour de Pâques au lendemain, la Cour, par un Arrêt du 29 juillet 1653, qu'on trouve dans le Journal des Audiences, *Tome* 2, ne déclara pas les criées nulles, mais ordonna qu'il seroit fait une nouvelle et surabondante criée.

L'appel des criées d'immeubles saisis, en vertu d'un titre exécutoire, n'en peut même empêcher la continuation ; c'est ce qui se pratique au Châtelet de Paris, où, malgré l'appel des criées, on passe outre jusqu'à la Sentence de congé d'adjuger inclusivement, et même jusqu'à l'adjudication exclusivement, lorsqu'il n'y a point d'appel du congé d'adjuger, ainsi qu'il est attesté par un acte de notoriété du 2 Mars 1686.

Cet usage du Châtelet de Paris n'est pas particulier à ce Tribunal, et beaucoup d'autres l'observent, comme étant conforme à ce qui est prescrit par l'art. 1 de l'Arrêt de Règlement du 29 Janvier 1658, qu'on trouve dans le Recueil Chronologique de M. Jousse, *Tome* 1, *pag.* 53.

§. III. — *Des Frais et Procédures des Criées.*

Le Sergent, pour faire chaque Criée, doit, avec les deux témoins, se transporter devant la principale porte de l'Eglise paroissiale où l'héritage est situé, à l'issue de la Messe paroissiale, et là déclarer à haute voix et cri public : 1°. Que l'héritage est saisi, et mis en criées, pour être vendu par décret. M. Rousseau atteste que les héritages doivent être détaillés dans la premiere criée, comme dans l'exploit de saisie, mais non dans les suivantes.

2°. La Justice où se poursuit le décret.

3°. A la Requête de qui la saisie est faite, et le domicile élu par le saisissant.

4°. La somme de la créance pour laquelle elle est faite.

5°. Il doit sommer en général tous ceux qui ont intérêt de se présenter, et faire leurs oppositions.

Il est aussi d'usage que le Sergent dise si la criée qu'il fait est la premiere, la seconde, ou autres suivantes, et qu'il nomme les jours auxquels elles se continueront.

A la premiere et derniere criée, il doit mettre des affiches : 1°. A la principale porte de l'Eglise où se font les criées.

2°. A celle de l'héritage saisi.

3°. A celle du Juge de la Jurisdiction où se poursuit la saisie.

Les affiches doivent contenir la déclaration des choses saisies, pourquoi la saisie se fait, le lieu où les ventes par décret doivent être faites. *Coutume d'Orléans*, art. 410.

Le Sergent doit signer, avec les témoins, les procès-verbaux de chaque criée et apposition d'affiches ; il n'est pas nécessaire d'en donner copie au saisi, dans les cas qui ne l'exigent pas : il est réputé suffisamment instruit par la publicité de la criée ; c'est le sentiment de d'Héricourt.

§. IV. — *De la Certification des Criées.*

L'Edit de 1551 porte, en termes formels, *art.* 5 : « Les criées parfaites, » elles seront certifiées pardevant le Juge des lieux, lecture faite d'icelles » ès jours de plaids et iceux tenants ».

Cette certification est une formalité nécessaire pour la validité des décrets, dont l'usage est très-ancien, puisque l'Ordonnance de 1539 ordonne que les criées seront certifiées *selon les anciennes Ordonnances.*

Cette certification est un jugement par lequel le Juge atteste que les criées ont été bien et valablement faites, et qu'on y a observé toutes les formalités requises.

L'Edit de 1551 veut que la certification soit faite par-devant le Juge du lieu ; ce qui a lieu quand même la saisie se poursuivroit ailleurs.

La raison est que les criées devant se faire suivant la Coutume où l'héritage est situé, le Juge du lieu est plus en état qu'un autre de certifier si toutes les formalités ont été observées.

Si les héritages saisis étoient dans différentes Jurisdictions, il semble qu'il faudroit certifier les criées dans les différentes Jurisdictions, sur-tout si elles étoient en différentes Coutumes.

Cette certification peut se faire, non-seulement dans les Sieges Royaux, mais même dans les Justices subalternes, lorsqu'il y a dans ces Justices un nombre suffisant de Praticiens pour la certification ; s'il n'y en avoit pas suffisamment, la certification doit se faire au Siege Royal du ressort.

La procédure pour les certifications consiste à remettre, par le saisissant, les procès-verbaux entre les mains de l'Officier certificateur des criées ; à Orléans, cet office est réuni à la Communauté des Procureurs, qui nomment tour à tour deux d'entr'eux pour l'exercer.

Le certificateur en fait rapport à l'Audience, et, sur son rapport, le Juge, après avoir pris l'avis de dix Praticiens, Avocats, ou Procureurs, rend son jugement, par lequel il déclare les criées bien faites, ou les rejette comme mal faites.

Article VII.

Des Oppositions qui se forment aux Saisies-réelles.

§. 1. — *Combien il y a d'oppositions, et comment elles se forment.*

Il y a quatre sortes d'oppositions aux saisies-réelles.

1°. L'opposition afin d'annuller.

2°. L'opposition afin de distraire.

3°. L'opposition à fin de charge.

4°. L'opposition afin de conserver.

Les oppositions se forment quelquefois entre les mains du Sergent qui fait les criées, lequel en doit faire mention en son procès-verbal, et faire élire, à l'opposant, domicile au lieu où la saisie se poursuit.

Elles se forment le plus ordinairement au Greffe de la Jurisdiction où la saisie se poursuit, et le Greffier doit à cet effet avoir un registre pour enregistrer les oppositions. Déclaration du 16 Juillet 1669, *art.* 7. Coutume de Paris, *art.* 356 ; il est même d'usage, lorsqu'elles ont été formées entre les mains du Sergent, de les inscrire au Greffe, et on prétend que cela est nécessaire.

Si l'opposant ne sçait pas le Greffe, dans le registre duquel la saisie a été enregistrée, il doit sommer le Procureur du saisissant de le lui déclarer, et le Procureur doit le faire, à peine d'être responsable des causes de l'opposition.

Celui qui forme opposition doit élire domicile dans le lieu de la Jurisdiction où la saisie se poursuit : le domicile dure même après la mort du Procureur, ou autre chez qui l'opposant a élu domicile, et toutes les significations qu'on y fait après leur mort sont valables. *Coutume de Paris, art.* 360.

Les Procureurs qui, étant chargés des pieces pour faire des oppositions, négligent de les faire, sont tenus des dommages et intérêts des parties ; c'est ce qui a été jugé par un Arrêt du 26 Avril 1644, cité par d'Héricourt, en son Traité de la vente des Immeubles, *chap.* 9. *somm.* 2.

§. II. — *De l'opposition afin d'annuller.*

L'opposition afin d'annuller, est celle qui est formée ordinairement par la partie saisie aux fins de faire déclarer la saisie nulle.

Un tiers peut aussi former une opposition afin d'annuller, *V. G.* le propriétaire d'un héritage saisi réellement, comme appartenant à un autre, car il n'y a pas de nullité plus certaine que celle d'une saisie faite *super non domino.*

Cette opposition peut être fondée, ou sur des moyens du fonds, lorsque le saisi prétend ne rien devoir des choses pour lesquelles la saisie réelle est faite, ou sur les moyens de forme, *V. G.* si on prétend qu'il y a eu quelque défaut de formalité, soit dans l'exploit de saisie-réelle, soit dans les criées et procédures de la saisie.

Cette opposition n'est plus recevable après l'appointement à décréter, autrement appellé *congé d'adjuger;* mais la partie saisie peut en ce cas appeller de cet appointement, s'il n'a pas force de chose jugée, et il peut sur l'appel attaquer la saisie, par les mêmes moyens par lesquels il auroit pu l'attaquer, en s'opposant avant le congé d'adjuger.

Cette opposition, jusqu'à ce qu'il y soit statué, empêche le cours de la saisie jusqu'au congé d'adjuger.

La partie qui veut aller en avant donne assignation à l'Audience pour faire statuer sur cette opposition. Si le Juge la trouve fondée, il donne main-levée de la saisie réelle, et même avec dommages et intérêts, s'il paroît que le saisissant n'étoit pas créancier; mais il n'y a pas de dommages et intérêts lorsque la saisie est déclarée nulle pour des moyens de forme : on se contente en ce cas d'en prononcer la main-levée, avec dépens.

Si le défaut de formalité ne se trouve que dans la procédure qui a suivi la saisie-réelle, on n'en donne pas main-levée, car la saisie subsiste; il n'y a de nulle que la procédure qui a suivi la saisie-réelle, et dans laquelle se trouve le défaut de forme; le Juge doit donc se contenter de déclarer nulle cette procédure, et, jusqu'à ce qu'elle ait été recommencée et réparée, le saisissant ne peut obtenir le congé d'adjuger.

Si l'opposition se trouve mal fondée, le Juge en déboute la partie, et sans y avoir égard rend l'appointement à décréter.

L'Edit de 1551, *art.* 15, veut qu'en ce cas l'opposant soit condamné, par corps, en trente livres d'amende parisis envers le Roi, et autant envers le poursuivant.

§. III. — *De l'Opposition afin de conserver.*

L'opposition *afin de conserver*, est celle qui est formée par les créanciers hypothécaires, pour être conservés dans le droit d'hypothéque qu'ils ont dans l'héritage saisi, et en conséquence être colloqués suivant l'ordre de leur hypothéque, dans l'ordre et distribution qui se fera du prix que l'héritage saisi aura été vendu.

Il suffit d'être créancier hypothécaire pour former cette opposition; il n'est pas nécessaire d'avoir un titre exécutoire.

Ces oppositions peuvent être formées en quelque temps que ce soit, avant ou après le congé d'adjuger, même après l'adjudication, qu'on appelle proprement *décret*. Avant que ce décret ait été levé et scellé, il doit être vingt-quatre heures entre les mains du scelleur, pour recevoir les oppositions. *Cout. de Paris*, *art.* 354 *et* 356.

Après que le décret est scellé et levé, les oppositions afin de conserver

ne peuvent plus être formées, le décret a purgé les hypothéques des créan
ciers qui ont manqué à former leurs oppositions ; c'est pourquoi il ne leu
reste plus que la voie de la saisie-arrêt, pour être payés *au sol la livre*
comme simples créanciers chirographaires, sur ce qui restera du prix, aprè
que les créances de ceux qui auront formé les oppositions auront ét
acquittées entièrement en principal et frais.

Il est évident que ces oppositions afin de conserver n'arrêtent pas le cour
du décret, ni la vente de l'héritage saisi : ces oppositions se convertissen
ordinairement en saisies-arrêts sur le prix.

Il nous reste à observer qu'on distingue deux sortes d'oppositions afin d
conserver, les directes et les oppositions en *sous-ordre.*

Les directes sont celles qui sont formées par les créanciers de la parti
sai se.

Les oppositions en *sous-ordre* sont celles qui sont formées par les créan
ciers de quelque créancier de la partie saisie, afin d'être colloqués sur un
partie du prix du bien saisi, qui pourra revenir à leur débiteur, dans l'ordr
d'hypothéque qu'ils ont sur les biens de ce débiteur, et être admis à le rece
voir à sa place.

Si le créancier de la partie saisie n'avoit pas formé son opposition directe
les créanciers du créancier, après sommation faite de la former, peuvent
sur son refus, être autorisés à la former pour lui et à ses risques ; car
c'est une maxime que les créanciers peuvent exercer les droits de leu
débiteur, quand il néglige de les exercer lui-même.

Il a été jugé que les créanciers du saisi et de sa femme pouvoient
sans faire cette procédure contre la femme, être colloqués en sous-ordr
sur ce que la femme peut prétendre dans le prix des biens de son mari
c'est ce qui résulte d'un Arrêt du Règlement du 31 Août 1690, dont le
dispositions sont rapportées par Denizart. *Collect. de Jurisp.* verbo *oppo
sitions, N°. 33.*

§. IV. — *Des Oppositions afin de distraire, et à fin de charge.*

L'opposition afin de distraire est celle qui est formée par un tiers, qu
se prétend propriétaire de quelque héritage compris dans la saisie-réelle
afin qu'il en soit distrait, et lui soit délaissé.

Cette opposition est une vraie demande en revendication de l'héritag
dont on demande distraction.

L'opposition à fin de charge est celle qui est formée par un tiers qui pré
tend avoir quelque droit réel dans l'héritage saisi, comme de rente foncière
d'usufruit, de servitude, aux fins que l'héritage soit vendu à la charge d
ce droit.

La procédure qui se fait sur ces oppositions est, que le Procureur d
l'opposant fait signifier l'acte de son opposition à celui du saisissant, ave
copie des pieces qui servent de fondement à son opposition, lequel
dénonce au saisi, et au Procureur ancien des opposants, ce qui form
une instance particuliere sur laquelle le Juge prononce à l'Audience, ou
s'il n'est pas en état, rend un appointement.

Si l'opposant afin de distraire prétendoit être en possession de l'héritage compris dans la saisie-réelle, et que cette possession fût déniée, le Juge permettroit de faire enquête, comme dans la complainte possessoire.

Cette opposition en ce cas équipolle à une complainte.

Ces oppositions retardent l'appointement à décréter, ou congé d'adjuger, auquel le Juge doit surseoir, jusqu'à ce qu'il ait statué sur ces oppositions. *Edit de* 1551, *art.* 6.

S'il y avoit un procès pendant, dans une autre Jurisdiction, sur le décret auquel l'opposant a formé son opposition, le Juge devroit fixer un temps dans lequel les parties seroient tenues de faire juger le procès dans la dernière Jurisdiction, et faute de le faire juger dans ce délai, le procès doit être évoqué devant le Juge où se poursuit la saisie-réelle, et où a été formée l'opposition. *Edit de* 1551, *art.* 16.

Il n'est pas douteux que ces oppositions ne peuvent se former après l'adjudication; en quoi elles diffèrent des oppositions afin de conserver, qui peuvent se former après l'adjudication, jusqu'à ce que le décret soit levé et scellé; c'est la différence qu'établit entr'elles la Coutume de Paris, *art.* 354.

C'est une question si ces oppositions peuvent se former après l'appointement à décréter; il semble qu'elles pourroient être formées, même après ce temps, pourvu que ce soit avant l'adjudication; car il n'y a que l'adjudication qui, en attribuant à l'adjudicataire un droit de propriété des héritages, franc et quitte de toutes charges et droits, non compris dans l'affiche, purge et éteint le droit de propriété, et autres droits réels qui appartiennent à des tiers dans ces héritages; ceux qui les avoient n'en étoient donc point dépouillés avant l'adjudication; il semble donc qu'ils peuvent jusqu'à ce temps les réclamer, en formant une opposition; l'article 6 de l'Edit de 1551 n'a rien de contraire; il est vrai qu'il suppose que ces oppositions doivent se juger avant l'appointement à décréter; mais cela doit s'entendre de celles qui ont été formées avant cet appointement; et cela n'emporte point une défense de les former après: enfin, la Coutume de Paris, *art.* 354, dit seulement qu'elles doivent se former avant l'adjudication, et ne défend point de les recevoir après l'appointement.

Nonobstant ces raisons, ces oppositions ne sont pas reçues, après le congé d'adjuger, aux saisies-réelles qui se poursuivent au Parlement, soit que les saisies y aient été portées directement, soit qu'elles y aient été évoquées ou renvoyées en d'autres Sieges; c'est la disposition du Règlement de la Cour, de 1598, *art.* 4 et 6.

La raison est afin d'encourager les enchérisseurs, qui enchériront plus librement lorsqu'ils seront assurés de n'avoir à craindre aucune contestation de la part des opposants.

Au reste ce Réglement ne concerne que les saisies-réelles pendantes au Parlement; il fait même expressément mention des différents usages des autres Jurisdictions, car il est dit à la fin de cet article, *sans déroger, pour ce qui se décrete devant les Juges ordinaires à ce qu'ils ont accou-*

tumé garder suivant la Coutume des lieux; aussi, au Châtelet de Paris, l'usage est de recevoir les oppositions afin de distraire et afin de charge, même après le congé d'adjuger, jusqu'à l'adjudication, suivant l'art. 354 de la Coutume de Paris, ainsi que l'atteste d'Héricourt, *chap.* 9. *somm.* 4. Voyez *l'acte de notoriété du* 21 *Mars* 1725, *dans le Recueil de Denizart.*

Au Châtelet d'Orléans, on suit l'usage du Parlement, et ces oppositions n'y sont point reçues après le congé d'adjuger, comme l'atteste l'Auteur des notes sur la Coutume. *Edition de* 1711.

La Jurisprudence a établi une exception à l'égard de l'Eglise et des mineurs, et reçoit, après le congé d'adjuger, leur opposition afin de distraire, et à fin de charge, en refondant les dépens, pourvu qu'ils se présentent avant l'adjudication. *Voyez l'Arrêt du* 23 *Mars* 1709, *au* 5ᵉ *Tome du Journal des Audiences.*

Les oppositions afin de distraire, ou de charge, qui sont formées après le congé d'adjuger, dans les Jurisdictions où elles ne sont pas reçues après ce temps, même celles qui sont formées après l'adjudication, avant que le décret soit scellé et délivré, sont converties en oppositions afin de conserver, et les opposants sont colloqués sur le prix de l'héritage saisi, pour la somme à laquelle on estime la valeur du droit qui leur appartient dans l'héritage.

ARTICLE VIII.

De plusieurs especes d'incidents qui arrivent pendant le cours de la Saisie-réelle.

§. I. — *De la Contestation sur la préférence entre deux Saisissants.*

Suivant la maxime du Droit François, *saisie sur saisie ne vaut;* il ne peut y avoir qu'une saisie-réelle du même héritage qui subsiste : c'est pourquoi, lorsque deux saisissants ont, par différentes saisies, saisi réellement les mêmes héritages, il ne peut y avoir que l'une des deux saisies qui doive tenir ; l'autre doit être convertie en opposition.

Lorsqu'il y a contestation entre deux saisissants sur celle des saisies qui doit prévaloir, la regle ordinaire est que c'est celle qui a été enregistrée la premiere qui doit subsister, l'autre ne doit pas même être enregistrée, quand même elle seroit antérieure en date à celle qui a été enregistrée, et elle doit être convertie en opposition à celle faite par celui qui a été le plus diligent à faire enregistrer la sienne, comme nous l'avons vu ci-dessus , *art.* 4.

Cette regle reçoit exception lorsque la seconde saisie se trouve plus ample que celle qui a été enregistrée la premiere, c'est-à-dire, lorsqu'outre les héritages compris dans la premiere saisie, elle en comprend encore d'autres; en ce cas l'usage est de faire prévaloir la seconde, et de convertir en opposition à cette saisie celle qui a été enregistrée la premiere; cela se fait pour éviter la multiplicité des frais que causeroient deux différentes saisies, l'une des héritages compris dans la premiere, et l'autre de ceux qui n'étant pas compris dans la premiere le sont dans la seconde.

Néanmoins, s'il y a quelque lieu de soupçonner de l'intelligence entre la partie saisie et le second saisissant, on ne lui donne point la préférence, mais on ordonne que le Procureur du premier saisissant aura la poursuite des deux saisies, en remboursant au second les frais de la seconde, qui n'en fait plus qu'une avec la premiere. *Arrêt du* 7 *Septembre* 1713, *cité par d'Héricourt, chap.* 6, *somm.* 23.

§. II. — *De la demande en subrogation à la Saisie.*

Lorsque le saisissant a donné main-levée de la saisie, un créancier opposant peut demander à y être subrogé.

Quoiqu'il ne soit pas nécessaire d'avoir un titre exécutoire pour être opposant, je pense qu'il en faut un pour obtenir cette subrogation ; la raison est que l'opposant, par cette saisie, est réputé le saisissant, et il ne peut l'être sans un titre exécutoire.

Entre plusieurs créanciers opposants qui demanderoient cette subrogation, c'est celui qui a été plus diligent à la demander qui doit être préféré.

En égalité de diligence on doit préférer celui qui a plus d'intérêt à la poursuite, tel qu'est celui qui a l'hypothèque la plus privilégiée et la plus ancienne, ou qui est créancier d'une somme plus considérable.

Cette subrogation peut être demandée, non-seulement lorsque le saisissant a donné main-levée de la saisie, mais même lorsqu'il est en demeure de la poursuivre, soit que ce soit par collusion, soit par négligence, ou faute d'argent.

Le Procureur d'un créancier opposant doit avoir un pouvoir spécial de sa partie pour demander cette subrogation ; car, de ce qu'un créancier fait une opposition, il ne s'ensuit pas qu'il veuille s'engager dans la poursuite coûteuse d'une saisie. D'Héricourt dit qu'on peut désavouer un Procureur faute d'un pareil pouvoir, et Bruneau, en son *Traité des Criées, chap.* 13, rapporte un Arrêt du 22 Juin 1675, qui a jugé que Me Noël Gobreau avoit été bien désavoué par la veuve Magy, au nom de laquelle il s'étoit fait subroger à une saisie-réelle, sans une procuration spéciale.

La procédure pour cette subrogation est, que celui qui la demande donne Requête au Juge devant qui est la saisie-réelle, aux fins de laquelle il donne avenir aux Procureurs du saisissant, du saisi et de l'ancien Procureur des opposants.

Lorsque cette subrogation est demandée pour cause de négligence à poursuivre, le Juge devant qui l'assignation est donnée, doit, si le saisissant conteste la subrogation, ordonner que, dans un certain délai par lui fixé, le saisissant rapportera les diligences par lui faites pour la poursuite de la saisie-réelle ; et après le délai expiré, s'il paroît que le saisissant persévere dans sa négligence, le Juge doit accorder la subrogation au demandeur, et en conséquence condamner le saisissant à lui remettre la saisie-réelle, et toute la procédure, à la charge, par le demandeur en subrogation, de rembourser le saisissant des frais de cette procédure.

Cette obligation qui lui est imposée de rembourser les frais du saisissant ne comprend que ceux utilement et valablement faits; pour cet effet, il doit examiner la procédure, avant que de rembourser les frais, et rabattre ce qu'il croira être mal fait; mais il n'est pas écouté à demander que le saisissant et son Procureur s'obligent envers lui à la garantie de la procédure, dont il rembourse les frais. On a donné congé d'une pareille demande par Arrêt du 6 Juillet 1678, rapporté par d'Héricourt, *chap.* 6, *somm.* 24, et qui se trouve au Journal du Palais, *Tom.* 1.

Le créancier subrogé à la saisie doit-il faire un acte de reprise au Greffe ? D'Héricourt, dans le même chapitre que nous venons de citer, dit que l'usage des Requêtes du Palais est qu'il fasse cette reprise, et qu'au contraire l'usage du Châtelet de Paris est de n'en point faire, suivant un acte de notoriété de M. le Camus, du 11 Janvier 1690, ce qui est plus raisonnable, parce que le jugement de subrogation tient lieu de reprise.

§. III. — *De la demande du Créancier privilégié, ou ancien, pour se faire livrer l'héritage saisi, pour l'estimation qui en sera faite.*

Lorsque des héritages sont saisis réellement sur le curateur à une succession vacante, ou à un délai, la Jurisprudence permet qu'un créancier privilégié puisse demander que, sans poursuivre la saisie-réelle, l'héritage lui soit adjugé pour le prix qu'il sera estimé, si mieux n'aiment les autres créanciers l'enchérir à plus haut prix, en donnant caution de faire porter l'héritage à si haut prix que le créancier privilégié soit payé de ce qui lui est dû, tant en principal, qu'intérêts et frais.

Par la suite on a admis cette demande, non-seulement de la part des créanciers privilégiés, lorsqu'il y en a, mais même de la part d'un créancier qui est simplement l'ancien, et qui doit venir en ordre.

Cette Jurisprudence est bien équitable; il ne doit pas dépendre de la mauvaise humeur d'un dernier créancier, de faire consommer en frais l'héritage saisi; *nihil exinde laturi, nisi ut officiant antiquiori creditori*.

Un créancier postérieur, en remboursant l'ancien, et étant par ce paiement subrogé à ses droits, peut former la même demande.

Plusieurs prétendent que cette demande du créancier privilégié, ou ancien créancier, doit être formée avant le congé d'adjuger, et qu'il n'est plus temps de la former après; la raison en paroît assez spécieuse: le Juge, dit-on, ne peut retracter lui-même son jugement; or ce seroit le retracter si, après avoir ordonné par le congé d'adjuger que l'héritage saisi seroit vendu et adjugé par décret, il faisoit ensuite droit sur cette demande, et ordonnoit que cet héritage seroit adjugé au créancier, sans suivre la saisie-réelle, et sans décret: ce sentiment est même appuyé sur deux Arrêts, l'un du 23 Janvier 1693, et l'autre du 10 Août 1695, rapportés au cinquieme Tome du Journal des Audiences. Nonobstant ces raisons, d'Héricourt, au chapitre ci-dessus cité, *somm.* 21, est d'avis contraire; il dit que le congé d'adjuger ne donne pas plus de droit aux derniers créanciers, sur les biens saisis, qu'ils en avoient lors des premieres procédures; que les mêmes raisons d'empêcher que l'héritage ne soit consommé en frais, au préjudice du premier créancier, sans que les derniers en profitent, sont des raisons qui subsistent après le congé d'adjuger, comme avant, et qui doivent faire décider la même chose.

D'Héricourt cite une Sentence des Requêtes du Palais du 5 Juillet 1724, pour son sentiment, ce qui fait voir que les derniers Arrêts cités n'ont pas fixé la Jurisprudence; mais il ne répond pas à la raison sur laquelle on se fonde pour l'opinion contraire : il paroît qu'on peut répondre, que si les Loix décident qu'un Juge ne peut pas retracter ses Sentences définitives, parce qu'alors l'affaire est consommée, elles décident aussi qu'il ne lui est point interdit de déroger à son jugement interlocutoire; or, le congé d'adjuger n'est qu'une espece de jugement interlocutoire.

D'Héricourt néanmoins, *chap.* 10, *somm.* 10, regarde ce jugement comme un jugement définitif, ce qui ne me paroît pas vrai, car le jugement définitif est celui qui met fin à l'affaire, et qui consomme la fonction du Juge, ce qu'on ne peut pas dire d'un congé d'adjuger ; ce n'est point ce jugement qui est la fin d'une saisie-réelle, c'est l'adjudication dont le congé d'adjuger n'est qu'un préparatoire.

§. IV. — *De l'incident afin de vendre, sans observer les formalités nécessaires.*

Lorsque l'héritage saisi réellement est de peu de valeur, le créancier, qui l'a saisi, forme ordinairement, aussitôt après, l'incident à ce que, attendu que l'héritage ne mérite pas les frais d'un décret qui absorberoit le total, ou la plus grande partie du prix de l'héritage, il lui soit permis de le faire vendre sur une *simple affiche et trois publications*, et le Juge doit lui permettre.

Cette vente n'a pas le même effet que le décret, elle ne purge point l'hypothèque que des tiers peuvent avoir sur la chose qui a été vendue.

§. V. — *Des Demandes en provision.*

Ces demandes sont formées par le saisi, ou par quelque créancier, dont la créance est favorable, ou par le saisissant, pour remboursement d'avances par lui faites pour la conservation de la chose saisie.

1°. Le saisi est quelquefois en droit de demander une provision alimentaire sur le revenu des biens saisis. *V. G.* Si un débiteur a obtenu des lettres de répit, l'Ordonnance de 1669, *tit.* des Répits, *art.* 6, décide que ces lettres n'empêchent pas que les biens de ce débiteur ne puissent être saisis réellement, et donnés à bail judiciaire; mais elle ajoute, *art.* 8, qu'il sera accordé en ce cas au saisi, sur les biens saisis, une provision alimentaire telle que de raison.

Il en est de même, à plus forte raison, dans le cas des Lettres d'Etat; comme elles n'empêchent pas le cours du bail judiciaire, si elles n'ont été présentées, l'impétrant doit au moins être admis à toucher, sur le revenu des biens saisis, une pension alimentaire qui le mette en état de servir le Roi.

La minorité de la partie saisie peut aussi passer pour une cause suffisante, à l'effet d'obtenir des provisions alimentaires sur le revenu des biens saisis.

On peut tirer pour cela argument des Loix 33 et 39, ff. *de rebus autorit. jud. possid.* quoiqu'elles soient dans le cas du jugement Prétorien, et par conséquent dans une espece différente de la saisie-réelle.

Même à l'égard des majeurs, s'il paroît que la partie saisie, dont tous les biens sont saisis réellement, a beaucoup plus de biens que de dettes ; qu'elle est digne de compassion et ne cherche point de mauvaises voies pour prolonger la saisie-réelle, il est de la sagesse du Juge de faire droit sur la provision qu'elle demande ; au contraire, le Juge doit la refuser au chicaneur qui tend, par ses chicanes, à faire consommer en frais tous ses biens qui devroient servir à l'acquitter de ses dettes.

Ces provisions s'obtiennent sur une Requête que le saisi donne, et sur laquelle il donne avenir au Procureur du saisissant, et à l'ancien des opposants, à l'Audience où le Juge statue.

2°. Il y a certains créanciers dont la créance mérite une faveur singuliere, et qui sont en conséquence admis à demander une provision sur le revenu des biens saisis. *V. G.* Une femme créanciere de la succession de son mari pour son douaire, est admise à demander des provisions à compte de ses créances pendant le cours de la saisie-réelle, pour subvenir à ses aliments.

Des enfants créanciers de leur pere, ou mere, sont aussi admis dans de pareilles demandes, lorsque tous les biens de leur pere, ou mere, sont saisis.

On admet même cette demande de la part des collatéraux du saisi, pour des créances favorables, comme si c'est un frère qui est créancier pour sa légitime, ou pour un compte de tutelle de son frere aîné, dont les biens sont saisis.

Ces provisions s'obtiennent pareillement par une Requête qu'on signifie avec un avenir à l'Audience au Procureur du saisi, du saisissant, et à l'ancien des opposants sur laquelle le Juge statue.

3°. Le saisissant qui a fait des avances pour la conservation de la chose saisie, comme pour payer la paulette d'un officier, pour de grosses réparations urgentes, pour acquitter des profits, avoir main-levée d'une saisie féodale, peut, sur une pareille procédure, obtenir par la suite un jugement qui ordonne qu'il sera remboursé sur le revenu des biens saisis.

Dans tous ces cas, le Juge doit ordonner que les provisions qu'il accorde, soit au saisi, soit à des créanciers privilégiés, soit au saisissant, pour remboursement d'avances, seront payées sur les revenus des biens saisis par le Commissaire aux saisies-réelles. Il est défendu aux Juges, par l'Edit de 1689, d'ordonner qu'elles seront payées par les mains du fermier judiciaire, si ce n'est qu'il s'agisse du payement des sommes en acquittement de droits seigneuriaux.

Le Commissaire doit payer, s'il a des fonds, les provisions aussitôt que le jugement qui les accorde lui a été signifié, lorsqu'il est contradictoire avec toutes les parties.

S'il est par défaut, il ne doit payer que trois jours après la dénonciation qui en a été faite aux parties, afin qu'elles ayent le temps d'y former opposition, si bon leur semble.

ARTICLE IX.

Du Congé d'adjuger, de l'Adjudication, et de la Procédure pour y parvenir.

Le congé d'adjuger est un jugement qui ordonne que l'héritage saisi sera vendu et adjugé au bout de la quarantaine dans la forme ordinaire, et qu'à cet effet affiches seront mises.

§. I. — *De la Procédure pour parvenir au Congé d'adjuger.*

Pour obtenir cet appointement, le saisissant doit, selon l'Edit de 1551, *art.* 5, assigner le saisi pour voir adjuger le décret. Les conclusions qui se prennent ordinairement sont « à ce que le saisi fournisse des moyens, s'il » en a, contre la saisie, les criées et leur certification, pour voir ordonner » que l'héritage saisi sera vendu par décret, après quarante jours, avec » les formes ordinaires »; si le saisi avoit formé son opposition, on concluroit par cette assignation, au débouté de son opposition.

Il y a des Coutumes qui prescrivent des formalités particulieres pour cette assignation.

Celle de Paris, *art.* 359, porte que si cette assignation ne peut être faite à la personne même du saisi, elle doit lui être faite à son domicile, et, en outre, au prône de l'Eglise paroissiale du lieu où l'héritage saisi est situé, avec affiches contre la principale porte. Au lieu de la publication au prône, que l'Edit de 1695 a défendue, la publication de cette assignation doit se faire par le Sergent à la porte de l'Eglise, à l'issue de la Messe paroissiale.

Cette formalité n'est requise que dans les Coutumes qui l'exigent. Notre Coutume d'Orléans n'ayant requis aucune formalité pour cette assignation, dont elle ne parle pas, il suffit de la faire, comme les autres, à la personne du saisi, ou à son domicile.

Après l'assignation donnée pour rendre le congé, le saisissant doit déposer au Greffe le procès-verbal des criées, et signifier l'acte de dépôt au saisi et aux opposants, pour le passer, ou contredire, dans la huitaine, et leur déclarer, par ce même acte, que les oppositions ont été formées pour donner les contredits contre les productions des opposants, après quoi, sur un simple acte, il peut faire rendre l'appointement. *Règlement du Bailliage d'Orléans, du* 15 *Février* 1685, *art.* 22.

§. II. — *Quand et comment le congé doit-il être rendu?*

Ce congé ne peut être rendu qu'un mois après que la saisie-réelle a été enregistrée. *Arrêt du* 24 *Janvier* 1634, *au Journal du Palais.*

S'il y a quelques oppositions afin de distraire, ou de charge, qui ayent été formées, ces oppositions doivent être terminées et jugées avant de rendre le congé, et par le même jugement; le congé d'adjuger ne peut cependant

être rendu par le même jugement que celui de certification des criées, c
l'Edit de 1551, *art.* 5 et 6, parle de ces deux jugements comme de de
choses absolument distinguées ; il ne faut donc pas les confondre ; d'a
leurs, le saisi peut empêcher le congé, en proposant des moyens de null
contre le jugement même de certification des criées.

La Sentence portant congé d'adjuger doit se rendre à l'Audience,
la même forme et de la même maniere qu'en toute autre matiere. *Voy*
les actes de notoriété du Châtelet de Paris, des 21 Mars 1725, et 9 Janvi
1726.

§. III. — *Si le Congé d'adjuger peut s'exécuter nonobstant l'appel.*

S'il y a appel du congé d'adjuger, il ne peut s'exécuter par provisior
l'appel le suspend jusqu'à ce qu'il ait été confirmé ; cela a été jugé par gran
nombre d'Arrêts en forme de Règlements, rapportés par Louet et Br
deau, lettre D, N°. 65.

La raison n'est pas, comme le dit d'Héricourt, que ce jugement so
définitif ; mais quoiqu'il ne soit proprement qu'un jugement interloct
toire, qui régulierement devroit s'exécuter nonobstant l'appel, néanmoi
il y a une raison particuliere pour que celui-ci ne s'exécute pas : c'est af
que l'incertitude de l'événement de l'appel ne détourne pas les enchéri
seurs, dans la crainte que l'adjudication qui leur seroit faite ne subsist
pas si l'appointement à décréter étoit infirmé.

Mais, lorsque le congé d'adjuger est obtenu, les décrets ne peuve
plus être évoqués par aucun des créanciers en vertu de leur droit de *con*
mittimus, ou autres privileges, et l'adjudication doit se faire dans le mêm
Siege, où le congé d'adjuger a été obtenu par le poursuivant. C'est ce q
a été jugé par un Arrêt célèbre du 22 Août 1676, rendu sur les concl
sions de M. l'Avocat-général Talon.

§. IV. — *Procédure en exécution du congé d'adjuger jusqu'à l'adji dication.*

Le jugement du congé d'adjuger doit être signifié au Procureur du sais
et à celui des opposants. Le saisissant, en exécution du congé, lorsqu'
n'y a pas d'appel, ou que sur l'appel il a été confirmé, doit mettre a
Greffe une enchere qui contienne le sommaire des criées, la déclaratio
des héritages saisis, leur enchere, et le jour auquel doit écheoir l'assigna
tion pour procéder au décret.

On lui délivre au Greffe une expédition de cette enchere, qu'il doit sign
fier au Procureur du saisi, et à l'ancien Procureur des opposants, et fair
afficher aux portes du bien saisi, et à celle de l'Audience où se poursuit l
décret.

L'Huissier doit dresser un procès-verbal de cette apposition d'affiches
qui doit être signé de deux témoins.

Ces affiches doivent demeurer quinze jours, suivant l'art. 7 de l'Edit d
1551. Ceux qui arracheroient, ou effaceroient ces affiches, avant la quin

zaine, doivent être condamnés à une amende et punis même corporelle-ment, suivant l'Arrêt de vérification de ce même Edit.

Il paroît que l'Edit de 1551, en ordonnant que ces affiches resteroient quinze jours, a seulement voulu défendre de les détacher, mais n'a pas voulu qu'il en résultât une nullité, si elles l'avoient été ; c'est pourquoi on n'est pas recevable à attaquer le décret sous ce prétexte, à moins qu'on ne pût justifier que c'est par le dol de l'adjudicataire que les affiches ont été ôtées.

Le délai de quarante jours ne court que du jour du procès-verbal d'ap-position d'affiches. *Coutume d'Orléans*, *art.* 471. Le jour que l'affiche a été mise ne doit pas être compté dans les quarante jours, suivant cette regle générale, *dies non computatur in termino.*

Pendant cette quarantaine, on reçoit au Greffe les encheres qui se pré-sentent ; au jour qu'échet la quarantaine, et que l'héritage doit être vendu, on lit à l'Audience les encheres, on reçoit celles qui se présentent, et on adjuge l'héritage au dernier enchérisseur.

Cette adjudication n'est pas pure et simple, mais sauf quinzaine, c'est-à-dire, avec la clause qu'elle n'aura lieu qu'au cas qu'il ne survienne pas de plus fortes encheres pendant un délai de quinzaine, à l'échéance du-quel on remet à crier de nouveau l'héritage. Cette adjudication doit se signifier au Procureur du saisi, et à l'ancien des opposants.

Au jour auquel échet la quinzaine, on fait de nouveau à l'Audience la publication de l'enchere, et on reçoit celles qui se présentent, mais, ce n'est qu'après trois remises, de quinzaine en quinzaine, que se fait l'ad-judication pure et simple, suivant les *art.* 25 et 26 du Règlement du Bail-liage d'Orléans de 1685.

Il n'y a que le jugement d'adjudication sauf quinzaine, qui est rendu après la quarantaine, qui se signifie ; le jugement de remise et de conti-nuation ne se signifie point, mais se dénonce seulement, par un simple acte, au Procureur du saisi, et à l'ancien des opposants.

Si, le jour de l'échéance de la quinzaine, il se rencontroit une Fête, l'adjudication doit se faire à la huitaine suivante, sans qu'il soit besoin d'obtenir aucune Sentence pour la remise. Acte de notoriété du Châtelet de Paris du 19 Février 1667, confirmé par Arrêt du 3 Avril suivant, *Journal des Audiences*, *tom.* 3.

Et suivant un autre Acte de notoriété du même Châtelet, du 11 Janvier 1690, le délai de quinzaine court du jour que la remise a été donnée, et non du jour de la signification qui en a été faite.

§. V. — *De la forme et de la nature des encheres, et de leur différence d'avec l'adjudication sauf quinzaine.*

L'enchere est un acte par lequel une personne offre une certaine somme pour le prix de la chose exposée en vente, et s'engage à l'acheter pour ce prix, au cas que personne n'en offre davantage.

Les enchères se font au Greffe, ou à l'Audience ; si elles se font au Greffe, l'enchérisseur doit nommer son Procureur, et élire domicile chez lui. *Edit de* 1551, *art.* 19.

Cette enchere se signifie au dernier enchérisseur, ou à son Procureur. *Même Edit, art.* 18.

Pareillement on ne reçoit les encheres à l'Audience que par des Procureurs, ou des personnes assistées de Procureur, *ibid. art.* 10, et cela a été ainsi ordonné pour empêcher les encheres de personnes inconnues et supposées, qu'on ne susciteroit que pour traverser l'adjudication.

C'est par la même raison que le même Edit, *art.* 11, défend aux Procureurs d'enchérir pour des inconnus, ou pour gens notoirement insolvables, ou pour les parties saisies, à peine d'être garants, en leur nom, du prix de l'adjudication; ils en sont pareillement garants, si la personne pour qui ils ont enchéri, dont ils n'ont point de pouvoir spécial, refuse de ratifier l'enchère. *Règlement de* 1598, *art.* 10.

Il résulte de la définition de l'enchère, qu'elle contient un engagement de l'enchérisseur d'acheter la chose pour le prix auquel il l'a enchérie, et que cet engagement dépend d'une condition, si personne ne l'enchérit à plus haut prix; car alors son engagement cesse.

L'enchérisseur seroit-il déchargé si celui qui a sur-enchéri, et dont l'enchere a été reçue n'étoit pas solvable? Oui : ainsi le décide la Loi 14, §. 2. ff. *de in diem addictione.*

La raison est que, quoique celui qui a enchéri ne soit pas solvable, il n'en est pas moins vrai qu'il y a eu une sur-enchere de reçue, ce qui suffit pour révoquer la condition sous laquelle le précédent enchérisseur avoit contracté l'engagement, l'ayant contracté sous condition qu'il ne surviendroit aucune sur-enchere; la Jurisprudence en est certaine. *D'Héricourt rapporte plusieurs Arrêts.*

Il en seroit autrement si l'enchere étoit nulle dans la forme, car une enchere nulle n'est pas une enchere. *V. G.* Si une femme avoit enchéri sans la volonté de son mari.

Il y a donc une grande différence entre l'engagement qui se contracte par une enchere, et le droit qui résulte d'une adjudication sauf quinzaine.

L'enchere ne renferme aucun contrat de vente qui soit fait à l'enchérisseur, mais une simple promesse de l'acheter; l'enchérisseur n'achete pas actuellement, mais s'engage à acheter la chose pour le prix porté en son enchere, s'il ne survient aucun autre enchérisseur; il contracte cet engagement avec toutes les parties intéressées au décret, qui de leur côté n'en contractent aucun envers lui.

Delà il suit que la chose que j'ai enchérie n'est pas à mes risques, jusqu'à ce qu'elle me soit adjugée; si cette chose vient à périr auparavant, mon engagement cesse, parce que je ne peux plus acheter ce qui n'est plus.

Si l'héritage étoit notablement détérioré depuis l'enchere, quoique sans la faute de personne, et par cas fortuit, je pense aussi qu'en ce cas l'engagement de l'enchérisseur devroit cesser, car il ne doit être censé l'être engagé d'acheter l'héritage, qu'autant qu'il seroit tel qu'il étoit lorsqu'il a enchéri; d'ailleurs, il n'auroit point profité des augmentations s'il en fût survenu ; car il s'étoit bien engagé à acheter, mais il n'avoit été contracté envers lui aucun engagement réciproque ; c'est le sentiment de d'Héricourt.

Il n'en est pas de même de l'adjudication sauf quinzaine ; cette adjudication renferme une vraie vente qui est faite à l'adjudicataire ; il est véritablement acheteur, sous la condition qu'un autre n'offrira pas, dans la quinzaine, un plus grand prix, et sans entrer dans la question de savoir si cette condition doit être simplement regardée comme *résolutoire*, auquel cas il seroit sans difficulté que la perte de la chose jugée doit tomber sur l'adjudicataire, suivant la Loi 26, ff. *de in diem addict.*

Je dis même qu'en la supposant *suspensive*, elle doit tomber sur lui ; car, en même temps que la chose périt, la condition sous laquelle la vente lui a été faite s'accomplit, puisqu'il devient dès-lors certain que personne n'enchérira.

Article X.

De l'interruption et péremption des instances de Saisies-réelles.

L'instance de saisie-réelle peut être interrompue, comme les autres instances, par la mort de quelqu'une des parties, ou son changement d'état, ou par la mort de son Procureur.

Les parties sont le saisissant et le saisi : à l'égard des opposants, quoiqu'ils soient aussi en quelque façon parties en la saisie-réelle, ni leur mort, ni celle de leur Procureur n'interrompt point l'instance de saisie-réelle, et il n'est point nécessaire de les assigner en constitution de nouveau Procureur, ni d'assigner leurs héritiers en reprise d'instance ; l'instance de saisie-réelle ne laisse pas de se continuer valablement entre le saisissant, le saisi et les autres opposants.

Si le saisissant meurt ou change d'état, comme si c'est une femme qui se remarie, la saisie-réelle est interrompue, jusqu'à ce que les héritiers, ou le mari, ayent repris l'instance, et, s'ils tardent à le faire, un créancier opposant peut les assigner en reprise, et, où ils refuseroient et seroient en demeure de le faire, il peut se faire subroger en leur place à la poursuite.

Pareillement, si le Procureur du saisissant étoit mort, interdit, ou avoit résigné son office, la saisie est interrompue, jusqu'à ce qu'il ait constitué un autre Procureur, et si le saisissant tarde à le faire, un opposant peut l'assigner à ce qu'il soit tenu de constituer un nouveau Procureur, et suivre la saisie, sinon que l'opposant y sera subrogé.

Pareillement, si la partie saisie meurt, ou change d'état, il faut assigner les héritiers, ou le mari, pour faire déclarer exécutoire contre eux le titre en vertu duquel la saisie se poursuit, et ordonner en conséquence qu'elle sera suivie contre eux, et si elle avoit constitué un Procureur qui mourût, ou eût vendu sa charge, il faudroit l'assigner en constitution de nouveau Procureur.

Les saisies-réelles se périment aussi par la discontinuation de procédure pendant trois ans, comme les autres instances, lorsqu'il n'y a pas de bail judiciaire; s'il y en a, elles ne tombent pas en péremption. *Arrêté du 28 Mars 1692, art. 3 et 4.*

Cette distinction entre les saisies-réelles, qui ne sont pas suivies de baux judiciaires, et celles où ces baux ont été faits, est fondée sur ce principe du Droit Romain, suivant lequel toute prescription est interrompue par une possession de l'immeuble obligé, et hypothéqué à la dette; *L. cum notissimi. §. immò Cod. de præscrip.* 30 *vel* 40 *annorum ;* car la Justice possédant pour le créancier qui a saisi, et par le fermier judiciaire, la péremption, qui est une espèce de prescription, ne peut courir contre le saisissant. *D'Héricourt, chap.* 6. *somm.* 17.

ARTICLE XI.

De l'Adjudication pure et simple.

Après les remises, on parvient enfin à l'adjudication pure et simple qui se fait à l'Audience, au plus offrant et dernier enchérisseur; sur quoi nous devons voir quelles sont les personnes qui peuvent, ou ne peuvent pas se rendre adjudicataires? Quelle obligation contracte l'adjudicataire? Quels sont les effets de cette adjudication? Enfin quels sont les droits qu'elle purge ou ne purge pas?

§. I. — *Quelles personnes peuvent se rendre adjudicataires ?*

Toutes les personnes qui peuvent contracter des engagements, et acheter hors Justice, peuvent se rendre adjudicataires en Justice.

Les personnes qui ne sont pas sujettes à la contrainte par corps, telles que sont les femmes, les septuagénaires, les Ecclésiastiques, et qui, pour cette raison, ne sont pas admises à se rendre fermiers judiciaires, ne laissent pas d'être admises à se rendre adjudicataires des biens qui se vendent par décret, parce que, si elles ne payent pas dans la huitaine, il y a un remede, qui consiste à faire revendre les biens à leur folle enchere, suivant que nous le verrons ci-après.

Les Règlements ont néanmoins excepté certaines personnes, dans la crainte que, par leur autorité, ou autrement, elles ne fussent à portée d'écarter les enchérisseurs, et de se faire adjuger les choses à vil prix.

C'est par cette raison que l'Ordonnance de 1629, *art.* 17, défend aux Lieutenants-Généraux et particuliers, et autres Officiers, même aux Greffiers et Clercs de Greffe, tant des Présidiaux que des autres Juridictions, d'acquérir par décret les héritages qui se vendent en leur Jurisdiction.

Il est vrai que l'Ordonnance de 1629 n'est point suivie dans le ressort du Parlement de Paris, quoiqu'elle le soit dans d'autres Parlements ; mais il y a des Règlements du Parlement de Paris qui contiennent les mêmes défenses.

Gourges rapporte un Arrêt en forme de Règlement rendu contre le Lieutenant-Général de Troyes, en 1553. Tronçon en rapporte un autre du 14 Août 1614, qui fait défenses à tous Juges, Procureurs Fiscaux et Greffiers d'acquérir par décret dans leurs Sieges. Le Bret en rapporte un de 1611, qui le défend aux Procureurs du Roi.

Le Règlement de 1663, *art.* 13, porte que les Juges et autres Officiers ne pourront se rendre adjudicataires, dans leurs Sieges, directement, ni indirectement, ni même les acheter, dans les trois ans, des adjudicataires.

Ces Règlements doivent être restreints aux principaux Officiers; car, par Arrêt du 18 Janvier 1672, on a confirmé une adjudication faite à un Conseiller du Présidial d'Amiens sur un décret poursuivi dans son Siege.

Il y en a qui les restreignent encore davantage, en les restreignant au seul Juge qui a fait l'adjudication; mais c'est trop les restreindre. D'Héricout, *chap.* 10, *somm.* 24, *in fine*, rapporte un Arrêt qui a cassé une adjudication faite au Lieutenant-Général de Roannois, quoique ce fût son vice-gérent qui l'eût faite.

Ces Règlements n'ont pas lieu pour les décrets volontaires : la raison en est évidente; le saisi peut être adjudicataire, lorsque la saisie est faite sur un héritier bénéficiaire, ou sur un tiers qui a laissé saisir sur lui l'héritage pour les hypothèques de ses auteurs; *nec obstat*, que, *rei suæ emptor esse non potest; nam esse potest, ut sit magis sua, à nexu creditorum, quibus obligata erat, sit libera;* mais le débiteur saisi pour ses propres dettes, ne peut se rendre adjudicataire, parce qu'il est notoirement insolvable.

Observez que les mêmes Règlements défendent aussi au Receveur des consignations de se rendre adjudicataire, et d'acheter dans les trois ans, des adjudicataires.

Mais ces Règlements ne parlent pas des Avocats et Procureurs, et il semble qu'on n'en doit pas étendre jusqu'à eux les dispositions. On l'a ainsi jugé pour un Avocat, par un Arrêt du 19 Septembre 1601, cité par M. le Prêtre.

Le saisissant et les opposants peuvent-ils être adjudicataires? Il n'est pas douteux, dans l'usage, qu'ils le peuvent : on pourroit peut-être proposer pour raison de douter, que selon les Lois Romaines, le créancier qui vendoit, *lege pignoris*, la chose qui lui étoit hypothéquée, n'en pouvoit être lui-même l'acheteur, parce qu'il répugne que la même personne soit le vendeur et l'acheteur d'une même chose; la réponse est que, parmi nous, ce n'est pas le saisissant qui vend, c'est plutôt la Justice qui vend, ou qui force de vendre, celui sur qui la saisie est faite.

§. II. — *Quand l'ajudication pure et simple est parfaite, et du tiercement par lequel elle peut être détruite.*

L'adjudication n'étoit autrefois censée parfaite qu'après la délivrance du décret, c'étoit la Loi générale du Royaume; mais aujourd'hui les usages sont différents dans les différents Tribunaux; il y en a dans lesquels l'adjudication n'est point censée parfaite, jusqu'à ce que le Siege soit levé, et on reçoit les encheres, même après la prononciation, tant que le Juge est encore sur son Siege.

La Coutume d'Orléans, *art.* 476, a adopté cet usage, et elle permet expressément d'enchérir après l'adjudication, le Siege tenant.

Dans quelques Tribunaux, on admet les encheres après l'adjudication pure et simple, jusqu'à ce que l'expédition ait été délivrée.

A Orléans, on n'admet point de simples encheres après que le Siege, où l'adjudication pure et simple est faite, s'est levé; mais on admet dans la huitaine l'enchere du tiercement.

On appelle enchere du tiercement, l'enchere qui est du tiers au-dessus du prix pour lequel l'héritage a été adjugé; par exemple, si l'héritage a été adjugé a soixante écus, l'enchere de tiercement doit être de vingt écus au-delà; c'est l'exemple que rapporte notre Coutume, *art.* 476.

Cette enchere doit être faite dans la huitaine, après le jour de l'adjudication; par exemple, si l'adjudication a été faite le 1er Mars, il est encore temps de la faire le 9e. Mars, qui est le jour auquel expire la huitaine d'après l'adjudication : passé ce temps, on n'y est plus reçu, *même art.*

L'enchérisseur qui a fait le tiercement doit signifier son enchere à l'adjudicataire, au saisissant et au saisi, avec avenir au Procureur du Siege auquel cette enchere doit se publier; et après la publication, l'héritage est de nouveau crié et adjugé au même Siege.

Après l'adjudication faite sur ce tiercement, on ne reçoit plus aucune autre enchere, à quelque somme qu'elle soit portée. *Coutume d'Orléans*, *art.* 476.

Ces différents usages donnent lieu à la question de savoir, lequel, de celui du lieu où l'héritage est situé, ou de celui où le décret de l'héritage se poursuit, doit être suivi? Je pense que c'est l'usage du lieu où le décret se poursuit : il est certain que c'est cet usage qui décide de l'admission, ou de l'exclusion des oppositions afin de distraire, et de charge après le congé d'adjuger; et c'est ce qui a été jugé *in terminis*, par Arrêt du 24 Avril 1760, rapporté par Denizart, *Verbo* enchere, nos. 10 et 11, pour la terre de Sedage, en Auvergne, dont l'adjudication avoit été faite aux Requêtes du Palais.

Il y a même raison pour suivre cet usage du Siege sur l'admission ou l'exclusion des encheres, après l'adjudication pure et simple : ces choses font partie du style de chaque Jurisdiction, et c'est un principe certain, qu'en fait de style, qu'on peut appeler *litis ordinatio*, c'est la Coutume du lieu où l'acte se passe qui doit décider.

§. III. — *De l'Expédition des Lettres d'adjudication, ou décret.*

L'adjudication étant prononcée, et n'étant survenu aucune enchere de tiercement, le Greffier doit en faire, pour l'adjudicataire, une expédition, qu'on appelle la grosse du décret.

Elle doit contenir une mention de la dette pour laquelle la saisie-réelle a été poursuivie, et un détail sommaire de toute la procédure de la saisie-réelle, jusqu'à l'adjudication, à l'effet de quoi, le Procureur du saisissant remet au Greffier toutes les procédures. Cette expédition doit être envoyée chez le scelleur, pendant vingt-quatre heures, pendant lequel temps on peut encore former des oppositions afin de conserver ; ce temps passé, la grosse peut être scellée et délivrée à l'adjudicataire.

Aujourd'hui on n'appose plus de sceau ; on se contente de faire mention sur la grosse que l'acte a été scellé, et du reçu des droits.

Observez aussi que le Procureur de l'adjudicataire doit remettre au Greffe la quittance du Receveur des Consignations, du prix que l'adjudicataire a dû consigner ; le Greffier la garde comme minute du décret, et la transcrit au bas de la grosse du même décret. *Edit de Février* 1689, *art.* 30.

Il est expressément défendu aux Greffiers, par le même article, de délivrer les décrets, soit en entier, soit par extrait, que la quittance de consignation ne leur ait été remise.

§. IV. — *Des obligations du Procureur qui s'est rendu adjudicataire pour la Partie.*

L'obligation du Procureur qui s'est rendu adjudicataire pour sa partie, consiste à faire, dans la huitaine de l'adjudication, la déclaration de la personne pour qui il s'est rendu adjudicataire. *Règlement du* 29 *Août* 1678.

Cette Déclaration se fait au Greffe et doit contenir le nom, les qualités et la demeure de la personne pour qui il s'est rendu adjudicataire. Le Procureur, faute d'avoir fait cette déclaration, peut être poursuivi pour le payement, comme s'il était adjudicataire en son propre nom.

Le Procureur, après avoir fait cette déclaration, en rapportant la procuration spéciale de la personne pour qui il s'est rendu adjudicataire, ou sa ratification, est déchargé de toutes ses obligations et ne peut être recherché pour la représenter, ni encore moins pour la faire payer ; c'est ce qui a été jugé par un Arrêt du 14 Janvier 1687, rapporté par d'Héricourt, *chap.* 10, *somm.* 22.

Il faut en excepter le cas où un Procureur se seroit rendu adjudicataire pour une personne notoirement insolvable, et dont il ne pouvoit ignorer l'insolvabilité, ou pour une personne incapable d'acquérir, tels que sont, depuis l'Edit de 1749, les Gens de main-morte, telle qu'est une femme non autorisée de son mari ; auxquels cas, il pourroit être poursuivi en son nom.

Mais si la solvabilité de la personne pour laquelle le Procureur s'est rendu adjudicataire, est apparente, c'est sur elle seule qu'on peut poursuivre la folle enchère ; on trouve deux Arrêts récents dans Denizart, *verbo* enchere, n°. 6, qui ont déchargé en pareil cas le Procureur ; le premier est du 9 Mai 1730, en faveur de M⁰ Thourette, Procureur au Parlement, et le dernier du 26 Janvier 1770, en faveur de M⁰ Dulion, Procureur au Châtelet.

§. V. — *De la consignation que doit faire l'adjudicataire.*

L'adjudicataire est obligé de consigner, dans la huitaine, le prix de l'adjudication, et cette consignation doit se faire entre les mains du Receveur des Consignations, à moins que, lors de l'adjudication, il n'y eût aucune opposition ou saisie subsistante. *Edit de Février* 1689, *art.* 12 ; car, en ce cas, l'adjudicataire ne doit pas consigner entre les mains du Receveur des Consignations, mais il peut payer le prix de son adjudication au saisissant, ou à telle autre personne que le Juge ordonnera de payer.

Quoique l'adjudicataire soit créancier, il ne laisse pas de devoir consigner tout le prix, sauf à retirer, après l'ordre fait, la somme pour laquelle il sera colloqué.

Si l'adjudication étoit faite sous la condition qu'il retiendroit le prix, ou une partie, pour sûreté de quelque douaire, substitution, etc., il ne seroit pas obligé de consigner, mais les droits n'en seroient pas moins dus, en ce cas, au Receveur des consignations. *Edit de* 1689, *art.* 13.

Observez qu'il est d'usage au Châtelet de Paris, que s'il a été fait une délégation du prix, et qu'elle ne soit point contestée, non-seulement il n'y a point lieu à la consignation, mais encore il n'est dû aucun droit, suivant un acte de notoriété du 17 Mai 1697.

En Provence il n'est dû aucun droit de consignations sur le prix des immeubles vendus, en conséquence de l'abandonnement de ces mêmes biens, fait par un débiteur à ses créanciers, par contrat homologué en Justice. *Arrêt du Parlement de Provence, du* 23 *Mai* 1724.

Cette consignation libere l'adjudicataire du prix de son adjudication ; car une consignation équipolle entierement au payement, suivant ce principe de Droit, *obligatione totius debitæ pecuniæ solemniter factâ, liberationem contingere manifestum est*, L. 9, *Cod. de solut.*

Le saisi est-il pareillement libéré jusqu'à due concurrence envers ses créanciers, en telle sorte que, de cette consignation, les intérêts cessent de courir contre lui, des sommes pour lesquelles ses créanciers se trouveroient par la suite utilement colloqués à l'ordre, et que les especes consignées soient dès-lors aux risques de ses créanciers ? Cette question dépend entierement de la maniere dont se fait le paiement, c'est-à-dire, si le Receveur des consignations reçoit cet argent au nom du saisi, et pour le saisi, ou s'il le reçoit au nom et pour les créanciers, tant saisssants qu'opposants. S'il le reçoit au nom des créanciers, ceux-ci sont dès-lors payés jusqu'à due concurrence, et par conséquent le saisi est entierement libéré ; si, au contraire, il le reçoit pour le saisi, à la charge de payer ensuite aux créanciers, à sa décharge, lorsque l'ordre sera fait, le saisi n'est point libéré, jusqu'à ce que les créanciers, après l'ordre fait, ayent reçu leur collocation.

Cette question dépend encore de savoir qui on doit considérer comme le vendeur de la chose adjugée par décret ; si ce sont les créanciers qui vendent, l'acheteur est censé payer à celui qui lui vend, et par conséquent, le prix consigné seroit censé reçu au nom des créanciers. Par le Droit Romain, c'étoit le créancier qui étoit le vendeur du gage, aussi ne pouvoit-il en être l'acheteur ; par notre Droit, ce ne sont point les créanciers, tant saisissants qu'opposants, qui vendent, puisqu'ils ne peuvent, comme les autres, se rendre adjudicataires ; c'est la Justice qui vend, ou plutôt c'est le saisi qui est forcé par la Justice à vendre; c'est pour lui et en son nom que le Juge vend, et par conséquent c'est à lui que le prix doit être réputé payé : ce prix est sous la main de Justice, entre les mains du Receveur des Consignations, jusqu'à ce qu'il ait été réglé par l'ordre à quels créanciers il doit être payé; mais il est, jusqu'à ce temps, le bien du saisi; les créanciers ne sont point payés jusqu'à la distribution : d'où il suit :

1°. Que, jusqu'à la distribution, les intérêts des sommes qui en produisent, doivent courir.

2°. Que la diminution qui surviendroit, jusqu'à ce temps, sur les especes, doit être soufferte par le saisi, et que, *vice versâ*, l'augmentation qui y surviendroit doit être à son profit.

Est-il juste, dira-t-on, que le saisi souffre des contestations qui surviennent entre ses créanciers à l'ordre? Oui, parce que c'est lui qui y donne lieu ; car il n'y a lieu à ces contestations que parce qu'il n'a pas de quoi satisfaire à ses engagements envers chacun de ses créanciers ; néanmoins si, par les mauvaises chicanes de quelqu'un de ses créanciers, la distribution étoit retardée pendant un temps considérable, le saisi qui souffre de ce retard, par les intérêts qui courent contre lui, pourroit prétendre des dommages et intérêts contre ce créancier chicaneur.

Observez que, quoique les créanciers ne soient proprement payés, que, lorsqu'après l'ordre et distribution faite, ils ont retiré leur collocation du Receveur ; néanmoins, dès que la collocation est faite, et toutes les contestations définitivement réglées, comme il ne tient qu'à eux de recevoir et de retirer la somme pour laquelle ils sont colloqués, les intérêts de cette somme cessent de courir, et la perte qui surviendroit depuis sur les especes, doit être portée par lui; ce sont les effets de la demeure en laquelle sont ces créanciers de recevoir.

Si, au contraire, il survenoit une augmentation sur les especes, je pense que le saisi qui est toujours propriétaire, jusqu'à ce que le créancier ait retiré sa collocation, en doit profiter ; car la demeure en laquelle le créancier a été de recevoir, pouvoit bien lui nuire, mais ne pouvoit pas lui profiter.

§. VI. — *Comment l'Adjudicataire est contraint au payement, et de la réadjudication sur sa folle enchere.*

Si l'adjudicataire manque de payer, dans la huitaine, le prix de son adjudication, il y peut être contraint par corps, à moins qu'il ne soit de qualité à n'être pas sujet à cette contrainte par corps, comme si c'étoit une femme, un Prêtre, etc. C'est ce qui résulte de l'Édit de 1689, qui porte, *art.* 12, que *tous dépositaires seront contraints, comme dépositaires de biens de Justice,* c'est-à-dire, par les mêmes voies, et par conséquent par corps.

L'adjudicataire est sujet à cette contrainte, tant pour le principal que pour les intérêts, qui, faute de paiement fait par lui dans la huitaine, doivent courir contre lui du jour de l'adjudication.

Il est encore sujet à une autre peine, qui est que l'héritage peut être récrié à sa folle enchere.

Il ne faut pas pour cela le crier de nouveau, car l'adjudication ne l'en fait pas propriétaire tant qu'il ne paye pas.

Pour parvenir à cette réadjudication sur la folle enchere de l'adjudicataire, le poursuivant doit assigner l'adjudicataire, pour voir ordonner que l'héritage sera crié et adjugé à sa folle enchere, aux frais de cet adjudicataire.

L'adjudicataire peut éviter cette peine en consignant, avant le jugement et même sur l'appel qu'il interjetteroit du jugement, le prix et les intérêts dus par son retardement.

Par ce jugement, qui ordonne que l'héritage sera récrié et adjugé à la folle enchere de l'adjudicataire, l'adjudication est rescindée ; le saisissant, pour parvenir à une nouvelle adjudication, dresse une nouvelle affiche ; il la fait publier à l'Audience, il la signifie au Procureur du saisi et à l'ancien des opposants, il la fait afficher aux lieux accoutumés, et dans les délais, et, après les remises ordinaires, il fait procéder à la nouvelle adjudication.

Si l'héritage est adjugé à un moindre prix, l'ancien adjudicataire, à la folle enchere de qui il a été adjugé, peut être contraint de payer ce qui s'en manque, par forme de dommages et intérêts, résultants de l'inexécution du contrat, ensemble les frais faits pour parvenir à cette nouvelle adjudication, qui font partie des dommages et intérêts.

Si la nouvelle adjudication est faite à un plus haut prix que la première, l'ancien adjudicataire n'est tenu de rembourser les frais faits, pour parvenir à la nouvelle adjudication, que sous la déduction de l'excédant du prix de la nouvelle adjudication ; car les parties pour les dommages et intérêts desquels il est tenu, ne souffrent de ces frais que sous la déduction du profit qui leur revient de l'excédant du prix (*).

Si le prix de la nouvelle adjudication surpasse non-seulement le prix de la premiere, mais encore la somme à laquelle peuvent monter les frais pour parvenir à la seconde, l'ancien adjudicataire ne peut pas prétendre en profiter, car ce n'est pas lui qui est le vendeur, ce sont le saisi et les créanciers qui en profiteront.

§. VII. — *De l'effet de l'Adjudication.*

L'adjudication contient une véritable vente que la Justice, pour le saisi et malgré lui, fait à l'adjudicataire de l'héritage saisi.

Cette vente a cela de moins que les ventes contractuelles, qu'elle ne

(*) On trouve cependant dans la collection de Denizart, *verbo*, folle Enchere, No. 7, un Arrêt du 13 Février 1762, rendu sur les conclusions de M. l'Avocat Général le Pelletier de Saint-Fargeau, par lequel il a été jugé contre l'adjudicataire des biens d'une direction, moyennant 330,500 liv. qui avaient été revendus à sa folle enchere, moyennant 332,500 liv. que les 2,000 liv. d'excédant seroient distribuées entre les créanciers de la direction. L'Arrêt ne dit pas que les frais de cette nouvelle adjudication aient été prélevés sur cet excédant.

donne point à l'adjudicataire d'action en garantie, au cas qu'il souffre éviction de ce qui lui a été adjugé; ce qui peut arriver, y ayant certains droits, comme nous le verrons au paragraphe suivant, que le décret ne purge pas, qui peuvent donner lieu à des évictions.

Quoique l'adjudicataire n'ait pas en ce cas une action de garantie, il est néanmoins équitable qu'il ait au moins action pour la répétition du prix qu'il a payé, ou en total, s'il souffre éviction du total, ou à proportion de la perte dont il souffre éviction.

Par le droit Romain, lorsque le créancier avoit vendu le gage *jure pignoris*, l'acheteur qui souffroit éviction n'avoit point l'action pour la répétition de ce prix contre le créancier, *qui suum receperat*, mais contre le débiteur qui avoit été libéré par le prix que son créancier avoit touché.

Par notre Jurisprudence, on donne cette répétition contre les créanciers qui ont touché à l'ordre, et lorsque l'éviction n'a été que pour partie, il n'y a répétition que pour la partie du prix; ce sont les derniers recevants à l'ordre qui sont seuls tenus de cette restitution du prix.

L'adjudication a cela de plus que les ventes ordinaires, qu'elle n'est point sujette à rescision, pour cause de lézion d'outre moitié du juste prix; la raison est que les publications et les encheres assurent assez que la chose a été vendue autant qu'elle pouvoit l'être.

Par une disposition particulière de la Coutume d'Orléans, *art.* 400, les ventes par décret ne sont point sujettes au retrait lignager; mais cette disposition ne peut s'étendre au retrait féodal.

L'adjudication ne renferme point un simple contrat de vente, elle transfere aussi la propriété à l'adjudicataire sans qu'il intervienne tradition, car l'adjudication est mise au rang des manieres de transférer le domaine des choses par le Droit civil.

§ VIII. — *Quels sont les droits que purge ou ne purge pas le décret?*

L'héritage, adjugé par décret, est transféré à l'adjudicataire avec les seules charges exprimées par l'affiche; le décret purge toutes les autres et éteint tous les droits de propriétés, et autres droits réels que des tiers auroient pu avoir dans cet héritage.

Cela est fondé sur l'Edit de 1551, *art.* 13, qui veut que tous prétendants droits non seigneuriaux sur les choses criées, soit foncieres, ou autres, soient tenus de s'opposer pour lesdits droits.

Il y a néanmoins certaines Provinces où cet Edit n'est pas suivi, et où le décret ne purge que les simples hypothèques, et non les droits fonciers, telles sont les Provinces d'Artois et de Bresse; il n'est pas suivi non plus, quant à cette disposition, en Normandie. Il faut suivre à cet égard la Loi du lieu où l'héritage est situé.

Quoique la Coutume d'Anjou, *art.* 479, et celle du Maine, *art.* 489, ayent une disposition qui dispense de s'opposer pour les rentes anciennes, néanmoins, par un Règlement du 7 Septembre 1688, rapporté par d'Héricourt, *chap.* 9. *somm.* 6, il a été jugé que l'Edit de 1551 seroit, à cet égard, exécuté dans ces Provinces, et que l'opposition seroit nécessaire pour la conservation de tous les droits fonciers non seigneuriaux.

Cet Edit a lieu, quelles que soient les personnes à qui ces droits appartiennent, et ni l'Eglise, ni les Mineurs, ne peuvent être restitués contre ce défaut, parce que le sceau de la Justice, qu'on peut appeler *fides autoritatis publicæ*, doit prévaloir sur la faveur de ces personnes.

Cela a lieu, quand même les mineurs n'auroient eu aucun tuteur.

Il y a néanmoins quelques droits que le décret ne purge pas.

Ce sont, 1°. Les droits Seigneuriaux, c'est-à-dire, les droits de directe féodale et censuelle sur l'héritage adjugé par décret, et tous les droits attachés par les Coutumes des lieux à ces droits de directe.

C'est ce qui résulte de l'Edit de 1551, *art.* 13, ci-dessus cité; cet Edit obligeant tous ceux qui prétendent des droits non seigneuriaux, dans l'héritage mis en criées, à s'opposer, il s'ensuit, suivant la regle, *inclusio unius est exclusio alterius*, qu'il n'oblige pas les Seigneurs à s'opposer pour leurs droits de directe seigneuriale, et conséquemment que le décret ne peut purger ces droits faute d'opposition.

Cela doit sur-tout avoir lieu dans les Provinces où la maxime, *nulle terre sans Seigneur*, est reçue; car l'adjudicataire a dû s'attendre que l'héritage qui lui étoit adjugé relevoit en fief, ou à cens, de quelque Seigneur; c'est pourquoi, quoique cette charge de tenure féodale, ou censuelle, n'ait pas été exprimée par l'affiche, elle y est suffisamment sous-entendue, et l'adjudicataire est censé acquérir à cette charge, sans qu'il soit nécessaire que le Seigneur s'oppose au décret pour conserver son droit.

On doit décider la même chose dans les Provinces de *franc-alleu*, où les héritages sont présumés *francs*, si un Seigneur ne justifie par titres les droits de Seigneuries qu'il prétend sur ces héritages; car, quoique la raison ci-dessus alléguée ne milite pas dans ces Provinces, et qu'on ne puisse pas dire que l'adjudicataire a dû s'attendre que l'héritage relevoit de quelque Seigneur, et étoit sujet à des droits Seigneuriaux, il y a une raison générale qui doit faire décider que le décret n'a pas purgé les droits du Seigneur; cette raison est que personne ne peut être dépouillé malgré lui de quelque droit qui lui appartient qu'en vertu d'une Loi précise; or, il n'y a aucune Loi qui dépouille un Seigneur de son droit de Seigneurie directe, sur l'héritage adjugé par décret, faute d'avoir formé opposition, puisque l'Edit de 1551 n'oblige à cette opposition que ceux qui ont des droits *non seigneuriaux*.

La Coutume de Troyes, quoique Coutume de franc-alleu, *art.* 51, en a une disposition. Cette raison sert à la décision de la question suivante.

Si le Seigneur, par des titres particuliers, avoit des droits seigneuriaux autres et plus forts que ceux réglés par la Coutume du lieu où l'héritage est situé, seroit-il obligé de s'opposer au décret à fin de charge de ses droits? Par exemple, si une terre située en Dunois, où les fiefs ne sont, par la Coutume, sujets qu'au rachat, relevoit en fief de quint et requint, en vertu de titres particuliers, le Seigneur ne s'étant point opposé au décret, ne pourroit-il plus, en vertu de ses titres particuliers, se faire reconnoître à droit de quint, et le décret auroit-il purgé ce droit? La raison de douter est que l'adjudicataire n'a pas dû s'attendre à ces droits qui résultent de titres particuliers qu'il ne pouvoit connoître.

La raison de décider au contraire, que le décret ne les purge point, est que l'Edit de 1551 ne donne point au décret la vertu de purger les droits seigneuriaux, et ne fait à cet égard aucune distinction; tout ce qui résulte de la raison de douter est, que l'adjudicataire aura répétition contre les créanciers, derniers recevants, de ce *quanti minùs emisset.*

Observez que le Seigneur n'est pas à la vérité obligé de s'opposer pour le fond de son droit, mais il est tenu de s'opposer pour les anciens profits qui lui sont dus.

La raison est que l'adjudicataire ne peut ignorer que l'héritage qu'il acquiert releve de quelque Seigneur, et est sujet à des droits seigneu-riaux; mais il n'est pas obligé de sçavoir qu'il y a d'anciens profits de dus; c'est ce qui est décidé par l'*art.* 355 de la Coutume de Paris, et par l'*art.* 480 de celle d'Orléans.

2°. Par une disposition particuliere de ce même article de la Coutume d'Orléans, le droit de champart, même lorsqu'il n'est pas seigneurial, n'est pas purgé par le décret.

L'Édit de 1551, *art.* 13, qui ordonne que tous prétendants droits non seigneuriaux soient tenus de s'opposer au décret, ne détruit point cette disposition de la Coutume d'Orléans, par rapport au droit de champart, la Coutume étant une Loi postérieure à l'Edit, revêtue, aussi bien que l'Edit, de l'autorité Royale, et fondée en raison qui est, que la percep-tion s'en faisant publiquement, l'adjudicataire a dû en avoir connoissance.

3°. Par la même raison, les droits de servitude que les maisons voisines ont sur la maison adjugée par décret, ne se purgent pas par le décret, lorsqu'elles sont visibles, telles que sont les droits de vues, ou d'égoûts.

Il en est autrement de celles qui ne se voient pas; telles, par exemple, que sont le droit de passage, le droit de servitude, *altius non tollendi,* *etc.* le décret les purge, lorsque le propriétaire de l'héritage, à qui ces servitudes sont dues, a manqué de s'opposer. *Voyez* Louet, lettre S, N°. 1ᵉʳ. *Voyez* Chenu, le Prêtre et autres.

4°. Le douaire que la femme, ou les enfants du saisi, ont sur l'héritage adjugé par décret, ne se purge point par le décret, tant qu'il n'est point encore ouvert par la mort du saisi, car le décret ne peut pas éteindre un droit qui n'est pas encore ouvert; il faut être né avant de pouvoir mourir.

Cette décision a lieu, non-seulement à l'égard du douaire coutumier, mais aussi à l'égard du conventionnel d'une certaine somme, ou d'une certaine rente à prendre sur les biens du mari.

Le douaire des enfants se purge-t-il par le décret après la mort du pere, du vivant de la mere? Il y a un Arrêt du 13 Décembre 1758, rapporté par Denizart, *verbo* Douaire, N°. 63, qui a jugé l'affirmative. D'Héri-court, *chap.* 9, *somm.* 10, rapporte deux Arrêts contraires, et il fait une distinction qui ne paroît pas fondée : il faut s'en tenir à celui qui a jugé que le douaire des enfants est purgé dans ce cas; car il est ouvert, quoique les enfants n'en ayent pas encore la jouissance qui appartient à leur mere, ils en ont la propriété certaine.

5°. Par la même raison le décret ne purge pas les droits de substitution, lorsque la substitution n'est pas encore ouverte. La nouvelle ordonnance des Substitutions, du mois d'Août 1747, *Tit.* 1. *art.* 55, veut même que le décret ne puisse purger les substitutions, quoiqu'elles soient ouvertes, quand elles sont insinuées ; la raison de cette disposition est que les substitutions étant registrées, dans un registre public, l'adjudicataire a pu les connoître.

Nous avons vu quels droits réels étoient, ou n'étoient pas purgés par le décret.

A l'égard des droits d'hypotheques, c'est une regle générale, et qui ne souffre point d'exception, que le décret les purge tous, faute d'opposition.

C'est pourquoi, lorsque quelqu'un, pour purger les hypotheques de son vendeur, fait décréter sur lui un héritage dont il se rend adjudicataire, par le décret volontaire qu'il en fait faire, il doit s'opposer au décret qu'il fait faire sur lui pour les créances hypothécaires qu'il avoit lui-même contre son vendeur, et en payement desquelles l'héritage lui a été vendu ; comme aussi, pour les créances qui lui auroient été déléguées par son vendeur, autrement le décret purgera ces hypotheques, et les créanciers qui étoient postérieurs en hypotheques, et qui se seront opposés au décret, l'obligeront de consigner le prix entier de son acquisition, et seront payés sur ce prix en principal et frais, sans qu'il puisse en rien retenir en déduction des siennes et de celles dont il s'est chargé sur ce qui resteroit, après que les opposants auroient été entierement payés.

Le décret purge l'hypotheque des créances conditionnelles, lorsque le créancier ne s'est pas opposé, quoique la condition d'où elles dépendoient n'eût pas encore existé au tems du décret.

ARTICLE XII.

De l'ordre et distribution du prix qui se fait, après l'adjudication, entre les créanciers.

L'ordre est le jugement qui regle le rang dans lequel les créanciers, tant le saisissant que les opposants, doivent être payés de leurs créances, tant sur le prix de l'adjudication, que sur le revenu des biens saisis, qui peuvent rester entre les mains du Commissaire aux saisies-réelles, dont, pour cet effet, il doit rendre compte.

Les revenus perçus depuis le bail judiciaire, par le Commissaire, ne se distribuent pas comme un simple mobilier, mais dans le même ordre de privilége et d'hypotheque que le prix même du fond ; la raison est, que, dès que le débiteur a été dépouillé de la jouissance de son héritage par la saisie-réelle, suivie du bail judiciaire, le Commissaire en a joui pour et au nom des créanciers hypothécaires; la jouissance en a dès-lors appartenu aux créanciers, en acquit de leurs créances, selon l'ordre des privileges et hypotheques de chacun d'eux.

Pour traiter méthodiquement ce qui concerne l'ordre, nous verrons,

1°. Quelle est la procédure pour y parvenir.

2°. Quelles sont les regles pour fixer le rang de chaque créancier dans l'ordre.

3°. Nous parlerons des sous-ordres.

§. I. — *De la procédure pour parvenir à l'ordre.*

Le Procureur du poursuivant, sur un simple acte signifié au Procureur du saisissant et à l'ancien des opposants, fait rendre un jugement, portant qu'il sera procédé à l'ordre, devant le Commissaire. Ce jugement est signifié au Procureur du saisi, et à l'ancien des opposants, et on fait une simple sommation à chaque Procureur des opposants de produire leurs titres de créances entre les mains du Commissaire.

Le Commissaire ne peut procéder à l'ordre que huitaine après la sommation.

Le Commissaire dresse l'ordre sur les productions de chaque créancier, et quand il est dressé, le poursuivant fait sommation à chaque Procureur des opposants d'en prendre communication.

Si, à la communication, il survient quelques contestations, le Commissaire en donne acte, et renvoye les parties à l'audience pour les régler.

Cela ne doit point empêcher les Procureurs des créanciers, auxquels on ne fait point de contestations, de recevoir les sommes pour lesquelles ils sont colloqués.

Lorsqu'il y a plusieurs contestations sur l'ordre, on appointe en droit; le poursuivant forme ses contredits contre les productions de chacun des opposants, lorsqu'il en a à proposer, et les opposants y répondent par des salvations; le tout est signifié à l'ancien Procureur des opposants.

Pareillement, l'ancien des opposants contredit les titres et productions du saisissant qui y répond par des salvations.

§. II. — *Regles pour fixer le rang dans lequel chaque créancier doit être colloqué dans l'ordre.*

1°. Les droits de consignation se prennent sur les deniers consignés, par préférence à tous créanciers, même aux frais de Justice. *Edit de* 1689, *art.* 28.

2°. Immédiatement après le Receveur des consignations, le poursuivant doit être colloqué pour ses frais extraordinaires des criées.

A l'égard des frais ordinaires, ils ne se prennent point sur les deniers consignés; mais ils sont remboursés et payés par l'adjudicataire, suivant l'Edit de 1551, *art.* 12, qui porte que tous héritages criés seront adjugés, à la charge des frais et mises des criées.

La raison est que, de même que dans les ventes volontaires, les frais du contrat sont portés par l'Acheteur, de même dans les ventes judiciaires, les frais ordinaires des criées doivent être portés par l'adjudicataire ; ces frais sont , en quelque façon , les frais du contrat judiciaire, et répondent aux frais du contrat des ventes volontaires.

On appelle frais *ordinaires* de criées , tous les frais de procédure qui , indépendamment d'aucun incident , sont nécessaires pour parvenir à l'adjudication, à commencer depuis le commandement qui précede la saisie.

Les frais *extraordinaires* sont ceux que le poursuivant a été obligé de faire sur les incidents survenus pendant le cours de la saisie-réelle ; par exemple, les frais sur un appel de la saisie-réelle, sur les oppositions, les frais d'ordre, les incidents sur l'ordre.

Le poursuivant, en faisant ces frais, a géré l'affaire commune de tous les créanciers.

Il les a faits pour l'intérêt commun de tous les créanciers, qui avoient tous intérêt que la saisie fût mise à chef, pour pouvoir être payés de leur créance, et ces frais étoient nécessaires pour l'y mettre ; il est donc juste que celui qui les a faits en soit remboursé par préférence.

On ne doit pas même obliger le poursuivant à se pourvoir contre ceux qui ont fait les incidents, et qui ont été condamnés aux dépens envers lui ; il est seulement tenu de céder, à cet égard, ses actions aux créanciers sur lesquels l'ordre manquera , pour, par eux, les exercer en sa place, ainsi qu'ils pourront.

Il y a de bons auteurs qui exceptent de cette regle les droits seigneuriaux, et prétendent que les Seigneurs doivent être colloqués avant les frais de criées, pour les anciens profits et arrérages de cens qui leur sont dus ; c'est l'avis du Président le Maître, qui en rapporte un ancien Arrêt ; c'est celui de Duplessis et de d'Héricourt ; la raison est que ces Seigneurs n'avoient pas besoin de la saisie-réelle pour se faire payer ces droits, qu'on ne peut par conséquent prétendre qu'ils ayent été faits pour leurs intérêts.

Néanmoins on m'a assuré que l'usage est contraire à l'avis de ces Auteurs, et que les frais de criées sont colloqués, même avant les droits seigneuriaux ; la raison de cet usage, qui sert en même temps de réponse à celle alléguée, pour l'avis contraire, est que les Seigneurs avoient, à la vérité, le droit de demander à rentrer dans l'héritage, à défaut du payement des droits qui leur étoient dus ; si mieux n'aimoient les créanciers se charger de leur dû ; mais les Seigneurs n'ayant point usé de ce droit qu'ils avoient, ils sont censés avoir préféré la voie de la saisie-réelle, pour parvenir au payement de leur dû : c'est pourquoi le saisissant a saisi pour eux comme pour les autres créanciers, et, par conséquent, ils doivent souffrir, comme les autres créanciers, que les frais pour mettre à chef cette saisie soient prélevés comme ayant été faits pour l'affaire commune. L'article 458 de la Coutume de Paris, qui porte, que les Seigneurs seront préférés à tous créanciers, n'a rien de contraire à cette décision ; car cet article s'entend des créanciers ordinaires, et non de ceux qui auroient un privilege plus fort que le leur.

Après les frais de Justice, on colloque les créanciers privilégiés suivant l'ordre de leur privilege.

Le premier privilege est celui des frais funéraires, et de la derniere maladie; mais il n'est accordé qu'au cas qu'il n'y auroit pas eu dans le mobilier de la succession de quoi payer cette dette.

Le second privilege est de celui qui a conservé l'héritage; il est évident qu'il doit être préféré à tous les autres créanciers, même aux droits Seigneuriaux; car, en conservant l'héritage, il a travaillé pour tous les créanciers, pour le Seigneur comme pour les autres; *fecit ut res esset in bonis débitoris;* il leur a conservé leur gage, ils doivent donc tous souffrir qu'il préleve avant eux ce qu'il a dépensé pour la conservation de l'héritage, ayant fait cette dépense pour la cause commune.

Il ne doit néanmoins être colloqué qu'après les frais de Justice, car il auroit été lui-même obligé de faire ces frais de Justice pour se faire payer de ce qu'il a dépensé pour la conservation de l'héritage.

A l'égard des frais funéraires, s'ils sont colloqués avant ce créancier, c'est par une pure raison de piété.

Observez une différence entre celui qui a conservé l'héritage, de telle maniere qu'il seroit totalement péri, sans le travail qu'il y a fait; tel est celui qui auroit fait faire une digue, sans laquelle la rivière auroit emporté tout l'héritage, qui en étoit voisin, et celui qui a seulement rendu l'héritage meilleur, soit en y construisant des bâtiments, soit en réparant ceux qui y étoient.

Le premier a un privilege sur le total de l'héritage, ayant conservé le total aux créanciers, ayant fait *ut res esset in bonis debitoris;* mais l'autre ne doit avoir de privilege que sur la plus value de l'héritage, car il n'a pas fait *ut res esset in bonis debitoris*, mais seulement *ut res esset melior;* c'est pourquoi il faut faire une ventilation du prix de l'adjudication, lui donner privilege seulement sur ce qu'on estimera que l'héritage aura été plus vendu qu'il ne l'auroit été sans la dépense qu'il y a faite de ses deniers, et distribuer le surplus, sans avoir égard à son privilege.

A l'égard de ceux dont le travail n'a eu pour objet que les fruits, leur privilege ne doit avoir lieu que sur les fruits, et non sur le fond.

Le troisieme privilege est celui des droits seigneuriaux.

Le quatrieme privilege est celui de ceux dont les oppositions afin de distraire, ou à fin de charge, ayant été formées à tard, ont été renvoyées à l'ordre; s'il est jugé qu'ils avoient un droit de propriété, ou rente fonciere, ils doivent être préférés sur le prix de la chose sur laquelle ils avoient ce droit, préférablement à tous autres créanciers.

Observez que si leur droit ne s'étend que sur une partie des héritages adjugés, leur privilege n'a lieu que sur la partie du prix qui, par la ventilation qui s'en doit faire, répond à la partie sur laquelle s'étend leur droit.

Le cinquieme privilege est celui du vendeur de l'héritage; ce privilege ne va qu'après les précédents.

Le co-partageant a un privilege semblable à celui du vendeur sur tous les héritages échus dans les lots de ses co-partageants, pour tout ce que ses co-partageants peuvent lui devoir pour raison du partage, soit pour la garantie de ceux échus dans le sien, soit pour les retours dont ils seroient chargés envers lui.

Observez aussi que les créanciers des auteurs du saisi sont privilégiés par rapport aux créanciers simples hypothécaires du saisi; le saisi n'ayant pu hypothéquer ses biens qu'à la charge des hypotheques qu'avoient constituées ses auteurs, ne les ayant lui-même qu'à cette charge.

Après tous ces privileges vient celui du Roi sur les biens acquis par le comptable, depuis qu'il a manié les deniers Royaux, suivant l'Edit de 1669, *art.* 3.

Ce privilege est fondé sur ce que les biens du débiteur sont présumés acquis des deniers Royaux qu'il avoit entre les mains.

Entre privileges, on n'a aucun égard à la date de la créance privilégiée, *estimatur non ex tempore, sed ex causâ.*

Après les privileges, on colloque les simples créanciers hypothécaires, chacun selon l'ordre de la date de son hypotheque; et, s'il restoit encore quelque chose, après tous les créanciers privilégiés et hypothécaires payés, il se distribue au marc la livre, entre tous les chirographaires.

Le créancier, dont les deniers ont servi à acquitter une créance privilégiée, ou plus ancienne, et qui a acquis la subrogation aux droits de ce créancier, est colloqué, pour la somme qui a servi à payer l'ancien créancier, au même rang auquel auroit été colloqué cet ancien créancier; et, s'ils sont plusieurs qui ont prêté en différents temps leurs deniers, pour payer par partie à ce créancier, et qui ayent acquis la subrogation, ils seront colloqués, par concurrence, au rang auquel auroit été colloqué ce créancier auquel ils sont subrogés, sans qu'on ait égard à celui d'entre eux qui a prêté le premier, ou le dernier, ses deniers.

S'il restoit encore quelque chose de dû à cet ancien créancier, il seroit préféré, pour ce qui lui reste dû, aux créanciers qui lui ont été subrogés, pour la somme qui lui a été payée; car on ne subroge pas contre soi-même; mais si un tiers venoit à payer ce restant avec subrogation, il ne viendroit que par concurrence avec ceux dont les deniers ont servi à payer ce qui a été payé en premier lieu. *Arrêt du* 17 *Juillet* 1694.

Les créanciers sont colloqués, pour les intérêts, et les frais qui leur sont dus, dans le même rang que pour le principal, suivant la Jurisprudence du Parlement de Paris; mais si j'ai prêté une somme pour servir à acquitter des arrérages, ou intérêts dus à un ancien créancier à qui je me suis fait subroger, je serai colloqué, pour mon principal et mes frais, au rang auquel auroit été colloqué cet ancien créancier; mais je ne serai colloqué, pour les arrérages et intérêts de mon principal, que du jour de mon propre contrat; car, ce qui a été payé à ce créancier de mes deniers, étant des arrérages qui n'auroient jamais pu lui produire d'intérêts, je ne peux lui être subrogé que pour mon principal, qui a servi à le payer, et non pour les arrérages et intérêts qui m'en sont dus; autrement, la subrogation m'accorderoit plus que n'auroit pu avoir celui à qui je suis subrogé, ce qui ne peut être.

Les créanciers conditionnels, quoique la condition d'où leurs créances dépendent soit encore pendante, ne laissent pas d'être colloqués dans l'ordre, pour la somme qui leur seroit due, si par la suite la condition venoit à exister ; mais ils ne la doivent pas toucher, jusqu'à ce que la condition existe ; les créanciers sur lesquels le fond manque peuvent, chacun dans leur ordre, jusqu'à concurrence de ce qui leur est dû, la toucher en leur place, en donnant caution de rapporter à leur profit, lorsque la condition existera.

§. III. — *Du Sous-ordre.*

Le sous-ordre est l'ordre dans lequel la somme, pour laquelle un créancier a été colloqué utilement, est distribuée entre les créanciers de ce créancier.

Comme le sous-ordre n'intéresse point le saisissant, ni les autres créanciers du saisi, il n'est pas juste qu'ils supportent aucune chose des frais qui se font pour y parvenir.

Par cette raison, il a été ordonné, par l'Arrêté de la Cour du 22 Août 1691, que les oppositions en sous-ordre ne seront jugées et réglées qu'après qu'on aura prononcé sur l'ordre, et par un jugement séparé, et que les frais, pour parvenir au sous-ordre, seront pris en entier, seulement sur la somme pour laquelle a été colloqué le créancier, pour le fait duquel il y a eu des oppositions en sous-ordre, *art.* 1 et 3.

Cela n'empêche pas que les créanciers opposants en sous-ordre, pour le fait d'un créancier saisi, ne puissent intervenir à l'ordre, pour y faire valoir la créance de leur débiteur commun, lequel pourroit négliger de la faire valoir, *ibid. art.* 4; mais on ne doit allouer dans l'ordre que les frais qu'auroit été obligé de faire le créancier leur débiteur, s'il eût lui-même fait valoir ses droits.

La procédure, pour parvenir au sous-ordre, est semblable à celle pour parvenir à l'ordre.

On suit les mêmes regles pour dresser le sous-ordre, qui se suivent pour l'ordre ; les frais pour y parvenir sont pris les premiers, par privilege, sur la somme qui doit se distribuer en sous-ordre, et les créanciers opposants en sous-ordre sont colloqués sur ce qui reste, selon l'ordre des hypotheques qu'ils ont sur les biens de leur débiteur commun.

On pourroit objecter que cette somme, pour laquelle le créancier est colloqué, n'étant qu'une chose mobiliaire, et par conséquent non susceptible d'hypotheque, cette somme devroit se distribuer entre les créanciers de ce créancier au marc la livre de leurs créances, et non point par ordre d'hypotheque. La réponse est que, si les créanciers de ce créancier ne s'étoient pourvus que depuis le décret par saisie et arrêt, de la somme pour laquelle il a été colloqué, cette somme se distribueroit effectivement comme une chose mobiliaire, au marc la livre, entre eux tous; mais s'étant opposé au décret de l'héritage, pour venir en sous-ordre de la somme pour laquelle leur débiteur commun seroit colloqué, c'est le droit d'hypotheque qu'avoit leur débiteur commun, à l'héritage saisi, qu'ils ont saisi, un droit dans l'héritage, un droit par conséquent immobilier; c'est par cette raison qu'ils doivent venir par ordre d'hypotheque, suivant la regle, *pignus pignori dari potest. L.* 4. *Cod. si pign. pign.*

De l'appel du décret, et quelles peuvent être les différentes manieres de se pourvoir contre le décret.

§. I. — *Quelles personnes peuvent interjetter appel de l'adjudication par décret.*

Le saisi peut interjetter appel de l'adjudication par décret, lorsqu'elle a été faite par un Juge qui n'est point souverain. Ces adjudications sont sujettes à l'appel comme tous les autres Jugements et Ordonnances qui émanent de ce Juge.

Non-seulement le saisi peut interjetter appel; des créanciers postérieurs, qui ne se trouveroient pas utilement colloqués, et qui prétendroient que l'adjudication a été faite à vil prix, sont aussi recevables à interjetter appel de l'adjudication, et à opposer contre cette adjudication les moyens de nullité et de fraude que le saisi auroit pu opposer sur l'appel; car ils ont intérêt, aussi bien que le saisi, à faire détruire cette adjudication, et ils peuvent, comme créanciers du saisi; exercer le droit qu'il auroit d'en interjetter appel, le saisi ne pouvant abandonner ce droit à leur préjudice.

Un tiers peut aussi interjetter appel du décret, s'il prétend qu'on a mal-à-propos compris dans l'adjudication quelque chose qui lui appartenoit, et dont il étoit en possession : je dis, *dont il étoit en possession* ; car, s'il n'en étoit pas en possession, que la saisie eût été faite sur celui qui possédoit cette chose, ce propriétaire doit s'imputer de ne s'être pas opposé afin de distraire; le décret a purgé son droit de propriété; si néanmoins son droit étoit un de ces droits qui ne se purgent pas par le décret, il pourroit interjetter appel de l'adjudication.

Ceux même dont les droits sont de nature à être purgés par le décret, lorsque la procédure du décret a été réguliere, et les créanciers hypothécaires, qui ont manqué de s'opposer au décret, peuvent en interjetter appel, lorsqu'ils prétendent que la procédure n'en a pas été réguliere, et ils sont en droit de demander, sur cet appel, la communication de la procédure sur laquelle le décret est intervenu, afin de la débattre.

Mais cette communication ne peut plus être demandée, après les dix ans écoulés depuis le décret ; toutes les procédures énoncées dans la grosse du décret sont présumées avoir été faites régulierement; mais si quelque procédure essentielle n'y étoit pas énoncée, cette omission donnerait un moyen valable d'appel contre le décret, à moins que l'adjudicataire ne fût en état de représenter l'acte dont la mention auroit été omise.

§. II. —*Du temps d'interjetter appel du Décret.*

Le temps d'interjetter appel des adjudications par décret, est celui qui est réglé par l'Ordonnance pour l'appel de tous les autres jugements.

On a néanmoins agité la question de savoir , si on peut interjetter appel pendant trente ans , lorsque l'adjudication n'a point été signifiée comme il faut au saisi, de même qu'on peut interjetter appel de tout autre jugement pendant trente ans, lorsqu'il n'a point été signifié; quelques Auteurs ont voulu, à cet égard, faire une différence entre les adjudications par décret, et les autres jugements, et ils ont prétendu qu'on ne pouvoit interjetter appel du décret après dix ans, quoiqu'il n'eût pas été signifié. Ce sentiment a été adopté par l'Ordonnance de 1629 , art. 164, qui porte expressément, que les majeurs peuvent se pourvoir contre le décret , même par voie d'appel , après dix ans (*) ; mais on sait que l'Ordonnance de 1629 n'a point eu d'exécution. La raison sur laquelle ces Auteurs se fondent , est que celui qui a acheté en Justice de bonne foi , est aussi favorable que celui qui a acheté par contrat volontaire ; or , un acheteur de bonne foi , par contrat volontaire , (à l'exception de quelques Coutumes , comme celle d'Orléans , art. 260, qui excluent toute prescription d'héritages moindre que trente ans ,) acquiert , *inter præsentes*, l'héritage par lui acheté , par une possession de dix ans ; il ne peut plus , après ce temps, être évincé par le propriétaire de cet héritage : donc , disent-ils , un adjudicataire , qui a acquis de bonne foi en Justice, ne doit pas pareillement être évincé après ce temps.

Le Sentiment de ces Auteurs a été rejeté par les Arrêts du Parlement de Paris. Brodeau , *lett. D* , N°. 26 , en rapporte plusieurs qui ont jugé qu'on reçoit l'appel, pendant trente années , des adjudications par décret, qui n'ont pas été duement signifiées , et il ajoute , que telle est la pratique du Palais : *Gallicá enim fori observatione , provocandi jus ad tricenum usque annum porrigitur.* La réponse à la raison ci-dessus alléguée est facile; celui qui a acquis par contrat volontaire, de bonne foi , *à non domino*, ne peut être évincé , après dix ans , par le propriétaire , parce qu'il possede de bonne foi , *ex justo titulo*, en vertu d'un titre qui n'est point attaqué ; mais le titre de l'adjudicataire est attaqué par l'appel qui en est interjetté ; il ne peut donc point servir de fondement à la prescription de dix ans , que l'adjudicataire réclameroit en sa faveur.

§. III. — *Quels peuvent être les moyens d'appel d'un décret ?*

Les moyens d'appel d'un décret peuvent être tirés du fond ou de la forme.

Du fond. Lorsqu'un tiers appelle du décret, comme fait *super non domino*, ou lorsque le saisi appelle du décret, comme fait pour une somme qui n'étoit point due; le saisi peut être non recevable en ce moyen , si on y a déjà statué sur l'appointement à décréter.

Les moyens d'appel tirés de la forme sont ceux tirés des défauts de procédure , jusqu'à l'appointement à décréter.

(*) Denizart , dans sa Collection , *verbo* Adjudication , cite un Arrêt du 31 Août 1761 , rendu aux Enquêtes, par lequel il prétend qu'on a jugé que l'appel d'une Sentence d'adjudication n'étoit plus recevable après dix ans.

Mais on peut opposer des défauts de procédure, dans celle faite en exécution de l'appointement à décréter, pour parvenir à l'adjudication qui fait le sujet de l'appel.

L'appelant peut demander au saisissant la communication de la procédure sur laquelle est intervenue l'adjudication pour relever les défauts qui s'y rencontreroient, et le saisissant est obligé de faire cette communication; mais le sentiment commun est que, lorsqu'il s'est passé onze ans depuis l'adjudication, le saisissant n'est plus obligé à cette communication, et que toutes les formalités sont présumées avoir été observées ; *statur narrativis ex eo quod contrarium non probatur.* Le Maître, Tr. des Criées, chap. 45, N°. 4, *in fine.*

On peut encore proposer pour moyen d'appel contre l'adjudication, le défaut de la personne de l'adjudicataire, s'il est du nombre de celles à qui les Règlements défendent de se rendre adjudicataires; comme aussi la fraude, la collusion.

La seule cause de lézion dans le prix n'est pas un moyen suffisant, comme nous le verrons ci-après.

§. IV. — *De l'effet de l'appel du décret.*

L'appel de l'adjudication, interjetté par le saisi, ne me paroît pas devoir en suspendre l'exécution, ni par conséquent pouvoir empêcher que l'adjudicataire entré en possession de l'héritage qui lui est adjugé ; la raison est que cette adjudication se fait en vertu d'un titre qui est exécutoire contre le saisi, et auquel la provision est due.

A plus forte raison, si l'appel n'est interjetté qu'après que l'adjudicataire est entré en possession, cet appel ne doit pas empêcher qu'il n'y reste pendant l'appel.

Si l'adjudicataire entre en possession, nonobstant l'appel, il doit aussi, nonobstant l'appel, consigner le prix de son adjudication : l'ordre se fera aussi nonobstant l'appel, mais il peut obliger les créanciers de lui donner caution pour recevoir du Receveur des Consignations les sommes pour lesquelles ils auront été colloqués.

Cela est conforme à la Loi 18, §. 1. ff. *de peric. et Comm. rei vend.* qui décide que le vendeur ne peut exiger de l'acheteur le prix de la chose vendue, sans lui donner caution, dès que quelqu'un a intenté à l'acheteur contestation sur la propriété de la chose, *dominii questione motâ ;* or par l'appel *dominii questio movetur emptori :* les créanciers ne peuvent donc recevoir ce prix sans lui donner caution, mais l'acheteur ne peut pas, sous prétexte de l'appel, se dispenser de consigner, parce que, par la consignation, les deniers sont en sûreté.

On a agité la question, si l'adjudicataire pouvoit demander à être déchargé de son adjudication, lorsqu'on en interjette appel? Quelques Auteurs décident qu'il est recevable en cette demande : je ne le penserois pas ; car de même qu'un acheteur, par contrat volontaire, n'est pas recevable à demander contre son vendeur le résiliment du contrat, sous le prétexte d'une contestation qui lui seroit faite sur la propriété de l'héritage par lui acquis ; de même cet adjudicataire ne doit pas être recevable à demander la décharge de son adjudication, sous prétexte de la contestation qui lui est formée par l'appel de l'adjudication ; l'appel étant une voie de droit, il a pu la prévoir, et il en a couru les risques en se rendant adjudicataire : il doit lui suffire de pouvoir sommer en garantie le poursuivant, qui doit garantir la validité de l'adjudication qu'il a poursuivie.

Il ne seroit pas juste qu'il dépendît du saisi, en interjettant un appel mal fondé, de détruire l'obligation qu'a contracté l'adjudicataire, et encore moins qu'il dépendît de l'adjudicataire lui-même de s'en décharger, ce qui lui seroit facile en engageant, par quelque petit présent, le saisi, qui n'a rien à perdre, à interjetter un appel.

§. V.—*De l'effet de l'Arrêt qui sur l'appel infirme l'adjudication.*

Lorsque, sur l'appel interjetté de l'adjudication, elle a été déclarée nulle, il importe de sçavoir sur quels moyens la nullité a été prononcée.

Lorsque la nullité procede de la part du saisissant, celui-ci est tenu de tous les dommages et intérêts de l'adjudicataire ; il est tenu de rembourser à l'adjudicataire tout ce qu'il lui en a coûté pour l'adjudication, et à l'acquitter des condamnations prononcées contre lui, soit pour les dépens, soit pour la restitution des fruits ; à la charge, par l'adjudicataire, de céder ses actions au saisissant, soit contre les créanciers qui ont touché leur part du prix de l'adjudication, lesquels doivent la rapporter lorsque l'adjudication est déclarée nulle, soit contre le Receveur des Consignations, pour la répétition des droits de consignations, qui, pour la même raison, se trouvent n'être pas dus.

Lorsque l'adjudication est déclarée nulle par un défaut de procédure, le Procureur du saisissant doit l'acquitter de ses condamnations.

Lorsque c'est par le fait de l'adjudicataire que l'adjudication est déclarée nulle, comme si c'étoit une personne prohibée, il est évident qu'en ce cas le saisissant n'est tenu envers lui d'aucuns dommages et intérêts ; au contraire cet adjudicataire paroît devoir être condamné, en ce cas, aux frais qui se feront pour parvenir à une nouvelle adjudication : cet adjudicataire peut seulement, en ce cas, retirer des Consignations le prix qu'il a payé, s'il y est encore, et répéter les profits seigneuriaux qu'il a payés ; si les deniers ont été distribués, il peut seulement répéter du Receveur des Consignations les droits de consignation, et répéter des créanciers ce qu'ils ont reçu.

On pourroit peut-être néanmoins dispenser les créanciers de cette restitution, en subrogeant l'adjudicataire, pour recevoir à leur place sur le prix de la nouvelle adjudication qui sera faite.

§. VI.—*Des autres moyens de se pourvoir contre les adjudications.*

Lorsqu'il ne peut y avoir lieu à l'appel de l'adjudication, parce qu'elle a été faite par un Juge en dernier ressort, on ne peut se pourvoir contre, de la part d'un tiers qui n'auroit point été partie, que par la voie de la tierce-opposition.

A l'égard du saisi, il ne lui reste que la voie de la Requête civile, dan
le cas où il peut y avoir lieu; comme si la saisie avoit été faite sur un titr
de créance, dont on prétendroit prouver la fausseté, ou si on alléguoit d
dol de la part de l'adjudicataire. (Nous avons traité ci-dessus des moyens d
Requête civile qui peuvent s'appliquer ici.)

C'est une question si la lézion d'outre moitié du prix donne lieu de s
pourvoir contre l'adjudication, de même qu'elle donne lieu de se pourvoi
contre une vente purement conventionnelle ? Nous avons trois Coutume
qui excluent formellement, en pareil cas, la restitution contre les adjudi
cations par décret; sçavoir, celle de Bourbonnois, *art.* 487; celle d'Au
vergne, *chap.* 16, *art.* 22, et celle de la Marche, *art.* 122; mais Dumou
lin étoit d'avis qu'on devoit l'accorder, et en sa Note, sur l'*art.* 122 de l
Coutume de la Marche, il taxe cette Coutume, de Coutume injuste; l'Or
donnance de 1629, *art.* 164, accordoit, en ce cas, la restitution, mai
seulement lorsque le saisi étoit mineur. L'Ordonnance de 1629 n'a poin
été, comme l'on sait, exécutée; la Jurisprudence du Parlement de Paris
est de ne point accorder cette restitution, ni au mineur, ni au majeur
les Arrêts en sont rapportés par Brodeau, sur Louet, lettre D, N°. 32. Le
raisons que l'on donne de cette Jurisprudence sont, que la vente pa
décret, étant revêtue de l'autorité de la Justice, doit être plus hors d'a
teinte qu'un simple contrat de vente : d'ailleurs, le prix des choses étant
dit-on, *quanti emptorem invenire possunt*, on ne peut pas dire que le pri
de l'adjudication ne soit pas le juste prix, puisqu'après avoir pris toutes le
précautions possibles, pour faire connoître que la chose étoit à vendre
et après plusieurs remises, la chose n'a pu être vendue davantage; c'est c
qui fait dire à Dumoulin, sur l'*art.* 487, de la Coutume du Bourbonnois
que le prix du décret est présumé le juste prix, *post publicationem et licita
tionen plus offerenti factam; quæ præsumptio juris est, et de jure, qu
non admittit probationem in contrarium.*

Ces raisons ne me paroissent pas bien solides : le prix d'une chose n'es
pas précisément *quanti ea res determinatè emptorem invenire potuit*, mai
quanti venire solent res ejusdem generis et qualitatis; or, il peut arriver
comme l'expérience nous apprend qu'il arrive assez souvent, qu'un héri
tage est vendu par décret plus de la moitié au-dessous de la valeur ordi
naire de ce qu'ont coutume de se vendre des héritages de pareille qualité
il est donc vrai qu'en ce cas l'héritage adjugé par décret a été vendu plu
de la moitié au-dessous de sa juste valeur, et qu'il y a lézion d'outr
moitié du juste prix : or, si cette lézion énorme se rencontre dans l'adju
dication, pourquoi ne pas admettre la restitution, comme contre toute
les ventes? L'autorité de la Justice, dont est revêtue l'adjudication, est un
autorité qui doit être employée pour faire régner la Justice, et non pa
pour autoriser l'iniquité d'une vente dans laquelle se rencontre une lézio
énorme.

Article XIV.

Des décrets volontaires *.

On appelle décret volontaire celui qui intervient sur une saisie-réelle qu'un acquéreur fait faire sur lui, de l'héritage qu'il a acquis, à l'effet de purger les hypothèques, et autres charges que ses auteurs auroient pu imposer sur l'héritage.

On l'appelle décret *volontaire*, parce que cette saisie-réelle se fait du consentement de l'acquéreur sur qui elle est faite, et que c'est lui-même qui interpose un créancier vrai ou simulé, pour faire cette saisie-réelle sur lui.

Les décrets volontaires se font aussi quelquefois sur le vendeur, lorsqu'on en est convenu.

Non-seulement un acheteur, mais quelqu'acquéreur que ce soit, même un donataire, peut décréter sur lui l'héritage qu'il a acquis, dont il se rend adjudicataire pour un prix qu'il y porte, lequel est un prix imaginaire, s'il ne survient point d'opposition.

Un acquéreur peut faire un décret volontaire sur lui, quoiqu'il n'y ait pas de clause pour cela dans son contrat d'acquisition; son vendeur n'en est pas moins tenu de lui faire donner, à ses frais, main-levée des oppositions qui y surviennent; car cela fait partie de l'obligation de garantir de tous troubles, qui est de la nature du contrat de vente.

Quoique le décret se fasse sur l'acquéreur, on doit, dans les procédures, nommer le vendeur, et déclarer que c'est pour purger les hypothèques, qu'il auroit constitué, que le décret se poursuit, afin que les créanciers soient avertis.

On observe pour les décrets volontaires toutes les formalités des saisies-réelles, depuis le commandement qui doit précéder la saisie, jusqu'au décret, sauf qu'on ne fait pas ordinairement procéder au bail de l'héritage saisi volontairement; ce bail néanmoins peut avoir quelquefois son utilité; car, si quelqu'un, après le décret, réclamoit la propriété de quelque morceau d'héritage compris dans le décret, dont il prétendroit avoir été en possession au temps du décret, l'acquéreur ne pourroit opposer le décret qui ne peut purger les droits d'un tiers dans un morceau d'héritage, tant qu'il ne paroît pas que celui sur qui il a été saisi en étoit en possession, ce qu'établit le bail judiciaire sur lequel il seroit compris.

Les créanciers du vendeur, quoiqu'ils aient été délégués par le contrat à l'acheteur, qui s'est obligé de les payer en acquit de son vendeur, ne doivent pas moins s'opposer au décret volontaire; car, si d'autres créanciers postérieurs, dont les créances absorberoient le prix de l'héritage, y

---

(*) L'Edit du mois de Juin 1771, *art.* 37, a abrogé les décrets volontaires, à peine de nullité; et, par le même Edit, portant création de Conservateurs des Hypothèques, Louis XV y a substitué les Lettres de Ratification, qui s'obtiennent aujourd'hui par les Acquéreurs, pour purger les hypothèques et privileges. *Voyez* les Lettres Patentes du 7 juillet suivant, registrées au Bailliage d'Orléans, le 19 novembre de la même année.

formoient oppositions, il ne resteroit plus rien pour les créanciers délégués, dont les hypothèques auroient été éteintes par défaut d'opposition, et l'acquéreur, qui auroit été obligé de le payer aux opposants, ne pourroit pas être obligé de le payer une seconde fois à ceux qui lui auroient été délégués.

Il y a plus de difficulté sur la question de savoir si l'acquéreur, qui fait décréter sur lui, est obligé de former lui-même opposition pour les créances hypothécaires qu'il a contre son vendeur; il y a de très-fortes raisons pour soutenir qu'il y est obligé, et que, faute par lui de le faire, il ne peut rien retenir sur le prix de l'adjudication qu'après que les créanciers opposants, quoique postérieurs à lui, auront été payés : ces raisons sont que la Loi qui oblige tous ceux qui ont des hypothèques à s'opposer aux décrets, et qui purge celles pour lesquelles il n'y en aura pas eu de formées, est générale, et ne contient aucune exception en faveur de l'acquéreur, qui fait décréter sur lui pour des créances hypothécaires qu'il peut avoir contre son vendeur; néanmoins d'Héricourt, *chap.* 15, *somm.* 4, cite un Arrêt du 24 Mars 1676, qu'on trouve *Tome* 1ᵉʳ. du Journal du Palais, qui a jugé que l'acquéreur n'étoit point obligé de s'opposer pour pouvoir retenir dans son ordre d'hypothèque les créances hypothécaires qu'il avoit droit d'exercer contre son vendeur; mais il est beaucoup plus sûr de former cette opposition.

L'acquéreur, après toute la procédure requise pour parvenir à l'adjudication, se fait adjuger à l'Audience l'héritage, pour le prix pour lequel il l'a acquis par le contrat de vente qui lui en a été fait.

Il ne gagneroit rien à se le faire adjuger pour une moindre somme, car il n'en seroit pas moins obligé à payer le prix total convenu par le contrat de vente, le décret qu'il a fait faire sur lui ne pouvant à cet égard éteindre ni diminuer l'obligation qu'il a contractée envers son vendeur.

Il n'y gagneroit rien non plus par rapport aux profits et au centieme denier; car, lorsque l'adjudication est faite à l'acheteur pour un prix moindre ou égal à celui de son contrat, c'est le contrat de vente qui est son titre d'acquisition, le décret n'en est que la confirmation, et par conséquent ce n'est que pour raison du contrat qu'il doit les profits féodaux et le centieme denier, et il les doit eu égard au prix porté par le contrat qui est son vrai titre d'acquisition.

De ce que l'adjudication n'est qu'un acte confirmatif du contrat, il suit que, si le vendeur avoit des moyens pour se faire restituer contre le contrat, pour cause de lézion d'outre moitié du juste prix, la rescision du contrat entraîneroit la rescision de l'adjudication par décret ; car l'acte confirmatif ne peut plus subsister lorsque la chose confirmée est détruite.

De ce que cette adjudication n'est qu'un acte confirmatif, il suit aussi que ceux auxquels il est interdit de se rendre adjudicataires des biens saisis réellement, peuvent néanmoins se rendre adjudicataires des biens qu'ils ont acquis par un contrat, et qu'ils ont fait décréter volontairement sur eux.

C'est pourquoi il a été jugé qu'un Juge peut se rendre adjudicataire, à son Siege, d'un héritage qu'il fait décréter volontairement sur lui.

Lorsqu'il y a des oppositions de la part des créanciers du vendeur, pour une plus grande somme que n'est le prix porté par le contrat, et que l'héritage est enchéri à un plus haut prix que celui de son contrat, l'acheteur qui, sur ses encheres, enchérit lui-même, et se rend adjudicataire pour un prix plus haut que celui de son contrat, n'acquiert point en ce cas en vertu de son contrat, mais en vertu de l'adjudication qui lui en est faite; l'acquisition qu'il avoit faite par son contrat est détruite par les encheres qui sont portées au-delà du prix du contrat; c'est une éviction qu'il souffre de l'héritage, qu'il ne peut conserver pour le prix porté par son contrat, et pour laquelle il a un recours de garantie contre son vendeur pour l'indemniser de ce qu'il lui en a coûté de plus.

De-là il suit que les profits et le centieme denier ne sont point dus en ce cas pour le contrat de vente, et ne se reglent point sur le prix du contrat, mais sont dus pour l'adjudication, et se reglent sur le prix de l'adjudication, qui est en ce cas le titre d'acquisition, celui qui résultoit du contrat étant détruit par la sur-enchere.

Lorsqu'il y a des opposants, l'acheteur est obligé de rapporter le prix de son acquisition, pour être payé aux créanciers opposants, et il ne peut jouir vis-à-vis d'eux des termes qui lui auroient été accordés par son contrat pour le paiement; car le prix de toute adjudication par décret doit être payé comptant.

Par cette même raison, il a été jugé par l'Arrêt du 23 Janvier 1738, connu sous le nom de l'Arrêt de Pontchartrain, qu'un créancier de rente constituée, qui s'étoit opposé au décret volontaire, soit que son opposition eût été convertie en saisie-arrêt, ou ne l'eût pas été, et quoiqu'il eût été délégué à l'acquéreur qui offroit de lui continuer sa rente, pouvoit l'obliger au rapport du prix pour être payé sur le prix en principal et arrérages.

Le prix de l'adjudication par décret volontaire n'est point sujet aux droits de consignation, s'il n'y a aucune opposition subsistante au temps du décret, et pourvu que l'ordre et distribution du prix ne se fasse point en Justice sur les contestations des créanciers. *Edit de Février* 1689, *art.* 16.

Pour éviter les droits de consignation, on fait rendre un jugement qui convertit les oppositions que des créanciers ont formées au décret volontaire, en saisies et arrêts sur le prix, sur lequel les créanciers seront payés, suivant l'ordre de leurs hypotheques.

Le même Edit, *art.* 17, permet de faire prononcer cette conversion, même après l'adjudication, et veut qu'en ce cas il n'y ait point lieu aux droits de consignation, pourvu que ce soit dans la quinzaine du jour que les oppositions auront été formées.

Quoique les oppositions ayent été converties en saisies-arrêts, il peut y avoir lieu aux droits de consignation, si l'ordre s'en fait en Justice sur les contestations des créanciers.

S'il n'y a eu de contestation portée en Justice que pour la collocation d'un seul créancier, celles des autres ayant été réglées à l'amiable, il a été jugé favorablement en ce cas que les droits de consignation n'étoient dus que pour la somme pour laquelle ce créancier seroit colloqué, et non point pour le total du prix de l'adjudication. *Arrêt de 1714, sur les Conclusions de M. Chauvelin, confirmatif d'une Sentence du Conseil d'Artois.*

ARTICLE XV.
De la Saisie-réelle des Offices.

Les offices venaux de Judicature et de Finance, étant réputés immeubles, peuvent être saisis réellement, et vendus par décret comme les autres immeubles.

§. I. — *Procédures pour la saisie-réelle des Offices.*

Il y a une procédure particuliere pour la saisie-réelle des offices dont nous allons parler.

A l'égard des offices domaniaux, pour lesquels il ne faut point de provision, la saisie-réelle se fait de la même maniere que celle de tous les autres immeubles, et il n'est pas par conséquent ici question de ces offices.

Il est encore moins question des offices personnels ; tels sont ceux de la Maison du Roi et des Militaires, car ces offices n'étant pas *in bonis*, ne sont pas susceptibles de saisie-réelle.

L'Edit de Février 1683 prescrit les formalités pour la saisie-réelle des offices.

Cette saisie-réelle se fait, comme les autres saisies, après un commandement recordé de témoins, fait à l'officier débiteur ; on la signifie à la partie saisie, à M. le Chancelier, ou à M. le Garde des Sceaux, en la personne du Garde du rôle, afin qu'il ne soit expédié aucune provision à personne, et au Payeur, afin qu'il ne puisse payer les gages qu'entre les mains du Commissaire aux saisies réelles.

La copie de cette saisie s'affiche à la porte de l'Eglise du lieu où se fait l'exercice de l'office, qui est réputé le lieu de sa situation.

Cette saisie-réelle doit être enregistrée au Greffe du lieu d'où dépend, et où se fait la principale fonction de la charge, quand même la saisie se poursuivroit en une autre Jurisdiction. *Edit de Février* 1683, *art.* 6.

On ne fait pas de criées ni de bail judiciaire des offices ; mais six mois après l'enregistrement signifié au saisi, si c'est un Officier d'une Compagnie supérieure, ou trois mois après l'enregistrement à l'égard de tous autres, le saisissant, sur une assignation donnée au saisi, peut faire ordonner que le saisi sera tenu de passer procuration, *ad resignandum*, en faveur de celui qui se rendra adjudicataire, sinon que le jugement, sans qu'il en soit besoin d'autre, vaudra procuration. *Ibid. art.* 6.

Lorsque ce jugement n'est pas rendu par un Juge en dernier ressort, il peut être suspendu par l'appel.

Lorsqu'il n'y a point d'appel de ce jugement, ou, lorsqu'il a été confirmé par Arrêt, trois mois après la signification de ce jugement, ou trois mois après la signification de l'Arrêt qui l'a confirmé, faite à personne ou domicile du saisi, et au Greffe du lieu d'où dépend l'office du saisi, le saisi demeure interdit de plein droit de son office. *Ibid. art.* 8.

Ce délai, pour donner procuration, ne peut être prorogé pour quelque cause que ce soit. *Ibid.*

En exécution de ce jugement, pour parvenir à l'adjudication de l'office, le Sergent doit faire trois publications, de quinzaine en quinzaine, aux lieux accoutumés, et même au lieu où la saisie-réelle aura été enregistrée. *Ibid. art.* 6.

L'Edit entend par *lieux accoutumés*, ceux où les différentes Coutumes veulent que les criées soient faites; la nôtre, *art.* 484, ne prescrivant qu'un lieu où se doivent faire les criées des offices, savoir, en la Paroisse du lieu où est le principal exercice de l'office, qui est aussi le lieu où la saisie-réelle est enregistrée, il paroît qu'il n'est nécessaire de les faire que là, et je ne vois pas pourquoi de Lalande veut qu'elles se fassent aussi en la Paroisse de l'Officier.

Ces proclamations se font par un Sergent, à jour de Dimanche, à l'issue de la Messe paroissiale.

Après ces proclamations, sur l'enchere mise au Greffe, dont on délivre une expédition, qui est affichée pendant quinzaine, aux lieux accoutumés, et sur la lecture qui est faite de cette enchere à l'Audience, on crie l'office à vendre, mais il ne peut être adjugé qu'après deux remises de mois en mois. *Ibid. art.* 7.

Il y a une forme particuliere pour la saisie-réelle et vente des offices des comptables, prescrite par l'Edit de 1669.

§. II. — *De l'opposition au Sceau et au Titre, et de l'effet du Sceau.*

Il ne suffit pas aux créanciers de former leurs oppositions au décret de l'office, ils doivent s'opposer au sceau.

Cette opposition est une signification qu'un créancier fait à M. le Garde des Sceaux, en la personne du Garde des Rôles, qu'il est créancier d'un tel pour une telle somme, et qu'en conséquence il s'oppose à ce qu'il ne soit délivré aucunes provisions à personne de l'office dont il est revêtu, qu'à la charge de l'opposition.

Les Directeurs ou Syndics, valablement établis par les créanciers d'un Officier, peuvent, en leur nom de Directeur, former cette opposition, laquelle conserve les droits de tous les créanciers.

L'effet de cette opposition est qu'on ne délivre les provisions, sur la résignation de celui pour le fait de qui l'opposition a été faite, qu'à la charge de l'opposition, et en conséquence le pourvu doit rapporter le prix entier de son office, pour être distribué entre les créanciers qui ont formé ces oppositions.

Ces oppositions doivent être renouvellées tous les ans.

Il y a une autre espece d'opposition qui se forme au titre de l'office, par ceux qui y prétendent quelque droit de propriété; l'effet de ces oppositions est d'empêcher qu'il ne soit délivré aucunes provisions jusqu'à ce qu'il ait été statué sur ces oppositions. *Voyez* à ce sujet la Déclaration du 29 Avril 1738, non enregistrée, mais publiée, le Sceau tenant, composée de 27 articles, et rapportée en entier par Denizart, *verbo* Oppositions au titre des Offices, N°. 2.

C'est au Conseil qu'on plaide sur cette opposition; elle doit être renouvellée tous les six mois. *Même Déclaration, art.* 21 *et* 26.

Si celui qui a un droit de propriété sur l'office, au lieu de s'opposer au titre, ne s'opposoit qu'au sceau, il ne pourroit empêcher les provisions du résignataire, et ne pourroit prétendre qu'un privilege sur le prix.

L'effet du sceau est de purger, non-seulement toutes les hypothèques, mais tous les droits qui pourroient être prétendus sur l'office par ceux qui n'ont pas formé d'oppositions.

Le sceau a cela de plus que le décret, qu'il purge même les droits de douaire et de substitution, quoiqu'ils ne fussent pas ouverts; la raison est que le pourvu tient son office du Roi plutôt que du résignant, et par conséquent il ne peut le tenir qu'aux charges sous lesquelles les provisions ont été accordées. *Voyez* Renusson, *Traité du Douaire, chap.* 3, N°ˢ. 61 *et* 62, *et les Arrêts rapportés par Denizart,* verbo *Sceau.*

L'effet des oppositions au sceau est de conserver aux créanciers qui s'y sont opposés le droit de se faire payer sur le prix.

Quoiqu'il n'y ait point eu de saisie-réelle, le résignataire est, en vertu de ces oppositions, obligé de rapporter aux créanciers opposants le prix entier de l'office, non-seulement lorsqu'il l'a acheté, mais lorsqu'il se fait pourvoir, soit comme héritier du défunt titulaire, soit à quelque titre que ce soit.

Il n'est pas même reçu à offrir aux créanciers de rentes constituées, qui ont formé opposition, de leur continuer leurs rentes, et de leur en passer titre nouvel; le remboursement en peut être exigé : telle est la Jurisprudence des Arrêts, qui a néanmoins excepté le cas d'un fils qui se fait pourvoir, soit par mort, soit par résignation, de l'office de son pere.

§. III. — *De la distribution du prix des offices adjugés par Décret.*

Autrefois, suivant la Coutume de Paris, *art.* 95, et celle d'Orléans, *art.* 485, quoique les offices fussent réputés immeubles, et pussent être criés et adjugés par décret, le prix, après les privileges acquittés, s'en distribuoit néanmoins au marc la livre.

L'Edit de 1683, *art.* 10, a dérogé en cela expressément à nos Coutumes; suivant cet Edit, les créanciers opposants au Sceau doivent être préférés à tous autres qui auroient manqué de s'opposer, quoique privilégiés, saisissants ou opposants à la saisie réelle.

Entre les créanciers qui se sont opposés au sceau, voici l'ordre qui doit être suivi :

1°. On doit colloquer en premier lieu le poursuivant, pour les frais de poursuite, avant tous autres, car ces frais ont servi à procurer le paiement à tous les autres.

2°. On doit colloquer celui dont les deniers ont servi à payer la paulette du dernier bail ; car il a conservé l'office à tous les autres créanciers.

Ceux qui ont payé la paulette pour les précédents baux n'ont aucun privilege , car le payement qui en a été fait n'a pas servi à conserver l'office, qui auroit été conservé indépendamment.

3°. On colloque ceux qui sont créanciers du saisi pour raison des fonctions de son office ; par exemple, si c'est l'Office d'un Receveur des Consignations qui est saisi, ceux qui sont ses créanciers pour raison de deniers consignés entre ses mains en sa qualité d'Officier, et qu'il a dissipés, sont créanciers privilégiés sur le prix de l'office.

4°. On colloque la créance pour prix de l'Office.

Après les privileges, les simples créanciers hypothécaires sont colloqués, chacun selon l'ordre de son hypotheque.

Après eux, ce qui reste est distribué au marc la livre, entre les créanciers chirographaires, opposants au sceau. *Même Edit de* 1683 , *art.* 3.

Après tous les opposants au sceau payés , s'il reste encore quelque chose, ce qui reste doit être distribué entre les autres créanciers , à commencer par les privilégiés, ensuite les simples hypothécaires , chacun selon l'ordre de leur hypotheque, après lesquels viennent, en dernier lieu , les chirographaires qui partagent entr'eux ce qui reste, au marc la livre de leur créance.

§ IV. — *Des offices de Perruquiers et autres semblables.*

Les offices de Perruquiers et autres semblables different des autres offices, en ce que les titulaires n'ont point besoin de prendre de provisions du Roi, et qu'en justifiant de leur titre d'acquisition , ils sont reçus au Bureau de la Communauté. *Edit du mois de Juillet* 1746, *registré au Parlement le* 11 *Octobre suivant.*

Ils ont cela de commun avec les autres offices, qu'ils se saisissent réellement de la même maniere que les autres offices.

Ils ont encore cela de commun que, de même qu'il faut s'opposer au sceau des provisions des autres offices, pour conserver les droits d'hypotheques ou autres droits qu'on peut y avoir, de même, ceux qui ont quelque droit d'hypotheque ou autre droit sur ces sortes d'offices, doivent faire tous les ans leurs oppositions au bureau , à ce qu'aucun ne soit reçu en l'office qu'à la charge de l'opposition.

Ces oppositions ont le même effet à l'égard de ces offices , que l'opposition au sceau à l'égard des autres offices.

Pareillement la réception à ces offices a presque le même effet que le sceau des provisions à l'égard des autres offices, car elle purge les droits de ceux qui n'ont point formé d'oppositions ; elle ne purge pourtant pas le douaire, en quoi son effet est moins étendu.

APPENDICE.

Des lettres de Ratification.

Les lettres de ratification ayant, à l'égard des rentes sur la Ville de Paris, un effet à-peu-près semblable à celui qu'a le sceau à l'égard des offices, nous en dirons ici quelque chose par forme d'appendice.

Ces Lettres sont celles qu'obtiennent, en la grande Chancellerie, les acquéreurs des rentes sur la ville de Paris, à l'effet de purger les hypotheques des créanciers de leurs auteurs.

En effet, ces lettres purgent les hypotheques de tous ceux qui n'ont point formé leurs oppositions entre les mains du Receveur des hypotheques, et ces oppositions, pour être recevables, doivent se renouveller tous les ans; cela est ainsi réglé par un Edit du mois de Mars 1673.

Ces lettres s'obtiennent non-seulement par ceux qui acquierent, soit à titre onéreux, soit à titre gratuit, la propriété de ces rentes, mais même par ceux qui en acquierent l'usufruit, pour affranchir ce même droit d'usufruit.

Les oppositions au sceau des Lettres de ratification se forment entre les mains des Greffiers-Conservateurs des hypotheques, et l'Edit de 1673, que nous venons de citer, veut que ces Conservateurs soient garants de l'effet des oppositions qu'ils auroient négligé ou obmis d'inscrire sur les Lettres de ratification.

CINQUIÈME PARTIE.

Nous allons traiter, dans cette derniere Partie, de la Procédure particuliere aux contraintes par corps, au bénéfice de Cession, aux Lettres de Répit, aux lettres de Rescision, aux Scellés, et au faux Incident, et nous en formerens six Chapitres séparés.

CHAPITRE PREMIER.
De la Contrainte par Corps.

Le droit de la contrainte par corps est le droit qu'a un créancier, pour certaines especes de créances, de faire, par le ministere d'un Sergent, arrêter son débiteur, et le constituer prisonnier, jusqu'à l'entier paiement de la dette.

§. I. — *Pour quelles especes de créances peut-on exercer la contrainte par corps ?*

Autrefois celui qui avoit obtenu un jugement de condamnation d'une somme pécuniaire, certaine et liquide, pouvoit, lorsque ce jugement étoit en dernier ressort, ou qu'il n'étoit point suspendu par aucun appel, contraindre par corps au jugement la partie condamnée, quatre mois après la signification du jugement.

C'est ce qui est porté par l'*art.* 48 de l'Ordonnance de Moulins, qui donne au créancier qui a obtenu le jugement, le choix, ou de cette contrainte par corps, ou de faire prononcer contre le condamné une condamnation du double, ou du triple, pour peine de sa contumace à satisfaire au jugement.

L'Ordonnance de 1667, *tit.* 34, *art.* 1ᵉʳ. a abrogé cette disposition de l'Ordonnance de Moulins, et a défendu de condamner par corps pour dettes purement civiles.

Il y en a néanmoins quelques-unes pour lesquelles, en matière civile, la contrainte par corps peut avoir lieu.

1°. La contrainte par corps peut être ordonnée pour les dépens, quatre mois après la signification du jugement de condamnation, lorsque cette condamnation de dépens monte à deux cents livres et au-dessus. *Ibid. art.* 2.

Cela a pareillement lieu en matière criminelle, *Ordonnance de* 1670, *tit.* 25, *art.* 20. Le coût des épices et du jugement que la partie a levé, entre dans les dépens pour lesquels la contrainte par corps peut être ordonnée, lorsqu'ils montent à deux cents livres. M. Jousse, en ses Notes sur l'*art.* 2. *du tit.* 34, cite deux Arrêts qui l'ont ainsi jugé, le premier du 13 Juillet 1707, et le second du 8 Février 1708.

Si les dépens sont compris en différents exécutoires, qui composent ensemble la somme de deux cents livres, la contrainte par corps pourra-t-elle être ordonnée, lorsqu'ils procèdent d'un même fait ?

Il a été jugé pour l'affirmative, par Arrêt du 16 Janvier 1692, rapporté par Boniface, *Tom.* 5. *Liv.* 5. *tit.* 9. *chap.* 11.

La raison pour laquelle on a conservé la contrainte pour les dépens, est parce qu'il n'y a pas d'autres manières de réprimer les téméraires contestations de plaideurs, qui plaident d'autant plus hardiment, qu'étant ordinairement sans biens, ils n'ont rien à perdre.

2°. L'Ordonnance, *même art.* 2, porte que ce qu'elle a ordonné pour les condamnations de dépens aura pareillement lieu pour les condamnations de restitutions de fruits, et pour les condamnations de dommages et intérêts, lorsqu'elles excéderont la somme de deux cents livres.

3°. La contrainte par corps peut pareillement être décernée contre les tuteurs et curateurs, après les quatre mois de la signification d'un jugement définitif de condamnation, pour le reliquat de leur compte, pourvu que la somme soit certaine et liquide. *Ibid. art.* 3.

Cette disposition de l'Ordonnance s'étend à toutes les autres personnes qui ont quelqu'administration publique; tels que sont des Fabriciers, des Administrateurs d'hôpitaux, des Receveurs des deniers de Villes.

Les juges peuvent aussi condamner par corps, même avant les quatre mois, dans les cas suivants, mentionnés en l'article 4 du même titre.

1°. Pour *stellionat*. Le stellionat est un terme générique qui comprend toute espèce de dol, de fraude et d'imposture qui n'a pas de nom particulier; *L.* 3. §. 1. ff. *stellionatus*. Par exemple, si quelqu'un a pris de moi une somme d'argent à constitution, sous l'hypothèque d'un héritage qu'il m'a assuré être franc de toute autre hypothèque, et que cet héritage se trouve avoir été par lui précédemment hypothéqué à d'autres dettes qui subsistent, ce mensonge est de sa part un stellionat, qui l'oblige à me rem-

bourser la somme que je ne lui ai donnée à constitution que sous la foi q'
l'héritage n'était pas hypothéqué à d'autres, et il doit par conséquent y êt
condamné par corps. On peut imaginer une infinité d'autres especes '
stellionat.

2°. En matiere de réintégrande, celui qui s'est mis par violence en po
session d'un héritage, peut être condamné par corps à le délaisser à cel
sur lequel il l'avait usurpé.

3°. En matiere de dépôt nécessaire, ou judiciaire, le dépositaire pe
être condamné par corps à la restitution des choses qui lui ont été confiée

On appelle dépôt nécessaire celui qui se fait dans les circonstances d'u
naufrage, ou d'un incendie, ou de la ruine d'un édifice qui vient à s'écro
ler, ou d'une émotion populaire ; les Loix Romaines appellent cette espe'
de dépôt, *depositum miserabile.*

La condamnation par corps, pour la restitution de ces sortes de dépôts
est fondée sur la protection particuliere que les loix donnent à ces dépô
faits dans des circonstances aussi tristes et dans lesquelles on est obligé (
confier ses effets au premier venu, pour les sauver d'un péril imminent.

On trouve même dans le troisième Tome du Journal des Audiences u
Arrêt du 8 Août 1673, qui a condamné par corps un exécuteur testamer
taire à payer les legs, quoique l'exécution testamentaire ne puisse être co
sidérée que comme un dépôt volontaire, à cause du dol personnel de l'ex'
cuteur.

Il y a trois especes de dépôts judiciaires, qui sont tous les trois, par c'
article de l'Ordonnance, sujets à la condamnation par corps.

La premiere espece de dépôt judiciaire est de ceux qui sont faits en co
séquence d'une Ordonnance de Justice, soit qu'ils soient faits à une pe'
sonne publique, soit qu'ils soient faits à une personne privée.

Les séquestres établis par Ordonnance de Justice, au régime des bie'
litigieux, sont réputés dépositaires judiciaires, et, comme tels, nommé
ment compris en cet article, parmi ceux qui sont sujets à la condamnatio
par corps, quoique leur office soit plutôt celui d'un mandataire que d'u
dépositaire.

La seconde espece est de ceux qui sont faits à une personne publique
en sa qualité de personne publique, quoique sans Ordonnance de Justice
comme sont ceux qui sont faits aux Receveurs des consignations, car étar
faits à une personne établie par la Justice pour les recevoir, ils peuvent êtr
appellés *dépôts judiciaires.*

Un Huissier qui reçoit des deniers pour sa partie, comme porteur d
contrainte, passe aussi pour dépositaire judiciaire de cette seconde espèce
et est sujet à la condamnation par corps, pour la restitution de ce qu'il
reçu, quoique le contrat qui se passe entre sa partie et lui soit plutôt u'
mandat qu'un dépôt ; mais, quant à la condamnation par corps, c'est l
même chose.

Non-seulement les Officiers publics passent à cet égard pour personne
publiques, et sont sujets à la condamnation par corps, mais tous ceu
qui, par leur état et leur profession, se chargent des effets des autres

sont aussi réputés à cet égard pour personnes publiques, et sujets à la condamnation; tels sont les hôteliers, les messagers, les courtiers, proxenetes, agents de change; ils sont sujets à la condamnation pour la restitution des marchandises qu'on leur a donné à vendre, ou du prix qu'ils en ont reçu, comme aussi des billets et papiers qu'on leur a remis entre les mains.

La troisieme espece de dépositaires judiciaires sont ceux qui sont établis, non par une Ordonnance de Justice, mais par un Officier de Justice; tels sont les gardiens et dépositaires des meubles saisis, les commissaires aux fruits saisis.

L'Ordonnance ne parle pas des cautions judiciaires; néanmoins il est d'usage, suivant que l'atteste M. Rousseau, que les cautions judiciaires s'obligent par corps, ce qu'il limite néanmoins aux cautions judiciaires proprement dites, c'est-à-dire à ceux qui se rendent cautions, ou pour l'exécution provisoire d'un jugement, ou pour surséance à l'exécution d'un jugement : à l'égard des autres cautions qui sont données pour satisfaire aux dispositions des Coutumes, comme pour jouir d'un usufruit, quoiqu'elles soient reçues en Justice, elles ne sont point sujettes à la contrainte par corps.

4°. Suivant le même *art.* 4, la condamnation par corps peut être prononcée pour lettres de change, quand il y a remise de place en place.

La même chose s'observe pour les billets de change, c'est-à-dire pour les billets portant promesse de fournir des lettres de change de place en place. *Arrêt du Conseil de* 1669, *rapporté par Bornier. Édit. de* 1755, *page* 308.

Cela a lieu, non-seulement à l'égard des Marchands, mais à l'égard de toutes personnes, de quelque qualité qu'elles soient, qui tirent, endossent, ou acceptent de pareilles lettres de change; car l'ordonnance ne distingue point : c'est ce qui a été jugé par un Arrêt de 1682, contre le marquis de Choiseuil; par un autre de 1687, contre un Procureur, et par un de 1704, contre un Conseiller du Châtelet de Paris. Ces trois Arrêts sont cités par M. Jousse, en ses Notes sur cet article.

Il n'en est pas de même des simples billets pour valeur reçue, soit qu'ils soient payables à un particulier dénommé, ou à ordre, ou au porteur; ceux qui les ont subis, ou en ont passé l'ordre, ne sont point sujets à la condamnation par corps, à moins qu'ils ne fussent Marchands.

Par la Déclaration du 26 février 1692, tous les Financiers comptables sont à cet égard comparés aux Marchands, et sont sujets à la condamnation par corps, pour les billets pour valeur reçue, qu'ils subissent pendant le temps qu'ils sont pourvus des charges et emplois de comptables, soit que ces billets soient payables à un particulier y dénommé, ou à son ordre, ou au porteur.

5°. La condamnation par corps peut être prononcée pour dettes entre Marchands, pour fait de marchandises dont ils se mêlent.

On appelle marchands ceux qui achetent pour revendre; les artisans qui achetent de la matiere pour employer aux ouvrages qu'ils vendent sont aussi réputés Marchands ; par exemple , un Cordonnier peut être condamné par corps comme Marchand , pour le prix des cuirs qu'il a achetés d'un Corroyeur , parce qu'il a acheté ces cuirs pour les employer à faire les souliers qu'il vend : cette dette est une dette entre Marchands pour fait de la marchandise dont ils se mêlent.

Celui qui n'est pas Marchand par état , mais qui fait néanmoins quelque trafic de certaines marchandises, lorsqu'il est prouvé qu'il fait ce trafic, peut aussi être condamné par corps pour les dettes relatives à ce trafic; la raison est, que quoique son principal état ne soit pas celui de Marchand , néanmoins, quant au trafic dont il se mêle , il est Marchand , et c'est en cette qualité de Marchand qu'il contracte dans ce qui a rapport à ce trafic. C'est ce qui a été jugé contre un Gentilhomme, Gendarme, qui se mêloit d'acheter et revendre des pierreries, par Arrêt du Conseil du 7 Février 1709.

Cette condamnation par corps, pour dettes entre Marchands, pour fait de marchandises, est permise par l'Ordonnance, non-seulement par la seule considération de la dette, mais aussi par la considération de la personne qui a contracté la dette, et de la qualité de Marchand en laquelle elle l'a contractée.

C'est pour cela que la condamnation par corps n'a pas lieu contre l'héritier de celui qui l'a contractée. *Arrêt du Conseil du 15 Janvier 1642 ; Règlement du 3 Janvier 1643, rapportés par Bornier , sur l'art. 16 du tit. 12 de l'Ordonn. de 1673*, ce qui devroit néanmoins avoir lieu, si la seule cause de la dette donnoit lieu à la condamnation par corps.

L'héritier n'est pas sujet à la condamnation par corps, quand même il seroit lui-même Marchand, car ce n'est pas en sa qualité de Marchand , mais en qualité d'héritier, qu'il en est débiteur.

Il suit de ce principe, que celui qui se rend caution pour un Marchand, pour dette contractée pour fait de marchandises, ne doit pas être condamné par corps; car cette condamnation n'étant pas accordée par la seule considération de la cause de la dette, il ne suffit pas, pour qu'il puisse être condamné par corps, qu'il se soit, par son cautionnement, rendu débiteur d'une dette contractée entre Marchands, pour fait de marchandises; au contraire, il suffit, pour qu'il ne soit pas sujet à cette condamnation, que ce ne soit pas en qualité de Marchand, mais comme caution, et faisant un office d'ami, qu'il a contracté cette dette.

M. Jousse rapporte néanmoins un Arrêt du 7 Juillet 1676, qui a condamné par corps une caution; mais il se peut faire que ce soit par des considérations particulières, *putà*, parce qu'il y avait lieu de présumer que la caution étoit secrettement intéressée au marché, auquel cas la caution auroit vraiment contracté comme Marchand.

Je pense même que si la caution était Marchand par état, et qu'il n'y eût aucun lieu de présumer qu'elle fût intéressée au marché (ce que sa qualité doit faire présumer plus facilement), elle ne devroit pas être sujette à la condamnation par corps.

Lorsqu'un Bourgeois a vendu des marchandises de son crû à un Mar-

chand, peut-il obtenir contre lui une condamnation par corps? Il peut
bien l'assigner en Justice consulaire; mais je ne vois pas décidé que le
Marchand soit en ce cas sujet à la condamnation par corps, l'Ordonnance
ne parlant que des dettes entre Marchands. Néanmoins c'est le sentiment de
M. Rousseau qu'ils y sont sujets, et c'est la Jurisprudence.

Outre les cas mentionnés en l'art. 4, il y a encore d'autres espèces de
dettes pour lesquelles il peut y avoir lieu à la condamnation par corps.

1°. Pour tous les contrats concernant le commerce et la pêche de mer;
tels que sont les contrats à la grosse aventure, les contrats d'assurance, les
contrats pour fret, naulage, vente et achat de vaisseaux, engagements, ou
loyers de Pilotes, Matelots, etc. *Ordonnance de* 1673, *tit.* 7, *art.* 2. *Ordonnance de la Marine de* 1681, *Liv.* 1, *tit.* 3, *art.* 5.

On appelle contrat *de grosse aventure*, celui qui est appellé dans le
digeste *fœnus nauticum*, ou *pecunia trajectitia;* c'est un contrat par lequel
une personne prête à un Maître de vaisseau une somme d'argent pour
servir à un voyage de mer, aux conditions que si le vaisseau périt sur mer,
l'emprunteur ne rendra rien de la somme à lui prêtée, et que si au contraire il arrive à bon port, il la rendra avec un gros intérêt dont ils conviennent, en récompense du risque de la mer dont le prêteur se charge.

Le contrat d'*assurance* est celui par lequel l'assureur promet, moyennant tant pour cent qu'on lui donne, d'indemniser un Marchand, qui
envoye quelque part des marchandises, de la perte qu'il en pourroit faire
par les risques du trajet. *Voyez ces deux espèces de contrats dans notre
Traité des Contrats Aléatoires, imprimé en* 1767.

On appelle *fret*, le prix dont on convient avec le Maître d'un vaisseau,
pour le transport des marchandises qu'on charge; *naulage*, le prix que
payent les passagers.

2°. Suivant plusieurs Coutumes, du nombre desquelles est celle d'Orléans, *art.* 428, les acheteurs de bestial, vin, bled, et autres grains, en
marché public, de poissons, tant d'eau douce, que salés, peuvent être
contraints au payement par corps, dans la huitaine; ce que l'Ordonnance
de 1667 a confirmé, en déclarant, *art.* 5, qu'elle n'entend déroger aux
privileges des foires, ports, étapes, marchés, pour la contrainte par
corps; la raison se tire de la faveur que mérite la foi publique des marchés, et de ce qu'il y a une espece de dol de la part de l'acheteur, qui,
n'ayant point d'argent, achete à la charge de payer comptant.

3°. La même raison rend aussi sujets à la condamnation par corps ceux
qui achetent des biens meubles ou immeubles en Justice, lorsqu'ils n'en
payent pas le prix. La Coutume d'Orléans, *art.* 439, en a une disposition
précise; on ne doit pas croire que l'Ordonnance y ait dérogé : les ventes
en Justice méritent pour le moins autant de faveur que celles faites en
marchés publics, pour lesquelles l'Ordonnance ne déroge point à la contrainte par corps.

4°. Ceux qui ayant été condamnés à délaisser un héritage, par un Arrêt
ou Jugement qui n'est point suspendu par l'appel, n'obéissent pas, peu-

vent, pour leur contumace, quinzaine après la sommation qui leur en a été faite, être condamnés par corps à le faire. *Tit.* 27, *art.* 3 *de l'Ordonnance de* 1667.

5°. Par l'Ordonnance de 1673, *tit.* 6, *art.* 8, celui qui a reçu des gages, sans en passer acte pardevant Notaire, peut être condamné par corps à la restitution et représentation des gages : cela a lieu en cas de faillite du débiteur; les Syndics des créanciers peuvent obtenir cette condamnation ; cela est ordonné pour empêcher les fraudes.

6°. Suivant plusieurs Règlements rendus par la Ville de Paris, il y a lieu à la condamnation par corps, pour ce qui est dû aux nourrices et sevreuses. *Déclaration des 29 Janvier* 1715, *et mars* 1727, *et Arrêt de Règlement du 4 Juin* 1737.

7°. Les Juges peuvent aussi condamner par corps en l'amende, en matière de Police, pour cause d'irrévérence et trouble fait à l'Audience.

8°. L'article 5 de l'Ordonnance de 1667 déclare qu'il n'est point dérogé à la contrainte par corps, qui a lieu pour les deniers Royaux : elle a lieu, au profit du Roi, contre tous les comptables, et elle a pareillement lieu au profit des Fermiers contre les Sous-Fermiers, et contre les Commis. *Voyez aussi la Déclaration du* 26 *Février* 1692.

Elle a lieu aussi pour les droits d'Aydes contre les Cabaretiers. *Ordonnance des Aydes, du droit de détail, tit.* 6. *art.* 3.

Hors les cas exprimés par les Ordonnances, les particuliers ne sont point sujets à la contrainte par corps, pour ce qu'ils doivent au Roi; par exemple, on ne peut contraindre quelqu'un par corps pour la taille, la capitation, le dixieme, etc.

9°. Les Bourgeois de certaines villes ont par privilege le droit d'y faire arrêter, et constituer prisonniers les forains pour les dettes qu'ils y ont contractées; on appelle ces Villes, *Villes d'arrêt;* l'Ordonnance de 1667, *tit.* 34, *art.* 5, déclare qu'elle ne déroge point à ces privileges.

Dans la plupart des cas auxquels nous avons dit qu'il pouvoit y avoir lieu à la contrainte par corps, il faut qu'elle soit expressément prononcée par une Sentence de condamnation, autrement il n'y a pas lieu.

Il y a néanmoins quelques cas où elle peut avoir lieu, même sans Sentence de condamnation; par exemple, pour les droits du Roi, elle a lieu sur une simple contrainte décernée par les Fermiers; pour les contrats maritimes, lorsque le débiteur s'y est soumis par le contrat. *Ordonnance de la Marine, tit.* 13, *art.* 6.

Hors les cas que nous avons rapportés, les Juges ne peuvent condamner par corps, pour dettes civiles, les sujets du Roi, suivant l'article 4 ci-dessus cité, qui porte : « Défendons aux Cours, et à tous autres Juges, de con-
» damner aucuns de nos sujets par corps, sinon, etc. »

La défense n'étant faite qu'à l'égard des sujets du Roi, il suit de là que l'Ordonnance de Moulins subsiste encore à l'égard des étrangers, et qu'ils peuvent être sujets à la contrainte par corps, après les quatre mois, du jour que le jugement de condamnation a été signifié.

A l'égard des sujets du Roi, ils ne peuvent pas même, valablement, se soumettre, en contractant, à la contrainte par corps, pour l'exécution de leurs engagements. *Tit.* 34, *art.* 6.

Cette regle souffre exception à l'égard des baux à ferme des héritages de campagne, par lesquels il est permis aux bailleurs de stipuler, de ceux à qui ils les afferment, la soumission à la contrainte par corps. *Ibid. art.* 7.

Cette clause de soumission à la contrainte par corps (quoique permise) étant une clause exorbitante, elle doit être expresse, et par conséquent elle n'a point lieu pour la tacite réconduction.

Elle n'a aussi lieu que contre la personne du fermier qui s'y est soumis, et non contre ses héritiers; car il ne peut soumettre à cette contrainte que sa propre personne, il n'a pas droit de disposer de la personne de ses héritiers.

§. II. — *Des personnes qui ne sont pas sujettes à la contrainte par corps.*

1°. Les ecclésiastiques constitués ès ordres sacrés, ont été exceptés, par l'article 57 de l'Ordonnance de Blois, de la disposition de l'Ordonnance de Moulins, qui soumettoit, comme nous l'avons dit, les débiteurs à la contrainte par corps, quatre mois après la signification du jugement de condamnation.

La Déclaration du Roi du 30 Juillet 1710, *art.* 3, porte aussi que les personnes constituées dans les ordres sacrés ne peuvent être contraintes par corps pour dépens dans lesquels elles succomberont; et elle défend à tous Juges de décerner contre elles des contraintes par corps, pour raison de ces mêmes dépens.

Les simples Clercs pourvus de Bénéfices jouissent-ils de ce privilege? La raison de douter est qu'ils jouissent de la plupart des autres privileges accordés aux Ecclésiastiques; néanmoins il a été jugé par Arrêt du 14 Juillet 1688, rapporté au Journal des Audiences, qu'ils ne jouissent pas de celui-ci, cet Arrêt ayant déclaré valable l'emprisonnement d'un Chanoine Clerc, pour dépens auxquels il avoit été condamné; la raison est que l'Ordonnance de Blois n'ayant parlé que des Ecclésiastiques *constitués aux ordres sacrés*, il n'y a qu'eux qui puissent prétendre à ce privilege, *inclusio unius est exclusio alterius.* La Déclaration de 1710 n'a pareillement parlé que des personnes constituées aux ordres sacrés.

Si un Ecclésiastique, depuis la condamnation par corps contre lui prononcée, se faisait promouvoir aux ordres sacrés, pourroit-il être emprisonné après qu'il y auroit été promu? Je le pense; car il ne peut par son propre fait, en se faisant promouvoir aux ordres, se libérer d'un droit acquis contre lui; il paroît par le procès-verbal de l'Ordonnance de 1667, que tel étoit le sentiment de ceux qui l'ont rédigé. *Voyez ce procès-verbal,* p. 433.

Les Ecclésiastiques peuvent quelquefois être condamnés par corps, lorsque, par quelque fourberie insigne, ils se sont rendus indignes de leur privilege, sur-tout s'ils ont caché leur qualité, pour prendre celle de Mar-

chand, ou s'ils ont changé de nom; il y a des arrêts rapportés par
Prêtre, et par Filleau, qui l'ont ainsi jugé.

2°. Les femmes et filles, suivant l'*art.* 8 du *tit.* 34 de l'Ordonnance
1667, ne sont point sujettes à la contrainte par corps, si ce n'est en de
cas :

Le premier, lorsqu'elles sont Marchandes publiques; en ce cas elles so
sujettes à la contrainte par corps comme tous les autres Marchands, po
les dettes qu'elles ont contractées pour le fait de leur commerce.

Observez que la femme d'un Marchand n'est pas Marchande publiqu
ni par conséquent sujette à la contrainte par corps pour les dettes qu'el
contracteroit avec son mari, pour le fait du commerce de son mari;
n'appelle marchande publique, que celle qui fait un commerce sépar
dont son mari ne se mêle point. *Voyez la Coutume de Paris, art.* 23
et celle d'Orléans, art. 197.

A l'égard de la veuve d'un Marchand, qui continue le commerce de sc
mari, il n'est pas douteux qu'elle devient Marchande publique, et p
conséquent sujette à la contrainte par corps.

Le second cas auquel les filles et les femmes sont contraignables p
corps, c'est pour *stellionat* procédant de leur fait. On appelle stelliona
comme nous l'avons déjà observé, un dol caractérisé, une fourbe
marquée.

L'Ordonnance veut que le stellionat procéde du fait de la femme, c'e
à-dire, comme l'interprete l'Edit de 1680, pour celui qu'elles ont comn
en contractant, lorsqu'elles étoient libres, et même depuis qu'elles so
mariées, en contractant séparément de leur mari, d'avec qui elles seroie
séparées; mais à l'égard des contrats que les femmes communes font av
leurs maris, quelque stellionat qu'il y ait dans ces contrats, l'Edit ne ve
pas que la femme soit réputée stellionataire, ni sujette à la contrainte p
corps : la raison est qu'on présume en ce cas que le stellionat vient de
part du mari; la puissance du mari, sous laquelle est la femme, l'excu
en quelque façon, suivant cette regle de Droit, *non videtur consentire q
obsequitur imperio patris vel domini.*

L'Ordonnance n'ayant excepté que ces deux cas, il s'ensuit que l
femmes et les filles ne peuvent, en aucun autre cas, en matière civil
être contraignables par corps, ni pour dépens, ni pour adjudications
Justice, ni en vertu des priviléges des villes d'arrêt, ce qui avoit mê
été jugé avant l'ordonnance.

Doivent-elles y être sujettes pour lettres de change par elles tirées
acceptées, avec remise de place en place? La raison de douter est q
c'est une espece de commerce, et que la femme, ou fille, qui les tir
ou accepte, se constitue à cet égard Marchande; néanmoins, par Arrêt
Conseil du 2 Septembre 1704, une fille majeure a été en ce cas décharg
de la contrainte par corps; la raison est que l'Ordonnance n'excepte q
le cas auquel les femmes, ou filles, sont Marchandes publiques, c'est-
dire, Marchandes d'état ou de profession.

Il ne suffit donc pas qu'elles ayent fait un acte particulier de mercantill

3°. Les septuagénaires, par *l'art.* 9 du *tit.* 34, ne peuvent être emprisonnés pour dettes purement civiles, mais ils peuvent l'être pour stellionat, recelés, et dépens en matière criminelle.

Les septuagénaires sont ceux qui ont passé l'âge de soixante-dix ans, et non pas ceux qui sont seulement entrés dans la soixante-dixième année; c'est ce qui a été jugé par un Arrêt du 6 Septembre 1706, rapporté par Augeard, et par deux autres de 1737 et de 1742, rapportés par Lacombe, en son Recueil d'Arrêts, imprimé en 1743, *chap.* 12. Le contraire avoit été jugé par Arrêt du 24 Juillet 1710, rapporté au Journal des Audiences; mais les derniers Arrêts doivent prévaloir, et sont conformes aux Loix Romaines, qui ne réputoient septuagénaires, à l'effet de jouir de certains privileges, que ceux qui avoient passé cet âge; la Loi 2 ff. *de excus. tut.* s'exprime ainsi: *excusantur à tutelâ et curatoriâ, qui septuaginta annos compleverunt. Excessisse autem oportet septuaginta annos tempore illo,* etc.

Les septuagénaires doivent jouir de l'exemption de la contrainte par corps, même pour les dettes qu'ils auroient contractées avant cet âge, et pour lesquelles ils auroient été emprisonnés avant cet âge; en conséquence, lorsqu'ils ont accompli cet âge, ils peuvent, en justifiant de leur âge, faire prononcer leur élargissement sur une assignation donnée au créancier qui les retient; c'est ce qui a été jugé. *Voyez les Arrêts du Conseil rendus en interprétation de l'Ordonnance, à la fin de Bornier.*

L'Ordonnance n'ayant excepté que les cas de stellionat, recelés, et dépens en matiere criminelle, il s'ensuit que les septuagénaires ne peuvent être emprisonnés pour quelqu'autre cas que ce soit, même pour deniers Royaux; c'est ce qui a été jugé par Arrêt de la Cour du 28 Février 1716; on rapporte un arrêt contraire du Parlement, de la même année; mais il pouvoit y avoir des circonstances particulieres.

4°. Il est de Jurisprudence que les mineurs, pour dettes civiles, et hors le cas du dol, sont aussi exempts de la contrainte par corps; il en faut excepter les mineurs Marchands par état et de profession, car, pour raison de leur commerce, ils sont réputés majeurs, et par conséquent sujets à la contrainte par corps.

Il en est de même des mineurs Financiers, ils sont réputés majeurs, et contraignables par corps, pour raison de ce qui concerne leur état, et par conséquent pour raison des billets subis par eux pour valeur reçue.

A l'égard des mineurs Bénéficiers, quoiqu'ils soient réputés majeurs, pour raison de leurs bénéfices, et qu'en conséquence ils puissent plaider pour raison de ce qui concerne leurs bénéfices, sans assistance de curateurs, néanmoins ils ne sont pas sujets à la contrainte par corps pour les dépens auxquels ils auroient été condamnés, dans les procès où ils auroient succombé. *Arrêt du 21 Mars 1676, rapporté au Journal du Palais.*

5°. Les fermiers du domaine du Roi, suivant un Arrêt du Conseil du 3 Février 1672, ne peuvent être contraints par corps, pour ce qu'ils doivent à des particuliers; ce qui a été établi en faveur du Domaine du Roi, afin que les Domaines ne fussent pas négligés, pendant que les Fermiers seroient emprisonnés.

6°. Les gens de Guerre ne peuvent pareillement être contraints par corps, pendant qu'ils sont en service ou garnison.

7°. Les Maîtres, Patrons, Pilotes, Matelots, étant à bord pour faire voile, ne peuvent aussi être contraints par corps pour dettes, si ce n'est pour celles qu'ils ont contractées pour raison du voyage. *Ordonnance de la Marine, L.* 2. *tit.* 1. *art.* 14.

§. III. — *De ce qui doit précéder l'Arrêt de la personne contraignable par corps.*

Dans les cas exprimés par les articles 2 et 3 de l'Ordonnance de 1667, auxquels le condamné n'est sujet à la contrainte par corps qu'après les quatre mois depuis la signification du jugement, il faut que le créancier, après ce délai de quatre mois expiré, leve au Greffe de la Cour, ou Juridiction, où le premier jugement de condamnation a été rendu, un second Arrêt, ou Sentence qui porte, que la partie condamnée, faute de payement dans la quinzaine, sera contrainte par corps.

Le créancier ayant levé cet Arrêt, ou Sentence, qu'on appelle d'*iterato*, doit le faire signifier à la partie condamnée, et, la quinzaine après cette signification expirée, sans autre procédure, la contrainte par corps peut être exercée, et la partie saisie au corps et emprisonnée. *Tit.* 34, *art.* 10 *et* 11.

Dans les cas auxquels on peut obtenir condamnation par corps, sans attendre les quatre mois, il suffit au créancier de signifier le jugement qui contient la condamnation par corps, et de faire un commandement au débiteur, avec déclaration que, faute par lui de payer, il sera contraint par corps, et il n'est point en ce cas nécessaire de lever au Greffe un second jugement, ni de faire aucune procédure, pour pouvoir exercer la contrainte.

Le créancier doit-il laisser quelqu'intervalle de temps, depuis la signification du jugement portant condamnation par corps, et le commandement, avant de pouvoir exercer la contrainte? L'Ordonnance ne s'en explique pas; mais de ce que, dans les cas auxquels il faut, après les quatre mois, lever un second jugement pour contraindre par corps, elle décide qu'avant de l'exercer, il faut laisser passer quinzaine, il me paroît qu'on en doit conclure que, dans le cas auquel le jugement porte condamnation par corps, sans qu'il soit besoin d'en lever un second après les quatre mois, et dans le cas auquel le titre porte, même sans jugement, l'exécution par corps, le créancier doit pareillement laisser passer au moins quinzaine avant de mettre sa contrainte à exécution, en arrêtant le débiteur; la même raison subsiste; il est de l'humanité, avant de pouvoir saisir au corps le débiteur, de lui laisser un certain temps pour chercher de l'argent, *creditor non protinùs cum sacco adire debet.* Il y a même plus de raison de lui donner ce délai dans ce dernier cas, que dans le cas précédent, puisque dans celui-ci il avoit déjà joui d'un délai de quatre mois pour chercher son argent.

On ne peut saisir au corps la partie condamnée en vertu d'un jugement suspendu par un appel, ou par une opposition signifiée au créancier qui l'a obtenu ; le créancier est obligé de surseoir, en ce cas, à ses poursuites, jusqu'à ce qu'il ait été statué sur l'appel, ou sur l'opposition, et il ne peut les exercer qu'après qu'il aura signifié l'Arrêt, ou Jugement qui aura confirmé celui dont on avoit appellé, ou qui aura débouté de l'opposition.

Mais si la partie condamnée avoit été emprisonnée, en vertu du jugement, avant que son appel, ou son opposition, eussent été signifiés au créancier, l'emprisonnement tiendroit pendant l'appel, *tit.* 34, *art.* 12.

Si le jugement portant condamnation par corps est du nombre de ceux qui doivent s'exécuter nonobstant l'appel, on peut, en ce cas, nonobstant l'appel, tant qu'il n'y a point de défenses, exercer la contrainte par corps.

Lorsque la partie condamnée a été déboutée par un Arrêt, quoique rendu par défaut, de son opposition à l'Arrêt d'*iterato* obtenu contr'elle, elle ne peut plus former une seconde opposition à cet Arrêt qui l'a déboutée de la première qu'elle avoit formée, *alioquin nullus esset litium finis*, et en conséquence, si elle la forme, elle pourra être emprisonnée, nonobstant une pareille opposition dans laquelle elle n'est pas recevable.

§. IV. — *En quel temps la contrainte par corps peut-elle être exercée ?*

La contrainte par corps, comme tout autre acte de Justice, ne peut être exercée que de jour. Un emprisonnement devroit donc être déclaré nul, s'il avoit été fait après le soleil couché.

Pareillement elle ne peut s'exercer les jours de Dimanches et de Fêtes, non plus que tous les autres exploits de Justice ; cela est conforme à un acte de notoriété du Châtelet de Paris du 5 Mai 1703, et à un Arrêt du 14 Janvier 1708, rapporté par Augeard en ses Arrêts, *Tom.* 3.

Néanmoins, quand un débiteur s'est tenu caché en sa maison longtems sans en sortir, que les Fêtes et Dimanches, les créanciers, sur une Requête présentée au Juge, obtiennent quelquefois, et en certains cas, la permission d'exercer la contrainte par corps, même les jours de Fêtes et de Dimanches.

Cette permission est fondée sur l'impossibilité qu'il y a d'exercer cette contrainte en un autre temps : de même qu'en cas de nécessité, on peut faire d'autres actes de Justice, même les jours de Fêtes et de Dimanches, *putà*, de donner une assignation, *cùm dies actionis extitura est;* de même, en ce cas, le Juge peut permettre d'exercer la contrainte les jours de Fêtes et de Dimanches, parce qu'il y a une nécessité, la contrainte ne pouvant s'exercer dans un autre temps par l'obstination que témoigne le débiteur à ne point sortir un autre jour.

Boniface, *Tom.* 1. *L.* 1. *tit.* 17, rapporte un Arrêt du Parlement de Provence du 16 Avril 1663, qui a confirmé un semblable emprisonnement.

Cependant Lacombe, en son Recueil de Jurisprudence Civile, *verbo* Emprisonnement, N°. 4, rapporte un Arrêt du 5 mai 1744, qui a infirmé l'Ordonnance du Juge de Chinon, qui avoit permis d'arrêter un débiteur en sa maison, même les Dimanches et Fêtes. Ainsi cette permission ne doit s'accorder, comme on voit, que très-rarement, et dans des cas extra-ordinaires.

Enfin la contrainte par corps ne peut s'exercer contre les Bouchers de Paris, que les Mardis et les Samedis; différents Règlements les affranchis-sent de cette contrainte les autres jours, afin de ne les pas priver des moyens qu'ils ont pour faire les achats de Bestiaux aux marchés de Sceaux et de Poissy, ainsi qu'à la place aux Veaux. *Arrêt de Règlement du* 13 *Juillet* 1699. *Edit du mois de Décembre* 1743, *art.* 6.

§. V. — *En quel lieu la contrainte par corps peut-elle être exercée?*

La contrainte par corps doit être exercée *loco congruo;* elle ne seroit pas faite *loco congruo*, si on arrêtoit un débiteur à l'Eglise, surtout pendant le Service divin, ou à l'Audience d'un Juge, ou dans une Université, pen-dant la leçon d'un Professeur.

On ne peut pas non plus, régulierement, arrêter un débiteur dans sa maison, *cùm domus tutissimum cuique refugium, atque receptaculum sit*, dit la Loi 18, ff. *de in jus vacando*, dans un cas qui a quelqu'affinité avec le nôtre : delà cette regle, *nemo de domo suâ extrahi debet.* L. 103, ff. *de regulis juris.* Arrêt de Règlement du 19 Décembre 1702, dans le Recueil Chronologique de M. Jousse, *Tome* 2, *pag.* 292; Arrêt du 17 Septembre 1707, rapporté au Recueil des Règlements de Justice, *Tome* 2, *pag.* 223.

Cette regle souffre exception : 1°. à l'égard des Sentences de la Con-servation de Lyon, en vertu desquelles, par un privilege particulier, la partie condamnée peut être arrêtée tous les jours sans distinction, même les Fêtes solennelles, et en sa maison. *Edit du mois d'Août* 1714, *rap-porté au Journ. des Aud. Tom.* 6.

La seconde exception est qu'après des procès-verbaux dressés par un Huissier de la retraite du débiteur en sa maison, d'où il ne sort point, le créancier peut, en certain cas, sur une Requête, obtenir du Juge une Ordonnance d'arrêter le débiteur en sa maison.

Cette Ordonnance ne doit point s'accorder indistinctement, mais selon les circonstances ; par exemple, si la dette est considérable, s'il y a malice de la part du débiteur ; on doit aussi avoir égard à la qualité et dignité du débiteur.

Denizart, en sa collection de Jurisprudence, *verbo* Contrainte par corps, rapporte un Arrêt du 17 Août 1731, qui a déclaré nul l'empri-sonnement du Baron de Caule, fait à la Requête du Vicomte de Melun, dans un appartement que le Baron de Caule occupoit chez un Baigneur. Le Vicomte de Melun avoit exposé que son débiteur, qu'il avoit fait con-damner comme stellionataire, à lui payer 160,000 liv., ne sortoit point de son Château d'Heuqueville, où il se tenoit renfermé, et sur cet exposé il avoit obtenu Arrêt qui lui avoit permis de le faire arrêter dans le Château d'Heuqueville, et partout ailleurs; mais comme le Baron de Caule soute-noit que cet Arrêt avoit été obtenu sur un faux exposé, et sans enquête ni procès-verbal préalable, son emprisonnement fut déclaré nul.

On peut se pourvoir par opposition, ou par appel, contre les permissions accordées pour arrêter un débiteur dans sa maison.

Les lieux où on arrête le plus communément les débiteurs, ce sont les rues et les chemins.

§. VI. — *Par qui et comment s'exerce la contrainte.*

C'est un Huissier ou Sergent qui doit exercer la contrainte par corps.

Cet Huissier doit être compétent, c'est-à-dire, qu'il doit avoir le droit d'exploiter dans le lieu où il arrête le débiteur.

Il doit être porteur des titres en vertu desquels il exerce la contrainte, tels que sont, par exemple, l'exécutoire de dépens, le jugement d'*itetaro*, etc. Ces titres doivent être en bonne forme et revêtus des formalités nécessaires pour ces saisies; c'est pourquoi ils doivent être scellés, et en parchemin. *Voyez ce que nous avons dit ci-dessus en parlant des saisies.*

L'Huissier, muni de ces pieces, fait commandement au débiteur, lorsqu'il le rencontre, de le suivre en prison, faute de paiement de la somme pour laquelle il est contraignable, et, sur le refus qu'il feroit de l'y suivre, il le fait conduire de force par les gens dont il s'est fait, pour cet effet, assister.

L'Huissier, arrivé à la prison, remet le débiteur qu'il a arrêté, à la garde du Geolier, et il dresse son procès-verbal qu'il inscrit sur le registre de la prison, destiné pour cet effet; ce procès-verbal s'appelle *écrou*, et le registre sur lequel on l'inscrit, *registre des écrous.*

Cet acte d'écrou doit faire mention : 1°. des arrêts, jugements et autres actes en vertu desquels l'emprisonnement est fait; 2°. du nom, surnom, et qualité du prisonnier; 3°. de ceux du créancier à la requête de qui l'emprisonnement est fait; 4°. il doit contenir une élection de domicile, dans le lieu où est la prison, *Ordonnance de 1670, tit.* 13, *art,* 13; l'Huissier donne copie de ce procès-verbal au prisonnier, en parlant à sa personne.

L'Huissier doit, outre cela, à peine d'interdiction, consigner entre les mains du Geolier, la somme taxée par le Juge des lieux pour un mois de nourriture du prisonnier. *Déclaration du 10 Janvier 1680.*

§. VII. — *Des Recommandations.*

La recommandation est un acte par lequel un créancier qui a une contrainte par corps contre son débiteur, qui est déjà constitué prisonnier à la requête d'un autre créancier, déclare qu'il entend pareillement le tenir prisonnier, et charge le Geolier de sa garde.

Les personnes emprisonnées en vertu de décret, peuvent être recommandées pour dettes lorsque le créancier a obtenu contr'elles la contrainte par corps. La Jurisprudence est à cet égard uniforme.

Cette recommandation se fait par le ministere d'un Huissier, qui en dresse un acte qu'il inscrit sur le registre des écrous.

Cet acte étant de rigueur, il doit contenir les mêmes formalités que celles prescrites pour les emprisonnements, et les actes des écrous; savoir :

1°. la mention des jugements, et autres actes en vertu desquels la reco**m**
mandation est faite ; 2°. le nom, surnom et qualité du prisonnier recom
mandé ; 3°. ceux du créancier à la requête de qui la recommandation (
faite ; 4°. une élection de domicile de ce créancier au lieu où est la priso**n**
Ordonnance de 1670, *tit.* 13 , *art.* 13.

Cet acte doit être signifié au prisonnier , entre les deux guichets , parl**a**
à sa personne; il lui en doit être laissé copie, et il en doit être fait me**n**
tion dans le procès-verbal de l'Huissier qui fait la recommandation. *C.*
donnance de 1670 , *tit.* 13 , *art.* 12.

L'Huissier qui fait la recommandation doit, outre cela , consigner **un**
mois d'aliments, si la consignation n'en a pas été faite par celui qui a f**ait**
emprisonner le débiteur , ou par ceux qui l'ont précédemment recommand**é**
Déclaration de 1680, *art.* 2.

§. VIII. — *De l'effet de l'emprisonnement.*

L'emprisonnement a cet effet , que le creancier peut retenir le prisonn**ier**
dans les prisons , jusqu'à ce qu'il lui ait payé la somme pour laquelle i**l a**
été emprisonné, à la charge par le créancier de payer de mois en mois d'**a-**
vance, et entre les mains du Geolier, la somme taxée par le Juge pour l**es**
aliments du prisonnier pendant tout le temps qu'il le retiendra en priso**n,**
sauf à ce créancier à s'en faire rembourser sur les biens du prisonnier , s**ur**
lesquels il a pour cet effet un privilege, comme nous l'avons vu ci-dess**us.**

L'emprisonnement fait, par le créancier, de la personne de son débite**ur**
n'empêche point le créancier de saisir et faire vendre les biens de ce dé**bi-**
teur , pour avoir paiement de ce qui lui est dû. *Ordonnance de* 1607 , *t***it.**
34 , *art.* 13.

§. IX. — *De la main-levée que le débiteur obtient de sa personne.*

Le débiteur peut obtenir main-levée de sa personne , soit à cause de **la**
nullité de son emprisonnement, soit pour quelque cause survenue dep**uis**
son emprisonnement valablement fait.

Le débiteur qui prétend que son emprisonnement est nul, doit fai**re**
signifier, au créancier qui l'a fait arrêter , un acte par lequel il décla**re**
qu'il s'oppose à l'emprisonnement fait de sa personne , l'assigner po**ur**
voir déclarer la nullité de l'emprisonnement, et en conséquence prono**n-**
cer la main-levée de sa personne avec dépens, dommages et intérêts.

On plaide sur cette opposition, et les moyens de nullité concernen**t**
ou le fond, ou la forme.

Ce sont des moyens de fond, lorsque le débiteur prétend qu'il ne d**oit**
rien, ou que le titre par lequel il est constitué débiteur, n'est pas un ti**tre**
qui le rend sujet à la contrainte par corps.

Les moyens de nullité qui concernent la forme sont, lorsque le déb**i-**
teur a été arrêté dans un temps ou dans un lieu qui n'étoit pas conv**e-**
nable, ou lorsqu'il se trouve quelque défaut de formalité dans l'acte d'e**m-**
prisonnement.

Lorsque l'emprisonnement est déclaré nul dans la forme, sa nullité entraîne celle des recommandations survenues depuis.

Au contraire, s'il est déclaré nul par quelques moyens du fond, *putà*, parce qu'il n'étoit rien dû à celui à la requête de qui il a été fait, et que d'ailleurs il ait été régulierement fait, avec toutes les formalités requises, les recommandations ne laissent pas de subsister.

La raison de différence est que les créanciers qui ont recommandé le débiteur, peuvent bien employer pour eux l'emprisonnement qui a été fait de leur débiteur à la requête d'un autre, comme s'il eût été fait à leur propre requête, en y accédant, lorsque l'emprisonnement a été fait avec toutes les formalités requises pour les emprisonnements ; mais lorsqu'il se trouve quelque défaut de formalités, inutilement l'emploieroient-ils comme fait à leur requête, puisque cet emprisonnement pêche dans la forme ; il n'en seroit pas moins nul, quand même ce seroit à leur requête qu'il auroit été fait (*).

Les causes survenues depuis l'emprisonnement valablement fait, pour lesquelles le débiteur doit avoir main-levée de sa personne, et issue des prisons, sont celles qui suivent :

1°. Le débiteur, en rapportant un consentement pardevant Notaires des créanciers à la requête de qui il a été fait prisonnier, et recommandé, doit être mis hors de prison, sans même qu'il soit nécessaire de le faire ordonner par le Juge. *Ordonnance de* 1670, *tit.* 13, *art.* 31. La raison en est évidente ; le débiteur n'étoit tenu que par l'ordre, et sur la requête des créanciers ; cet ordre étant révoqué, il ne subsiste plus de cause pour le retenir.

2°. Il doit pareillement être mis hors de prison, en consignant entre les mains du Geolier les sommes pour lesquelles il est retenu, sans qu'il soit besoin de jugement, *Ibid. art.* 32 ; c'est la même raison, la cause pour laquelle il étoit détenu étant le défaut de payement, cette cause ne subsiste plus lorsqu'il a payé, ou du moins lorsqu'il a consigné de quoi payer

Il en seroit de même s'il remettoit au Geolier la quittance des sommes qui auroient été payées aux créanciers ; mais comme le Geolier n'est point obligé de connoître leurs écritures, elles doivent être pardevant Notaires.

Si un débiteur offroit à son créancier de lui donner bonne et suffisante caution, et sur son refus, l'assignoit devant le Juge pour accepter cette caution, et voir ordonner qu'en conséquence il auroit main-levée de sa personne, le Juge devroit-il l'ordonner ? Régulierement il ne le doit pas ; car la Loi donne au créancier le droit de retenir en prison son débiteur jusqu'au payement, et il ne doit point être privé malgré lui du droit qu'il a ; l'offre d'une caution n'est point un payement, *non est solutio, sed satisfactio ;* il faut, pour qu'elle produise l'élargissement du débiteur, que

---

(*) Denizart, en sa Collection de Jurisprudence, *verbo* Recommandation, N°. 8, rapporte un Arrêt du 2 Août 1760, qui paroit avoir rejetté cette distinction, et il ajoute que M. Seguier, Avocat Général, qui porta la parole dans cette affaire, cita un autre Arrêt de l'année 1758, par lequel la même chose avoit été jugée en faveur du sieur Bentabol.

le créancier s'en contente, *solvitur quidem invito, sed non satisfacit nisi volenti* : le Juge néanmoins, en certains cas, et eu égard aux circonstances pourroit l'ordonner.

3°. Le défaut du créancier à fournir les aliments est une cause d'élargissement qui étoit exprimée par l'Ordonnance de 1670, *tit.* 13, *art.* 24 dont voici les termes : *Sur deux sommations faites à différents jours aux créanciers qui seront en demeure de fournir la nourriture au prisonnier et trois jours après la derniere, le Juge pourra ordonner l'élargissement du prisonnier, partie présente, ou duement appellée.*

Mais comme il arrivoit que souvent le prisonnier n'avoit pas le moyen de faire ces sommations (c'est le motif exprimé dans le préambule de l'Edit du 10 Juillet 1680), le Roi, par ce même Edit, *art.* 5, ordonne qu'après l'expiration des premiers quinze jours du mois pour lequel la somme nécessaire aux aliments n'auroit point été payée, le Juge, sur la simple réquisition du prisonnier, et le certificat du Geolier, que la somme n'a point été payée, ordonneroit l'élargissement du prisonnier, pourvu que les causes de l'emprisonnement et des recommandations n'excédassent pas la somme de deux mille livres ; et, si les causes excédoient cette somme, que l'élargissement, en ce cas, ne pourroit être prononcé qu'au Siege.

Dans le second, est-il nécessaire d'appeler le créancier pour ordonner l'élargissement ? L'Edit de 1680 ne parle pas plus de sommation en ce cas-ci, que dans le premier. C'est pourquoi l'Auteur des additions sur Bornier décide que l'élargissement peut s'ordonner, sans sommation faite au créancier, dans ce cas-ci, comme dans le premier, et que toute la différence entre l'un et l'autre, est que dans le premier cas l'élargissement peut être ordonné par le seul Juge Commissaire, au lieu que dans le second cas il doit être ordonné par tout le Siege. Néanmoins cela me paroît souffrir difficulté ; car, à quoi bon auroit-il été ordonné que la requête seroit rapportée à la Cour, et l'élargissement prononcé par tout le Tribunal, s'il s'y prononçoit sans connoissance de cause ? Qu'est-il nécessaire d'assembler tout le Tribunal, s'il suffit, comme dans le premier cas, de voir le certificat du Geolier ?

Le prisonnier pourroit-il avant les quinze jours passés du mois, temps reglé par l'Edit de 1680, demander son élargissement, en satisfaisant aux sommations prescrites par l'ordonnance de 1670, qui avoit lieu avant cet Edit ? L'Auteur des additions sur Bornier pense qu'il le peut : sa raison est que l'Edit a été fait en faveur du prisonnier débiteur, pour le dispenser de satisfaire aux formalités des sommations, et d'appeler les créanciers d'où il conclut qu'il n'est pas nécessaire d'attendre passer les quinze jours l'Edit de 1680 ayant voulu que le seul laps des premiers quinze jours du mois constituât le créancier également en demeure, comme l'auroient constitué les sommations prescrites par l'Ordonnance de 1670 ; mais lorsque le débiteur y satisfait, le créancier ne peut pas, pour se prolonger un terme, se servir de l'Edit de 1680, qui n'a point été fait en sa faveur : cette décision me paroît assez juste.

Il arrive quelquefois que le débiteur emprisonné déclare qu'il n'entend point recevoir d'aliments du créancier qui l'a fait emprisonner, auquel cas il est évident que le créancier n'est point obligé de lui en fournir, et même, en ce cas, ceux que le créancier auroit consignés lui doivent être rendus. *Déclaration de* 1680, *art.* 9.

Mais, comme il arrivoit quelquefois que des Sergents inséroient faussement dans leurs procès-verbaux d'emprisonnement que le débiteur emprisonné, qui ne sçavoit pas signer, avoit fait cette déclaration, la Cour, pour prévenir cet abus, a fait défenses aux Huissiers, à peine d'interdiction pendant six mois, d'emprisonner, ou de recommander aucun prisonnier pour dettes, sans consigner, nonobstant le prétendu refus que le prisonnier pourroit faire de recevoir des aliments de son créancier, à moins que l'acte de refus ne fût passé devant Notaire. *Règlement de la Cour du* 1er. *Juillet* 1681, *rapporté dans le Recueil Chronologique de M. Jousse, Tom.* 1er. *pag.* 492.

Quoique le débiteur ait refusé de recevoir des aliments de son créancier, il peut changer de volonté par une simple sommation qu'il fera au créancier, au domicile élu par l'écrou, de lui donner des aliments, de laquelle il doit être fait mention sur le registre des écrous, et en cas de refus, ou demeure du créancier, il pourra obtenir son élargissement. *Déclaration de* 1680, *art.* 9.

L'âge de soixante-dix ans accomplis, depuis l'emprisonnement, est une cause pour obtenir l'élargissement, suivant que nous l'avons déjà vu ci-dessus.

Le Bénéfice de cession est encore une cause pour laquelle le débiteur emprisonné peut obtenir son élargissement ; nous allons en traiter dans un Chapitre particulier.

CHAPITRE II.
Du Bénéfice de Cession.

§. I. — *Ce que c'est, et son origine.*

Le Bénéfice de cession est la remise que la Loi fait de la contrainte par corps, à un débiteur, en faisant cession et abandon de tous ses biens à ses créanciers.

L'origine du Bénéfice de cession vient des Loix Romaines ; on en trouve l'origine dans la Loi *Julia*, portée par Jules César, ou par Auguste, car il n'est pas certain lequel de ces deux Empereurs avoit ordonné que les Citoyens Romains, qui feroient abandon en Justice de leurs biens, ne pourroient être emprisonnés pour leurs dettes. Cette Loi fut par la suite étendue aux provinciaux. *Voyez le tit. de Cessione bonorum*, ff.

§. II. — *Quelles personnes peuvent jouir du Bénéfice de Cession.*

Il n'y a que les François naturels, ou naturalisés, qui soient admis au

Bénéfice de cession. Les étrangers non naturalisés n'y sont pas reçus. *Ordonnance de 1673, tit. 10. art. 2.*

Les François qui ont perdu la vie civile par une condamnation à peine capitale, ne doivent pas y être reçus; car, en perdant la vie civile, ils ont perdu tous les droits de citoyen François; *finge* : un homme a été condamné aux galeres perpétuelles, par coutumace; il n'a pu être arrêté pendant trente ans, depuis l'exécution de la Sentence par effigie; on ne peut pas, après ce temps, l'arrêter et le mettre à la chaîne, mais il n'en a pas moins perdu la vie civile, que le laps de temps ne peut lui rendre; c'est pourquoi, s'il contracte des dettes, il ne sera plus reçu au bénéfice de cession.

§. III. — *Pour quelles dettes n'a pas lieu le Bénéfice de Cession.*

1°. Le bénéfice de cession n'a pas lieu pour dettes qui procedent de crime, dol, ou fraude, *V. G.* si quelqu'un a été condamné, quoiqu'en matiere civile, à une restitution de deniers, pour cause de *stellionat*, ou de détournements; la raison est que le bénéfice de cession, qui a été inventé pour subvenir aux débiteurs misérables, ne doit pas servir à procurer l'impunité aux fripons.

Delà il suit que tous dépositaires et administrateurs ne doivent point être reçus au bénéfice de cession pour la restitution des deniers et autres choses qui leur ont été confiés, ou qu'ils ont reçus pour autrui; car c'est un dol de leur part de s'en être servi, et de s'être mis par-là hors d'état de les rendre. C'est pourquoi, par le Droit Romain, la condamnation *in judicio tutelæ, mandati, depositi et societatis*, emportoit infamie.

C'est sur ce fondement que, suivant notre Coutume d'Orléans, art. 429, les courtiers et proxenetes sont exclus du bénéfice de cession.

C'est encore sur ce fondement qu'on trouve des Arrêts qui ont jugé qu'un tuteur n'étoit pas reçu au bénéfice de cession, et je pense que cela ne doit avoir lieu, que lorsque le tuteur est débiteur pour le reliquat des sommes qu'il a reçues, et qu'il en devroit être autrement, si la cause de la dette du tuteur ne procédoit que de sa négligence dans sa gestion, qui le rendît responsable des pertes souffertes par le mineur.

C'est aussi une espece de dol, de la part d'un fermier, de détourner les fruits et autres effets qui servent de gage pour les fermes et moissons qui sont dues au propriétaire de la métairie; et je pense que les Arrêts rapportés par Louet et Brodeau, *lettre C, N°. 57*, qui ont jugé qu'un fermier n'étoit pas recevable au bénéfice de cession, doivent être présumés rendus dans cette espece, et ne doivent être suivis que dans ce cas.

A plus forte raison, je pense qu'on ne doit pas suivre un Arrêt rapporté *dicto loco*, qui a exclu du bénéfice de cession la caution du fermier.

Si le débiteur est privé du bénéfice de cession, en matiere civile, toutes les fois qu'il y a du dol, à plus forte raison ce bénéfice ne doit pas avoir lieu en matiere criminelle pour réparation civile.

Mais le bénéfice de cession peut avoir lieu pour les dépens auxquels quelqu'un a été condamné, quoiqu'en matiere criminelle, lorsque cette condamnation de dépens est, par le Jugement, distinguée de la condamnation et de la réparation civile ; car, en ce cas, c'est là dette de la réparation civile qui procede du crime, la dette des dépens procede plutôt du procès, et elle ne procede qu'indirectement du crime : c'est ce qui a été jugé par Arrêt du 14 Juillet 1661, rapporté au *tom. 2 du Journal des Audiences*, conformément à plusieurs autres précédemment rendus, qui y sont cités.

Si ces dépens étoient adjugés pour tenir lieu des dommages et intérêts, en ce cas, le bénéfice de cession n'auroit pas lieu : c'est la distinction que fit M. Talon, sur les conclusions duquel fut rendu l'Arrêt de 1661.

2°. Le bénéfice de cession n'a pas lieu pour les sommes qui font le prix de marchandises achetées en marché public, comme bestial, vin, bled et autres grains. *Coutume d'Orléans*, *art.* 428.

Il est dit en ce même article, que les acheteurs de poisson d'eau douce et salée n'y sont pas admis non plus ; ce qui doit pareillement s'entendre, lorsqu'il est acheté en lieu public, comme sur les ports et chaussées de l'étang.

La Coutume d'Orléans, *art.* 439, décide la même chose à l'égard de tous acheteurs de biens meubles ou immeubles vendus à l'encan. La raison de ce droit est tirée de la foi publique, des marchés publics et de l'encan ; et on peut dire que ces ventes se faisant à la charge de payer comptant, c'est, de la part de l'acheteur, violer la foi publique, et commettre une espece de dol, que d'acheter sans avoir son argent prêt.

Comme cette raison cesse, lorsque le vendeur veut bien faire crédit à l'acheteur, il a été jugé par Arrêt de 1656, confirmatif d'une Sentence du Bailliage d'Orléans, qu'un acheteur de bled acheté au marché public, étoit recevable au bénéfice de cession envers le vendeur, parce qu'il en avoit passé obligation.

3°. Le bénéfice de cession n'a pas lieu pour les dettes de deniers Royaux. L'Ordonnance des Fermes du mois de Juillet 1681, au *titre commun des Fermes*, *art.* 13, le décide en ces termes : *Ne seront reçus au bénéfice de cession ceux de nos sujets qui sont contraignables par corps au payement de nos droits.*

Cette décision ne doit pas être étendue aux dettes pour deniers publics. Brodeau, *Let. E*, *somm.* 14, *N°.* 14, rapporte un Arrêt du 15 Décembre 1620, donné en la Chambre de l'Edit du Parlement de Grenoble, qui a admis au bénéfice de cession un Receveur des deniers communs de la ville de Montelimard.

Je pense néanmoins que cet Arrêt ne doit être suivi que dans le cas où un Receveur seroit débiteur de deniers qu'il auroit obmis par sa négligence de faire payer, et dont on l'auroit rendu responsable ; mais il ne doit point y être admis pour la restitution des deniers qu'il a reçus ; car c'est un dol de sa part de ne les avoir pas conservés, comme nous l'avons remarqué à l'égard des tuteurs.

§. IV. — *Quand peut-on obtenir le Bénéfice de Cession, et que doit-on faire pour cela ?*

Le bénéfice de cession peut être obtenu par le débiteur, soit avant, soi depuis qu'il a été constitué prisonnier par ses créanciers.

Le débiteur, pour cet effet, doit déposer au Greffe de la Jurisdiction du lieu où il demeure un état, signé de lui, de tous ses biens meubles e immeubles, qu'il certifie sincere et véritable, avec déclaration qu'il en fai cession et abandon à tous ses créanciers.

Il donne sa Requête au Juge, par laquelle il demande à être admis a bénéfice de cession, et à ce qu'il ait en conséquence main-levée de sa per sonne, s'il est déjà constitué prisonnier ; ou, à ce qu'il soit fait défense d'attenter à sa personne, s'il ne l'est pas encore.

Il donne assignation aux créanciers aux fins de cette Requête.

La Cause est portée à l'Audience sur un avenir, et il doit comparoir e personne à l'Audience, pour y affirmer que l'état qu'il a donné compren tous ses biens.

Les Ordonnances défendent qu'il soit admis à demander cette cessio par Procureur ; il faut absolument qu'il se présente à l'Audience en per sonne ; et, s'il est prisonnier, le Juge l'y fait amener. *Ordonnance d Commerce de* 1673, *tit.* 10, *art.* 1. *Ordonnance d'Abbeville pour le Dau phiné, art.* 260.

Si les créanciers n'allèguent aucuns moyens suffisants pour le fair débouter de sa Requête, le Juge, après avoir pris le serment du débiteur que l'état qu'il a donné de ses biens est véritable, l'admet au bénéfice d cession.

L'Ordonnance de 1673, au *Titre des Cessions*, veut qu'outre cela celui qui a été admis à faire cession, s'il est Marchand en gros ou en dé tail, ou Banquier, soit tenu de comparoir en personne à l'Audience d Consulat ; ou, s'il n'y a point de Consulat établi dans la Ville, en l'as semblée de la Ville, et qu'il y déclare son nom, surnom, qualité et de meure, et qu'il a été admis à faire cession, et que cette déclaration soit lu et publiée par un Greffier, et insérée dans un Tableau.

§. V. — *De la condition de porter le Bonnet verd, que le Juge a coutum d'imposer à celui qu'il admet au Bénéfice de Cession.*

Il est d'usage que les Juges, en admettant quelqu'un au bénéfice d cession, lui imposent, pour condition de la décharge de la contrain par corps qu'ils lui accordent, la charge de porter dans le public u *Bonnet verd,* qui lui sera fourni par ses créanciers, et à leurs dépens sous peine de déchoir du bénéfice, et de pouvoir être arrêté, s'il ne l portoit pas.

J'ai toujours vu prononcer ici cette condition de porter le bonnet verd mais je n'ai jamais vu que des créanciers ayent fait usage de ces Sentences et ayent fourni à leur débiteur un bonnet verd pour le porter. On préten

qu'à Bordeaux les créanciers ne manquent pas de faire porter le bonnet
verd à leur débiteur.

La raison pour laquelle on fait porter le bonnet verd au débiteur qui a
fait cession, ne me paroît pas celle qu'on a coutume d'apporter ; sçavoir,
qu'il soit connu, et qu'il ne puisse pas tromper ceux qui contracteroient
avec lui ; car si l'obligation de porter le bonnet verd étoit fondée sur cette
raison, il ne devroit pas être au pouvoir des créanciers de les y obliger,
ou de les en décharger. Il n'y a point d'autre raison, sinon qu'on a voulu
obliger les citoyens, par la crainte de cette ignominie, à gouverner sage-
ment leurs affaires, et à ne point s'exposer à être dans le cas de faire
cession.

Delà il suit que s'il paroissoit qu'un débiteur fût tombé dans l'indigence,
et réduit à faire cession par des accidents qu'aucune prévoyance humaine
n'eût pu éviter, il seroit, en ce cas, de l'équité du Juge de ne le pas
assujettir à cet affront.

Au reste, la qualité de la personne qui fait cession, n'est pas une raison
suffisante pour dispenser de subir cette confusion. Brodeau sur Louet,
lettre G, *N*°. 56, rapporte deux Arrêts ; l'un du 4 Mai 1609, qui a condamné un Gentilhomme âgé de plus de soixante-dix ans à porter le bonnet
verd, et le second du 10 Mai 1622, qui a infirmé une Sentence du Juge de
Châtillon-sur-Marne, qui avoit dispensé le cessionnaire de porter le bonnet
verd, en conséquence de sa qualité de Gentilhomme.

§. VI. — *De l'effet de la Cession de Biens.*

La cession de biens que le débiteur fait en Justice, ne donne aux
créanciers que le droit de les vendre, pour se payer de leurs créances sur
le prix.

La propriété demeure vers le débiteur qui a fait cession, jusqu'à ce
qu'elle passe à ceux qui les acheteront des créanciers ; il n'est dépouillé
que de la jouissance des biens qui sont régis par un Syndic, ou autre
personne préposée par les créanciers.

Delà il suit que, tant que les créanciers n'ont pas encore vendu les
biens, le débiteur peut, en payant, y rentrer. *L.* 3 et 5, ff. *de cess. bon.*
L. 2 et 4, *cod. qui bon. ced.*

La cession n'a d'autre effet que de décharger le débiteur de la contrainte
par corps : elle ne le libere point de ses dettes envers ses créanciers, si
ce n'est jusqu'à concurrence seulement de ce qu'ils ont touché de ses
biens, lorsqu'ils l'ont touché après la vente qu'ils en ont faite. *L.* 1, *cod.*
dicto tit.

C'est pourquoi les créanciers, nonobstant la cession de biens, peuvent
encore contraindre leur débiteur sur les biens qu'il pourroit acquérir par
la suite. *L.* 4, ff. *de cessione bonorum.*

Mais, en ce cas, ces contraintes ne doivent pas être exercées à la rigueur, et on doit laisser au débiteur, sur ses biens acquis depuis la cession,
ce qui lui est nécessaire pour vivre. C'est la disposition des Loix 6 et 7, ff.
eod. tit.

La cession de biens n'emporte aucune infamie de droit; mais elle emporte une espece d'infamie de fait.

C'est pour cet effet que l'Ordonnance de 1673, *tit.* 9 , *art.* 5 , veut que ceux qui ont obtenu des Lettres de répit (à plus forte raison ceux qui ont fait cession), ne puissent être élus Maires, Echevins, ni Juges-Consuls , ni parvenir à d'autres fonctions publiques, et même qu'ils en soient exclus, s'ils étoient en charge. Elle veut aussi qu'ils soient interdits de toute voix active et passive dans les assemblées des Marchands.

On trouve aussi des Arrêts qui ont défendu, en pareil cas , à des Officiers de Judicature d'exercer leurs fonctions , et les ont obligés à se défaire de leurs Charges, en donnant leur procuration *ad resignandum*.

Lorsque celui qui a fait cession a acquitté par la suite toutes ses dettes , tant en principaux qu'intérêts, il purge cette espece d'infamie, et il peu être promu aux Charges publiques.

CHAPITRE III.

Des délais qu'on accorde quelquefois aux débiteurs pour le payement de leurs dettes ; autrement , des Répits.

LE mot *Répit* , que quelques Auteurs font dériver du mot latin *respirare,* signifie la même chose que *délai.* L'Ordonnance du mois d'Août 1669 , *tit.* 6, l'emploie pour le terme, ou délai qui est accordé à des débiteurs qui , se trouvant hors d'état de satisfaire leurs créanciers, n'ont besoin que d'un certain temps pour s'acquitter.

Les débiteurs qui veulent obtenir ce délai , doivent demander en Grande Chancellerie des Lettres, qu'on appelle *Lettres de répit.* Elles s'accordoient autrefois par les Juges, et il étoit même défendu par l'*art.* 61 *de l'Ordonnance d'Orléans,* d'en expédier en Chancellerie : mais l'Ordonnance de 1669 , *art.* 1 et 2 du *tit.* 6, a dérogé à cet usage , et avec raison, puisque ces Lettres étant une grace qui blesse le droit d'autrui , elles ne peuvent émaner que de la puissance souveraine. C'est pourquoi , suivant l'*art.* 1 du *tit.* 6 de cette Ordonnance, les Juges, même les Cours, ne peuvent plus donner aucun terme, atermoiement, répit, ni délai de payer, qu'en conséquence de ces Lettres , prises en Chancellerie, à peine de nullité de leurs Jugements, d'interdiction contre les Juges, de dépens , dommages et intérêts des Parties en leur nom, de 100 livres d'amende contre la Partie, et de pareille somme contre le Procureur qui aura présenté la Requête.

Ces termes de l'Ordonnance sont trop précis , pour qu'on puisse s'adresser au Parlement pour avoir des défenses générales, et équipollentes à des Lettres de répit. Cependant Savary, *part.* 2, *liv.* 4, *chap.* 1, prétend qu'on peut, ou obtenir des Lettres de répit du Roi , ou demander au Parlement des défenses générales ; et ce sentiment de Savary paroîtroit même fondé sur l'*art.* 1 *du tit.* 9 *de l'Ordonnance* de 1673 ; mais ces défenses générales ne peuvent être accordées par les Juges, que lorsqu'il s'agit d'homologuer un contrat d'atermoiement passé entre le débiteur et la plus grande partie de ses créanciers, ou pendant le cours de l'instance, à fin d'entérinement des Lettres de répit. Dans ces deux cas, les Juges peuvent faire défenses d'attenter à la personne ou aux biens du débiteur.

Au reste, les Juges peuvent, en ordonnant le payement de quelque somme, donner surséance à l'exécution de la condamnation, qui ne peut néanmoins être que de trois mois au plus, sans qu'elle puisse être renouvellée. *Ordonnance de* 1669, *tit.* 6, *art.* 1, *in fine.*

Ces Lettres ne s'accordent que pour cinq ans, et c'est ce qui les faisoit appeler autrefois *quinquenelle ;* terme dont se sert encore la Coutume de Bourbonnois, *art.* 68.

§. I. — *Pour quelles personnes et pour quelles dettes on ne peut obtenir des Lettres de Répit.*

Les étrangers ne peuvent obtenir des Lettres de répit, parce qu'elles contiennent une faveur accordée aux citoyens ; ceux-ci même en sont exclus dans quelque cas, où les Loix les en réputent indignes.

Ainsi, on n'accorde pas de Lettres de répit : 1°. pour pensions, aliments, médicaments, loyers de maison et *moisson* de grains. *Ordonn. de* 1669, *tit.* 6, *art.* 11.

Ce mot *moisson* s'entend ici du payement qu'un fermier doit faire du prix de sa ferme en bled ou autres grains : c'est ce qu'on appelle *moissons* dans plusieurs provinces.

L'Ordonnance ne parle point des fermages ; mais il y a même raison de décider que pour les moissons ; aussi notre Coutume d'Orléans, *art.* 424, comprend-elle expressément *les fermes tenues, et l'exploitation d'héritages, fruits et revenus d'iceux* parmi les choses pour lesquelles le répit n'a pas lieu. La Coutume de Bourbonnois a une semblable disposition, *art.* 68 ; et Lange, en son Praticien François, *liv.* 3, *chap.* 19, dit que l'usage est de ne point recevoir au répit les fermiers, soit que leur fermage soit dû en grain, ou en argent, comme tenant lieu d'aliment au propriétaire.

2° On n'accorde point pareillement de Lettres de répit pour gages de domestiques, journées d'artisans ou mercenaires, reliquats de compte de tutelle. *Ordonn. de* 1669, *ibid.* et notre Coutume d'Orléans, dans le même *art.* 424, ajoute pour *reliquat de l'administration et gouvernement que les débiteurs ont eu des biens de l'Eglise, chose publique, prodigues et insensés.*

3°. Le bénéfice de répit n'a lieu, ni pour dépôts nécessaires ou volontaires; *Déclaration du* 23 *Décembre* 1699, *art.* 10 ; ni pour maniement de deniers publics et lettres-de-change, qui participent de la nature du dépôt, ainsi qu'il a été jugé par *Arrêt du* 4 *Mars* 1672, *rapporté au Journal du Palais, tom.* 1.

4°. L'Ordonnance de 1669 défend encore d'accorder des Lettres de répit pour marchandises prises sur l'étape, foires, marchés, halles et por public; pour poisson de mer frais, sec et salé; et notre Coutume d'Or léans, *art.* 428, décide la même chose pour le poisson d'eau douce, c qui doit s'entendre, lorsqu'il est vendu sur la chaussée de l'étang dans l temps de la pêche, ou en autre lieu public.

5°. La même ordonnance refuse le bénéfice de répit à l'égard des cau tions judiciaires, des frais funéraires, des arrérages de rentes foncieres e redevance de baux emphytéotiques; ce qui doit s'étendre *à fortiori* au cens et droits de fief.

6°. La Déclaration de 1699, *art.* 23, ajoute les cas du stellionat, de réparations et dommages et intérêts en matiere criminelle; et ces dernier mots sont compris dans ceux que notre Coutume emploie, *art.* 424, e disant pour les dettes qui procèdent *de crimes et délits*, ce qui ne do pas s'étendre aux dépens.

7°. Les co-obligés, cautions et certificateurs ne peuvent jouir du béné fice des Lettres de répit accordées au principal débiteur, à moins qu'il n'y soient compris nommément. *Ordonn. de* 1669, *art.* 10 *du tit.* 6 mais s'ils sont poursuivis, ils ont leur recours contre le principal obligé nonobstant ses lettres de répit, par les mêmes voies qu'on exerce contr eux. *Déclaration du* 23 *Décembre* 1699, *art.* 10. *Voyez* les Regles d Droit François, par Pocquet de Livonniere, *liv.* 5, *chap.* 6, *N*°. 12.

Notre Coutume, *art.* 429 et 439, exclut du bénéfice de répit les proxenetes, courtiers et autres qui s'entremettent de faire vendre ou acheter des bleds, vins, chevaux ou autres marchandises, et ceux qu achetent des biens vendus à l'encan, *la solennité de Justice gardée.*

La Coutume de Paris, *art.* 111, ajoute deux autres cas : sçavoir, celu où il s'agit de dettes contractées par des mineurs, avec eux, ou avec leur tuteurs durant leur minorité, et celui où il s'agit de dettes adjugées pa Sentence définitive et contradictoire : mais, comme l'Ordonnance de 166 ni la Déclaration de 1699 ne font aucune mention de ces deux cas, l disposition de la Coutume de Paris ne peut être étendue aux autres Cou tumes.

D'ailleurs, quelques auteurs observent, sur le premier cas, que l'ar ticle 111 n'est pas indistinctement observé à Paris, et que, dans l'usage on le restreint au seul cas où il s'agit de dettes contractées des deniers de mineurs, et non quand ces dettes proviennent des deniers de ceux auxquel ils ont succédé.

A l'égard du second cas, Ferriere prétend, dans son introduction à l Pratique, que cela ne s'observe que pour des dettes privilégiées, *V. G* pour des réparations pour crimes, le Jugement fût-il rendu en matier civile; car autrement, dit-il, les Lettres de répit n'auroient jamais lieu puisqu'il est impossible qu'un homme, qui a mal fait ses affaires, n'a été poursuivi par quelques-uns de ses créanciers, qui aient obtenu de Jugements contre lui. Mais on peut facilement opposer Ferriere à lui même; car, dans son Commentaire sur la Coutume, il dit, sans aucun distinction, que le répit ne peut avoir lieu contre une dette adjugée pa

Sentence définitive et contradictoire, et ce, à cause de l'autorité des Jugements, et parce que celui qui a contesté sa dette, est indigne du bénéfice du Prince.

Les Lettres de répit ne peuvent encore être admises en faveur des comptables des deniers royaux, par la raison que le roi n'accorde jamais de privilége contre lui-même; ni dans les affaires où les Hôpitaux de Paris ont intérêt. *Déclaration du 23 Mars* 1680, *confirmée par celle de* 1702, *art.* 25 : et Denizart, *verbo* répit, N°. 7, assure qu'il a été jugé par un Arrêt du Conseil, du 17 Octobre 1684, que des héritiers bénéficiaires n'étoient pas recevables à se servir de Lettres de répit contre les créanciers de la succession.

Ceux qui ont obtenu des Lettres de répit ne peuvent pas en obtenir de secondes, si ce n'est *pour causes nouvelles et considérables, dont il y ait commencement de preuves.* Ordonn. de 1669, *tit.* 6, *art.* 13. Ce seroit en effet favoriser l'abus des Lettres du Prince, et faire perdre indirectement aux créanciers ce qui leur est légitimement dû, si l'on accordoit de pareilles Lettres à l'infini, et sans connoissance de cause. Aussi le même article porte ces termes : *Sans que pour quelque cause et prétexte que ce soit, il en puisse être accordé d'autres.*

§. II. — *Dans quels cas les Lettres de répit doivent-elles être accordées, et que faut-il faire pour les obtenir?*

Les Lettres de répit ne peuvent être accordées que *pour des considérations importantes. Ordonn. de* 1669, *tit.* 6, *art.* 2. *V. G.* Si le débiteur qui les demande a éprouvé des pertes considérables, soit par la faillite de ceux qui lui devoient, soit par un incendie ou autres cas fortuits, comme guerres, naufrages, etc., qui aient tellement altéré sa fortune, qu'il soit dans l'impuissance de payer ses dettes, quant à présent.

M. Jousse, en sa note 2ᵉ. sur cet article, observe que ces Lettres ne s'accordent aujourd'hui que très-difficilement; et Lacombe, en son Recueil de Jurisprudence Civile, *verbo* Lettres de répit, dit qu'on n'en obtient plus. Il prétend même que M. le Chancelier a défendu aux Secrétaires du Roi d'en présenter au Sceau.

Ceux qui veulent obtenir ces Lettres doivent rapporter des commencements de preuves, par actes authentiques, des causes qui les leur font solliciter : on les explique dans les Lettres, et on les attache sous le contre-scel. *Ordonnance de* 1669, *ibid.* Ils doivent, en outre, joindre aux Lettres un état certifié de leurs biens, meubles et immeubles, et de leurs dettes ; ils sont tenus de remettre cet état au Greffe avec leurs Lettres et Registres, s'ils sont Négociants, Marchands ou Banquiers, et d'attacher le certificat sous le contre-scel des Lettres de répit. *Ordonnance de* 1673, *art.* 1ᵉʳ. *du tit.* 9.

La Déclaration du 23 Décembre 1699, *art.* 8, veut que ceux qui auront obtenu des Lettres de répit, remettent, s'ils en sont requis par leurs créanciers, au lieu et ès-mains de celui dont ils conviendront, ou qui sera

nommé par le Juge auquel les Lettres auront été adressées, des titres
pieces justificatives des effets mentionnés dans l'état qu'ils auront certi.
véritable, pour y demeurer jusqu'à la vente ou recouvrement des dits effe

§. III. — *De la forme des Lettres de répit.*

L'adresse des Lettres de répit se fait au plus prochain Juge Royal
domicile de l'Impétrant, si ce n'est qu'il y eût instance pardevant
autre Juge avec la plus grande partie des créanciers hypothécaires, auqu
cas l'adresse lui doit être faite, et aucune des Parties ne peut deman
l'évocation ni le renvoi en vertu de son privilege. *Ordonnance* de 166
ibid. art. 3.

Les Juges-Consuls sont incompétents pour cet entérinement ; m
l'usage de presque toutes les Jurisdictions Consulaires est d'accorder sa
Lettres une surséance plus longue que celle permise par l'Ordonnanc
V. G. de six mois ou d'un an, en plusieurs paiements, soit par moiti
soit par tiers ou par quart, en donnant, par la Partie condamnée, bon
et suffisante caution, et même quelquefois un Certificateur.

Ces Lettres, qui ne peuvent être expédiées qu'au grand Sceau, suiva
l'*art.* 2 de la même Ordonnance, doivent porter un mandement au Juge
qui elles sont adressées, qu'en procédant à l'entérinement, les créancie
appellés, il donne à celui qui les a obtenues tel délai qu'il jugera raiso
nable pour payer ses dettes. Ce délai néanmoins ne peut être plus lon
temps que de cinq années, si ce n'est du consentement des deux tiers d
créanciers hypothécaires. *Ibid. art.* 4.

Les Lettres portent un délai de six mois, pour en poursuivre l'entérin
ment, et il est défendu pendant ce temps à tous Huissiers et Sergents d'
tenter à la personne du débiteur, et de saisir les meubles qui servent à s
usage, à peine de 100 liv. d'amende, et de dommages et intérêts enve
les Parties. *Ibid.*

Le délai de six mois fixé par l'Ordonnance court du jour de la signi
cation des Lettres de répit, pourvu que cette signification contienne
même temps l'assignation devant le Juge auquel elles sont adressées,
l'effet de procéder à l'entérinement. *Ibid. art.* 5.

§. IV. — *Que doit-on faire après avoir obtenu les Lettres de répit?*

L'impétrant doit, aussitôt après le sceau et l'expédition de ses lettre
remettre aux Greffes, tant du Juge auquel l'adresse en est faite, que de
Jurisdiction Consulaire la plus prochaine, un double, certifié de lui,
ses effets et dettes, et en retirer des certificats des Greffiers. *Déclaration*
1699, *art.* 2.

Si cet état se trouvoit frauduleux, c'est-à-dire, s'il ne contenoit pas g
néralement tous les effets appartenants au débiteur, ou qu'il y supposât
fausses créances, il seroit déchu du bénéfice des Lettres de répit, mêm
après un entérinement contradictoire, sans pouvoir en obtenir de nou
velles, ni même être admis au bénéfice de cession. *Ordonnance* de 167

art. 12 ; il faut dire la même chose de l'état annexé aux Lettres dont nous avons parlé ci-dessus, §. 2.

Les Lettres de répit doivent être signifiées, dans la huitaine, aux créanciers et autres intéressés qui sont sur les lieux ; par exemple, si le débiteur qui obtient ces Lettres demeure à Paris, il n'a que huitaine pour signifier ses Lettres à ses créanciers demeurants à Paris. Ordonn. de 1673, *art.* 3, *du tit.* 9 ; et la Déclaration de 1699, *art.* 4, interprétant la disposition de l'Ordonnance du Commerce à cet égard, porte que si les impétrants, ou leurs créanciers, ont leur domicile ailleurs, le délai sera prorogé, tant pour les uns que pour les autres, d'un jour par cinq lieues de distance, sans distinction du ressort des Parlements ; mais dans tous les cas les Lettres de répit n'ont d'effet qu'à l'égard des créanciers auxquels la signification en a été faite.

C'est une question de sçavoir si on peut signifier les Lettres de répit après les délais fixés par les Ordonnances ; M. Jousse, en ses Notes sur l'Ordonnance de 1669, *ibid. art.* 5, et sur celle de 1673, *art.* 3, prétend qu'on le peut, mais qu'elles n'ont d'effet que du jour de leur signification. Cette peine paroîtroit illusoire, puisqu'étant signifiées hors les délais, elles auroient autant d'effet que si elles avoient été signifiées dans les délais. Savary, *Part.* 2. *Liv.* 4. *Chap.* 1. prétend au contraire que l'impétrant est déchu du bénéfice de ces Lettres, parce que l'Ordonnance n'a pas pu avoir d'autre intention en limitant un délai. Il remarque deux inconvénients qui pourroient arriver, s'il étoit au pouvoir des débiteurs de faire signifier ces Lettres quand bon leur sembleroit ; le premier est qu'il pourroit arriver de grandes contestations entre les débiteurs et les créanciers, pour raison de l'inexécution de l'Ordonnance ; car, les débiteurs n'étant pas pressés par leur créanciers au paiement de leur dû, ils pourroient *faire leur main*, ensuite s'enfuir et emporter leur bien. Le second inconvénient est que, si un Négociant qui auroit obtenu des Lettres de répit, ne les faisoit signifier, par exemple, que trois mois après les avoir obtenues, il pourroit acheter des marchandises d'autres Négociants, pendant ce temps, et après les avoir achetées, leur faire signifier ses Lettres ; car, encore qu'elles ne pussent avoir lieu pour les marchandises qui auroient été achetées depuis l'obtention de ces Lettres, néanmoins c'est toujours un procès qu'il faut que le Négociant essuie, pour des marchandises qu'il a vendues sur la bonne foi de son débiteur ; et encore bien que l'Ordonnance ne dise pas que les impétrants seront déchus après le délai, on doit croire que cette peine y est sous-entendue, parce qu'elle n'a été faite que pour empêcher les abus.

L'impétrant doit non-seulement signifier ses Lettres de répit à chacun de ses créanciers, mais il doit encore leur donner copie de l'état de ses effets et dettes, ensemble des certificats, à peine d'être déchu de l'effet de ses Lettres, à l'égard de ceux auxquels il n'auroit pas fait donner copie de toutes ces pieces. *Déclaration de* 1699, *art.* 2.

Si l'impétrant étoit Marchand, Négociant ou Banquier, il seroit tenu, outre les formalités dont nous venons de parler, de remettre ses livres et

registres au Greffe du Juge à qui les Lettres ont été adressées, d'en retire
un certificat du Greffier, et d'en faire donner copie à chacun de ses créan
ciers. *Ibid. art.* 3.

§. V. — *De l'effet de ces Lettres.*

Nous avons vu que ces Lettres portoient une surséance de six mois
pour procéder à leur entérinement, et, lorsqu'elles sont entérinées, leu
effet consiste : 1°. par rapport au débiteur, dans la surséance de quelque
années qui lui est accordée, pour qu'il puisse, soit en vendant ses effets
soit en faisant le recouvrement de ce qui lui est dû, satisfaire au paiemen
après le terme qui lui est accordé.

Telle est la faveur de ces Lettres, qu'on ne peut opposer au débiteu
qui les a obtenues, aucune fin de non-recevoir résultante de la renoncia
tion qu'il y auroit pu faire dans les actes et contrats par lui passés; l'Or
donnance de 1669, *ibid. art.* 12, déclare nulles de semblables renoncia
tions, comme contraires à l'humanité.

Mais si, avant la signification des Lettres de répit, le débiteur avoi
été constitué prisonnier pour dettes civiles, il ne seroit pas élargi en vert
de ces Lettres, à moins qu'il n'en fût ainsi ordonné par le Juge, après avoi
entendu les créanciers à la requête desquels ce débiteur auroit été arrêt
et recommandé. *Déclaration de* 1699, *art.* 12.

2°. L'effet de ces Lettres, par rapport aux créanciers est, que ceux aux
quels elles ont été signifiées, avec assignation pour les voir entériner, n
peuvent, dans le délai de six mois qui est accordé au débiteur pour en pou
suivre l'entérinement, ni encore moins après que ces Lettres ont ét
entérinées, attenter en aucune maniere à la personne de ce débiteur, r
aux meubles servant à son usage; mais ces Lettres, quoiqu'entérinées
n'empêchent pas les créanciers de pouvoir saisir et arrêter les autre
meubles, et même saisir réellement les immeubles, les mettre en criées
et faire procéder au bail judiciaire, sans néanmoins qu'ils puissent, avan
l'expiration du terme, faire procéder à la vente, si ce n'est des meuble
périssables, ou du consentement du débiteur et des créanciers. *Ordon
nance de* 1669, *ibid. art.* 6. *Déclaration de* 1699, *art.* 7.

Ceci reçoit exception dans le cas auquel les créanciers auroient com
mencé leurs exécutions, ou seroient poursuivant criées, avant la signi
fication des Lettres de répit, et qu'ils seroient sommés par des créancier
contre lesquels les Lettres de répit ne peuvent avoir lieu, *V. G.* u
Seigneur d'hôtel, de continuer leurs poursuites, ou de les y laisser su
broger, *Déclaration de* 1699, *art.* 11. Ce même article permet en outr
aux créanciers, avec lesquels l'entérinement des Lettres de répit a ét
prononcé, de former leur opposition à la vente poursuivie par d'autre
créanciers, contre lesquels ces Lettres n'ont pas lieu, de contester su
la distribution du prix, même de toucher les sommes qui leur seron
adjugées.

Au reste, les créanciers à qui les Lettres de répit ont été signifiées, e
qui ne veulent point user de voies rigoureuses, peuvent s'assembler entr

eux et nommer des Directeurs ou Syndics pour assister aux ventes que leur débiteur commun pourra faire à l'amiable de ses effets, et poursuivre conjointement avec lui le recouvrement des sommes qui lui sont dues. *Ibid. art.* 5.

Les actes de nomination des Directeurs, ou Syndics, ayant été signifiés à l'impétrant, et à ses débiteurs, il ne peut disposer de ses effets, et en recevoir le prix; ses débiteurs ne peuvent le payer qu'en présence des Directeurs, ou Syndics, ou eux duement appellés, à peine contre l'impétrant, d'être déchu de l'effet de ses Lettres, et contre les débiteurs, de nullité de leurs payements. *Ibid. art.* 6.

Quand même il n'y auroit pas eu de nomination de Directeurs, ou Syndics, celui qui a obtenu des Lettres de répit ne peut, de son chef, payer un créancier au préjudice des autres, à peine de décheoir du bénéfice de ses Lettres. *Ordonn. de* 1673, *art.* 4. *du tit.* 9.

L'homologation des contrats d'abandonnement des biens et effets du débiteur, qui sont passés en conséquence des Lettres de répit, doit être portée devant le Juge auquel ces Lettres ont été adressées, et les appellations des jugements rendus par ce Juge ressortissent, sans moyen, au Parlement. *Déclaration de* 1699, *art.* 13. *Ordonnance de* 1669. *Ibid. art.* 9.

3°. Les Lettres de répit ne peuvent avoir d'effet en faveur des tiers; c'est pourquoi l'Ordonnance de 1699, *art.* 10, du même titre, porte que les co-obligés, cautions, et les certificateurs, ne peuvent jouir du bénéfice de ces Lettres accordées au principal débiteur.

§. VI. — *De la tache qu'imprime à l'impétrant l'obtention de ces Lettres.*

Ceux qui ont obtenu des Lettres de répit ne peuvent être élus Maires et Echevins des Villes, Juges, ou Consuls des Marchands, ni avoir voix active et passive dans les Corps et Communautés, ni être Administrateurs des Hôpitaux, ni parvenir aux autres fonctions publiques, et s'ils étoient en charge au moment de l'obtention de ces Lettres, ils devroient en être exclus. *Ordonnance de* 1673, *tit.* 9. *art.* 5.

La disposition de cette Ordonnance ne regarde pas seulement les Négociants, Marchands et Banquiers, et elle doit s'étendre à tous ceux qui ont obtenu ces Lettres, de quelque profession qu'ils puissent être. *Voyez* la Déclaration de 1699, que nous avons déjà citée plusieurs fois, *art.* 9, et qu'on trouve rapportée en entier par Savary, *Part.* 2, *Liv.* 4, *Ch.* 1, *in fine.*

Celui qui auroit obtenu des Lettres de répit, mais qui les auroit gardées, sans vouloir s'en servir, encourroit-il la peine portée par l'Ordonnance, et seroit-il diffamé pour les avoir obtenues? La raison de douter est que l'Ordonnance dit, *ceux qui auront obtenu des Lettres de répit,* sans distinguer entre ceux qui les ont signifiées, et ceux qui ne les ont pas signifiées; mais Savary, dans le Chapitre qu'on vient de citer, décide que l'espece d'infamie ne doit avoir lieu que contre ceux qui en ont fait usage, en les faisant signifier à leurs créanciers, pour jouir du

délai qui leur a été accordé par ces Lettres. Une des raisons qu'il donn
de son sentiment est, qu'il en doit être de même que d'un Edit, ou d'un
Déclaration du Prince, qui seroit signée de lui et scellée du grand Scea
de ses armes, qu'il garderoit dans son cabinet sans les faire promulguer
le Prince, continue-t-il, ne pourroit en ce cas imputer à ses sujets
contravention à la Loi; ainsi les Lettres de répit qui n'ont point été si
gnifiées, ne peuvent produire aucun effet dans le public contre celui qu
les a obtenues.

Au reste, la tache qu'impriment les Lettres de répit n'est pas perpé
tuelle; car un débiteur qui a payé ses créanciers, tant en principal qu'in
térêts légitimement dus, peut, en rapportant la preuve de ce payement
obtenir du Roi des Lettres de réhabilitation.

Ces Lettres, pour produire leur effet, doivent être adressées à un Jug
Royal, pour être par lui entérinées, sur les conclusions du ministere pu
blic. L'impétrant peut demander à ce Juge la permission de les faire publie
et afficher, et cette publication paroît d'autant plus nécessaire, que l'es
pece de diffamation attachée au bénéfice de répit ayant été publique, l
réhabilitation ne peut devenir trop publique.

L'effet de ces Lettres qui s'obtiennent en Grande Chancellerie, est d
rendre à ceux qui les ont obtenues, tous les droits de citoyens, et de le
rendre capables des fonctions et charges publiques.

CHAPITRE IV.

Des Moyens de nullité, et des Lettres de Rescision.

Lorsqu'une Partie rapporte quelqu'acte, soit sous signature privée
soit pardevant Notaires, pour le fondement de sa demande, ou de se
défenses, l'autre partie peut, en convenant de la vérité de cet acte, l'at
taquer, ou par des moyens de nullité, si elle en a à opposer, ou par de
Lettres de rescision. Nous allons parler de ces deux voies dans les deu
articles suivants.

Article premier.

Des Moyens de nullité.

Il y a des actes qui sont nuls de plein droit, sans qu'il soit besoin d
Lettres de rescision pour les annuller, suivant cette maxime, *quod nullum
est ipso jure, rescindi non potest. Chassan. Burg. rubr. fol.* 232, N°. 14
mais il faut que cette nullité soit prononcée par quelque Coutume ou quel
que Ordonnance. *Argou, Liv.* 4, *chap.* 14.

Il suffit, en ce cas, à une partie de proposer, soit par écrit, soit en
plaidant, les moyens de nullité qu'elle a à proposer contre l'acte sur le
quel la partie adverse a établi sa demande, ou ses défenses, et ces moyens

de nullité peuvent être proposés jusqu'à la Sentence définitive, et même sur l'appel.

Ces moyens de nullité contre un acte se tirent, 1°. de la forme, si l'acte est de nature à être astreint à de certaines formalités, dont dépend sa validité; par exemple, on peut opposer pour moyens de nullité, contre un acte de donation, qu'il n'est pas passé devant Notaires, ou qu'il n'y a pas eu de minutes, qu'il ne contient point une mention expresse de l'acceptation, qu'il n'a point été insinué. *Ordonnance du mois de Février* 1731, *art.* 1, 6, 7, 19 *et* 20.

On peut pareillement opposer de la part de l'Eglise, contre un acte d'aliénation des biens de l'Eglise, qu'on n'a point observé quelqu'une des formalités prescrites pour ces sortes d'actes.

Les moyens de nullité contre un acte se tirent, en second lieu, de l'incapacité de la personne; par exemple, on opposera contre un contrat, quel qu'il soit, s'il est passé par une femme sous puissance de mari, qui n'étoit point autorisée, qu'elle étoit, par ce défaut d'autorisation, incapable de contracter, et que parconséquent l'acte est nul.

On opposera le même défaut d'incapacité contre des actes qui contiendroient quelque promesse, ou quelque aliénation faite par un mineur, non émancipé, ou par un interdit.

Un acte peut, en troisième lieu, être nul par le vice de la convention même qui fait la substance de l'acte, comme si elle est contraire aux Loix et aux bonnes mœurs.

Par exemple, c'est un moyen de nullité contre un acte, autre qu'un contrat de mariage, s'il contient quelque paction touchant la succession d'un homme vivant.

C'est un moyen de nullité contre une promesse, si elle a pour cause le jeu, ou si c'est un contrat usuraire.

ARTICLE II.

Des Lettres de Rescision.

Lorsqu'un acte n'est pas nul de plein droit, et que la Partie, qui a contracté par cet acte quelque engagement, et qui se trouve lésée, a quelque juste cause pour se faire restituer contre son obligation, et faire rescinder l'acte, elle ou ses héritiers peuvent se pourvoir par lettres de rescision contre cet acte, pour le faire rescinder, et se faire remettre en pareil état que s'il n'eût point été passé.

Par le Droit Romain, le magistrat pouvoit, pour justes causes, de sa seule autorité, restituer les parties contre les actes qu'elles avoient passés; parmi nous il faut avoir recours à l'autorité du Prince, et obtenir des Lettres, qu'on appelle de *Rescision*.

Ces Lettres s'obtiennent dans les Chancelleries des Parlements, ou même des Présidiaux, lorsque la matiere est dans le cas de l'Edit des Présidiaux; par ces lettres, le Roi mande au Juge de restituer l'impétrant contre de certains actes, et de le remettre au même état que s'ils

n'eussent point été passés, au cas qu'il se trouve fondé dans de jus**t**
causes pour cette restitution.

§. 1. — *Pour quelles causes les Mineurs peuvent-ils être restitués ?*

Les Mineurs sont restitués beaucoup plus facilement que les majeurs.

On appelle *Mineurs* ceux qui n'ont point encore accompli leur ving**t**
cinquieme année, sauf en Normandie, où la majorité est parfaite à l'â**ge**
de vingt ans accomplis; car, en Artois et en Anjou, où un mineur
vingt-cinq ans est majeur à vingt ans, il a été jugé qu'il étoit restituab**le**
pour la lézion par lui soufferte, jusqu'à vingt-cinq ans accomplis. *Ar***rêt**
du 13 Juillet 1716, *rapporté au Journ. des Audienc. Tom.* 6.

Les mineurs, soit qu'ils soient encore mineurs, soit qu'ils soient deven**us**
majeurs, et leurs héritiers, sont restituables contre les actes qu'ils o**nt**
passés en minorité pour quelque besoin que ce soit.

Par le Droit Romain, les mineurs qui, en contractant, avoient, p**ar**
mensonges, persuadé à celui avec qui ils contractoient qu'ils étoient m**a**
jeurs, n'étoient pas restituables contre cet acte. *L.* 2. *Cod. si minor*
majorem dixerit.

Nous ne suivons pas cette disposition de Droit, parce qu'elle ouvre u**ne**
voie d'éluder la restitution en entier. Ceux qui contracteroient avec d**es**
mineurs feroient insérer dans l'acte qu'ils se sont dits majeurs, et diroie**nt**
toujours que le mineur les a trompés, quoique souvent ce seroit plutôt **un**
artifice pratiqué de leur part, que de celle du mineur; c'est pourquo**i**
dans notre jurisprudence, on n'a point d'égard à la fausse énonciation **de**
majorité pour exclure les mineurs de la restitution; c'est à celui qui co**n**
tracte avec le mineur à s'informer de son âge; *qui cum alio contrahit v***el**
est, vel debet esse non ignarus conditionis ejus cum quo contrahit. L. 1
ff. *de Reg. Jur.*

Il en seroit autrement si un mineur, pour se faire croire majeur, av**oit**
rapporté et supposé un faux acte de Baptême; il est évident qu'alors **il**
seroit indigne de la restitution, conformément à la Loi 3. *Cod. si mino***r**
etc. (*).

Les mineurs sont restituables, soit qu'ils aient passé ces actes dep**uis**
leur émancipation, soit qu'ils les aient passés avec l'autorité de leu**rs**
tuteurs.

Ils le sont pareillement contre ceux que leurs tuteurs ont passés po**ur**
eux, en qualité de leur tuteur. Par exemple, si un mineur, ou son tute**ur**
pour lui, a accepté une succession, ou l'a répudiée, il est restituable cont**re**
cette acceptation, ou cette répudiation, si elles lui sont désavantageuse**s.**
L. 1. *Cod. si minor ab hæred. se abstineat. L.* 2. *Cod. si ut omissa*

(*) Cependant Denizart, en sa Collec. de Jurisprudence, *verbo* Mineurs, rapporte un Arrêt réce**nt**
rendu à la Grand'Chambre le 5 Février 1763, au rapport de M. Le Noir, qui a entériné les Lettres
rescision prises par la femme et Curatrice du nommé Châalons, mineur, qui s'étoit dit majeur, au
fondement d'un extrait baptistaire falsifié, contre un contrat de vente fait par ledit Châalons aux Sœu**rs**
Hospitalieres de la Charité.

hæred. L. 8. §. 6. Cod. de bonis quæ lib. etc. L. ult. Cod. si tut. vel curat. interven.

Ils sont pareillement restituables contre un cautionnement qu'ils ont contracté pour quelqu'un, car un cautionnement ne peut être que désavantageux à celui qui le contracte, et, en général, les mineurs sont restituables contre quelqu'espece d'acte que ce soit, par lequel ils ont été lézés ; contre une transaction, contre un emprunt de sommes qui n'auroient pas tourné à leur profit, contre l'achat d'un héritage, etc.

Le mineur est censé lézé par un acte, non-seulement lorsqu'il a souffert quelque diminution du bien qui lui appartient, mais même lorsqu'il est privé par cet acte de ce qu'il auroit pu acquérir ; *certo jure utimur, ut et in lucro minoribus succurratur. L. 7. §. 6. ff. de min.* C'est pour cela qu'il est restituable contre la répudiation d'une succession avantageuse, comme nous l'avons déjà vu, à plus forte raison contre la répudiation d'un legs, et par la même raison, lorsqu'il a fait un choix désavantageux, il est restituable contre ce choix, *V. G.* si un aîné mineur choisit entre plusieurs manoirs d'une succession, un manoir moins précieux que celui qu'il auroit pu choisir, ou si deux choses lui ayant été léguées à son choix, il a choisi la moindre. *L. 7. §. 7. de min.*

Il est même censé lézé en cela seul qu'il s'est soumis à des discussions et des embarras ; et il est par cette raison même restituable contre l'acte qui l'engageroit à ces discussions : « *Minoribus viginti quinque annis sub-* » *venitur, non solùm cùm de bonis eorum aliquid minuitur, sed etiàm cùm* » *intersit ipsorum litibus et sumptibus non vexari. L. 6. ff. eod. tit.* »

Mais un mineur n'est pas censé avoir été lézé par un acte, et n'est point admis à se faire restituer contre cet acte, lorsque n'ayant fait que ce qu'un prudent pere de famille auroit fait, il est arrivé, par un cas fortuit survenu depuis, et qui n'avoit pu être prévu lors du contrat, qu'il ait souffert quelque dommage qu'il n'auroit pas souffert, s'il n'eût pas fait le contrat. L'exemple que les Loix donnent est d'un mineur qui a acheté un esclave nécessaire, qui est décédé peu de temps après : *Nec enim captus est emendo sibi rem pernecessariam, licet mortalem.* Il faudroit dire la même chose, si un mineur avoit employé une somme d'argent qu'il avoit à l'achat d'une bonne maison pour un prix qui n'excédât point sa valeur, et que cette maison eût été depuis incendiée par le feu du Ciel, il ne seroit pas pour cela restituable contre le contrat d'acquisition qu'il en a fait ; car, quoique le dommage qu'il a souffert par l'incendie de cette maison, soit un dommage qu'il n'auroit pas souffert, s'il ne l'eût pas achetée, néanmoins, ce n'est pas l'achat qu'il en a fait, mais le cas fortuit, qui est la cause de c dommage, et on ne peut pas dire qu'il ait souffert aucune lézion par le contrat de vente qui lui en a été fait : *Non eventus damni restitutionem indulget, sed inconsulta facilitas. L. 11. §. 4. ff. eod. tit. Arrêt du 28 Novembre* 1573, *rapporté par Chenu.*

Les mineurs ne sont pas restitués pour cause de lézion contre les actes qu'ils ont faits depuis leur émancipation, ou contre ceux que leurs tuteurs ont faits avant leur émancipation, lorsque ces actes sont des actes de pure administration nécessaire : par exemple, contre des baux faits de leur héritages pour le temps qu'on a coutume de faire des baux ; contre la vente ou l'achat des choses mobiliaires, etc. La raison est tirée de l'intérêt même des mineurs, parce qu'autrement ils ne trouveroient que difficilement des personnes qui voulussent contracter avec eux, dans la crainte qu'auroient ces personnes d'avoir des procès sous prétexte de lézion ; ce qui leur causeroit un plus grand préjudice, que ne leur sera avantageux le bénéfice de restitution, s'il leur étoit accordé contre de pareils actes.

§. II. — *Des causes pour lesquelles les Majeurs même sont restituables.*
Et 1°. *De la violence et de la crainte.*

La violence est une impression illicite, qui porte une personne, contre son gré, par la crainte de quelque mal considérable, à donner son consentement.

Il n'importe qui ait commis la violence, pour qu'il y ait lieu à la rescision : quand même elle auroit été commise par un tiers, pour m'obliger à contracter avec une personne qui n'y auroit point eu de part, il y aura lieu aux Lettres de rescision ; car il suffit que mon consentement n'ait pas été libre.

Toute espece de crainte ne détruit pas cette liberté de consentement requise dans les conventions, et ne donne pas lieu parconséquent aux Lettres de rescision ; il n'y a que celle qui est capable d'ébranler un homme d'une fermeté ordinaire : « *Metus non vani hominis, sed qui* » *merito et in homine constantissimo cadat. L.* 6. ff. *quod metûs causâ.*

Il faut pour cela que deux choses concourent. 1°. Il faut que le mal par la crainte duquel a contracté la personne qui réclame contre son engagement, soit un mal considérable : *Metus majoris mali. L.* 5. eod. tit., tels que sont la mort, les mauvais traitements, la prison, *metus mortis, aut cruciatus corporis. L.* 4. Cod. *de his quæ vi metûsve causâ. L.* 22. f. eod. tit.

2°. Il faut que la crainte ait été celle d'un mal imminent, qu'on auroit fait souffrir sur-le-champ à la personne, si elle n'eût souscrit l'acte qu'elle a souscrit, et contre lequel elle veut se pourvoir ; *V. G.* si quelqu'un avoit le bâton levé sur elle, ou le pistolet à la main, pour lui faire souscrire cet acte.

Au contraire, de simples menaces d'un mal éloigné ne sont pas suffisantes pour produire, dans la personne à qui on les fait, cette espece de crainte qui peut servir de fondement aux Lettres de rescision : « *Metum* » *præsentem accipere debemus, non suspicionem inferendi ejus. Lege* 9. » ff. *quod metûs causâ. Metum non jactationibus tantùm, vel contesta-* » *tionibus, sed atrocitate facti probari convenit. L.* 9. Cod. *de his quæ* » *vi metûsve causâ.* »

La crainte de déplaire à des personnes qui ont autorité sur nous, tel qu'est un pere, ne donne pas lieu aux Lettres de rescision : l'impression que forme cette crainte n'est point une impression invincible. *Voyez le*

Arrêts rapportés par Carondas, liv. 12. *rép.* 40, *et par Despeisses,* n°. 10.

Lacombe, en son Recueil de Jurisprudence Civile, *verbo* Restitution en entier, *Sect. IV,* cite un Arrêt du 19 Janvier 1612, qui a jugé qu'une fille, par la seule crainte révérentielle, n'étoit pas recevable en restitution contre sa renonciation à la succession échue de sa mere, moyennant la dot qui lui avoit été constituée par son pere, et que les dix ans de majorité avoient couru du vivant du pere. Il faut observer d'ailleurs qu'au fond on trouva que cette fille n'avoit point été lézée.

§. III. — *Du Dol.*

On appel *dol* tout artifice employé pour tromper quelqu'un : *Dolus malus est omnis machinatio, calliditas, fallacia, ad circumveniendum, fallendum, decipiendum aliquem adhibita.* L. 1. §. 1. ff. *de dolo malo.*

Les majeurs, aussi-bien que les mineurs, sont restituables contre les actes qu'ils ont passés à leur préjudice, lorsqu'on a usé de dol pour les surprendre et les leur faire passer : mais celui qui allègue le dol, doit le prouver par des indices clairs : *Dolum ex perspicuis indiciis probari convenit.* L. 6. Cod. *de dolo malo.*

§. IV. — *De l'Erreur.*

L'erreur peut aussi être un moyen de restitution, même pour les majeurs, contre les actes qu'ils ont passés.

Il faut distinguer plusieurs especes d'erreur; 1°. celle sur la chose même qui fait l'objet de la convention.

Elle détruit entierement le consentement, et la convention qui ne peut subsister que par le consentement; parconséquent il n'est pas nécessaire en ce cas d'avoir recours aux Lettres de rescision; par exemple, si l'une des parties entendoit vendre une chose, et que l'autre entendît en acheter une autre. *L.* 9. ff. *de contr. empt.*

2°. Il en est de même de l'erreur qui concerne la personne; comme si je donne à Pierre, croyant donner à Jacques, il n'y a aucun consentement, il n'y a aucune convention, aucune donation; et parconséquent je n'ai pas besoin de Lettres de rescision pour répéter de Pierre ce qu'il a reçu ainsi de moi par erreur.

3°. A l'égard de l'erreur qui a donné lieu à la convention, elle ne la détruit pas de plein droit, mais elle donne lieu à la rescision de l'engagement; par exemple, si un héritier passe un acte par lequel il s'oblige de payer une rente viagere à une personne à qui elle avoit été léguée par le testament du défunt, dans l'ignorance où il est que ce testament a été révoqué, l'erreur dans laquelle il étoit, sera un moyen suffisant pour obtenir des Lettres de rescision, afin de se faire restituer contre cet engagement, lorsqu'il aura appris la révocation du testament. *Non videntur enim qui errant, consentire.* L. 116. §. 2. ff. *de Reg. Jur.*

4°. L'erreur sur la qualité des choses peut aussi donner lieu à la restitution.

Par exemple, étant à Paris, j'achete une terre en Province, ignorant

que, la veille du contrat, et avant que la nouvelle en eût pu venir à Paris
un ouragan a abattu toutes les fermes, déraciné les arbres, etc.; cett
erreur est un moyen de rescision contre l'acquisition que j'en ai faite.

Un aîné partage également avec ses puînés une piece de terre, ignorar
qu'elle est en fief, et sujette à son droit d'aînesse; il découvre depuis d
aveux qui en établissent la féodalité, cette erreur est une cause pour s
pourvoir par Lettres de rescision contre le partage.

Observez qu'une personne n'est pas recevable à alléguer l'ignorance c
son propre fait, ou de quelqu'autre chose dont il lui a été facile de s'ir
former, et qu'elle ne peut parconséquent se faire restituer sous prétex
d'une telle ignorance.

C'est par cette raison que l'erreur de droit n'est pas une cause de re
titution pour les majeurs, parce qu'ils ont pu consulter, et se faire infor
mer de leur droit. Par exemple, si un aîné partage également avec se
puînés une piece de terre connue pour féodale, les aveux où elle est com
prise ayant été inventoriés, il ne sera pas recevable à se faire restitue
contre le partage, sous prétexte qu'il ignoroit les avantages que la Cou
tume des lieux lui donnoit dans les biens nobles; car c'est une erreur d
droit qu'il n'est pas recevable à alléguer.

C'est ce qui a été jugé par un Arrêt solennel du 10 Décembre 1708
cité par Dénizart, *verbo* Erreur, N°. 13. Dans l'espece de cet Arrêt, ur
succession noble ayant été partagée comme roturiere, l'aîné n'eut que l
moitié des fiefs situés dans la Coutume de Noyon, au lieu des quatr
quints que cette Coutume lui déféroit. Il réclama contre le partage, ma
sans succès; et Mr. le Nain, Avocat Général, qui porta la parole, d
qu'entre majeurs, l'ignorance de droit ne donnoit point ouverture à
restitution.

La même chose a encore été jugée depuis en la seconde Chambre de
Enquêtes, le 5 Décembre 1724, au profit du sieur de la Boissiere, Seigneu
de Chambord.

§. V. — *De la Lézion.*

La lézion qui se rencontre dans les contrats de commerce, n'empêch
pas que le contrat ne soit valable, mais elle blesse l'équité des contrats
car l'intention de chacune des Parties dans ces contrats, n'étant pas d
faire un bienfait à l'autre, mais de recevoir d'elle autant qu'elle lui donne
lorsque l'une des Parties reçoit moins qu'elle n'a donné, elle est trompée
L'équité du contrat, qui consiste dans l'égalité, se trouve blessée; l'autr
partie, qui reçoit plus qu'elle n'a donné, s'enrichit aux dépens de celle qu
reçoit moins; ce qui est contraire à cette regle de l'équité naturelle : *Nem
nem æquum est cum alterius detrimento locupletari.*

Delà il suit que, dans le for de la conscience, la moindre lézion qu
se trouve dans un contrat oblige à restitution : mais l'intérêt du com
merce ne permet pas d'écouter dans les Tribunaux les plaintes de ceu
qui se prétendent lézés par un contrat, sur-tout lorsqu'elles sont majeures
à moins que la lézion ne soit très-considérable : elles doivent s'imputé

leur négligence de ne s'être pas suffisamment informées de la vraie valeur de ce qu'elles ont donné, ou reçu par ce contrat; et il vaut mieux qu'elles souffrent quelque lézion par leur faute, que de troubler le commerce par une infinité de procès qu'il y auroit, si on écoutoit les demandes de ceux qui se prétendroient lézés par les contrats qu'ils auroient faits. Mais si la lézion est énorme, elle peut seule être une cause de rescision à l'égard des majeurs.

Cela a principalement lieu à l'égard des partages, dont l'égalité doit être l'ame, encore plus que de tout autre acte; les relations d'amitié et de fraternité, qu'il y a entre des co-partageants, y exigent l'égalité d'une maniere plus particuliere.

C'est pourquoi si, par un partage, l'une des Parties se trouve lézée du tiers au quart, c'est-à-dire, s'il s'en faut, non pas à la vérité le tiers, mais plus du quart qu'elle n'ait autant qu'elle auroit dû avoir par le partage, selon l'exacte équité, elle peut, quoique majeure, être admise pour cette lézion à se faire restituer contre le partage.

Dans les autres actes, la lézion doit être plus énorme, et être au-delà de la moitié du juste prix, pour rendre un majeur restituable. Par exemple, si un majeur a vendu un héritage 10,000 livres, il n'est pas restituable pour cause de lézion, à moins que cet héritage ne valût plus de 20,000 liv. lors du contrat.

Un vendeur est toujours restituable, lorsque l'héritage a été vendu au-dessous de la moitié du juste prix : *contrà vice versâ*, un acheteur peut ne l'être pas, quoiqu'il ait acheté au-delà du double du juste prix; car l'excédant du juste prix peut être le prix d'affection; et un vendeur qui a de l'affection pour sa chose, et qui n'est point disposé à la vendre, peut, avec l'acheteur qui a affection pour cette chose, mettre à prix l'affection.

Il y a certains contrats contre lesquels les majeurs ne sont pas restituables, pour cause de quelque lézion que ce soit : tels sont les contrats aléatoires, et tous ceux qui tiennent de cette nature.

La raison est que l'estimation des risques étant quelque chose de très-incertain, il n'est guères possible de déterminer la lézion dans ces sortes de contrats.

C'est pour cela qu'on n'admet pas les majeurs à la restitution contre les contrats de rentes viageres, ni contre les ventes de droits successifs, parce que, dans les uns, *incertum vitæ*, dans les autres, *incertum œris alieni*, *quod potest emergere*, rendent l'estimation du prix de la rente viagere, et celle du prix des droits successifs trop incertaine.

Il en est de même des contrats d'échange; *quia non potest discerni uter emptor, uter venditor*.

Les majeurs ne peuvent pas non plus être restitués contre les transactions, pour quelque lézion que ce soit, suivant l'*Edit de Charles IX de* 1560.

On n'accorde pas non plus la restitution pour la seule cause de lézion, lorsqu'il n'est question que d'aliénation de simples meubles. Notre Coutume d'Orléans, *art.* 446, en a une disposition précise.

§. VI. — *De la Procédure sur les Lettres de Rescision ; et des fins de n*
recevoir qu'on peut proposer contre la demande en entérinement de
mêmes Lettres.

Les Lettres de rescision s'obtiennent, ou incidemment à quelque c
testation, dans laquelle on a opposé à l'une des Parties quelqu'acte, de
rescision duquel il s'agit, ou sans qu'il y ait eu aucune contestation.

Lorsque les Lettres sont obtenues incidemment à quelque contestati
elles doivent être adressées au Juge, devant qui est pendante la conte.
tion : si ce Juge n'est pas un Juge Royal, elles sont adressées au prem
Huissier Royal, sur ce requis, à qui il est enjoint de commander au J
de restituer l'impétrant, si l'exposé des Lettres se trouve justifié.

La Partie qui les a obtenues présente au Juge, pour l'entérinement
ces Lettres, une Requête, au bas de laquelle le Juge met son Ordonna
de *soient Parties appellées ;* ensuite elle signifie, par acte de Procure
Procureur, tant les Lettres de rescision, que la Requête et l'Ordonna
du Juge, à la partie qui a opposé l'acte contre lequel les Lettres sont o
nues, et lui donne par le même acte assignation à l'Audience, pour y
statué.

Si les Lettres sont obtenues, sans qu'il y eût aucune contestation, e
s'adressent au Juge Royal du domicile de celui contre qui elles sont o
nues, à moins que l'impétrant n'eût droit, par privilege, de porter la ca
devant un autre Juge : l'impétrant présente sa Requête à ce Juge pour l
térinement, et assigne, aux fins de la Requête et de l'Ordonnance du J
la Partie contre qui elles sont obtenues.

Les fins de non-recevoir qu'on peut opposer contre ces Lettres, résul
de l'approbation que l'impétrant majeur auroit faite de l'acte, depuis c
a pu réclamer contre. Par exemple, si celui qui a souscrit un acte par
lence, ou par le dol de sa Partie, ou par erreur, a, depuis que la viole
a cessé, depuis qu'il a reconnu l'erreur, ou la fraude qui lui a été fa
approuvé de nouveau, ou ratifié cet acte, il ne sera plus recevable c
ces Lettres.

Il en est de même, si un mineur a ratifié en majorité l'acte qu'il a
passé en minorité.

A l'égard de l'approbation faite en minorité, elle n'est d'aucune cons
ration, parce qu'elle est elle-même, à cause de la raison de minorité,
jette à rescision.

Observez qu'il ne faut pas prendre pour approbation ce qui n'est qu'
exécution nécessaire de l'acte : c'est pourquoi si, par exemple, celui c
en minorité, a accepté une succession, a reçu, depuis sa majorité, q
que chose des débiteurs de cette succession, cela ne passera pas pour
approbation, parce que ce n'est qu'une exécution nécessaire, et il
sera pas moins recevable dans ses Lettres contre son acceptation *initio*
specto. L. 3. §. 2. ff. *de minorib.*

La seconde fin de non-recevoir contre les Lettres de rescision, est e
qui résulte du laps du temps que la Loi a déterminé pour les obtenir. C

seconde fin de non-recevoir rentre en quelque façon dans la première ; car ce long silence peut être regardé comme une approbation tacite de l'acte contre lequel on a tardé si long-temps à se pourvoir.

L'Ordonnance de Louis XII de 1510, *art.* 46, fixe ce temps à dix ans : « Ordonnons que toutes rescisions de contrats, ou autres actes fondés sur » dol, fraude, circonvention, crainte, violence, ou déception d'outre moitié » du juste prix, se prescriront par le laps de dix ans continuels, à compter » du jour que lesdits actes auront été faits, et que la cause de la crainte, » violence, ou autre cause légitime, empêchant de droit, ou de fait, la » poursuite desdites rescisions, cessera ».

Les rescisions, pour cause de minorité, se prescrivent par le même temps de dix ans, à compter depuis la majorité : c'est ce qui est porté textuellement par l'Ordonnance de François I. de 1539, *art.* 134 : « Or- » donnons qu'après l'âge de trente-cinq ans parfait et accompli, ne se » pourra, pour le regard du privilege, ou faveur de minorité, plus dé- » duire, ne poursuivre la cassation des contrats par restitution, ou autre- » ment, soit par voie de nullité, pour aliénation de biens immeubles, » faite sans décret ».

Lorsqu'un héritier mineur succede à un majeur qui étoit dans le temps de la restitution contre quelqu'acte qu'il avoit passé, ce qui restoit de ce temps au défunt ne courra point pendant la minorité de son héritier ; lequel aura, depuis sa majorité, le temps qui restoit au défunt, pour se faire restituer du chef du défunt.

La raison est que les mineurs étant restituables, *etiàm in his quæ prætermiserunt,* on ne peut leur opposer d'avoir laissé passer pendant leur minorité le temps qui leur restoit, du chef du défunt, pour la restitution.

On demande si le temps de la restitution court contre une femme, tant qu'elle est sous puissance de mari ? On répond par une distinction : si la rescision qu'auroit obtenue la femme, étoit de nature à donner lieu à quelque réflexion d'action contre son mari, le temps de la prescription ne courra point, parce que son mari ayant intérêt de l'empêcher de se faire restituer, la présomption est qu'elle en aura eté effectivement empêchée par le pouvoir de son mari sur elle, et que c'est le cas de la regle, *contrà non valentem agere non currit præscriptio.*

Mais si le mari étoit sans intérêt, le temps de la prescription courroit pendant le temps de son mariage.

§. VII. — *De l'effet de l'entérinement des Lettres de Rescision.*

Par l'entérinement des Lettres de rescision, l'acte est rescindé, et les Parties sont mises au même état qu'elles étoient auparavant ; d'où il suit qu'elles sont libérées des engagements qu'elles ont contractés par cet acte, et même sont censées ne les avoir jamais contractés : elles rentrent dans la propriété des choses qu'elles ont aliénées par cet acte, et même elles sont censées ne les avoir point aliénées.

En conséquence, les parties doivent se restituer réciproquement ce

qu'elles ont reçu l'une de l'autre, en vertu de cet acte : les choses d[o]
vent se restituer avec les fruits qui ont dû être perçus, et les somm[es]
avec les intérêts. Quelquefois néanmoins , selon les circonstances ,
Juge peut compenser les fruits des choses, que l'une des Parties doit rend[re]
avec les intérêts des sommes que doit rendre l'autre Partie.

La rescision de l'engagement de celui qui a obtenu les Lettres, entraî[ne]
t-elle la rescision des engagements de ses co-débiteurs et cautions? O[u]
lorsque la rescision est fondée sur quelque vice réel de l'engageme[nt]
comme dans le cas des rescisions pour cause de violence, de dol, d'erre[ur]
de lézion énorme. Il en est autrement, lorsque la cause de la rescision
personnelle ; telle est la cause de la minorité. *L.* 3. ff. *de minorib.* L. 1. c[o]
eod. tit.

Ainsi la restitution du mineur caution ne profite point au débiteur pr[in]
cipal. *L.* 48. ff. *de min.* et, *vice versâ*, la restitution du mineur con[tre]
l'obligation principale, ne sert point à la caution de ce mineur. *Argu[m]*
L. unic. cod. si in Comm. eâd. causâ in integ. restit. postul.

Mais le majeur, qui est héritier du mineur, doit obtenir la restitutio[n]
de même qu'auroit fait le mineur. *L.* 3. §. 9. *de minorib. quia œquitas q[uæ]*
patrocinatur defuncto, patrocinatur hæredi. Gothofred. ad L. 56. *de [ac]*
quir. vel omitt. hæred.

Le mineur communique-t-il son privilege au majeur dans les actes qu[i]
ont passés solidairement, en sorte que la restitution profite en même tem[ps]
au majeur comme au mineur?

Il faut à cet égard distinguer entre les choses indivisibles et les cho[ses]
divisibles. Dans les choses absolument indivisibles, tels que sont les dr[oits]
incorporels, un droit de servitude, par exemple, un droit de chemin, at[ta]
ché à un héritage commun entre le majeur et le mineur; comme celui[-ci]
ne pourroit recouvrer ce droit par la restitution, sans que le majeur [en]
profitât, on doit décider, en ce cas, qu'il communique son privilege [au]
majeur : mais il n'en est pas de même dans les choses divisibles, et dans l[es]
quelles le majeur a un droit séparé, ou au moins divisible de celui q[ue a]
son co-héritier mineur. *V. G.* Un mineur s'est fait restituer contre [un]
contrat de constitution de rente, qu'il a subi solidairement avec un maje[ur]
la restitution du mineur ne change point l'état du majeur, qui reste to[u]
jours obligé pour sa part, parce qu'une obligation n'est pas indivisi[ble]
pour être hypothécaire. On trouve un autre exemple dans un Arrêt du
Mars 1574, rapporté par Brodeau sur Louet, *lett. M. N°.* 15, par leq[uel]
un décret d'héritages communs entre des majeurs et des mineurs a [été]
cassé pour la portion des mineurs, parce qu'il n'y avoit point de discu[s]
sion préalable de leurs meubles ; et le même décret a été jugé valable po[ur]
la part des majeurs, en conséquence de la Maxime : *In individuis restitu[tio]*
minoris prodest majori, secùs in dividuis.

CHAPITRE V.

Des Scellés.

§. I. — *De la nature des Scellés.*

LE scellé est un acte judiciaire, par lequel le Juge, ou Commissaire, à la requête des créanciers, ou d'autres qui y ont intérêt, fait enfermer sous le sceau de sa Jurisdiction, et met sous la garde de la Justice les effets d'un défunt ou d'un absent pour faillite.

On appelle cet acte *Scellé*, parce que le Juge, ou Commissaire, fait sceller et boucher avec des bandelettes de papier attachées avec de la cire, empreinte du Sceau de sa Jurisdiction, toutes les serrures des coffres et armoires, où il fait renfermer les effets, et les portes des chambres où ils sont.

Le scellé a cela de commun avec la saisie-arrêt, que l'un et l'autre acte met les effets sous la main de Justice ; et, pour cet effet, on établit, pour l'un comme pour l'autre, un ou plusieurs gardiens pour garder les effets, au nom et sous l'autorité de la Justice.

Mais ils different entr'eux ; 1°. en ce que la saisie-arrêt se fait par le ministere d'un Huissier ou Sergent, et le scellé se fait par le ministere du Juge assisté de son Greffier, ou d'un Commissaire dans les Jurisdictions où il y en a.

2°. La forme en est différente. Dans la saisie-arrêt, l'Huissier se contente de faire une description des effets saisis et arrêtés, et de remettre les clefs au gardien qu'il a établi, et qu'il en charge ; il n'y a point d'apposition de scellés, comme dans l'acte que fait le Juge.

3°. La saisie-arrêt se fait pour empêcher que le débiteur ne détourne ses effets, et le scellé se fait pour empêcher que les effets du défunt, ou du débiteur ne soient à l'abandon, et pour les conserver, soit aux héritiers, soit aux créanciers, et au débiteur même.

4°. Delà naît cette quatrieme différence, que la saisie-arrêt se fait ordinairement des effets d'un débiteur vivant ; le scellé ne se met que sur les effets d'un débiteur mort, ou absent.

§. II. —*En quel cas les Créanciers peuvent-ils requérir le Scellé sur les effets de leur débiteur ; et quels Créanciers ont ce droit ?*

Il n'y a que deux cas auxquels les créanciers peuvent requérir l'apposition des scellés sur les effets de leur débiteur. Le premier cas est celui de la mort de ce débiteur, lorsqu'il n'y a point d'héritier qui ait accepté, ou se soit mis en possession de la succession, parce qu'alors les effets étant à l'abandon, et les créanciers ayant intérêt à la conservation des effets de cette succession, pour être payés de leurs créances, ils peuvent requérir le Juge, ou Commissaire, d'y apposer les scellés.

C'est par cette raison que plusieurs de nos Coutumes, comme celle Sens, *art.* 83, et celle de Clermont, *art.* 201, prescrivent l'usage scellé sur les effets d'un défunt.

Mais si l'héritier a déjà accepté la succession, ou si, sans l'avoir acc tée, il s'est mis en possession des effets par un inventaire qu'il en a fait fa il n'y a pas lieu au scellé; car les effets ne sont pas à l'abandon.

Le second cas, auquel les créanciers peuvent requérir le scellé sur effets de leur débiteur, c'est celui de la banqueroute, lorsque ce débit s'est absenté et a fermé sa boutique.

L'Auteur du Traité des Scellés rapporte cette différence entre ce ca le précédent, que, dans le cas précédent de la mort du débiteur, il n' aucune procédure qui doive précéder la réquisition des scellés, parce la mort ne peut être équivoque; au lieu que, dans le cas d'absence d'un biteur banqueroutier, comme une absence peut être équivoque, cet Aut prétend que les créanciers, avant de requérir le scellé, doivent ren plainte de l'absence de leur débiteur, et en faire informer, et que c'est cette information qu'ils obtiennent du Juge la permission de faire appo le scellé : je ne sais pas néanmoins si cette procédure est en usage.

Les créanciers qui peuvent, en l'un et l'autre cas, requérir le scellé, s non-seulement les créanciers en vertu d'un titre authentique, tels que s des Sentences, des actes pardevant Notaires, et des cédules reconnu mais même ceux qui sont créanciers en vertu de billets, quoiqu'ils n'ay pas été reconnus par leur débiteur; car l'Ordonnance d'Orléans, *art.* 1 permettant aux créanciers de procéder par voie d'arrêt sur les effets de le débiteurs obligés par cédules, jusqu'à ce qu'ils les aient reconnus, on p conclure la même chose à l'égard des scellés; au reste, comme il faut d ce cas une permission du Juge pour arrêter, il faut pareillement permission pour apposer les scellés; ainsi qu'il est porté au *tit.* 17, *lib.* Cod. *ut nemini liceat sine judicis auctoritate signa rebus imponere alien*

Il ne suffiroit pas, en ce cas, suivant le même Auteur, de requérir Commissaire, qui n'est qu'un simple exécuteur.

A l'égard de ceux qui sont créanciers sans titre, ils n'ont que la v de la simple action.

Les propriétaires des maisons et métairies, ayant le droit d'arrêter, même dans notre Coutume d'Orléans, *art.* 406 et suivants, d'exécu les meubles de leurs fermiers et locataires étant en leurs maisons et m tairies, quoiqu'ils n'aient point de bail par écrit, on en conclut av raison, qu'en cas de mort, ou de faillite de leurs débiteurs, ils peuve aussi requérir l'apposition des scellés sur leurs effets; on peut même ti cet argument de la Loi *est differentia*, 9. ff. *in quibus causis pignus hypotheca tacitè contrahitur;* et sur-tout de la Note de Godefroy sur mot *percludamur.*

§. III. — *Des autres Cas auxquels il y a lieu aux Scellés, à la requ d'autres parties que des Créanciers.*

Il n'est pas douteux qu'un héritier présomptif a droit de requérir l'a position des scellés sur les effets d'un défunt, car il est permis à chacun de veiller à la conservation de ce qui lui appartient, et l'héritier étant saisi de droit par nos Coutumes, il ne lui faut d'autre titre que sa qualité.

Cela a lieu, quoiqu'il ne soit héritier qu'en partie, car l'héritier en partie a une qualité suffisante pour veiller à la conservation des effets de la succession.

Je pense même que si, en l'absence des parents en degré plus proche pour succéder, un parent plus éloigné, qui se seroit cru de bonne foi en degré de succéder, avoit requis l'apposition des scellés, le scellé seroit valablement mis ; car, étant l'héritier présomptif apparent, puisqu'il ne s'en présentoit pas d'autres sur le lieu, quoiqu'il ne le fût pas réellement, il avoit qualité suffisante pour requérir cette apposition, et Dumoulin, en ses Notes sur nos Coutumes, dit que la seule possession de parentelle suffit en ce cas, *sufficit quasi possessio parentelæ ;* et d'ailleurs, en requérant le scellé, il a fait le bien de la chose ; il a fait l'avantage de l'héritier présomptif, qui ne peut parconséquent critiquer le scellé, ni refuser d'en supporter les frais.

L'exécuteur testamentaire, les légataires, sur-tout quand le legs est universel, les donataires des biens qui se trouvent lors du décès, les appellés à la substitution, ont aussi droit de requérir le scellé sur les effets de la succession, toutes ces personnes étant intéressées à la conservation des effets.

Le ministere public, tel que le Procureur du Roi, ou Fiscal, peut aussi requérir le scellé sur les effets d'un défunt, suivant l'article 164 de l'Ordonnance de Blois, en cas d'absence, ou de minorité des héritiers, c'est-à-dire, lorsqu'il ne se trouve sur le lieu aucun héritier présomptif qui puisse veiller par lui-même à la garde et conservation des effets de la succession, lesquels parconséquent paroissent à l'abandon ; il est en ce cas du devoir du ministere public de requérir l'apposition du scellé sur les effets de la succession pour les conserver, soit aux héritiers lorsqu'ils se présenteront, soit au Roi, ou autre Seigneur, si le défunt n'a point laissé d'héritiers.

On ne doit pas conclure de cet article que, lorsqu'il y a une partie des héritiers présomptifs sur le lieu, qui veillent par eux-mêmes à la garde des effets de la succession, le ministere public soit en droit de requérir l'apposition des scellés, pour l'intérêt de quelqu'un des héritiers qui seroit absent, car il suffit qu'il y en ait de présents pour que son ministere cesse : les parents ont qualité pour garder par eux-mêmes les effets de la succession ; ces effets ne sont point à l'abandon : on dira peut-être que l'intérêt de l'absent, que le ministere public doit prendre en mains, exige le scellé, afin que les héritiers présents ne détournent point à leur profit particulier des effets communs ; la réponse est qu'un soupçon de cette nature est injurieux aux héritiers présents, que le ministere public ne doit pas parconséquent, sans aucun sujet, avoir ce soupçon de leur probité.

Le second cas auquel, suivant l'article ci-dessus cité de l'Ordonnance de Blois, le ministere public peut requérir le scellé, est celui de la mino-

rité de l'héritier; il faut, pour cela, que l'héritier mineur n'ait point
tuteur, ou qu'on ne puisse promptement l'en faire pourvoir; en ce ca
l'héritier mineur, quoique présent, n'est pas différent d'un absent, pu
qu'il ne peut veiller à la conservation des effets de la succession, ni
lui-même, à cause de la foiblesse de son âge, ni par son tuteur, puisqu
suppose qu'il n'en a pas; les effets de la succession sont également
l'abandon, comme lorsqu'il n'y a point d'héritiers sur le lieu, et parce
séquent il y a même raison pour que le ministere public requiere le scel
il ne doit pas cependant le faire, s'il peut promptement le faire pourv
d'un tuteur, car alors le tuteur sera tenu par office de veiller à la cons
vation des effets de la succession échue à son mineur, et il ne seroit p
conséquent plus besoin de scellé. Il est du ministere public de ne
obmettre les moyens d'éviter les frais.

Les Procureurs du Roi, ou Fiscaux, peuvent aussi, à la mort
Bénéficiers, requérir le scellé des titres dépendants des bénéfices, qua
même les héritiers du Bénéficier seroient présents, car ces titres n'app
tiennent point à la succession du Bénéficier, ils ne doivent pas être lais
aux héritiers, et doivent être sous la garde de la Justice, jusqu'à ce qu'i
ait eu un successeur au bénéfice.

C'est l'Econome qui requiert le scellé à la mort des Evêques, Abbés
autres Prélats de nomination Royale. *Edit du mois de Décembre* 169
portant création d'Economes séquestres.

Il y a un Arrêt du Conseil d'État du 15 Décembre 1751, portant no
veau Règlement pour la régie des Économats.

Les Économes peuvent requérir le scellé, non-seulement sur les tit
et effets dépendants du bénéfice, mais aussi sur les meubles du Bénéfici
pour l'assurance des réparations à faire aux bâtiments du bénéfice, do
est tenue la succession du Bénéficier. *Même Edit de* 1691, *art.* 6.

On peut, par argument de cet article, décider qu'à l'égard des autr
bénéfices, les Procureurs du Roi peuvent aussi faire mettre le scellé s
les meubles de la succession, lorsque le défunt est débiteur envers le b
néfice, pour réparations, ou autrement.

Outre ces cas, où le Procureur du Roi, ou Fiscal, peut requérir
scellé sur les effets d'un défunt, il s'en rencontre quelquefois auxqu
il peut le requérir sur les effets d'un homme vivant, comme en cas
démence d'une personne, ou dans le cas de la longue absence d'
débiteur en faillite, lequel se seroit absenté sans laisser de procuration
personne pour gérer ses affaires, et donner de ses nouvelles; dans c
deux cas, lorsqu'aucun parent de l'imbécille, ou de l'absent, ne se pr
sente, le Procureur du Roi, ou Fiscal, peut d'office faire informer de
démence, ou absence, et après cette information, s'il ne peut faire ass
promptement assembler la famille pour être pourvu de curateur à l'i
sensé, ou que les effets de l'absent soient à l'abandon, il peut requérir le scel

Les Procureurs du Roi, ou Fiscaux, requierent aussi quelquefois
scellé, en matière criminelle, sur des effets servant à la conviction de l'a
cusé. *Argument tiré de l'art.* 2 *du tit.* 4 *de l'Ordonnance de* 1670.

§. IV. *Quel juge est compétent pour l'apposition du scellé.*

C'est le Juge du lieu où sont les effets, qui est compétent pour apposer le scellé ; c'est au premier Juge à qui cela appartient.

Dans les Jurisdictions où il y a des Commissaires pour ces fonctions, (comme à Paris), c'est un Commissaire qui appose le scellé.

Lorsqu'un défunt a laissé des effets en différents lieux, ce sont les différents Juges des différents lieux où se trouvent ces effets qui sont compétents pour y apposer le scellé.

C'est un privilege du Châtelet de Paris, que le Commissaire qui a apposé le scellé dans la maison d'un défunt domicilié à Paris, peut, par droit de suite, l'apposer dans les différents endroits du Royaume, où il y a des meubles dépendants de la succession.

Ce droit de suite n'a pas lieu, lorsque le débiteur qui est mort à Paris n'y avoit pas son domicile ; en ce cas, le Commissaire u Ch âtelet de Paris ne peut aller l'apposer dans le lieu du domicile du défunt, ni dans les autres lieux où il s'en trouveroit. *Voyez* l'Arrêt du 23 Janvier 1714, en faveur des Officiers du Bailliage d'Etampes, au 6ᵉ. *Tome* du Journal des Audiences, et les autres Arrêts rapportés au Traité des Scellés.

Les Nobles et les Ecclésiastiques qui demeurent dans les enclos d'une Justice Seigneuriale en sont justiciables, suivant la Déclaration du 24 Février 1537, et il y a un Arrêt du 28 Avril 1713, qui a assuré cette Jurisprudence : il n'y a donc aucun doute que les Juges des Seigneurs sont compétents pour apposer le scellé sur tous leurs effets dans leurs Jurisdictions ; on n'en doit excepter qu'un très-petit nombre de Coutumes, qui, comme celle de Vermandois, *art.* 2, attribuent la connoissance des causes des Nobles au seul Juge Royal, ou qui, comme celle de Senlis, *art.* 23, donne au Prévôt la connoissance des gens d'Église, et des Nobles, à l'exclusion des Hauts-Justiciers.

Il a été Jugé par plusieurs Arrêts que le Juge d'une Seigneurie est incompétent pour mettre le scellé sur les effets d'un Seigneur décédé au lieu Seigneurial, lorsque la Seigneurie et la Justice, étant patrimoniales, passent aux héritiers de ce Seigneur ; la raison est que la Seigneurie passant aux héritiers du Seigneur, le Juge devient Officier de ses héritiers, et en conséquence incompétent pour connoître de leurs affaires, et rendre la Justice, soit pour eux, soit contre eux ; il ne peut donc pas mettre le scellé sur les effets de la succession qui appartiennent aux héritiers, c'est donc au Juge supérieur à le mettre.

Il en est autrement lorsque la Seigneurie dépend d'un bénéfice qu'avoit le défunt ; comme la Seigneurie ne passe pas, en ce cas, aux héritiers, le Juge n'est point leur Officier, et parconséquent rien n'empêche qu'il ne soit compétent pour apposer le scellé sur les effets de la succession ; c'est la distinction établie dans le Plaidoyer de M. de Fleury, sur lequel a été rendu l'Arrêt du 23 Avril 1704, que nous avons cité *suprà, partie* 1ᵉʳᵉ. de cet ouvrage.

C'est un privilege des princes du Sang, et des Têtes Couronnées qui se

trouveroient en France, que le scellé, après leur mort, ne peut ê
mis sur leurs effets que par le Parlement, qui commet, pour cet eff
deux Conseillers ; c'est ce qui s'est pratiqué lors du décès de Jean C
simir, Roi de Pologne, mort Abbé de Saint-Germain-des-Prés à Paris,
1672.

Il y des Juges compétents pour apposer des scellés pour raison de ce
taines matieres. *V. G.* Les Trésoriers de France, et les Juges du Domai
mettent le scellé lorsqu'il y a ouverture au droit d'aubaine, par la mo
d'un étranger.

La Chambre des Comptes a le droit de le mettre sur les effets d
Comptables, en cas de mort ou de faillite, Déclaration du 7 Janvier 172
art. 2 ; ce qui n'empêche pas aussi les Juges des Seigneurs de mettre
leur pour l'intérêt des particuliers. *Voyez différents Arrêts et Règlemer
au Traité des Scellés.*

L'Ordonnance sur le fait des Aydes du mois de Juin 1680, perm
aussi aux Officiers des Élections d'apposer les scellés sur les effets d
Marchands et Vignerons, redevables des droits de gros, en cas de mor
absence, ou faillite; mais ils en sont exclus, si le scellé a déjà été appo
à la Requête d'un autre créancier, et que le Fermier soit seulement c
posant, ou en cas de concurrence. *Tit.* 8 *des Contraintes pour les Gr
art.* 24.

§. V. — *De la forme de l'apposition des Scellés, et quels effets y doive être compris.*

Le Juge, ou Commissaire, qui a été requis pour apposer les scellés, s
juge à propos de faire droit sur la requête, rend son Ordonnance porta
qu'il se transportera à l'effet de les apposer les scellés : en conséquence, il
transporte avec son Greffier, et le Procureur de la partie qui le requier
en la maison où sont les effets : le Procureur du Roi ne doit pas s'y trouve
si ce n'est que le scellé ait été requis par lui ; le Juge, étant arrivé en
maison, visite tous les cénacles, depuis la cave jusqu'au grenier ; il f
mettre le scellé sur tous les coffres et armoires, où il y a quelque chose
renfermé, après y avoir fait mettre toutes les choses qui se trouveroie
éparses dans les différents endroits de la maison ; il fait pareillement mett
le scellé sur les portes des chambres et cénacles, dont il juge que l'entr
ne sera pas nécessaire jusqu'à la levée des scellés.

Il est inutile de faire aucune description des choses renfermées, s
dans les coffres, soit dans les chambres où les scellés ont été apposés;
plus forte raison ne doit-on pas faire l'estimation des effets.

A l'égard des chambres et autres cénacles, dont l'entrée est nécessair
telles que sont les chambres où couchent les personnes qui demeure
pour la garde de la maison, les écuries et étables où sont les chevaux
bestiaux, il ne les faut point fermer, et se contenter de faire une descri
tion sommaire des effets qui ne sont point en évidence, et qui n'ont poi
été renfermés ; le Juge ne doit pas mettre sous le scellé tout l'argent qu
a trouvé, il en tire une certaine somme pour les besoins de ceux qui re

tent dans la maison, jusqu'à la levée du scellé, et renferme seulement le reste.

Il doit établir à la garde des scellés quelqu'un de la maison, ou quelque voisin ; s'il ne trouvoit personne pour se charger de cette garde, il établiroit un ou plusieurs gardiens, comme on en établit dans le cas d'une saisie ; il doit enfin dresser son procès-verbal d'apposition des scellés, et le faire signer à la partie à la requête de qui le scellé est mis, et par les gardiens qu'il a établis.

Si quelqu'un se prétend propriétaire d'effets qui se trouvent en la maison, et justifie pleinement et promptement de la propriété de ces effets, le Juge ne les comprend pas sous le scellé, et en accorde la récréance à cette personne. *V. G.* Si une femme, séparée de biens d'avec son mari, représentoit une adjudication qui lui a été faite des meubles qu'elle réclame ; si un donataire représente la donation entre-vifs qui lui a été faite, avec l'état détaillé joint à la donation, conformément à l'*art.* 15 de l'Ordonnance de 1731 ; si un Tapissier représente le bail des meubles qui se trouvent occuper la maison.

Mais si celui qui réclame la récréance des meubles n'est pas en état de prouver sur le champ et pleinement son droit de propriété, le Juge ne laisse pas de les mettre sous le scellé, sauf à cette personne à faire opposition au scellé, et à poursuivre son action, pour la récréance de ses effets contre la succession ; car il y auroit beaucoup plus de danger à laisser échapper des effets du scellé, que de réduire ceux qui prétendent une propriété sur ces effets, à se pourvoir par action pour s'en faire adjuger la récréance ; autrement un Juge qui déféreroit trop facilement à de semblables réclamations, pourroit causer des dommages irréparables, et s'exposer à une prise à partie.

§. VI. — *Des Oppositions aux Scellés.*

L'opposition aux scellés est un acte judiciaire par lequel une personne qui se prétend créanciere du défunt, ou de l'absent, sur les effets duquel les scellés ont été mis, ou qui prétend quelque droit, ou propriété, sur quelqu'un de ces effets, s'oppose à ce que le scellé ne soit levé, ni les effets délivrés, sans qu'elle y soit appellée pour débattre ses moyens.

Cette opposition se peut former de deux manieres : 1°. par une signification faite par un Huissier, à la requête de l'opposant, au Greffe du Juge, ou au domicile du Commissaire qui a apposé le scellé, et cette signification doit être revêtue de la forme ordinaire des exploits.

2°. Par la comparution de l'opposant, pardevant le Juge, ou Commissaire, lorsqu'il procéde à la levée des scellés, de laquelle comparution, ainsi que de son dire et requisition, le Juge, ou Commissaire doit donner acte par son procès-verbal.

L'opposition aux scellés doit contenir une élection de domicile de l'opposant, dans le lieu où le scellé a été apposé, où il puisse être assigné. *Argument tiré de l'art.* 1. *du tit.* 23 *de l'Ordonn. de* 1667. *Edit. du mois d'Août* 1539.

§. VII. — *De la levée des Scellés.*

Les effets mis sous le scellé demeurent sous la main de Justice, jusqu
ce que le scellé soit levé ; le Juge ne le doit point lever qu'il n'ait été requ
de le faire, *in tempore opportuno.*

L'arrêt de Règlement du 8 Juin 1693, fait défenses de lever les scellé
mis sur les effets d'un défunt, plutôt que vingt-quatre heures après l'e
terrement fait publiquement, à peine de nullité (*).

Le motif de cet Arrêt est expliqué dans le réquisitoire de M. de Lamo
gnon, Avocat Général, c'est afin de donner le temps aux créanciers c
auroient des oppositions à y faire, de pouvoir les y former.

On peut, après ce temps de vingt-quatre heures, requérir la levée
scellé, et le lever en conséquence de la réquisition, lorsque tous les hé
tiers sont présents, soit par eux-mêmes, soit par des Procureurs fond
de leur procuration, et s'ils sont tous majeurs, ou pourvus de tuteur
s'ils sont mineurs ; s'il y en a à quelqu'un de mineur, on doit le faire pou
voir auparavant d'un tuteur, ou d'un curateur, s'il est émancipé, suiva
les Arrêts des 11 Janvier 1666, et 23 Juillet 1676, cités dans le Recu
des Règlements sur les scellés.

S'il y a des héritiers absents, et surtout si on ne connoît pas les hé
tiers, on doit attendre, pour la levée des scellés, un temps convenabl
à la discrétion du Juge, pour que les héritiers absents puissent arrive
ou donner leur procuration.

La levée du scellé doit se faire, toutes les parties interessées présente
ou dûment appellées, par une assignation qui doit leur être donnée de
trouver à tel jour en la maison où se fera la levée du scellé.

Les parties intéressées sont les héritiers et les opposants ; lorsqu'on
connoît pas leur demeure, la levée du scellé se fait sans qu'ils y soie
appellés ; mais en ce cas le Procureur du Roi y doit être présent en le
place.

Les créanciers et autres, qui ont formé des oppositions aux scellés, s
aussi des parties intéressées qui doivent être assignées au domicile élu
leur acte d'opposition, pour se trouver à la levée des scellés ; et, com
leur opposition aux scellés leur a donné un droit de gage sur les meub
compris sous les scellés, ils peuvent en requérir la vente pour le paiem
de leurs créances, après qu'ils ont été inventoriés.

S'il y a un testament découvert, et un exécuteur testamentaire, il c
être présent aux scellés, ou avoir été assigné pour s'y trouver.

Le Juge, ou Commissaire, pour la levée des scellés, se transporte

---

(*) On trouve dans le Recueil Chronologique de M. Jousse, *Tom.* 3, *pag.* 434, un Arrêt de Rè
ment du 18 Juillet 1733, qui a ordonné qu'à l'avenir les scellés ne pourront être levés, et l'inven
commencé, soit dans la Ville de Paris, soit dans les Bailliages et Sénéchaussées du ressort, que
jours francs après les enterrements faits publiquement, des corps des défunts, à peine de nullité...
terdiction et de 100 liv. d'amende contre les Commissaires, Notaires et Procureurs qui y assister
à moins que pour des causes urgentes et nécessaires justifiées au Juge, et dont il fera mention dans
Ordonnance, il en soit autrement ordonné.

la maison où ils ont été apposés, avec son Greffier; le Procureur du Roi, ou Fiscal, l'y accompagne dans les cas particuliers où il doit être présent; savoir, en cas de banqueroute, absence, minorité, démence, substitution, ou lorsque le Roi, l'Eglise et les Hôpitaux y ont intérêt. *Voyez* les Lettres Patentes du Roi, du 16 juin 1661, touchant les fonctions du Procureur du Roi du Châtelet de Paris.

Le Juge, par son procès-verbal, donne acte de la comparution des parties, et défaut contre celles duement appellées, qui ne s'y trouvent pas, après quoi il reconnoît si les scellés qui ont été mis se trouvent sains et entiers, les lève, et dresse du tout son procès-verbal, et ensuite il se retire.

Si avant la levée des scellés ils se trouvoient altérés ou falsifiés, le Juge en doit être averti, et dresser son procès-verbal, dans la forme prescrite par le *tit.* 4. de l'Ordonn. de 1670. Ce délit doit être poursuivi par la voie extraordinaire, et par Arrêt du 7 Mai 1732, le Parlement de Paris a infirmé une sentence du Châtelet, par laquelle le Lieutenant Criminel avoit renvoyé à l'Audience, sans décret ni interrogatoire, sur une accusation de corruption contre des Domestiques pour bris de scellés.

Lorsque les scellés ont été levés, et reconnus par le Juge, les parties font faire ensuite, à l'amiable, par un Notaire, l'inventaire des effets qui étoient compris sous le scellé; voilà la forme de lever les scellés à Orléans.

A Paris, les Commissaires au Châtelet lèvent d'abord les scellés mis sur une cassette, coffre ou armoire, et jusqu'à ce que tous les effets tirés d'une cassette aient été inventoriés, ils ne lèvent point le scellé sur une autre cassette ou coffre; cette maniere de lever les scellés est bien longue, et parconséquent très-coûteuse aux parties, à cause du grand nombre de vacations.

Le Règlement du 15 Janvier 1684 ordonne aux Juges de se retirer aussitôt qu'ils auront levé leurs scellés, et leur défend d'assister à l'inventaire.

Ce Règlement doit sur-tout être exécuté, lorsque les parties déclarent qu'elles se fient les unes aux autres, et qu'elles requierent la levée de tous les scellés à la fois.

Il reste à observer que lorsque les effets qui sont sous les scellés n'excedent pas la valeur de deux cents livres, le scellé doit être mis et levé *gratis*, suivant le même Règlement.

CHAPITRE VI.

Du faux Incident.

§. I. — *Ce que c'est, à quelle fin, et en quels cas y a-t-il lieu.*

Le faux incident est l'accusation de faux ou d'altération, que l'une des parties, dans une matiere civile, propose contre quelque piece sur laquelle l'autre partie prétend établir sa demande, ou ses défense

Cette accusation de faux, de la part de la partie qui la propose, n d'autre fin que de faire rejetter la piece du procès.

Elle peut se former en tout état de cause jusqu'au jugement définitif, même sur l'appel.

Elle se feroit néanmoins à tard, après que, dans une cause d'Audienc les Gens du Roi auroient donné leurs conclusions ; M. Jousse rapporte Arrêt du 15 Juillet 1703, qui a déclaré en ce cas une partie non-receval en une pareille demande.

Cette accusation de faux peut se faire, tant contre des pieces authe tiques, que contre des écritures privées, qui sont signifiées, commur quées, ou produites dans un procès : elle est toujours nécessaire à l'éga des pieces authentiques, dont la fausseté ne peut être établie que par cette voi

A l'égard des écritures privées, elle n'est nécessaire que lorsqu'elles o été déclarées pour reconnues ; car, si elles ne l'ont pas été, il suffit, lor qu'on m'opposera cette écriture privée, qu'on prétend signée de moi, qi je dénie ma signature, ou, si c'est l'écriture d'un autre que de moi, suffit que je déclare que je ne connois pas la signature, sans qu'il sc nécessaire que je passe à l'inscription de faux.

Si les écritures ont été signifiées, ou déclarées pour reconnues, par jugement rendu par défaut, auquel il ne soit plus temps de s'oppose alors on ne peut plus en opposer la fausseté que par la voie d'inscriptic de faux.

Mais je peux user de cette voie, quand même la piece auroit été vér fiée avec moi, et quand même, dans une autre instance, il seroit inte venu quelque jugement avec moi sur le fondement de cette piece, comm véritable, *Ordonnance de* 1737, *tit.* 2, *art.* 1, pourvu néanmoins que lorsqu'elle a été vérifiée, ou lorsqu'il est intervenu un jugement sur fondement de cette piece, elle ne fût pas dès-lors arguée de faux ; car si sur une premiere poursuite de faux, principal ou incident, la piece a guée de faux a été jugée véritable, la partie n'est plus recevable à reno veller la même question. *Ibid. art.* 2, *obstat enim exceptio rei judicata*

§. II. — *De la Procédure qui précede l'inscription en faux.*

La partie, pour arguer de faux quelques pieces signifiées, commun quées ou produites par la partie adverse, doit commencer par donn requête au Juge pardevant qui est pendant le procès auquel cette accus tion de faux est incidente, à ce qu'il lui soit permis de s'inscrire en fau contre telle et telle piece, et à ce que la partie soit tenue de déclarer si el entend s'en servir. *Ibid. art.* 2.

Cette requête doit être signée de la partie qui est demanderesse € faux, ou d'un procureur fondé de sa procuration spéciale, à peine de nu lité. *Ibid.*

Il faut attacher à cette requête la quittance de l'amende que le demar deur en faux est obligé de consigner pour être admis à sa requête. *Ibic art.* 17.

Cette amende est différente dans les différentes Cours et Jurisdictions; elle est de cent livres au Parlement, aux requêtes de l'Hôtel et du Palais; elle est de soixante livres dans les Bailliages, Présidiaux et autres Sieges ressortissants immédiatement dans les Cours; et dans tous les autres Sieges, elle est de vingt livres. *Ibid. art.* 4.

Le Juge, à qui la requête est présentée, doit mettre au bas son Ordonnance, qui porte permission au demandeur de s'inscrire en faux au Greffe, et qu'à cet effet il sera tenu de sommer dans les trois jours le défendeur de déclarer s'il entend se servir de la piece arguée de faux. *Ibid. art.* 8. Le Juge doit aussi faire mention, dans le vu, de la quittance de consignation. *Ibid. art.* 7.

En exécution de cette Ordonnance, le demandeur doit, dans les trois jours de sa date, faire sommation au défendeur, au domicile de son Procureur, et lui donner copie par le même acte : 1°. de la requête; 2°. du pouvoir spécial de celui qui l'a signée pour lui; 3°. de la quittance de consignation; 4°. de l'Ordonnance du Juge. *Ibid. art.* 9.

Le défendeur, ainsi sommé, doit signifier au demandeur, à domicile de Procureur, sa déclaration précise, s'il entend, ou non, se servir de la piece, laquelle déclaration doit être signée de lui, ou d'un fondé de procuration, de laquelle procuration il doit être donné copie par le même acte. *Ibid. art.* 11.

Le délai qu'a le défendeur pour faire cette déclaration est de trois jours, s'il demeure sur le lieu; de huitaine, s'il demeure dans les dix lieues; et s'il demeure plus loin, le délai doit être augmenté de deux jours par dix lieues, et il court du jour de la signification qui lui a été faite. *Ibid. art.* 10.

Le défendeur, qui a déclaré vouloir se servir de la piece arguée de faux, doit, dans les vingt-quatre heures de la signification de sa déclaration, déposer sa piece au Greffe, et dans un autre semblable délai de vingt-quatre heures, il doit donner au demandeur, à domicile de Procureur, copie de l'acte de mis au Greffe, *art.* 14.

§. III. — *Des cas auxquels le rejet de la Piece accusée de faux est ordonnée, sans que le demandeur passe à l'inscription de faux.*

Le demandeur en incident de faux, à qui le Juge a permis de s'inscrire en faux, n'a pas besoin de s'y inscrire, et peut sans cela se pourvoir à l'Audience, et y faire prononcer le rejet de la piece, dans les cas suivants.

1°. Lorsque le défendeur, sur la sommation qui lui a été faite, n'a pas signifié sa déclaration dans le délai et dans la forme qui sont ci-dessus prescrits. *Ibid. art.* 12.

2°. A plus forte raison, si le défendeur a déclaré qu'il n'entendoit point se servir de la piece, *art.* 13.

3°. Si, après avoir déclaré qu'il entendoit s'en servir, il ne l'a pas remise au Greffe dans les vingt-quatre heures, *art.* 14.

Le demandeur a néanmoins, en ce cas, le choix de faire prononcer qu'il lui sera permis de faire remettre la piece au Greffe, et d'en avancer les frais, dont il lui sera délivré exécutoire contre le défendeur. *Ibid.*

Mais il lui est bien plus avantageux d'en faire prononcer aussi-tôt rejet, sans se livrer à cette procédure dispendieuse.

Dans tous ces cas, le rejet de la pièce ne peut être ordonné qu sur le conclusions du Procureur du Roi, ou du Procureur Fiscal, à peine d nullité du jugement. *Ibid. art.* 18.

L'effet du jugement, qui ordonne, en ce cas, le rejet de la pièce, est qu la partie, contre qui le rejet en est ordonné, ne peut plus en tirer aucun induction en faveur de son droit. Mais celle qui l'a fait rejetter en peut tire telles inductions qu'elle jugera à propos, et former telles demandes qu'el avisera pour ses dommages et intérêts. *Ibid. art.* 12.

Elle peut aussi prendre la voie du faux principal, c'est-à-dire, donne la plainte sans retardation de l'instruction, et du jugement de la contes tation, à laquelle la requête en inscription de faux a été incidente à moins que, par les Juges, il n'en soit autrement ordonné. *Ibi art.* 15.

§. IV. — *De l'inscription de faux.*

Dans les vingt-quatre heures de la signification qui a été faite au deman deur en faux, que la pièce a été mise au Greffe, ou dans les vingt-quatr heures qu'elle y a été mise, si c'est lui-même qui l'y a mise, il doit forme au Greffe son inscription en faux.

Cette inscription de faux est un acte par lequel celui qui accuse un pièce de faux le déclare solennellement, et s'engage par écrit de prouve son accusation.

Pour cet effet il comparoît au Greffe en personne, ou par un fondé d sa procuration spéciale, et il y déclare qu'il accuse de faux telle et tel pièce, offre d'en donner les moyens dans les délais de l'Ordonnance, et fa une élection de domicile.

On en dresse un acte qu'il signe, lui, ou son Procureur fondé de s procuration spéciale.

Cette procédure nous vient du Droit Romain, par lequel celui q vouloit accuser quelqu'un d'un crime, présentoit au Magistrat un écr signé de lui, par lequel il déclaroit qu'il se portoit accusateur contr un tel, d'un tel crime, et s'engageoit, sous la peine du talion, de pour suivre et prouver son accusation ; c'est ce qui s'appelloit *inscriptio i crimen.*

Cette procédure d'inscription *in crimen* ne s'est conservée que dar le cas du faux incident, encore est-elle différente de celle du Droit Romain comme il est facile de le remarquer.

§. V. — *Du Procès-verbal de l'état des pieces, et du rapport des minutes*

La première instruction qu'il y a à faire, en conséquence de l'inscrip tion de faux formée au Greffe, est le procès-verbal, qui doit être dress par le Juge, de l'état des pieces accusées de faux. L'Ordonnance de 1737 *art.* 23, porte qu'il sera fait dans les trois jours, après la signification fai au demandeur de la remise au Greffe des pieces accusées de faux, ou dan les trois jours après cette remise, si c'est le défendeur qui les y a fait mettre lui-même, dans le cas de l'*art.* 14.

Le demandeur obtient, à cet effet, sur son requis, une Ordonnance du Juge qui donne assignation à jours, heures et lieu certains, pour être dressé procès-verbal de la pièce prétendue fausse, laquelle Ordonnance doit être signifiée au défendeur, à domicile de Procureur, avec sommation d'y comparoir dans les vingt-quatre heures.

Ce procès-verbal se fait au Greffe ou autre lieu destiné pour les instructions, *même Ordonn. de* 1737, *tit.* 1, *art.* 10. *tit.* 2, *art.* 25. Il se fait en présence du demandeur en incident de faux, du Procureur du Roi, et même du défendeur, en quoi il est différent de celui qui se fait en cas de faux principal.

Si le défendeur ne s'y trouvoit pas, le Juge donneroit défaut contre lui, et passeroit outre, sur-le-champ, au procès-verbal. *Ibid. art.* 25.

Le Juge doit parapher, et faire parapher les pièces, de l'état desquelles il dresse son procès-verbal, par le demandeur, ou faire mention qu'il n'a pu parapher, comme aussi par le défendeur, s'il est présent, ou faire mention qu'il n'a pu, ou n'a voulu les parapher. Le Procureur du Roi doit aussi les parapher. *Ordonn. de* 1737, *tit.* 2, *art.* 25. *T.* 1er. *art.* 11.

Ce procès-verbal doit faire mention des ratures, surcharges, interlignes, et de toutes les autres circonstances de même genre, qui se trouvent dans les pièces accusées de faux, et que le demandeur fait remarquer au Juge. *Tit.* 1, *art.* 10.

Le Juge diffère quelquefois ce procès-verbal, lorsque les pièces arguées de faux sont des pièces dont il y a minute, et qu'il a ordonné, soit sur la requête du demandeur, soit d'office, le rapport des minutes : en ce cas il peut surseoir au procès-verbal de l'état des expéditions qui en ont été mises au Greffe jusqu'à l'apport des minutes, afin de ne faire qu'un seul et même procès-verbal de l'état des expéditions et des minutes. En conséquence, le délai de trois jours, pour procéder au procès-verbal, ne doit courir que du jour de la signification faite au demandeur que les minutes ont été apportées au Greffe, ou du jour qu'elles y ont été apportées, si c'est le demandeur qui les y a fait apporter. Cette surséance est néanmoins laissée à la prudence du Juge. *Ibid. art.* 24.

Lorsque le Juge, soit sur la requête du demandeur, soit d'office, a ordonné l'apport des minutes, le défendeur doit, dans le délai qui lui est prescrit pour cela par l'Ordonnance du Juge, et qui court du jour de la signification qui lui en est faite, faire les diligences nécessaires pour l'apport des pièces ; faute par lui de les avoir faites, le demandeur peut se pourvoir à l'Audience, pour faire prononcer le rejet de la pièce, sans qu'il soit besoin de continuer la poursuite du faux, si mieux il n'aime demander à être autorisé lui-même à la faire apporter, et à en avancer les frais, dont il lui sera délivré exécutoire contre le défendeur, comme de frais préjudiciaux, ainsi que nous l'avons vu ci-dessus, *art.* 16 *et* 17.

Les dépositaires des minutes, tels que sont les Notaires, Greffiers et autres, sont obligés de les porter aux Greffes, dans les trois jours de la

signification qui leur est faite de l'Ordonnance, à leur domicile, av
commandement d'y satisfaire dans les trois jours, s'ils sont demeuran
sur le lieu ; dans la huitaine, s'ils sont demeurants dans les dix lieues ,
d'un jour de plus par dix lieues, s'ils sont plus éloignés. Le Juge pe
néanmoins augmenter le délai, pourvu qu'il n'excède pas deux jours p
dix lieues.

Faute par eux d'y satisfaire, ils peuvent y être contraints par corps
s'ils sont Laïques et Dépositaires publics ; par saisie de leur temporel, s'i
sont Ecclésiastiques ; et s'ils ne sont point Dépositaires publics, par te
voie que le Juge jugera à propos, même par corps. *Ordonn. de* 1737
tit. 1, *art.* 5 *et* 6. *tit.* 2, *art.* 16.

§. VI. — *Des Moyens de faux, et du Jugement qui intervient sur ces*
moyens.

Trois jours après que le procès-verbal de l'état des pieces aura é
dressé (lequel délai ne doit courir que du jour du dernier procès-verba
lorsqu'il en a été fait deux séparés des expéditions et des minutes),
demandeur doit mettre au Greffe ses moyens de faux ; faute de quoi ,
défendeur peut se pourvoir à l'Audience, pour le faire déchoir de so
inscription en faux. *Tit.* 2, *art.* 27.

On peut apporter quantité d'exemples de moyens de faux. *V. G.* Si
demandeur soutient que la signature qui est au bas de l'acte n'est pas
sienne ; ou si, en convenant de sa signature, il soutient qu'on a insér
quelques lignes, qu'on a altéré des mots, qu'on a surchargé l'écriture.

Ces moyens ne doivent point être communiqués au défendeur. *Ibi*
art. 28.

Après qu'ils ont été mis au Greffe, le Greffier les remet au Procureu
du Roi, ou Fiscal, sur les conclusions duquel il intervient un Jugemen
qui les admet, ou rejette en tout ou en partie, ordonne qu'il en sera i
formé, tant par titres que par témoins, comme aussi par Experts
comparaison d'écritures, selon que le cas le requiert. *Ibid. art.* 29 *et* 3(

Il est défendu, à peine de nullité, d'ordonner que les experts fero
leur rapport sur les pieces accusées de faux, ni qu'il sera procédé à leu
vérification. *Même art.* 30.

Lorsque le Jugement, qui admet les moyens de faux, ordonne qu'il e
sera informé par Experts, le Juge doit nommer d'office, par le mêm
Jugement, les Experts. *Tit.* 1, *art.* 18 ; sauf à l'accusé à fournir contr
eux ses reproches, en la même forme que contre les autres témoins, lo
de la confrontation, et non autrement. *Même tit. art.* 9.

§. VII. — *De l'Instruction qui se fait en exécution du jugement qui perm*
d'informer du faux.

En exécution du Jugement qui permet d'informer du faux, on fait en
tendre tous les témoins qui peuvent avoir connaissance de la fabrication
altération, et en général de toute la fausseté des pieces accusées de faux
ou des faits qui peuvent servir à en établir la preuve.

On peut même, pour cet effet, en tout état de cause, obtenir et faire publier monitoires. *Tit.* 2. *art.* 40.

Le Juge doit représenter aux témoins, lors de leurs dépositions, les pieces prétendues fausses, et les autres pieces servant à conviction, et les leur faire parapher, ou faire mention qu'ils n'ont pu, ou n'ont voulu les parapher. *Tit.* 2. *art.* 41. *Tit.* 1. *art.* 25, 26 et 27.

Si cette représentation n'avoit pas été faite lors de la déposition, elle pourroit se suppléer lors du recollement et de la confrontation. *Tit.* 1. *art.* 28. *Tit.* 2. *art.* 41.

A l'égard des pieces de comparaison, il n'est nécessaire de les représenter qu'aux Experts, qui sont entendus comme témoins. *Tit.* 1. *art.* 26.

Si les témoins, lors de leurs dépositions, recollement et confrontation, représentent quelques pieces, elles doivent être jointes au procès, après avoir été paraphées par le Juge et les témoins, ou mention faite qu'ils ne l'ont pu, ou voulu; ou si ces pieces tendent à conviction, elles seront dorénavant représentées aux autres témoins, suivant ce qui a été dit ci-dessus. *T.* 2. *art.* 4. *T.* 1. *art.* 40.

Lorsque le Jugement ordonne qu'il sera informé du faux par comparaison d'écritures et signatures, c'est le demandeur qui les doit fournir. On ne doit recevoir celles qui seroient représentées par le défendeur, si ce n'est du consentement du demandeur, et du Procureur du Roi, ou Fiscal, à peine de nullité; sauf, après l'instruction achevée, à ordonner, s'il y échet, sur la Requête de l'accusé, et le vu du procès, que le défendeur sera reçu à fournir de nouvelles pieces de comparaison. *Tit.* 2. *art.* 33. *T.* 1. *art.* 46. Les pieces qui peuvent être admises pour comparaison, sont les authentiques, telles que sont ;

1°. Les signatures apposées aux actes devant Notaires, ou autres personnes publiques, tant séculieres qu'ecclésiastiques, dans les cas où elles ont droit de recevoir des actes.

2°. Celles étant aux actes judiciaires, faits en présence du Juge et du Greffier.

3°. Les Pieces écrites et signées par celui dont il s'agit de comparer l'écriture, comme faisant fonction de Juge, Greffier, Notaire, Procureur, Sergent, ou quelqu'autre fonction publique. *T.* 2. *art.* 23. *T.* 1. *art.* 13.

On peut aussi admettre pour pieces de comparaison les écritures et signatures privées que l'accusé auroit reconnues lui-même; mais il ne suffiroit pas qu'elles eussent été vérifiées avec lui sur sa dénégation. *T.* 2. *art.* 33. *T.* 1. *art.* 14.

Lorsque l'accusation de faux ne tombe que sur un endroit de la piece, il est laissé à la prudence du Juge d'ordonner que le surplus de la piece servira de comparaison. *T.* 1. *art.* 15.

Tout ce qui a été dit au Paragraphe V, touchant la maniere de faire apporter les minutes des pieces arguées de faux par ceux qui les ont, a lieu aussi à l'égard de ceux qui sont dépositaires des pieces qui doivent servir de pieces de comparaison. *T.* 2. *art.* 33. *T.* 1. *art.* 16.

Les pieces qui doivent servir de pieces de comparaison, doivent demeu-

rer au Greffe pour l'instruction, quand même les dépositaires offriroi
de les représenter toutesfois et quantes il seroit nécessaire. Cette re
néanmoins souffre exception à l'égard des Registres de Baptême, à ca
du besoin continuel qu'en ont les Curés pour le service du public. *T.*

Le Juge, sur le simple requisitoire verbal du demandeur, dresse
Greffe, ou autre lieu destiné pour les instructions, procès-verbal des pie
de comparaison, en présence du demandeur, et du Procureur du R
ou Fiscal, et même du défendeur, lequel, à cet effet, doit être toujo
auparavant sommé au domicile de son Procureur de s'y trouver; et s'i
s'y trouve pas, le Juge donne défaut contre lui par son procès-verbal,
passe outre. *Tit.* 2. *art.* 34. *T.* 1. *art.* 17.

Lors de ce procès-verbal, les pieces de comparaison doivent être rep
sentées au défendeur, s'il y comparoît, pour en convenir, ou les contes
sans que, pour raison de ce, il lui soit donné délai, ni conseil. *T.*
art. 35. S'il les conteste, ou s'il refuse d'en convenir, le Juge en fait m
tion en son procès-verbal, et, sur les conclusions du Procureur du R
ou Fiscal, statue sur l'admission ou rejet de ces pieces, à moins qu'il
juge à propos d'en référer au Siege. *T.* 2. *art.* 36. *T.* 1. *art.* 19.

S'il admet les pieces de comparaison, il doit les faire parapher par
demandeur, le Procureur du Roi, ou Fiscal, et. même par le défende
s'il est comparu, ou faire mention qu'il n'a pu, ou n'a voulu le fai
Tit. 2. *art.* 34.

Si les pieces de comparaison sont rejettées, le Juge ordonne que le
mandeur, dans un certain délai qu'il lui prescrit, en rapportera d'autr
et, faute par lui de le faire, le Juge peut, si bon lui semble, ordonner q
sans s'arrêter à l'inscription de faux, il sera passé outre au jugement d
contestation principale. *Ibid. art.* 37.

Observez que le demandeur, ainsi que le défendeur, peuvent compa
à ce procès-verbal, et aux autres dont nous avons traité au paragraphe p
cédent, par Procureurs fondés de leurs procurations spéciales devant l
taires, qui doivent être paraphées par le Juge et les porteurs de procurati
et annexées à la minute de l'acte pour lequel elles sont données; et si e
sont données pour plusieurs procès-verbaux, à la minute du premier qui
passera. *T.* 2. *art.* 38. *T.* 1. *art.* 57 *et* 58.

Les Experts qui sont nommés pour la comparaison des écritures, doiv
être entendus séparément par forme de déposition, lors de laquelle
Juge doit les entendre, et leur remettre; 1. la Requête à fin de perm
sion de s'inscrire en faux; 2°. l'Ordonnance sur cette Requête; 3°. l'a
d'inscription de faux; 4°. les pieces arguées de faux; 5°. le procès-ver
de l'état de ces pieces; 6°. les moyens de faux; 7°. le Jugement qui
a admis, et qui ordonne l'information; 8°. les pieces de comparaison;
le procès-verbal de présentation d'icelles; 10°. le Jugement qui les
admises, pour, par chacun desdits Experts, examiner le tout sans déf
cer, et ensuite faire sa déposition, dans laquelle sera fait mention de tout
que dessus, sans qu'il en soit dressé aucun procès-verbal. *T.* 1. *art.*
T. 2. *art.* 22 *et* 33.

Observez aussi que les Experts, lors de leurs dépositions, doivent parapher les pieces accusées de faux. *T. 1. art.* 23.

En cas de contrariété dans la déposition des Experts, ou de doute sur la maniere dont ils se sont expliqués, le Juge peut sur le requisitoire du Procureur du Roi, ou Fiscal, même d'Office, nommer de nouveaux experts, même ordonner qu'il sera fourni de nouvelles pieces de comparaison. *T. 1. art.* 36.

Il peut ordonner cela, soit avant, soit après avoir décrété, pourvu que ce soit avant le règlement à l'extraordinaire, car, après ce règlement, cela ne peut plus être ordonné qu'en jugeant. *Ibid.*

§. VIII. — *Des Décrets, et des Interrogatoires.*

Après l'information faite, le Juge, suivant le mérite de l'information, peut, sur les conclusions du Procureur du Roi, ou Fiscal, ordonner contre le défendeur, ou contre d'autres, tels décrets qu'il jugera à propos, ou de soit ouï, ou d'adjournement personnel, ou de prise-de-corps ; ou, s'il ne juge pas qu'il y ait lieu au décret, il peut ordonner que l'information sera jointe au procès, ou statuer telle autre chose qu'il jugera à propos. *Tit.* 2. *art.* 42. *T.* 1. *art.* 30.

Il peut même sans information, décréter, s'il y a d'ailleurs des charges suffisantes. *Même art.* 30.

Lorsque le Juge a décrété, il doit représenter aux accusés, lors de l'interrogatoire, les pieces accusées de faux, et les autres pieces qui sont déposées au Greffe, et peuvent servir de conviction, les leur faire parapher, ou faire mention qu'ils n'ont pu, ou voulu le faire. *Tit.* 2. *art.* 43. *T.* 1. *art.* 31. Si cela a été obmis, le Juge doit réparer cette obmission par un nouvel interrogatoire, à peine de nullité du Jugement qui interviendroit sans avoir réparé cette obmission. *Même art.* 31.

A l'égard des pieces de comparaison, elles ne doivent pas être représentées aux accusés, lors de l'interrogatoire, mais seulement à la confrontation. *Tit.* 1. *art.* 32.

Si l'accusé représente lui-même quelques pieces, lors de ses interrogatoires, elles doivent y demeurer jointes, après avoir été préalablement paraphées par le Juge et par l'accusé; sinon, il doit être fait mention que l'accusé n'a pu ou voulu le faire. *T.* 1. *art.* 41. *T.* 2. *art.* 43.

§. IX. — *De la Procédure qui se fait, lorsque le Juge ordonne que l'Accusé écrira un corps d'écriture.*

En tout état de cause, soit avant, soit après le règlement à l'extraordinaire, les Juges peuvent, ou sur la requête du demandeur, ou sur celle du Procureur du Roi, ou Fiscal, même d'office, ordonner que l'accusé sera tenu de faire un corps d'écriture, tel qu'il lui sera dicté par les Experts. *T.* 2. *art.* 44. *T.* 1. *art.* 33.

En exécution de ce Jugement, le Juge fait procéder à ce corps d'écriture au Greffe, ou autre lieu destiné pour les instructions, en présence du Procureur du Roi, ou Fiscal, et du demandeur; et, après que l'accusé

l'a achevé, le Juge le paraphe, et le fait parapher par toutes les parti
ou fait mention qu'elles n'ont pu, ni voulu parapher. *T.* 1. *art.* 34.

A la fin du procès-verbal, sans qu'il soit besoin d'autre Jugement
Juge ordonne, s'il y échet, que le corps d'écriture sera reçu pour pi
de comparaison, et que les Experts seront entendus, par forme de dé
sition, sur ce qui peut résulter du corps d'écriture comparé avec les pie
accusées de faux, quand même ces Experts auroient déjà déposé
d'autres pieces de comparaison. *T.* 1. *art.* 35.

Le Juge peut aussi, s'il y échet, nommer d'autres Experts, ou
ajouter d'autres aux premiers : mais il ne le peut faire que par délibé
tion du Conseil, et après en avoir référé aux autres Juges. *Ibid.*

§. X. — *Du Règlement à l'extraordinaire, et des Recollements et C*
frontations qui se font en exécution de ce Règlement.

Si les faits de faux paroissent assez graves pour qu'il y ait lieu de pas
au règlement à l'extraordinaire, ce règlement est rendu par le Siege,
les conclusions du Procureur du Roi, ou Fiscal. En conséquence, on p
cede, comme dans tous les autres procès criminels, au recollement
témoins, et à leur confrontation avec l'accusé.

Si le témoin, lors de son recollement, ou de la confrontation, rep
sente quelques pieces qui puissent servir, elles doivent être jointes au
collement ou à la confrontation, après que le Juge les aura paraphée
et fait parapher par le témoin, ou fait mention qu'il n'a pu, ou voulu
faire; et pareillement si l'accusé en représente quelqu'une, lors de la c
frontation, elle y doit être jointe, après que le Juge l'aura pareillem
paraphée, et fait parapher par l'accusé et le témoin, ou fait mention qu
n'ont pu, ni voulu le faire.

On doit représenter aux témoins, lors de leur recollement, et tant a
témoins qu'à l'accusé, lors de la confrontation, les pieces accusées
faux, et toutes celles qui servent à conviction, dont les témoins peuv
avoir connoissance, soit que ces pieces aient déjà été représentées lors
leurs dépositions, soit qu'elles n'aient été au procès que depuis, mê
celles qui auroient été représentées par l'accusé, lors de ses interrogatoir
ou confrontations, et jointes aux interrogatoires, ou confrontations,
par d'autres témoins, lors de leurs dépositions, recollement et confron
tion, toutes lesquelles pieces le Juge doit faire parapher par le témoin,
ne les a pas déjà paraphées; ou il doit faire mention qu'il n'a pu,
voulu le faire, et pareillement par l'accusé, lors de la confrontation,
faire mention qu'il n'a pu, ou voulu le faire.

Le défaut de représentation, lors de la déposition, ou recollemer
n'emporte pas nullité de la déposition, ou recollement des témoins aut
que des Experts, ce défaut pouvant se suppléer par la représentation q
se peut faire lors de la confrontation. Si le défaut n'a pas été réparé lc
de la confrontation, il n'y a que la confrontation de nulle, et il suffit d'
faire une autre.

Lorsque les accusés sont recollés dans leurs interrogatoires, et confro tés les uns aux autres, on leur représente les pieces qui leur ont déjà été représentées, ou qu'ils ont eux-mêmes rapportées lors de leurs interrogatoires, et on observe tout ce qui est marqué ci-dessus.

A l'égard des Experts, on doit, à peine de nullité, leur représenter, lors de leur recollement, les pieces accusées de faux et les pieces de comparaison, et tant à eux qu'aux accusés, lors de la confrontation.

Cette confrontation a cela de particulier, qu'il n'est point nécessaire d'interpeller les Experts, si c'est de l'accusé présent dont ils ont entendu parler. Tout ceci résulte des *art.* 37, 38, 39, 40, 41, 42, 43, 44 et 45 *du Tit.* 1, *et de l'art.* 45 *du Tit.* 2 *de l'Ordonnance de* 1737.

§. XI. — *De la Requête de l'Accusé, pour faire nommer de nouveaux Experts, ou pour fournir nouvelles pieces de comparaison.*

Comme cette requête tend à la justification de l'accusé, et que c'est une regle, en matiere criminelle, qu'on ne fait droit sur les requêtes tendantes à faits justificatifs, qu'après l'instruction faite, et lors de la visite du procès pour le jugement définitif, l'Ordonnance, *Tit.* 1, *art.* 46. et *T.* 2. *art.* 46. veut aussi qu'il ne soit statué sur cette requête qu'en ce temps, et sur le vu du procès.

Lorsque, sur la requête de l'accusé, il a été rendu un Jugement, portant qu'il pourra fournir nouvelles pieces de comparaison, ce Jugement doit lui être prononcé dans les vingt-quatre heures, au plus tard, lors de laquelle prononciation, le Juge doit l'interpeller de déclarer les pieces de comparaison qu'il entend fournir; ce qu'il est tenu faire sur-le-champ, sinon que le Juge jugeât à propos de lui accorder un délai qui ne pourra être prorogé, et il ne peut en fournir d'autres que celles par lui indiquées, sauf à les contester par la partie civile ou publique. *Tit.* 1, *art.* 47.

On suit, à l'égard de la qualité que doivent avoir ces pieces de comparaison, les mêmes regles qu'à l'égard de celles qui sont fournies par le demandeur, suivant que nous l'avons expliqué au Paragraphe troisieme, sauf qu'on n'admet point les écritures privées de l'accusé qui les fournit, quand même elles auroient été reconnues, à moins que le demandeur et la partie publique n'y veulent bien consentir. *Tit.* 1, *art.* 48 *et* 49.

L'apport et la remise au Greffe des pieces indiquées par l'accusé pour pieces de comparaison, se fait à la diligence de la partie publique. *Même art.* 49.

Le procès-verbal de présentation des pieces de comparaison, se fait aussi à la requête de la partie publique, en présence de l'accusé, ou par défaut contre lui, après qu'il a été dûment appellé, à domicile de Procureur, lorsqu'il n'est pas prisonnier.

On observe au surplus toutes les formalités expliquées ci-dessus, Paragraphe septieme, touchant le procès-verbal de présentation, le rejet ou l'admission des pieces. *Ibid. art.* 50.

Le Procureur du Roi, ou Fiscal, ou le demandeur, peuvent aussi, à l'occasion de nouvelles pieces de comparaison indiquées par l'accusé,

être admis à en produire aussi de leur part; lesquelles pieces doivent ê
présentées, admises ou rejettées en la maniere ci-dessus expliquée. *Ib*
art. 53.

Lorsque les pieces indiquées par l'accusé ont été admises, on ordon
une nouvelle information sur ce qui a pu résulter de leur comparaison av
les pieces accusées de faux, laquelle se fait à la requête de la partie pub
que; et si la partie publique et le demandeur ont aussi fourni de leur co
des pieces de comparaison, le Juge peut ordonner qu'il ne sera fait qu'u
seule et même information, tant sur celles produites par l'accusé, que s
celles produites par l'autre partie. *Ibid. art.* 51 *et* 53.

Cette information se fait par les mêmes Experts, qui ont déjà été ent
dus, s'il n'en a été autrement ordonné; et, lors de la déposition de c
cun d'eux, sur la comparaison des nouvelles pieces, on remet à l'Expe
tant les anciennes que les nouvelles pieces, les procès-verbaux de prés
tation, ordonnances ou jugement de réception. *Même art.* 51.

Quelquefois, lorsque l'accusé le demande, le Juge ordonne que ce
nouvelle information se fera par de nouveaux Experts : ils doivent toujo
être nommés d'office par le Juge. *Ibid. art.* 55.

Les Juges peuvent, sur cette nouvelle information, la joindre au p
cès, et statuer tout ce que leur prudence leur suggere. *Ibid. art.* 56.

§. XII. — *Des cas auxquels le Demandeur en incident de faux doit ê*
condamné en l'amende; et des cas auxquels on doit lui accorder la r
titution de celle qu'il a consignée.

Le demandeur en incident de faux encourt l'amende régléc par l'*a*
49 *du Tit.* 1; 1°. lorsqu'après avoir formé son inscription au Greffe
s'en désiste volontairement.

2°. Lorsqu'il a été déclaré déchu, faute d'avoir, dans les délais prescr
donné ses moyens de faux, et suivi la procédure, quand même il offri
de poursuivre le faux, comme faux principal, faute d'avoir fourni
preuves suffisantes.

3°. Lorsqu'il a succombé par le Jugement rendu définitivement sur l'
cident de faux, quand même le Jugement seroit conçu par un simple *h*
de Cour, et quand même le Jugement ne contiendroit pas expressémen
condamnation de l'amende. *Tit.* 2. *art.* 50.

Au contraire, il y a lieu à la restitution de l'amende, 1°. lorsque le
mandeur en requête d'inscription de faux n'a point formé au Greffe
inscription, sa requête ayant été rejettée auparavant.

2°. Lorsqu'après l'inscription de faux, et la poursuite de faux, il a
tenu au moins en partie, et que l'une des pieces par lui accusée de fau
été déclarée fausse, en tout ou en partie, ou du moins lors qu'elle a été rejet
du procès. *Ibid. art.* 5.

Les Jugements pour la condamnation, ou la restitution de l'amende,
peuvent être rendus que sur les conclusions du Procureur du Roi, ou l
cal. *Ibid. art.* 52.

§. XIII. — *De l'exécution du jugement qui ordonne la radiation ou réformation d'une Piece.*

Lorsque, sur l'inscription de faux, il a été rendu définitivement un Jugement par lequel la lacération, radiation en tout ou partie, même la réformation ou rétablissement de quelque piece a été ordonné, il doit être sursis à l'exécution, jusqu'à ce qu'il y ait été statué par la Cour sur le vu du procès, qui y doit être à cet effet envoyé, et sur les conclusions du Procureur Général. *Tit* 2. *art.* 47. *T.* 1. *art.* 59.

Cela a lieu, quand même l'accusé auroit acquiescé à la Sentence dans le cas où il le peut faire ; mais cela n'empêchera point l'exécution du surplus de la Sentence, ni l'élargissement de l'accusé, lorsqu'il n'y a point d'appel, *art.* 59 *et* 60.

Lorsque le Jugement a été rendu par contumace contre quelqu'un des accusés, soit par un premier Juge, soit par la Cour, il doit être sursis à l'exécution de ce qui a été ordonné touchant la piece, tant que les contumaces ne se seront point représentés, quand même les cinq ans seroient expirés, si ce n'est que, par la suite, il n'en soit autrement ordonné par les Cours sur les conclusions du Procureur Général, *art.* 61 *et* 62.

§. XIV. — *De la remise et renvoi des pieces déposées au Greffe sur l'inscription de faux.*

Lorsqu'il n'y a point eu de règlement à l'extraordinaire, les Juges doivent statuer sur la remise ou renvoi des pieces déposées au Greffe, tant de celles inscrites de faux que des autres.

Ce Jugement ne peut néanmoins être rendu que sur les conclusions du Procureur du Roi, ou Fiscal, et ne peut être exécuté nonobstant l'appel. *T.* 2, *art.* 48.

Après le règlement à l'extraordinaire, ce n'est que par le Jugement définitif, rendu sur l'accusation ou inscription de faux, qu'il doit être statué sur la restitution des pieces, tant de celles accusées de faux, lorsqu'elles n'ont pas été déclarées telles, que de celles dont le dépôt a été ordonné pour servir à l'instruction du procès. *T.* 2. *art.* 47. *T.* 1, *art.* 63 *et* 66.

Elles ne peuvent même en être retirées après le Jugement, lorsqu'il y a appel, jusqu'à l'Arrêt qui sera rendu sur l'appel ; et même, dans le cas où il n'y a pas d'appel, et où l'appel n'est pas nécessaire, elles doivent rester au Greffe six mois après le Jugement par lequel la remise en est ordonnée ; et il doit être donné avis au Procureur Général du Jugement, et de tous ceux qui sont rendus en matiere de faux, soit contradictoirement, soit par contumace. *Tit.* 1, *art.* 65. *Tit.* 2, *art.* 47.

On ne peut exécuter aucunes transactions sur le faux incident, de même que sur le faux principal, qu'elles n'aient été homologuées en Justice sur les conclusions du Ministere public, à peine de nullité. *Tit.* 2, *art.* 52.

Fin du Traité de la Procédure Civile.

OBSERVATION.

Depuis l'impression du Traité de la Procédure civile, il a été rendu une Déclara**t**
du Roi, le 29 Août 1778, registrée en Parlement le premier Septembre suivant,
cernant les *Présidiaux*, interprétative de l'Edit du mois d'Août 1777, à laquelle il **a**
avoir recours dans les notes où cet Edit est cité.

TRAITÉ

DE LA PROCÉDURE

CRIMINELLE.

ARTICLE PRÉLIMINAIRE.

Lᴀ *Procédure Criminelle* est la forme dans laquelle on poursuit la réparation, tant publique que particuliere, des crimes, contre ceux qui les ont commis.

Un crime est une action injuste, qui tend à troubr l'ordre et la tranquillité publique.

Il faut examiner, 1°. par qui, aux dépens de qui, contre qui, et devant quel Juge s'intentent et se poursuivent les accusations des crimes. 2° Quelle est la forme d'intenter ces accusations, et des procédures qui précedent le décret que le Juge rend contre les accusés. 3°. Il convient de traiter des différents décrets que ce Juge rend contre les accusés, de leur exécution et de la procédure contre les contumaces. 4°. De l'instruction qui suit le décret jusqu'au Jugement définitif, des différentes Requêtes des parties, et des conclusions définitives du Procureur du Roi. 5°. Des Jugements définitifs, de l'appel et de leur exécution. 6°. Des Procédures particulieres à certains Juges, à certains accusés, et à certains crimes. 7°. De l'extinction, de l'abolition et pardon des crimes, et purgation de la mémoire des défunts.

SECTION PREMIERE.

Par qui, aux dépens de qui, contre qui, et devant quel J
s'intentent et se poursuivent les accusations des crimes ?

ARTICLE PREMIER.

Par qui, aux dépens de qui, et contre qui s'intentent et se poursuivent
accusations ?

§. I. — *Par qui doivent s'intenter les accusations de crimes ?*

CHEZ les Romains, chaque citoyen avoit droit d'intenter l'accusat
des crimes contre ceux qui les avoient commis. *L. popularis* 4. *de po*
larib. actionib. L. qui accusare 8. ff. *de accusat.* §. *instit. de publicis*
diciis.

Dans notre Droit, ce soin est réservé à certains Officiers, qu'on app
Partie publique : ce sont les *Procureurs Généraux* dans les Cours, le
Substituts dans les Jurisdictions Royales inférieures, et les *Procure*
Fiscaux dans les Justices des Seigneurs. Il y a des crimes qui, en mê
temps qu'ils blessent l'ordre et la tranquillité publique, offensent enc
quelque particulier dans sa vie, son honneur ou ses biens : tels sont l'
micide, le vol, le viol, etc. L'accusation de ces crimes peut être inten
non-seulement par la partie offensée, mais encore par le mari pour la p
sonne de sa femme, en cas d'homicide ou d'excès commis sur elle; le p
pour ses enfants, ou leur mere, si le pere est mort; la veuve de l'hom
homicidé, et les enfants, quand même ils auroient renoncé à la successi
peuvent intenter l'accusation : à défaut d'enfants, les peres et mer
quand même il ne seroient point héritiers, le peuvent aussi; à déf
d'enfants et d'ascendants, les collatéraux sont aussi reçus à l'intenter. L
femme même, sous puissance de mari, peut accuser sans être autori
de son mari, *hoc tuendi honoris causâ.* Notre Coutume d'Orléans en a u
disposition précise pour le fait d'injure, *art.* 200; mais les mineurs
peuvent rendre plainte sans l'assistance de leurs tuteurs ou curateu
L. 8. ff. *de accusat. L.* 2. §. *unic. cod. eod.*

Ces personnes, aussi bien que la partie offensée en sa propre personn
en intentant l'accusation contre le coupable du crime, ne peuvent dema
der qu'une réparation civile, qui consiste en une somme de deniers,
est arbitrée par le Juge pour réparation du tort que le crime leur a cau
c'est pourquoi ces accusateurs sont appelés *Partie civile.*

L'Officier chargé du Ministere public intente de son côté l'accusati
pour la poursuite de la vengeance publique et de la peine publique. Ce
accusation précede quelquefois celle de la partie civile, auquel cas la par
civile intervient, lorsqu'elle le juge à propos. Si la partie civile a préve
la partie publique sur la communication qui lui est donnée par l'ord

nance du Juge, de la plainte rendue par la partie civile, alors la partie publique intervient, et se rend conjointement accusateur : bien souvent la partie offensée laisse agir la partie publique, et ne forme point de plainte, pour ne pas supporter les frais de l'accusation.

§. II. — *Aux dépens de qui se poursuivent les accusations ?*

Lorsqu'il y a une partie civile, la poursuite de l'accusation se fait aux dépens de cette partie; et si elle obtient condamnation, l'accusé est condamné envers elle en ses dépens.

Lorsqu'il n'y a point de partie civile, et que l'accusation est poursuivie par la seule partie publique, elle se fait aux dépens du Roi, ou autre Seigneur à qui appartient la Justice où l'accusation a été intentée. *Ordonn. de* 1670, *tit.* 1, *art.* 1, *in fine;* et, en cas de condamnation, l'accusé n'est point condamné aux dépens envers le Roi, ou le Seigneur. *Arrêt du* 12 *Juillet* 1702, *rapporté par Bruneau, Mat. crim. part.* 2, *tit.* 30, *Max.* 7, mais le Juge le doit condamner en une amende qui dédommage le Roi, ou le Seigneur, des dépens du procès.

§. III. — *Contre qui s'intentent les accusations de crimes ?*

L'accusation ne peut être valablement intentée que contre les personnes même qui ont commis le crime, ou qui y ont participé; car les crimes s'éteignent par la mort du coupable avant sa condamnation. *L.* 3. ff. *de publicis judiciis. L. ult.* ff. *ad Leg. Jul. Majest. L.* 1. §. *ult.* ff. *de requirendis reis, et L.* 2. *cod. si reus vel accusat.*

Il y a cependant certains crimes, dont l'accusation peut être intentée après la mort du coupable contre sa mémoire. Ces crimes sont; 1°. Celui de relaps ou d'hérésie. 2°. Celui de leze-Majesté au premier chef, tels qu'est celui de ceux qui ont attenté à la vie du Roi, ou qui ont pris les armes, ou conjuré contre l'État. *L. ult.* ff. *ad Leg. Jul. Majest.* ainsi jugé par Arrêt du 15 Mai 1604, contre Nicolas l'Hôte, natif d'Orléans, Commis de M. de Villeroi, qui avoit trahi Henri IV, en donnant avis au Roi d'Espagne des délibérations prises au Conseil du Roi. 3°. La rébellion à Justice avec force ouverte, dans la rencontre de laquelle l'accusé a été tué. 4°. Le duel. 5°. Le suicide.

Au reste, il n'importe de quelle condition est la personne qui a commis le crime, contre qui l'accusation est intentée; car on peut intenter l'accusation contre les Étrangers trouvés en France pour crimes qu'ils y ont commis, et contre les Regnicoles. *Voyez les Arrêts rapportés par Lacombe, Mat. criminel. part.* 2. *chap.* 1. *N°.* 34. On peut l'intenter même contre ceux qui sont morts civilement, contre ceux qui sont sous la puissance d'autrui, contre les mineurs et même les impuberes qui, approchant de l'âge de puberté, sont capables de malice.

Il est évident qu'on ne peut intenter d'accusation contre des enfants, ni contre des insensés; car n'ayant pas l'usage de la raison, ils ne sont pas capables de la malice qui fait le caractere du crime.

ARTICLE II.

Devant quel Juge l'accusation doit-elle s'intenter?

§. I. — *Regle générale.*

De Droit commun, la connoissance des crimes appartient au Juge du lieu où ils ont été commis. *Ordonn. de* 1670, *tit.* 1, *art.* 1.

La raison est que chaque Juge ayant autorité dans son territoire pour maintenir l'ordre et la tranquillité publique, c'est une conséquence qu'il a droit de punir tous ceux qui l'y troublent, soit qu'ils soient domiciliés, soit qu'ils ne le soient pas. On peut ajouter pour raison accessoire, que l'instruction du procès se fait plus facilement, plus promptement, et à moins de frais dans le lieu où le crime a été commis.

Lorsque le crime a été comploté dans un lieu, exécuté et consommé dans un autre lieu, c'est le lieu où il a été exécuté et consommé qui est le lieu du délit ; car c'est l'exécution qui fait proprement le délit : ce qui trouble l'ordre et la tranquillité publique, doit être quelque chose d'extérieur; ce complot n'est point le délit, il n'est qu'une circonstance.

Si une personne étant, par exemple, sur les limites de la Justice d'Ingré tire un coup de fusil sur un homme qui est dans la Justice de Saint-Mesmin qui en est voisine, et le tue, il y a plus de difficulté de savoir quel est le lieu du délit. La décharge du coup de fusil qui s'est faite dans le territoire d'Ingré, et qui a causé l'homicide, est une action extérieure en laquelle le délit peut paroître consister; il est vrai que cette action n'a eu son effet que dans la Justice de Saint-Mesmin, où l'homme a été atteint de ce coup; mais, dira-t-on, le délit consiste plutôt dans l'action que dans l'effet qu'elle a eu, puisque, quand même l'action n'auroit pas eu son effet, il suffiroit que le coup eût été tiré dans le dessein de tuer l'homme, pour que ce fût un délit punissable par les Loix, d'où il semble suivre que le lieu du délit est celui d'où le coup a été déchargé. Nonobstant ces raisons, je pense que le lieu du délit est celui, non d'où le coup a été déchargé, mais le lieu où étoit l'homme sur lequel on a tiré, soit qu'il ait été atteint du coup, ou non, car un délit étant une action qui tend à troubler l'ordre et la tranquillité publique, c'est ce lieu où la tranquillité publique est troublée qui est le lieu du délit; or, ce n'est plus dans le lieu d'où l'on a tiré le coup de fusil, mais dans le lieu sur lequel on a tiré qu'est troublée la tranquillité publique, et parconséquent c'est dans ce lieu où, à proprement parler, le délit a été commis; c'est donc au Juge de ce lieu à qui il appartient de maintenir l'ordre et la tranquillité publique, dans son territoire, et de venger tout ce qui tend à l'y troubler, parconséquent à connoître de ce crime plutôt qu'au Juge du lieu d'où le coup a été tiré. M. Jousse est d'un sentiment contraire ; il prétend que le crime dans cette espece est censé commis dans l'un et l'autre lieu, et que c'est le plus diligent de l'un ou de l'autre Juge qui en doit connoître par prévention ; c'est aussi l'opinion de le Prêtre, *cent.* 4. *chap.* 52, mais je ne suis pas de leur avis.

Il y a de certains crimes qui consistent dans une continuation d'action, qui se continue par différents lieux ; tel est le crime de rapt d'une personne que le ravisseur a enlevée de l'endroit d'où il l'a ravie pour la conduire dans un autre endroit éloigné. On demande quel est l'endroit du délit ? Il paroît, par le procès-verbal de l'Ordonnance, que M. Pussort pensoit que tous les lieux par où passoit le ravisseur étoient également lieux du délit, mais il est plus véritable que le lieu du délit, en ce cas, est celui d'où la personne a été enlevée.

Dans ces sortes de crimes, le lieu du délit est celui où s'est commis ce qu'il y a de principal dans le délit, et non pas ce qui n'en est que la continuation et la suite ; or ce qu'il y a de principal dans le rapt est l'enlevement de la personne du lieu où elle étoit, le reste n'en est que la suite ; c'est donc le lieu où s'est fait l'enlevement qui est le seul lieu du délit, car, comme dans le vol, quoique le vol continue par tous les lieux par où le voleur passe, néanmoins personne ne disconviendra que le lieu du délit est celui où la chose a été prise.

Si le ravisseur avoit violé sur un autre territoire la personne ravie, il y auroit deux crimes, le rapt et le viol ; celui des deux Juges qui préviendroit paroîtroit devoir avoir la préférence.

Lorsque nous disons que la connoissance des crimes appartient au Juge *du lieu* où il a été commis, nous entendons parler du Juge ordinaire de la premiere instance. *V. G.* Si c'est dans une Prévôté Royale, c'est le Juge-Prévôt qui doit connoître préférablement au Bailli Royal.

Lorsqu'il a été commis dans le territoire d'une Justice de Seigneur, c'est le Juge de cette Justice, préférablement au Bailli Royal du ressort, qui en doit avoir la connoissance, comme étant le Juge naturel et ordinaire du lieu.

Cette regle reçoit plusieurs exceptions et limitations ; sçavoir :

1°. A l'égard de certains crimes dont la connoissance est attribuée à certains Juges.

2°. A l'égard de quelque qualité de la personne des accusés.

3°. A l'égard de la prévention qu'ont certains Juges sur les Juges ordinaires, soit pour tous les crimes, soit pour certains crimes.

§. II. — *Premiere exception de la Regle générale, à l'égard des Cas Royaux.*

Il y a certains crimes dont la connoissance est attribuée par les Ordonnances aux Baillis et Sénéchaux Royaux, privativement aux Juges de Seigneurs et Prévôts Royaux, dans le territoire desquels ils sont commis, et que pour cet effet on appelle *Cas Royaux.* Les Juges de Seigneurs et Prévôts Royaux peuvent néanmoins informer de ces crimes, rendre des décrets contre les personnes qui en sont prévenues, et mettre leurs décrets à exécution ; car c'est une maxime, en matiere criminelle, que tout Juge qui a une Juridiction criminelle ordinaire dans le lieu, est compétent pour informer et décréter ; mais ces Juges doivent renvoyer l'accusé et le procès au Bailli, ou Sénéchal Royal, pour le surplus de l'instruction et la connoissance du crime.

Il n'est pas facile de déterminer quels sont ces cas Royaux. L'Ordon
nance de 1670 , s'est contentée d'en annoncer un certain nombre , et ell
a compris les autres sous cette expression générale , *et autres cas expliqué*
par nos Ordonnances et Règlements , *tit.* 1. *art.* 11. *in fine.*

M. Talon , dans le procès-verbal de l'Ordonnance , les définit : « Tou
» les crimes dans lesquels la Majesté du Prince, la dignité de ses Offi
» ciers et la sûreté publique dont il est le Protecteur , ont été violées »
mais cette dernière expression de *violement de la sûreté publique* , es
très-équivoque.

Nous nous contenterons de rapporter ceux qui sont exprimés par l'ar
ticle de l'Ordonnance ci-dessus cité , *tit.* 1. *art.* 11.

Il y en a trois qui concernent la religion :

1°. *L'hérésie ;* ce qui comprend le crime des relaps, le crime de ceu
qui , contre les Loix du Royaume, tiennent des assemblées, où ils fon
l'exercice de la religion Protestante ; le crime des Prédicants qui vont pa
les maisons enseigner les dogmes de cette religion; enfin le crime de tou
ceux qui par leurs écrits , ou dans les conversations, attaquent la religior
en établissant l'athéisme, le déisme, et autres erreurs.

Le simple blasphème, à moins qu'il ne paroisse accompagné d'un des
sein formé de décrier la religion, ne fait point partie du crime d'hérésie
et n'est point un cas Royal; la preuve s'en tire de plusieurs ancienne
Ordonnances, qui enjoignent aux juges de Seigneurs de punir les blasphé
mateurs. *Ordonn. de* 1347, 14 *Octobre* 1460 , *et* 9 *Mars* 1510.

Le crime de magie ou sortilège, n'appartient point non plus au crim
d'hérésie , et n'est point cas Royal. *Voyez les Arrêts cités par M. Jousse*
en la Note 14, *sur l'art.* 11 *du tit.* 1.

2°. *Le trouble public fait au Service divin.* On comprend sous ce terme
de Service divin , non-seulement la Messe, les Vêpres et autres offices de
l'Eglise, mais encore les Sermons, Prônes, Catéchismes et autres instruc
tions qui se font dans l'Eglise; les processions qui se font dans les rues
peuvent aussi passer pour service divin.

Pour qu'il y ait trouble au Service divin, il faut que ce qui s'est passé
ait donné lieu à la cessation, ou du moins à l'interruption du Service divin
Une simple irrévérence commise pendant le Service divin, qui ne l'a poin
interrompu , n'est point un cas Royal.

3°. *Le sacrilège avec effraction.* On appelle sacrilège, non-seulement le
vol des choses consacrées par une consécration particulière, tels sont les
vases sacrés, mais encore le vol de toutes les choses qui servent pour le
Service divin, tels que sont les ornements d'Autel, les chappes, chasubles ,
bannieres, les cloches, etc. Le vol de l'argent qui est dans les troncs et
coffres qui sont dans l'Eglise, peut aussi être regardé comme sacrilège ,
comme étant fait dans un lieu sacré, et étant d'ailleurs le vol d'un argen
dédié en quelque façon à Dieu.

Le sacrilège n'est cas Royal qu'autant qu'il est accompagné d'effraction;
mais il n'est pas nécessaire que cette effraction soit extérieure ; l'effraction

d'un tronc, d'un coffre, d'une armoire, dans une Eglise, ou dans une Sacristie, rend le sacrilége cas Royal.

Les autres crimes qui sont rapportés parmi les cas Royaux, sont :

1°. Le crime de leze-Majesté, en tous ses chefs ; nous examinerons ci-après dans un Appendice quelles en sont les branches.

2°. La rébellion aux mandements du Roi ou de ses Officiers.

3°. Les assemblées illicites.

4°. La fabrication, altération, ou exposition de la fausse monnoie, et il faut observer que ces crimes sont regardés comme des branches de celui de leze-Majesté.

5°. La police sur le port des armes.

6°. Les séditions et émotions populaires.

7°. La force publique, c'est-à-dire, toute violence commise avec armes, ou avec attroupement.

8°. Le rapt et enlevement d'une personne par violence. Ces crimes intéressent particulierement la sûreté publique.

9°. La correction des Officiers Royaux, pour raison des malversations par eux commises en leurs Charges.

L'Ordonnance ajoute, *et autres crimes expliqués par les Ordonnances.* M. Jousse en a recueilli un très-grand nombre. *Voyez ses notes sur le même article.*

Les anciens aveux rendus au Duché d'Orléans, et plusieurs Coutumes, font mention de trois autres cas Royaux, dont les Juges de Seigneurs ne peuvent connoître. *Le rapt, le meurtre,* (c'est-à-dire celui de guet-à-pens,) *et l'encise,* qui est le meurtre d'une femme enceinte, ou de l'enfant dont elle est grosse, suivant la définition qui s'en trouve au livre des Etablissements de Saint-Louis, *chap.* 25.

M. Talon, au procès-verbal de l'Ordonnance, remarque aussi que tous les cas prévôtaux, dont il sera parlé ci-après, doivent être supposés Royaux.

Outre les cas Royaux dont la connoissance est attribuée aux Baillis, Sénéchaux Royaux, privativement aux Juges des Seigneurs, et aux Prévôts Royaux, il y a certains crimes dont la connoissance est attribuée à certains Juges extraordinaires, *ratione materiæ*, et qui par cette raison ne sont pas de la compétence du Juge ordinaire du lieu où ils ont été commis, mais de celle de ces juges d'attribution ; tels sont les crimes qui concernent *la chasse, les rivières navigables, les forêts,* lesquels sont de la compétence du Juge *des Eaux et Forêts, Ordonn. de* 1669, *tit.* 1, *art.* 7 et 8; tels sont ceux qui concernent les matieres attribuées aux *Elections et Greniers à Sel*, Ordonnances des Fermes du mois de Juillet 1681, *tit. dernier, art.* 36. Ordonnance des Gabelles, du mois de Mai 1680, *tit.* 17, *art.* 12; tels sont encore les crimes commis sur mer, dont la connoissance est attribuée aux Juges des Amirautés, par l'Ordonnance de la Marine, du mois d'Août 1681, *Liv.* 1, *tit.* 2, *art.* 10.

APPENDICE.

Quels crimes comprend le crime de leze-Majesté ?

Le crime de leze-Majesté, au premier chef, est tout attentat direct contre la personne du Roi et de l'Etat ; tel qu'est le crime de tous ceux qui entrent dans quelque conspiration ou conjuration, contre la personne du Roi et de l'Etat, ou qui en ayant connoissance ne la revelent pas ; le crime de ceux qui entretiennent des correspondances contre les intérêts de l'Etat, soit avec les étrangers, soit avec des sujets révoltés ; à plus forte raison, le crime de ceux qui portent ouvertement les armes contre le Roi, c'est ce qu'on appelle *crimen perduellionis ;* ceux qui fournissent des secours aux ennemis de l'Etat. *Voyez le Code pénal*, *tit.* 8.

On appelle crime de leze-Majesté, *au second chef,* les crimes qui, ne contenant point d'attentat contre la personne du Roi, ni contre l'Etat, blessent néanmoins, soit directement, soit indirectement, le respect dû à la Majesté et autorité Royale. Tel est le crime de ceux qui tiennent des discours contraires au respect dû à la Majesté Royale, à plus forte raison de ceux qui composent, impriment, ou distribuent des écrits injurieux à la personne sacrée du Roi, à la Maison Royale, au Gouvernement ; le crime des Prédicateurs qui prêcheroient contre le Roi, contre son gouvernement, ou contre ses Loix ; le crime de ceux qui briseroient, ou déshonoreroient ses statues. *Code pénal, tit.* 9

Ces crimes n'appartiennent qu'au second chef, lorsqu'il ne paroît pas qu'ils soient commis dans la vue d'exciter une sédition ou soulèvement ; car s'ils étoient commis dans cette vue, et qu'il s'ensuivît effectivement quelque sédition, ce crime seroit du premier chef.

L'usurpation de certains droits attachés à la souveraineté blesse aussi indirectement la Majesté Royale ; c'est pour cette raison que la *Loi* 9, *de falsâ monetâ*, déclare crime de leze-Majesté le crime de fausse monnoie ; car le droit de battre monnoie, et d'y donner cours, étant un droit attaché à la souveraineté, il s'ensuit que ceux qui font de la monnoie, ou qui donnent cours à une monnoie qui n'a pas été fabriquée dans les Monnoies du prince, usurpent un droit de sa souveraineté, et parconséquent blessent la Majesté Royale.

Le crime de ceux qui tiennent chartres privées en leurs maisons, est aussi déclaré appartenir au crime de leze-Majesté, en la Loi 1ere. *Cod. de priv. carcer. et en la Loi unic. Cod. Theod. de priv. carcer.*

La raison est, que le droit d'avoir prison étant un droit attaché à la puissance publique qui réside dans le Souverain, et dans les Seigneurs Hauts-Justiciers, auxquels le Souverain a bien voulu en communiquer une partie, c'est de la part des particuliers une usurpation de la puissance attachée à la souveraineté et un attentat à l'autorité Royale, que de tenir prison chez eux.

Par la même raison les levées, ou enrôlements de gens de guerre, les levées d'impôts sans commission du Roi, sont des crimes de leze-Majesté, car le droit de lever des troupes, comme celui des levées d'impôts, étant un droit attaché à la souveraineté, c'est un attentat à l'autorité Royale que d'en lever sans sa permission.

Le duel appartient aussi au crime de leze-Majesté; car le duel étant une espece de guerre entre des particuliers, suivant que le désigne le terme *duellum*, synonyme de *bellum*, le duel étant une maniere de se faire justice par les armes, c'est une manifeste usurpation des droits du Souverain, à qui seul appartient aujourd'hui le droit de faire la guerre et de faire justice.

L'amas d'armes appartient aussi au crime de leze-Majesté, car cet amas d'armes ne peut se faire que dans la vue de quelque conjuration contre l'Etat, ou de quelque guerre privée, et l'une et autre de ces vues est criminelle de leze-Majesté.

Les assemblées illicites appartiennent aussi au crime de leze-Majesté, car nul corps ne pouvant se former, nulle assemblée ne pouvant se tenir sans l'autorité du Souverain, c'est un attentat à cette autorité, et une usurpation des droits du Souverain, que de tenir des assemblées sans son autorité, sous quelque prétexte que ce soit.

On doit enfin comprendre sous le nom de crime de leze-Majesté, tout violement de l'autorité Royale, soit par rapport aux personnes à qui le Roi en communique quelque partie, ou qui sont sous sa protection spéciale, soit par rapport aux choses ou aux lieux qui appartiennent au Roi, ou portent quelque empreinte de son autorité, ou sont sous sa protection spéciale.

Par exemple, tout trouble fait à des Juges, à des Commissaires de Police, à des Sergents dans leurs fonctions, toute injure ou excès commis contre eux lorsqu'ils exercent leurs fonctions, toute rébellion aux mandements de Justice, toute injure ou excès commis contre ceux qui sont sous la sauve-garde du Roi; tels sont les Messagers Royaux, ou tous ceux que le Roi mande de venir vers lui, et autres cas semblables, sont des branches du crime de leze-Majesté.

L'infraction de la Sauve-garde accordée par le Roi, à certains lieux, le bris de ses prisons, la démolition des murs et fortifications des villes, etc. sont aussi des branches du crime de leze-Majesté; car ses crimes contiennent un violement de l'autorité Royale, dont ces lieux sont munis.

Par la même raison, la chasse dans les Plaisirs du Roi tient du crime de leze-Majesté; car si un Seigneur se tient personnellement offensé, lorsque quelqu'un chasse sans sa permission sur ses terres, sur-tout autour de son château, à plus forte raison la Majesté Royale doit être censée offensée lorsque quelqu'un a la hardiesse de chasser sur ses Plaisirs.

Les vols et autres crimes faits dans les appartements du Roi, dans un Auditoire de justice, tiennent aussi du crime de leze-Majesté, car c'est offenser la majesté du lieu et l'autorité Royale dont ces lieux sont munis, que d'y commettre des crimes.

La falsification du Sceau Royal, l'altération de la monnoie, appartiennent par la même raison au crime de leze-Majesté, car c'est un vol de l'autorité Royale, dont ces choses portent l'empreinte.

§. III. — *Seconde Exception de la Regle générale, par rapport à certaines qualités de la personne des accusés.*

La regle que le Juge Royal, ou même le Juge de Seigneur, a la connoissance des crimes commis dans son territoire, reçoit une seconde exception à l'égard de certaines qualités des accusés; car, suivant l'Ordonnance de 1670, *tit.* 1. *art.* 10, les Prevôts Royaux ne peuvent connoître des crimes commis par des Gentilshommes, et par des Officiers de Judicature.

Ce terme de *Gentilhomme* ne doit pas être restreint aux personnes Nobles de naissance; il comprend ici toutes les personnes qui jouissent des titres et privileges de noblesse.

Le terme d'Officier de Judicature comprend les Avocats et Procureurs du Roi, quoiqu'ils ne soient pas Juges.

Les Baillis n'ont ce droit de connoître des crimes des Nobles, que privativement aux Prévots Royaux, lorsqu'ils ont été commis dans le territoire d'une Prévôté Royale; mais lorsqu'ils ont été commis dans le territoire d'une Justice de Seigneur, les Juges de ce Seigneur en peuvent connoître. *Déclaration du 24 Février 1536, sur l'Edit de Crémieu.*

Les Pairs de France, les Officiers du Parlement ne peuvent être poursuivis pour crime qu'au Parlement.

Ce privilege a aussi été accordé aux Présidents, Maîtres, Correcteurs, Auditeurs, et Gens du Roi de la Chambre des Comptes : néanmoins lorsque le crime a été commis hors la Prévôté de Paris, et qu'il est capital, les Baillis Royaux peuvent informer et décréter, sauf à renvoyer après le décret, en la Grand'Chambre, à moins que les parties n'eussent procédé volontairement devant eux. *Tit.* 1. *art.* 22.

Il y a certains Officiers qui ont leur cause commises, même en matière criminelle, devant certains Juges, et qui peuvent en conséquence décliner la Jurisdiction du Juge du lieu du délit, et demander à être renvoyés devant le Juge de leur Prévôté; mais ce droit n'a lieu que de particulier à particulier, et non pour les crimes pour lesquels ils sont poursuivis à la requête de la partie publique. *Ordonnance de 1669.*

Les Eclésiastiques peuvent être poursuivis, comme pourroit l'être un Laïque, devant le Juge séculier du lieu du délit, lorsque le délit, dont il est accusé, est un délit *privilégié*, c'est-à-dire un délit qui tend à troubler l'ordre et la tranquillité publique, et qui est punissable par les Loix. Il peut être poursuivi, non-seulement devant les Juges Royaux, mais même devant les Juges des Seigneurs, lorsque le cas est de leur compétence. *Arrêt du 14 Juillet 1722, au Tome VII du Journal des Audiences.*

Mais comme le délit *privilégié* renferme en même temps un *délit commun*, c'est-à-dire un délit contre les Loix de l'Église, qui défendent tout ce que les Loix séculieres défendent, l'accusé Ecclésiastique, si le renvoi est requis, doit être renvoyé en l'Officialité, pour le procès être instruit par l'Official, conjointement avec le Juge séculier, et jugé, pour le *délit commun*, par l'Official, et ensuite, pour le *délit privilégié*, par le Juge séculier. Tant que le renvoi n'est pas requis, le Juge séculier peut valablement seul instruire le procès jusqu'au jugement définitif inclusivement, et il n'est pas tenu d'appeller l'Official ; au contraire, l'Official qui instruit le procès contre un Ecclésiastique, doit, lorsque le délit est reconnu pour *privilégié*, appeller le Juge séculier ; et toute la procédure qu'il fait sans lui est nulle.

§. IV. — *Troisieme Limitation, qui concerne la prévention touchant les cas ordinaires.*

Il y a deux especes de droits de *prévention ;* la prévention *parfaite*, et la prévention *imparfaite.* La prévention parfaite est le droit qu'a le Juge Royal d'informer et connoître des crimes commis dans son ressort, sans que le Juge ordinaire, dans le territoire duquel il a été commis, puisse en demander le renvoi.

Dans plusieurs Coutumes, les Juges Royaux ont ce droit de prévention parfaite sur les Juges des Seigneurs, dans lequel l'Ordonnance de 1670, *tit. 1. art.* 9, les a maintenus.

Hors ces Coutumes, et de Droit commun, le Juge Royal, s'il n'est fondé en bonne et due possession, n'a point ce droit de *prévention parfaite* sur les Juges des Seigneurs, lorsque ces Juges ont informé et décrété dans les vingt-quatre heures, depuis que le crime a été commis.

Mais lorsque ces Juges ont laissé passer le temps sans décréter, le Juge Royal, par droit de *dévolution*, peut connoître du crime, sans que les Juges puissent demander le renvoi. *Ibid.*

Les Baillis Royaux n'ont pareillement aucun droit de prévention parfaite sur les Prévôts Royaux de leur ressort, dans le territoire desquels le crime a été commis, pourvu que ces Prévôts aient informé et décrété dans les trois jours après que le crime a été commis. *Ibid.*

Mais si ces Juges ont laissé passer ce temps, le Bailli Royal peut connoître du crime, sans que le Prévôt puisse demander le renvoi. *Tit. 1. art.* 7.

Entre deux Juges de Seigneurs, dont l'un est le supérieur de l'autre, le supérieur a le même droit de dévolution sur l'inférieur : il n'y a lieu au droit de prévention du Juge supérieur sur l'inférieur, en cas de négligence, qu'à l'égard des délits qui intéressent le Ministere public. *Même tit, art.* 8.

La *prévention imparfaite* est le droit qu'a un Juge de connoître d'un crime, à la charge néanmoins du renvoi, lorsqu'il en est requis par celui qui en est le Juge naturel. Les Baillis ont ce droit de *prévention imparfaite* sur les Prévôts Royaux, et sur les Juges subalternes. Le Juge du lieu, qui n'a pas décrété dans le temps de trois jours, ou de vingt-quatre heures, qui lui est prescrit pour décréter, doit avoir dans ce temps demandé le renvoi ; faute de quoi, il n'y est plus reçu.

Le Juge du lieu *du domicile* qu'a l'accusé lors de la plainte, a aussi un droit de prévention imparfaite pour en connoître sur celui du lieu *du délit.* C'est ce qui résulte de l'Ordonnance de Moulins, *art.* 35, qui porte :

Tome III. P p

Sera tenu le Juge du lieu du domicile renvoyer le delinquant au lieu du délit, s'il en est requis ; ce qui suppose qu'il a droit d'en connoître, tant que le Juge du lieu du délit n'en requiert pas le renvoi. Cela est confirmé par l'Ordonnance de 1670, qui dit aussi que l'accusé sera renvoyé au lieu du délit, *si le renvoi en est requis* , *tit.* 1 , *art.* 1.

Ce droit de prévention imparfaite du Juge du domicile est fondé sur la Jurisdiction qu'a ce Juge sur toutes les personnes domiciliées dans son territoire, qui sont ses Justiciables.

Le Juge qui a arrêté un vagabond, est son Juge : ces gens n'ayant aucun domicile, n'étant attachés à aucun lieu, sont nécessairement justiciables du Juge du lieu où ils se trouvent, sans quoi ils ne le seroient d'aucuns.

Le Juge qui a le droit de prévention imparfaite, n'est obligé de renvoyer l'affaire, que lorsque c'est le Juge du lieu du délit, à qui la connoissance en appartient, qui la revendique : l'accusé ne peut décliner sa Jurisdiction étant son justiciable.

§. V. — *Quatrieme limitation touchant les Cas Prévôtaux.*

Le droit qu'ont les Prévôts des Maréchaux de connoître des cas prévôtaux, n'est qu'une espece de droit de prévention parfaite à l'égard de ces crimes sur les Juges ordinaires, à qui la connoissance en appartient de droit commun. On n'en doit excepter que le crime de désertion, qui leur est attribué privativement à tous autres Juges. *Déclaration du Roi du* 5 *Février* 1731 , *art.* 7.

Les crimes prévôtaux sont tels, ou par *la qualité de la personne de l'accusé*, ou par la nature du crime. Les crimes prévôtaux, par la qualité de la personne de l'accusé, sont ceux qui ont été commis; 1°. par des vagabonds et gens sans aveu. La Déclaration de 1731, *art.* 1, définit ainsi ces sortes de gens : « Ceux qui n'ayant profession, ni métier, ni domicile certain, ni bien pour subsister, ne peuvent être avoués, ni faire certifier de leurs bonnes vies et mœurs par personnes dignes de foi. »

Il ne suffit donc pas qu'une personne n'ait pas de domicile pour être de la compétence du Prévôt, il faut qu'elle ne puisse se faire avouer, et certifier de ses vie et mœurs. Ceux qui , sans avoir aucun domicile fixe, vont travailler de côté et d'autre, et sont en état de se faire avouer des personnes chez qui ils travaillent, ne sont point des vagabonds, et ne sont point de sa compétence : c'est pourquoi, lors du jugement de compétence des accusés qu'on prétend être vagabonds, quoique ces gens conviennent n'avoir point de domicile, s'ils disent qu'ils se sont occupés à travailler de côté et d'autre, on ne doit point les réputer vagabonds, ni en conséquence déclarer le Prévôt des Maréchaux Juge compétent, qu'après un jugement interlocutoire, par lequel on ordonne qu'ils feront certifier de leur vie et mœurs dans un terme qu'on leur prescrit.

2°. Tous crimes commis par des personnes qui ont été condamnées à quelques peines corporelles , bannissement ou amende honorable, sont de la compétence du Prévôt. *Déclaration de* 1731 , *art.* 2.

3ᵉ. Tous crimes commis par gens de guerre dans leurs marches, lieux d'étapes, ou d'assemblées, ou de séjour. *Même Declaration, art.* 3.

Les lieux où ils sont en quartier d'hiver, ou en garnison, sont-ils compris sous ce terme, *lieux d'étapes?* cela fait difficulté : néanmoins M. Talon décide pour l'affirmative dans le procès-verbal des Conférences sur l'Ordonnance de 1670, *pag.* 35.

Lorsqu'un crime n'est prévôtal que par la qualité de l'accusé, et qu'il y a plusieurs accusés, il faut que tous soient de cette qualité ; si un seul n'en est pas, le crime n'est pas prévôtal. *Ibid. art.* 20, *in fine.*

Observez aussi que la regle qui rend le Prévôt compétent de tous les crimes commis par les personnes des qualités ci-dessus expliquées, reçoit exception à l'égard de certains crimes, qui sont spécialement attribués à certains Juges : c'est pourquoi il ne connoît pas de l'infraction de ban, à moins que ce ne fût lui qui eût rendu la Sentence de bannissement ; car c'est celui qui l'a rendue, qui doit connoître de l'infraction. *Déclaration de* 1731, *art.* 2.

Les crimes prévôtaux, par la nature du crime, sont :

1°. Le vol sur les grands chemins, *ibid. art.* 5, ce qui doit s'entendre lorsqu'il est fait avec aggression ; car si un voleur, qui me trouve endormi le long d'un grand chemin, me dérobe ma bourse pendant mon sommeil, e vol n'est pas un vol de grand chemin.

Observer aussi que les rues des villes et faubourgs ne sont point comprises à cet égard sous le nom de grand chemin. *Ibid.*

2°. Les vols faits avec effraction, lorsqu'ils sont *accompagnés de port d'armes, ou de violence publique,* ou lorsque l'effraction est *extérieure.*

Le terme de *port d'armes* ne comprend pas seulement les épées et les fusils, mais généralement toutes les choses dont un voleur peut se servir pour maltraiter, ou intimider ceux qui s'opposeroient à son vol : « *Armatos » non utique eos intelligere debemus qui tela habuerunt, sed etiàm quid » aliud, quod nocere potest.* » L. 9. ff. ad Legem Juliam de vi publicâ. *Armorum appellatio non utique scuta et gladios et galeas significat, sed et fustes et lapides.* L. 41. ff. de verb. signif.

La violence publique se commet même sans armes, lorsqu'il y a attroupement. *L.* 10, §. 1, ff. ad *Legem Juliam de vi publicâ.*

Combien faut-il de personnes pour qu'il y ait attroupement ? Trois ou quatre personnes ne font pas un attroupement : « *Si plures fuerunt, de-* » *cem aut quindecim homines, turba dicitur. Quid ergo, si tres aut qua-* » *tuor? Turbâ utique non erit.* L. 4. §. 3. ff. *de vi bonorum captorum, et* ⟩ *de turbâ.* » La Déclaration du 8 Juillet 1724, concernant les mendiants, qui leur défend de s'attrouper, les répute attroupés, lorsqu'ils sont en plus grand nombre que quatre, non compris les femmes et enfants, *art.* 6.

Toute effraction, ne fût-ce que d'un coffre, ou d'une armoire, lorsqu'elle est accompagnée de port d'armes, et de violence publique, rend le vol crime prévôtal. S'il n'y a point d'armes, ni violence publique, il faut que l'effraction soit extérieure ; c'est-à-dire, comme l'explique la Déclaration de 1731, *art.* 5, qu'elle soit faite dans les murs de clôture, ou toit des maisons, portes et fenêtres extérieures.

3°. Les sacriléges accompagnés des mêmes circonstances.

4°. Les séditions et émotions populaires.

5°. Les attroupements et assemblées illicites, avec port d'armes.

6°. Les levées de gens de guerre sans commission.

7°. La fabrication, ou exposition de fausse monnoie.

8°. Le crime de désertion, tant contre le déserteur, que contre ceux qui l'ont favorisé.

Les assassinats prémédités étoient aussi cas prévôtaux par l'Ordonnance de 1670 ; mais ils ont cessé de l'être par la Déclaration de 1731.

Les crimes prévôtaux, qui sont tels par la nature du crime (si on en excepte celui de la désertion, *art.* 7), cessent d'être de la compétence du Prévôt, en trois cas.

1°. Lorsqu'ils ont été commis dans la ville et fauxbourgs de sa résidence, ou de ses Lieutenants, *art.* 6.

2°. Lorsqu'ils ont été commis dans une ville où il y a Parlement, quoiqu'elle ne soit pas le lieu de la résidence du Prévôt, *art.* 16.

3°. Lorsqu'un des accusés est, ou Ecclésiastique, ou Gentilhomme, ou Secrétaire du Roi, ou Officier de Judicature, du nombre de ceux dont les procès criminels ont coutume de se porter en la Grand'Chambre. Les Gentilshommes qui ont été condamnés à quelque peine corporelle, bannissement, ou amende honorable, ne jouissent point de ce privilége, *art.* 11, 12 et 13.

Les exceptions que nous venons de rapporter sont particulieres aux crimes prévôtaux, qui sont tels par la nature du crime ; ceux qui le sont par la qualité de l'accusé, sont de la compétence du Prévôt, en quelque endroit de son département qu'ils ayent été commis, fût-ce dans le lieu de sa résidence, ou dans une ville de Parlement, *art.* 4 et 16.

Les crimes qui sont prévôtaux, soit par la qualité des accusés, soit par la nature du crime (à l'exception de celui de désertion), sont aussi de la compétence des Présidiaux qui, comme le Prévôt, en peuvent connoître en dernier ressort, préférablement au Prévôt, s'ils ont décrété avant, ou le même jour. Ces crimes cessent d'être de la compétence des Présidiaux dans tous les cas d'exception ci-dessus rapportés, dans lesquels ils cessent d'être de la compétence du Prévôt, *art.* 11, 12, 13 et 16.

Il n'y a que l'exception du cas auquel le crime auroit été commis dans le lieu de la résidence du Prévôt, qui soit une exception particuliere aux Prévôts, *art.* 6.

Les Présidiaux n'ont la connoissance de ces crimes, que lorsqu'ils ont été commis dans l'étendue du Bailliage Royal où ils sont établis ; et ils ne l'ont pas, s'ils ont été commis dans un autre Bailliage ressortissant au Siege Présidial dans les cas de l'Edit, *art.* 8.

Nous avons dit que le droit qu'a le Prévôt de connoître de la plupart des crimes qui lui sont attribués, n'est qu'un droit de prévention parfaite qu'il a sur les Juges ordinaires, qui ne laissent pas d'en être les Juges na-

turels. En effet, lorsque le crime n'est prévôtal que par la qualité de vagabond, ou de personne reprise de Justice, qui se trouve dans l'accusé, et
que ce crime n'est pas un cas Royal, le Prévôt Royal, ou le Juge subalterne, dans le territoire duquel il a été commis, en connoît comme Juge
naturel, préférablement aux Prévôts des Maréchaux, s'il a décrété avant
lui, ou le même jour. *Déclaration de* 1731, *art.* 10.

Lorsque le crime est cas Royal et Prévôtal par sa nature, les Présidiaux,
et même les simples Baillis Royaux, dans le territoire desquels le crime a
été commis, en connoissent préférablement au Prévôt, lorsqu'ils ont décrété avant lui, ou le même jour, *art.* 9 *de la même Déclaration.*

Il y a plus : lorsque le Juge ordinaire a décrété avant le Prévôt des Maréchaux, quoique le crime soit Royal, le Prévôt est exclu, et le Lieutenant Criminel du Bailliage, où ressortit le Juge ordinaire, en connoît,
comme étant censé avoir, par ce Juge inférieur, prévenu le Prévôt. *Ibid.*
art. 22.

Il y a plus : il suffit, pour exclure les Prévôts des Maréchaux et les Présidiaux, que l'accusé, qu'ils ont décrété pour un cas prévôtal, ait été décrété auparavant, ou le même jour, pour un autre crime ordinaire, par le
Prévôt Royal, ou Juge subalterne du lieu du délit; et, comme ce Juge subalterne, ou le Prévôt Royal, ne peut connoître du crime prévôtal, ce sera
le Bailli Royal qui connoîtra en ce cas des deux crimes, pourvu que le crime
prévôtal ait été commis dans son ressort; sinon, il faudra que le Parlement commette un Juge pour connoître des deux crimes, à la charge de
l'appel. *Ibid. art.* 17.

Si les Présidiaux et Prévôts des Maréchaux ont décrété les premiers, ils
doivent connoître, tant du crime prévôtal que du crime ordinaire, pourvu
que le crime ordinaire ait été commis dans leur département; sinon, il
faudroit se pourvoir devant le Roi, pour obtenir un Arrêt d'attribution.
Ibid. art. 18.

§. VI. — *De quelques crimes sur la compétence desquels il y a des Regles particulieres.*

Du Crime de vie vagabonde.

La regle pour la compétence de ce crime, est que c'est le Juge qui a fait
arrêter dans son territoire le vagabond, qui en est le Juge naturel et compétent.

Ce crime n'est attaché à aucun lieu déterminé, ou plutôt, il se commet
également dans tous les lieux par où passe le vagabond : le Juge qui l'arrête
dans son territoire, en même temps qu'il est le Juge du lieu de la capture,
est donc toujours aussi en quelque façon le Juge du lieu où le crime est
commis, puisque le vagabond le commet dans tous les lieux où il se trouve.
D'ailleurs, ce vagabond n'ayant aucun domicile, est, comme nous l'avons
déjà observé ailleurs, le justiciable du Juge de chaque lieu où il se trouve;
ce qui donne un nouveau titre au Juge dans le territoire duquel il a été
trouvé et pris, pour être son Juge compétent.

Du crime d'Adultere.

Le crime d'adultere, lorsqu'il est commis sans scandale et débauche
publique, est de la compétence du Juge du lieu du domicile des époux
c'est devant lui, et non devant le Juge du lieu où il a été commis, que
le mari en doit intenter l'accusation. La raison est que, lorsque ce crime
se commet dans le secret, il ne tend pas à troubler l'ordre, la sûreté e
la tranquillité publique du lieu où il se commet, comme les autres crimes
Il trouble l'ordre public seulement par rapport au mari et à sa famille
ce ne doit donc pas être le Juge du lieu où il a été commis, qui en doi
connoître, mais le Juge du lieu du domicile des époux qui sont ses justi
ciables.

Du Crime de rébellion à Justice.

Chaque Juge est le Juge naturel de la rébellion à ses mandements. La rai
son en est évidente : si, dans les crimes ordinaires, le Juge du lieu où il
ont été commis, en est le Juge naturel, c'est que ces crimes attaquant prin
cipalement l'ordre et la tranquillité publique du lieu où ils sont commis
dont le Juge a la manutention, par la même raison, le crime de rébellio
aux mandements d'un Juge attaquant principalement l'autorité de ce Juge
c'est ce Juge à qui appartient la manutention de sa propre autorité, qu
doit avoir la connoissance de ce crime.

Quoique la rébellion ait été faite au décret du Juge, hors de son ressort
il ne laisse pas d'être compétent pour connoître de la rébellion. C'est c
qui est nettement décidé, à l'égard des Prévôts des Maréchaux, par l'Or
donnance de 1670, *tit.* 11. *art.* 2, et ce qui résulte du procès-verbal de cet
Ordonnance, sur l'*art.* 13 du Titre des Décrets.

Il faut excepter de cette regle, qui attribue aux Juges la connoissance d
la rébellion à leurs mandements, ou décrets, les Juges-*Consuls* et les *Of*
ciaux; ces Juges n'étant revêtus d'aucune Magistrature, ou puissance pt
blique, ne peuvent pas avoir le pouvoir de venger la rébellion à leurs décrets
c'est aux Juges Royaux, sous la protection desquels ces Consuls, o
Officiaux, à connoître de cette rébellion, d'autant plus que c'est aux Juge
Royaux à qui l'exécution de leurs décrets est confiée.

Des Malversations des Officiers dans les fonctions de leurs Offices.

C'est au Juge qui est le supérieur de ces Offices, à qui la connoissanc
de ce crime appartient; car il est naturel que des Officiers inférieu
répondent devant leur supérieur de ce qui concerne les fonctions de leu
offices.

§. VII. — Des crimes accessoires.

Le Juge qui a la connoissance du crime principal, a la connoissance
tout ce qui est accessoire de ce crime, de tout ce qui en est une suite et un
dépendance.

Par exemple, le Juge du lieu où un vol s'est commis, qui a la connoi sance de ce vol, a, par suite, la connoissance du recélé des choses volées, quoique ce recélé se soit fait hors de son territoire ; car ce recélé est une suite, une dépendance, une complicité du vol qui est le crime principal ; et ce crime principal, dont il a la connoissance, lui attire la connoissance de tout ce qui en est accessoire et dépendant.

La calomnie de l'accusateur, ou du dénonciateur, est aussi une dépendance de l'accusation dont le Juge a la connoissance ; c'est pourquoi l'accusé, qui a été témérairement accusé, peut demander des dommages et intérêts contre la partie civile, ou contre le dénonciateur, devant le Juge qui connoît de l'accusation, quoique cette partie civile, ou dénonciateur, ne soit point d'ailleurs justiciable de ce Juge. C'est ce qui a été jugé par Arrêt du 6 Septembre 1694. *Tom. V. du Journal des Audiences.*

Cela est incontestable à l'égard des Juges qui ont une Jurisdiction ordinaire ; mais il a été jugé que le Prévôt des Maréchaux, qui est un Juge extraordinaire, n'avoit pas ce droit. *Arrêt du* 15 *Janvier* 1724.

Tout Juge est compétent aussi pour connoître du crime de *faux incident* aux affaires pendantes devant lui. Cette décision a lieu même à l'égard des Juges civiles, et à l'égard du crime de faux qui seroit incident à une affaire civile.

Il faut pourtant excepter de cette regle les Juges qui, n'étant revêtus d'aucune Magistrature, ni puissance publique, n'ont pas le pouvoir de connoître d'aucun crime ; tels sont les Officiaux, les Consuls, les Moyens et Bas-Justiciers. *Ordonnance de* 1670, *tit.* 1. *art.* 20.

Non-seulement le Juge peut connoître de tout ce qui est une suite et dépendance du crime dont il a la connoissance, il peut même (suivant M. Jousse) connoître conjointement des autres crimes commis par l'accusé, quoique hors son ressort, pourvu néanmoins que l'accusation n'en fût pas pendante devant un autre Juge. Cela me paroît néanmoins souffrir quelque difficulté.

Il faut au surplus que ces crimes ne soient pas d'une nature qui excede le pouvoir de ce Juge : par exemple, un Prévôt Royal, ou un Juge subalterne, devant qui quelqu'un est accusé pour un crime ordinaire, ne pourroit pas connoître d'un autre crime commis par cet accusé, si cet autre crime étoit un cas Royal.

Un Juge d'attribution, comme un Juge des Eaux et Forêts, devant qui quelqu'un seroit accusé pour un crime concernant la matiere des Eaux et Forêts, ne pourroit pas connoître d'un autre crime commis par cet accusé, qui ne concerneroit pas les Eaux et Forêts. C'est ce qui a été jugé par un Arrêt du 6 Juin 1710, au sujet d'un procès instruit par le Maître Particulier des Eaux et Forêts d'Angers, contre un nommé Michel, qui étoit accusé de viol et de vol, dont ce Juge avoit pris connoissance, sous prétexte d'accusation conjointe de chasse. *Voyez* cet Arrêt qui est rapporté dans les Matieres Criminelles de Lacombe, *Part.* 2, *Chap.* 1, *N°.* 3, *in fine.*

Cependant l'Ordonnance de 1670, *tit.* 11. *art.* 23, permet aux Prévôts des Maréchaux qui connoissent d'un crime prévôtal, de connoître des nou-

velles accusations qui surviendroient contre l'accusé pour des crimes n
prévôtaux, pour lesquels ils n'y a point eu de plainte en Justice.

SECTION II.

De la Procédure Criminelle qui précede le Décret.

ARTICLE PREMIER.

Exposition générale de cette Procédure.

CETTE procédure commence ordinairement par la plainte, qui est do
née au Juge qui doit connoître du crime, par la *partie civile*, ou p
l'Officier chargé du *Ministere public*, qui est le Procureur du Roi da
les Jurisdictions Royales, ou le Procureur Fiscal dans les Jurisdictio
subalternes.

J'ai dit *ordinairement ;* car quelquefois, dans les cas de *flagrant déli*
le Juge informe d'office avant aucune plainte; et cette information éta
ensuite communiquée au Procureur du Roi, ou Fiscal, par Ordonnan
du Juge, cet Officier rend ensuite sa plainte.

Les plaintes que donne le Procureur du Roi, ou Fiscal, lorsqu'il n'y
point de partie civile, sont assez souvent précédées de *dénonciations ;* que
quefois néanmoins elles sont données sans dénonciations.

Le Juge à qui la plainte est présentée, rend au bas son Ordonnance
par laquelle il *permet d'informer*, et ordonne les autres choses qu'il ju
à propos; par exemple, qu'il sera obtenu des *Monitoires ;* que le *cadav*
sera anatomisé par le Médecin du Roi, et Chirurgien commis au rapport
que la personne *blessée sera visitée* par les Médecins et Chirurgiens; qu
lui, Juge, se transportera sur le lieu où s'est fait le vol, pour dresse
procès-verbal des effractions qui ont été commises, etc.

En exécution de cette Ordonnance du Juge, les témoins sont assign
pour déposer, et le Juge les entend : l'acte qui contient leur témoignage
est ce qu'on appelle *information*.

S'il a été ordonné quelques autres procédures, telles que celles énon
cées ci-dessus, elles se font aussi en exécution de son Ordonnance.

Ensuite il rend une Ordonnance qui ordonne de la communication a
Procureur du Roi, ou Fiscal. Cet Officier, après avoir pris commun
cation, tant de l'information, que des autres procédures, s'il en a é
faites quelques-unes, donne par écrit *ses conclusions* pour tel décret qu'
juge à propos, contre les personnes qui lui paroissent chargées par l'i
formation.

Il faut traiter séparément de ces différentes procédures.

Article II.

Des Plaintes et des Dénonciations.

§. I. — *Des Plaintes.*

La plainte est un acte par lequel la partie lézée, ou la partie publique, expose au Juge le délit qui a été commis, et demande à en faire la preuve, et à en poursuivre la réparation.

Il résulte de cette définition que la plainte peut être donnée, soit par la partie lézée, qu'on appelle *partie civile*, soit par la *partie publique*.

Elle peut être donnée, ou contre des *personnes certaines*, ou contre des *personnes incertaines;* car il suffit qu'il y ait eu un délit commis, pour que la partie lézée, ou la partie publique, puissent donner plainte, quoique les auteurs en soient inconnus. C'est au Juge à qui la plainte doit être donnée; il est défendu aux Notaires, Sergents et Archers d'en recevoir, et aux Juges de les leur adresser : néanmoins les Commissaires du Châtelet de Paris se sont maintenus en la possession d'en recevoir. *Ordonnance de* 1670, *tit.* 3. *art.* 2 *et* 3.

Les plaintes peuvent se faire en deux formes différentes.

La première forme est *une Requête* que le plaignant présente au Juge, par laquelle le plaignant expose le fait dans lequel consiste le délit, avec toutes les circonstances', et demande la permission d'en informer et de le constater.

Cette Requête n'est pas datée, et n'a d'autre date que celle de l'Ordonnance que le Juge rend au bas. *Ibid. art.* 1.

La seconde forme est *un procès-verbal* écrit par le Greffier en présence du Juge, qui contient l'exposition du délit dans toutes ses circonstances, telle qu'elle a été faite par le plaignant, et par lequel le Juge donne acte au plaignant de la plainte qu'il lui permet *d'en informer*.

La plainte, soit qu'elle soit en forme de Requête, ou en forme de procès-verbal, doit être signée en tous les feuillets par le Juge et le plaignant, s'il sçait et peut signer; ou par son Procureur fondé d'une procuration spéciale; et il doit être fait mention sur la minute et sur la grosse de sa signature, ou de son refus. *Ibid. art.* 4.

Lorsque c'est le Procureur du Roi, ou Fiscal, qui rend la plainte, il doit pareillement la signer avec le Juge en tous les feuillets.

La plainte donnée par la partie lézée doit contenir une déclaration expresse qu'elle se rend partie civile. *Ibid. art.* 5.

Lorsque c'est la partie publique qui a donné la plainte, si la partie lézée veut se rendre partie civile, elle peut le faire en tout état de cause. *Ibid.*

Celui qui s'est déclaré partie civile, soit en rendant plainte, soit en intervenant sur celle du Procureur du Roi, peut s'en désister dans les vingt-quatre heures, et non après, *ibid.* mais ce désistement ne le décharge pas des dommages et intérêts qui pourroient être prétendus contre lui par celui qu'il a témérairement accusé.

§. II. — *Des dénonciations.*

La *Dénonciation* est un acte par lequel un Particulier donne avis à l'Offi cier chargé du ministere public, d'un crime qui a été commis.

Non-seulement celui qui a souffert quelque préjudice du crime, mai tout citoyen, par le seul motif de la part qu'il prend à la conservation de bon ordre et de la tranquillité publique, peut se rendre dénonciateur Cette dénonciation s'inscrit sur un registre destiné à cet effet, que doiven avoir les Procureurs du Roi, ou Fiscaux, *tit.* 3, *art.* 6. Elle doit être signé par le dénonciateur, s'il sçait signer; s'il ne sçavoit pas signer, elle doit êtr écrite, en présence du dénonciateur, par le Greffier du Siege, qui fer mention qu'il l'a écrite en présence du dénonciateur, telle qu'il l'a dictée et que le dénonciateur a déclaré ne sçavoir signer.

Cette dénonciation engage le dénonciateur aux dommages et intérêt envers l'accusé, au cas qu'il se trouvât qu'elle eût été faite témérairement et il peut même être sujet à plus grande peine, s'il paroissoit que la dénon ciation eût été évidemment calomnieuse. *Ibid. art.* 7.

ARTICLE III.

Des procès-verbaux des Juges, et des Rapports.

§. I. — *Des Procès-verbaux des Juges.*

Dans les procès criminels, il y a deux choses à prouver. 1°. Qu'il a été commis un tel délit; c'est ce qu'on appelle *le corps de délit.* 2°. Que tel et tels en sont les *auteurs*, ou *les complices.*

Dans les crimes d'homicides, ou d'excès contre les personnes, *le corp du délit* se prouve par le procès-verbal que le Juge doit dresser de l'état de la personne blessée, ou du cadavre, et par les rapports des Médecins e Chirurgiens.

Pour cet effet, le Juge ordonne qu'il se transportera sur le lieu où est la personne blessée, ou le cadavre. Il est d'usage qu'il s'y transporte avec le Procureur du Roi et son Greffier, sur-tout lorsque c'est sur la réquisitior du Procureur du Roi qu'il a ordonné de son transport.

Je ne pense pas néanmoins que la présence du Procureur du Roi soi nécessaire, et il suffit que le *procès-verbal*, après qu'il est fait, lui soi communiqué.

Le Juge peut sur-tout se passer du Procureur du Roi dans le cas de flagrant délit, auquel cas il peut faire le procès-verbal, même avant aucune plainte.

Le procès-verbal, qu'un Juge fait en cas d'excès contre une personne, contient la description du lieu où se trouve la personne blessée, l'état dans lequel il a trouvé cette personne blessée, *la déclaration* que cette personne aura faite, *la mention du serment* que le Juge fait faire à cette personne, avant de recevoir ses déclarations, et enfin l'*Ordonnance que le Juge rena* pour faire visiter cette personne par les Médecins et Chirurgiens. *Tit.* 4. *art.* 1.

En cas de meurtre, le procès-verbal contient la description du lieu où s'est trouvé le cadavre, l'état du cadavre, la reconnoissance que le Juge fait faire du cadavre, pour être le cadavre d'un tel, par les personnes qui se trouvent sur le lieu, et qui en ont connoissance, *la prestation de serment* de ces personnes, avant de donner leur déclaration sur cette reconnoissance ; enfin *l'Ordonnance pour l'anatomisation* du cadavre par les Médecins et Chirurgiens, à l'effet de connoître la cause de la mort.

Il y a plusieurs autres crimes, à l'égard desquels le corps du délit se prouve par les procès-verbaux du Juge : par exemple, l'incendie, le vol avec effraction ; le Juge dresse procès-verbal de l'état des lieux incendiés, de l'état des effractions, en la même forme que ci-dessus.

Ces procès-verbaux contiennent aussi la description des choses qui se trouvent sur le lieu, et paroissent avoir été laissées par le meurtrier, et pouvoir servir à conviction. *Ibid.*

Ces procès-verbaux sont rédigés en présence du Juge par le Greffier ; ou, en l'absence du Greffier, par une personne que le Juge commet pour Greffier, après avoir pris son serment, et sont signés par le Juge, le Greffier et les personnes dont le Juge a pris des déclarations.

Ils doivent être remis au Greffe dans les vingt-quatre heures, avec les armes, meubles et hardes qui ont été trouvés, et qui peuvent servir à la preuve. *Ibid. art.* 2.

§. II. — *Des Rapports des Médecins et Chirurgiens.*

Il y a deux especes de rapports ; le rapport *dénonciatif*, et celui qui est ordonné par le Juge.

Le *Rapport dénonciatif* est celui qui, sans aucune autorité de Justice, à la seule requête de la personne blessée, ou de celles qui agissent pour la personne décédée, se fait par des Médecins et Chirurgiens, de l'état de la personne blessée, ou du cadavre.

L'Ordonnance permet aux personnes blessées, attendu *le cas urgent*, de se faire ainsi visiter, sans l'avoir fait ordonner par le Juge, et même avant d'avoir rendu plainte. *Tit.* 5. *art.* 1.

Les Médecins et Chirurgiens qui ont fait le rapport, doivent *l'affirmer veritable* devant le Juge, et le déposer au Greffe, et on le joint aux pieces du procès.

Le rapport de la seconde espece est celui qui est *ordonné par le juge,* lorsqu'il n'y a point eu de rapport dénonciatif.

Lorsque le Juge se transporte sur le lieu où est la personne blessée, ou le cadavre, il ordonne par son procès-verbal qu'il sera fait un rapport de l'état de la personne blessée, ou de l'anatomisation du cadavre, lequel rapport est fait par les Médecins et Chirurgiens, par un acte séparé du procès-verbal.

Quoiqu'il y ait déjà eu un rapport dénonciatif, le Juge peut en ordonnes un autre. *Ibid. art.* 2. Lorsque le rapport dénonciatif ne lui paroît par bien expliqué, ou lui paroît suspect, il le peut d'office ; mais il doit sur-tout l'ordonner, lorsque l'accusé le demande à ses frais.

Les rapports de l'une et de l'autre espece doivent contenir la description des blessures de la personne blessée, par quelle espece d'instrument les Médecins et Chirurgiens estiment que les blessures ont été faites, jusqu'à quel point ils estiment qu'elles soient dangereuses, et quel temps ils croient être nécessaire pour leur guérison.

Lorsqu'il s'agit d'un cadavre, le rapport contient l'anatomisation qu'ils en ont faite, la description des blessures qu'ils ont trouvées en faisant cette anatomisation, avec quel instrument ils estiment qu'elles ont été faites, et s'ils estiment que ces blessures ayent été la cause de la mort.

Les Médecins et Chirurgiens qui font le rapport ordonné par le Juge, prêtent serment avant de le faire, et il n'est plus nécessaire qu'ils l'affirment après l'avoir fait; en quoi ces rapports different des dénonciatifs, pour lesquels le serment ne se prête qu'après qu'ils sont faits. *Ibid. art.* 1 et 2.

Le Roi, par un édit du moins de Février 1692, a créé dans toutes les villes des Médecins du Roi, et des Chirurgiens Jurés, qui ont le droit de faire tous les rapports, soit ordonnés par Justice, soit dénonciatifs, à l'exclusion de tous autres Médecins et Chirurgiens. Comme ils ont serment en Justice par celui qu'ils font lors de leur réception en leur charge, il n'est pas nécessaire qu'ils prêtent serment pour les rapports qu'ils font, ni qu'ils les affirment véritables après les avoir faits.

Dans les lieux où la création de ces Charges n'a pas eu lieu, les rapports se font par des Chirurgiens ordinaires, avec un Médecin, ou même sans Médecin, lorsqu'il n'y en a point.

Il n'est pas nécessaire, pour que ces rapports fassent foi en Justice, que ceux qui les ont faits soient répétés et entendus en déposition. *Arrêt du* 31 *Mars* 1714, au rapport de M. le Nain, et sur les conclusions de M d'Aguesseau, cité par M. Jousse, en sa note 5ᵉ sur *l'article* 2 *du tit.* 5 *de l'Ordonnance criminelle.*

Article IV.

Des Monitoires.

Les monitoires sont des lettres qui se publient aux Prônes des Paroisses, par lesquelles l'Official du Diocèse avertit les Fideles de révéler la connoissance qu'ils ont des auteurs et complices du crime qui y est exposé, avec menaces d'excommunication contre ceux qui ne viendroient pas à révélation.

§. I. — *A la requête de qui s'obtiennent les Monitoires? A qui faut-il s'adresser pour avoir la permission de les obtenir? Et en quel cas y doit-on avoir recours?*

C'est à la requête de la partie civile, lorsqu'il y en a une, ou de la partie publique, que s'obtiennent les monitoires. Il faut pour cela que la partie civile, ou publique, s'adresse au Juge qui a la connoissance du crime pour obtenir de lui une Ordonnance qui permette de les obtenir. *Ordonnance de* 1670, *tit.* 7. *art.* 1

On ne doit avoir recours aux lettres monitoires que pour des faits graves. *Edit de* 1695 , *art.* 26. *Voyez* aussi l'*art.* 18 de l'Ordonnance d'Orléans , et l'*art.* 18 de la Déclaration de 1560.

Au reste, on y a recours, non-seulement en matiere criminelle, mais même en matiere civile, en cas de divertissement et recélés d'effets d'une succession, ou d'une communauté de biens, ou en cas de banqueroute.

Il faut aussi, pour y avoir recours , qu'on ne puisse faire la preuve d'ailleurs. Au reste, il n'est pas nécessaire qu'il y ait déjà eu un commencement de preuve, ou refus des témoins de déposer. *Ibid.*

§ II.—*De la forme des Monitoires.*

1°. Ces lettres sont intitulées des noms et qualités de l'Official, et adressées aux Fideles du Diocèse.

2°. Après l'intitulé, est une exposition sommaire du crime, ou délit , et de ses principales circonstances.

Il est défendu , sous de très-grosses peines , de nommer dans l'exposé des monitoires, ni même de désigner les personnes accusées, ou soupçonnées du crime : on s'exprime par les termes de *certains Quidams*, ibid. , *art.* 4. *Voyez* le Commentaire de M. Jousse, sur l'*art.* 26 *de l'Édit de* 1695.

Il est aussi défendu , à peine de nullité des monitoires , et de tout ce qui aura été fait en conséquence, d'y faire mention d'autres faits que de ceux compris au jugement qui a permis de les obtenir. *Voyez* le même Commentaire sur le même article. Il y a diverses limitations et exceptions admises à cette regle.

3°. Après cette exposition du crime, est l'admonition que l'Official fait aux Fideles qui auroient quelque connoissance du crime, des auteurs et des complices, de venir à révélation dans un certain terme marqué, qui court de la derniere publication.

4°. Enfin les menaces d'excommunication contre ceux qui n'obéiront point aux monitoires, et ne révéleroient point ce qu'ils sçavent.

§. III.—*De l'Obligation en laquelle sont tous les Officiaux d'accorder les Monitoires, et les Curés de les publier, et de leurs droits.*

C'est au Juge séculier seul , à qui la connoissance du crime appartient , à décider s'il est à propos d'avoir recours aux monitoires ; et , lorsqu'il l'a décidé , en rendant une Ordonnnance portant permission de les obtenir , l'Official, à qui la partie civile ou publique s'adresse pour les obtenir, en conséquence de cette Ordonnance du Juge, doit les accorder, et il ne lui est point permis de les refuser. *Tit.* 7, *art.* 2.

S'il les refusoit, le Juge, sur la réquisition de la partie, peut l'y contraindre par la saisie de son temporel, jusqu'à ce qu'il ait obéi; et, s'il persévéroit dans son refus, le Juge peut , en punition de sa contumace, ordonner la distribution de son revenu aux Hôpitaux et pauvres des lieux. *Ibid. art.* 2 et 6.

L'article 6 dit : *Nos Juges pourront ordonner la distribution* , etc. Il pa-

roît résulter de ce terme, *nos Juges*, que le droit d'ordonner cette distri
bution, en cas de contumace de l'Official, est un droit particulier au
Juges Royaux. M. Jousse paroît penser de même en son Commentaire.

Les Curés et leurs Vicaires sont obligés, sous les mêmes peines, de le
publier, à la premiere réquisition qui leur en est faite. *Ibid. art.* 5 et 6

Le Juge peut aussi, en cas de refus de la part des Curés, nommer d'of
fice un Prêtre, pour en faire la publication à leur place. *Art.* 5.

Les droits des Officiaux pour les monitoires sont de trente sols, et d
dix sols pour le Greffier : ceux du Curé, ou Vicaire, sont de dix sols pou
la publication. Il est fait défenses à eux d'exiger plus, à peine du qua
druple, *ibid. art.* 7, sans déroger aux usages des lieux où on exige moins

§ IV. — *De l'Opposition à la publication des Monitoires.*

Il arrive quelquefois qu'on s'oppose à la publication des monitoires. I
peut y avoir des raisons pour cette opposition : par exemple, si une per
sonne s'y croyoit désignée et notée. *Voyez* dans le Commentaire d
M. Jousse, sur l'*art.* 26 de l'Edit de 1695, les moyens principaux su
lesquels l'opposition, ou appel comme d'abus, peuvent être fondés
page 216.

L'opposition à la publication des monitoires se fait par un acte que l'op
posant signifie, par le ministere d'un sergent, aux Curés, par lequel
leur déclare qu'il s'oppose à la publication des monitoires, pour les moyen
qu'il déduira en temps et lieu : (l'effet de l'opposition est d'empêcher le
Curés de publier le monitoire avant qu'elle ait été jugée ; elle peut êtr
formée avant, ou après la publication.)

Cet acte d'opposition doit contenir une élection de domicile dans le lie
de la Jurisdiction du Juge qui a permis d'obtenir les monitoires, à pein
de nullité de l'opposition. *Ordonnance de* 1670, *art.* 8.

La partie civile, ou publique, à la requête de qui les monitoires ont été
obtenus, peut assigner l'opposant à certains jours et heures, et dans le
trois jours au plus tard, devant le Juge qui a permis de les obtenir, pou
être débouté de son opposition. *Ibid.*

Ces oppositions doivent se juger sommairement, sans appointer. *Arrê*
du 23 *Mars* 1743 *de la Tournelle.*

Le jugement qui intervient sur cette assignation, s'exécute nonobstan
opposition, ou appellation, même comme d'abus : il est défendu au
Cours de donner des défenses, si ce n'est après avoir vu les monitoires
l'information, et sur les conclusions du Procureur Général. *Ibid. art.* 9.

§. V. — *Des Révélations.*

Les Curés et Vicaires doivent recevoir les révélations, et les envoye
cachetées au Greffe de la Jurisdiction où le procès est pendant. *Titre* 7
art. 10.

La partie publique prend communication de ces révélations, mais l
partie civile ne doit avoir communication que des noms et domiciles de
personnes qui sont venues à révélation. *Ibid. art.* 11.

La raison de cette différence paroît être que la partie publique ne peut être supposée abuser du secret de la révélation : il en est autrement de la partie civile.

Ces révélations ne font point partie des actes du procès, et servent seulement de mémoire, pour assigner en témoignage les personnes qui sont venues à révélation.

ARTICLE V.

Des Informations.

L'information est l'acte qui contient les dépositions des témoins.

§. I. — *Quelles Personnes peuvent être appellées en témoignage, et en quel nombre ?*

On peut appeller, pour rendre témoignage, toutes les personnes qu'on croit avoir quelque connoissance du crime, et de ceux qui en sont les auteurs, ou complices. On appelle en témoignage les femmes aussi-bien que les hommes, même les impuberes, sauf néanmoins par les Juges à avoir tel égard qu'ils jugeront à propos à la nécessité, ou solidité de leurs témoignages. *Tit.* 6. *art.* 2.

On peut appeller en témoignage même les parents de la partie; cela résulte de l'Ordonnance de 1667, *tit.* 22. *art.* 11, où il est dit que les parents et alliés des parties ne pourront être témoins en matiere civile, etc. donc ils peuvent l'être en matiere criminelle, puisque l'Ordonnance de 1670, *tit.* 6. *art.* 3. dit indistinctement toutes personnes, etc. Il est, au reste, de la prudence des Juges d'avoir égard à la parenté du témoin sur la foi que leur paroîtra mériter sa déposition.

Il en est de même des serviteurs et domestiques.

Les Etrangers, comme les François, peuvent être appellés en témoignage; les Religieux et Religieuses, comme les Séculiers, même les personnes infames, sauf à avoir tel égard que de raison à leur déposition.

Le nombre des témoins qu'on peut faire entendre, n'est point limité; l'Ordonnance de 1667 ne l'a limité que pour les matieres civiles.

§. II. — *A la Requête de qui, devant qui, et dans quel délai les témoins sont-ils appellés ; et de l'obligation en laquelle ils sont de rendre témoignage ?*

Les témoins sont assignés pour rendre témoignage à la requête de la partie publique, comme aussi par la partie civile, *tit* 6. *art.* 1.

Ils sont assignés devant le Juge qui a permis d'informer.

Lorsqu'ils sont assignés devant ce Juge, ils peuvent être assignés en vertu de la seule Ordonnance qui porte permission d'informer; il n'est pas nécessaire d'en prendre une autre. *Arrêt du* 12 *Mars* 1712, *au sixieme Tome du Journal des Audiences.*

Ce Juge en commet quelquefois un autre, lorsque les témoins sont éloignés; en ce cas, les témoins sont assignés à comparoir devant le Juge commis, en vertu de l'Ordonnance qu'il rend après avoir accepté la commission.

Le délai, dans lequel les témoins doivent être assignés, n'est point déterminé par l'Ordonnance; ce doit être un délai compétent, suivant la distance des lieux, la qualité des personnes et de la matiere. C'est ainsi que s'explique l'Ordonnance à l'égard des assignations pour le récollement, *tit.* 15. *art.* 1, et il y a même raison à l'égard des assignations pour déposer.

Lorsque le témoin est sur le lieu, il peut être assigné pour comparoir dans le jour même, sur-tout dans les matieres qui exigent une prompte instruction, telles que sont les accusations de séditions et émotions populaires.

Les témoins appellés en témoignage, doivent comparoir aux jour, lieu et heure auxquels ils sont assignés; ou, en cas d'indisposition, en certifier par un certificat du Médecin, ou du Chirurgien.

Lorsque le témoin ne comparoît pas, sans rapporter d'excuse légitime, le Juge séculier, en donnant défaut contre lui, et ordonnant qu'il sera assigné de nouveau, peut le condamner en une amende; et, s'il ne comparoît pas à la seconde assignation, et qu'il soit laïque, le Juge peut le contraindre à déposer par emprisonnement de sa personne. *Tit.* 6. *art.* 3.

Les Ecclésiastiques ne peuvent être contraints à déposer que par amende, pour lesquelles on saisit seulement leur temporel. *Ibid.*

Lorsqu'un Religieux est appelé en témoignage, le Supérieur peut être contraint à le faire comparoître par la saisie du temporel du Monastere, et par la suspension des priviléges accordés par le Roi au Monastere. *Ibid.*

Il y a certaines personnes qui ne peuvent être obligées à déposer contre certaines personnes. Par exemple, un mari ne peut être obligé à déposer contre sa femme, ni une femme contre son mari, les enfants contre leurs peres et meres et autres ascendants, ni les peres et meres contre leurs enfants; ce qui doit être étendu aux beaux-peres et belles-meres contre leurs privignes, gendres, ou brus, *et vice versâ.*

Les Loix Romaines étendoient la liberté de n'être point obligé de déposer contre ses parents, jusqu'aux enfants des cousins issus de germains. *L.* 4. ff. *de testibus.* Je ne sçais si, dans nos usages, on l'étendroit si loin, lorsqu'il s'agit de crimes graves.

Cette liberté de ne pas déposer contre ses parents, ne doit point avoir lieu dans le crime de lèze-Majesé au premier chef, la patrie devant être plus chere que les parents. Cette liberté peut être aussi plus ou moins restreinte, selon l'atrocité des crimes.

Un Confesseur n'est pas obligé à déposer ce qu'il sçait par la confession.

Je ne penserois pas non plus qu'un Avocat fût tenu de déposer ce qu'il sçauroit par la confidence que l'accusé lui auroit faite, en le consultant sur l'accusation contre lui intentée. *Voyez* les Arrêts et Autorités cités par Lacombe en ses Matieres criminelles, *part.* 3. *chap.* 4. *sect.* 2. *N°.* 4.

Toute autre confidence ne doit pas, je crois, excuser de déposer. Le témoin, qui se prétend excusé de déposer, doit comparoître à l'assignation, et exposer au Juge-Commissaire, pour informer, les raisons qu'il prétend avoir pour ne pas déposer. Ce n'est pas au Commissaire à décider, il en doit dresser procès-verbal ; ce qui forme un incident qui doit être jugé au Siege.

L'Official ne peut contraindre les témoins à déposer devant lui par amende, ni par emprisonnement. *Arrêt du* 19 *Mars* 1712.

§. III. — *Où les témoins doivent-ils être entendus ?*

Le Juge, ordinairement, entend les témoins en sa maison ; mais il faut pour cela qu'elle soit dans le territoire de sa Jurisdiction ; car il ne peut faire aucune fonction hors son territoire.

Lorsqu'un témoin est arrêté au lit, et ne peut sortir pour cause de maladie, le Juge se transporte chez lui, pour recevoir sa déposition.

Il se transporte aussi dans les Couvents des Religieuses, et prend leurs dépositions au parloir ; et si elles étoient détenues malades, il entre dans l'infirmerie, pour y prendre leurs dépositions.

Lorsqu'un témoin est d'une dignité éminente, telle qu'est un Prince du Sang, un Gouverneur de Province dans sa Province, le Juge, par déférence, se transporte chez lui, pour y recevoir sa déposition.

La Novelle veut qu'on ait cette même déférence pour les Evêques, lorsqu'ils sont assignés en témoignage. *Novelle* 123. *cap.* 70. Je pense qu'elle doit être suivie par-tout où le Christianisme est en vigueur. Les Evêques sont les Princes de l'Eglise, les Dépositaires de la Foi......... nos Peres.... D'ailleurs ils doivent être censés tellement occupés de la priere, de la méditation des Saintes Ecritures et du gouvernement de leurs Diocèses, qu'on doit se faire un grand scrupule de les distraire de leurs fonctions importantes ; et quand cela est absolument nécessaire, on doit ménager avec soin des moments aussi précieux. (*)

§. IV. — *Comment les Témoins doivent-ils être entendus ?*

1°. Les témoins doivent être entendus séparément et secrétement, *tit.* 6. *art.* 11. Il ne doit y avoir que le Juge et son Greffier présents, lorsque le témoin dépose.

2°. Le Juge, avant d'entendre le témoin, doit lui faire représenter l'exploit qui lui a été donné pour déposer. *Ibid. art.* 4.

La raison est qu'aucun témoin ne doit être admis à déposer, qu'il ne soit assigné par la partie publique, ou civile ; autrement il pourroit arriver que des personnes suscitées par l'accusé se présenteroient d'elles-mêmes, pour déposer à sa décharge.

Cette regle souffre exception dans le cas de flagrant délit ; car, en ce cas, il est permis au Juge d'entendre d'office les témoins qui se trouvent

---

(*) Cependant M. Jousse, en ses Notes sur l'*art.* 3. *du tit.* 6. de l'Ordonnance Criminelle, cite un Arrêt du Parlement de Toulouse (sans date) qui a jugé contre l'Evêque de Carcassonne, qu'il devoit se transporter chez le Juge pour donner sa déposition.

sur le lieu, sans qu'ils ayent été assignés. Le cas urgent du flagrant déli donne lieu à cette exception.

3°. Le Juge doit, avant d'entendre le témoin, prendre son sermen qu'il dira vérité. *Ibid. art.* 5.

4°. Le Juge doit enquérir ce témoin de son nom, surnom, âge, qualité et demeure; s'il est serviteur, domestique, ou parent des parties, et er quel degré. *Ibid.*

5°. Il lui fait faire ensuite lecture de la plainte : si le témoin étoit sourd il lui feroit prendre par lui-même lecture de la plainte.

Si le témoin est un étranger qui n'entend pas le François, le Juge, er ce cas, doit nommer un Interprete pour assister le témoin ; et, après avoir fait prêter serment à cet Interprete de fidélement vaquer à sa commission il fait faire lecture de la plainte en présence de l'Interprete, lequel la rend au témoin dans la langue du témoin.

6°. Après la lecture de la plainte, le Juge entend ce que le témoin dépose sur les faits portés par la plainte. Il doit avoir attention à ce que le témoir s'explique sur toutes les circonstances du lieu, du temps, et de la ma- niere dont la chose dont il dépose, s'est passée.

Il doit surtout avoir attention à ce que le témoin s'explique comment i sçait ce dont il dépose. Par exemple, il ne suffit pas que le témoin dise qu'i a connoissance que c'est *Pierre qui a fait le meurtre*, ou le vol porté pa la plainte, il faut qu'il dise *comment il le sçait, s'il l'a vu*, et s'il l'a seule ment *reconnu à la voix*, ou *s'il lui a oui dire*, etc.

Lorsque le témoin ne parle point François, l'Interprete rend au Juge en François, la déposition du témoin. Si le témoin étoit muet, on pour- roit la lui faire écrire; et sur ce qu'il auroit écrit, le Juge la rédigeroit et la feroit écrire par le Greffier.

7°. Le Juge, après avoir entendu la déposition du témoin, la fait, er sa présence, rédiger par écrit par le Greffier. Le Juge doit faire attentior à ne rien obmettre, tant de ce qui peut faire charge, que de ce qui peu servir à la décharge de l'accusé. *Ibid. art.* 10.

8°. Si le témoin, en déposant, a représenté au Juge quelque chose qu puisse servir à charge ou à décharge, le Juge en doit faire mention dans la déposition, et en ordonner le dépôt au Greffe. Si c'est un écrit ser- vant à conviction, il le doit préalablement parapher, et le faire paraphe par ce témoin. *Arrêt de Règlement du* 20 *Avril* 1717, *pour la validit des informations, interrogatoires, procès-verbaux, et représentation de pieces servant à conviction. Journal des Audiences, Tome VI.*

9°. Après que la déposition a été écrite par le Greffier, le Juge doit l faire lire au témoin, pour sçavoir de lui s'il y persiste, et si on a bien pri le sens de ce qu'il a dit. *Ibid. art.* 11.

10°. Le Juge doit signer la déposition, et la faire signer par le témoin s'il le peut, et par le Greffier, ou faire mention que le témoin n'a p signer. *Ibid. art.* 9.

11°. Il taxe les frais et salaire du témoin.

Observez que le Juge ne peut commettre, pour écrire les déposition des témoins, aucune autre personne que le Greffier, ou Commis à l'exercice du Greffe, si ce n'est en cas d'absence, maladie, ou autre empêchement légitime du Greffier ou Commis, *ibid. art.* 6; auquel cas il doit faire prêter serment à celui qu'il commet; lequel doit être un homme majeur, et *integræ famæ*, c'est-à-dire, jouissant de tout son état civil.

Il y a en effet un Arrêt rendu en forme de Règlement en la Tournelle Criminelle, le 25 Avril 1716, qui fait défenses de faire fonction de Greffier, jusqu'à ce qu'on ait atteint l'âge de vingt-cinq ans; et, auparavant ce Règlement, il avoit été rendu un Arrêt le 12 Août 1712, qui avoit déclaré nulle toute la procédure faite en la Justice de Gourville, avec défenses aux Officiers de cette Justice de recevoir ou commettre à l'avenir aucun Greffier, qu'il n'eût atteint l'âge de vingt-cinq ans accomplis, à peine de nullité, et a ordonné qu'il seroit de nouveau informé par le Lieutenant Criminel de Poitiers. *Journal des Audiences, Tome VI.*

§. V. — *De la Forme générale de l'Information, et de la Forme particuliere de chaque Déposition.*

Il est de la forme générale de l'information, que chaque page du cahier qui la contient, soit cottée par le Juge, par premiere et derniere, et signée de lui, à peine de tous dépens, dommages et intérêts. *Ordonn. de* 1670, *tit.* 6, *art.* 9; et c'est un des points décidés par un Arrêt rendu en la Chambre de la Tournelle, le 22 Septembre 1717, contre le Juge de Champagne. *Journal des Audiences, Tome VI.*

Il faut aussi qu'elle soit datée; qu'il soit dit par quel Juge elle est faite.

Il est nécessaire aussi, lorsque ce n'est pas le Greffier ordinaire, mais une personne commise par le Juge, qui a fait fonction de Greffier, qu'il soit fait mention, en tête de l'information, du serment qu'elle a prêté.

A l'égard de la forme particuliere de chaque déposition, il faut, pour que la déposition soit valable, qu'elle contienne ce qui suit :

1°. Le nom du témoin, c'est-à-dire, son nom de baptême.

2°. Son surnom, c'est-à-dire, son nom de famille.

3°. L'âge qu'il a dit avoir.

4°. Sa qualité ou profession.

5°. Sa demeure en telle Ville et sur telle Paroisse.

6°. La déclaration qu'il a faite, s'il est ou non, parent, allié, serviteur ou domestique des parties; et, s'il est parent ou allié, en quel degré. *Ibid. art.* 5.

Il ne suffiroit pas que le témoin dît seulement qu'il n'est pas *serviteur*, ni qu'il dît seulement qu'il n'est pas *domestique*, il faut qu'il dise qu'il n'est serviteur ni domestique; car l'Ordonnance ne s'est pas servi en vain de ces deux termes, qui ne sont point synonymes. *Arrêt du 8 Avril* 1702, *rapporté par Bornier.*

Un Homme de Lettres, que vous logez chez vous, et que vous avez à votre table uniquement pour vous faire compagnie, et profiter de ses conversations, est votre domestique; car on appelle *domestiques* tous ceux qui logent en même maison, et mangent à la même table; mais il n'est pas *serviteur.* Au contraire, un valet-de-chambre, à qui vous donnerie son argent à dépenser, et iroit tous les soirs coucher chez lui hors d votre maison, après qu'il vous auroit mis au lit, n'est pas propremen votre domestique; mais il est votre serviteur. *Voyez* ce que nous avons di à cet égard en notre Traité des Obligations, *part.* 4, *chap.* 2, *art.* 8.

L'Ordonnance, en requérant que le témoin déclare s'il est parent, allié etc. des parties, entend-elle parler même de la partie publique, ou seule ment de l'accusé et de la partie civile?

La raison de douter est que la partie publique, tel qu'est un Procureu du Roi, n'étant pas partie en tant qu'une telle personne, mais en tan que Procureur du Roi, ceux qui sont les parents, alliés, serviteurs, o domestiques de ce Procureur du roi, en tant qu'il est une telle personne ne le sont pas proprement de la partie publique, qui n'en peut avoir; d'o il paroît suivre qu'il est superflu qu'un témoin déclare qu'il n'est pas pa rent, allié, serviteur ni domestique du Procureur du roi, et que l'Ordon nance n'a entendu parler que des parties qui sont parties en leur priv nom, et non pas de la partie publique. Nonobstant ces raisons, une dé position, dans laquelle le témoin auroit dit seulement qu'il est parent allié, etc. de l'accusé, au lieu de dire des parties, souffriroit grand difficulté.

L'Ordonnance, en prescrivant que le témoin déclare s'il est parent etc. des parties, ne doit s'entendre que des parties connues lors de la dé position; car les Loix n'obligent point à l'impossible, et il n'est pas pos sible au témoin de sçavoir, et parconséquent de déclarer s'il est parent, allié, etc. des parties inconnues. C'est pourquoi, lorsque le Procureur du Roi a donné plainte contre des quidams, ou parties inconnues, si le témoin a dit qu'il n'étoit parent, etc. *du Procureur du Roi, au lieu de dire de parties,* je pense que la déposition seroit valable.

7°. Il doit être fait mention de la représentation de l'exploit d'assigna tion, donné au témoin pour déposer; il est bon même de faire mention du nom de l'Huissier qui a donné cette assignation. Il ne suffiroit pas de faire une mention générale que les témoins ont été assignés. *Arrêt du 17 Août* 1706.

8°. Il doit être pareillement fait mention du serment fait par le témoin. *Ibid. art.* 5.

9°. Il faut qu'il n'y ait aucune interligne, que les ratures soient ap prouvées, et les renvois signés par le témoin et le Juge, *ibid. art.* 12, à peine de nullité.

10°. Que la déposition soit signée par le témoin, ou que mention soit faite qu'il n'a pu, ou qu'il ne sçait signer, et qu'elle soit pareillement signée par le Juge et le Greffier. *Tit.* 6, *art.* 9.

Il est aussi d'usage dans les dépositions de faire mention de la connois sance que le témoin a dit avoir, ou ne pas avoir des parties; mais l'Ordon nance ne l'exigeant point, une déposition dans laquelle cette mention auroit été obmise, ne devroit pas être déclarée nulle.

Les dépositions, dans lesquelles il manqueroit quelqu'une des dix formalités ci-dessus, doivent être déclarées nulles; et, par Arrêt du 10 Janvier 1716, rapporté au *Journal des Audiences*, Tome *VI*, il a été fait défenses au Garde Marteau de Châtellerault d'entendre les témoins par forme d'interrogatoire, et il lui a été enjoint de les entendre, en forme de déposition, sur les faits résultants de la plainte, dont lecture leur seroit faite; le tout à peine de nullité.

Cette nullité peut être prononcée non-seulement par le Juge supérieur, mais même par le Juge qui a fait l'information : néanmoins, lorsqu'il n'est pas seul Juge, ce n'est pas lui, mais c'est le Siege qui doit, en voyant le procès, statuer sur les nullités.

Le Juge, en prononçant la nullité d'une déposition, peut ordonner qu'elle sera réitérée, et il le doit ordonner, lorsqu'elle est importante pour la décision du procès. *Tit. 6, art. 4.*

§. VI. — *Du Devoir des Greffiers, par rapport aux Informations.*

Il est défendu aux Greffiers, à peine d'interdiction et d'amende, de communiquer à personne l'information et les autres pieces secretes du procès, dont ils sont dépositaires, ni, encore moins, de se dessaisir des minutes. *Tit. 6, art. 15.*

La Regle souffre exception, 1°. à l'égard du Procureur du Roi, ou Fiscal de la Jurisdiction, qui peut retirer du Greffe les minutes, à la charge par lui de s'en charger sur le registre du Greffier, et de les remettre au plus tard dans les trois jours. *Ibid.*

2°. A l'égard du Rapporteur, à qui on les confie pour voir et rapporter le procès, à la charge par lui de les remettre vingt-quatre heures après le jugement. *Ibid. art. 16.*

Les Greffiers doivent avoir un registre relié, paraphé en tous les feuillets par le Juge Criminel, pour y enregistrer toutes les procédures qui seront faites, ou apportées, dont ils sont tenus d'envoyer des extraits tous les ans aux Sieges ou aux Cours, d'où la Jurisdiction ressortit pour le criminel. *Ibid. art. 18 et 19.*

SECTION III.

Des différents Décrets, de leur exécution, et Procédure contre les Contumaces, et des Exoines.

ARTICLE PREMIER.

Des différents décrets.

§. I. — *Ce que c'est.*

LE Décret est une Ordonnance du Juge, par laquelle il cite l'accusé, pour répondre à l'accusation intentée contre lui.

Le décret, en matiere criminelle, répond à la commission qui est nécessaire en certains Tribunaux, pour assigner en matiere civile; il en est néanmoins bien différent.

La commission, en matiere civile, se prend au Greffe, sans l'office du Juge, et sans aucune connoissance de cause. Le décret, en matiere criminelle, se rend par le Juge sur l'examen de l'information qui a précédé.

§. II. — *Quelles sont les différentes especes de Décrets.*

Il y a trois différentes especes de décrets.

1°. Le décret de *prise-de-corps*. C'est un décret par lequel le Juge ordonne que l'accusé sera saisi au corps, et conduit dans les prisons.

2°. Le décret d'*ajournement personnel*. C'est celui par lequel le Juge ordonne que l'accusé sera assigné à comparoir en personne, pour être interrogé sur les faits de l'information.

3°. Le décret d'*assigné pour être ouï*. C'est celui par lequel le Juge ordonne que l'accusé sera assigné pour être ouï sur les faits de l'information. Ces différents décrets sont désignés par l'Ordonnance de 1670, *tit* 10, *art.* 2.

Le procès-verbal de l'Ordonnance nous apprend que le décret d'assigné pour être ouï, est inconnu par les anciennes Ordonnances, et de nouvelle institution; quoiqu'il paroisse ne différer du décret d'ajournement personnel, que dans les termes, il en differe néanmoins par rapport aux effets, comme nous le verrons ci-après.

On ne peut rendre aucune autre espece de décret; l'Ordonnance, *tit.* 10, *art.* 17, défend à tous Juges, même des Officialités, d'ordonner qu'une partie sera *amenée* sans scandale.

On distingue les décrets d'ajournement personnel, et ceux de prise-de-corps en décrets *originaires*, et décrets *de conversion*.

On appelle décret originaire, le premier décret rendu contre un accusé.

Si on a rendu contre un accusé un décret d'ajournement personnel, faute par lui d'avoir obéi au premier décret de soit ouï rendu contre lui, ou qu'on ait rendu contre un accusé un décret de prise-de-corps, faute par lui d'avoir obéi au premier décret d'ajournement personnel, ces décrets sont des décrets de conversion. *Même Ordonnance. Ibid. art.* 3 *et* 4.

§. III.—*En quels cas, et contre quelles personnes se décernent les Décrets.*

Le Juge doit avoir égard à la qualité du crime qui fait l'objet de l'accusation, aux preuves qui se trouvent, et à la qualité de la personne de l'accusé, pour estimer quelle espece de décret il doit rendre. L'ordonnance, *tit.* 10, *art.* 19, défend de décerner prise-de-corps contre les domiciliés, si ce n'est pour crime qui doive être puni de peine afflictive, ou infamante; ce qui doit sur-tout être observé à l'égard des personnes d'une condition honnête.

Il ne suffit pas que le crime, qui fait l'objet de l'accusation, soit un crime considérable; il faut, outre cela, qu'il résulte de l'information, ou autres actes du procès, un commencement considérable de preuve contre celui qu'on veut décréter de prise-de-corps.

Cette regle souffre exception; 1°. à l'égard du crime de duel, pour lequel on peut décréter de prise-de-corps sur la seule notoriété, *ibid. art.* 8, c'est-à-dire, sur le bruit public, sans information préalable.

2°. A l'égard des vagabonds, qui peuvent aussi être décrétés de prise-de-corps sur la seule plainte du Procureur du Roi, sans information. *Ibid.*

3°. A l'égard des crimes et délits domestiques, pour lesquels un domestique, sur la seule plainte de son Maître, avant aucune information, peut être décrété de prise-de-corps. *Ibid.*

On peut aussi, pour quelque crime que ce soit, rendre un décret de prise-de-corps sur le seul procès-verbal d'un Président, ou Conseiller de Cour Souveraine, lequel, à cause de l'éminente Dignité, fait une foi suffisante pour ce décret. *Ibid. art.* 5.

A l'égard des procès-verbaux des autres Juges Royaux, ils n'ont pas le même effet; on peut seulement, sur leur procès-verbal, rendre un décret d'ajournement personnel, mais on ne peut rendre de décret de prise-de-corps sur les procès-verbaux de ces Juges, sinon, après que leurs assistants auront été répétés, *tit.* 10, *art.* 5, c'est-à-dire, après que ceux qui auront assisté à leur procès-verbal, et dont ils auront pris les déclarations, auront été de nouveau entendus en déposition par une information.

A l'égard des procès-verbaux des Sergents et Huissiers, ils ne sont pas suffisants (sinon en un cas), pour aucune espece de décret, tant que ces Huissiers et leurs records n'ont point été répétés; mais après qu'ils l'ont été, on peut, sur leurs dépositions, décréter de prise-de-corps, si le cas y écheoit. *Ibid. art.* 6.

Le cas auquel ces procès-verbaux peuvent donner lieu à un décret, avant que l'Huissier et ses records ayent été répétés, est le cas de rébellion à Justice; et ce décret, tant qu'ils n'ont pas été répétés, ne peut être que d'ajournement personnel, *même art.* Voyez *l'Edit d'Amboise du mois de Janvier* 1572, *art.* 9.

Lorsque le crime est grave, et le commencement de preuve considérable, on peut décerner ces décrets de prise-de-corps contre les accusés, de quelque qualité et dignité qu'ils soient.

On a néanmoins égard à la qualité et dignité des accusés, pour rendre ces décrets, en ce qu'il faut une preuve plus ou moins considérable, suivant qu'est la qualité de l'accusé.

Lorsqu'un accusé a été décrété d'ajournement personnel, ou d'ajournement pour être ouï, il ne peut plus être décrété de prise-de-corps par le même Juge, à moins qu'il ne survienne depuis de nouvelles charges contre lui, *ibid. art.* 7; autrement il paroîtroit de la contradiction dans la conduite du Juge.

Il est néanmoins permis aux Cours, en donnant un décret d'ajournement personnel, ou de soit ouï, d'arrêter, par une délibération secrette, que l'accusé sera arrêté prisonnier, lorsqu'il comparoîtra; mais cela n'est pas permis aux autres Juges. Le cas de ces délibérations secrettes, est, lorsqu'on appréhende qu'il y ait trop de difficulté à arrêter l'accusé, qui

se défendroit dans quelque maison forte, ou qui pourroit procurer u
émotion du peuple en sa faveur, *même art.* 7.

On peut décerner des décrets de prise-de-corps, non-seulement cont
des personnes connues, mais même contre des personnes inconnues, so
un certain signalement exprimé par le décret, *ibid. art.* 18. Par exempl
le Juge ordonne qu'un quidam d'une telle taille, ayant les cheveux d'u
telle couleur, etc. vêtu d'un tel habit, sera pris au corps.

Le Juge rend ainsi le décret, lorsqu'un auteur, ou complice du crime
est désigné de cette maniere par les témoins, qui ne le connoissent que p
le signalement qu'ils en ont donné.

On rend aussi des décrets contre des personnes inconnues à l'indicatic
qui en sera faite. Par exemple, lorsque la plainte est donnée par une part
civile contre une certaine personne, et que les témoins ne l'ont poi
nommée, ne la connoissant pas, mais l'ont désignée par sa taille, se
habits, la couleur de ses cheveux, etc. le Juge ne nomme pas la personr
dans le décret qu'il rend, quoiqu'elle soit nommée par la plainte; mais
ordonne qu'un certain quidam de telle taille, etc. sera saisi au corps
l'indication qui en sera faite par la partie civile. Par ce moyen, la part
civile, qui aura indiqué la personne qui aura été arrêtée, demeurera res
ponsable envers elle de ses dommages et intérêts, si on s'est trompé et qu'
se trouve que ce n'est pas elle dont les témoins auront entendu parler.

Il y a lieu au décret d'ajournement personnel, lorsque le crime est léger
ou même, dans les crimes graves, lorsque celui contre qui on le décerne
est peu chargé par les informations.

Lorsque le délit est très-léger, ou même, dans les crimes graves, lors
qu'il y a très-peu de preuves, et que l'accusé est de condition honnête
sur-tout lorsqu'il est Ecclésiastique, ou Officier, on rend le décret d'assign
pour être ouï. *Ibid. art.* 2.

§. IV. — *Par qui, et comment se rendent les Décrets.*

Les décrets se rendent par le Juge qui est chargé de l'instruction d
procès. Il n'est pas obligé, pour les rendre, de prendre l'avis du Siege
ils se rendent néanmoins quelquefois par le Siege assemblé, lorsque l
Siege, en voyant le procès, juge à propos de rendre un décret contr
quelque complice qui se trouve chargé par les actes du procès.

Les décrets doivent être rendus sur les conclusions du Procureur d
Roi, ou du Procureur Fiscal, *tit.* 10. *art.* 1, c'est-à-dire, que le Juge
avant de rendre son décret, doit ordonner la communication de l'infor
mation, et autres actes du procès au Procureur du Roi, ou Fiscal, lequel
après la communication par lui prise, doit donner ses conclusions, pa
lesquelles il requiert ce qu'il juge à propos; et ce n'est qu'après ses conclu
sions que le Juge doit rendre son décret.

Au reste, quelles que soient les conclusions du Procureur du Roi, ou
Fiscal, quelque chose que ce soit qu'il ait requis, le Juge est le maître de

rendre tel décret qu'il veut, quoique le Procureur du Roi n'ait pas conclu au décret.

Cette regle, que les décrets doivent être rendus sur les conclusions du Procureur du Roi, souffre des exceptions.

1°. Dans le cas de flagrant délit. 2°. Lorsque ce décret est rendu à la Chambre, en voyant le procès.

Par la Déclaration du mois de Décembre 1680, il est ordonné aux Juges, à peine d'interdiction de leurs charges, de faire mention, dans les décrets d'ajournement personnel qu'ils rendent, du titre de l'accusation.

Le motif de cette Loi est, afin que les Cours, où l'appel de ces décrets seroit porté, puissent connoître s'ils peuvent donner des *défenses de l'exécuter*, sans avoir vu les charges; car il est défendu aux Cours de donner des défenses d'exécuter les décrets dans certains crimes, sans avoir vu les charges, comme nous le verrons ci-après : au contraire, il y a des titres d'accusation si legers, que les Cours, sans avoir vu les charges, peuvent se déterminer à donner des défenses.

Cette Loi paroît peu exécutée dans l'usage, et l'obmission de la mention du titre de l'accusation n'est pas une nullité; car la Loi n'ordonne pas cette mention à peine *de nullité*, mais sous une autre peine, qui est celle de l'interdiction du Juge. C'est ainsi que, par Arrêt du 12 Mai 1711, rapporté au *Journal des Audiences*, *Tom. VI*, il fut enjoint seulement au Bailli de la Terre du Châtelet d'exprimer à l'avenir dans ses décrets le titre de l'accusation, à peine d'interdiction de sa charge, et de telle autre peine qu'il appartiendroit.

D'ailleurs, ce n'est pas en faveur de l'accusé que cela est ordonné, mais contre lui, afin qu'il ne puisse pas surprendre des Cours des défenses contre des décrets, dans des cas auxquels il n'est pas permis d'en donner.

ARTICLE II.

De l'exécution des Décrets, et de leurs effets.

§. I. — *De l'exécution des Décrets de soit ouï, et d'Ajournement personnel.*

Le décret d'ajournement personnel, aussi-bien que celui d'assigné pour être ouï, s'exécute par une assignation qui est donnée à la requête de la partie civile, ou de la partie publique, à la personne contre qui le décret est rendu, à ce qu'elle soit tenue de comparoir dans les délais de l'Ordonnance, devant le juge qui l'a rendu, pour y subir interrogatoire, en tête de laquelle assignation, on donne copie à l'accusé du décret.

Les formalités de ces assignations, et les termes, ou délais auxquels elles doivent être données, sont les mêmes qui sont réglés pour les matieres civiles : j'y renvoie. *Voyez au Traité de la Procédure Civile*, *part. 1. chap. 1. art. 4*, 5, 6, les formes intrinsèques, extrinsèques, et les délais des ajournements, *part. 1*, *pag. 14. et suiv.* Voyez encore l'*Ordonnance de 1667*, *tit. 2* et 3.

L'accusé doit, en conséquence de cette assignation, se présenter dans les délais, pour subir interrogatoire.

Si l'accusé ne s'est point, dans le délai de l'assignation , présenté pou
subir l'interrogatoire, la partie civile, ou publique, après l'échéance d
l'assignation , prend un défaut au Greffe des présentations; et , après le
mêmes délais qui sont réglés pour les matieres civiles, elle le fait juger (*)

Le Juge, pour le profit du défaut, si le décret étoit d'assigné pour êtr
ouï , ordonne qu'il sera converti en décret d'ajournement personnel.

S'il étoit d'ajournement personnel, il ordonne qu'il sera converti e
décret de prise-de-corps.

Le décret de conversion en ajournement personnel, s'exécute de l
même maniere que s'il étoit originaire; et si l'accusé n'obéit pas au nou
veau décret, le Juge , après l'échéance du délai, et le défaut pris sur l
requête de la partie civile, et sur les conclusions du Procureur du Roi, l
convertit en décret de prise-de-corps.

§. II. — *De l'exécution du Décret de prise-de-corps.*

La partie civile, ou publique, qui veut faire exécuter le décret de prise
de-corps, en remet une expédition entre les mains d'un Huissier, ou autr
ministre de Justice, ayant caractere pour l'exécuter.

Comme l'Huissier, ordinairement , a besoin de main-forte pour exécute
le décret, il est enjoint à tous Gouverneurs de Provinces et Villes , Maire
et Echevins, et Prévôts des Marchands, de prêter main-forte pour l'éxécu
tion des décrets. *Tit.* 10. *art.* 15.

Ils sont obligés de prêter main-forte, à peine de radiation de leurs gages
non-seulement sur la réquisition du Juge qui a donné les décrets, mai
même sur la seule réquisition de l'Huissier. *Ibid.*

L'Huissier , porteur du décret de prise-de-corps , peut arrêter de nuit
comme de jour, celui contre qui il est rendu : il peut l'arrêter , ou dans les
rues, ou dans sa propre maison, ou dans quelqu'autre maison que ce soit
même dans les Eglises. *Ordonnance de* 1539 , *art.* 166 : mais pou
arrêter quelqu'un dans les Maisons Royales , il faut une permission du
Roi.

Quoique l'Ordonnance de 1539, dans l'article que nous venons de citer
parle indistinctement des Matieres civiles et criminelles, il n'est pas suivi
pour les matieres civiles : on n'arrête point la nuit, ni les Dimanches et
Fêtes , ni à l'Eglise, un débiteur , ni même dans sa propre maison, sans des
raisons très-considérables, exposées au Juge dans une Requête , sur les
quelles il fait droit en connoissance de cause. *Voyez* notre Traité de la
Procédure Civile , *part.* 5. *chap.* 1. §. 4 *et* 5, et les Règlements qui y sont
cités.

L'Huissier, aussi-tôt qu'il a arrêté l'accusé, doit le conduire dans les
prisons du lieu de la Jurisdiction dont le décret est émané , *tit.* 10. *art.* 16.
Si l'accusé étoit arrêté dans un lieu éloigné, il doit le conduire dans les
prisons du lieu où il l'a arrêté , pour y demeurer comme en *prisons emprun-*

(*) Par l'article 8 de l'Edit du mois de Juillet 1773 , concernant l'instruction des contumaces , *les
délais pour lever le défaut, et l'usage des présentations, ont été abrogés en matiere criminelle.*

tées, jusqu'à ce qu'il soit transféré dans celles du Juge d'où le décret est émané.

Il est sur-tout défendu de retenir les accusés en maison particuliere, si ce n'est pendant le temps de la conduite, et en cas de péril d'enlevement; et il en doit être fait mention dans le procès-verbal de capture, et de conduite. *Même art.* 16. *in fine.*

L'Huissier, en arrivant aux prisons avec l'accusé qu'il a arrêté, doit écrire sur le registre des prisons un acte de l'emprisonnement, qui fasse mention du décret, en vertu duquel il se fait. On appelle cet acte *un écrou.* Il doit aussi dresser un procès-verbal de la capture, et donner copie à l'accusé, tant du procès-verbal de capture, que de l'écrou.

L'Huissier doit aussi faire un inventaire des papiers, hardes et meubles qu'il a trouvés sur l'accusé, lors de sa capture, et il doit être signé de deux témoins. Cet inventaire doit être inscrit sur un *Registre de la Geole,* destiné à cet effet, *autre que celui des écrous.* Les choses qu'on croit pouvoir servir à conviction, doivent être remises au Greffe sur-le-champ, et le surplus rendu à l'accusé, qui doit signer l'inventaire et le procès-verbal : sinon, il doit être fait mention de son refus.

Il est très-expressément défendu d'employer l'argent, et autres effets qu'on trouve sur l'accusé, aux frais du procès. *Arrêt du* 23 *Février* 1713.

C'est dans le procès-verbal de capture, dans l'écrou, et dans la signification qui en est faite à l'accusé, que consiste l'exécution du décret.

Lorsque l'accusé a été arrêté, et mis en prison avant aucun décret, à la clameur publique, et que, sur le procès-verbal de capture, et sur les conclusions du Procureur du Roi, ou Fiscal, le Juge rend son décret contre lui, portant qu'il sera écroué à la requête du Procureur du Roi, ou Fiscal, il est clair que c'est dans cet écrou, et dans la signification qui en est faite à l'accusé, que consiste l'exécution du décret.

Lorsque le décret de prise-de-corps ne peut être exécuté par la capture de l'accusé, il s'exécute par la perquisition de sa personne.

Cette perquisition se fait par l'Huissier porteur du décret au lieu du domicile, ou de la résidence de l'accusé, s'il a un domicile, ou une résidence dans le lieu où le procès s'instruit, ou dans l'étendue de la Jurisdiction : l'Huissier dresse un procès-verbal de cette perquisition, dont il laisse copie au lieu où il l'a faite. *Tit.* 17. *art.* 1 *et* 2. *Edit de Décembre* 1680.

Lorsque l'accusé n'a pas de domicile, ni de résidence sur le lieu, ni dans l'étendue de la jurisdiction, ce décret de prise-de-corps s'exécute par l'affiche d'une copie du décret à la porte de l'Auditoire. *Ibid. art.* 3. et il n'est pas nécessaire de la faire à son domicile, qui est hors de l'étendue de la jurisdiction. *Même Edit de* 1680.

Cette perquisition n'est valable qu'au lieu de la résidence de l'accusé, et on ne doit se contenter d'afficher le décret à la porte de l'Auditoire, que lorsque cette procédure se fait dans les trois mois depuis le crime commis, *même Edit de* 1680. Lorsque l'accusateur ne l'a pas faite dans les trois mois, il ne peut plus faire la perquisition de l'accusé qu'à son vrai domicile, quoique situé hors l'étendue de la jurisdiction.

Mais si l'accusé étoit un homme sans domicile, dans les trois mois, comme après les trois mois, il suffit d'afficher le décret à la porte de l'Auditoire. *Ibid.*

Il faut, outre cela, assigner l'accusé à comparoir à quinzaine par un exploit qui peut se donner au lieu de la résidence de l'accusé, ou même, lorsqu'il n'a ni domicile, ni résidence dans l'étendue de la jurisdiction, cette assignation peut se faire par affiche à la porte de l'Auditoire, lorsque cet exploit est donné dans les trois mois du crime commis; sinon, et après les trois mois, il ne peut se donner qu'au vrai domicile, lorsque l'accusé en a un, quoique hors la jurisdiction. *Ibid.*

Outre ce délai de quinzaine, l'accusé doit avoir un jour de plus pour autant de dix lieues qu'il y a de distance du lieu de son domicile au lieu de la jurisdiction. *Ordonnance de 1670, tit. 17. art. 7.*

Outre cela, les biens de l'accusé, dont on a fait perquisition, peuvent être saisis à la requête de la partie civile, ou publique, sans qu'il soit besoin d'obtenir pour cela aucun jugement. *Ibid. art. 1.*

La saisie des meubles de l'accusé se fait de la même maniere, et doit être revêtue des mêmes formalités que celles qui se font en matiere civile. *Ibid. art. 4.*

Pareillement, on doit observer, pour la saisie des fruits des immeubles, les mêmes formalités qui sont prescrites pour les établissements des séquestres et Commissaires en matiere civile. *Ibid. art. 5.*

Il est très-expressément défendu d'établir pour gardiens des meubles saisis, ou pour Commissaires des immeubles de l'accusé, aucuns parents, ni domestiques du Receveur, ou Fermier du Domaine du Roi, ou de celui des Seigneurs à qui la confiscation peut appartenir. *Ibid. art. 6.*

Cette saisie se fait pour obliger l'accusé à obéir au décret de prise-de-corps, et à se constituer prisonnier; c'est pourquoi elle dure, et il ne peut en obtenir main-levée, jusqu'à ce qu'il se soit constitué prisonnier.

Cette saisie n'est point de nécessité; quand elle auroit été omise, la contumace n'en seroit pas moins valablement instruite contre l'accusé.

L'office du Juge, par rapport à cette saisie, consiste; 1°. à ordonner, sur les conclusions de la partie publique, la vente des effets périssables, ou qui se consommeroient par les frais de garde; 2°. à adjuger, s'il le juge à propos, sur les revenus saisis, une provision alimentaire pour la femme et les enfants de l'accusé, sur leur requête, et les conclusions de la partie publique.

Quelquefois, au lieu de faire faire la saisie des meubles de l'accusé par l'Huissier, la partie civile, ou publique, en demande le scellé au Juge, qui se transporte en la maison de l'accusé, et l'y appose.

On a sur-tout recours au scellé, lorsqu'il y a lieu de croire qu'on trouvera parmi les papiers et effets de l'accusé, des choses qui pourroient servir à conviction.

La saisie, ou le scellé ne peuvent se faire qu'en vertu du décret d'un Juge séculier; on ne peut les faire en vertu du décret de l'Official, et il ne pourroit pas même, sans abus, l'ordonner par son décret, le pouvoir de l'Official ne s'étendant pas sur les biens.

Il est vrai que l'Edit de 1695 permet, *art.* 44, d'exécuter les décrets des Officiaux sans *pareatis*, ni permission du Juge séculier ; mais cette saisie est quelque chose de plus que l'exécution du décret.

On ne peut faire cette saisie, que lorsque l'accusé est fugitif : il y auroit lieu à la prise à partie, si un Juge faisoit saisir les meubles de l'accusé depuis son emprisonnement. *Arrêt du* 25 *Janvier* 1715, *contre les Officiers de Graçay.*

Le Juge peut seulement faire perquisition des choses qui pourroient servir à conviction, et les déposer au Greffe.

Si l'accusé, dont on a fait la perquisition, et qui a été assigné à la quinzaine, n'est point arrêté, ou ne se constitue pas volontairement prisonnier, il doit être, après le délai de quinzaine expiré, assigné à cri public à huitaine, à la requête de la partie civile, ou publique : il n'est pas besoin d'obtenir pour cela aucun jugement.

On ne peut donner cette assignation à cri public, avant que le délai de l'assignation à quinzaine soit entierement expiré, et on ne comprend dans ce délai, ni le jour que l'assignation à quinzaine a été donnée, ni le jour de l'échéance de cette assignation : c'est pourquoi, si elle a été donnée le 1er. Juin, l'assignation à quinzaine ne pourra se faire plutôt que le 17. *Tit.* 17. *art.* 8.

Le cri se fait en trois endroits ; à la Place publique du lieu où est établie la Jurisdiction, à la porte de l'Auditoire, et au-devant du domicile, ou résidence de l'accusé, s'il en a. *Ibid. art.* 9.

L'Huissier, pour faire ce cri public, se fait assister d'un Trompette, avec lequel il se transporte dans les trois endroits, où, après que la trompette a sonné, l'Huissier appelle à haute voix l'accusé, et le somme de se représenter dans la huitaine dans les prisons, et en fait mention dans son exploit d'assignation, lequel, au surplus, doit être revêtu des mêmes formalités que les autres exploits d'assignation.

§. III. — *En quoi conviennent, et en quoi different les différentes especes de décrets, quant à la maniere de les exécuter, et quant à leurs effets.*

Les différentes especes de décrets conviennent entr'eux ; 1°. en ce qu'ils peuvent être exécutés hors le territoire du Juge dont ils sont émanés, sans aucun *pareatis* du Juge du lieu où ils sont exécutés. *Tit.* 10, *art.* 12.

Mais la partie, à la requête de qui le décret est exécuté hors le territoire du Juge dont il est émané, doit faire élection de domicile dans le lieu où il est exécuté, soit par l'exploit d'assignation, lorsque c'est un décret d'assigné pour être ouï, ou d'ajournement personnel, soit par le procès-verbal de capture, si c'est un décret de prise-de-corps. *Ibid. art.* 13.

Cette élection de domicile n'attribue aucune jurisdiction au Juge du lieu où elle se fait, et elle ne se fait que pour que l'accusé puisse y faire à la partie les sommations et significations qu'il jugeroit à propos. *Ibid.*

2°. Tous les décrets conviennent encore entr'eux, en ce qu'ils peuvent être exécutés, nonobstant l'appel qui en auroit été interjetté, quand même ce seroit un appel, comme de Juge incompétent, ou récusé. *Ibid art.* 12.

Mais si les Cours, ou autres Juges, devant qui l'appel auroit été porté avoient donné des défenses d'exécuter le décret, du jour de la significa tion faite à la partie civile, ou publique, le décret ne peut plus être mis exécution, jusqu'à ce que les défenses ayent été levées.

Les Cours ne doivent pas facilement accorder ces défenses, sans avoir vu les charges : il leur est expressément défendu par l'*Edit de Décembre* 1680, *concernant les défenses d'exécuter les décrets d'ajournement per sonnel, registré en Parlement le* 10 *Janvier* 1681, d'accorder des défenses sans avoir vu les charges, même contre les ajournements personnels, lors que le titre d'accusation est pour fausseté, ou malversations d'Officiers ou, à l'égard des autres crimes, lorsqu'il y aura décret de prise-de-corps contre quelqu'un des co-accusés.

Les différents décrets different entr'eux, quant à la maniere de les exé cuter, en ce que ceux d'*assigné pour être ouï*, et d'*ajournement per sonnel*, s'exécutent par un simple exploit d'assignation donné à l'accusé sans attenter à sa personne ni à ses biens, jusqu'à ce que ces décrets aient été convertis ; au lieu que les décrets de prise-de-corps s'exécutent sur la personne de l'accusé qu'on conduit en prison, et qu'on retient malgré lui et lorsqu'on ne le peut prendre, on saisit ses biens.

Non-seulement les décrets d'assigné pour être ouï, et d'ajournement personnel, different de celui de prise-de-corps, mais ils different aussi entr'eux; 1°. en ce que le décret d'assigné pour être ouï, faute par l'accusé d'y avoir obéi, se convertit en décret d'ajournement personnel ; au lieu que celui d'ajournement personnel se convertit en décret de prise-de-corps.

2°. En ce que le décret d'assigné pour être ouï, n'emporte aucune note contre l'accusé, ni parconséquent aucune interdiction de ses fonctions publiques; au contraire, le décret d'ajournement personnel, semblable en cela au décret de prise-de-corps, aussi-tôt qu'il est signifié à l'accusé emporte de plein droit *interdiction de toutes fonctions publiques, tit* 10. *art.* 10 *et* 11 : c'est pourquoi, si l'accusé est Officier, il ne peut plus faire aucunes fonctions de son office.

Si la personne décrétée est un Ecclésiastique, elle demeure aussi de plein droit interdite de ses fonctions Ecclésiastiques, aussi-tôt que le dé cret lui a été signifié : ce n'est pas que ce décret, *per se*, emporte cette interdiction; on convient que le pouvoir de lier, et de porter des cen sures, n'est point du ressort de la puissance séculiere; que c'est à l'Eglise à qui le pouvoir a été donné, et qu'il ne peut être exercé que par les Ministres d'Eglise; mais, comme les Canons de l'Eglise suspendent les Ministres des fonctions du Ministere, lorsqu'ils sont prévenus de crimes la sainteté et la pureté de ce Ministere ne permettant pas qu'il soit exercé non-seulement par des criminels, mais même par des personnes qui soient un peu soupçonnées de crime, il s'ensuit que celui qui, par le décret d'ajournement personnel, se trouve prévenu et soupçonné de crime devient, non par le décret d'ajournement personnel, *per se*, mais par les Canons, en conséquence de l'ajournement personnel, suspens de ses fonctions. *Voyez* les Arrêts rapportés par M. Jousse sur l'*art.* 40 *de l'Edit de* 1695.

Le décret d'ajournement personnel, comme celui de prise-de-corps, ôtent même à un Collateur l'exercice de la collation des Bénéfices ; c'est un des points jugés par un Arrêt du 19 juin 1711, rapporté au *Journal des Audiences*, *Tom.* 6, en faveur d'un Préventionnaire en Cour de Rome, contre un Pourvu par le Cardinal de Bouillon, postérieurement au décret de prise-de-corps décerné contre lui : et il paroît même que, par une Déclaration du 7 Juillet 1710, registrée en Parlement le 10 du même mois, il avoit été décidé que la nature du décret décerné contre le Cardinal de Bouillon, le privoit non-seulement des revenus de ses Abbayes, mais encore de la disposition des bénéfices qui en dépendoient.

ARTICLE III.

Des Exoines.

§. I. — *Ce que c'est, en quel cas, et pour quelles causes adhere-t-on à l'Exoine.*

L'Exoine est un acte qui contient les raisons pour lesquelles un accusé ne se présente pas sur l'assignation qui lui a été donnée en conséquence d'un décret.

Quelle que soit l'espece de décret qui ait été décerné contre un accusé, cet accusé peut proposer une exoine, lorsqu'il ne peut comparoir sur l'assignation qui lui a été donnée en conséquence du décret.

La principale cause d'exoine est la maladie, ou blessure de l'accusé. *Tit.* 11 *art.* 1.

Il faut, pour que cette maladie, ou blessure, soit une cause suffisante d'exoine, que cette maladie ou blessure soit considérable, et telle que l'accusé ne puisse se mettre en chemin, sans péril de sa vie. *Ibid. art.* 2.

Il sembleroit que l'Ordonnance, *art.* 1 du même Titre, à s'en tenir aux termes, restreindroit les causes d'exoines aux causes de *maladies*, ou *blessures ;* néanmoins, on doit décider que toutes les causes, qui mettent l'accusé dans une impossibilité morale de se mettre en chemin, pour comparoir sur l'assignation qui lui est donnée, sont des causes valables d'exoines, qui doivent être admises : car c'est une maxime de Droit naturel, et prise dans la nature, que, *impossibilium nulla obligatio est.* L. 185. ff. *de Div. Reg. Jur.*

Par exemple, ce sont des causes valables d'exoines, si la communication des chemins est empêchée par des inondations, par la contagion, par la guerre ; ou si l'accusé est, pour une autre cause, détenu prisonnier, ou relégué, par ordre du Roi, dans quelque lieu d'où il ne peut sortir sans la révocation de cet ordre.

§. II. — *De la forme en laquelle doit être présentée l'Exoine.*

L'accusé, pour présenter l'exoine, doit envoyer à un Procureur u procuration *spéciale*, passée par-devant Notaires, pour demander, en s nom, d'être *exoiné*, c'est-à-dire excusé de comparoir.

Cette procuration doit contenir les causes de l'exoine, le nom de ville, bourg, ou village, Paroisse, rue et maison où est détenu l'accu *Ibid. art.* 1.

A cette procuration doivent être joints, 1°. le rapport d'un Médecin Faculté approuvée, qui déclare la qualité et les accidents de la malad et atteste que l'accusé ne peut se mettre en chemin sans péril de sa v 2°. un acte de prestation de serment, que le Médecin doit faire devant Juge du lieu, pour affirmer la vérité de son rapport. *Ibid. art.* 2.

Il paroît, par le procès-verbal de l'Ordonnance, que M. le premier P sident ayant observé qu'il y avoit bien des lieux où il n'y avoit point Médecin, M. Pussort repartit qu'on en pourroit faire venir; d'où il résu que l'esprit de l'Ordonnance a été que le rapport de simples Chirurgie ne devoit pas suffire, même lorsque l'accusé se trouvoit dans les lieux il n'y avoit pas de Médecin, et que l'accusé en devoit faire venir du lieu plus proche pour se faire visiter. Cela doit néanmoins dépendre des c constances.

Cette procuration contenant les causes de l'exoine, ensemble le ra port, et le procès-verbal de prestation de serment du Médecin, doiv être communiqués, tant au Procureur du Roi, ou Fiscal, qu'à la par civile, s'il y en a, avec avenir pour venir plaider à l'Audience. *Ib art.* 3.

Si l'exoine n'est point contestée, et que les causes soient légitimes, Juge y fait droit, et ordonne en conséquence *qu'il sera sursis à l'exé tion du décret, et de la procédure de la contumace.*

Si ces causes sont légitimes, mais que la vérité de ces causes soit c testée, le Juge en ordonne la preuve respective dans un bref délai; ap quoi il fait droit. *Tit.* 11, *art.* 3, 4 *et* 5.

SECTION IV.

De l'Instruction qui se fait depuis le Décret; des différen Requêtes qui peuvent être ordonnées pendant l'instructio et des conclusions définitives.

ARTICLE PREMIER.

Exposition générale de cette Instruction.

La première procédure, qui se fait après le décret signifié et exécu est l'interrogatoire de l'accusé, lorsqu'il comparoît sur l'assignation p être ouï, ou qu'il a été arrêté prisonnier en conséquence d'un décret de prise-de-corps.

Cet interrogatoire doit être communiqué avec les autres actes au Procureur du Roi, ou Fiscal, *tit.* 14, *art.* 17. L'interrogatoire doit aussi être communiqué à la partie civile. *Ibid. art.* 18.

Ensuite, sur les conclusions du Procureur du Roi, ou Fiscal, on rend le Règlement à l'extraordinaire, par lequel il est ordonné que les témoins *seront recollés en leurs dépositions, et confrontés à l'accusé.*

Lorsque l'accusé, après les assignations à quinzaine et à huitaine, n'a pas comparu, on rend aussi, sur les conclusions du Procureur du Roi, ou Fiscal, le Règlement à l'extraordinaire, par lequel on donne *défaut et on ordonne que les témoins seront recollés, et que le recollement vaudra confrontation.*

Ce Règlement ne se rend pas dans les affaires légères : dans ces affaires, après les assignations à quinzaine et à huitaine, lorsque l'accusé n'a pas comparu, l'affaire se porte à l'Audience, et y est jugée définitivement.

En exécution du Règlement à l'extraordinaire, les témoins sont assignés à la requête de la partie civile, ou publique, pour être recollés en leurs dépositions, et confrontés aux accusés.

Le Juge fait ce recollement et cette confrontation, et il peut, durant le cours de l'instruction, faire subir des interrogatoires à l'accusé, autant que bon lui semble.

Nous traiterons séparément de ces différentes procédures, aussi bien que des principales especes de Requêtes qui sont données pendant le cours de l'instruction, soit par le plaignant, soit par l'accusé.

ARTICLE II.

Des Interrogatoires des Accusés.

§. I. — *Ce que c'est que l'Interrogatoire, et quand il doit être fait.*

L'Interrogatoire est un acte qui contient les interrogations faites par le Juge à l'accusé sur les faits qui sont l'objet de l'accusation, et les réponses de l'accusé.

Les accusés qui ont été assignés en vertu d'un décret de soit ouï, ou d'un décret d'ajournement personnel, lorsqu'ils se sont présentés, subissent interrogatoire au jour et à l'heure qui leur ont été indiqués par le Juge.

A l'égard des accusés, contre lesquels il y a décret de prise-de-corps, le Juge doit aussitôt qu'ils ont été constitués prisonniers, et, au plus tard, dans les vingt-quatre heures après leur emprisonnement, leur faire subir interrogatoire. *Tit.* 14. *art.* 1.

La raison de cette disposition est afin que, si l'accusé est innocent, et que, par ses réponses, il fasse connoître son innocence, il ne reste pas long-temps en prison, et que, s'il est coupable, il n'ait pas le loisir d'inventer des réponses pour déguiser la vérité.

Tome III.   T t

Au reste, l'interrogatoire ne peut jamais se faire qu'après le décret, si ce n'est dans le cas du flagrant délit. *Arrêt du 22 Août* 1709.

Le juge peut, pendant le cours de l'instruction, réitérer l'interrogatoire toutes les fois que le cas le requiert, et qu'il le jugera à propos, ainsi que nous l'avons déjà observé ci-dessus.

Il est indispensable de le réitérer, lorsqu'il survient de nouveaux chefs d'accusation, l'accusé n'ayant point été interrogé sur ces chefs d'accusation dans le premier interrogatoire qu'il a subi.

Lorsqu'il ne survient point de nouveaux chefs, il est à la discrétion du Juge de réitérer, ou non, l'interrogatoire pendant le cours de l'instruction.

Dans les procès où il y a eu le Règlement à l'extraordinaire, les accusés doivent encore subir interrogatoire après la visitation du procès avant le jugement.

Nous parlerons de cet interrogatoire dans la Section suivante.

§. II. — *Par qui, où, et sur quels faits se font les Interrogatoires ?*

Il résulte de la définition que nous avons donnée de l'interrogatoire, que c'est le Juge qui doit le faire : il y doit vacquer en personne, à peine de nullité, et il est défendu, sous de grosses peines, au Juge de le laisser faire par le Greffier. *Tit.* 14. *art.* 2.

L'interrogatoire doit se faire dans le lieu où se rend la Justice, ou dans la Chambre du Conseil, ou de la Geole, il est défendu aux Juges de le faire dans leurs maisons, *ibid. art.* 4. La dignité du lieu imprime plus de respect aux accusés, et peut servir à tirer d'eux la vérité.

Il y a des Arrêts de Règlement, au 6e. Volume du Journal des Audiences, des 31 Décembre 1711, et 20 Septembre 1712, qui déclarent nuls les interrogatoires, recollements et confrontations faits dans les maisons des Juges, font défenses aux Juges de faire ces actes dans leurs maisons, quelle que soit l'espece de décret de l'accusé, même en cas de maladie du Juge, et même dans le cas où toutes les parties y consentiroient par écrit.

Dans le cas de flagrant délit, le Juge peut le faire dans le premier lieu qui se trouve commode. *Ibid. art.* 5.

§. III. — *Comment se fait l'Interrogatoire, et sur quels faits l'accusé doit-il être interrogé ?*

L'interrogatoire se fait secretement ; il ne doit y avoir, au lieu où il se fait, aucune autre personne que l'accusé qui est interrogé, le Juge qui l'interroge, et le Greffier qui écrit l'interrogatoire. *Tit.* 14. *art.* 6.

Néanmoins, si l'accusé ne sçavoit pas le François, le Juge appelleroit un Interprete, comme nous le verrons *infrà, Sect.* 6 : mais on n'admet l'assistance d'aucune autre personne ; l'accusé, de quelque qualité qu'il soit, doit répondre par sa bouche, sans ministere de conseil. *Ibid. art.* 8.

Lorsqu'il y a plusieurs accusés, chacun doit être interrogé séparément, et hors la présence des autres. *Ibid. art.* 6.

Le Juge, avant de procéder à l'interrogatoire, doit faire prêter serment à l'accusé de dire vérité. *Ibid. art.* 7.

Il y a dans le procès-verbal de l'Ordonnance un beau discours du premier Président contre l'usage de ce serment; il dit que ce serment n'est établi par aucune Ordonnance de nos Rois; qu'on ne voit pas qu'il fût en usage chez les Romains, ni chez les Grecs; qu'il y a apparence que c'est le Tribunal de l'Inquisition qui a établi cet usage; qu'il est contre la justice, ou du moins contre l'humanité, d'obliger, par la religion du serment, un accusé à faire une confession qu'il sçait devoir lui faire perdre la vie; que ce serment, ou est obligatoire, ou ne l'est pas : s'il ne l'est pas, comme le pensent plusieurs Docteurs, contre le sentiment de Saint Thomas, exiger ce serment, c'est faire prendre en vain le nom de Dieu; s'il est obligatoire, c'est engager infailliblement un Criminel à faire un parjure, parce qu'on ne doit pas se flatter de trouver un Criminel qui soit assez touché de la Religion, pour aimer mieux perdre sa vie, que de la violer.

MM. Pussort et Talon ont reparti que l'usage du serment étoit très-ancien; qu'il étoit d'autant plus respectable, qu'il s'étoit établi sans Loi; que dispenser les accusés du serment, ce seroit comme reconnoître qu'ils peuvent ne pas dire la vérité dans leurs interrogatoires; ce qui est une opinion fausse et dangereuse dans la société; que le Droit naturel nous ordonne de conserver notre vie, mais qu'il ne le permet, que lorsque nous le pouvons faire par des moyens justes, mais non pas aux dépens de la vérité, et en recourant au mensonge et à l'imposture; que le serment n'est point inutile, et qu'il peut se rencontrer, même dans les Criminels, des consciences timorées, que la religion du serment peut engager à reconnoître la vérité; que si ce serment engage souvent à des parjures, il n'y engage pas moins souvent dans les affaires civiles, dans lesquelles on convient néanmoins qu'on doit l'employer.

Le Juge, après avoir fait prêter le serment à l'accusé, l'interroge de son nom, surnom, âge, qualité et demeure; ensuite il l'interroge sur les faits qui sont l'objet de l'accusation, et il dicte au Greffier chaque interrogat qu'il a fait à l'accusé, et la réponse que l'accusé y a faite.

Le Juge peut, pour les faits sur lesquels il juge à propos d'interroger l'accusé, faire usage des Mémoires qui lui sont fournis, soit par la partie publique, soit par la partie civile. *Tit.* 14. *art.* 3.

Il ne doit pas néanmoins faire usage de ces Mémoires pour interroger l'accusé sur des crimes qui n'ont aucun rapport à ce qui fait l'objet de l'accusation, et dont il n'y a aucuns indices au procès, à moins que l'accusé ne soit d'une mauvaise renommée, déjà repris de justice; auquel cas, le Juge peut, sur des Mémoires qu'on lui donne, l'interroger sur des crimes étrangers au procès, et dont il n'y a aucuns indices.

Le Juge doit, lors de l'interrogatoire, représenter à l'accusé les choses qui peuvent servir à conviction, lui demander s'il les reconnoît : si ce sont des papiers, le Juge doit les parapher, et les faire parapher par l'accusé, ou faire mention de son refus. *Ibid. art.* 10.

Ce défaut de représentation des choses qui ont été déposées au Greffe, pour servir à conviction, n'opere pas la nullité de l'interrogation; ce dé- faut peut être réparé, en faisant cette représentation lors d'un autre inter- rogatoire; mais il est indispensable de la faire lors de quelqu'interrogatoire ou des confrontations; autrement, ces effets ne feroient aucune charge contre l'accusé.

Lorsque l'accusé, dans la suite de l'interrogatoire, rétracte ce qu'il avoit dit au commencement, on ne doit pas le raturer; mais on doit dans la suite de l'interrogatoire, faire mention des changements. *Ibid* *art.* 12.

Lorsque l'accusé refuse de répondre, soit qu'il refuse dès le commen cement, soit qu'il refuse dans la suite d'un interrogatoire, après avoi déjà répondu, le Juge le doit sommer verbalement par trois fois de ré pondre, et, à chacune des trois sommations verbales, lui déclarer que faute par lui de répondre, son procès lui sera fait comme à un muet vo lontaire, et qu'il ne sera plus reçu par la suite à répondre sur ce qui aur été fait en sa présence, pendant son refus à répondre; après quoi, le Jug ayant fait faire mention dans son interrogatoire des trois sommations e déclarations, continue cet interrogatoire, et fait faire mention à chaqu article que l'accusé n'a voulu répondre. *Tit.* 18. *art.* 8.

Ces trois sommations et déclarations se font sur-le-champ, et dans l même séance; mais, comme cette procédure paroissoit trop rigoureuse plusieurs de MM. les Commissaires, lors de la confection de l'Ordonnanc de 1670, on a apporté ce tempérament, que le Juge, lorsqu'il le jugeroi à propos, pourroit accorder un délai à l'accusé pour répondre, qui n pourroit être plus long que de vingt-quatre heures.

Observez que le refus de répondre ne forme qu'un indice contre l'accusé en quoi les Matières Criminelles different des Civiles, dans lesquelles le faits sur lesquels la partie refuse de répondre, sont tenus pour confessé par elle. *Ibid. art.* 8, 9 *et* 11.

Lorsque l'accusé refuse de prêter le serment, on lui fait aussi trois som mations, et on fait mention de son refus.

L'interrogatoire fini, le Juge en doit faire lecture à l'accusé, le signer et faire signer par l'accusé. *Tit.* 14, *art.* 13.

Lorsque l'interrogatoire se fait en plusieurs séances, la lecture et l signature doit se faire à la fin de chaque séance. *Ibid.*

§. IV. — *De la Forme des Interrogatoires.*

L'interrogatoire doit contenir une mention du serment prêté par l'accusé à peine de nullité, *tit.* 14, *art.* 7, ou mention de son refus, lorsqu'il refusé de le faire, et des trois sommations qui lui ont été faites de l prêter.

Il doit aussi, sous les mêmes peines, être coté et paraphé en toutes se pages, et signé par le Juge et par l'accusé; et si l'accusé ne sçait ou n' voulu signer, il en doit être fait mention. *Ibid. art.* 13.

L'Ordonnance ne fait pas mention de la signature du Greffier; c'es

pourquoi l'obmission de sa signature ne rend pas l'interrogatoire nul (*).
Il ne doit pas y avoir ni rature ni interligne. *Ibid. art.* 12.

Lorsque l'accusé a refusé de répondre sur quelqu'article, il doit être fait mention de son refus, et des trois sommations et déclarations qui lui ont été faites. *Tit.* 18, *art.* 9.

Lorsque le Juge réitere l'interrogatoire, chaque interrogatoire doit être mis en cahier séparé. *Tit.* 14, *art.* 15.

Pareillement, lorsqu'il y a plusieurs accusés, l'interrogatoire de chaque accusé doit être en cahier séparé.

§. V. — *Des Déclinatoires.*

C'est lors du premier interrogatoire que l'accusé doit proposer son déclinatoire, s'il en a à proposer : s'il a répondu au premier interrogatoire sans proposer de déclinatoire, il a, en répondant, reconnu la jurisdiction du Juge, et il n'est plus recevable à demander son renvoi (**).

Le déclinatoire est une exception, par laquelle l'accusé décline la jurisdiction du Juge de qui est émané le décret rendu contre lui, et demande à être renvoyé devant certain Juge, qu'il prétend être son Juge.

L'accusé doit comparoir en personne devant le Juge qui l'a décrété, pour proposer son déclinatoire. *Ordonnance du mois de Mars* 1549, *art.* 10.

Lorsqu'il l'a proposé, il n'est point obligé de répondre, jusqu'à ce qu'il y ait été statué.

Ce n'est point au Juge d'instruction qu'il appartient d'y statuer; il doit seulement dresser procès-verbal du déclinatoire qui lui a été proposé; et sur la communication faite, tant à la partie publique qu'à la partie civile, et les réponses que l'une et l'autre y auront données, l'incident doit être jugé par le Siege assemblé. Ainsi jugé par Arrêt du 23 Août 1663, rendu entre les Officiers du Présidial d'Angoulême, rapporté au Journal des Audiences, *Tom.* 2, et cité par M. Jousse en ses Notes sur *l'art.* 8 *du tit.* 14 *de l'Ordonnance Criminelle.*

Si l'accusé est débouté du renvoi, quoiqu'il soit appellant de la Sentence qui l'en déboute, le Juge peut l'obliger de répondre, sauf à lui à faire les protestations et les réserves de son appel; et s'il refuse de répondre, le Juge procede contre lui, comme contre un muet volontaire. *Tit.* 16, *art.* 2.

Par la même raison, s'il n'est décrété que de soit ouï ou d'ajournement personnel, et qu'après avoir été débouté du renvoi, il ne comparoisse pas,

---

(*) L'Art. 4 de l'Edit du mois de Juillet 1773, portant Règlement pour l'instruction des contumaces, enjoint à tous Juges de donner connoissance aux accusés, lors du premier interrogatoire, de ce qui est prescrit par les trois précédents articles du même Edit, pour l'élection de domicile, et d'en faire mention dans cet interrogatoire, ce qui s'observe en faisant élire domicile aux accusés, lors de leur premier interrogatoire.

(**) Lacombe, en ses Matieres Criminelles, *part.* 2, *chap.* 1, *N°.* 13, prétend au contraire qu'en suivant les termes dans lesquels est conçu l'art. 3 du tit. 1. de l'Ordonnance de 1670, on doit décider qu'un accusé peut demander son renvoi, tant que lecture ne lui a pas été faite de la déposition d'un témoin.

le Juge, nonobstant l'appel de la Sentence qui l'a débouté du renvoi, pe
donner défaut contre lui, et instruire la contumace.

ARTICLE III.

Du Règlement à l'extraordinaire.

§. I. — *Ce que c'est, et pour quels délits a-t-il lieu ?*

Le Règlement à l'extraordinaire est un jugement qui ordonne que
témoins ouïs et à ouïr, seront recollés en leurs dépositions, et confron
aux accusés. *Tit.* 15, *art.* 1.

Lorsqu'il est rendu contre un contumace, le Jugement porte que
témoins seront recollés, et que le recollement vaudra confrontation.

Lorsqu'il y a plusieurs accusés, on ajoute que les accusés, s'il est besoi
seront confrontés les uns aux autres.

Le Règlement à l'extraordinaire est ainsi appellé, parce que c'est depu
ce Règlement, et en conséquence de ce Règlement, que se fait la Proc
dure Criminelle extraordinaire, c'est-à-dire, celle qui n'a pas lieu pour l
délits légers et ordinaires, mais pour les crimes graves, qui peuvent m
riter quelques peines afflictives ou infamantes.

Delà il suit que les Juges ne doivent point rendre ce Règlement
l'extraordinaire pour les délits légers, et qu'ils doivent les juger sans ce
procédure.

Mais, dans les délits qui peuvent mériter une peine afflictive ou inf
mante, ce Règlement à l'extraordinaire est indispensable, les peines
pouvant être prononcées sur les dépositions des témoins, si elles n'ont é
confirmées par le recollement et la confrontation.

§. II. — *Quand et comment ce Règlement est-il rendu ?*

Ce Règlement ne peut être rendu qu'après que l'accusé a été interro
sur tous les faits sur lesquels ce même Règlement sera rendu : c'est pou
quoi si, depuis le premier interrogatoire, il est survenu de nouveaux che
d'accusation, le Juge doit faire subir un nouvel interrogatoire avant
rendre le Règlement. *Arrêt du* 25 *Février* 1718.

Ce Règlement se rend sur les conclusions de la partie publique; il n'e
pas néanmoins nécessaire qu'elle ait conclu à ce Règlement, il suffit qu
sur la communication qui lui a été faite du procès, depuis l'interrogato
de l'accusé, ensemble de cet interrogatoire, ou depuis l'instruction de
contumace, lorsque l'accusé est contumace, le Procureur du Roi,
Fiscal, ait donné des conclusions, telles qu'elles soient, et suivant ce qu
aura jugé à propos, pour que les Juges puissent rendre le Règlemen
l'extraordinaire.

Le Juge d'instruction ne peut pas seul rendre ce Règlement, il doit ê
rendu par le Siege assemblé. *Arrêt du* 26 *Août* 1733, *rapporté dans
Code de Louis XV, Tom.* 4, *pag.* 471.

§. III. — *A l'égard de quels crimes et de quels Accusés ce Règlement a-t-il effet ?*

Le Règlement à l'extraordinaire tient lieu de litis-contestation en matiere criminelle : la litis-contestation ne pouvant se faire que sur les instances déjà nées, et entre les parties actuellement plaidantes, il s'ensuit que le Règlement à l'extraordinaire ne peut concerner que les accusations déjà formées, et les accusés déjà décrétés, lorsque ce Règlement a été rendu.

C'est pourquoi si, depuis le Règlement rendu à l'extraordinaire, le Procureur du Roi, ou Fiscal, donne une addition de plainte contre l'accusé, pour un crime qui n'étoit point contenu dans la plainte sur laquelle est intervenu le Règlement à l'extraordinaire, il faudra, après que les témoins auront été entendus sur cette addition de plainte, et l'accusé interrogé sur le nouveau chef d'accusation, rendre, sur les conclusions du Procureur du Roi, ou Fiscal, un nouveau Règlement à l'extraordinaire sur cette addition de plainte.

Pareillement, si, depuis le Règlement à l'extraordinaire, le Juge rend des décrets contre des complices de l'accusé, quoique pour le même fait pour lequel a été rendu le Règlement à l'extraordinaire, il faudra rendre un nouveau Règlement à l'extraordinaire, qui ordonne que les témoins ouïs, et à ouïr, seront recollés, s'ils ne l'ont déjà été, et confrontés à ces nouveaux accusés.

ARTICLE IV.

Du Recollement des Témoins.

Le Recollement est la perfection, et comme la derniere main que le témoin met à la déposition qu'il a faite, par sa persistance, ou par les changements qu'il y fait, après qu'on lui en a donné lecture.

§. I. — *Quels Témoins doivent être recollés ?*

Les témoins, de quelque qualité et dignité qu'ils soient, doivent être recollés, leurs dépositions ne pouvant, sans cela, faire foi contre les accusés.

La raison est que, de quelque qualité et dignité que soit un témoin, il n'est point infaillible; c'est pourquoi le Juge doit le recoller, pour s'assurer s'il ne s'est point trompé dans quelques circonstances de sa déposition.

La dignité du Juge qui a reçu la déposition, n'empêche point non plus que le témoin ne doive être recollé; car, quelqu'exact que le Juge ait pu être à recevoir sa déposition, il n'a pu empêcher que le témoin n'ait pu se tromper.

C'est pourquoi, l'Ordonnance, *tit*. 15. *art*. 4, porte, que les témoins seront recollés, quoiqu'ils aient été entendus par un Conseiller de Cour Souveraine.

Les témoins ne sont pas non plus dispensés du recollement, parce que c'est le même Juge qui les a entendus, qui fait le recollement. *Ibid.*

Le Juge d'instruction n'est pas obligé de recoller tous les témoins qui ont été entendus; il peut obmettre le recollement des témoins, dont l déposition est inutile au procès, lorsqu'il n'a aucun sujet d'espérer que l témoin ait quelque chose à ajouter, lors du recollement, qui puisse servi à faire preuve. C'est dans ce sens qu'on doit entendre la restriction, *s besoin est*, que renferme l'*art.* 1. du *tit.* 16.

On ne laisse pas néanmoins souvent de recoller des témoins, quoiqu'il aient dit par leurs dépositions ne rien sçavoir, parce qu'il se peut fair qu'ils disent quelque chose, lors du recollement, qui leur auroit échappé ou qu'ils n'auroient pas voulu dire lors de leur déposition.

Lorsqu'un accusé, par ses réponses aux interrogatoires, a chargé quel qu'un de ses complices, comme en ce cas, cet interrogatoire équipolle une déposition, il doit y être recollé.

§. II. — *Quand le Recollement doit-il être fait ?*

Régulierement le recollement ne peut être fait qu'après le Règlement l'extraordinaire qui l'ordonne. *Ordonnance de* 1670, *tit.* 15. *art.* 3.

Cette regle néanmoins souffre exception dans le cas d'une urgente né cessité : c'est pourquoi l'Ordonnance permet de recoller les témoins, mêm avant aucun jugement qui l'ait ordonné, lorsque les témoins sont fort âgés malades, valétudinaires, prêts à faire voyage, et généralement dans tou les cas d'une urgente nécessité. *Ibid.*

Dans le crime de duel, les témoins doivent être recollés dans les ving quatre heures, et le plutôt qu'il se pourra, après qu'ils ont été entendus sans qu'il y ait aucun jugement qui l'ordonne, *Edit du mois d'Août* 167 *portant Règlement pour les duels*, *art.* 26; ce qui a été ainsi ordonn pour éviter que, pendant l'instruction d'une contumace, on ne se serve d moyens pour écarter les témoins, et détourner les preuves du duel.

Lorsque le Règlement à l'extraordinaire ordonne le recollement de témoins, sans ajouter ces termes, *ouïs et à ouïr*, plusieurs pensent qu' faut un nouveau jugement qui ordonne le recollement des témoins en tendus depuis le Règlement pour les recoller, et que pareillement, lorsqu le Règlement ne parle que des témoins, et non des accusés, il faut un nou veau jugement qui ordonne le recollement des accusés à leurs interroga toires. On cite même un Arrêt, du 28 Mai 1696, qui l'a ainsi jugé contre l Juge du Comté de Lyon.

Lorsqu'un témoin est entendu depuis le Règlement à l'extraordinaire on a demandé s'il falloit laisser un intervalle de quelques jours entre l recollement et la déposition ? Je pense que, n'y ayant aucune Loi qu requiert cet intervalle, le recollement qui seroit fait en ce cas le mêm jour que la déposition, seroit valable. Boniface, *Tom.* 1. *Liv.* 1. *tit.* 27 *N°.* 4, rapporte un Arrêt du Parlement de Provence, du 24 Mai 1653, qu l'a jugé ainsi.

§. III. — *De l'Assignation des Témoins pour le Recollement, et commen ils peuvent y être contraints.*

Les témoins sont assignés à la requête de la partie publique, lorsqu'ell est seule, pour être recollés en leurs dépositions, et confrontés, si besoin est, aux accusés.

Lorsqu'il y a une partie civile, l'assignation se donne à la requête de cette partie; et si elle négligeoit de le faire, le Juge, sur la réquisition du Procureur du Roi, ou Fiscal, peut ordonner que, faute par la partie civile d'assigner les témoins, dans un certain temps qu'il lui prescrira, ils seront assignés pas le Procureur du Roi, ou Fiscal, et que la partie civile sera contrainte de consigner la somme qu'il arbitrera pour les frais des assignations. Ces assignations sont données à deux fins, pour le recollement et pour la la confrontation, si besoin est.

À l'égard du délai qui doit être donné aux témoins par ces assignations, il doit se régler *suivant la distance des lieux, la qualité des personnes, et la matiere*, tit. 15, art. 1. *Voyez* ce que nous avons dit ci-dessus, *Sect.* 2, *art.* 5, §. 2.

Les témoins sont contraints à comparoir sur cette assignation, par amende, pour le premier défaut, et, en cas de contumace, par emprisonnement de leur personne, *tit.* 15, *art.* 2. *Voyez* ce que nous avons dit sur les informations, *loco citato.*

Il reste une question, de savoir si l'assignation est nécessaire, lorsque le témoin se présente de lui-même pour le recollement et la confrontation.

On pourroit peut-être dire qu'elle n'est pas en ce cas nécessaire, l'Ordonnance n'exigeant point que le témoin fasse apparoir de l'assignation qui lui a été donnée, comme elle l'exige pour l'information. La raison de différence est en effet sensible; l'Ordonnance, à l'égard des informations, a voulu éviter que des témoins suscités par l'accusé, ou sa famille, ne vinssent se présenter d'eux-mêmes, pour déposer et le décharger. Mais on n'a pas cela à craindre à l'égard du recollement, parce qu'il n'y a que ceux qu'on a déjà jugé à propos d'entendre, qui peuvent être recollés.

L'assignation ne peut donc être nécessaire à leur égard, que pour les obliger à comparoir; d'où il semble suivre qu'on peut s'en passer, lorsqu'ils comparoissent d'eux-mêmes; ce que je ne voudrois pas néanmoins assurer.

§. IV. — *Comment et où se fait le Recollement; et de sa Forme.*

Lorsque le témoin comparoît devant le Juge, pour être recollé en sa déposition, le Juge doit observer ce qui suit :

1°. Il doit prendre le serment du témoin qu'il dira vérité.

2°. Il doit lui faire faire lecture de sa déposition.

3°. Il doit l'interpeller de déclarer s'il veut y ajouter, ou diminuer, et s'il y persiste.

4°. Il doit faire mention, dans l'acte de recollement, de toutes ces choses, ensemble de ce que le témoin aura dit, de ce qu'il aura ajouté ou diminué.

5°. Il doit lui faire lecture de l'acte de recollement, et faire mention de cette lecture.

6°. Il doit le parapher et signer dans toutes les pages, le faire pareillement parapher et signer par le témoin dans toutes les pages, ou faire mention de son refus. *Tit.* 15, *art.* 5.

Chaque témoin doit être recollé séparément, *ibid.* et secrettement, comme il est ordonné pour l'information.

Les recollements doivent être mis dans un cahier séparé des autres procédures. *Ibid. art.* 7.

Ces actes doivent se faire en la Chambre du Conseil ou de la Geole. *Voyez* à cet égard ce que nous avons dit ci-dessus sur les interrogatoires, et l'*art.* 17 du Règlement de 1665, rapporté au Journal des Audiences.

Cette décision néanmoins n'a lieu, que lorsque le Juge procede au recollement des témoins dans le lieu où est établi le Siege de sa jurisdiction ; car, en ce cas, il lui est défendu d'y procéder dans sa maison, et, à plus forte raison, dans aucune autre maison particuliere.

Mais lorsqu'il y procede hors de ce lieu, il y peut procéder dans l'Hôtellerie où il est logé. Ainsi jugé par Arrêt du 12 Mars 1712.

§. V. — *De l'effet du Recollement.*

L'effet du recollement est de mettre la dernicre main à la déposition du témoin, de maniere qu'il ne lui soit plus permis de la rétracter.

C'est pourquoi l'Ordonnance veut que les témoins qui, depuis le recollement, se rétracteroient dans quelques circonstances essentielles, soient poursuivis et punis comme faux témoins. *Tit.* 15, *art.* 21.

En conséquence, si un témoin, lors de la confrontation, se rétractoit dans quelque circonstance essentielle, le Juge peut le faire arrêter et lui faire son procès comme faux témoin.

Il suit encore de ce principe que, lorsqu'un témoin a été une fois recollé, son recollement ne doit point être réitéré, quoiqu'il ait été fait pendant l'absence de l'accusé, c'est-à-dire, avant que l'accusé ait été arrêté, et même avant qu'il fût connu, n'étant encore que désigné. En effet, le recollement, comme la déposition, ne se faisant point en présence de l'accusé, il est indifférent que l'accusé ait été arrêté, ou ne l'ait pas été, lorsqu'il l'a fait.

Il en est de même, *quoique le procès ait été instruit en différent temps,* ou même par différents Juges; le recollement, une fois valablement fait, ne se réitere pas. *Tit.* 15, *art.* 6.

Il en est encore de même, quoiqu'il y ait plusieurs accusés ; *putà*, quoique, lors du recollement du témoin, il n'y eût encore qu'un accusé, et que, dans la suite, ont ait donné des décrets contre d'autres complices du même crime, on ne réitérera pas pour cela le recollement du témoin.

Article V.

De la Confrontation.

§. I. — *Ce que c'est, et de sa nécessité.*

La confrontation est un acte par lequel le témoin est représenté à l'accusé, pour que l'accusé fournisse contre lui ses reproches, s'il en a, et pour que le témoin reconnoisse l'accusé, et lui soutienne la vérité de sa déposition.

La déposition d'un témoin ne peut faire aucune charge contre l'accusé, qu'il ne lui ait été confronté.

Cette regle souffre exception à l'égard de ceux qui sont condamnés par contumace; car le Règlement à l'extraordinaire, qui est rendu contre eux, porte que le recollement vaudra confrontation.

Il en est de même de ceux qui se sont évadés des prisons.

Cette exception cesse d'avoir lieu lorsqu'ils se représentent; car, en ce cas, les témoins doivent leur être confrontés, et ne peuvent faire charge contre eux qu'ils ne l'aient été.

Néanmoins, si les témoins, après avoir été recollés, étoient décédés pendant la contumace, c'est-à-dire, depuis l'échéance de la derniere assignation à huitaine, et avant que l'accusé se soit représenté, les dépositions de ces témoins morts pendant ce temps intermédiaire, ne laisseront pas de subsister, quoiqu'ils ne puissent plus lui être confrontés, et il suffira en ce cas de faire une confrontation littérale. (Nous traiterons ci-après de cette espece de confrontation.)

Il en est de même lorsque les témoins ne peuvent pas être confrontés à l'accusé, qui ne s'est présenté que depuis la contumace, dans le cas où il est survenu quelqu'empêchement qui empêche qu'ils ne puissent l'être, comme une longue absence du témoin, son bannissement, sa condamnation aux galeres, et quelqu'autre empêchement. *Tit.* 17, *art.* 22.

Ces dispositions de l'Ordonnance sont fondées sur ce que les témoins ayant pu être confrontés à l'accusé, s'il se fût représenté, c'est par la contumace de l'accusé, c'est par son fait que la confrontation ne peut se faire. Or, l'accusé n'est pas recevable à opposer le défaut de confrontation, lorsque c'est par son fait qu'elle n'a pu se faire, suivant cette regle de Droit : *In omnibus causis, pro facto id accipitur id, in quo per alium mora fit quominùs fiat.* L. 139. ff. *de Reg. Jur.*

§. II. — *Quels Témoins doivent-être confrontés ?*

On doit confronter à l'accusé, non-seulement les témoins qui ont déposé formellement que l'accusé a commis le crime dont il est accusé, mais même ceux qui ont déposé de quelque chose faite, ou dite par l'accusé, qui peut l'en faire soupçonner.

On doit même confronter à l'accusé les témoins qui n'ont point parlé en aucune maniere de l'accusé, mais dont les dépositions sont nécessaires pour constater le corps du délit ; car les témoins ne pouvant faire aucune

charge au procès, s'ils n'ont été confrontés à l'accusé, il arriveroit que
s'ils n'étoient pas confrontés, ce corps de délit ne se trouveroit pas prouvé

Lorsqu'un accusé, dans ses réponses à ses interrogatoires, a chargé
d'autres accusés, il doit aussi, après avoir été recollé aux interrogatoires
être confronté aux autres accusés qu'il a chargés.

Cette confrontation d'un accusé à d'autres accusés, s'appelle *affronta*-
tion ou *accarement.*

§. III. — *Quand peut se faire la Confrontation? et par qui doit-elle être ordonnée?*

Quoique le recollement, en certains cas particuliers, puisse se fair
avant le Règlement à l'extraordinaire qui l'ordonne, il n'en est pas d
même de la confrontation ; elle ne peut jamais se faire avant qu'elle a
été ordonnée.

Le Règlement à l'extraordinaire porte ordinairement que les témoin
ouïs et à ouïr, seront recollés et confrontés, même les accusés, s'il es
besoin, recollés et confrontés les uns aux autres.

Mais si ce Règlement ne parloit point des témoins *à ouïr*, ni des *accu*-
sés, il faudroit un nouveau jugement pour ordonner leur recollement e
confrontation : c'est le Siege assemblé qui doit donner ces jugements.

Observez aussi qu'on ne doit point procéder à la confrontation de
témoins, que l'accusé n'ait été interrogé sur tous les chefs contenus au
charges et informations, et que les pieces et autres effets servant à con
viction, ne lui aient été représentés lors de ses interrogatoires. *Arrêt d*
24 *Mai* 1712.

§. IV. — *Des Assignations pour la Confrontation.*

Les témoins sont assignés pour la confrontation par la même assignation
par laquelle ils sont assignés pour le recollement, et ils peuvent être con
traints à comparoir, pour la confrontation comme pour le recollement.

Lorsque l'accusé est prisonnier, il n'est pas besoin de l'assigner pour la
confrontation ; le Juge le mande lorsqu'il veut lui confronter les témoins

Si l'accusé s'étoit évadé des prisons depuis son interrogatoire, il ne seroit pas nécessaire de l'ajourner, ni de le proclamer à cri public : sur le
simple procès-verbal de son évasion, on peut ordonner que les témoins
ouïs et à ouïr, seront recollés, et que le recollement vaudra confrontation
Tit. 17, *art.* 24.

Lorsque l'accusé est en état d'ajournement personnel, ou de soit ouï
il doit être assigné à comparoir aux lieu, jour et heure indiqués par l'Ordonnance du Juge d'instruction pour la confrontation. Cette assignation
peut lui être donnée au domicile qu'il a élu par son interrogatoire.

Il doit, sur cette assignation, comparoir, ou proposer un exoine, lorsqu'il a quelqu'empêchement légitime ; et il faut, à cet égard, observer
ce qui s'observe lorsqu'un accusé est assigné pour subir interrogatoire.
Voyez ce que nous avons dit ci-dessus.

Si l'accusé ne comparoît pas, et ne propose point d'exoine, le Juge d'instruction donne défaut contre lui ; il doit en ce cas convertir le décret, et faire la procédure de la contumace, qu'on fait contre un accusé qui ne comparoît pas sur un décret décerné contre lui, et qui a été expliqué *suprà*.

Il semble résulter des *art.* 10 *et* 11 *du tit.* 17, que cette procédure ne doit point se faire, et qu'il suffit en ce cas d'assigner l'accusé, qui n'est pas comparu, par une proclamation à la porte de l'Auditoire, et d'y afficher le procès-verbal de proclamation ; après quoi, on peut ordonner que, faute par l'accusé d'avoir comparu pour la confrontation, le recollement vaudra confrontation. C'est ce qui est ordonné par l'*art.* 10, à l'égard de ceux qui ont pour prison la suite du Conseil, ou le lieu de la jurisdiction où s'instruit le procès, ou les chemins de celle où il a été renvoyé. Il paroît par le procès-verbal sur cet article, que M. Talon en tire cette maxime générale, *que les contumaces de présence sont abolies*, c'est-à-dire, qu'on ne doit pas instruire la contumace contre ceux qui, ayant exécuté leur décret, et comparu pour subir interrogatoire, font ensuite défaut sur les autres assignations qui leur seroient données dans le cours de l'instruction ; néanmoins il faut décider qu'on doit convertir le décret, et instruire la contumace. La Cour l'a observé dans le procès criminel contre le Chapitre d'Orléans, à l'égard du Sous-Chantre *Huard*, qui, après avoir subi interrogatoire, fit défaut pour la confrontation : la Cour convertit le décret, et fit instruire la contumace. Il y a des Arrêts du 8 Juin, 1711 et du 8 Août 1712, rapportés aux 6ᵉ. et 7ᵉ. Tomes du Journal des Audiences, qui ont jugé qu'il falloit en ce cas convertir le décret et instruire la contumace (*).

Lorsque l'accusé a été originairement décrété de prise-de-corps, quoiqu'il ait été depuis remis en état d'ajournement personnel, ou même de soit ouï, il doit, sur l'assignation qui lui est donnée pour la confrontation, se rendre prisonnier, et rester en prison pendant le temps de la confrontation, dont il doit être fait mention dans la procédure, à moins que les Cours, sur l'appel du décret, n'en eussent ordonné autrement. *Tit.* 15, *art.* 12.

§. V. — *Où la Confrontation doit-elle se faire?*

La confrontation, comme l'interrogatoire, et le recollement, doit se faire dans le lieu où se rend la Justice, ou dans la Chambre du Conseil, ou dans celle de la Geole. *Voyez* ce que nous avons dit sur les interrogatoires.

Lorsque la maladie ou la blessure d'un témoin empêche qu'il ne puisse

---

(*) Ceci peut d'autant moins souffrir aujourd'hui de difficulté, que, par l'*art.* 9 du nouvel Edit de 1773, *concernant les Contumaces*, que nous avons déjà cité, il est porté que si l'accusé, décrété d'assigné pour être ouï, après avoir comparu sur ledit décret, et subi interrogatoire, ne comparoît pas pour les récollements et confrontations, et autres instructions, il sera, sur les conclusions de la partie publique, décrété de prise-de-corps, sans observer le décret intermédiaire d'ajournement personnel ; et ce, sur le certificat du Greffier de la Jurisdiction, que l'accusé ne s'est pas présenté, lequel certificat sera joint au procès.

être transporté, le Juge peut faire mener, sous bonne garde, l'accusé a lieu où est le témoin, et y faire la confrontation en vertu de son Ordo nance, après avoir fait constater l'empêchement par le rapport des M decins ou Chirurgiens. C'est ce qui résulte d'un Arrêt du 12 Mars 171? rapporté au *Journal des Audiences*, Tom. 6.

§. VI. — *Comment se fait la Confrontation; et sa Forme.*

1°. Le Juge fait comparoître le témoin et l'accusé, l'un devant l'autr *Tit.* 15. *art.* 14.

2°. Il leur fait à l'un et à l'autre, et en présence l'un de l'autre, prêt le serment de dire vérité. *Ibid.*

3°. Il les interpelle de déclarer s'ils se connoissent. *Ibid.*

4°. Il fait faire lecture à l'accusé des premiers articles de la dépositi du témoin, contenant son nom, surnom, âge, qualité et demeure, connoissance qu'il aura dit avoir des parties, et s'il est leur parent, allié, serviteur, ou domestique. *Ibid. art.* 14.

Lorsqu'un accusé est confronté à son co-accusé, comme son interr gatoire, qui sert de déposition contre l'accusé à qui on le confronte, contient, dans les premiers articles, que son nom, surnom, âge, qual et demeure, et rien de plus, il est d'usage, lors de la confrontation, avant le surplus de l'interrogatoire, d'interpeller l'accusé, qui sert de moin, de déclarer s'il connoît les parties, s'il est leur parent, allié, se viteur, ou domestique. Mais si on l'avoit obmis, seroit-ce une nullité? ne le pense pas.

5°. Le Juge somme ensuite l'accusé de fournir sur-le-champ ses rep ches, s'il en a quelqu'un à fournir contre le témoin, et il l'avertit q n'y sera plus reçu, après avoir entendu la lecture de la déposition. *Ib art.* 16.

Si l'accusé fournit quelque reproche, le Juge doit s'enquérir du tém de la vérité du reproche, et faire écrire ce que l'accusé et le tém auront dit à ce sujet. *Ibid. art.* 17.

Quels que soient les reproches, cela n'empêche pas le Juge de procé à la confrontation, après qu'il a fait écrire tout ce qui a été dit de p et d'autre sur les reproches, sauf au Siege assemblé, lors de la visitat du procès, à avoir égard, ou non, aux reproches.

Si l'accusé n'a point de reproches à fournir, le Juge en fait mention

La règle, que l'accusé n'est plus reçu à fournir des reproches après q a eu lecture de la déposition, souffre exception à l'égard de ceux don a la preuve par écrit, *ibid. art.* 20; lesquels il peut proposer en tout d de cause, par une Requête qui doit être signifiée à la partie civile, communiquée à la partie publique.

6°. Après que l'accusé a fourni ses reproches, ou déclaré qu'il n'e point à fournir, le Juge fait faire lecture à l'accusé, et au témoin, de déposition et du recollement, et les interpelle de déclarer s'ils contienn vérité; ensuite il interpelle le témoin de déclarer si l'accusé présent celui dont il a entendu parler dans ses déposition et recollement, et fait écrire ce qui est dit par l'un et par l'autre. *Ibid. art.* 18.

Si l'accusé remarque dans la déposition, dont lui a été fait lecture, quelque contrariété, ou quelque chose qui puisse tendre à justifier son innocence, il peut requérir le Juge de faire au témoin telles interpellations qu'il croira pouvoir servir à sa défense : le Juge doit faire ces interpellations, et faire écrire ce qui aura été dit de part et d'autre. *Ibid. art.* 22.

7°. S'il y a quelques pieces de conviction au procès, qui doivent être reconnues par le témoin et par l'accusé, le Juge les leur représente, les interpelle de déclarer s'ils les reconnoissent, et fait écrire tout ce qui est dit de part et d'autre à cet égard.

On dresse un acte, qui doit faire mention de l'observation de toutes les formalités ci-dessus rapportées, et de tout ce qui a été dit, tant par l'accusé, que par le témoin : on en fait lecture au témoin et à l'accusé.

L'Ordonnance ne s'explique pas à la vérité formellement sur cette lecture de la confrontation; mais c'est une formalité commune à tous les actes, et ce que l'Ordonnance a prescrit à cet égard pour l'information, peut s'étendre à la confrontation.

Enfin, cet acte doit être signé, et paraphé dans toutes les pages, non-seulement par le Juge, mais encore par l'accusé et par le témoin; sinon, il doit être fait mention de la cause de leur refus, c'est-à-dire, qu'ils ont déclaré ne sçavoir, ou ne vouloir signer. *Ibid. art.* 13. Ce qui est dit au *Titre des Informations*, sur la défense des interlignes, et l'approbation des ratures et renvois, peut s'étendre aux confrontations et recollements.

Les confrontations doivent être écrites dans un cahier séparé de celui qui contient l'information, et de celui qui contient le recollement; et lorsqu'il y a plusieurs accusés, les confrontations faites à chaque accusé sont mises en cahier séparé. *Ibid.*

Dans les confrontations des accusés les uns aux autres, il faut observer les mêmes formalités qu'entre les témoins et l'accusé, *ibid. art.* 23 : mais, comme la déposition de chaque accusé ne consiste que dans les interrogatoires qu'ils ont subis, le Juge doit dater ces interrogatoires dans les recollements et confrontations des accusés les uns aux autres; et c'est ce qui a été enjoint au Lieutenant Criminel du Siege Royal de Civray, par Arrêt de la Tournelle, du 31 Décembre 1711, rapporté au 6°. Tom. du Journal des Audiences.

Pareillement, on doit interpeller chaque accusé de déclarer si c'est de l'accusé présent, dont il a entendu parler par ses interrogatoire et recollement, ainsi qu'il a été jugé contre le Lieutenant, et autres Officiers du Bailliage d'Anguein, par Arrêt du 9 Mai 1712, rapporté au même Volume du Journal des Audiences.

La confrontation étant clause, on ne peut en faire une nouvelle des mêmes témoins et du même accusé. *Voyez* le Règlement du 9 Juillet 1716, pour les confrontations. *Ibid.*

§. VII. — *Des Confrontations littérales.*

Lorsque le témoin est mort, ou s'est absenté pendant la contumace d l'accusé, à défaut de la confrontation personnelle de ce témoin, qui ne peu plus se faire à l'accusé depuis arrêté prisonnier, on lui fait une confronta tion littérale, c'est-à-dire, que le Juge fait venir l'accusé, lui fait prête serment, lui fait faire lecture des premiers articles de la déposition d témoin, le somme de fournir ses reproches.

Observez néanmoins que les Juges, en ce cas, n'ont égard qu'à ceux qu sont justifiés par pieces. *Tit.* 17, *art.* 22.

Ensuite il lui fait faire lecture de la déposition et recollement du témoin l'interpelle de déclarer ce qu'il a à dire contre ce témoin, et fait dresser d tout ceci un acte, en la même forme que les autres confrontations.

L'ordonnance nous fait remarquer deux choses essentielles à l'égard d cette confrontation littérale : la premiere, c'est qu'elle ne peut avoir lieu lorsque le témoin est décédé avant le recollement, à moins que sa déposi tion ne soit à la décharge de l'accusé, *ibid. art.* 21; ce qui fait connoîtr toute l'importance du recollement.

Le second est que si le témoin, qui a été recollé pendant la contumace vient à décéder naturellement, ou civilement, depuis le recollement, s déposition subsiste, et la confrontation littérale en doit être faite à l'accusé dans la même forme que si l'accusé étoit présent.

ARTICLE VI.

Des différentes Requêtes des Parties, et des Conclusions définitives a Procureur du Roi, ou Fiscal.

§. I. — *Des Requêtes à fin de Provision; et des Sentences de Provision.*

La partie civile, qui se plaint d'excès commis en sa personne, ou e celle de sa femme, de ses enfants, etc. peut, pendant le cours de l'instru tion, demander que l'accusé soit, par provision, condamné à lui payer un somme pour ses aliments et médicaments.

Pour l'obtenir, après l'information décrétée, ce plaignant doit présente sa Requête au Juge, à laquelle il attache le rapport des Médecins et Chiru giens qui l'ont visité.

Le Juge, sur ce rapport, peut seul, sans conclusions de la partie publi que, adjuger, par forme de provision, au plaignant, telle somme de denie qu'il jugera à propos, au paiement de laquelle il ordonne que l'accusé se contraint. *Tit.* 12, *art.* 1.

La partie qui a déjà obtenu une provision, peut quelquefois en dema der une seconde, lorsqu'il est arrivé des accidents, ou que la guérison d blessures est plus longue qu'on ne s'étoit attendu; mais il faut pour ce qu'il y ait quinzaine au moins entre la premiere provision et la second *Ibid. art.* 3.

Cette seconde provision se demande par une nouvelle Requête, à laquelle on joint un nouveau rapport de Médecins ou Chirurgiens, et elle s'adjuge en la même forme que la premiere.

On ne peut en adjuger un plus grand nombre. *Ibid.*

Lorsqu'il y a des plaintes respectives, et des décrets respectifs, le Juge ne peut adjuger de provision qu'à l'une des parties. *Ibid. art.* 2.

Lorsqu'il y a plusieurs accusés décrétés, le Juge les condamne solidairement au paiement de la provision.

Ces Sentences s'exécutent par saisie, et emprisonnement de la personne du condamné. *Ibid. art.* 6.

Le Juge qui les a rendues, ne peut accorder de surséance pour leur exécution; et, s'il y est formé opposition, il doit statuer promptement sur l'opposition, sans joindre au principal. *Ibid. art.* 4.

Elles s'exécutent nonobstant l'appel, lorsqu'elles n'excedent pas 200 livres, si elles sont rendues par un Juge ressortissant nuement en la Cour; ou 120 liv. si c'est un autre Juge Royal; ou 100 liv. si c'est un Juge subalterne. *Ibid. art.* 7.

Il faut observer que cette exécution provisoire ne peut avoir lieu, que jusqu'à ce qu'il y ait Arrêt de défenses; mais cet Arrêt ne peut être rendu que sur le vu des charges et des rapports de Médecins et Chirurgiens, et sur les conclusions du Procureur Général. *Ibid. art.* 8.

Ces provisions ne sont susceptibles d'aucunes saisies. *Ibid. art.* 5.

§. II. — *Des Requêtes des Accusés, pour être élargis, ou remis en état de soit ouï.*

Lorsqu'un accusé n'a pas été décrété originairement de prise-de-corps, mais par conversion, faute d'avoir obéi à un précédent décret, et qu'il a été constitué prisonnier, aussitôt qu'il a subi interrogatoire, s'il n'est survenu contre lui aucune nouvelle charge, soit par la déposition de nouveaux témoins, soit par ses réponses à l'interrogatoire, le Juge doit, sur sa réquisition, l'élargir et le remettre au même état qu'il étoit par le décret originaire rendu contre lui.

Le Juge d'instruction peut seul, sans en référer au Siege, ordonner cet élargissement, par une Ordonnance qu'il met au bas de l'interrogatoire. M. Jousse rapporte deux Arrêts qui l'ont décidé.

Il n'est pas même besoin pour cela de conclusions du Procureur du Roi, ou Fiscal.

Lorsqu'un accusé a été originairement décrété de prise-de-corps, son élargissement est plus difficile; néanmoins il arrive quelquefois qu'un accusé, originairement décrété de prise-de-corps, demande à être élargi, et renvoyé en état d'ajournement personnel et même de soit ouï, et pareillement qu'un accusé décrété originairement d'ajournement personnel, demande à être renvoyé en état d'assigné pour être ouï.

Pour qu'un accusé puisse être reçu à cette demande, il faut, avant toutes choses, qu'il ait obéi à son décret, en se constituant prisonnier, si

le décret est de prise-de-corps ; et en subissant interrogatoire, soit que ⟨
décret fût de prise-de-corps, soit qu'il fût d'ajournement personnel.

L'accusé, après avoir subi interrogatoire, donne, à cet effet, une Requêt⟨
au bas de laquelle le Juge met une Ordonnance de soit communiqué : ⟨
vertu de cette Ordonnance, la Requête doit être signifiée à la partie civil⟨
s'il y en a une ; et communiquée au Procureur du Roi, ou Fiscal.

Il ne peut être statué sur cette Requête, que la partie civile n'y ait r⟨
pondu, ou n'ait été sommée d'y répondre, il faut aussi que le Procure⟨
du Roi, ou Fiscal, ait donné ses conclusions.

Le Juge d'instruction ne peut seul statuer sur cette Requête ; elle d⟨
être rapportée au Siege assemblé ; et ce n'est que sur le vu des charges
informations, et de l'interrogatoire de l'accusé, et après avoir vu la répon⟨
de la partie civile, ou les sommations qui lui ont été faites d'y répondr⟨
et les conclusions du Procureur du Roi, ou Fiscal, qu'il peut y être statu⟨

Au reste, pourvu que le Procureur du Roi, ou Fiscal, ait donné d⟨
conclusions, il n'importe qu'il ait consenti à la Requête, ou conclu a⟨
débouté, les Juges n'étant pas obligés de les suivre.

Les Juges font droit sur cette Requête, lorsque le crime ne leur paro⟨
pas assez grave pour retenir l'accusé en prison ou en état d'ajourneme⟨
personnel, ou en cas d'insuffisance de preuves dans les crimes consid⟨
rables.

L'appel interjetté par le Procureur du Roi, ou Fiscal, du jugement q⟨
ordonne l'élargissement de l'accusé, paroît devoir en suspendre l'exécutio⟨
car le grief seroit irréparable.

§. III. — *Des Requêtes des Accusés, pour être reçus en Procès ordinair⟨*

Lorsque les faits portés par l'information ne paroissent pas devoir m⟨
riter une peine publique, et qu'ils ne sont pas d'ailleurs assez éclaircis pot⟨
décider des dommages et intérêts qui peuvent être prétendus par le pla⟨
gnant, le Juge reçoit les parties en procès ordinaire, sauf à reprendre ⟨
voie extraordinaire, au cas qu'il survienne des preuves de faits plus grave⟨
et de nature à y donner lieu.

Recevoir les parties en *procès ordinaire*, c'est convertir l'instance crim⟨
nelle en une instance civile. Pour cet effet, le Juge ordonne que la plain⟨
sera convertie en demande, et l'information convertie en enquête, perm⟨
au plaignant de faire entendre de nouveaux témoins, et à l'accusé de fair⟨
enquête contraire, ordonne que le plaignant donnera copie à l'accusé d⟨
noms, surnoms, âges, qualités et demeures des témoins ouïs en l'inform⟨
tion, pour fournir contre eux ses reproches, s'il y en a : après ce jugement
le procès se continue, et s'instruit dans la même forme que les procè⟨
civils.

Ce jugement se rend à l'Audience, lorsque la cause y est portée aprè⟨
l'interrogatoire devant le Juge, ou sur l'appel : il se rend sur la Requête
ou sur les conclusions prises, en plaidant, par l'Avocat, ou Procureur d⟨
l'accusé : peut-être même le Juge pourroit-il le rendre d'office : je ne vo⟨
rien qui l'empêche.

Après la confrontation, l'accusé ne peut plus être reçu en procès ordinaire. *Tit.* 20, *art.* 4.

Cette réception en procès ordinaire n'a lieu que lorsqu'il y a une partie civile.

Si la partie publique interjette appel du jugement qui reçoit les parties en procès ordinaire, il ne doit pas s'exécuter nonobstant l'appel; car la communication qui, en exécution de ce jugement, seroit faite à l'accusé de l'information convertie en enquête, seroit un grief irréparable. *Arrêt du* 12 *Mai* 1704, qui fait défenses aux Juges d'Issoudun d'exécuter ces jugemens, nonobstant l'appel.

§. IV. — *Des Requêtes des Parties au principal.*

Après que le procès a été instruit par la confrontation des témoins, la partie civile et l'accusé peuvent respectivement donner leur Requête.

La partie civile conclut, par sa Requête, à ce que l'accusé soit déclaré convaincu du crime qui fait l'objet de l'accusation, et à ce qu'il soit condamné à une certaine somme, pour intérêts civils, et aux dépens.

Cette Requête contient sommairement les moyens sur lesquels la partie civile établit ces conclusions, et l'exposition du tort que lui a causé le crime.

Si la partie civile a quelques pieces, sur lesquelles elle fonde les conclusions de cette Requête, elle doit les y attacher; et, après que la Requête a été répondue par le Juge, elle doit donner copie, tant de la Requête, que des pieces y attachées, à l'accusé, ou à son Procureur, s'il en a un de constitué; autrement la Requête et les pieces y jointes doivent être rejettées.

L'accusé, de son côté, peut donner une Requête, par laquelle il conclut à être déchargé de l'accusation, et quelquefois même en des dommages et intérêts contre la partie civile, pour l'avoir calomnieusement accusé.

Cette Requête contient les moyens, tant de la forme, que du fond; l'accusé releve les nullités, s'il prétend en trouver dans la procédure, et demande qu'on en prononce la nullité; il établit les reproches contre les témoins, il releve les contradictions qu'il prétend trouver dans les dépositions, les choses qui paroissent hors de vraisemblance, etc. S'il fonde quelqu'un de ses moyens sur des pieces, il doit les attacher à sa Requête; et, après qu'elle a été répondue, il doit donner copie, tant de la Requête, que des pieces, à la partie civile, à domicile de Procureur.

Les Requêtes se donnent de part et d'autre, sans qu'il doive intervenir aucun appointement qui l'ordonne, il n'y a aucun délai fixé, dans lequel les Requêtes doivent être données; le jugement du procès n'en doit point être retardé, et on peut procéder au jugement définitif, sans qu'elles ayent été données, ni qu'il y ait eu de sommations faites pour en donner. *Tit,* 23. *art.* 3.

§. V. — *Des Conclusions définitives du Procureur du Roi, ou Fiscal.*

Lorsque l'instruction du procès est finie, les témoins ayant été recollés et confrontés, le Greffier remet le procès au Procureur du Roi, ou Fiscal pour qu'il en prenne communication, et qu'il donne ses conclusions. *Tit* 24. *art.* 1.

Dans les jurisdictions où il y a des Avocats du Roi, le Procureur du Roi doit leur faire le rapport du procès au Parquet, et prendre leur avis pour donner ses conclusions.

Le Procureur du Roi doit donner ses conclusions par écrit; il lui es défendu d'assister à la visitation des procès, et d'y donner ses conclusion de vive voix. *Ibid. art.* 2.

Le Procureur du Roi, ou Fiscal, par ces conclusions, conclut, ou à l condamnation, ou à l'absolution, ou à un plus amplement informé, ou à une question préparatoire, ou à quelqu'autre interlocutoire.

Ces conclusions ne doivent point être motivées. *Ibid. art.* 3.

Il doit les remettre cachetées au Greffe, avec le procès, *ibid.* et il n'en est fait ouverture par les Juges, lors de la visitation du procès qu'après que tout le procès a été vu, afin que les Juges ne se prévien nent point.

ARTICLE VII.

En quel cas l'accusé peut-il avoir un Conseil, pendant l'instruction du Procès, et communication des charges.

§. I. — *En quel cas un Accusé peut-il avoir Conseil ?*

Il est commun à tous les crimes, pour lesquels un accusé est constitué prisonnier, qu'on ne lui permet point de communiquer avec qui que ce soit, jusqu'à ce qu'il ait subi le premier interrogatoire.

Cela est très-sagement établi, afin qu'un accusé ne soit point détourné de confesser la vérité, et qu'on ne lui suggere pas des moyens pour la déguiser.

Lorsqu'un accusé a subi son premier interrogatoire, on distingue si le crime est capital, ou s'il ne l'est point. Lorsque le crime n'est pas capital c'est-à-dire, lorsqu'il n'est pas de nature à mériter peine de mort natu relle, ou civile, aussi-tôt que l'accusé a subi son premier interrogatoire il peut, pendant tout le cours du procès, appeller le conseil qu'il juge à propos, et conférer avec lui dans la prison, tant, et aussi souvent que bon lui semblera, *tit.* 14. *art.* 9, sans pourtant qu'il puisse s'en faire assister quand il sera mandé pour subir de nouveaux interrogatoires, ou pour être confronté aux témoins.

L'accusé peut bien, à l'égard des crimes non capitaux, appeller tel conseil qu'il jugera à propos; mais lorsqu'il n'en demande point, le Juge n'est point obligé de lui en fournir, et lui en nommer un.

A l'égard des crimes capitaux, l'Ordonnance, *ibid. art.* 8, interdit au accusés les conseils, même après la confrontation, en quoi notre procédure est plus rigoureuse que celle de tous les Etats de l'Europe.

Elle excepte néanmoins de cette regle certains crimes, sur lesquels il seroit difficile à l'accusé de se défendre, sans communiquer avec quelqu'un. Ces crimes sont ceux de péculat, de concussion, de banqueroute frauduleuse, de vols de Commis, ou Associés en affaire de Finance, ou de banque; de faussetés de pieces, ou autres, où il s'agiroit de l'état des personnes.

L'Ordonnance permet aux Juges, lorsque la matiere paroîtra le requérir, de permettre aux accusés de ces crimes de communiquer avec leurs Commis, et avec tels conseils qu'ils voudront appeller, même avant la confrontation.

Dans les autres crimes capitaux, où il n'est question que de sçavoir si un accusé a fait ou non telle chose, on ne permet pas aux accusés d'avoir un Conseil, parce qu'on n'a pas besoin de conseil, pour convenir de la vérité de tels faits; mais comme les accusés pourroient prétexter qu'ils en ont besoin, pour relever les nullités qui peuvent se trouver dans la procédure, et qu'ils ont intérêt de relever, l'Ordonnance charge les Juges d'y suppléer, et de faire eux-mêmes cet examen. *Même art.* 8.

§. II. — *En quel cas l'Accusé peut-il avoir communication des charges?*

Dans les crimes légers, où il ne peut écheoir de peine afflictive, l'accusé, après avoir subi interrogatoire, peut être admis à prendre droit par les charges, dont on lui permet à cet effet la communication. *Tit.* 14, *art.* 19.

Dans les autres crimes plus considérables, l'accusé n'en doit avoir communication que par la lecture qui lui est faite lors de la confrontation.

SECTION V.

Des jugements, de l'Appel qui s'en interjette, et de leur exécution.

ARTICLE PREMIER.

Regles généralessur ce qui doit être observé dans les Jugements criminels.

LORSQUE le procès a reçu son entiere instruction, et que le Procureur du Roi, ou Fiscal, après en avoir pris communication, l'a remis au Greffe avec ses conclusions cachetées, le procès doit être remis à l'un des Juges, qui en fait le rapport au Siege assemblé.

Dans les jurisdictions où il n'y a qu'un Juge, il ne peut juger seul le procès, quoiqu'à la charge de l'appel, lorsqu'il y a des conclusions à peine afflictive; il doit appeller au moins deux Gradués, qui voient avec lui le procès, assistent à l'interrogatoire que l'accusé subit avant le jugement, et jugent avec lui, *tit.* 25, *art.* 10; *Arrêt du* 31 *Mars* 1711, *rapporté au Journ. des Audiences*, *Tom. VI.*

L'Ordonnance veut que ceux qui assistent le Juge, soient gradués, parce que des Gradués sont présumés avoir la connoissance des Lois, et parconséquent plus en état que d'autres d'aider le Juge de leurs lumieres.

Delà il suit que l'Ordonnance entend parler de Gradués en Droit, et non pas dans les autres Facultés, l'étude des autres sciences ne donnant pas les connoissances nécessaires pour juger les procès.

Suffiroit-il d'être Bachelier? il sembleroit, à s'en tenir à la lettre de l'Ordonnance, que cela suffiroit; car l'Ordonnance dit, *des Gradués*, et un Bachelier est Gradué.

Néanmoins j'y trouve beaucoup de difficulté, et j'inclinerois à penser que l'Ordonnance entend parler de Licenciés, ou Docteurs, et non de simples Bacheliers; car le degré de Bachelier n'étant pas suffisant pour la fonction d'Avocat, il semble qu'il ne doit pas l'être pour la fonction de Juge.

Si le Juge n'étoit pas lui-même Gradué, pourroit-il être Juge? Oui, l'examen qu'il est censé avoir subi, lorsqu'il a été reçu en son état de Juge, assure sa suffisance aussi-bien que des degrés. L'Ordonnance de 1670, en l'*art.* ci-dessus cité, dit : *Assisteront au moins trois Juges, qui seront Officiers, si tant il y en a dans le Siege, ou Gradués.* Par ces termes, *Officiers* ou *Gradués*, il paroît qu'elle ne requiert la qualité de Gradué que dans ceux qui ne sont pas Officiers, et qui sont appelés à leur défaut.

Il faut que ces Gradués le soient dans une Université du Royaume ; les degrés pris dans les Universités étrangeres ne sont point reconnus en France.

Il faut qu'ils soient François ou naturalisés, et qu'ils jouissent de tout leur état civil; non-seulement ceux qui l'ont entierement perdu, tels que sont les Religieux, et ceux qui ont été condamnés à une peine capitale, mais même ceux dont l'état civil a reçu quelqu'atteinte par quelque condamnation à peine infamante, ou même par quelque décret qui ne soit pas purgé, sont incapables de la fonction de Juge.

Les mineurs, les interdits, les sourds, les muets en sont aussi incapables ; mais les aveugles en sont capables.

Il est évident que le Procureur du Roi, ou Fiscal, ne peut pas suppléer le nombre des Juges, puisqu'il est partie; les Avocats du Roi, ou Fiscaux, ne le peuvent pas non plus, car leur ministere et celui du Procureur du Roi, est un seul et même ministere; ils sont censés, comme lui, la partie publique.

Lorsque le Jugement se rend en dernier ressort, il faut au moins sept Juges pour le rendre; et lorsque ce nombre ne se trouve pas dans les Officiers du Siege, il doit être suppléé par les Gradués.

Pour le crime de duel, lorsqu'il est jugé par les Présidiaux, quoiqu'ils le jugent à la charge de l'appel, il faut cinq Juges.

Les Juges assemblés voient les actes du procès. S'il y a des reproches proposés par les confrontations contre des témoins, il faut, auparavant que de lire la déposition, et le recollement du témoin reproché, statuer sur les reproches : le Président prend les voix des Juges; et si l'avis qui prévaut, est que les faits de reproches proposés par l'accusé sont insuffisants et inadmissibles, on n'y a aucun égard, et on lit la déposition, et le recollement du témoin reproché.

Si, au contraire, le reproche est admissible, et qu'il soit justifié, soit par l'aveu des faits de la part des témoins reprochés, soit par pieces produites au procès par l'accusé, on fait droit sur les reproches, et, en conséquence, on ne lit point les dépositions et recollements de ces témoins.

Si les faits de reproches sont admissibles, mais ont besoin d'être justifiés par la preuve testimoniale que l'accusé a offert d'en faire, on surseoit à la lecture des dépositions et des recollements reprochés, on lit les autres actes du procès; et, s'il est évident qu'il n'en résulte pas une preuve suffisante pour la conviction de l'accusé, et que les dépositions des témoins reprochés soient de quelqu'importance, on rend un interlocutoire pour admettre la preuve des faits de reproches. Cette preuve doit se faire aux dépens de l'accusé, s'il a le moyen; sinon, les frais en doivent être avancés par la partie civile, s'il y en a une, sinon, par le domaine.

Si la preuve, qui résulte des actes du procès, paroît pouvoir être suffisante pour la conviction, on surseoit à statuer sur les reproches, lorsqu'après avoir entendu l'accusé, on appointe sur le fond du procès.

Après avoir vu le procès, avant de procéder au jugement, on prend lecture des conclusions, et on mande l'accusé pour subir interrogatoire.

Si le Procureur du Roi, ou Fiscal, a conclu à une peine afflictive, l'accusé subit interrogatoire sur la sellette, sur laquelle on le fait asseoir.

Pareillement, dans les Cours, si la Sentence dont est appel, ou les conclusions du Procureur Général, sont à peine afflictive, l'accusé subit l'interrogatoire sur la sellette. Hors ces cas, il le subit debout, et nue tête derrière le Barreau : lorsque l'accusé a besoin d'Interprete, l'Interprete est toujours derriere le Barreau.

C'est le Président qui interroge l'accusé : après l'avoir interrogé, et avant de terminer l'interrogation, il demande aux autres Juges s'ils ont quelqu'autre chose à demander à l'accusé; et, si quelqu'un des Juges suggere au Président quelque nouvel interrogat, le Président le fait à l'accusé.

Tout cet interrogatoire se fait dans la même forme que les autres interrogatoires qui se font dans le cours de l'instruction; aucun autre Juge que le Président ne le signe.

Observez que ce dernier interrogatoire, qui se fait lors de la visitation du procès, se fait principalement pour les défenses et justification de l'accusé, au lieu que ceux qui se font dans le cours de l'instruction, se font pour tirer de lui la vérité, et tirer des indices des contradictions dans lesquelles ils tomberoit, en répondant sur les différentes circonstances sur

lesquelles il est interrogé ; c'est pourquoi ce dernier interrogatoire doit
beaucoup plus court, et plus simple que les autres.

Lorsque l'accusé, qui n'est décrété que d'ajournement personnel,
d'assigné pour être ouï, ne se trouve pas sur l'assignation qui lui a
donnée pour venir subir interrogatoire en la Chambre, après la visita
du procès, on donne défaut contre lui : mais, pour juger le procès, f
il faire contre lui toute la procédure de la contumace? ou suffit-il de l'a
gner par une seule proclamation à la porte de l'Auditoire, dont on dr
procès-verbal, qui y est affiché ?

C'est la même question que celle qui a été faite déjà ci-dessus sur la c
frontation.

Lorsque l'accusé est contumace, et qu'on a fait contre lui toute la p
cédure de la contumace, il est évident qu'on peut procéder au jugeme
sans l'entendre.

Lorsqu'après la visitation du procès, l'accusé a été entendu, ou que
contumace a dispensé de l'entendre, on procede au jugement.

On ne peut y procéder de relevée, lorsqu'il y a des conclusions à mo
ou qu'il peut y écheoir peine de mort, galeres, bannissement à tem
tit. 25. *art.* 9. En cas de partage d'avis, le jugement passe par l'avis le p
doux.

Lorsque le jugement est à la charge de l'appel, il suffit que l'avis le
rigoureux passe d'une voix de plus que l'autre, pour prévaloir ; mais lo
que le jugement est en dernier ressort, il faut que l'avis le plus rigour
passe de deux voix ; autrement, le jugement passe par l'avis le plus dou

On auroit pu quelquefois douter entre deux avis, lequel doit être ce
le plus rigoureux, ou le plus doux. L'Ordonnance, *tit.* 25. *art.* 13, a
cidé cette question, en réglant l'ordre des différentes peines, dont les Ju
peuvent être d'avis. Voici cet ordre.

1°. La mort naturelle.
2°. La question avec la réserve des preuves.
3°. Les galeres perpétuelles.
4°. Le banissement perpétuel.

Je pense que l'Ordonnance entend parler du banissement hors du Roy
me, qui emporte mort civile ; et non du banissement hors d'une Provin
qui n'emporte point mort civile, et est une moindre peine que les peines c
porelles.

5°. La question sans réserves de preuves.
6°. Les galeres à temps.
7°. Le foüet.
8°. L'amende honorable.
9°. Le banissement à temps.

Après les opinions finies, on mande le Greffier, qui écrit le jugem
sous la dictée du Rapporteur ; et tous les Juges qui ont assisté au proc
le doivent signer.

ARTICLE II.

Des différents Jugements définitifs et interlocutoires qui peuvent intervenir.

Le Jugement qui intervient, est, ou interlocutoire, ou définitif, d'absolution, ou de condamnation : les principaux jugements interlocutoires sont, celui qui admet l'accusé à la preuve de ses faits justificatifs, celui de la question préparatoire, et celui de plus ample informé.

§. 1. — *Du Jugement qui reçoit l'Accusé à la preuve de ses faits justificatifs.*

Les faits justificatifs sont les faits qui sont allégués pour prouver et justifier l'innocence de l'accusé. Cette preuve ne peut être admise qu'après toute l'instruction, et la visite du procès. *Tit.* 28. *art.* 1.

Les Juges-Conservateurs de Lyon prétendoient n'être point assujettis à cet article de l'Ordonnance : mais, par Arrêt intervenu en la Chambre de la Tournelle, le 27 Août 1717, et rapporté au *Journal des Audiences*, *Tom. VI*, il leur a été enjoint de s'y conformer, et de ne point admettre les accusés à aucuns faits justificatifs, ni qui tendent à détruire les dépositions des témoins, qu'après l'instruction du procès parachevée, suivant l'Ordonnance.

L'accusé n'est pas admis à la preuve de toutes sortes de faits justificatifs, mais seulement de ceux qui ont été choisis par les Juges, du nombre de ceux que l'accusé a articulés dans les interrogatoires et confrontations. *Ibid. art.* 2.

Il faut que ces faits soient pertinents, c'est-à-dire, qu'ils soient tels que, lorsqu'ils seront justifiés, on puisse en tirer une conséquence certaine, que l'accusé n'est pas coupable du crime dont on l'accuse.

Un de ces faits le plus ordinaire, est le fait de l'*alibi :* par exemple, lorsqu'un homme accusé d'un assassinat commis un tel jour, à une telle heure, dans un certain endroit, offre de prouver qu'il étoit ce jour-là même, à telle heure, dans un autre endroit fort éloigné.

Il faut, pour que ce fait soit pertinent et admissible, que l'endroit, dans lequel il offre de justifier qu'il étoit ce jour-là, soit tellement éloigné de celui où le crime s'est commis, qu'il soit impossible qu'il ait pu, dans le jour, s'être trouvé dans les deux endroits.

Lorsque les Juges, après avoir vu le procès, jugent à propos d'admettre la preuve de certains faits justificatifs, ils rendent un jugement qui permet cette preuve, dans lequel les faits, dont la preuve est permise, doivent être détaillés et insérés. *Ibid. art.* 3.

Le Juge doit prononcer ce jugement à l'accusé, au plus tard dans les vingt-quatre heures; et il doit, après le lui avoir prononcé, l'interpeller de nommer les témoins par lesquels il prétend justifier les faits; ce que l'accusé est tenu de faire sur-le-champ, sans pouvoir, par la suite, en nommer d'autres. *Ibid, art.* 4 *et* 5. Le Chancelier Poyet éprouva dans son procès la rigueur de cette disposition, sans pouvoir obtenir un plus long délai.

Tout ceci doit être inséré dans le procès-verbal de prononciation du jugement.

Le Juge doit aussi ordonner que l'accusé consignera une certaine somme au Greffe pour les frais de cette preuve : si l'accusé n'étoit pas en état de le faire par sa pauvreté, les frais doivent en ce cas s'avancer par la partie civile, s'il y en a, sinon par le Domaine. *Ibid. art.* 7.

Les témoins nommés pour cette preuve doivent être assignés par la partie publique, en vertu d'une Ordonnance du Juge, qui porte le jour auquel il les entendra. *Ibid. art.* 6.

Lorsque l'enquête est achevée, elle doit être communiquée à la partie publique, et à la partie civile, s'il y en a, et être jointe au procès. *Ibid. art.* 8.

Les parties peuvent donner leurs Requêtes, et joindre telles pieces qu'elles jugent à propos sur les faits de l'enquête, avec les pieces y jointes, qui doivent être respectivement signifiées, sans qu'il soit besoin d'aucun jugement qui l'ordonne. *Ibid. art.* 9.

Pendant toute l'instruction sur la preuve des faits justificatifs, l'accusé ne doit point être élargi. *Ibid. art.* 5.

C'est une question, si ce jugement doit s'exécuter nonosbtant l'appel qu'en interjetteroit la partie civile, ou la partie publique? Il semble qu'on devroit décider pour l'affirmative; car c'est une regle générale, que les jugements interlocutoires s'exécutent nonobstant l'appel, lorsque le grief, qui résulteroit de leur exécution, n'est pas irréparable : or, il semble que le grief, qui pourroit résulter du jugement qui reçoit à la preuve des faits justificatifs, n'est point de ces griefs irréparables, puisque le remede est de ne point avoir égard à l'enquête qui se seroit faite en conséquence de ce jugement. Néanmoins l'Auteur des Loix Criminelles rapporte plusieurs Arrêts qui ont enjoint à des juges de déférer à l'appel de leurs Sentences qui reçoivent l'accusé à la preuve des faits justificatifs, et cassent les enquêtes faites au préjudice de l'appel. Ces Arrêts me paroissent d'autant plus durs, que si le grief, qui résulte de l'exécution du jugement pour les appellants, n'est point irréparable, comme on l'a prouvé, le grief, qui résulte pour l'accusé de l'inexécution du jugement, peut être irréparable, parce que sa preuve peut périr pendant la poursuite du jugement sur l'appel. Il seroit à souhaiter qu'un Arrêt de Réglement fixât la Jurisprudence sur ce point important.

§. II. — *Du jugement qui ordonne la preuve de la démence de l'Accusé.*

Le fait de démence de l'accusé, dans le temps que le crime a été commis, est un véritable fait justificatif; car, s'il est vrai que l'accusé n'eût pas l'usage de la raison, lorsqu'il a commis le crime dont on l'accuse, il s'ensuit qu'il n'est pas coupable de ce crime, ne pouvant y avoir de crime véritable sans malice, ni de malice sans l'usage de la raison.

L'accusé ne pouvant par lui-même alléguer ce fait justificatif, puisqu'il lui faut l'usage de la raison, dont on le suppose privé, pour l'alléguer, à moins qu'il ne l'eût recouvrée depuis le crime commis, c'est le Juge qui ordonne d'office la preuve de ce fait, ou sur les conclusions du Procureur du Roi, ou Fiscal.

Au reste, ce fait a cela de commun avec les autres faits justificatifs, que la preuve n'en doit être admise qu'après l'instruction achevée, et la visitation du procès.

Il differe des autres faits justificatifs, en ce que l'accusé n'est point tenu de nommer les témoins; car, s'il est privé de l'usage de la raison, il est évident qu'il ne les peut nommer; et, d'ailleurs, ce n'est point à sa réquisition que cette preuve se fait; le Procureur du Roi, ou Fiscal, fait entendre sur ce fait tels témoins que bon lui semble.

Lorsque les témoins ouïs sur la plainte contre l'accusé, en déposant du fait dont on l'accuse, déposent en même temps de la démence de l'accusé, il sembleroit qu'il seroit inutile de rendre un jugement pour informer de la démence, et qu'on pourroit aussitôt absoudre l'accusé; néanmoins j'ai vu un exemple où, dans un pareil cas, quoique tous les témoins eussent déposé de la demence de l'accusé, le Parlement ordonna qu'il seroit informé de la démence.

Il y a quelques Arrêts qui ont jugé que les premiers Juges ne devroient point admettre la preuve des faits de démence, mais condamner l'accusé, sauf à la Cour, sur l'appel, à permettre la preuve de ces faits : mais ces Arrêts ne me paroissent pas devoir être suivis; car, obliger les premiers Juges à condamner un homme qu'on a lieu de croire avoir été en démence lors du crime dont on l'accuse, sans pouvoir s'enquérir de sa démence, c'est vouloir les obliger de condamner un homme qu'ils ont lieu de croire innocent, puisqu'un fou est innocent, ce qui est contre le Droit naturel; et, d'ailleurs, les premiers Juges ayant le droit, par l'Ordonnance, conforme en cela au Droit naturel, de s'enquérir de tout ce qui peut constater l'innocence de l'accusé, en informant des faits justificatifs qui peuvent la constater, pourquoi ne pourroient-ils pas informer du fait de démence, qui est un fait justificatif des plus décisifs (*)?

§. III. — *Du Jugement qui ordonne la question préparatoire.*

La question préparatoire est l'interrogatoire que le Juge fait subir à l'accusé dans les tourments, pour l'obliger, par leur violence, à confesser la vérité. *Questionem intelligere debemus tormenta et corporis dolorem, ad eruendam veritatem*. L. 13. §. 41. ff. *de injur.*

La question doit être ordonnée par un jugement qui se rend après la visitation du procès, et l'interrogatoire subi à la Chambre par l'accusé.

(*) Nonobstant ces raisons, M. le Chancelier d'Aguesseau, consulté dans un procès criminel, instruit par contumace contre un particulier accusé d'un meurtre, et pour lequel on employoit le fait justificatif de la démence, décida, en 1742, *que les premiers Juges auroient dû prononcer la peine de mort contre ce particulier, parce qu'étant Juges de rigueur, il ne leur étoit pas permis d'admettre la preuve du fait de démence, ce pouvoir étant réservé aux Cours supérieures.* Tom. 8 de ses Œuvres *in*-4. Lett. 228.

Il y a différentes especes de jugements qui ordonnent la question ; o⋯ ordonne, ou la question ordinaire seulement, ou la question ordinaire e⋯ extraordinaire.

La question extraordinaire consiste en une augmentation de tourment qu'on fait endurer à l'accusé, incontinent après ceux de la question ordi⋯ naire.

Les tourments, soit de la question ordinaire, soit de l'extraordinaire sont différents, suivant les différents usages des jurisdictions.

Il n'y a que les Cours souveraines qui puissent ordonner que l'accus⋯ sera seulement présenté à la question. *Tit.* 19, *art.* 5.

On ordonne la question sans réserve de preuves, ou avec la réserve d⋯ preuves. *Ibid. art.* 2.

Pour pouvoir ordonner la question, de quelque manière que ce soit, i⋯ faut que trois choses concourent. *Ibid. art.* 1.

1°. Que le crime, qui fait l'objet de l'accusation, soit capital, et mérit⋯ peine de mort naturelle.

2°. Que le crime soit constant, c'est-à-dire, qu'il soit pleinement justi⋯ fié qu'il a été commis par quelqu'un.

3°. Qu'il y ait une preuve considérable contre l'accusé : au reste, cett⋯ preuve doit être plus ou moins considérable, selon la qualité de la per⋯ sonne accusée. Il en faut moins, pour appliquer à la question un vaga⋯ bond, que pour y appliquer un domicilié ; il en faut moins pour y appli⋯ quer un homme de mauvaise réputation, convaincu d'autres crimes, qu⋯ pour y condamner un homme bien famé.

Lorsque la question est ordonnée par un jugement qui n'est pas en der⋯ nier ressort, les Juges ne peuvent pas l'exécuter ; mais ils doivent envoye⋯ le procès et l'accusé pardevers la Cour, pour confirmer ou infirmer l⋯ jugement. *Ibid. art.* 7.

Lorsque le Jugement est en dernier ressort, aussitôt qu'il a été arrêté dressé par le Greffier, et signé par tous les Juges, le Rapporteur, assist⋯ d'un autre Juge, sans divertir à d'autres actes, se transporte en la Cham⋯ bre de la question, pour le faire prononcer à l'accusé. *Ibid. art.* 6.

Voici ce qui doit être observé, en faisant donner la question prépara⋯ toire.

1°. Après la prononciation du jugement, et avant de faire appliquer⋯ l'accusé à la question, le Juge lui fait subir un interrogatoire, le serment⋯ de lui pris dans la forme des autres interrogatoires, et le lui fait signer⋯ ou fait mention de son refus. *Ibid. art.* 8.

2°. Il doit lui être fait lecture de l'Arrêt, ou Jugement en dernier res⋯ sort, qui a ordonné la question, et l'accusé doit être à genoux et tête⋯ nue.

3°. Le Juge fait appliquer l'accusé à la question ; il dresse procès-verba⋯ de la maniere dont il y est appliqué, et des tourments qu'il lui fait endurer ; des différents articles d'interrogatoire qu'il lui fait pendant les tourments⋯ et des réponses, confessions, dénégations et variations de l'accusé à chaqu⋯ article. *Ibid. art.* 9.

4°. Il est laissé à la prudence des Juges, ou Commissaires, de faire relâcher et modérer une partie des rigueurs de la question, si l'accusé confesse, et de le remettre dans les mêmes rigueurs, s'il varie. *Ibid. art.* 10.

5°. La question doit être donnée de maniere que l'accusé n'en soit point estropié.

Un Médecin ou Chirurgien assiste à la question, afin que, si l'accusé se trouvoit mal, le Juge fît modérer les rigueurs de la question, ou même entierement délier l'accusé, si le Médecin attestoit que l'accusé n'est pas en état de la souffrir davantage, sans péril de la vie.

6°. Lorsqu'une fois l'accusé a été délié, pour quelque chose que ce soit, quoiqu'il n'ait pas enduré la question entiere, il ne peut plus y être appliqué. *Même art.* 10.

7°. La question finie, l'accusé est mis sur un matelas, et sur-le-champ, le Juge lui fait subir de nouveau un interrogatoire sur les faits par lui confessés, ou déniés durant la question. *Ibid. art.* 11.

L'effet de la question est que, si l'accusé a confessé le crime dont il est accusé, sa confession complette ce qui manquoit à la preuve pour sa conviction, surtout s'il persiste dans cette confession dans l'interrogatoire qu'il subit sur le matelas, incontinent après la question : mais s'il rétractoit cette confession, et disoit que c'est la force des tourments qui la lui a arrachée, cette confession feroit peu de preuve : il y a même une ancienne Ordonnance de Louis X, qui ordonne que nul ne soit condamné ni jugé, *s'il ne persevere en sa confession par temps suffisant après la Gehenne.* Néanmoins, si toutes les circonstances du crime, expliquées par l'accusé durant la question, quadroient tellement avec tout ce qui est au procès, qu'il parût moralement impossible que l'accusé en eût une si exacte connoissance, sans avoir eu part au crime, cette confession, quoique rétractée, ne laisseroit pas d'être de quelque poids. Au reste, tout cela est laissé à la prudence du Juge.

Lorsque l'accusé n'a point confessé à la question le crime dont il est accusé, si le jugement qui a ordonné la question ne fait point réserve de preuves, toutes les preuves et les indices qui étoient au procès contre l'accusé, sont purgées par la question ; et s'il n'en survient point de nouvelles entre la question et le jugement, il doit être absous.

Pourroit-on au moins ordonner qu'il en seroit plus amplement informé contre lui? Je ne le pense pas, car ce jugement de plus amplement informé doit être fondé sur des preuves et indices qui subsistent contre lui. Or, il n'en subsiste plus, la question les ayant purgées : mais si le jugement qui a ordonné la question, est avec réserve de preuves, l'accusé, quoiqu'il n'ait rien confessé à la question, peut, sur les preuves et indices réservés, être condamné à telle peine pécuniaire ou afflictive que le Juge jugera à propos. *Ibid. art.* 2.

Il faut néanmoins en excepter celle de mort, à laquelle l'accusé, qui a enduré la question sans rien confesser, ne peut plus être condamné, à moins qu'il ne survienne de nouvelles preuves depuis la question, ce que les Criminalistes entendent par ces termes, *omnia citra mortem* : car le Juge,

en ordonnant la question préparatoire , ayant témoignage qu'il ne trouve
pas la preuve suffisante pour condamner l'accusé à mort, il se contrediroit
si, n'étant point survenu de nouvelles preuves, au contraire la question
endurée par l'accusé, sans rien confesser, ayant atténué les anciennes
preuves, il le condamnoit à mort.

L'accusé qui a enduré la question, peut bien, sur de nouvelles preuves
survenues depuis la question, être condamné à mort ; mais, quelque
nouvelle preuve qui survienne, il ne peut y être appliqué une seconde
fois. *Ibid. art.* 12.

§. IV. — *Des Jugements de plus amplement informé.*

Lorsqu'il n'y a pas une preuve suffisante pour la conviction de l'accusé
et que la qualité du crime ou de la preuve ne permet pas non plus
d'ordonner la question préparatoire; que, d'un autre côté, les Juges ne
jugent pas à propos d'absoudre l'accusé, soit parce qu'ils prévoyent qu'il
pourra survenir de nouvelles preuves, soit parce qu'ils le trouvent trop
chargé pour l'absoudre d'abord, ils rendent un jugement interlocutoire
par lequel ils ordonnent qu'il en sera plus amplement informé pendant
un certain temps.

Ce temps est, à l'arbitrage du Juge, ou d'un an, ou de six mois, ou de trois
mois, ou d'un mois : quelquefois même les Juges ordonnent un plus amplement informé *indéfini*, qui met l'accusé perpétuellement *in reatu*, et
qui ne doit être ordonné qu'à l'égard des grands crimes, et lorsque la
preuve est considérable.

Quelquefois les juges, en ordonnant qu'il en sera plus amplement informé, ordonnent que l'accusé sera élargi en état d'ajournement personnel ou
de soit ouï ; quelquefois ils ordonnent qu'il tiendra prison.

Quel que soit le plus amplement informé, il ne peut jamais être ordonné
qu'après la visite de tout le procès, et après avoir fait subir à l'accusé un
interrogatoire à la Chambre, devant tous les Juges.

Après ce temps du plus amplement informé expiré, l'acusé présente sa
Requête pour être absous de l'accusation; il est laissé à la prudence des
Juges, quoiqu'il ne soit survenu aucunes nouvelles preuves en voyant de
nouveau le procès, ou d'absoudre l'accusé, ou de rendre un nouveau jugement de plus amplement informé. On peut même condamner l'accusé
à quelque peine ; car le jugement de plus amplement informé ne purge pas
les preuves qui sont au procès.

§. V. — *Des Jugements définitifs d'absolution.*

Il y a deux especes de jugements d'absolution ; celui qui met sur la
plainte les parties hors de Cour, et celui qui en donne congé, et décharge
l'accusé de l'accusation.

On met les parties hors de Cour, lorsque l'innocence de l'accusé n'est
pas bien pleinement justifiée, et que l'accusation, quoique non prouvée,
n'a pas néanmoins été intentée sans quelque fondement. Lorsque les parties sont mises hors de Cour, la partie civile, s'il y en a une, n'est point

condamnée aux dépens envers l'accusé; encore moins doit-elle être en ce cas condamnée en des dommages et intérêts : la compensation des dépens est une suite ordinaire des hors de Cour.

L'autre espece de Sentence d'absolution, qui donne à l'accusé congé de la plainte, ou le décharge de l'accusation (car ces différentes formules ont le même sens), est la plus honorable pour l'accusé : elle le justifie pleinement; elle porte que l'écrou de l'accusé sera rayé; elle est aussi ordinairement accompagnée d'une condamnation de dépens contre la partie civile, s'il y en a une, et même souvent de dommages et intérêts qui sont plus ou moins forts, suivant ce que l'accusé a souffert, et aussi suivant qu'il paroît de la malice, ou de la calomnie, ou seulement de l'indiscrétion dans l'accusation, et suivant que cette indiscrétion paroît plus ou moins excusable.

Lorsque la partie publique est seule partie, l'accusé, quoique renvoyé de la plainte, n'obtient point de condamnation de dépens; car, de même que l'accusé n'est jamais condamné aux dépens envers la partie publique, lorsqu'il est condamné, cette partie n'est point non plus condamnée envers lui, lorsqu'il est absous.

§. VI. — *Des Sentences définitives de condamnation.*

Lorsque les Juges trouvent une preuve suffisante contre l'accusé, ils rendent contre lui une Sentence de condamnation, par laquelle ils le déclarent atteint et convaincu du crime et le condamnent à la peine que ce crime mérite.

Les Juges inférieurs doivent exprimer le crime pour lequel ils rendent le jugement de condamnation; ils ne peuvent pas prononcer en termes généraux *pour les cas résultants du procès.* Pareilles défenses ont été faites aux Officiaux par Arrêt du 19 Mars 1712.

Les peines sont ou capitales, ou afflictives; non capitales, ou seulement infamantes; ou ni afflictives, ni infamantes.

Les peines capitales sont celles de la mort naturelle, des galeres à perpétuité, du bannissement perpétuel hors le Royaume.

Il y a différents genres de peine de mort naturelle; les Juges ne peuvent condamner qu'à quelqu'un des genres qui sont en usage dans le Royaume.

Le genre de peine de mort le plus ordinaire, est la peine de la potence.

Les Gentilshommes ne sont pas condamnés à cette peine, mais à celle de la *décollation.*

La peine de la roue est aussi un genre de peine auquel on condamne pour les crimes les plus atroces, tels que l'assassinat prémédité, le vol sur les grands chemins, ou dans les maisons, avec effraction et violence publique : on ne condamne jamais les femmes à cette peine.

La peine du feu est aussi en usage pour certains crimes, tels que les sacrileges énormes, les crimes contre nature, etc. selon le degré d'atrocité du crime. On condamne quelquefois une personne à être brûlée vive, uelquefois seulement à être pendue et étranglée, et le corps jetté au feu.

Ceux qui ont attenté à la vie de nos Rois ont été condamnés à être écartelés.

Quelquefois on gémine les peines. Il y a quelques années, la Cour condamna un parricide de ce pays-ci à être roué, et ensuite jetté au feu tout vivant.

On joint quelquefois à la peine de mort celle de faire amende honorable, d'avoir le poing coupé ou la langue percée.

On ordonne aussi assez souvent que celui qui est condamné à mort sera préalablement appliqué à la question, pour avoir par lui la révélation de ses complices.

Les peines capitales ont cela de commun, qu'elles font perdre la vie civile au condamné, et qu'elles emportent la confiscation de ses biens. Il y a néanmoins quelques Provinces où la confiscation n'a pas lieu, et où la Loi défere les biens du condamné à ses héritiers. On doit suivre à cet égard la Loi du Pays où les biens sont situés.

Les peines afflictives non capitales, sont, suivant l'idée que présente le terme *afflictive*, toutes celles qui affligent le corps ou la liberté. Telles sont 1°. celles des galeres à temps; ce temps est de trois ans, cinq ans, six ans, ou neuf ans, à l'arbitrage du Juge; il ne passe jamais neuf ans. On ajoute à la condamnation des galeres, soit perpétuelles, soit à temps, celle d'être flétri sur l'épaule des lettres G. A. L.

2°. Celle de la réclusion à temps : on y condamne les femmes, et ceux qui, par leurs infirmités, ne sont pas capables du service des galeres. Le temps de la réclusion est, comme celui des galeres, de trois, cinq, six ou neuf ans.

3°. La peine du fouet : elle est le plus souvent accompagnée du banissement à temps. On ajoute à cette peine, contre les voleurs, celle de la flétrissure de la lettre V. sur l'épaule, ou d'un W. lorsque c'est une récidive; on y ajoute ordinairement celle du banissement.

4°. La peine du banissement perpétuel hors d'une Province n'est pas capitale, mais elle est afflictive, puisqu'elle afflige l'homme en sa liberté en ne lui permettant pas de demeurer où il voudroit. Il en est de même du banissement à temps; ce temps est, comme celui des galeres et de la réclusion, de trois, cinq, six ou neuf ans. Le lieu d'où les Juges banissent, est ordinairement l'étendue de leur territoire. Il est défendu par plusieurs Règlements, entr'autres par un du 17 Septembre 1719, aux Juges inférieurs de bannir hors leurs ressorts; et, avant cet Arrêt, il en avoit été réndu un autre le 11 Septembre 1717, rapporté au *Journal des Audiences*, *Tom. VI*, qui avoit fait défenses aux Juges de Vouwant, de bannir hors l'étendue de sa Justice, conformément à cette Maxime de Droit : *Extrà territorium jus dicenti impunè non paretur.*

Lorsque les Juges rendent une Sentence de banissement contre quelqu'un, ils doivent ajouter dans leurs jugements, qu'il sera fait lecture au condamné, si c'est un homme, de la Déclaration du Roi, du 31 Mars 1682; et, si c'est une femme, de celle du 29 Avril 1687, qui contiennent les peines contre les hommes ou les femmes qui enfreignent leur ban.

5°. Les peines du pilori et du carcan sont aussi rangées au nombre des peines afflictives, parce que le corps est dans un état de géhenne, pendant que le condamné la subit, quoiqu'il ne souffre pas de douleur.

6°. Il y en a qui rangent aussi parmi les peines afflictives l'amende honorable; elle ne l'est pourtant pas proprement, car elle n'afflige l'homme ni dans son corps, ni dans sa liberté; elle le couvre seulement de confusion et d'infamie. Il est vrai que, dans l'ordre des peines, elle est placée avant celle du banissement à temps, qui est afflictive; mais il en résulte qu'à cause de la grande confusion qu'elle cause, elle peut être regardée comme plus rigoureuse que certaines peines afflictives; et, en ce sens, on peut improprement la comprendre parmi les peines afflictives.

Les peines qui sont seulement infamantes, sont le blâme et l'amende.

Toutes les peines, tant capitales qu'afflictives, ou simplement infamantes, sont accompagnées d'une peine qu'on appelle *amende*.

Il faut, suivant une lettre de M. le Chancelier d'Aguesseau, écrite au Présidial d'Orléans, en excepter celle des galeres, qui ne doit point être accompagnée d'aucune amende envers le Roi, parce que les condamnés paient de leurs personnes (*).

La condamnation d'amende seule, sur un procès instruit à l'extraordinaire, est peine infamante.

Les peines non infamantes sont, l'admonition, la condamnation à une aumône, l'injonction portée par le jugement.

Lorsqu'il y a une partie civile, le Juge doit condamner celui qu'il juge atteint et convaincu du crime, en une réparation civile, qui consiste en une somme d'argent que le Juge arbitre.

Lorsqu'il y a plusieurs accusés qu'on juge être atteints et convaincus, on doit les condamner solidairement à la réparation civile; car les obligations qui naissent d'un délit commis par plusieurs, sont solidaires, chacun de ceux qui l'ont commis, ayant, autant qu'il étoit en lui, causé tout le tort qui a été fait, ainsi que nous l'avons décidé en notre Traité des Obligations, *Tome* 1, *N°*. 268.

On condamne aussi aux dépens envers la partie civile, celui qui a été atteint et convaincu du délit; et, quoiqu'en matiere civile, lorsqu'il y a plusieurs défendeurs à une demande, chacun ne doit être condamné aux dépens que pour sa part virile et personnelle : au contraire, en matiere criminelle, on peut condamner les accusés solidairement aux dépens, les dépens, en matiere criminelle, tenant lieu et faisant partie de la réparation civile. On trouve un Arrêt du 24 Mars 1712, *au Journal des Audiences*, qui approuve cette condamnation solidaire de dépens.

(*) Voyez la Lettre 141, Tom. VIII de ses OEuvres *in-*4°.

Article III.

Des Appellations.

L'appellation est le recours d'une partie au Juge supérieur, contre la Sen tence du Juge inférieur, pour la faire corriger, s'il y a lieu.

§. I. — *De quelles Sentences peut-on appeller ? et quand l'Appellation es elle nécessaire ?*

On peut appeller de toutes les Sentences des Juges qui ne sont point Juge en dernier ressort, non-seulement des Sentences définitives, mais mêm des Sentences interlocutoires de simple instruction, et des décrets, sau que l'appel des décrets et Sentences d'instruction n'a point d'effet suspen sif, comme nous le verrons ci-après.

Il y a certaines Sentences dont l'appel même est nécessaire, et qui n peuvent être exécutées qu'elles n'ayent été confirmées par Arrêt de la Cou où les Juges qui les ont rendues ressortissent, quand même aucune de parties n'en voudroit appeler, et quand même l'accusé y acquiesceroit for mellement. Telles sont toutes les Sentences définitives et contradictoires qui contiennent des condamnations à peine capitale, ou des peines corpo relles, galeres, banissement à perpétuité, ou d'amende honorable. *Tit.* 26 *art.* 6.

Par un arrêt du 4 Mai 1662, cité par M. Jousse, les condamnations au pilori et au carcan ont été déclarées du nombre de celles qui ne peuven être exécutées sans avoir été confirmées; on les regarde, en quelque façon comme corporelles, le corps étant dans un état de géhenne pendant que le condamné subit la peine.

Les Sentences qui ordonnent la question, ne peuvent aussi être exécutée qu'après avoir été confirmées.

§. II. — *Quelles Parties peuvent appeller, et pardevant quel Juge.*

Non-seulement l'accusé peut appeller, s'il se trouve injustement ou trop durement condamné; la partie civile le peut aussi, si elle trouve qu'on ne lui a pas adjugé une réparation civile suffisante : la partie publique le peut aussi, si elle trouve que l'accusé n'est pas condamné à une peine publique proportionnée au crime dont il est déclaré convaincu. On appelle cette ap pellation un appel *à minimâ*.

L'appel des Sentences, soit définitives, soit interlocutoires, ou d'instruc tión, des Juges qui ne ressortissent pas nuement aux Cours, ne laisse pas d'y être porté, *omisso medio*, lorsque le crime, qui fait l'objet de l'accu sation, est un crime de nature à mériter peine afflictive : s'il n'est pas tel, il est au choix de l'accusé de porter l'appel devant le Bailli Royal, où res sortit le Tribunal d'où est émanée la Sentence, ou de le porter, *omisso medio*, en la Cour. *Tit.* 26, *art.* 1.

Quoique le Juge qui a rendu la Sentence, ressortisse dans les affaires civiles à un Prévôt Royal, ou à un Juge de Pairie, l'appel de ses Sentences criminelles ne peut se porter devant le Prévôt Royal, ni devant le Juge de

Pairie, mais devant le Bailli Royal. *Voyez* plusieurs Arrêts sur ce sujet aux 6ᵉ et 7ᵉ Tomes du Journal des Audiences. Il y en a néanmoins quelques-uns de contraires, en faveur des Juges de Pairie.

§. III. — *De ce qui doit être observé sur l'Appel.*

Dans le cas des Sentences de condamnation à peine afflictive, ou de jugement de question dont l'appel est de droit, on doit envoyer en la Cour, sur l'appel, l'accusé et les grosses des actes du procès en un sac cacheté, et non séparément. *Tit.* 26, *art.* 6.

Lorsqu'il y a plusieurs accusés, quoiqu'il n'y en ait eu qu'un de condamné, et que les autres n'aient pas été jugés, ou même aient été absous, on les y doit envoyer tous. *Ibid. art.* 7 *et* 8.

A l'égard des autres Sentences définitives, dont l'appel n'est pas de droit, s'il n'y a que la partie civile qui en appelle, il suffit d'envoyer le procès au Greffe de la Cour, ce que le Greffier est tenu de faire dans les trois jours, du jour du commandement qui lui en est fait, si la jurisdiction est dans le même lieu que la Cour; sinon, dans huitaine, avec augmentation d'un jour pour chaque espace de dix lieues, si la jurisdiction est hors les dix lieues.

Mais si c'est la partie publique qui appelle *à minimâ*, les accusés, s'ils sont prisonniers, doivent être transférés aux prisons de la Conciergerie, de même que dans les cas auxquels l'appel est de droit; et, s'ils avoient été élargis depuis la Sentence, et avant l'appel, ils sont tenus de se rendre et constituer prisonniers en la Conciergerie; sinon on instruit sur l'appel la contumace contr'eux. *Ibid. art.* 13.

Lorsqu'un accusé prisonnier interjette appel d'une Sentence définitive, dont l'appel n'est pas de droit, il doit aussi être transféré, aussi-bien que les autres accusés.

Les frais du port du procès, et transport de l'accusé, s'avancent par la partie civile; lorsqu'il n'y en a point, les frais se font par le Domaine.

Les procédures criminelles doivent être envoyées directement au Greffe Criminel de la Cour, ponctuellement et sans délai : elles ne doivent point être adressées à des particuliers, ainsi qu'il a été jugé par Arrêt du 4 Juin 1715, rapporté au *Journ. des Audien. Tom. VI.*

Lorsque l'accusé n'est qu'en décret d'ajournement personnel, ou de soit ouï, le procès est envoyé en la Cour; et l'accusé, sur l'assignation qui lui est donnée, doit subir interrogatoire en la Cour, lors du jugement.

Le procès arrivé, est distribué par le Président, lorsqu'il en est averti, à un Rapporteur, et au Procureur Général qui le remet à l'un de ses Substituts, pour, sur son rapport, donner des conclusions, s'il y échet. *Ibid. art.* 10.

L'Ordonnance dit, *s'il y échet,* car si le Procureur Général approuve celles qui ont été données dans la jurisdiction dont est appel, il n'est pas nécessaire qu'il en donne de nouvelles.

Les parties peuvent de part et d'autre donner des Requêtes en cause d'appel, comme en cause principale, sans retardation du jugement.

Lorsque le Procureur Général a remis ses conclusions au Greffe, s'il e est besoin, le procès est remis au Rapporteur, qui le rapporte. Lors de visitation, ou avant le jugement, l'accusé doit subir interrogatoire sur sellette, si la Sentence, dont est appel, porte condamnation à peine affli tive, ou si le Procureur Général y a conclu ; sinon, il subit interrogatoi derriere le Barreau.

Lorsque l'appel est d'une permission d'informer d'un décret, ou aut Sentence d'instruction, il se porte à l'Audience, et y est jugé sur l conclusions de l'un des Avocats Généraux, à qui on remet les actes d procès.

§. IV. — *De l'Effet de l'Appel.*

Il n'y a que l'appel des jugements définitifs, et celui de certains jug ments, qui ne seroient plus réparables, tel que le jugement qui ordonn la question, qui ayent un effet suspensif.

Les Sentences définitives, lorsqu'elles ne contiennent que des co damnations pécuniaires, qui, outre les dépens, n'excedent pas 40 livr envers la partie, et 20 livres envers le Seigneur, si c'est un Juge suba terne ; ou 50 livres envers la partie, et 25 livres envers le Roi, si c' un Juge Royal, qui ne ressortit pas nuement au Parlement ; ou 100 livr envers la partie, et 50 livres envers le Roi, si c'est un Bailli Royal, o Juge de Pairie, qui l'a rendue, peuvent être exécutées nonobsta l'appel.

Les appels des décrets, même de prise-de-corps, fussent-ils interjette comme de Juges incompétents, ou récusés, et l'appel de tous jugemen préparatoires, ou d'instruction, s'exécutent nonobstant l'appel, à moin que la Cour n'ait rendu un Arrêt portant défenses, ou surséance d'exe cuter, qui ait été signifié. *Tit.* 10, *art.* 12.

C'est encore une maxime en Matiere Criminelle, que l'appel éteint l condamnation : *In Criminalibus appellatio extinguit judicatum*, ce qui do s'entendre jusqu'à ce qu'il ait été prononcé sur l'appel ; et l'accusé, q meurt avant le jugement de l'appel, meurt *integri statûs*, comme s'il n' avoit eu aucune peine prononcée contre lui. (*)

ARTICLE IV.

De l'exécution des Jugements contradictoires.

§. I. — *De ce qui doit précéder l'exécution des Jugements.*

Le jugement doit être prononcé au condamné, avant de pouvoir être exe cuté. *Ordonnance du mois de Mars* 1498, *art.* 116. *Ordonnance de* 153 *chap.* 13. *art.* 44.

Cette prononciation, lorsque le jugement est en dernier ressort, se fa à l'accusé peu après que le jugement a été arrêté, et signé par les Juges.

(*) Voyez la Lettre 149 de M. le Chancelier d'Aguesseau, dans le Tome 8 de ses OEuvres *in-4°*.

Il en est de même, lorsque le jugement est à la charge de l'appel, et que l'appel n'est pas de droit, mais au choix des parties.

Lorsque le jugement est un jugement de condamnation à peine de mort, ou afflictive, dont l'appel est nécessaire, le jugement ne se prononce point à l'accusé, jusqu'à ce qu'il ait été statué sur l'appel; mais, lorsqu'il y a été statué, si la Sentence a été confirmée, ou que l'accusé ait été condamné à une autre peine afflictive, on le renvoie, sous bonne garde, au lieu où le premier jugement a été rendu, *Ordonnance de* 1670, *tit.* 26. *art.* 16; et le Juge qui l'a rendu, après que le condamné est de retour, et le jour destiné pour l'exécution, lui fait faire lecture de sa Sentence, et de l'Arrêt intervenu sur icelle.

Si, sur l'appel, l'Arrêt ne condamne pas l'accusé à une peine afflictive, on ne renvoie pas l'accusé au lieu où le premier jugement a été rendu, l'Arrêt lui est prononcé à la Conciergerie.

La prononciation des jugements se fait à la prison; le Juge mande l'accusé dans la Chambre de la Geole, le fait mettre à genoux, et lui fait faire lecture du jugement.

Après la prononciation du jugement, si c'est un jugement dont l'appel soit au choix des parties, le Juge doit demander à l'accusé s'il y acquiesce, et lui donner un temps pour délibérer. S'il y acquiesce, le Juge fait dresser un procès-verbal de son acquiescement par le Greffier, et le fait signer à l'accusé, ou fait mention qu'il ne sçait signer.

On doit aussi communiquer ce jugement au Procureur du Roi, ou Fiscal, afin qu'il puisse, s'il le juge à propos, interjetter appel *à minimâ.*

Lorsque le Procureur du Roi avoit conclu à la même peine, ou à une peine moindre que celle portée par la Sentence, comme, en ce cas, il ne peut appeller *à minimâ*, on peut, sans lui communiquer, exécuter le jugement.

Lorsque le jugement est de mort, on doit, avant l'exécution, offrir le Sacrément de Confession au condamné, et appeler à cet effet le Prêtre qui a coutume d'assister les condamnés à la mort, ou tel autre Prêtre approuvé qu'il demande, *tit.* 25, *art.* 24 : mais en France, on n'accorde point aux condamnés le Sacrement d'Eucharistie.

§. II. — *Quand l'exécution doit-elle être faite?*

Autant que faire se peut, les jugements doivent être exécutés le même jour qu'ils ont été prononcés. *Tit.* 25, *art.* 21.

La raison est, afin qu'une trop longue attente du supplice n'augmente pas la peine du condamné.

C'est pour cela que, dans les cas auxquels l'appel est de droit, la Sentence n'est point prononcée à l'accusé, ni l'Arrêt qui la confirme, jusqu'au jour auquel on fait l'exécution.

Quoique la raison, sur laquelle est fondée cette disposition de l'Ordonnance, milite principalement à l'égard des jugements de mort, néanmoins, comme la disposition est conçue en termes généraux, et qu'elle milite aussi en partie à l'égard des condamnations à d'autres peines, elle a lieu pour tous les jugements de condamnations, quels qu'ils soient ; c'est pourquoi, lors que quelqu'un est condamné à être exposé au pilori, ou au carcan, au prochain jour de marché, par un jugement en dernier ressort, ou par un jugement confirmé par Arrêt, la prononciation n'en doit être faite que le jour auquel le condamné doit être exposé.

La disposition de l'Ordonnance, qui veut que les jugements soient exécutés le jour qu'ils ont été prononcés, souffre exception. 1°. Lorsqu'une femme, à qui son jugement de mort a été prononcé, déclare après la prononciation qu'elle est enceinte; car, en ce cas, le Juge la doit faire visiter par des Matrônes nommées d'office; ou, à défaut de Matrônes, par Chirurgiens; et si, par le rapport qui s'en fait, selon les formes prescrites pour les Matieres Civiles, il paroît qu'il y a lieu de soupçonner que la femme soit enceinte, on doit surseoir à l'exécution, jusqu'à ce qu'elle soit accouchée, ou jusqu'à ce qu'il soit constaté par un nouveau rapport qu'elle n'est point enceinte. *Tit.* 26. *art.* 23. *Non enim nocere debet e qui in ventre est calamitas matris,* dit la Loi 5. §. 2. ff. *de statu hominum*

Quoique la disposition de l'Ordonnance ne parle que de la peine de mort, néanmoins il est de la prudence du Juge de différer l'exécution des autres peines corporelles pour cause de grossesse, lorsqu'il pourroit y avoir du péril pour le fruit dont la femme est enceinte.

2°. L'exécution peut encore quelquefois être différée au-delà du jour que le jugement a été prononcé; sçavoir, lorsque le condamné, depuis la prononciation qui lui a été faite de son jugement, a déclaré plusieurs complices prisonniers avec lui, ou qui ont été arrêtés le même jour, et que le temps, pour le confronter à ces complices, conduit plus loin que le jour auquel le jugement a été prononcé, il faut, en ce cas, différer l'exécution jusqu'à ce que ces confrontations ayent été faites. Si le temps des confrontations a mené jusqu'à la nuit, l'exécution doit se faire aussi - tôt qu'elles ont été faites, quoique de nuit.

Hors ces cas, l'exécution doit se faire de jour, pour l'exemple. Si le temps des confrontations menoit au lendemain, qui se trouveroit un jour de Fête, l'exécution se feroit le jour de Fête. *L.* 6. *Cod. de Fer.* car il est de l'humanité de ne la point différer.

§. III. — *Où l'exécution doit-elle être faite? Et de l'Acte qui en doit être fait.*

L'exécution doit se faire au lieu public, où il est d'usage de la faire.

Lorsqu'il y a eu appel du premier jugement, l'Arrêt rendu sur icelui lorsqu'il porte condamnation à peine afflictive, soit en confirmant, soit en infirmant le premier jugement, doit s'exécuter sur le lieu où le premier jugement a été rendu.

Il doit être dressé un acte par le Greffier de l'exécution des jugements et, pour cet effet, le Greffier doit assister à toutes les exécutions.

Lorsque le jugement est un jugement de mort, le Juge doit aussi assister à l'exécution, pour recevoir les déclarations que voudroit faire le condamné

damné sur ses complices, et les autres crimes qu'il a commis, s'il en avoit
à faire.

§. IV. — *Du Refus fait par le Condamné d'exécuter la peine.*

Il y a des peines qui peuvent s'exécuter malgré le condamné, comme la
peine de mort, du fouet, de la flétrissure, du carcan, etc. Mais il y en a
quelques-unes pour l'exécution desquelles la volonté du condamné doit con-
courir. Telle est la peine de l'amende honorable; lorsqu'un homme est
condamné à faire amende honorable, et à dire à haute et intelligible voix
qu'il se repent d'un tel crime, qu'il en demande pardon à Dieu, au Roi, et
à Justice, on peut bien le mener malgré lui au lieu où se doit faire l'amende
honorable; mais on ne peut pas le faire parler malgré lui. En ce cas, le
Juge lui doit faire trois injonctions consécutives, en dresser procès-verbal,
et de son refus: sur le procès-verbal, l'affaire référée au Siége, le refusant
doit être condamné à une plus grande peine.

ARTICLE V.

De l'exécution des Jugements définitifs rendus contre les Contumaces.

§. I. — *Comment s'exécutent ces Jugements?*

Les jugements de condamnation à une peine de mort naturelle, s'exécutent par effigie. *Tit.* 17 *art.* 16.

Les condamnations à la peine des galeres à perpétuité, ou à temps,
de l'amende honorable, du banissement perpétuel et du fouet, s'exécutent
par un Tableau, dans lequel est inscrite la Sentence, sans aucune effigie.
Ibid.

L'effigie contient la représentation en peinture du genre du supplice auquel l'accusé a été condamné, et au bas de laquelle est la Sentence; ou,
seulement, lorsqu'il n'y a pas de condamnation à mort, la Sentence est
attachée par l'Exécuteur à un poteau, ou potence, dans la Place publique
où il est d'usage de faire les exécutions, et doit y rester un temps suffisant pour être vue par les Passants: il en est dressé un procès-verbal par
le Greffier, qui doit être présent à cette exécution; et ce procès-verbal,
signé du Greffier, doit être mis au pied du jugement. *Tit.* 17. *art.* 17 (*).

A l'égard des autres condamnations rendues par contumace, elles s'exécutent par une simple signification du jugement, faite au lieu du domicile,
ou résidence du contumax, s'il en avait au lieu de la jurisdiction, sinon,
par l'affiche du jugement, à la porte de l'Auditoire.

Cette signification doit être faite à la requête de la partie civile, s'il y
en a une; et, si elle différoit à la faire, elle se feroit à la requête de la
partie publique, et aux dépens de la partie civile.

(*) Par une déclaration du 11 juillet 1749, registrée le 21, et rapportée dans le Recueil Chronologique de M. Jousse, *Tom.* 3, *pag.* 660, il est ordonné que les condamnations à la peine du pilori, et
à celle du carcan, qui seront prononcées par contumaces, seront transcrites dans un Tableau, et ce
Tableau attaché dans la Place publique.

§. II. — *Quand s'exécutent les Jugements par contumace.*

Les Sentences par contumace peuvent s'exécuter aussi-tôt qu'elles o[n]t
été rendues; il n'est pas même nécessaire de les faire confirmer par Arrê[t]
quoiqu'elles contiennent des condamnations à peine de mort, et que l[es]
Juges qui les ont rendues, ne soient pas Juges en dernier ressort, en qu[oi]
elles different des Sentences contradictoires. Le contumax n'est pas mêm[e]
recevable à en appeller, à moins qu'il ne se constitue prisonnier.

Mais si la partie publique en interjettoit appel *à minimâ*, la Senten[ce]
ne pourroit s'exécuter, qu'il n'eût été statué sur l'appel.

§. III. — *De l'effet de l'exécution des Jugements par contumace, et co[m]-
ment se purge la Contumace.*

L'effet de l'exécution du jugement par contumace est (lorsqu'il est c[a]-
pital, c'est-à-dire, lorsqu'il contient une condamnation de mort naturell[e]
ou des galeres perpétuelles, ou de banissement perpétuel hors du Roya[u]-
me), de faire perdre au condamné la vie civile, du jour de cette exéc[u]-
tion, ou plutôt de suspendre son état civil ; car si le condam[né]
meurt après les cinq ans que la Loi lui accorde pour se présenter, sa[ns]
s'être représenté, il est censé avoir perdu la vie civile, dès l'instant [de]
l'éxécution de la Sentence. Si, au contraire, il meurt pendant les cinq an[s]
quoique sans s'être représenté ; ou, s'il s'est représenté, ou a été arrê[té]
pendant ce temps, la contumace est purgée et mise à néant, et il est cen[sé]
n'avoir point perdu son état civil. Il en est de même lorsque l'accusé
représente, ou est constitué prisonnier après les cinq ans, en obtenant [de]
Chancellerie des Lettres pour ester à droit, c'est-à-dire, pour se défend[re]
en jugement, et purger la contumace ; l'effet en est purgé, et il est cen[sé]
n'avoir jamais perdu son état civil : ces Lettres, pour ester à droit, ne
refusent point.

Lorsqu'il s'est écoulé trente ans depuis l'exécution du jugement p[ar]
contumace, le condamné ne recouvre pas l'état civil, que l'exécution [du]
jugement par contumace lui a fait perdre. Ce laps de temps opere bi[en]
une prescription et fin de non-recevoir contre les peines auxquelles il [a]
été condamné, et qu'il n'a pas subies ; par exemple, s'il a été condam[né]
par contumace à être pendu, ou aux galeres, il ne peut plus, après
temps, être pendu, ni envoyé aux galeres ; mais ce laps de temps ne f[ait]
pas cesser les peines qu'il a déjà subies, et qu'il encourt de plein droi[t]
par l'exécution de la Sentence, telle qu'est la mort civile ; car le temps [ne]
fait pas recouvrer la vie, lorsqu'on l'a une fois perdue.

Il ne seroit pas même recevable, après ce temps de trente ans, à obten[ir]
des Lettres pour ester à droit, et se défendre de l'accusation sur laque[lle]
est intervenue la Sentence par contumace.

Lorsque la Sentence par contumace contient la confiscation des biens [du]
condamné, le Roi ou les Seigneurs, au profit de qui est la confiscatio[n,]
ne peuvent se mettre en possession des biens confisqués, qu'après que [le]
condamné a persévéré dans la contumace pendant cinq ans, du jour [de]

l'exécution de la Sentence par effigie, ou par tableau, parce que, jusqu'à ce temps, il y a espérance qu'il purgera sa contumace.

Le Roi et les Seigneurs, jusqu'à ce temps, peuvent seulement percevoir les revenus des biens confisqués par les mains des fermiers, ou des Commissaires établis à la saisie des biens du condamné; il sembleroit même qu'ils ne pourroient ainsi les percevoir, qu'après l'année révolue, depuis l'exécution de la Sentence.

Ce qu'il y a de certain, c'est que, si le condamné se représente, ou est constitué prisonnier dans l'année, il doit avoir main-levée entière de la saisie faite, lors de son décret, de ses biens meubles et immeubles, et qu'il est seulement tenu de consigner l'amende.

Par la même raison, s'il meurt dans l'année, on doit tout rendre à ses héritiers : mais si le contumax ne se représentoit qu'après l'année, quoique dans les cinq ans, il n'auroit pas main-levée de la saisie de ses biens; car l'Ordonnance la lui accordant lorsqu'il se représente dans l'année, elle la lui refuse tacitement, lorsqu'il ne se représente qu'après l'année : *Qui dicit de uno, negat de altero.*

Il n'aura pas à la vérité main-levée de la saisie, mais la Sentence rendue par contumace, qui prononçoit la confiscation, n'ayant plus d'effet par la représentation de l'accusé qui recouvre son état, jusqu'à ce qu'il en ait été rendu une contradictoire qui l'en prive, les Seigneurs ne pourront plus dès-lors percevoir les revenus de ses biens, comme leur étant confisqués.

Mais ceux qu'ils ont perçus avant la représentation du contumax, seront-ils perdus pour lui, dans le cas où, par le jugement qui interviendroit depuis, ils ne seroient pas condamnés à une peine qui emportât la confiscation ?

Il paroît, par le procès-verbal de l'Ordonnance, qu'on y avoit inséré un article qui portoit que le contumax ne pourroit prétendre les fruits de ses immeubles, s'il ne se représentoit qu'après l'année, ce qui étoit conforme à l'Ordonnance de Roussillon, qui décide expressément qu'il perd les fruits, lorsqu'il ne se représente qu'après l'année. M. le Premier Président soutint qu'elle n'étoit pas suivie dans l'usage : MM. Pussort et Talon soutenoient qu'elle l'étoit. L'article a été supprimé, et il sembleroit qu'on pourroit conclure de cette suppression, qu'on a voulu qu'il ne perdît les fruits qu'après une contumace de cinq années. D'un autre côté, la fin de l'*art.* 31. *du tit.* 17, semble insinuer que le Seigneur n'est pas obligé de les rendre, car, en déclarant nulles toutes les donations de biens confisqués, qui seroient faites par le Roi, ou les Seigneurs, des biens confisqués, pendant les cinq ans, l'article ajoute, *sinon pour les fruits des immeubles seulement.*

Après les cinq années, l'accusé persévérant dans sa contumace, le Receveur du Domaine du Roi, les Seigneurs ou donataires des biens confisqués peuvent donner Requête au Juge, qui, sur cette Requête, les met en possession des biens confisqués, en faisant un procès-verbal préalable, de la valeur et qualité des meubles, et de l'état des immeubles, et ils en ac-

quièrent la pleine propriété. *Ordonn. de Moulins*, *art.* 28. Néanmoins, s
le condamné se représentoit, ou étoit arrêté après les cinq ans, et qu'ayan
obtenu Lettres pour ester à droit, il intervînt un jugement d'absolution
ou même de condamnation à une peine qui n'emporte point de confiscation, les biens confisqués lui doivent être rendus, mais sans aucune restitution de fruits.

Les Titulaires de Bénéfices, lorsqu'ils sont condamnés par contumace à
des peines emportant mort civile, sont pareillement privés des fruits e
revenus de leurs bénéfices, à compter du moment de l'exécution : il es
même d'usage de déclarer en ce cas leurs bénéfices vacants et impétrables
On en trouve un exemple dans l'Arrêt rendu le 17 Janvier 1759, contre l
Curé de Saint-Nicolas-des-Champs, à Paris, et autres Ecclésiastiques d
la même Paroisse, condamnés par contumace au banissement perpétue
hors du Royaume.

A l'égard des amendes, et des réparations civiles auxquelles le contumax a été condamné par la Sentence, le Roi, le Seigneur et la partie civil
peuvent bien en poursuivre le paiement par la vente des biens saisis, u
an après que la Sentence rendue par contumace a été exécutée, soit pa
effigie, soit par tableau, soit par simple signification, ou affiche, suivant l
différente nature de la peine publique qu'elle prononce; mais ils ne peuven
en être ainsi payés, que par forme de provision, et la partie civile doit
pour recevoir, donner caution de rapporter.

Mais le contumax n'en peut avoir de répétition, s'il persévère dans s
contumace pendant les cinq années; et, s'il se représente depuis, et
des Lettres pour ester à droit, quand même il interviendroit à son prof
un jugement d'absolution, il n'auroit aucune répétition des amendes et ré
parations civiles. *Tit.* 17. *art.* 28.

SECTION VI.

Des Procédures particulieres à certains Juges, à certain Accusés et à certains crimes.

ARTICLE PREMIER.

Des Procédures particulieres au Prévôt des Maréchaux.

LORSQUE le Prévôt des Maréchaux, ses Officiers ou Archers arrêten
quelqu'un, soit en vertu d'un décret de lui rendu, soit en flagrant délit
ou à la clameur publique, il doit, en l'arrêtant, faire inventaire de l'argent
hardes, chevaux, et papiers dont la personne arrêtée se trouve saisie
faire signer cet inventaire par deux habitants des plus proches du lieu d
la capture, ou faire mention pourquoi ils n'ont pu signer, et remettre l'in
ventaire et les effets y compris, au plus tard dans les trois jours, au Greff

du lieu de la capture, *tit.* 2, *art.* 9. *Voyez* dans le texte de cet article les peines contre le Prévôt qui ne l'observe pas.

Les chevaux et autres effets, dont les frais de gardes consommeroient la valeur, doivent être vendus, en vertu de l'Ordonnance du Prévôt ; il lui est défendu, et à tous ses officiers, de s'en rendre adjudicataires.

Ces effets doivent rester au Greffe trois mois après la Sentence, pendant lequel temps ils peuvent être réclamés par ceux à qui ils appartiennent.

L'accusé doit, à l'instant de la capture, être conduit aux prisons du lieu, s'il y en a, sinon aux plus prochaines. Il est défendu au Prévôt de retenir personne en sa maison. *Ibid. art.* 10.

Delà, l'accusé est conduit aux prisons du Présidial, où le Prévôt doit faire juger sa compétence. L'accusé, contre qui le Prévôt a donné un décret de prise-de-corps, peut aussi se mettre volontairement dans les prisons du Présidial, et obtenir, sur Requête, une Ordonnance du Présidial, pour faire porter au Greffe les charges et informations pour le jugement de la compétence. *Ibid. art.* 8.

Le Prévôt doit (autant que faire se peut) interroger l'accusé dans les vingt-quatre heures de la capture.

Il peut faire seul cet interrogatoire, lorsqu'il le fait au moment de la capture, *ibid. art.* 12 ; ou dans les vingt-quatre heures, *Déclaration du* 5 *Février* 1731, *art.* 28. S'il le fait plus tard, il doit être assisté de son Assesseur, et, en cas d'absence de l'Assesseur, par un Officier de Robe longue, commis par le Siege. *Ibid.*

Il doit, au commencement de cet interrogatoire, déclarer à l'accusé qu'il entend lui faire son procès prévôtalement et en dernier ressort, et faire mention de cette déclaration. *Ibid. art.* 13.

Dans les vingt-quatre heures, à compter depuis l'interrogatoire, le Prévôt, qui se reconnoît incompétent, peut renvoyer la connoissance du procès, sans prendre l'avis du Présidial ; mais, ce temps passé, il doit faire juger sa compétence. *Ibid. art.* 14, *même Déclaration de* 1731, *art.* 23.

Il ne peut, avant le jugement de compétence, élargir l'accusé contre qui il a rendu un décret de prise-de-corps, pour quelque cause que ce soit. Cet élargissement ne peut être prononcé qu'après le jugement de compétence, et par une sentence rendue avec le Présidial, qui doit connoître avec lui de l'affaire. *Ibid. art.* 17.

La compétence doit être jugée au Présidial, dans le ressort duquel la capture a été faite dans les trois jours au plus tard. *Ibid. art.* 15.

Le Prévôt doit faire juger sa compétence, quand même l'accusé le reconnoîtroit pour Juge, et ne proposeroit aucun déclinatoire : il doit la faire juger, soit que le procès s'instruise contradictoirement, soit même lorsqu'il est par contumace ; et, quoique le Prévôt ait été déclaré compétent pour juger la contumace, si l'accusé se présente, il faut qu'il fasse juger de nouveau la compétence. C'est la disposition précise de la Déclaration en forme d'Edit, du mois de Décembre 1680, registrée le 10 Janvier 1681, et rapportée dans le Recueil Chronol. de M. Jousse, *Tom.* 1, *pag.* 468.

Pour parvenir au jugement de la compétence, le Prévôt fait remettre le procès au Greffier du Présidial, d'où il est porté chez le Procureur du Roi du Présidial, qui donne ses conclusions sur la compétence ; après quoi, le Président distribue le procès à un Conseiller, pour en faire le rapport au Siege.

Sur le rapport de ce Conseiller, la compétence est jugée par le Siege assemblé ; il doit s'y trouver au moins sept Juges. *Ibid. art.* 18.

L'accusé, après la visite du procès, doit être interrogé derriere le Barreau seulement, et entendu, en présence de tous les Juges, sur les moyens de son déclinatoire, et on dresse un acte de cet interrogatoire, qui est signé par le Président.

Le Présidial, par sa Sentence, déclare que le Prévôt est compétent, ou déclare qu'il est incompétent.

Lorsqu'il est déclaré compétent, la Sentence doit faire mention du mot de compétence. *Ibid. art.* 19.

Quelquefois le Présidial rend une Sentence interlocutoire, portant que dans un certain temps, l'accusé se fera avouer, et fera certifier de ses vie et mœurs par personnes dignes de foi.

Les Sentences de compétence, soit définitives, soit interlocutoires, doivent être signées par tous les Juges. *Ibid. art.* 18.

La Sentence doit être prononcée sur-le-champ à l'accusé, en présence de tous les Juges ; il en doit être dressé acte au bas de la Sentence, lequel doit être aussi signé de tous les Juges et de l'accusé ; sinon il doit être fait mention de la cause pour laquelle il n'a pas signé. *Déclaration de* 1731, *art.* 25. Elle doit, outre cela, être signifiée à l'accusé, et il lui en doit être donné copie. *Ordonn. de* 1670, *tit.* 2, *art.* 20.

Lorsque le Prévôt a été déclaré incompétent, ni lui, ni le Procureur du Roi, ni la partie civile, ne peuvent se pourvoir contre le jugement. *Même Déclaration de* 1731, *art.* 26.

Lorsqu'il a été déclaré compétent, l'accusé peut se pourvoir en cassation contre le jugement de compétence. *Règlement du Conseil du* 28 *Juin* 1738, *Part.* 1, *tit.* 5 ; mais l'accusé ne peut y être admis, si le jugement a été rendu par défaut contre lui, *ibid. art.* 2 ; et les Arrêts interlocutoires, qui interviennent sur la Requête en cassation, n'arrêtent pas l'instruction que le Prévôt des Maréchaux peut faire entierement jusqu'au jugement définitif inclusivement. *Même Règlement. Ibid. art.* 7.

Lorsque le Prévôt a été déclaré incompétent, il doit, dans les deux jours au plus tard, renvoyer l'accusé dans les prisons du Juge ordinaire du lieu du délit, qui en doit connoître, et il doit pareillement, dans le même délai, renvoyer le procès au Greffe de ce Juge. *Ordonn. de* 1670 *tit.* 2, *art.* 21.

Lorsqu'il est déclaré compétent, il doit procéder incessamment à l'instruction du procès avec son Assesseur, ou, à son défaut, avec un Conseiller du Présidial. *Ibid. art.* 22.

Il doit rendre le Règlement à l'extraordinaire avec le Présidial, avec qui il doit juger le procès. Ce Règlement, ainsi que tous les autres jugements préparatoires et interlocutoires, doivent être rendus par sept Juges au moins, et ils doivent être signés par tous les Juges. *Ibid. art.* 24.

Lorsqu'il survient de nouvelles accusations contre l'accusé, quoique pour des crimes non prévôtaux, le Prévôt peut les instruire et les juger, pourvu qu'un autre Juge n'ait pas informé et décrété avant lui. *Ibid. art.* 23. *Déclaration de* 1731, *art.* 17.

Lorsque toute l'instruction est faite, et que le Procureur du Roi a donné ses conclusions, le Prévôt doit faire porter le procès au Président du Présidial, qui le distribue à un Conseiller, pour le rapporter au Siege.

Le Prévôt assiste à la visitation et jugement du procès en la Chambre du Conseil du Présidial : il y a une séance honorable, et voix délibérative; mais ce sont les Présidents, ou, en leur absence, un autre officier du Présidial, suivant l'ordre du Tableau, qui préside et qui fait l'interrogatoire que doit subir l'accusé avant le jugement.

Lorsqu'on ordonne que l'accusé sera appliqué à la question, c'est le Conseiller-Rapporteur qui doit faire cette instruction, en présence d'un autre conseiller du Siege et du Prévôt. *Ibid. art.* 26.

Néanmoins l'usage est qu'il n'y a que le Conseiller-Rapporteur et l'autre Conseiller qui signent le procès-verbal, quoique le Prévôt y assiste.

S'il y a quelqu'autre instruction à faire, elle se fait pareillement par le Rapporteur et un autre Conseiller du Siege.

Les jugements définitifs, comme les interlocutoires et préparatoires, sont tous intitulés du nom du Prévôt, quoiqu'il n'ait pas la présidence; et il doit être fait mention, en fin du jugement, qu'il a été donné par le Lieutenant de résidence qui a fait l'instruction. *Déclaration du 28 Mars* 1720, *art.* 4, *rapportée dans le Recueil Chronologique de M. Jousse, Tom. III, pag.* 191.

On fait deux minutes des jugements prévôtaux, dont l'une reste au Greffe du Présidial, et l'autre au Greffe de la Maréchaussée, et ces deux minutes doivent être signées de tous les Juges. *Ordonnance de* 1670, *tit.* 2, *art.* 25.

Lorsqu'il y a partie civile, et qu'il y a, par une Sentence prévôtale, une condamnation de dépens, la taxe en doit être faite par le Prévôt, en présence du Rapporteur, et l'appel de cette taxe se porte au Présidial, qui a connu du procès, et s'y juge en dernier ressort. *Ibid. art.* 27.

Lorsque les Lieutenants Criminels des Présidiaux jugent en dernier ressort, ils doivent pareillement le déclarer à l'accusé lors du premier interrogatoire, et faire juger leur compétence par le Présidial, comme le fait le Prévôt, *tit.* 1, *art.* 17. Les mêmes choses doivent à cet égard s'observer, sauf que le Prévôt n'assiste point au jugement de sa compétence, n'étant point Officier du Présidial, par qui elle doit être jugée, au lieu que le Lieutenant Criminel est lui-même Juge de sa compétence, avec les autres Officiers du Présidial.

Article II.

De la Procédure particuliere à l'égard de certains Accusés.

§. 1. — *Des Sourds et Muets , et de ceux qui ne veulent pas répondre.*

Lorsque l'accusé est muet , ou qu'il est tellement sourd qu'il ne peut entendre , le Juge , dès le commencement de l'instruction , lui doit nommer un curateur qui réponde pour lui. *Ordonn. de* 1670, *tit.* 18, *art.* 1.

Ce curateur doit être un homme de bien , et d'une probité reconnue autrement, un accusé seroit exposé, quoiqu'innocent, à subir des peines afflictives par les déclarations et réponses de ce curateur ; mais l'Ordonnance exige sur-tout qu'il sache lire et écrire. *Ibid.*

Le Juge lui doit faire prêter serment de bien et fidelement défendre l'accusé. Il doit être fait acte de cette nomination de curateur , et prestation de son serment , soit par acte séparé , soit par le premier interrogatoire de l'accusé, où le ministere de ce curateur est employé. *Ibid. art.* 2. On doit laisser au curateur la liberté de s'instruire secrettement avec l'accusé , par signes , ou autrement , sans que le Juge et le Greffier puissent l'entendre. *Ibid. art.* 3.

La fonction de ce curateur est de répondre pour l'accusé aux interrogatoires et aux confrontations ; de proposer pour lui les reproches contre les témoins , s'il y en a à fournir , et de dire tout ce qu'il convient pour la défense de l'accusé.

Il doit , pour cet effet, assister l'accusé ; cela n'empêche pas que l'accusé , lorsqu'il sçait écrire , ne puisse lui-même écrire tous ses dires, réponses et reproches, et il doit signer avec son curateur , ou il doit être fait mention qu'il n'a pu, ou voulu signer. *Ibid. art.* 4 *et* 5.

Le curateur assiste aussi à l'interrogatoire qui se fait lors du jugement ; il n'y a que l'accusé qu'on fait asseoir sur la sellette ; le curateur l'assiste *debout et nue tête* , même art. 5.

Il n'est fait aucune mention du curateur dans le dispositif de la Sentence. *Ibid. art.* 6.

Quoique l'Ordonnance ne s'explique pas sur la question de sçavoir si les sourds et muets peuvent être condamnés à la question , il y a de bonnes raisons pour décider qu'ils n'y doivent pas être appliqués ; car le Juge ne pouvant les interroger que par signes , ce seroit une dérision de vouloir tirer de ces signes, souvent équivoques, l'aveu et l'éclaircissement du crime, pour lequel on fait subir à l'accusé les tourments de la question.

Un sourd et muet de naissance pourroit-il être admis à rendre plainte , et à se rendre partie civile ? Encore bien que ce sourd et muet paroisse hors d'état de rendre compte par lui-même des circonstances du délit , néanmoins, comme il peut en administrer la preuve par des témoins qui parlent, et qui entendent, il n'y a gueres de difficulté à décider qu'une pareille plainte seroit admissible; et Sauvageau, dans ses Arrêts, *chap.* 32, en rapporte un qui a admis la plainte d'un sourd et muet de naissance, qui avoit été excédé de coups par son frere, et dont il avoit rendu compte par signes au Lieutenant de Lannion, qui lui en avoit donné acte.

A l'égard des accusés qui peuvent parler, et qui entendent, mais qui refusent de répondre, on ne leur donne point de curateur. *Ibid. art.* 7 : il suffit que le Juge leur fasse trois interpellations, comme nous l'avons vu ci-dessus, en parlant des interrogatoires et des confrontations ; et tous les actes de procédures, dans lesquels l'accusé n'aura pas répondu, ne laisseront pas d'être valables, et ne se recommenceront pas, quand même, dans la suite, il répondroit. *Ibid. art.* 8, 9, 10 *et* 11.

§. II. — *Des Corps et Communautés.*

Il y a certains crimes qui sont commis par des corps et des communautés, et pour lesquels on fait le procès aux corps et communautés. *V. G.* Si une communauté, par une délibération, avoit commis quelque rébellion aux ordres du Roi, ou de Justice, quelque violence, etc. et l'*art* 1 *du tit.* 21 *de l'Ordonnance Criminelle* ajoute ces termes génériques, *ou autre crime.*

Pour faire le procès à une communauté, le Juge, sur la plainte du Procureur du Roi contre la communauté, permet d'informer, et, sur l'information et les conclusions du Procureur du Roi, rend une Ordonnance qui porte que la communauté sera assignée, pour répondre sur les faits de la plainte, dans les délais de l'Ordonnance, par un Syndic, ou Député qu'elle sera tenue de nommer à cet effet, *ibid. art.* 2. Sur cette assignation, la communauté doit s'assembler, et nommer un Syndic, ou Député, à qui elle doit donner une procuration pardevant Notaire, qui contienne ce qu'il doit répondre.

Ce Syndic se présente en conséquence, pour subir interrogatoire pour la communauté, en faisant, au préalable, apparoir de ses pouvoirs. Toutes les assignations qui sont depuis données dans le cours de l'instruction, sont données au Syndic ; c'est lui qui subit pour la communauté tous les interrogatoires que le Juge estime à propos de faire subir ; c'est à lui que se font les confrontations des témoins, c'est lui qui subit l'interrogatoire, lors de la visitation du procès, et il le subit debout, nue tête, et derriere le Barreau.

Ce Syndic est en qualité dans tous les actes du procès ; mais, dans le dispositif du jugement, ce n'est point le Syndic, mais la communauté qui est nommée, et contre qui la condamnation est prononcée. *Ibid. art.* 3.

Si la communauté n'avoit point nommé de Syndic, le Juge, en ce cas, lui nommeroit d'office un curateur, à qui il feroit prêter serment de bien et fidelement vacquer à cette commission ; et tous les actes du procès, toute la procédure se feroient, avec ce curateur, de la même maniere que s'il eût été nommé Syndic par la communauté. *Ibid. art.* 2.

Les peines qu'on prononce contre les communautés, sont les amendes,

ou bien la peine de la suspension pendant un certain temps, ou de la pr
tion de leurs privileges, ou d'une partie d'iceux. *Ibid. art.* 4.

L'Ordonnance ajoute que la condamnation peut porter quelqu'autre p
tion qui marque publiquement la peine du crime de la communauté;
exemple, la destruction des murs est une peine qui peut quelquefois
prononcée pour le crime d'une Ville.

Pasquier rapporte que, par Arrêt de 1561, contre la Sorbonne,
avoit laissé soutenir une these qui portoit, que *le Pape avoit le droit
priver le Roi de son Royaume*, il fut ordonné que le Bedeau, habillé d'
chape rouge, en présence des Principaux de la Faculté, déclarero
l'Audience que cette these avoit été témérairement soutenue.

Lorsqu'on fait le procès à une communauté, il est ordinaire qu'on f
en même temps le procès en particulier à des membres de cette comm
nauté, qui ont eu le plus de part au crime qui fait l'objet du procès; m
en ce cas , s'il intervient contr'eux , en particulier , quelque condamnat
pécuniaire , ils ne doivent point porter leur part dans celles prononc
contre la communauté, *ibid. art.* 5. La raison est qu'on ne peut être p
deux fois pour un même crime.

§. III. — *Des Procès faits aux Cadavres , ou à la mémoire des Défu*

Il y a certains crimes pour lesquels on fait le procès après la mort
ceux qui les ont commis.

Ces crimes sont ;

1°. Celui de leze-Majesté Divine, à l'égard des hérétiques relaps , c'
à-dire, des Calvinistes, qui, après s'être convertis à la Religion Cat
lique, déclarent à la mort qu'ils veulent mourir dans le Calvinisme.
clarations du 29 Avril 1686 , *et du* 14 *Mai* 1724, *rapportées au Rec*
Chronol. de M. Jousse, Tom. 1 , *pag.* 576 , *et Tom.* 3 , *pag.* 253.

2°. Celui de leze-Majesté Humaine au premier chef , tel qu'est celu
ceux qui auroient attenté à la personne du Roi, pris les armes cor
l'Etat, ou entretenu des intelligences avec les ennemis.

3°. Le duel.

4°. La rébellion à Justice avec force ouverte , lorsque le criminel a
tué dans la rencontre.

5°. Le suicide. *Tit.* 22 , *art.* 1.

Dans tous ces cas on fait le procès au cadavre du défunt, lorsqu'il
extant ; sinon on le fait à la mémoire du défunt. *Ibid. art.* 2.

Pour cet effet, le Juge, après avoir informé sur la preuve qui en résu
ordonne que le cadavre sera apporté à la prison, en fait faire la rec
noissance, et le fait saler ou embaumer pour le conserver ; après quo
nomme d'office un curateur au cadavre du défunt.

Lorsqu'il n'y a point de cadavre, c'est à sa mémoire qu'il nomme
curateur.

Ce curateur doit être un homme qui sache lire et écrire ; s'il se présc
quelque parent du défunt pour cette charge, il doit être préféré à
étranger. *Ibid. art.* 2 *et* 3.

On instruit le procès en la forme ordinaire contre ce curateur, sauf que ce n'est point sur la sellette, mais derrière le Barreau, qu'il subit l'interrogatoire lors du jugement. *Ibid. art.* 3.

Le curateur est en nom dans toute la procédure; mais il ne l'est point dans la Sentence de condamnation, et elle est rendue contre le cadavre du défunt, ou sa mémoire. *Ibid.*

La peine qu'on a coutume de prononcer contre un cadavre, est de le condamner à être traîné sur une claye, la face contre terre, par les rues et carrefours, pendu à une potence, et ensuite traîné à la voirie.

La peine contre la mémoire est de la condamner à être supprimée. On prononce dans l'un et l'autre cas la confiscation des biens.

Suivant un Arrêt du 2 Décembre 1737, rendu pour le Bailliage d'Orléans, et un Règlement du 31 Janvier 1749, il a été jugé que ces Sentences ne pourroient s'exécuter, qu'elles ne fussent confirmées par Arrêt, quoique l'Ordonnance paroisse insinuer le contraire, en disant : *Le curateur pourra interjetter appel, etc. Il pourra même y être obligé par quelqu'un des parents, qui, en ce cas, sera tenu d'avancer les frais.* Tit. 22, art. 4.

Observez, à l'égard des curateurs qu'on nomme au cadavre, ou à la mémoire d'un défunt, que les Cours peuvent, sur l'appel, en nommer un autre que celui qui l'étoit devant le premier Juge. *Ibid. art.* 5.

Il peut en être de même à l'égard des autres curateurs qu'on nomme aux sourds et muets, ou aux communautés. qui n'ont point nommé de Syndic.

ARTICLE III.

Des Procédures particulieres pour certains crimes.

Ces crimes sont le duel et le faux.

Voyez, sur le premier, les Edits et Déclarations rapportés par Lacombe; sur le second, le Titre 9 de l'Ordonnance de 1670, la nouvelle Ordonnance du mois de Juillet 1737, et ce que nous avons dit ci-dessus dans la cinquieme Partie du Traité de la Procédure Civile.

SECTION VII.

De l'extinction et prescription des Crimes ; de leur abolition et pardon, et de la maniere de purger la mémoire.

ARTICLE PREMIER.

De la prescription des Crimes.

LES crimes s'éteignent proprement par la mort de celui qui les a commis, soit qu'il meure avant l'accusation intentée, soit même qu'il meure depuis l'accusation.

Tome III. A a a

Il y a plus : si le criminel meurt, même depuis la condamnation porte par un jugement contradictoire, pendant l'appel, ou depuis une condamnation par contumace, dans les cinq ans depuis l'exécution, l'accusation est anéantie.

Les crimes s'éteignent aussi par la prescription de vingt ans, à compter du jour qu'ils ont été commis : ce temps passé, ni la partie civile, ni partie publique, ne sont plus recevables à donner plainte pour raison du crime.

Cette prescription nous vient du Droit Romain, suivant lequel la plupart des accusations criminelles se prescrivoient par vingt ans. *L. querel* 12. *Cod. ad L. Cornel. de fals. L. quamcumque* 3. ff. *de requirend. v absent. damn.*

Cette prescription a lieu, quand même, pendant le temps de vingt ans il y auroit eu plainte, décret, et même condamnation par contumace, elle n'a point été exécutée par effigie, ou affiche, dans le même temps *Voyez* les Arrêts rapportés par Brodeau sur Louët. *L. C. N°.* 47.

Mais si la Sentence rendue par contumace a été exécutée par effigie affiche, ou autrement, selon la nature de la peine, cette exécution per pétue l'action criminelle pendant trente ans, à compter depuis cette exécution.

L'atrocité du crime ne le soustrait point à la prescription. Brodeau, au lieu cité, rapporte un Arrêt du 18 Décembre 1599, qui a jugé que le parricide se prescrivoit par vingt ans, comme les autres crimes. Lemaître *Plaidoyer* 28, en rapporte un autre du mois de Décembre 1634, qui a jugé la même chose à l'égard du fratricide.

Les regles que nous avons établies reçoivent néanmoins une exception à l'égard du crime de duel; car, suivant l'Edit du mois d'Août 1679, portant Règlement général sur les duels, *art.* 35, ce crime n'est sujet à aucune prescription de vingt ans, ni de trente ans, ni aucune autre, à moins qu'il n'y ait *ni exécution, ni condamnation, ni plainte.*

Il y a plus : ceux qui ont été accusés du crime de duel, peuvent être poursuivis nonobstant le laps de vingt ans, ou trente ans, même des autres crimes commis avant, ou depuis, pourvu que le procès leur soit fait en même temps pour le crime de duel, et devant les mêmes Juges, et qu'il s'en trouvent convaincus.

L'effet de la prescription est de mettre le criminel à couvert des peines qu'il n'a pas encore subies.

Par exemple, lorsqu'un criminel a été condamné par contumace à être pendu, on ne peut plus, après les trente ans, l'arrêter et le pendre.

Mais la prescription ne décharge pas le criminel des peines qu'il a subies : par exemple, dans la même espece, la prescription ne fait pas cesser la peine de la mort civile que le criminel encourt de plein droit, lors de l'exécution par effigie de la Sentence (*).

_____

(*) C'est ce qui a été jugé par deux Arrêts des 4 Mai et 12 Août 1738, rapportés par Dénisart, *verbo* Prescription en matiere criminelle, N°. 7 et 9.

Par la même raison, lorsque quelqu'un a été condamné à une peine infamante, la prescription ne fait pas cesser l'infamie qu'il a encourue de plein droit.

C'étoit une question autrefois, si la prescription de vingt ans avoit lieu à l'égard de la réparation civile. Quelques anciens Arrêts avoient jugé qu'elle n'avoit pas lieu; mais, depuis, on a jugé que la réparation civile, étant un accessoire de l'accusation criminelle, et ne pouvant être prétendue, sans entrer dans la question du crime, elle étoit sujette à la prescription de vingt ans. *Voyez*, sur cette question, les Matieres criminelles de Lacombe, *Part. III. chap.* 1. *Sect. III.* où elle est traitée très au long.

Article II.

Des Lettres de Grace.

§. I. — *A qui appartient le droit d'accorder grace aux Criminels.*

C'est un droit attaché à la souveraineté, et qui en est inséparable, que celui d'accorder grace aux criminels.

Quelques Seigneurs s'étant autrefois arrogé le droit d'accorder des Lettres de rémission, ou pardon à leurs Justiciables, Louis XII, par son Ordonnance de 1499, réprima cet abus, en faisant défenses à toutes personnes d'entreprendre de donner des graces. C'est pourquoi, quoique les Princes Apanagistes jouissent des droits Royaux dans leurs Apanages, ils ne peuvent pas néanmoins accorder des graces aux criminels, ce pouvoir étant un droit attaché au droit de Souveraineté que le Roi se réserve sur les Terres qu'il donne en apanage.

Si quelques Eglises, à certains jours solennels, ou quelques Evêques, à leur entrée, ont le privilege d'accorder des graces à des criminels, ce n'est que sous le bon plaisir et l'autorité du Roi qu'ils les accordent, et de qui ils tiennent ce privilege précairement, pour en jouir autant et si long-temps, et de la maniere qu'il le voudra permettre (*).

§. II. — *Des différentes especes de Graces ; des crimes et délits pour lesquels elles peuvent, ou non, être obtenues; et où elles s'obtiennent.*

Nous distinguons trois différentes especes de Lettres de grace ; les Lettres d'abolition, les Lettres de rémission et les Lettres de pardon.

On appelle *Lettres d'abolition* les Lettres de grace que le Roi accorde pour un crime capital. Elles sont appelées *Lettres d'abolition*, du terme *d'abolition* qui est employé dans ces Lettres, par lesquelles, après l'exposé du crime contenu dans la supplique qui y est insérée, le Roi déclare qu'il accorde à l'exposant une pleine et entiere abolition du crime pour ce qui concerne la peine publique qui lui est due.

Ces Lettres doivent être obtenues en grande Chancellerie.

_____

(*) Voyez l'Edit du mois d'Avril 1758, concernant la délivrance des prisonniers à l'entrée et prise de possession des Evêques d'Orléans, registré en Parlement le 18 du même mois, et rapporté par Lacombe en ses Mat. Crim. *Part. IV*.

Quoique le Roi, dont la puissance n'a point de bornes, ait le pouvoir d'accorder l'abolition de quelque crime que ce soit, néanmoins il y a certains crimes pour lesquels il a déclaré qu'il n'en accordoit point : tels sont ;

1°. Le crime de duel.

2°. Le crime d'assassinat, tant à l'égard des principaux auteurs, que des complices.

3°. Le crime de ceux qui se sont loués à prix d'argent, pour tuer, ou outrager quelqu'un, ou pour recouvrer quelqu'un des mains de la Justice et celui de ceux qui les ont loués pour cet effet, quand même il n'y auroit que la seule machination, ou attentat, et que l'effet ne s'en seroit pas suivi.

4°. Le crime de rapt commis par violence, et non celui commis par simple séduction.

5°. Le crime de ceux qui auroient outragé quelques Magistrats, Officiers, Huissiers, ou Sergents exerçant, ou exécutant quelqu'acte de Justice.

Toutes ces exceptions sont spécifiées dans l'ordonnance de 1670, *Tit* 16. *art.* 4.

Les Lettres *de rémission* sont celles qui sont accordées pour les homicides involontaires, ou dans la nécessité d'une légitime défense de la vie *Ibid. art.* 2.

Quoique ces homicides ne soient pas des crimes, et semblent n'avoir point besoin de grace, néanmoins, comme il peut y avoir de l'imprudence dans celui qui a commis l'homicide involontaire, et que l'imprudence, en ce cas, est repréhensible ; pareillement, comme dans l'homicide fait pour la défense de sa vie, il n'est pas ordinairement bien certain si celui qui l'a commis s'est exactement contenu dans les bornes d'une juste défense, et s'il pouvoit autrement défendre sa vie, nos Loix veulent que, pour purger ce qu'il pourroit y avoir de repréhensible dans ces homicides, ceux qui les ont commis obtiennent du Roi des Lettres de rémission.

Ces lettres peuvent s'obtenir dans les petites Chancelleries des Parlements, dans le ressort desquels l'homicide a été commis.

Lorsque l'homicide est volontaire, et n'est pas fait en défendant sa vie, quoiqu'il soit fait en défendant son bien, ou son honneur, et quelqu'excusable qu'il soit, on n'en peut obtenir grace qu'en grande Chancellerie.

Les Lettres *de pardon* sont celles qui s'obtiennent pour les cas auxquels il n'échet point peine de mort, et qui, néanmoins, ne peuvent être excusés.

Il y a une autre division de ces différentes Lettres ; on les divise en Lettres *de Justice*, et Lettres *de grace proprement dites*.

Les Lettres de Justice sont les Lettres de rémission qui sont accordées pour les homicides involontaires, et ceux faits en défendant sa vie ; on les appelle *de Justice*, parce qu'il est, en quelque façon, de la justice du Roi de les accorder, et qu'il y auroit de l'injustice de punir de tels homicides : toutes les autres Lettres de grace sont des graces proprement dites, parce que ceux à qui elles sont accordées, les tiennent de la pure clémence et miséricorde du Roi, qui pourroit, sans blesser la Justice, les leur refuser.

Il y a encore d'autres especes de graces, dont nous nous réservons de traiter à la fin de cet article; sçavoir, les Lettres de rappel de ban, ou de galeres, de commutation de peine et de réhabilitation.

§. III. — *De la Forme des Lettres de Grace, et où elles doivent être adressées.*

Les Lettres de grace sont intitulées du nom du Roi; elles contiennent l'exposé du crime et délit dont l'impétrant demande le pardon.

Ensuite de cet exposé, est le dispositif par lequel le Roi accorde l'abolition, rémission, ou pardon du crime; impose, sur ce, silence à son Procureur Général et ses Substituts; anéantit toutes les procédures criminelles qui auroient pu être faites; remet toutes peines que l'impétrant pourroit avoir méritées, à la charge néanmoins par lui de satisfaire à la partie civile, s'il y en a une, et si fait n'a été : après le dispositif, est l'adresse qui est faite à la Cour, ou autre Jurisdiction, pour entériner les Lettres.

Le sceau de celles d'abolition est en cire verte, à lacs de soie verte et rouge; le sceau des autres Lettres est à simple queue, et de cire jaune. Lorsque l'impétrant est un Gentilhomme, il faut que sa qualité soit nommément exprimée dans les Lettres. *Ordonnance de* 1670, *tit.* 16. *art.* 11.

L'adresse de ces Lettres doit être faite aux Juges qui ont la connoissance des cas Royaux.

L'Ordonnance de 1670, *ibid. art.* 17, portoit qu'elle seroit faite aux Baillis des lieux où il y a Siege Présidial; mais la Déclaration du 27 Février 1703, porte qu'elle ne leur sera faite que lorsque le délit aura été commis dans le ressort du Bailliage où est établi le Présidial, et que, s'il a été commis dans un autre Bailliage Royal, où il n'y a point de Présidial établi, l'adresse sera faite à ce Bailliage, et non point au Bailliage où est établi le Présidial de la Province, et où ce Bailliage ressortit pour les cas Présidiaux.

Lorsqu'un Bailliage est divisé en plusieurs Sieges, l'adresse doit être faite au Siege principal, quoique le crime ait été commis dans le district de quelqu'un de ces Sieges particuliers. Par exemple, les Lettres de grace pour un crime commis dans le district de Beaugenci, ou de Yenville, doivent être adressées au Bailliage d'Orléans : cela a été ainsi décidé en 1716, par M. le Chancelier Voisin.

Lorsque l'impétrant est Gentilhomme, l'adresse n'en peut être faite qu'au Parlement, dans le ressort duquel le crime ou délit a été commis, ou dans une autre Cour Souveraine, suivant la qualité du crime; comme si c'est un crime qui concerne les droits d'Aides, l'adresse en sera faite à la Cour des Aides, etc.

Cela a été ordonné par l'Edit d'Amboise, *art.* 12, sur les plaintes que

plusieurs Sujets faisoient de la facilité dont les Juges usoient dans l'e.
térinement des Lettres de rémission par eux présentées ; et cette dispos
tion a été confirmée depuis par l'Ordonnance de Blois, et enfin par ce‖
de 1670. *Tit.* 16, *art.* 12.

L'Edit d'Amboise, et l'Ordonnance de Blois ordonnoient la même cho
à l'égard des Lettres de grace, obtenues par le Officiers du Roi, sur
même motif; l'Ordonnance de 1670 ne s'en est pas expliquée, et Borni
pense qu'elle n'a pas dérogé, par son silence à cet égard, aux ancienn
Ordonnances.

§. IV. — *De la Présentation des Lettres de Grace.*

L'impétrant, après avoir obtenu ses Lettres, doit les présenter au Ju‖
à qui elles sont adressées, dans les trois mois du jour de l'obtention ; *O*
donnance de 1670, *tit.* 16, *art.* 16. passé lequel temps, il est défendu au
Juges d'y avoir égard, et l'impétrant n'en peut plus obtenir de nouvelles
ni être relevé du laps de temps, *ibid.* ce qui ne s'observe pas néanmoin
à la rigueur en Chancellerie.

Cela avoit été ainsi ordonné par les anciennes Ordonnances, pour ôte
le moyen aux impétrants de se pratiquer un temps favorable pour fai‖
entériner des Lettres subrepticement obtenues.

L'impétrant, pour être admis à cette présentation, doit se constitue
prisonnier dans la prison du Juge à qui les Lettres sont adressées. *Ibi*
art. 15.

La copie de l'acte de l'écrou doit être attachée aux Lettres. *Ibid.*

La présentation des Lettres doit être faite à l'Audience, par l'impétran‖
en personne, qui doit être tête nue, à genoux, pendant la lecture qui e
est faite par le Greffier ; après quoi, le Juge prend le serment de l'impé
trant, lui demande si les Lettres contiennent vérité, s'il a donné charge d
les obtenir, et s'il veut s'en servir : après qu'il a répondu à ces demandes
il est renvoyé en prison. *Ibid. art.* 21.

Il doit y rester jusqu'au jugement définitif d'entérinement des Lettres
sans qu'il soit permis aux Juges de l'élargir plutôt. *Ibid. art.* 15.

La présentation des Lettres de rémission et de pardon n'empêche poin
le cours de la procédure criminelle contre le Rémissionnaire ; et, nonob
stant la présentation qu'il en a faite, la partie civile, ou la partie publique
peuvent faire entendre de nouveaux témoins, faire procéder, ou au reco‖
lement, ou à la confrontation. *Ibid. art.* 22.

L'Ordonnance ne parle que des Lettres de rémission et de pardon ;
n'en est pas de même de celles d'abolition. Comme, par ces Lettres, ‖
Roi impose silence à son Procureur Général, toutes procédures doiven
cesser lorsque les Lettres ont été présentées, ou même lorsque l'impé
trant s'est, pour cet effet, constitué prisonnier.

Mais l'obtention et la signification qui en seroit faite par l'impétrant
avant de se représenter, ne peut empêcher l'exécution des décrets, ni l'in
struction, jugement, et exécution de la contumace. *Tit.* 16, *art.* 17.

§. V. — *De la Procédure pour parvenir à l'Entérinement des Lettres.*

Le demandeur en Lettres, après les avoir présentées à l'Audience, en la forme ci-dessus, donne sa Requête au Juge à qui elles sont adressées, aux fins qu'elles soient entérinées.

Si ce Juge n'est pas le même qui a informé du crime, il doit, avant toutes choses, ordonner que les charges et informations seront apportées à son Greffe. *Ordonnance de* 1670, *tit.* 16. *art.* 18.

Cette Ordonnance est signifiée au Greffier de la Jurisdiction où le procès a été instruit, qui doit, sur la sommation qui lui en est faite, envoyer la grosse des charges et informations : après que le Juge en a pris communication, il doit faire subir interrogatoire dans la prison au demandeur en entérinement des Lettres. *Ibid. art.* 24.

Après l'interrogatoire subi par l'impétrant, le Juge ordonne que le procès, ensemble l'interrogatoire, seront communiqués au Procureur du Roi ; et, après que le Procureur du Roi, sur cette communication, a donné des conclusions, l'affaire est en état, et le Juge peut procéder à la visite du procès, et au jugement sur l'entérinement. *Ibid. art.* 20 et 23.

Ceci a lieu, lorsqu'il n'y a point de partie civile, ou lorsque le demandeur en Lettres rapporte transaction faite avec elle sur les intérêts civils qu'elle peut prétendre.

Mais lorsqu'il y a une partie civile, pour que le Juge puisse statuer sur l'entérinement, il faut de plus que le demandeur en Lettres les fasse signifier à la partie civile, lui en donne copie, avec assignation devant le Juge, dans les délais ordinaires de l'Ordonnance, pour qu'elle ait à donner ses moyens d'opposition, si aucuns elle a. *Ibid. art.* 19.

On ne peut statuer sur l'entérinement des Lettres, que la partie civile n'ait donné ses moyens d'opposition, ou n'ait consenti de procéder avant l'échéance des délais, par acte signé d'elle, et dûment signifié ; ou que le demandeur, après les délais de l'Ordonnance, n'ait pris défaut contr'elle, et que les délais, pour faire juger le défaut, ne soient expirés.

§. VI. — *Du Jugement pour l'Entérinement des Lettres.*

Lorsque la demande en entérinement des Lettres est en état d'être jugée, le Rapporteur en fait le rapport au Siege assemblé. Il faut le nombre de trois Juges, au moins pour prononcer sur l'entérinement de ces Lettres, ainsi qu'il a été décidé par un Arrêt du Conseil, du 30 Mars 1719, servant de Règlement pour les Officiers du Présidial de Brives, *art.* 3.

Après la visitation du procès, immédiatement avant le jugement, l'impétrant doit être interrogé en la Chambre sur la sellette, devant tous les Juges, et cet interrogatoire doit être rédigé par écrit par le Greffier ; après quoi, on procède au Jugement. *Ordonnance de* 1670, *tit.* 16. *art.* 20.

Lorsque l'exposé des Lettres se trouve conforme aux charges, il n'y a aucune difficulté à les entériner.

Il est d'usage, par le jugement qui entérine les Lettres, et qui ordon*
que l'impétrant jouira de l'effet d'icelles, de condamner l'impétrant *
quelque somme , par forme d'aumône , qui doit être appliquée au pain d*
prisonniers, suivant une Déclaration du 21 Janvier 1685 , rapportée *
Recueil Chronologique de M. Jousse, *tom.* 1. *pag.* 567.

Lorsqu'il s'agit d'un homicide, on condamne aussi l'impétrant à fai*
prier Dieu pour le défunt : mais on ne peut, en ce cas, condamner *
l'amende, suivant la même Déclaration. Quelquefois même, en entérina*
les Lettres , on inflige à l'impétrant quelque peine légère, comme *
blâme, ou l'abstention d'un lieu pendant un certain temps. Lacombe, *
ses Matieres Criminelles , *part.* 3. *chap.* 14, *N°.* 13 , rapporte plusieu*
Arrêts qui l'ont ainsi jugé.

Il arrive aussi que l'on condamne l'impétrant en une amende envers *
Seigneur, dans la Justice duquel le procès a été instruit, et on cite plusieu*
Arrêts qui ont prononcé de semblables amendes; mais tous les Auteu*
conviennent qu'elles ne sont pas infamantes.

Lorsqu'il y a une partie civile, on statue par le jugement sur la somm*
qui doit lui être adjugée pour réparation civile.

Lorsque l'exposé des Lettres n'est pas conforme aux charges , et que *
différence des circonstances qui se trouvent prouvées par les charge*
change la qualité de l'action et la nature du délit exposé par les Lettre*
en ce cas, si ce sont des Lettres obtenues en petite Chancellerie, près 1*
Cours , les Juges déboutent l'impétrant de ses Lettres. *Ordonnance e*
1670 , *tit.* 16. *art.* 27.

Il en est de même, lorsque le délit est de ceux pour la rémission de*
quels ces lettres n'ont pu être obtenues en petite Chancellerie, comme *
on avoit pris des Lettres en petite Chancellerie pour un homicide involo*
taire, fait hors le cas de nécessité et d'une juste défense.

Lorsque les Lettres sont des Lettres d'abolition, ou même lorsqu'ell*
sont de simples Lettres de rémission , mais obtenues en grande Chance*
lerie, et qu'il se trouve une différence de la nature ci-dessus dite ent*
l'exposé des Lettres et le contenu aux charges, les Juges, même les Cour*
ne doivent pas, pour cela, débouter d'abord l'impétrant; mais ils doive*
surseoir à statuer sur l'entérinement, jusqu'à ce qu'ils aient reçu de no*
veaux ordres sur les informations que le Procureur Général , ou ses Su*
stituts doivent en ce cas envoyer incessamment à M. le Chancellier ; e*
pendant ce temps, il doit être sursis à toutes procédures, et l'impétra*
doit rester en prison. *Déclaration du* 10 *Août* 1686, *interprétative de cel*
du 22 *Novembre* 1683.

Mais si les Lettres sont conformes aux charges , les Cours et autr*
Juges ne peuvent se dispenser d'entériner les Lettres d'abolition, so*
même celles de rémission , lorsqu'elles sont obtenues en grande Chancell*
rie , quelqu'atroce que soit le crime pour lequel elles sont obtenues , sa*
aux Cours à faire des Remontrances au Roi, et sauf aux autres Juges à fai*
leurs représentations à M. le Chancelier sur l'atrocité du crime, *pour*
faire pour l'avenir la considération convenable. Déclaration du 22 *N*
vembre 1683, *ci-dessus citée.*

Enfin il faut observer que celui qui a obtenu une fois des Lettres de grace, ne peut en obtenir de secondes sur un nouveau crime, qu'en faisant mention dans la supplique de la premiere grace qu'il lui a été accordée; autrement, les secondes Lettres seroient subreptices et nulles.

§. VII. — *De l'effet de l'Entérinement des Lettres de Grace, et de l'Appel.*

Lorsque les Lettres ont été entérinées, et qu'il n'y en a point d'appel, il n'est pas douteux que l'impétrant doit être élargi; on ne peut le retenir pour l'aumône en laquelle il a été condamné, ni encore moins l'obliger à lever la Sentence d'entérinement.

Mais s'il a été condamné en une somme pour réparation civile, il peut être retenu en prison pour le paiement de cette somme par la partie civile.

Lorsque l'impétrant a été débouté de ses Lettres, et qu'il en est appellant, il n'est pas douteux qu'il doit rester en prison, jusqu'à ce qu'il ait été statué sur l'appel.

Lorsque ses Lettres ont été entérinées, et qu'il y a appel de sa part pour la réparation civile, qu'il prétend excessive, doit-il être élargi? Il sembleroit que rien ne pourroit mettre obstacle à cet élargissement; car la condamnation de la réparation civile étant suspendue par son appel, il en résulte qu'elle ne peut être un titre suffisant pour le tenir en prison; néanmoins j'aurois de la peine à croire qu'il pût être élargi, sinon, en payant par provision; autrement il seroit au pouvoir d'un Rémissionnaire d'éviter, par un appel, de satisfaire à la condition sous laquelle sa grace lui a été donnée, qui est *de satisfaire la partie civile.*

Si c'est la partie civile qui appelle, et qui prétend que la réparation civile qui lui est adjugée n'est pas suffisante, je pense qu'elle ne peut, sur le prétexte de cet appel, empêcher l'élargissement, aux offres par l'impétrant de payer, ou consigner la somme adjugée.

On a mis en question si le Procureur du Roi pouvoit interjetter appel de l'entérinement des Lettres de grace. Bornier prétend que non, et il fonde son sentiment sur un Arrêt du Conseil, qui a cassé un Arrêt du Parlement de Toulouse, qui avoit reçu un pareil appel : mais je ne vois pas quel fondement peut avoir cette opinion : pourquoi le Procureur du Roi ne seroit-il pas recevable à appeller, s'il pense que l'impétrant auroit dû être débouté de ses Lettres, comme non conformes aux charges, ou comme étant obtenues dans une petite Chancellerie pour un cas non rémissible? Si, comme je le pense, le Procureur du Roi peut appeller dans ces cas, l'impétrant doit demeurer en prison, jusqu'à ce que l'appel ait été jugé.

On ne transfere point ce Rémissionnaire en cas d'appel; on envoie seulement au Greffe de la Cour les actes du procès, et son interrogatoire.

§. VIII. — *Des Lettres de commutation de peine, de Rappel de Galeres de Rappel de Ban et de Réhabilitation.*

Les Lettres *de commutation de peine* sont des Lettres obtenues eı grande Chancellerie, par lesquelles le Roi, par grace, change la peine à la quelle l'impétrant a été condamné en une autre plus douce. Par exemple le Roi commue quelquefois la peine de mort en celle des galeres perpé tuelles, ou d'une prison perpétuelle, ou du banissement. Il commue quel quefois celle des galeres en celle du banissement, etc.

Les Lettres *de rappel des galeres*, et celles *de rappel de ban*, soit à temps, soit à perpétuité, sont des Lettres obtenues en grande Chancellerie, par lesquelles le Roi remet à l'impétrant la peine des galeres, ou du ba nissement, à laquelle il a été condamné.

Les Lettres *de réhabilitation* sont des Lettres obtenues en grande Chan cellerie, par lesquelles le Roi restitue à l'impétrant la vie civile qu'il avoit perdue par une condamnation capitale, ou l'état de bonne renommée qu'il avoit perdue par une condamnation infamante.

Ces différentes Lettres sont des especes de Lettres de grace, puisqu'elles contiennent une grace que le Roi fait à l'impétrant, et qui part de la pure clémence du Roi.

Elles different des Lettres d'abolition, de rémission et pardon, en plu sieurs points.

1°. Celles-ci sont des graces plénieres, qui remettent toutes les peines dues au crime, ou délit commis par l'impétrant, de quelque nature qu'elles soient, et le conservent en sa bonne renommée ; au contraire, celles-là ne sont point plénieres ; les Lettres de commutation de peine ne font que changer la peine, et n'ôtent point l'infamie encourue par le jugement de condamnation. Les Lettres de rappel de ban ou de galeres remettent bien la peine du ban ou des galeres ; mais elles ne rétablissent pas l'im pétrant dans l'état de bonne fame qu'il a perdue par la condamnation. Celle de réhabilitation rendent à l'impétrant sa bonne fame ; mais elles ne lui remettent pas l'amende en laquelle il a été condamné : d'ailleurs, souvent, lorsque les graces sont accordées, l'impétrant a déjà subi une partie de la peine, et parconséquent ces Lettres ne peuvent la remettre en entier.

2°. Elles different en ce que les Lettres d'abolition, de rémission, ou de pardon, remettent les peines auxquelles l'impétrant n'a point encore été condamné, si ce n'est peut-être quelquefois par contumace. Celles-ci, au contraire, remettent celles auxquelles l'impétrant a été condamné par un jugement contradictoire en dernier ressort.

Ces Lettres s'obtiennent en grande Chancellerie. *Ordonn.* de 1670, *tit.* 16. *art.* 5.

Elles ont cela de commun avec les autres Lettres de grace, que, si elles sont obtenues par un Gentilhomme, sa qualité y doit être exprimée nom mément, à peine de nullité. *Ibid. art.* 11.

L'Arrêt, ou jugement de condamnation doit être attaché sous le contre-

scel de ces Lettres , faute de quoi il est défendu aux Juges d'y avoir égard.
Ibid. art. 6.

Elles sont adressées aux Cours , ou autres Juges qui ont rendu l'Arrêt ,
ou jugement en dernier ressort, contre lequel elles sont obtenues. Elles y
sont présentées par une simple Requête, signée d'un Procureur, à laquelle elles sont jointes ; et, sur la communication faite au Procureur du
Roi , et sur ses conclusions, les Cours et Juges doivent les entériner, sans
examiner si l'exposé des Lettres est conforme , ou non, aux charges et informations , sauf aux Cours à représenter au Roi ce qu'elles jugeront à propos. *Ibid. art.* 7.

ARTICLE III.

De la Révision des Procès.

Lorsque celui qui a été condamné par un Arrêt , ou jugement en dernier ressort, a recouvré des pieces , ou découvert des faits, par lesquels
il prétend justifier son innocence , il peut avoir recours au Roi , pour
obtenir de lui des Lettres qui ordonnent la révision du procès. Ces Lettres s'accordent en connoissance de cause. La procédure, pour y parvenir ,
consiste ;

1°. En ce que le condamné doit présenter une Requête au Roi et à son
Conseil , dans laquelle il est tenu d'exposer le fait avec ses circonstances.
Ordonnance de 1670, *tit.* 16. *art.* 8.

2°. Cette Requête est rapportée au Conseil par un Maître des Requêtes ,
et, s'il est jugé à propos , renvoyée aux Maîtres des Requêtes, pour
avoir leur avis. *Ibid.*

3°. Sur l'avis des Maîtres des Requêtes , si les moyens paroissent pertinents, le Conseil rend un Arrêt qui porte que les Lettres seront expédiées.

4°. Sur cet Arrêt , les Lettres sont expédiées en grande Chancellerie , et
signées par un Secrétaire des Commandements ; et l'avis des Maîtres des
Requêtes , aussi-bien que l'Arrêt, doivent être attachés sous le contre-
scel des Lettres. *Ibid. art.* 5 *et* 9.

5°. Si l'impétrant est Gentilhomme , sa qualité doit être exprimée dans
les Lettres, à peine de nullité. *Ibid. art.* 11.

6°. Ces Lettres de révision de procès sont adressées aux Cours qui ont
rendu l'Arrêt contre lequel elles sont obtenues ; mais, lorsqu'elles sont
obtenues contre un jugement Présidial , ou Prévôtal , elles ne sont pas
adressées au Prévôt, ni au Présidial qui a rendu le jugement : elles sont
adressées en ce cas au Grand Conseil ; car alors c'est plutôt un appel de la
Sentence Présidiale , ou Prévôtale, auquel le Roi admet extraordinairement
l'impétrant , qu'une révision du procès.

7°. L'impétrant donne sa Requête à la Cour à qui les Lettres sont adressées, à laquelle Requête sont attachées les Lettres de révision et les nouvelles pieces , s'il en a, sur lesquelles il prétend prouver son innocence ;
et sur l'Ordonnance rendue sur cette Requête, il donne copie du tout à la
partie civile, s'il y en a une, avec assignation pour procéder sur la Re-

quête : s'il n'y a point de partie civile, on ordonne seulement la communication au Procureur Général.

8°. La partie civile assignée répond aussi par Requête, qui est signifiée avec les pieces sur lesquelles elle se fonde, à l'impétrant dans le délai ordonné, pour que l'impétrant réplique; et, sur la communication du tout faite au Procureur Général, on statue sur les Lettres.

Si l'impétrant succombe, il doit être condamné en 300 livres d'amende envers le Roi, et 150 livres envers la partie civile. *Ibid. art.* 28.

Il reste à observer que les Lettres de révision de procès peuvent s'obtenir, même après la mort du condamné, par sa veuve, ses enfants, et même, à défaut d'enfants, par ses collatéraux.

ARTICLE IV.

De la Procédure pour purger la mémoire d'un Défunt.

La veuve, les enfants, et même les parents collatéraux d'un défunt qui a été condamné de son vivant, par jugement, soit contradictoire, soit par contumace, ont intérêt à purger sa mémoire, s'ils le peuvent, la flétrissure de sa mémoire réjaillissant sur eux.

Lorsque la condamnation est portée par un jugement contradictoire en dernier ressort, on ne peut purger la mémoire du défunt, qu'en obtenant des Lettres de révision de procès, dont nous avons parlé en l'article précédent.

Lorsque la condamnation est portée par un jugement par contumace, et que le condamné est mort dans les cinq ans de l'exécution, les personnes ci-dessus mentionnées sont reçues à appeller de la Sentence ; et, si le jugement est en dernier ressort, elles sont reçues à y former opposition devant les Juges qui l'ont rendu. *Ordonn. de* 1670, *tit.* 27. *art.* 1.

Mais si le condamné est mort après les cinq ans, l'opposition ou l'appel ne sont pas recevables, et aucune personne ne peut être admise à purger la mémoire du défunt, à moins qu'elle n'obtienne des Lettres du Roi en grande Chancellerie. *Ibid. art.* 2.

L'Ordonnance prescrit des formalités indispensables pour parvenir, en vertu de ces Lettres, à purger la mémoire d'un défunt :

1°. Celui qui les a obtenues, doit assigner M. le Procureur Général, ou le Procureur du Roi, et la partie civile, s'il y en a une, pour procéder avec eux, et faire rendre le jugement qui purgera la mémoire du défunt. *Ibid. art.* 3.

2°. Il faut donner, par l'assignation, copie des Lettres obtenues. *Ibid.*

3°. Les délais sur cette assignation doivent être les mêmes que pour les affaires civiles. *Ibid.*

4°. La partie qui fait cette poursuite, doit, avant aucune procédure, rembourser les frais de Justice à la partie civile, s'il y en a une, et consigner l'amende.

5°. Le jugement qui doit intervenir en l'instance, à l'effet de purger la mémoire d'un défunt, ne peut être rendu que sur le vu des charges et in-

formations, procédures et pieces sur lesquelles la condamnation par contumace est intervenue, et les parties peuvent produire de nouveau, de
part et d'autre, telles pieces que bon leur semble, auxquelles elles peuvent répondre respectivement par simple Requête, dont copie doit être signifiée, ensemble des pieces, sans pouvoir prendre aucun appointement.
Ibid. art. 5, 6 *et* 7.

Lorsqu'il y a une partie civile, ou même un dénonciateur, la condamnation des dommages et intérêts, et la réparation civile se prononcent par le
même jugement.

Si le défunt, dont on veut purger la mémoire, avoit obtenu des Lettres
de rémission, et qu'il fût mort avant de pouvoir parvenir à leur entérinement, la veuve ou ses parents pourroient demander qu'il leur fût permis
de poursuivre cet entérinement, comme l'auroit pu faire le défunt, à la
charge de payer les frais, et de consigner l'amende.

Enfin, cette poursuite ne peut s'exercer après les trente ans, du jour de
l'exécution. *Voyez* les Matieres Criminelles de Lacombe, *part.* 3. *chap.* 26.

Fin des Traités de la Procédure Civile et Criminelle.

TABLE

DES MATIERES

Contenues dans le Traité de la Procédure Civile.

Fin de la Table des Matieres de la Procédure Civile.

TABLE DES MATIERES

CONTENUES *dans le Traité de la Procédure Criminelle.*

Fin de la Table des Matieres de la Procédure Criminelle.

POITIERS.—IMPRIMERIE DE F.-A. SAURIN.—1841.

TABLE

Des Chapitres, Sections, Articles et Paragraphes contenus dans ce Volume.

TRAITÉ DE LA PROCÉDURE
CIVILE.

PREMIERE PARTIE.

CHAPITRE PREMIER.

Tome III.   *a*

CHAPITRE II.

CHAPITRE III.

CHAPITRE IV.

CHAPITRE V.

SECONDE PARTIE.

CHAPITRE I.

CHAPITRE II.

CHAPITRE III.

CHAPITRE IV.

TROISIEME PARTIE.

QUATRIEME PARTIE.

De l'exécution des Jugements.   137

CHAPITRE I.

CHAPITRE II.

CINQUIEME PARTIE.

CHAPITRE I.

CHAPITRE II.

CHAPITRE III.

CHAPITRE IV.

CHAPITRE V.

CHAPITRE VI.

Fin de la Table des Chapitres, etc., du Traité de la Procédure Civile.

TABLE

Des Sections, Articles et Paragraphes contenus dans ce Traité.

TRAITÉ DE LA PROCÉDURE

CRIMINELLE.

SECTION SECONDE.

SECTION TROISIEME.

SECTION QUATRIEME.

SECTION CINQUIEME.

SECTION SIXIEME.

SECTION SEPTIEME.

Fin de la Table des Sections du Traité de la Procédure Criminelle.